Antike griechische Philosophie

Manuel Knoll

Antike griechische Philosophie

DE GRUYTER

ISBN 978-3-05-004626-6
e-ISBN (PDF) 978-3-11-035892-6
e-ISBN (EPUB) 978-3-11-038042-2

Library of Congress Cataloging-in-Publication Data
A CIP catalog record for this book has been applied for at the Library of Congress.

Bibliografische Information der Deutschen Nationalbibliothek
Die Deutsche Nationalbibliothek verzeichnet diese Publikation in der Deutschen Nationalbibliografie; detaillierte bibliografische Daten sind im Internet über http://dnb.dnb.de abrufbar.

Satz: SatzBild, Sabine Taube, Kieve
Druck und Bindung: CPI books GmbH, Leck
♾ Gedruckt auf säurefreiem Papier
Printed in Germany

www.degruyter.com

MIX
Papier aus verantwortungsvollen Quellen
FSC www.fsc.org FSC® C083411

Antike griechische Philosophie

Vorwort

Die Mythologie und Philosophie des archaischen Griechenlands verdankt den antiken Hochkulturen des „Orients", die der griechischen Zivilisation vorangingen, bedeutende Einflüsse und Gedanken (vgl. Burkert 2013, Kahn 1960, Lloyd 1991 und West 1971). Auf dieser Grundlage entfaltete die spätere griechische Philosophie eine beeindruckende Blüte, die bis ins Zeitalter des Hellenismus andauerte (diese Epoche reicht etwa von Alexander dem Großen bis zum ersten römischen Kaiser Augustus). Die damaligen Denker bildeten die grundlegenden Begriffe der Philosophie und setzten sich mit einer Vielzahl an Fragen und Problemen auseinander, für die sie bemerkenswerte Antworten und Lösungen vorschlugen. Was sind die Ursachen und das Wesen der Welt, die uns durch die Erfahrung gegeben ist? Können wir gesichertes Wissen über sie erlangen und wenn ja, wie? Worin besteht ein gutes und gelingendes Leben und wie können wir dieses Ziel erreichen? Was ist eine gute und gerechte Ordnung der politischen Gemeinschaft und wer soll regieren? Die meisten dieser Fragen und Probleme beschäftigen die Philosophie noch heute. Deshalb kommt eine Einführung in die griechische Philosophie einer allgemeinen Einführung in das philosophische Denken gleich. Daher wird auch verständlich, warum spätere Denker immer wieder auf griechische Autoren zurückgriffen. Die römische und die „mittelalterliche" Philosophie – sowohl in Europa als auch im arabisch-islamischen Raum – wären ohne sie in der Form, wie sie uns überliefert ist, nicht entstanden.

In der als „Renaissance" bezeichneten geistesgeschichtlichen Epoche Europas wurde der Rückgriff auf antike Autoren ausdrücklich zum philosophischen Programm. Aber auch die neuzeitlichen, modernen und zeitgenössischen Philosophen verdanken der griechischen Antike sehr viel. Rationalismus, Empirismus, Idealismus, Realismus, Relativismus, Hedonismus, Skeptizismus und Egalitarismus – um lediglich einige Beispiele zu nennen – sind alles bedeutende Strömungen und Richtungen, die in der griechischen Philosophie ihren Anfang nahmen. Vor allem Formen des „Platonismus" und des „Aristotelismus" stellen auf den verschiedensten Gebieten der Philosophie bis heute prägende Einflüsse dar. Der britische Mathematiker und Philosoph Alfred N. Whitehead ging 1929 sogar so weit, die philosophische Tradition Europas als eine Reihe von Fußnoten zu Platon zu charakterisieren (Whitehead 1929, S. 53). Whiteheads Charakterisierung ist einseitig und geht sicherlich zu weit. Die Bedeutung Platons, dessen zentrale Gedanken zu einem bedeutenden Teil bereits bei Pythagoras und den Pythagoreern, bei Heraklit, Parmenides und Sokrates zu finden sind, wird auch deshalb überschätzt, weil von ihm – im Gegensatz zu vielen großen Denkern der Antike – das ganze Werk erhalten ist. Whiteheads Charakterisierung übersieht zudem, dass der dialektische Ansatz, der in verschiedenen Ausprägungen für Hegel, Marx und Engels sowie für die kritische Theorie der „Frankfurter Schule“ zentral wurde, bereits auf Heraklit zurückgeht. Sie unterschätzt überdies die Eigenständigkeit und Bedeutung des Aristoteles, der die praktische Philosophie des 20. Jahrhunderts in hohem Maße prägte. So rekurrieren etwa Hannah Arendt, Alasdair MacIntyre und Martha Nussbaum auf Aristoteles, aber auch stark von Platon beeinflusste Denker wie Leo Strauss und Eric Voegelin (vgl. Gutschker 2002).

Die Liste der Autoren und Autorinnen, die den beträchtlichen Einfluss der antiken griechischen Philosophie auf das gegenwärtige Denken belegt, ist lang. So versteht sich der Altphilologe und Philosoph Friedrich Nietzsche, der auch nach dem Abflauen der „Postmoderne-Debatte“ noch viele heutige Denker prägt, als „Zögling älterer Zeiten, zumal der griechischen“ (Nietzsche 1988a, S. 247). Auch für Martin Heideggers Denken ist der Bezug auf die griechische Philosophie zentral. Während Nietzsche schon früh erklärt, seine Philosophie sei *„umgedrehter Platonismus“*, beginnt für Heidegger mit Platon die Geschichte der Seinsvergessenheit und damit der Niedergang des abendländischen philosophischen Denkens (Nietzsche 1988c, 7[156], S. 199). Für die von ihm angestrebte Renaissance des Seinsdenkens greift Heidegger zurück auf frühe griechische Philosophen wie Anaximander, Parmenides und Heraklit, die noch offen gewesen seien für die Wahrheit bzw. Unverborgenheit des Seins. Heideggers Interpretationen der frühen griechischen Philosophie sind zwar bedenkenswert und interessant. Seine „entschieden nichtwissenschaftliche Lesart“ der frühen Denker wurde jedoch zu Recht kritisiert (Bremer 2013, S. 23; vgl. Rapp 2007, S. 24). Zudem sind Heideggers Interpretationen in seinen übergreifenden philosophischen Ansatz bei der Seinsfrage eingebettet. Aus diesen beiden Gründen wird auf sie in diesem Buch nicht weiter eingegangen.

Das vorliegende Studienbuch führt in die griechische Philosophie von den Anfängen bis zur hellenistischen Philosophie ein. Einen Schwerpunkt bilden die antike Ethik und politische Philosophie sowie die Sophisten, denen zwei Kapitel gewidmet sind. Ausführlich behandelt werden jedoch auch die frühgriechische Philosophie, Sokrates und seine Schüler, Platons Erkenntnis- und Ideentheorie, die Naturphilosophie und Metaphysik des Aristoteles sowie die Skepsis und die Naturphilosophie und Ethik der Epikureer und Stoiker. Auf Grund des dargestellten Zeitraums, der über 400 Jahre umfasst, und des beschränkten Umfangs des Buches, konnten viele wichtige Themen entweder gar nicht oder nur sehr knapp behandelt werden. Zu den Opfern derart schmerzlicher Entscheidungen zählen neben etlichen Dialogen Platons und Abhandlungen des Aristoteles auch dessen logisches Werk sowie Epikurs Kanonik und die Logik der Stoiker.

Das Buch stellt nicht bloß die vorherrschenden Interpretationen der behandelten antiken Autoren vor, sondern bietet auch eigene Deutungsansätze. Dabei kritisiert und verabschiedet es den gängigen Begriff der „Vorsokratiker“. Die

Darstellung ist an den Quellen und Problemen sowie an den Resultaten und Kontroversen der internationalen Forschung orientiert. Das Buch eignet sich nicht bloß dazu, Lehrveranstaltungen zu begleiten und Prüfungen vorzubereiten, sondern auch zum Selbststudium. Es will zur Lektüre der antiken Quellen und Texte anregen, kann diese aber natürlich nicht ersetzen. Die einzelnen Kapitel und insbesondere die Kapitelenden informieren ausführlich über Quellen und Literatur. Dasselbe trifft für den Serviceteil am Ende des Buches zu, der auch Übersetzungen zentraler griechischer Termini enthält.

Herzlich danken darf ich an dieser Stelle allen, die dazu beigetragen haben, dass dieses Buch erscheinen konnte. Der größte Dank gebührt meinen Eltern und insbesondere meiner Mutter für Ihre Unterstützung und Hilfe während meiner Jahre in Istanbul. Für ihre wertvollen Anregungen und Einwände danke ich den Freunden und Kollegen, die Kapitel des Buches gelesen haben. So danke ich Christoph Horn, Bruno Langmeier, Maria Liatsi, Francisco L. Lisi, Ermanno Malaspina, Stefano Saracino, Simon Weber und Barbara Zehnpfennig. Für die Lektüre des gesamten Manuskripts und viele wertvolle Verbesserungen bin ich Rainer Brömer und Alexander von Pechmann sehr dankbar. Für hilfreiche Diskussionen bei der Interpretation der griechischen Originaltexte danke ich Francisco L. Lisi und Sotiris Mitralexis. Schließlich danke ich auch allen Mitarbeitern des De Gruyter-Verlags für die erneut hervorragende Zusammenarbeit.

1 Die Geburt der griechischen Philosophie: Hesiod und Thales

Abbildung 1: Griechische Insel Symi und die benachbarten Inseln

Das Bild zeigt die griechische Insel Symi und die benachbarten Inseln. Die Insel liegt nahe der Küste der heutigen Türkei und der antiken Stadt Milet, in der der Philosoph Thales lebte. Thales zufolge schwimmt die Erde auf dem Wasser, das er als den Ursprung aller Dinge begreift. Die antiken Griechen hatten eine besondere Beziehung zum Wasser. Viele von ihnen lebten auf Inseln und der Seehandel war einer ihrer wichtigsten Erwerbszweige. Nach Thales' Tod und der Zerstörung von Milet durch die Perser gelang es der Flotte der Athener, die persische Flotte 480 v. Chr. bei Salamis zu vernichten. Als bedeutendste Seemacht und führende Stadt des Delisch-Attischen Seebunds erlangte Athen eine Vormachtstellung in Griechenland. Über den Piräus, den Hafen Athens, gelangten Philosophen aus allen Teilen der griechisch sprechenden Welt in die Stadt, die zum kulturellen Zentrum des klassischen Griechenlands avancierte. Thales sah das Wasser höchstwahrscheinlich nicht wie der moderne Mensch als eine natürliche Substanz an, sondern als ein beseeltes und göttliches Wesen.

Eine Vergegenwärtigung der geschichtlichen Anfänge der Philosophie verspricht, deren Charakteristika besser verstehen zu können. Die meisten westlichen Philosophiegeschichten verorten den Beginn des philosophischen Denkens bei den antiken Griechen. Als erster Philosoph wird in der Regel Thales angeführt, der zwischen 549 und 545 v. Chr. verstorben sein soll. Dennoch gibt es gute Gründe, bereits den um 700 v. Chr. lebenden Dichter Hesiod als den ersten griechischen Philosophen anzusehen. Von Thales sind keine wörtlichen Zitate überliefert. Die Quellen, die wir für seine Lehre besitzen, sind nicht sehr verlässlich. Im Gegensatz dazu sind die von Hesiod verfassten Dichtungen, die *Theogonie* und *Werke und Tage*, erhalten geblieben.

1.1 Die Anfänge der Philosophie und die Griechen

Wann entstand die Philosophie? Die Antwort auf diese Frage hängt davon ab, was man unter Philosophie versteht. Im Abendland wird die Geburt der Philosophie als Phänomen angesehen, das sich in den antiken griechischen Städten zugetragen hat. Nach Platon und Aristoteles war das Staunen oder die Verwunderung das zentrale Motiv, das die Menschen anfänglich zum Philosophieren bewog. Das philosophische Staunen, so Aristoteles, setzt die materielle Lebenssicherung und eine gewisse Muße und Bequemlichkeit voraus und bezog sich anfangs auf die Gestirne und die Entstehung des Universums. In dem berühmten Anfangssatz seiner *Metaphysik* verallgemeinert Aristoteles die intellektuelle Neugierde der Griechen und erklärt, dass alle Menschen von Natur aus nach Wissen und Erkenntnis streben (Platon: *Theaitetos* 115 d; Met. I 1, 980 a 22; Met. I 2, 982 b 12–28).

Verwunderung als Ursprungsmotiv

In der Regel grenzt die Forschung die frühe Philosophie von den überlieferten Mythen ab und konstatiert einen rationalen und qualitativen Fortschritt „vom Mythos zum Logos". In seinem so betitelten Buch von 1942 zielt der deutsche Altphilologe Wilhelm Nestle darauf ab

Vom Mythos zum Logos?

> „zu zeigen, wie in einer überraschend kurzen Zeitspanne, im 6. und 5. Jahrhundert v. Chr., das mythologische Denken der Griechen Schritt für Schritt durch das rationale Denken ersetzt, ein Gebiet um das andere für eine natürliche Erklärung und Erforschung erobert und daraus die Folgerungen für das praktische Leben gezogen wurden. Es handelt sich also um die allmähliche *Zersetzung der griechischen Religion*" (Nestle 1975, S. V, vgl. zum griechischen Mythos Burkert 2010; Kerényi 1996; Kirk 2009; Rose 1992; Untersteiner 1972; Vernant/Vidal-Naquet 1972/1986).

Als Gegenthese zu der gängigen Ansicht, dass das mythische und bildhafte Vorstellen vom logischen Denken abgelöst wurde, vertreten die kritischen Theoretiker Max Horkheimer und Theodor W. Adorno die Auffassung, dass bereits der Mythos einen Logos bzw. Aufklärung darstellt, weil er die Welt mit Hilfe der Vernunft erklären und so den Menschen die Furcht nehmen will. Horkheimer und Adorno sprechen von der „Angst des Menschen, deren Ausdruck Erklärung wird" (Horkheimer/Adorno 1987, S. 37f., 30, 21).

Umstritten ist auch die Frage, wie der Fortgang des rationalen Denkens zu beurteilen ist. Der Schweizer Altphilologe Olof Gigon hebt den dialogischen Charakter der geschichtlichen Entwicklung der Philosophie und ihre Kontinuität hervor:

> „Jedes Neue befindet sich zunächst in Front gegen etwas Altes, von dem es sich abhebt und abgrenzt. Es ist auch selbst abhängig von einem Alten, an dem es emporwächst, weil alles Zukünftige zunächst des Schutzes eines Bestehenden bedarf, ehe es stark genug ist, über das Bestehende hinauszuwachsen" (Gigon 1968, S. 7; vgl. Horn 2013a, S. 11).

Fortschritt der Vernunft?

Dagegen bezweifeln Horkheimer und Adorno, dass es einen echten Fortschritt der Vernunft gibt. Ihnen zufolge werden im fortschreitenden abendländischen Rationalisierungs- und Intellektualisierungsprozess nicht bloß die überlieferten Mythen, sondern auch alle philosophischen Erklärungen nacheinander als Mythos, das heißt als „falsche Klarheit" erkannt und zurückgewiesen (Horkheimer/Adorno 1987, S. 20, 33f.). Diese Auffassung steht auch im Gegensatz zu der einflussreichen Geschichtsphilosophie Georg Friedrich Wilhelm Hegels, für den „das Ganze der Geschichte der Philosophie ein in sich notwendiger, konsequenter Fortgang" zur Wahrheit ist (Hegel 1971, S. 55).

Zweifellos gibt es gute Gründe, an Hegels philosophischem System und seiner Auffassung eines notwendigen Fortschritts des Geistes zur absoluten Wahrheit zu zweifeln. Bis heute bestehen zwischen Philosophen sowie ihren verschiedenen Ansätzen und Interpretationen der Welt eine Vielzahl fundamentaler und unaufhebbarer Widersprüche. Dennoch lässt sich in der Geschichte der abendländischen Vernunft und ihrer Versuche zur Erklärung der Welt auch ein rationaler Fortschritt feststellen. Dieser Fortschritt fand insbesondere in der griechischen Kultur statt, die der Schweizer Kulturhistoriker Jacob Burckhardt treffend als agonale Kultur, als Kultur der Konkurrenz und des Wettstreits um Spitzenleistung, charakterisiert hat (Burckhardt 1977; vgl. Lloyd 1996 und Pohlenz 1947, S. 415ff.). Der intellektuelle Agon der Griechen fand zuerst zwischen den Dichtern der überlieferten Mythen statt, etwa zwischen Hesiod und seinem Vorgänger Homer, dann zwischen den frühen Philosophen und den Dichtern und schließlich zwischen den Philosophen selbst.

Fortschritt und Agon

Die Griechen, die sich seit dem 8. Jahrhundert selbst als Hellenen bezeichneten, waren nicht in einem einheitlichen politischen Gebilde organisiert. Sie lebten in einer Vielzahl von selbstständigen kleineren „Stadtstaaten". Eine Polis bestand aus einer ummauerten Stadt und einem zugehörigen Stück Land. In fast allen Übersetzungen der Schriften der griechischen Philosophen wird der Terminus „Polis" mit „Staat" übertragen. Der Terminus „Staat" gewinnt seine heutige Bedeutung jedoch erst im Übergang vom Mittelalter zur Neuzeit und

Die griechische Polis

bezieht sich auf den neuzeitlichen Großflächenstaat und ein zumeist nationalistisch oder proto-nationalistisch geprägtes Verständnis des Staatsvolks. Der moderne Staat wird als juristische Person gedacht, die souverän ist und unabhängig von ihren Amtsträgern und Repräsentanten existiert. Dagegen war die Polis ein kleiner Personenverband, in dem die männlichen Vollbürger aktiv am politischen Leben partizipierten. So war die Polis Athen vor allem ihre Bürgerschaft – die Athener – und ihre Verfassung, die sich im Verlauf der Geschichte von einer Aristokratie über eine Tyrannis zu einer Demokratie wandelte. Die Polis entstand in der archaischen Zeit, die von etwa 800–500 v. Chr. datiert wird. Für die klassische Zeit, die von ca. 500–338 v. Chr. reichte, lassen sich etwa 600 Stadtstaaten bzw. Poleis nachweisen. Eine neuere Untersuchung über die Polis spricht sogar von insgesamt 1500 antiken Stadtstaaten, die sich zwischen ca. 650 bis 323 v. Chr. nachweisen lassen. Sie fügt jedoch sofort hinzu, dass über diese wie über alle wesentlichen Fragen, die die Polis betreffen, in der Forschung tiefgehende Meinungsverschiedenheiten bestehen (Hansen 2006, S. 1f.; vgl. zur Polis in der klassischen Zeit Shipley/Hansen 2006, S. 53f.).

Die Einheit der Griechen

Obwohl die Griechen politisch gespalten waren, bildeten sie kulturell eine Einheit. Trotz der ständigen Konflikte und Kriege zwischen ihren Städten hatten sie ein Gefühl der Zusammengehörigkeit. Sie hingen derselben polytheistischen Religion an, mit Zeus als höchstem Gott und zentralen anderen Göttern wie Aphrodite, Apollo, Ares, Athene, Dionysos, Hera und Poseidon. Diese Götter stellten sie sich als unsterbliche und ewig junge Wesen mit menschlichen Eigenschaften und Handlungsweisen vor. Ihre Gunst versuchten sie durch Opfer zu erlangen. Die Griechen hatten panhellenische Heiligtümer in Delphi, Olympia und Delos und gemeinsame sportliche Wettkämpfe. Neben den seit 776 v. Chr. in Olympia stattfindenden Wettspielen gab es auch in Delphi, Isthmia und Nemea regelmäßig heilige Kranzspiele. Die Griechen sprachen dieselbe Sprache. Vermutlich um 800 v. Chr. eigneten sie sich von dem Handelsvolk der Phönizier die Schriftlichkeit an. Sie verbesserten das übernommene „Alphabet“, indem sie Vokale und neue Konsonantenzeichen einführten. Die Griechen hatten eine gemeinsame Literatur wie die beiden großen Epen *Ilias* und *Odyssee*, die dem Dichter Homer zugeschrieben wurden. Sie hatten auch eine gemeinsame Kunst wie die Tragödie und die Komödie sowie eine einheitliche bildende Kunst und Architektur. Schließlich entwickelte sich seit dem 6. Jahrhundert v. Chr. auch eine gemeinsame Philosophie. Diese entstand nicht im griechischen Kernland, sondern am östlichen Rand des griechischen Siedlungsgebiets, im ionischen

Kleinasien, der heutigen Türkei. Die ersten bekannten Philosophen Thales, Anaximander und Anaximenes lebten in Milet, das damals eine blühende und wohlhabende griechische Handelsstadt war.

Seit Mitte des 8. Jahrhunderts kam es verursacht durch Überbevölkerung, Hungersnöte und innere Konflikte zu Aussiedlungen und Gründungen von „Kolonien". Diese wurden an den Küsten des Schwarzen Meers und des Mittelmeers gegründet, vor allem in Sizilien und Süditalien. Das üblicherweise mit „Kolonie" übersetzte Wort „*apoikia*" bedeutet „Auswanderung". Die gängige Übersetzung ist problematisch, weil sie leicht mit dem neuzeitlichen „Kolonialismus" und dem „Imperialismus" der zweiten Hälfte des 19. Jahrhunderts in Verbindung gebracht werden kann. Dagegen „war die Beziehung zwischen „Kolonie" und Mutterstadt weder kommerziell begründet, noch hatte sie irgendeinen machtpolitischen Einschlag" (Finley 1983, S. 27). Der Althistoriker Moses Finley hebt hervor, dass „sich jede solche *apoikia* von Anfang an und ganz bewußt als selbständige griechische Gemeinde fühlte und nicht etwa als Kolonie im üblichen Sinne des Wortes" (Finley 1983, S. 26). Die „Kolonien" waren rechtlich von ihrer Mutterstadt unabhängig. Die Folge der Auswanderungen war, dass sich die griechische Kultur verbreitete und das Zusammengehörigkeitsgefühl verstärkte. Viele der frühen griechischen Philosophen lebten in süditalischen Städten wie Empedokles in Akragas (dem heutigen Agrigento), Pythagoras in Kroton (dem heutigen Crotone in der Provinz Kalabrien), Xenophanes auf Sizilien oder wie Parmenides und Zenon in Elea (dem heutigen Velia in der Provinz Salerno). Gewöhnlich wird in der frühgriechischen Philosophie die ionische Tradition der Milesier von der Traditionslinie unterschieden, die in Unteritalien begann.

Die Auswanderung der Griechen

Die wichtigsten griechischen Städte waren Sparta und Athen. Sparta wurde ca. im 10. Jahrhundert v. Chr. von dorischen Einwanderern in Lakonien auf der Peloponnes gegründet. Im 7. Jahrhundert v. Chr. eroberten die Spartaner in jahrzehntelangen Kriegen auch das benachbarte Messenien. Die Spartaner unterjochten die zahlenmäßig weit überlegene Urbevölkerung, die zu „Stadtsklaven" wurden, die als „Heloten" bezeichnet werden (*heilôtes* = Gefangene). Die Heloten mussten für die Spartaner arbeiten, das Land bewirtschaften und hohe Abgaben entrichten. Auf Grund von dauernden Helotenaufständen kam es zu einer rigorosen Militarisierung Spartas, das einem Heerlager glich. Die Männer lebten in Zelt- und Speisegemeinschaften zusammen, das Familienleben spielte nur eine untergeordnete Rolle. Die Erziehung und Ausbildung der Kinder war ganz auf den

Die Verfassung Spartas

Krieg hin geordnet. Die Lebensordnung war hart. Handel und Handwerk waren in Händen der Periöken, der freien und minderberechtigten Bevölkerung der Grenz- bzw. Randgebiete. Sparta schirmte sich wirtschaftlich und geistig weitgehend nach außen ab. Spartas Verfassung ist die älteste schriftlich überlieferte Verfassung Europas. Sie wurde dem Gesetzgeber Lykurgos zugeschrieben, der höchstwahrscheinlich keine historische Person war. Die Verfassung Spartas war eine Mischverfassung, da sie zwei Könige, einen „Ältestenrat" (*gerousia*), eine „Volksversammlung" (*apella*) und die Institution der Ephoren, der „Aufseher", vorsieht. Wegen ihrer Stabilität und Dauerhaftigkeit wurde sie schon in der Antike gerühmt. Spartas Verfassung wurde auch zum Vorbild für die Traditionslinie politischer Philosophie, die angefangen vom späten Platon bis zum zeitgenössischen Republikanismus eine gemischte Verfassung als Ideal ansah. Platon und Aristoteles kritisierten an Sparta vor allem den Mangel an Geistigkeit und Kultur, und dass die Erziehung wie die ganze Stadt einseitig auf die militärische Tüchtigkeit und den Krieg fokussiert war.

Im Gegensatz zu Sparta war Athen die Heimatstadt oder Wirkungsstätte vieler bedeutender Dichter, Bildhauer, Architekten und Philosophen. Der vornehme Athener Platon gründete dort seine Philosophenschule, die Akademie. Sein Schüler Aristoteles, der aus der chalkidischen – später makedonischen – Provinz in die Stadt übersiedelte, lehrte und forschte in Athen im Lykeion. Athen wurde nicht bloß als kulturelles Zentrum des klassischen Griechenlands, sondern auch durch sein demokratisches politisches System berühmt. Dieses verbreitete sich im 4. Jahrhundert über die ganze griechische Welt und blieb sogar noch unter römischer Herrschaft jahrhundertelang bestehen. Charakteristisch für die Demokratie war nicht bloß die Herrschaft der Menge und die politische Gleichheit der männlichen Vollbürger, sondern auch die Freiheit, in der Volksversammlung reden zu können, und die Freiheit, zu leben, wie man wollte (Bleicken 1994, S. 288f.). Im Gegensatz dazu war der Einzelne in Sparta vollkommen dem Kollektiv und dessen Regeln und Kontrollen unterworfen. Vorangegangen waren der athenischen Demokratie erst die Herrschaft des Adels und dann die Tyrannis des Heerführers Peisistratos und seiner Söhne. Die Peisistratiden herrschten milde und taten viel Gutes für Athen und begünstigten damit den späteren Aufstieg der Stadt. Die lange Dauer der Tyrannis, die von 561–510 v. Chr. währte, verringerte den politischen Einfluss des Adels und machte eine „Rückkehr zu den Verhältnissen der Adelszeit unmöglich" (Bleicken 1994, S. 49f.). Vorbereitet wurde die athenische

Die Demokratie in Athen

Demokratie vor allem durch die Reformen, die der Adlige Kleisthenes 508/07 v. Chr. durchführte. Diese Reformen konstituierten die Athener Bürgerschaft als politische Einheit, die ihren Willen artikulieren und präsent machen konnte. Als endgültiges Entstehungsdatum der athenischen Demokratie gilt das Jahr 462/61, in dem der Areopag, der alte Adelsrat, entmachtet wurde. Vollendet wurde sie durch den Volksführer Perikles, der die Diäten, die Tagegelder, einführte, die es auch den ärmeren Bürgern ermöglichten, die Volksversammlung zu besuchen (vgl. Bleicken 1994; Meier 1993).

Frauen, Metöken und Sklaven

Die verschiedenen Menschen, die in einer Polis lebten, hatten eine extrem ungleiche Stellung. Frauen konnten sich nicht am öffentlichen und politischen Leben der Stadt beteiligen. Auch wenn die soziale und rechtliche Stellung der Frau nicht in allen Städten gleich war, spielte sich ihr Leben vor allem in der Familie und im Haus ab, dem der Mann vorstand. Nicht alle Männer, die in einer Polis lebten, waren Bürger und konnten sich am politischen Leben beteiligen. Viele Griechen mussten als Folge von Kriegen oder wirtschaftlicher Not ihre Städte verlassen. Als „Fremder" (*xenos*) hielten sie sich in anderen Städten entweder vorübergehend auf oder lebten dort als „ortsansässiger Fremder" (*metoikos*). Metöken waren durch die Gesetze der jeweiligen Polis geschützt und vor Gericht den Bürgern gleichgestellt. Neben den Metöken verrichteten die Sklaven die meisten Arbeiten in der Polis. Die Sklaven gingen wie die Heloten zum Teil aus der unterjochten einheimischen Bevölkerung hervor oder wurden über den Sklavenhandel importiert. Häufig wurden die im Krieg Besiegten zu Sklaven. Aber auch den Freien, die ihre Schulden nicht begleichen konnten, oder den Metöken, die ihre Abgaben an die Polis nicht zahlen konnten, drohte die Sklaverei. Sklaven waren in der Regel wie in Athen persönliches Eigentum der Bürger, das verkauft und vermietet werden konnte. In Athen arbeiteten die meisten Sklaven in den Haushalten und den Bergwerken. Sie waren jedoch auch in der Herstellung und der Landwirtschaft tätig, was den wohlhabenderen Bürgern die Muße für politische und wissenschaftliche Tätigkeiten verschaffte. Im Gegensatz zu Athen waren die Sklaven in Sparta kein Privatbesitz, sondern gehörten der Polis und konnten daher nicht freigelassen werden (vgl. Finley 1993, S. 65–107).

Mitte des 5. Jahrhunderts v. Chr. stieg Athen zur stärksten Macht Griechenlands auf. Dieser Aufstieg wurde durch die siegreichen Kriege der Griechen gegen die Perser begünstigt. Vorgeschichte der Perserkriege war der Aufstand der ionischen Küstenstädte (500–494 v. Chr.) gegen den Perserkönig Dareios I., der damals ein Weltreich regierte. Der Aufstand wurde trotz der Unterstützung durch die Athener niedergeschlagen und führte zur vollständigen Vernichtung Milets. Nach dem Sieg entschloss sich der Perserkönig zu einem Vergeltungszug nach Griechenland. Das persische Heer, das in der Bucht von Marathon in Attika gelandet war, wurde 490 v. Chr. völlig überraschend von den athenischen Hopliten unter Miltiades geschlagen. Hopliten waren schwer bewaffnete Fußsoldaten, die in einer geschlossenen Schlachtreihe (Phalanx) kämpften. Nach seiner Niederlage rüstete der persische Großkönig erneut auf und fiel ein weiteres Mal in Griechenland ein. Eine Vielzahl griechischer Städte schloss sich unter Führung Spartas zum Hellenenbund zusammen. Nach der Niederlage der Spartaner bei den Thermophylen gelang es der Flotte der Athener, die persische Flotte 480 v. Chr. bei Salamis zu vernichten. Ein Jahr darauf besiegte der Hellenenbund auch das persische Landheer bei Plataä.

Die Perserkriege

Die Perserkriege hatten politische Konsequenzen. Zum einen wurde nach Kriegsende ein Bündnis gegen die Perser geschaffen, der Delisch-Attische Seebund, dem Athen vorstand und Sparta fernblieb. In der Folge gerieten die Mitglieder in immer stärkere Abhängigkeit von Athen, das die Politik des Bundes bestimmte. Von den Beitragszahlungen an die Bundeskasse, die 454 v. Chr. von Delos nach Athen verlegt wurde, gestalteten die Athener die Akropolis neu und erweiterten ihre Flotte stark. Eine weitere Folge der Perserkriege und des damit verbundenen Aufstiegs von Athen als Seemacht war, dass die ärmeren Athener mehr politische Beteiligung erlangen konnten. Denn sie hatten durch den Ruderdienst auf den Schiffen große militärische Leistungen vollbracht und wurden dazu ständig gebraucht. Durch die enge Verknüpfung von Waffenfähigkeit und politischem Recht konnten die Unterschichten ihren Anspruch auf politische Partizipation begründen, was ein wichtiger Schritt auf dem Weg zur Demokratie war.

Die politischen Folgen der Kriege

Athens Siege über die Perser und Athens Herrschaft im Attischen Seebund brachten die Polis in immer stärkeren Gegensatz zu Sparta, das damals die stärkste hellenische Landmacht war. 431 v. Chr. kam es zwischen den beiden Städten und ihren jeweiligen Verbündeten zum Peloponnesischen Krieg, der 404 v. Chr. mit der Niederlage Athens endete. Während der 490 v. Chr. geborene Historiker Herodot die Geschichte der Perserkriege überlieferte, wurde der Peloponnesische Krieg von dem um 400 v. Chr. verstorbenen athenischen Historiker Thukydides aufgezeichnet. Thukydides unterscheidet zwischen dem äußeren Anlass und der tieferen Ursache des Kriegsaus-

Der Peloponnesische Krieg

bruchs. Über letztere erklärt er: „Den wahrsten Grund freilich, zugleich den meistbeschwiegenen, sehe ich im Wachstum Athens, das die erschreckten Spartaner zum Kriege zwang" (I 23). Ein wichtiger Aspekt des Peloponnesischen Krieges, der in vielen Städten mit Bürgerkriegen einherging und durch einen solchen in Epidamnos ausgelöst wurde, war ein Gegensatz der politischen Systeme. Viele Städte waren gespalten in demokratisch gesinnte Freunde Athens und antidemokratische Anhänger Spartas. Bereits vor dem Krieg exportierte Athen die Demokratie und befestigte seine Herrschaft im Seebund, indem es Umstürze zu demokratischen politischen Systemen unterstützte. Während des Krieges führte Athen diese Politik fort. Dagegen schaffte Sparta in jeder besiegten Polis die Demokratie ab und führte eine Oligarchie ein, eine Herrschaft weniger Bürger (vgl. Bleicken 1994, S. 58f.). Der Peloponnesische Krieg war verheerend und bedeutete einen gewaltigen Einschnitt und eine fürchterliche Erschütterung Griechenlands.

Nach der Niederlage von 404 v. Chr. und einem nachfolgenden kurzen oligarchischen Zwischenspiel – die Tyrannis der 30 – wurde in Athen 403 v. Chr. erneut die Demokratie eingeführt. Mittlerweile übte Sparta in ganz Griechenland die Herrschaft aus, die mit noch stärkerer Unterdrückung einherging als diejenige Athens. Sparta wurde jedoch 371 v. Chr. bei Leuktra von Theben und dessen Bundesgenossen vernichtend geschlagen. 369 v. Chr. befreiten die Sieger Messenien von der spartanischen Herrschaft, wodurch Sparta seine starke Stellung in Griechenland für immer verlor. Etwa zeitgleich, ab Mitte des 4. Jahrhunderts, wurde dagegen das makedonische Königreich immer mächtiger. 338 v. Chr. besiegte der Makedonenkönig Philipp II., der Jugendfreund von Aristoteles und Vater von Prinz Alexander, das griechische Heer bei Chaironeia. Alle Griechen mit Ausnahme der Westgriechen gerieten unter makedonische Herrschaft.

Verlust der Unabhängigkeit

Es kam zwar zum Frieden, aber auch zum Verlust der Unabhängigkeit der griechischen Städte, die keine selbstständige Außenpolitik mehr betreiben konnten. Die griechische Polis ging in den nachfolgenden Jahrhunderten aber nicht unter, wie oft behauptet wurde, sondern breitete sich aus und entwickelte sich weiter (Billows 2003; Hansen 2006, S. 132–134; Shipley/Hansen 2006; → KAPITEL 12.1).

1.2 Thales: Das Wasser als Ursprung aller Dinge

In den meisten Philosophiegeschichten wird der Grieche Thales von Milet, der für das Jahr 585 v. Chr. erfolgreich eine Sonnenfinsternis vorhergesagt haben soll, als erster Philosoph angeführt. Thales galt unbestritten als einer der legendären „Sieben Weisen", deren Lebensklugheit uns in Aussprüchen wie „Erkenne Dich selbst" oder „Nichts im Übermaß" überliefert ist. Wie die anderen Weisen war Thales eine Persönlichkeit des öffentlichen Lebens, der seiner Stadt politische Ratschläge gab (Herodot: *Historien* I 170). Nach der Philosophiegeschichte des Diogenes Laertius, die wahrscheinlich im dritten nachchristlichen Jahrhundert entstanden ist, bestand weder über die Zahl noch über die Mitglieder der „Sieben Weisen" Einigkeit. Bis zu 17 Namen von Weisen werden überliefert. Nach Diogenes galten Thales, Solon, Periander, Kleobulos, Chilon, Bias und Pittakos als weise (DL I 13; DL I 40–42). Alle diese Männer lebten im 7. oder 6. Jahrhundert v. Chr. Auch wenn Diogenes im ersten Buch seiner Philosophiegeschichte die „Sieben Weisen" ausführlich behandelt, unterscheidet er sie am Ende des Buches von den eigentlichen Philosophen.

Thales und die sieben Weisen

Für Diogenes Laertius beginnt die Philosophie im eigentlichen Sinne noch nicht mit Thales, sondern erst mit Anaximander (→ KAPITEL 2.1). Dagegen stellt Aristoteles, der in der Regel an die Einsichten seiner Vorgänger anknüpft und sie weiterentwickelt, Thales an den Anfang der Philosophiegeschichte. Nach Aristoteles ist die entscheidende philosophische Lehre des Milesiers, dass das Wasser der „Ursprung" oder der „Grund" (*archê*) aller Dinge ist. Als Konsequenz dieser Lehre habe Thales zudem behauptet, dass die Erde auf dem Wasser ist bzw. wie ein Stück Holz auf dem Wasser ruht. Das Wasser sei die Stütze der Erde, das sie in einer stabilen Lage hält und vor dem Fallen bewahrt. Gegen diese Ansicht wendet Aristoteles zurecht ein, dass dann auch das Wasser eine Stütze benötigte (Met. I 3, 983 b 20f., Aristoteles: *De Caelo* II, 294 a 28ff.).

Thales als erster Philosoph

Was lässt sich über das gängige Verständnis von Philosophie sagen, das sie mit Thales beginnen lässt? Diese Frage ist nicht leicht zu beantworten, weil unsere Quellen nicht ausreichen, den Sinn der philosophischen Lehre des Thales eindeutig zu bestimmen. Dennoch ist deutlich, dass nach diesem Verständnis die Welt, die Natur oder der Kosmos der zentrale Gegenstand der Philosophie ist. Zum anderen stellt sich die Philosophie als eine Bestrebung dar, ihren Gegenstand zu erklären, indem sie ihn auf ihren Ursprung oder Urgrund zurück-

Was ist Philosophie?

führt. Mit einer solchen Erklärung geht einher, dass die Vielheit der natürlichen Erscheinungen auf ein oder wenige Prinzipien reduziert werden wie auf das Wasser oder später bei Anaximenes auf die Luft (→ KAPITEL 2.2). Ein Verständnis der Philosophie als Wissenschaft von den Prinzipien finden wir explizit bei Aristoteles, der unsere zentrale Quelle für die Lehre des Thales ist. Genau genommen bezieht sich dieses Philosophieverständnis jedoch nicht auf die gesamte Philosophie, sondern bloß auf eine ihrer bedeutendsten Unterarten, die wir heute als Metaphysik oder Ontologie (d.h. Lehre vom Seienden) bezeichnen. Nach Aristoteles ist es die Aufgabe dieser Subdisziplin, die er selbst „Weisheit" (*sophia*), „Theologie" oder „erste Philosophie" (*prôtê philosophia*) nennt, die ersten und obersten „Prinzipien" (*archai*) und „Ursachen" (*aitiai*) des Seienden zu erforschen (Met. I 2, 982 a 32–982 b 9; Met. VI 1, 1025 b 3f.; → KAPITEL 10.3). Wenn Aristoteles uns überliefert, dass nach Thales das Wasser der „Ursprung" oder „Grund" (*archê*) aller Dinge ist, dann interpretiert er dessen Lehre mit seiner eigenen Begrifflichkeit und im Horizont seines eigenen Philosophieverständnisses (vgl. eine allgemeine Kritik, dass sich Aristoteles nicht um eine historische bzw. historisch genaue Darstellung der frühen griechischen Philosophie bemüht, Cherniss 1935).

Was für ein Sinn ergibt sich für die philosophische Lehre des Thales, wenn sie aus der Perspektive des Aristoteles interpretiert wird? Nach dem Wissenschafts- bzw. Philosophieverständnis des Aristoteles können wir einen Gegenstand erkennen und erklären, wenn wir dessen erste Ursachen kennen. Wie noch genauer darzulegen sein wird, hat Aristoteles ein wesentlich weiteres Verständnis von „Ursache" als es heute vorherrscht (→ KAPITEL 10.2). So unterscheidet er vier Arten und Bedeutungen von „Ursache" (*aitia*), die Stoffursache, die Formursache, die Zweckursache und die Bewegungs- bzw. Wirkursache. Für die meisten frühen Philosophen konstatiert Aristoteles, dass sie – im Gegensatz zu ihm selbst – nur die Stoffursache im Blick hatten und diese als das einzige Prinzip von allen Dinge ansahen. Der Stoff ist dasjenige, das einem Gegenstand als Material immer schon zugrundeliegt, aus dem er besteht und das ihn nach seiner Zerstörung überdauert. So ist etwa das Erz das bereits zugrundeliegende Material oder die schon vorhandene natürliche Substanz, aus der eine Skulptur geformt wird und besteht. Der Stoff ist der Grund bzw. die Ursache im Sinne des „woraus" für die Existenz eines Gegenstands. Wird die Lehre des Thales aus der Perspektive von Aristoteles' Unterscheidung von vier Ursachen interpretiert, dann besagt sie, dass für Thales alle

Aristoteles' Thales-Deutung

Dinge aus Wasser bestehen bzw. dass er das Wasser als die stoffliche Seinsursache oder den stofflichen Seinsgrund aller Dinge angesehen hat. Die Interpretation des Aristoteles avancierte zur bis heute gängigen Thales-Deutung (vgl. zum Einfluss des Sophisten Hippias auf Platons und Aristoteles' Verständnis der frühgriechischen Philosophie Patzer 1986 und Snell 1966b).

Problematisch an dieser Deutung ist vor allem, dass der Begriff der Stoffursache und der notwendig komplementäre Begriff der Formursache wie auch der Terminus „*archê*" Bestandteile der Lehre des Aristoteles sind, die etwa 250 Jahre jünger ist als diejenige des Thales (→ KAPITEL 10.2). Da diese Termini nicht dem Denk- und Begriffshorizont des Thales entstammen, dürfte es auszuschließen sein, dass er selbst das Wasser bereits als stoffliches Prinzip der Dinge verstanden hat. Zudem war das Wissen, das Aristoteles von Thales hatte, offensichtlich sehr beschränkt. Zwar ist die Behauptung, dass viele Dinge ganz oder teilweise aus Wasser bestehen, plausibel. Dies trifft aber keineswegs für die Verallgemeinerung zu, dass *alle* Dinge ganz oder teilweise aus Wasser bestehen.

Kritik an der Thales-Deutung

Im Zusammenhang mit der Überlieferung der Lehre des Thales lässt sich ein weiteres entscheidendes Moment verdeutlichen, das sowohl für das Philosophieverständnis des Aristoteles wie auch für unser heutiges Verständnis von Philosophie zentral ist. Philosophen vertreten nicht einfach nur verschiedene Interpretationen der Welt, der Natur, des Kosmos etc., sondern versuchen ihre Auffassungen und Erklärungen auch mit guten Gründen und Argumenten abzustützen und plausibel zu machen bzw. sind aus solchen Gründen erst zu ihren Ansichten gelangt. Aristoteles räumt zwar ein, dass er über die Begründung der Lehre des Thales, alle Dinge ließen sich auf das Wasser als deren Ursache und Ursprung zurückführen, nur Mutmaßungen anstellen kann. Dennoch hält er diese Frage offensichtlich für so bedeutend, dass er sich zu verschiedenen Vermutungen hinreißen lässt. Inwieweit er sich dabei auf Überlieferungen stützen konnte, wissen wir nicht genau (vgl. Patzer 1986 und Snell 1966b). Vielleicht, so Aristoteles, kommt Thales zu seiner Annahme deshalb, „weil er beobachtete, dass die Nahrung aller Dinge feucht ist und das Warme selbst aus dem Feuchten entsteht und dadurch lebt" (Met. I 3, 983 b 22–24). Als Trinkwasser, Regen oder Nahrung ist das Wasser notwendig, um Pflanzen und auch Lebewesen wie Tiere oder Menschen, deren Körpertemperatur deutlich wärmer ist als das Wasser, am Leben zu halten. Zudem könnte Thales nach der Vermutung des Aristoteles deshalb zu seiner Annahme kommen, weil „die Samen von allen

Philosophie und Begründung

Dingen von Natur aus feucht sind, das Wasser aber für alles Feuchte das Prinzip von dessen Natur ist" (Met. I 3, 983 b 26–27). Weil das Wasser das zentrale belebende und lebenserhaltende Prinzip ist, so vielleicht das Argument des Thales, muss es als der Urgrund oder die Seinsursache aller Dinge verstanden werden. Ein derartiger Rekonstruktionsversuch von Thales' Denkweg und Argumentationsgang kann zwar eine gewisse Plausibilität für sich beanspruchen. Dennoch wird dadurch nicht die Verallgemeinerung hinreichend begründet, dass das Wasser die Seinsursache *aller* Dinge ist. Problematisch ist zudem, dass in den von Aristoteles angeführten Begründungen das Wasser als Bewegungs- bzw. Wirkursache gedacht wird, die die Entstehung der lebenden Organismen bzw. ihr Wachstum veranlasst. Dies steht im Gegensatz zu seiner Auffassung, dass die frühen griechischen Philosophen nur die Stoffursache im Blick hatten.

Eine alternative Thales-Deutung

Die Deutung des Aristoteles, der zufolge nach Thales alle Dinge aus Wasser bestehen, kann nicht überzeugt. Daher fragt sich, wie die Aussage vom Wasser als Ursprung bzw. Urgrund aller Dinge, die auch von Diogenes Laertius überliefert wird, angemessener verstanden werden kann (DL I 27). Eine überzeugendere Lesart ist, dass die Dinge zwar ursprünglich aus Wasser entstanden sind, aber dennoch nicht alle aus Wasser bestehen. So könnte die Erde, die nach Thales auf dem Wasser ruht, ursprünglich aus Wasser entstanden sein. Das bedeutet aber nicht, dass die Erde und die auf ihr existierenden Dinge und Lebewesen notwendig alle aus Wasser bestehen müssen. Letzteres wäre, wie gesagt, nicht plausibel. Diese Lesart wirft jedoch das Problem auf, wie die These, dass alle Dinge ursprünglich aus Wasser entstanden sind, zu deuten ist. Die Begründungen, die Aristoteles für die Lehre des Thales anführt, stützen diese These zwar bis zu einem gewissen Grad. Sie können jedoch die Frage nicht beantworten, wie es möglich und denkbar ist, dass die Erde ursprünglich aus Wasser entstand.

Zwei Ansätze bieten sich zur Erklärung der Entstehung der Erde aus Wasser an, ein natürlich-spekulativer und ein religiös-animistischer. Den ersten Ansatz vertritt Olof Gigon. Ihm zufolge behandelt Thales die Frage nach dem Ursprung der Erde nicht wie der griechische Dichterphilosoph Hesiod, der wohl um 700 v. Chr. lebte, als Teil der Entstehungsgeschichte der Götter, sondern bloß in einem erdgeschichtlichen Sinne (→ KAPITEL 1.3). Die Entstehung der Erde aus dem Wasser bedeute lediglich, dass die Erde ursprünglich gänzlich vom

Das Auftauchen der Erde

Meer überflutet war. Nach dem Austrocknen des Meeres tauchte sie dann aus der Urflut auf und wurde sichtbar. Als Argument für seine

Deutung führt Gigon an, dass sowohl die späteren Milesischen Philosophen Anaximander und Anaximenes als auch Xenophanes diese Lehre vertraten. Vorbereitet worden sei diese Auffassung von der Erdentstehung zudem durch die panhellenische Sage von der deukalionischen Flut (Gigon 1968, S. 45f.).

Nach dem zweiten, dem religiös-animistischen Erklärungsansatz, versteht Thales das Wasser nicht wie der moderne Mensch als eine natürliche Substanz, sondern als ein beseeltes und göttliches Wesen. Die antiken Griechen hielten traditionell „die Erde, die Sonne und den Mond für Götter und verehrten sie als solche“ (Algra 2001, S. 42). Wasserkulte existierten in der Frühzeit in vielen Teilen der Welt. So hing die sardische Nuraghenkultur der Bronzezeit einem „animistischen Kult des Wassers“ an, das als heilige Substanz verehrt wurde (Melis 2003, S. 40). Einen Grund für die Annahme, dass auch Thales ein religiös-animistisches Verständnis des Wassers hatte, stellen seine überlieferten Auffassungen dar, dass alles voll von Göttern ist und dass der Magnetstein und vielleicht die ganze Welt eine Seele hat (Aristoteles: *De Anima* I 405 a 19–21, I 411 a 7 (= DK 11A22); DL I 27). In Hesiods *Theogonie* werden die Erde, das Meer und der Okeanos (der die Erde umfließende Ringstrom) wie die wichtigsten Teile der Welt als göttliche Wesen verstanden. Seiner Genealogie der Götterentstehung zufolge, die zugleich eine Geschichte der Weltentstehung ist, gebiert die Erde sowohl das Meer (den Pontos) als auch den Okeanos (*Theogonie* 105–35; → KAPITEL 1.3). In Abwandlung der Lehre des Hesiod könnte Thales dem Wasser – statt der Erde – den Primat in einer göttlichen Geschichte der Weltentstehung eingeräumt haben. Diese Interpretation ist auch deshalb plausibel, weil bereits der griechische Dichter Homer, der vermutlich etwas früher als Hesiod lebte, dem Okeanos eine kosmologische bzw. kosmogonische Bedeutung zuspricht. Nach Homer ist der Okeanos der Erzeuger der Götter und der Ursprung aller Dinge (Homer: *Ilias* XIV 244, 301; vgl. Kirk/Raven/Schofield 2001, S. 11–19; bemerkenswerterweise stellt Aristoteles seine eigene Thales-Deutung durch einen nachfolgenden Verweis auf die Bedeutung des Okeanos bei den „ersten Theologen“ in Frage Met. I 3, 983 b 27–984 a 3; zur Nähe von Thales zur frühen theogonischen Dichtung und zum Sophisten Hippias als frühe Quelle für diese Nähe vgl. Snell 1966b, S. 122f., und Patzer 1986, S. 33–42).

Die Zeugung der Erde

In der Forschung über die frühe griechische Philosophie wird viel darüber diskutiert, wie stark diese auf orientalische und ägyptische Mythen und Lehren zurückgeht. Bereits Diogenes Laertios diskutiert in der Einleitung seiner Philosophiegeschichte die Frage, ob die Philosophie nicht bereits vor den Griechen mit den Magiern der Perser, den Chaldäern der Babylonier und Assyrer, den Gymnosophisten der Inder, den Druiden und Semnotheen der Kelten und Gallier, oder den Priestern der Ägypter begonnen hat, verneint sie jedoch (DL I 1–13).

Östliche Wurzeln der Philosophie

Zweifellos hatten die philosophischen Kosmogonien der Griechen eine Reihe von Vorläufern wie Pherekydes von Syros oder die orphischen Kosmologien (Kirk/Raven/Schofield 2001, S. 8–81). Innerhalb der orientalischen Einflüsse wurden von dem Gräzisten Martin L. West vor allem die starken iranischen Impulse betont, die zwischen 550 und 480 v. Chr. auf die frühgriechische Philosophie einwirkten (West 1971, S. 203, 239; West 1997; vgl. zu den Einflüssen der alten Hochkulturen auf die frühgriechische Philosophie Burkert 2013).

Die Auffassung des Thales, dass die Erde auf dem Wasser schwimmt, die auch eine frühe Erklärung für Erdbeben darstellt, findet sich bereits bei den Ägyptern. Im babylonischen Schöpfungsepos wird die Erde aus einem Teil des Urwassers geformt. Auch in den Psalmen und in der Geschichte von Eridu ging die Erde aus dem Meer hervor (Kirk/Raven/Schofield 2001, S. 101).

Östliche Wurzeln von Thales' Lehre

Für die östlichen Wurzeln von Thales' Lehre spricht zudem, dass Herodot überliefert, Thales stamme von einer phönizischen Familie ab (*Historien* I 170). Des weiteren soll Thales verschiedenen Quellen zufolge nach Ägypten gereist sein und die dortige Philosophie und Geometrie gut gekannt haben. Jedenfalls werden Thales Leistungen auf dem Gebiet der Geometrie und der Astronomie zugeschrieben. Zudem soll er eine wissenschaftliche Theorie zur Erklärung der Ursachen der Überschwemmung des Nils entwickelt haben.

Seine mathematischen und astronomischen Forschungen und seine Suche nach nachvollziehbaren weltlichen Ursachen und Erklärungen für natürliche Phänomene rechtfertigen es, Thales als frühen Vertreter eines wissenschaftlichen Ansatzes anzusehen. Aber kann er deshalb auch als der erste Philosoph gelten?

War Thales ein Philosoph?

Zweifellos beschäftigte sich Thales wie Hesiod und die frühen Kosmogonien bereits mit philosophischen Fragen, wie derjenigen nach dem Ursprung der Welt und letztlich des Seins. Neuartig war vor allem, dass er höchstwahrscheinlich wie die späteren Milesischen Philosophen Anaximander und Anaximenes nicht mehr erzählte und in Hexametern schrieb, sondern bereits in Prosa. Dennoch spricht vieles dafür, dass er den Ursprung aller Dinge nicht bloß natürlich-spekulativ, sondern wie die Mythendichter vor allem religiös-theologisch erklärte. Insofern ist es fraglich, ob er die frühe philosophische Frage nach dem Ursprung tatsächlich bereits mit einem echten Logos beantwortete, der modernen Kriterien von rationalem Denken Genüge leisten kann. Diese Auffassung steht im Gegensatz zur vorherrschenden Meinung, nach der Thales die Welt aus einem natürlichen Prinzip und durch Erfahrungstatsachen erklärt und als „Wegbereiter des Begriffs des *natürlichen Prozesses* betrachtet werden" darf (Mansfeld 1987, S. 16; vgl. Barnes 1989, S. 9–12; Horn 2013a, S. 11). Die vorherrschende Meinung stützt sich auf die verzerrende Thales-Deutung des Aristoteles, die die Entstehung der Welt aus dem Wasser nicht erklären kann.

1.3 Hesiod: Der wahre Beginn der Philosophie?

Hesiod als erster Philosoph

Im Gegensatz zur vorherrschenden Ansicht vertritt Olof Gigon die Auffassung, dass nicht Thales, sondern der um 700 v. Chr. in Böotien lebende Dichter Hesiod von Askra der erste Philosoph war. Das begründet er erstens damit, dass Hesiod im Gegensatz zu Homer und anderen griechischen Sängern den Anspruch hat, nicht „täuschend echte Lügen" zu erzählen, sondern die Wahrheit zu lehren (Hesiod: *Theogonie* 27f.; *Werke und Tage* 10; Gigon 1968, S. 14). Das zweite philosophische Moment von Hesiods Werk erkennt Gigon darin, dass er nach dem Ursprung fragt: „Hesiod will vom Anfang reden. Vom Ersten, das da war. So beginnt keine Dichtung" (Gigon 1968, S. 22f.). Diese Aussage bezieht sich nicht auf Hesiods Gesamtwerk, sondern auf seine *Theogonie*, die einen Stammbaum und eine Entstehungsgeschichte der Götter gibt. Dabei komme es Hesiod „nicht darauf an, von den Göttern seines Glaubens zu berichten, sondern in der Form von weitverzweigten Göttergeschlechtern eine Gesamtheit der Welt darzustellen" (Gigon 1968, S. 25). In der Rede vom Ganzen erkennt Gigon Hesiods dritten philosophischen Gedanken. Das Streben nach Wahrheit und die Fragen nach dem Ursprung und dem Ganzen stellen zweifellos zentrale Momente philosophischen Denkens dar. Dennoch besteht der Mangel von Hesiods philosophischer Dichtung aus heutiger Sicht darin, dass er keine rationalen Begründungen oder Beweise für seine Interpretationen der Welt anführt, sondern sich zu Beginn seiner Werke auf die Autorität und das Wissen der göttlichen Musen über die Anfänge des Kosmos stützt. Allerdings ist es ein Manko einiger früher griechischer Philosophen, dass sie ihre Lehren nicht hinreichend mit guten Gründen und Argumenten abstützen oder solche zumindest nicht überliefert sind.

Auch der griechische Dichter Homer, der vermutlich etwas früher als Hesiod lebte, ruft in den Eingangsversen seiner Werke die Musen an. Zwischen Homer und Hesiod, den beiden bedeutendsten Dichtern der archaischen Epoche Griechenlands, bestehen sowohl eine Reihe von Gemeinsamkeiten als auch von Unterschieden. Beide verwendeten eine weitgehend gleiche Sprache und verfassten ihre Gedichte in Hexametern. Beide wurden jahrhundertelang gelesen, übten einen starken Einfluss auf die Kultur der Griechen aus und wirkten als ihre Erzieher. Herodot betont als weitere bedeutende Gemeinsamkeit die produktive Rolle, die Homer und Hesiod bei der Entstehung der Religion der Griechen zukommt. Die beiden Dichter hätten „den Hellenen ihr Göttergeschlecht geschaffen, ihnen ihre Namen gegeben, die Ämter und Tätigkeiten unter ihnen verteilt und ihre Gestalten beschrieben" (Herodot: *Historien* II 53). Die religiösen Ansichten der Griechen sind Herodot zufolge entscheidend durch die beiden Dichter geprägt. Bemerkenswert ist, dass Aristoteles die Auffassungen von Homer und Hesiod in einem Atemzug mit denjenigen der frühen Philosophen zitiert (vgl. Met. I 4, 984 b 23ff.; Met. I 8, 989 a 10f.; Met. IV 5, 1009 b 15–31).

Hesiod und Homer: Gemeinsamkeiten

Zwischen Homer und Hesiod bestehen bedeutende Unterschiede. Hesiod war ein tief religiöser Bauer, der Eigentum an Grund und Boden hatte. Er verfasste nicht bloß eine Geschichte von der Entstehung der Götter und der Welt, sondern kritisierte auch die Adelsgesellschaft und die Ungerechtigkeit des herrschenden Adels, die er selbst erfahren musste. In seiner Dichtung „*Erga kai hemerai*" (*Werke und Tage*), in der Hesiod auch die Landwirtschaft thematisiert, mahnt er zur Arbeit und zu Recht und Gerechtigkeit. Dagegen wendet sich Homer – oder die Dichter, die sich hinter diesem Namen verbergen – an ein adliges Publikum, dem er wohl selbst entstammte. Homer erzählt die Geschichten von Helden und ihren heldenhaften Taten. Seine *Illias* ist ein Epos vom Kampf um Ilion (= Troja) und vom Zorn des Helden Achill, seine *Odyssee* die Geschichte der schwierigen und abenteuerreichen Heimkehr des Helden Odysseus nach dem trojanischen Krieg. Während Homer in seinen Heldengeschichten selbst nicht als Persönlichkeit auftritt, ist Hesiod der erste Dichter, der auch von sich und seinem Schicksal spricht.

Hesiod und Homer: Unterschiede

Hesiods *Theogonie* ist eine Geschichte von der Entstehung der Götter, die zugleich eine Geschichte von der Entstehung der Welt ist. Zur Gestaltung dieser Geschichte wählt Hesiod bewusst aus den überlieferten einzelnen Mythen aus, die er verbindet, ordnet und systematisiert. Inspiriert durch die Musen berichtet er vom Ursprung:

> „Als erstes nun ist das Chaos entstanden, dann jedoch die Erde mit breiter Brust, der ewig unerschütterliche Sitz aller Unsterblichen,

die auf der Höhe des Olympos und in der Tiefe des Tartaros wohnen, und Eros, der schönste unter den unsterblichen Göttern, der in allen Göttern und Menschen gliederlösend das Denken und das verständige Wollen bezwingt“ (*Theogonie* 116–122).

Chaos, Erde und Eros

Der Name der Urgottheit „Chaos“ bedeutet für Hesiod nicht wie für uns heute Unordnung. Die vielleicht angemessenste Deutung des Terminus leitet ihn von dem Verb „*chainein*“, d.h. „gähnen“ ab. Demzufolge verweist Chaos auf den leeren Raum, der noch vor der Erde und vor Eros entstanden ist (Schmitt 2012, S. 181, 218; vgl. Gigon 1968, S. 28f.; Horn 2013a, S. 11; Nestle 1975, S. 45). Eros, der Gott der Liebe, bewirkt durch seine Macht alle späteren Vereinigungen, Zeugungen und Geburten. Chaos gebiert die Finsternis (= Erebos), die sich mit der Nacht vereint und den Aither und den Tag erzeugt. Die Erde (= Gaia) gebiert das Meer und den Himmel (= Uranos), der sie umhüllt. Mit Uranos, ihrem ältesten Sohn, erzeugt Gaia den Okeanos, Kronos und zahlreiche andere göttliche Nachkommen, die als Personen dargestellt werden (*Theogonie* 123–139).

Die Herrschaft des Zeus als Ziel

Auf Aufforderung von Gaia, die sich an Uranos für seine Untaten rächen will, entmannt Kronos seinen ihm verhassten Vater. Nach der Entmachtung von Uranos ist Kronos der erste unter den Göttern und erzeugt mit Rhea Zeus und dessen Geschwister Hera, Hades, Poseidon, Demeter und Hestia. Dieses neue Göttergeschlecht löst wiederum das ihm vorangehende ab. In einer gewaltigen Schlacht besiegen Zeus und seine Geschwister Kronos und dessen Geschwister, die Titanen. Der gesamte Prozess der Zeugungen und Geburten läuft auf die Verherrlichung der gerechten Herrschaft des Zeus über Götter und Menschen in der Gegenwart hinaus. Zeus herrscht, indem er bestimmte Götter wie Styx und Hekate mit Ämtern und Ehren belohnt und andere wie Prometheus bestraft. Zeus’ gerechte Herrschaft wird gestützt durch seine Ehe mit Themis, der Göttin des Rechts, die ihm die Horen als Töchter schenkt: „Eunomia“ (Wohlordnung), „Dike“ (Gerechtigkeit) und „Eirene“ (Frieden). Nach Hesiod sind dies Göttinnen, „die das Tun und Treiben der sterblichen Menschen betreuen“ (*Theogonie* 902f.).

Die Auffassung von Olof Gigon, der zufolge Hesiod der erste Philosoph war, lässt sich neben den bereits angeführten Argumenten weiter begründen. So erkennt der Altphilologe Ernst Günther Schmitt bei Hesiod nicht bloß schon Grundzüge der späteren philosophischen Naturlehren, sondern in seinen *Werken und Tagen* bereits „diesen und jenen Ansatz zur Ethik“ (Schmitt 2012, S. 210). Die Ethik ist eine bedeutende Teildisziplin der Philosophie, die das richtige Han-

Ansätze zur Ethik

deln und das gute und glückliche Leben erforscht. Hesiod erklärt über das richtige menschliche Handeln: „Selbst bereitet sich Schlimmes, wer anderen Schlimmes bereitet" (*Werke und Tage* 264). Das Recht und die „Tugend" (*aretê*), auf die der Mensch abzielen sollte, erlangt er am besten durch selbstständige Erkenntnis (*Werke und Tage* 278–296). Hesiod vertritt zudem bereits eine zentrale These der politischen Philosophie der klassischen Antike, der zufolge eine Polis, in der Recht und Gerechtigkeit herrschen, auch eine gedeihende und glückliche Stadt ist. Wie seine ethischen Ansätze und moralischen Ermahnungen begründet Hesiod diese These jedoch nicht weltlich-rational, sondern vor allem religiös mit den göttlichen Strafen für Unrechttun (*Werke und Tage* 218–272). Dennoch erkennt Ernst Günther Schmitt „in dem rationalen Grundzug aller hesiodeischen Dichtungen das gedankliche Element, das auch die griechische Philosophie entscheidend prägte" (Schmitt 2012, S. 210).

In *Werke und Tage* reflektiert Hesiod über die spezifische Existenzform des Menschen und versucht zu erklären, warum das menschliche Leben voll von Mühe und von Leiden ist, obwohl doch der gerechte, alles sehende und allmächtige Zeus herrscht (*Werke und Tage* 266; *Theogonie* 403). Wie bereits Homer bemüht sich Hesiod um eine Theodizee, um eine Rechtfertigung Gottes (*theos* = Gott; *dikê* = Gerechtigkeit). Eine solche Rechtfertigung wird in Anbetracht der Existenz des Leidens und Übels in der Welt notwendig, das der gerechte Gott zulässt oder nicht abschafft, obwohl er die Macht dazu hätte. Homers Theodizee zufolge sind nicht die Götter am Übel und am menschlichen Unglück schuld, sondern die Menschen, weil sie es durch ihre frevelhaften Taten selber herbeiführen (Homer: *Odyssee* I 32ff.). Hesiod gibt seine Theodizee vor allem durch seine Gestaltung des bekannten Mythos von Prometheus. Die herausgehobene Bedeutung, die Hesiod diesem Thema beimisst, zeigt sich daran, dass er den Mythos sowohl in der *Theogonie* (507–616) als auch in *Werke und Tage* (42–105) erzählt. Der Mythos von Prometheus wurde Mitte des 5. Jahrhunderts erneut in der Tragödie *Der Gefesselte Prometheus* verarbeitet, die Aischylos zugeschrieben wird. Auch der Sophist Protagoras präsentiert in Platons gleichnamigen Dialog diesen Mythos als philosophische Erzählung von der Entstehung des Menschen, der Zivilisation und der Polis (→ KAPITEL 5.3).

Hesiods Theodizee

Prometheus, dessen Name „der Vorausdenkende" bedeutet, ist der Sohn von zwei Titanen bzw. Geschwistern des Kronos. Die Vorgeschichte von Hesiods Erzählung ist höchstwahrscheinlich, dass Prometheus die Menschen erschaffen hat und Zeus von ihnen Anerkennung und Opfer fordert (Heitsch 1966a, S. 421; vgl. Wehrli 1966). Prometheus, der Freund der Menschen, versucht Zeus beim Opfer zu betrügen. Dazu bildet er aus einem zerteilten Rind zwei Haufen. Durch eine List versucht er Zeus zu bewegen, den wertlosen Haufen mit den Knochen zu wählen. Seitdem folgen die Menschen diesem Beispiel und opfern den Götter lediglich Knochen. Zeus durchschaut die List. Als Strafe enthält er den Menschen das Feuer vor. Prometheus raubt das Feuer und bringt es ihnen. Zeus belässt den Menschen zwar das Feuer. Jedoch bestraft er sie und Prometheus hart. Nach der Version der *Theogonie* erschafft er den Männern als Strafe die Frauen, die ihnen Übel und Leid bringen. Nach der Version von *Werke und Tage* schickt er den Menschen Pandora, ein reizendes Mädchen, deren Krug voll von Unheil und Übeln ist, die sich unter den Menschen verbreiten. Zudem verbirgt Zeus den Menschen die Nahrung, wodurch sie zu mühseliger Arbeit gezwungen werden. Das verbindet Hesiods Mythos mit dem ersten Buch Mose der Israeliten, in dem die Arbeit als Strafe Gottes für Adams und Evas Missachtung seines Verbots aufgefasst wird, so dass der Mensch sein Brot mit Schweiß verdienen muss. Hesiods Mythos von Prometheus versucht die Mühen und das Leid, das die Menschen in ihrem Leben erdulden müssen, als gerechte Strafe des Zeus zu rechtfertigen. Es darf jedoch bezweifelt werden, ob die Strafen des Zeus angemessen bzw. verhältnismäßig sind und ob Hesiods Theodizee überzeugen kann (vgl. zum Mythos von Prometheus Heitsch 1966a; Ottmann 2001a, S. 43–48; Wehrli 1966).

Der Mythos von Prometheus

Im direkten Anschluss an den Mythos von Prometheus erzählt Hesiod den Mythos von den fünf Geschlechtern bzw. Weltaltern (*Werke und Tage* 106–201). Im Wesentlichen präsentiert dieser Mythos eine Verfallsgeschichte vom frühen goldenen Menschengeschlecht über das silberne, das erzene bzw. bronzene und das heroische bis zum eisernen, dem Hesiod und seine Zeitgenossen angehören. Eine Ausnahme stellt das bessere und gerechtere Geschlecht der trojanischen und thebanischen Helden dar, das dem eisernen vorangeht und die gute mykenische Zeit (1500–1150 v. Chr.) in Erinnerung ruft. Der Mythos lässt sich als ein weiterer Versuch Hesiods verstehen, die mühselige und leidvolle Existenzform der Menschen zu erklären und ihnen nahezulegen, sie zu akzeptieren. Zusammen mit der nachfolgenden Fabel von Habicht und Nachtigall (*Werke und Tage* 202–212) bereitet der Mythos Hesiods Ermahnungen zur Rechtlichkeit und zur moralischen Umkehr vor. Diesen Ermahnungen verschafft Hesiod durch seinen Mythos Nachdruck. Denn wie die meisten

Der Mythos von fünf Geschlechtern

vorangehenden Geschlechter selbst an ihren Untergang Schuld sind, drohe auch dem fünften Geschlecht gegenwärtig die Auslöschung (vgl. zur Deutung des Mythos Ottmann 2001a, S. 52–54, und zahlreiche Interpretationen in Heitsch 1966b).

Auch wenn Hesiod zurecht als „*der erste Theologe* der Griechen" (Nestle 1975, S. 45) verstanden wurde, enthalten seine Werke bereits bedeutende philosophische Ansätze und Gedanken. Diese werden in Form von Mythen präsentiert, die Erklärungen und Interpretationen der Welt und ihrer Entstehung liefern. Hesiods Mythen geben religiöse oder theologische Antworten auf philosophische Fragen. Dennoch stellen Hesiods Mythen bereits einen poetischen Ausdruck seines staunenden, fragenden und antwortenden Logos dar, der sie durchdringt. Die enge Verknüpfung von philosophischem und theologischem Denken, die wir bei Hesiod erkennen, sollte uns nicht dazu verleiten, die philosophischen Gehalte seines Denkens in Abrede zu stellen. Denn eine derartige Verknüpfung, wie sie uns über Platon, die Stoa und die mittelalterliche Philosophie bis in die Gegenwart immer wieder begegnet, muss als Charakteristikum einer Grundform philosophischen Denkens verstanden werden. Auch wenn sich diese Grundform von der Antike bis heute im Konflikt mit agnostischen und atheistischen Strömungen befindet, die die Philosophie so weit wie möglich zu säkularisieren versuchen, muss sie als eine genuine Weise des philosophischen Denkens angesehen werden. Interpretationsansätze, die das religiöse und theologische Element philosophischer Positionen marginalisieren und nur ihr rationales Element gelten lassen, werden dieser Grundform philosophischen Denkens oft nicht gerecht (vgl. als Vertreter eines solchen Ansatzes etwa Rapp 2007).

Philosophie und Theologie

Die vorangehenden Darlegungen zu Thales und Hesiod haben verdeutlicht, dass es gute Gründe dafür gibt, den Beginn der griechischen Philosophie vor Thales zurück zu verlegen. Die Tatsache, dass Hesiod – höchstwahrscheinlich im Gegensatz zu Thales – noch nicht wie spätere Philosophen in Prosa schrieb, sondern in Hexametern, ist kein Grund, ihm die Anerkennung als Philosoph zu verweigern. Denn auch spätere Philosophen wie Xenophanes, Parmenides und Empedokles präsentierten ihre philosophischen Inhalte in dieser poetischen Form (→ KAPITEL 2.3, 3.2, 4.1). Dennoch sollte der Anfang des philosophischen Denkens nicht an einem Autor festgemacht werden. Vielmehr dürfte die Bewegung philosophischen Fragens und Antwortens an verschiedenen Orten und in verschiedenen Kulturen entstanden sein, die sich wechselseitig beeinflusst haben. In Thales' Werken lässt sich der Einfluss von älteren Mythen, Interpretationen

Die Geburt der Philosophie

und Erklärungen der Welt nachweisen. Auch Hesiods *Theogonie* und seine *Werke und Tage* sind, wie die Forschung zeigen konnte, stark von östlichem Gedankengut beeinflusst (Schmitt 2012, S. 192f., 200f.; West 1978; West 1997, S. 306ff.).

Fragen und Anregungen

- Was sind Argumente gegen die klassische Interpretation von Thales' philosophischer Lehre, der zufolge alle Dinge aus Wasser bestehen?
- Thales' philosophische Lehre bedeutet höchstwahrscheinlich, dass das Wasser der Ursprung aller Dinge ist. Erläutern Sie diese Interpretation.
- Was ist Philosophie? Welche Grundzüge dieser Disziplin lassen sich durch das Studium der ersten griechischen Denker gewinnen?
- Was sind Argumente dafür, Hesiod als den ersten griechischen Philosophen anzusehen?

Lektüreempfehlungen

- **Hesiod: Theogonie/Werke und Tage**, griech./dt., hg. und übers. von Albert von Schirnding, Sammlung Tusculum, mit einer Einführung und einem Register von Ernst Günther Schmitt, 5., überarbeitete Aufl., Berlin 2012. *Der Band enthält ein hilfreiches Register und eine hervorragende Einführung in Hesiod und seine Werke von Ernst Günther Schmitt.* Quellen
- **Hesiod: Werke**, ins Deutsche übers. von Luise und Klaus Hallof, Berlin/Weimar 1994.
- **Hesiod: Works and Days**, edited with prolegomena and commentary by Martin L. West (griech. mit engl. Kommentar), Oxford 1978. *Umfangreicher Kommentar, der immer noch als Standardwerk zu „Werke und Tage" gilt.*
- **Hesiod: Theogony**, edited with prolegomena and commentary by Martin L. West (griech. mit engl. Kommentar), Oxford 1966.

- **Aristoteles' Metaphysik,** Erster Halbband: Bücher I(A)–VI(E), übers. von Hermann Bonitz, griech.-dt., eingel. und komm. von Horst Seidl, 3. verb. Aufl., Hamburg 1989 (Phil. Bib., Bd. 307). *In Buch I präsentiert Aristoteles seine Auffassung von den Anfängen und der Entwicklung der frühen griechischen Philosophie.*

Forschung und Literatur

- **Olof Gigon: Der Ursprung der griechischen Philosophie.** Von Hesiod bis Parmenides, 2. Auflage, Basel/Stuttgart 1968 (zuerst 1945). *In seinen gut lesbaren Kapiteln über Hesiod und Thales gibt Gigon nachvollziehbare Interpretationen dieser beiden Denker.*
- **Christof Rapp: Vorsokratiker,** Zweite, überarbeitet Auflage, München 2007. *Rapps lesenswertes Kapitel über Thales arbeitet die Mehrdeutigkeit von seiner Lehre vom Wasser als Prinzip heraus und setzt sich kritisch mit der Thales-Deutung des Aristoteles auseinander.*
- **Geoffrey S. Kirk/John E. Raven/ Malcolm Schofield: Die Vorsokratischen Philosophen.** Einführung, Texte und Kommentare, übers. von Karlheinz Hülser, Stuttgart/Weimar 2001 (Original: The Presocratic Philosophers, Cambridge 1962, 1983). *Enthält ein langes Kapitel über die Vorläufer der philosophischen Kosmologien sowie Kapitel über Hesiod und Thales. Alle diese Kapitel verbinden eine zweisprachige Darlegung der Quellentexte mit ausführlichen Interpretationen.*

2 Die milesische Kosmologie und die frühe italische Philosophie

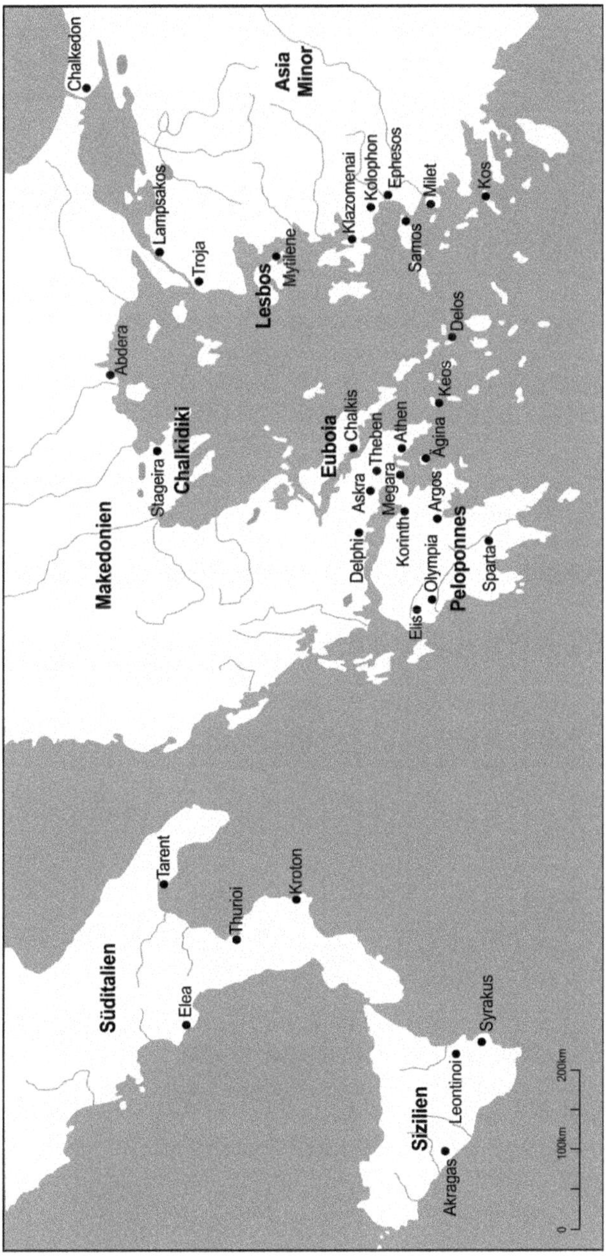

Abbildung 2: Karte der Siedlungsgebiete der antiken Griechen

Die Karte stellt die Siedlungsgebiete der antiken Griechen dar und verzeichnet die wichtigsten Geburtsorte und Wirkungsstätten ihrer Philosophen. Die griechische Philosophie entstand nicht im Kernland der Hellenen, sondern am östlichen Rand des griechischen Siedlungsgebiets, im ionischen Kleinasien, der heutigen Türkei. Die ersten bekannten Philosophen Thales, Anaximander und Anaximenes lebten in Milet. Auch die zweite Traditionslinie der frühgriechischen Philosophie begann nicht im griechischen Kernland, sondern in Unteritalien und Sizilien. Pythagoras war von Samos und Xenophanes von Kolophon in die Magna Graecia ausgewandert, den von Griechen besiedelten Teil Italiens. Pythagoras verbrachte den Großteil seines weiteren Lebens in Kroton, Xenophanes wahrscheinlich auf Sizilien und in Unteritalien.

Im Anschluss an die aristotelische Überlieferung hat es sich eingebürgert, von der „milesischen Naturphilosophie" zu sprechen. Bei genauerer Betrachtung ist es jedoch angemessener, Anaximander und Anaximenes als Kosmologen zu bezeichnen. Mit ihren Theorien versuchen sie vor allem zu erklären, wie die kosmisch-göttliche Ordnung entstanden ist, woraus sie besteht und wie sie sich verändert. Die traditionellen kosmologischen Fragestellungen bleiben auch für die in Italien lebenden frühen Philosophen Pythagoras und Xenophanes relevant. Dennoch konzentriert sich ihr Denken auch auf andere Themen. Xenophanes kritisiert die traditionellen Vorstellungen von den Göttern und bemüht sich um einen philosophischen Begriff von Gott. Pythagoras sorgt sich vor allem um das Schicksal und die Reinhaltung der Seele, die seiner Lehre zufolge unsterblich ist und in verschiedenen Körpern wiedergeboren wird. Das Zentrum der Kosmologie und Metaphysik des Pythagoras und seiner Schule bildet eine Lehre von den Zahlen und der Harmonie.

2.1 Anaximander: Das „Unbegrenzte“ (*apeiron*)

Gewiss lässt sich darüber streiten, ob Hesiod und Thales schon als die ersten griechischen Philosophen gelten können. Kaum möglich ist ein solcher Streit dagegen bei Anaximander von Milet, den Diogenes Laertius als den ersten eigentlichen Philosophen anführt (DL I 122; DL II 1; vgl. jedoch DL VIII 1). Denn Anaximanders Theorie, die eine Interpretation Gottes, des Kosmos und der Welt gibt, ist deutlich umfassender und weiter entwickelt als die Spekulationen seiner Vorläufer. Nach dem Historiographen Apollodor soll Anaximander im Jahr 547/6 v. Chr. 64 Jahre alt gewesen und bald darauf verstorben sein (DK 12A1). Anaximander war etwa eine Generation jünger als Thales und galt als dessen Schüler und Nachfolger. Er soll vier oder mehr Bücher in Prosa verfasst und als erster eine Karte der bewohnten Erde angefertigt haben.

Anaximander, der erste Philosoph?

Nach dem philosophiegeschichtlichen Abriss, den Aristoteles in Buch I seiner *Metaphysik* präsentiert, kannten die meisten frühen griechischen Philosophen nur ein Prinzip bzw. lediglich eine der vier Ursachen, die Stoffursache (→ KAPITEL 1.2). Aristoteles zufolge bestimmte Thales diese als Wasser, Anaximenes als Luft und Heraklit als Feuer. In seiner Lehre von den vier Elementen nahm Empedokles später noch die Erde hinzu. Im Verlaufe des gedanklichen Fortschritts wären die Philosophen dann dazu genötigt worden, über andere Ursachen wie über das Prinzip der Bewegung und die Ursache der Schönheit und Ordnung zu reflektieren (Met. I 3, 983 a 24ff.). Aristoteles verbindet mit seinem Abriss den Anspruch, dass er der erste war, der alle vier Arten von Ursachen bzw. Prinzipien erkannt und erforscht hat. Seinem Selbstverständnis nach zeichnet er sich dadurch gegenüber seinen Vorgängern aus. Problematisch ist jedoch, dass er die frühen griechischen Philosophen mit seiner eigenen Begrifflichkeit und im Horizont seines eigenen Verständnisses von Philosophie, Philosophiegeschichte und philosophischem Fortschritt interpretiert. Die Kritik an seiner Thales-Deutung, nach der Wasser die stoffliche Ursache des Seins aller Dinge ist, hat bereits verdeutlicht, dass Aristoteles als Quelle für die frühen Denker keineswegs verlässlich ist (→ KAPITEL 1.2; vgl. Cherniss 1935).

Das Problem der Quellen

Es ist bemerkenswert, dass Aristoteles Anaximander in seinem philosophiegeschichtlichen Abriss in Buch I der *Metaphysik* nicht erwähnt. Dennoch finden sich in seinen Schriften verschiedene Aussagen über dessen Denken. Eine bedeutende Quelle für Anaximander wie für die gesamte frühe griechische Philosophie ist Aristoteles'

Schüler Theophrast, der Ende des 4. Jahrhunderts v. Chr. eine mit „*Meinungen der Naturphilosophen*“ (*Physikon doxon*) betitelte Schrift verfasst hatte. Diese umfangreiche Schrift, die aus 16 oder 18 Büchern bestand, ging jedoch bis auf das Buch *Über die Sinneswahrnehmung* verloren. Dennoch bildete sie die Grundlage für die gesamte spätere doxographische Überlieferung der griechischen Philosophie, die allerdings nicht sehr zuverlässig ist (*doxai* = Lehren, *graphein* = schreiben; Rekonstruktion der Überlieferung von Diels 1965, vgl. Mansfeld 2001). Das erste Buch von Theophrasts Schrift behandelte die stofflichen Prinzipien. Zentrale Auszüge von diesem Buch nahm im 6. Jahrhundert n. Chr. Simplikios in seinen Kommentar zur *Physik* des Aristoteles auf. Teilweise entnahm er sie dem Kommentar des Alexander von Aphrodisias, der auch nicht erhalten ist. Ein zentrales Problem der gesamten Überlieferung besteht darin, dass sie sich in zu starker Abhängigkeit von der Perspektive des Aristoteles und von dessen Schüler Theophrast befindet, der seinen Sichtweisen weitgehend folgte. Wie gegenüber unseren Quellen zu Thales ist gegenüber denjenigen zu Anaximander größtes Misstrauen angebracht (vgl. Barnes 1989, S. 34–37, der den Wert dieser Zeugnisse weitgehend infrage stellt).

Das Problem der Überlieferung

Nicht bezweifeln lässt sich, dass der zentrale Terminus von Anaximanders Lehre „*apeiron*“ lautet. Zur Erklärung der Bedeutung des Terminus konkurrieren zwei etymologische Herleitungen. Nach der traditionellen Deutung setzt er sich aus der privativen Vorsilbe „a“ (= un) und dem Wort „*peras*“ (Grenze) zusammen. Demzufolge bedeutet „*apeiron*“ „das Unbegrenzte“ oder „das Unbeschränkte“. Nach einer neueren und alternativen Deutung setzt sich der Terminus aus der privativen Vorsilbe „a“ und dem Verb „*peraô*“ (durchschreiten, durchdringen) zusammen. Demnach bedeutet „*apeiron*“ „das Undurchschreitbare“ oder „Undurchdringbare“. Die beiden möglichen Bedeutungen schließen sich, wie leicht zu erkennen ist, nicht gegenseitig aus, sondern ein (vgl. Barnes 1989, S. 36; Kahn 1960, S. 231f.; Rapp 2007, S. 37).

Der Terminus „*apeiron*“

Vielfalt der Bezüge von „*apeiron*“

Der Versuch, allein aus der Bedeutung von „*apeiron*“ die Kerngedanken von Anaximanders Lehre zu erschließen, führt nicht zum Erfolg. Denn der Terminus erlaubt eine Vielzahl von Bezügen und konkreteren Ausdeutungen. Er kann etwa eine unerschöpfliche Fülle meinen, eine zeitliche Unbegrenztheit, oder eine qualitative Unbestimmtheit (bestimmen bzw. definieren heißt abgrenzen von anderem). Plausibel ist auch die überlieferte Ansicht, dass sich das Apeiron im Sinne einer unbegrenzten Ausdehnung bzw. räumlichen

Unbegrenztheit verstehen lässt. Dieses Verständnis legt es nahe, es mit Hesiods Chaos in Verbindung zu bringen. Denn das Chaos, das Hesiod an den Anfang seiner Entstehungsgeschichte der Götter und der Welt stellt, meint den leeren Raum (→ KAPITEL 1.3). In der Tat wurde das Apeiron als „Weiterbildung" von Hesiods Chaos verstanden (Gigon 1968, S. 34; vgl. S. 30, 60, 74, 76, 78; vgl. dagegen Bezüge auf Hesiods Terminus „*chasma*" aus *Theogonie* 740, womit ein riesiger „Schlund" gemeint ist, bei Barnes 1989, S. 36, und Rapp 2007, S. 37).

Nach der Überlieferung versteht Anaximander das Apeiron – wie Thales das Wasser – als das „Prinzip" (*archê*) (DK 12A9, DL II 1). Manche Interpreten verstehen diese Überlieferung so, dass Anaximander den Terminus „*archê*" als erster verwendet hat (Gigon 1968, S. 60; Röd 1988, S. 26). Diese Deutung ist einerseits unwahrscheinlich, weil der Terminus Bestandteil der wesentlich jüngeren Lehre und philosophischen Fachterminologie des Aristoteles ist. Andererseits war „*archê*" ein gängiger Terminus der griechischen Umgangssprache, der vor allem „Anfang", „Beginn" oder „Ursprung" bedeutet. Sollte Anaximander den Terminus also doch verwendet haben, dann gewiss nicht im Sinne des Aristoteles als erklärendes Prinzip (vgl. Barnes, 1989, S. 32, 39; Rapp 2007, S. 36, 31). Daher basiert die Überlieferung teilweise auf einer Rückprojektion der aristotelischen Philosophiehistoriker. Im Zusammenhang mit den frühen Philosophen bedeutet der Terminus „*archê*" für Aristoteles zum einen Ursprung im Sinne von zeitlichem Anfang und zum anderen Ursache im Sinne von der stofflichen Ursache des Seins (→ KAPITEL 1.2). Den aristotelischen Philosophiehistorikern zufolge hat Anaximander das Apeiron sowohl als Ursprung als auch als Urstoff verstanden. Nach der Deutung des Apeiron als materieller Seinsursache ist es ein anderer Stoff als die klassischen Elemente Wasser, Luft, Feuer und Erde, die von Thales und seinen Nachfolgern ausgezeichnet wurden (DK 12A9, B1). Dieser Deutung zufolge müsste das Apeiron als unerschöpflicher und unbestimmter Urstoff verstanden werden, der allen bestimmten Elementen, Qualitäten und Gegensätzen der Welt zugrundeliegt. Selbst die Forscher, die sich der Problematik der Überlieferung bewusst sind, akzeptieren die Deutung des Apeiron als Urstoff (Barnes 1989, S. 30, 33; Kirk/Raven/Schofield 2001, S. 115, 120; Rapp 2007, S. 36–41). Dennoch könnte es sich bei dieser Deutung wiederum um eine Rückprojektion und eine Einpassung von Anaximander in das aristotelische Verständnis der Geschichte der frühen Philosophie handeln. Setzt der Begriff der Stoffursache nicht notwen-

Das Apeiron als Urstoff

dig eine ihr komplementäre Formursache voraus, die erst von Aristoteles eingeführt wurde? Andererseits ist die Behauptung, dass es einen grenzenlosen und unbestimmten Stoff gibt, aus dem alle Dinge entstanden sind und bestehen, durchaus sinnvoll.

Gewisser als die Interpretation des Apeiron als Urstoff ist diejenige, der zufolge es der Ursprung im Sinne eines zeitlichen Anfangs ist. Die Frage nach dem Anfang oder Ursprung der Welt und letztlich des Seins wird bereits von Hesiod und Thales gestellt. Anstelle der Urgottheiten Chaos und Gaia oder des Wassers, das Thales höchstwahrscheinlich als göttliches Wesen verstand, setzt Anaximander das Apeiron (→ KAPITEL 1.2 UND 1.3). Der Fortschritt dieser Antwort gegenüber denjenigen von Hesiod und Thales besteht vor allem darin, dass sie auf einem Begriff des Göttlichen basiert. Das Göttliche wird nicht mehr als Person oder Element vorgestellt, sondern als unbegrenztes kosmisches Prinzip gedacht. Dass Anaximander das Apeiron als „das Göttliche" (*to theion*) begreift, wird von Aristoteles ausdrücklich überliefert. Das Apeiron sei „ungeworden" (*agenêton*) und „unvergänglich" (*aphtharton*) und wie die homerischen Götter „unsterblich" (*athanaton*) (Phys. III 4, 203 b 7f., 13). Das göttliche Apeiron ist Anfang von allem und unbegrenzt im zeitlichen Sinne. Das bedeutet, dass es selbst keinen Anfang und kein Ende hat. Hätte es selbst Anfang oder Ende, dann wären dies seine Grenzen, was mit dem Begriff des Unbegrenzten unvereinbar wäre. Zudem soll das Apeiron „alles umfassen" (*periechein hapanta*) und „alles steuern" (*panta kybernan*) (Phys. III 4, 203 b 6–13). Dass das Apeiron alle Dinge umfasst bzw. einschließt, steht im Einklang mit der Interpretation, dass es ein grenzenloser und unbestimmter Stoff ist, aus dem alle begrenzten Dinge entstanden sind und bestehen. Der Urstoff müsste daher als göttlicher Urstoff verstanden werden. Das legt es nahe, Anaximanders Gottesbegriff als pantheistisch zu charakterisieren. Dass das Apeiron alles steuert, steht im Einklang mit der Deutung, dass Anaximander es als unbegrenztes kosmisches und göttliches Prinzip versteht. Das „steuern" impliziert, dass das Apeiron ein aktives Prinzip ist. Wenn es trotzdem zugleich Urstoff sein soll, dann kann es definitiv nicht Stoff im Sinne des Aristoteles sein. Denn Aristoteles begreift den Stoff als ein passives Material, in dem sich die Formen individuieren (→ KAPITEL 10.2). Wie das Apeiron den Kosmos und die Welt genau beeinflusst und kontrolliert, lässt sich durch den Kontext erklären, in dem der sogenannte „Satz des Anaximander" überliefert ist.

Das Apeiron als göttlicher Ursprung

Der Satz des Anaximander ist die erste wörtlich erhaltene Aussage der frühen griechischen Philosophie. Das Zitat ist Teil eines Texts von

Simplikios, der aus Theophrasts Buch über die Naturphilosophen zitiert. Simplikios erklärt in der Passage über Anaximander, als „Anfang" bzw. „Prinzip" (*archê*) bezeichne er eine

> „unbegrenzte Natur, aus der alle Himmel und die in ihnen enthaltenen Ordnungen hervorgehen. Woraus die seienden Dinge entstehen, dorthinein vergehen sie auch mit Notwendigkeit. Denn sie zahlen einander Strafe und Entschädigung für ihre Ungerechtigkeit nach der Ordnung der Zeit, wie er es mit diesen eher poetischen Worten ausdrückt" (DK 12A9, B1).

Der Satz des Anaximander

Dass dies tatsächlich ein Zitat aus einer Schrift des Anaximander ist, geht aus Theophrasts abschließendem Kommentar über seine Wortwahl hervor. Umstritten ist, ob sich dieser Kommentar nur auf den unmittelbar vorangehenden Satz oder auch auf denjenigen davor bezieht (vgl. Gigon 1968, S. 81; Jaeger 1953, S. 46; Kahn 1960, S. 166ff.; Mansfeld 1987, S. 72f.; Rapp 2007, S. 42).

Einigkeit besteht unter den Interpreten, dass der erste von Simplikios angeführte Satz über die Vielzahl der Himmel und Ordnungen bzw. Welten kein wörtliches Zitat von Anaximander ist. Es wurde sogar argumentiert, dass die in diesem Satz angeführte Lehre gar nicht auf Anaximander zurückgeht und ihm von Theophrast irrtümlicherweise zugeschrieben wurde (Kirk/Raven/Schofield 2001, S. 130, 133ff.; Rapp 2007, S. 42, 44). Dennoch lässt sich eine sinnvolle Interpretation der angeführten Passage geben, die diese Lehre einbezieht: Aus dem göttlichen Apeiron, dem unbestimmten Ursprung aller Dinge, gehen im grenzenlosen Verlauf der Zeit nacheinander verschiedene bestimmte Welten bzw. Ordnungen hervor (vgl. Cornford 1952, S. 177–185). Für den Prozess, der nach Anaximander eine Welt bzw. Ordnung aus dem Apeiron entstehen lässt, sind die Termini „Absonderung" (*apokrisis*) oder „Aussonderung" (*ekkrisis*) überliefert (DK 12A10; Phys. I 4, 187 a 20f.). Die begrenzten Welten, die aus dem Apeiron hervorgehen, realisieren jeweils beschränkte Möglichkeiten von Ordnung und schließen andere Möglichkeiten aus, denen dadurch ein Unrecht geschieht. Als Strafe und Wiedergutmachung für diese Ungerechtigkeit müssen die entstandenen Welten bzw. Ordnungen notwendig untergehen bzw. wieder ins Apeiron vergehen. Auf das Vergehen einer bestimmten Welt bzw. Ordnung folgt als Ausgleich das Entstehen einer anderen und immer so weiter. Alle diese sukzessiven Welten bzw. Ordnungen bestehen zwischen ihrer Entstehung und ihrem Untergang gleich lange, wodurch sich ein Ausgleich des Unrechts und eine Entschädigung nach „der Ordnung der Zeit" realisiert. Dieser kosmische Prozess der ausgleichenden Gerechtigkeit,

Erste Interpretation des Satzes

der ewig wiederkehrt, ist der Ausdruck der göttlichen Steuerung und Kontrolle des Kosmos.

Eine alternative Interpretation von Anaximanders Satz wird von denjenigen Forschern vorgelegt, denen zufolge Anaximander keine Entstehung von sukzessiven Welten annahm und die den ersten oder die ersten beiden Sätze, die Simplikios angeführt, für falsche Zuschreibungen halten (Kirk/Raven/Schofield 2001, S. 128ff.). Nach dieser Interpretation drückt der Satz eine Gesetzmäßigkeit aus, die sich auf die Gegensätze in der *einen* Welt bzw. Ordnung bezieht, die aus dem Apeiron hervorgegangen ist. Als Gegensätze soll Anaximander „das Warme, Kalte, Trockene, Feuchte usw.“ erwähnt haben (DK 12A9). Diese Gegensätze lassen sich den Jahreszeiten und den Elementen zuordnen. Im Sommer ist es warm und trocken, im Winter kalt und feucht bzw. regnerisch. Das Feuer ist warm und das Wasser feucht (Phys. III 5, 204 b 27f.). Die Ungerechtigkeit, von der Anaximander spricht, besteht nach dieser Interpretation etwa darin, dass im Sommer das Warme und Trockene das Kalte und Feuchte zurückdrängen und ein starkes Übergewicht erlangen. Dieses Unrecht wird im Verlauf der Zeit mit dem Wechsel der Jahrzeiten ausgeglichen. Als Strafe für ihr vorangehendes Übergewicht werden das Warme und Trockene durch das Kalte und Feuchte verdrängt, wodurch letztere entschädigt werden. Es handelt sich hierbei um einen kontinuierlichen Prozess und gleichmäßigen Wechsel wie denjenigen zwischen Tag und Nacht, in dem gleichwertige Gegensätze jeweils für eine letztlich gleiche Zeitdauer die Vorherrschaft in der natürlichen Ordnung erlangen. Auf diesen Prozess könnte sich Anaximanders Gedanke eines Ausgleichs von Unrecht und von Entschädigung nach „der Ordnung der Zeit“ beziehen (vgl. Rapp 2007, S. 42f.; Kirk/Raven/Schofield 2001, S. 130–132).

Zweite Interpretation des Satzes

Die erste der beiden Interpretationen versteht den Satz das Anaximander als eine kosmische Gesetzmäßigkeit, die zweite als eine welt- oder naturimmanente. Nach der ersten Auslegung interpretiert Anaximander in moralisch-rechtlichen Termini die kosmisch-göttliche Ordnung, nach der zweiten die natürliche Ordnung der Welt. Die Anhänger der zweiten Interpretation müssen letztlich die ersten beiden von Simplikios überlieferten Sätze und den Bezug des dritten Satzes auf den zweiten als unecht zurückweisen. Dagegen spricht allerdings, dass sich auch bei Philosophen, die wie Anaximenes, Xenophanes und Pythagoras von Anaximander beeinflusst wurden, der Gedanke sukzessiver Welten findet (→ KAPITEL 2.2, 2.3, 2.4). Zudem haben die Anhänger der zweiten Interpretation Schwierigkeiten zu erklären, wie

Argumente für die erste Interpretation

die steuernde Rolle des göttlichen Apeiron in einem rein innerweltlichen und naturimmanenten Gleichgewichtsprozess zu denken ist. Des weiteren machen sie die erste Interpretation nicht stark genug. So behaupten sie, dass ihr zufolge das „göttliche Unbegrenzte gegenüber dem, was es selbst hervorgebracht hat, *Ungerechtigkeit* begeht und seinen Hervorbringungen Sühne leisten muß“. Dies sei undenkbar, weil sich Anaximanders Gesetzmäßigkeit und der Prozess von Rechtsbruch und Entschädigung auf gleichrangige Parteien beziehen muss (Kirk/Raven/Schofield 2001, S. 130; vgl. Rapp 2007, S. 44). Letzteres Urteil trifft zwar zu. Dennoch entsteht nach der stärksten Interpretation der gesamten Passage des Simplikios die Ungerechtigkeit nicht zwischen dem göttlichen Apeiron und einer der von ihm hervorgebrachten Welten bzw. Ordnungen, sondern zwischen diesen nacheinander entstehenden Welten bzw. Ordnungen, die sich wechselseitig ihre Daseinsmöglichkeit bestreiten. Für die erste Interpretation spricht zudem, dass Anaximander wohl ein Austrocknen der Erde behauptet hat, das ein Ende der bestehenden Welt nahelegt (DK 12A27).

Kosmologie und Wissenschaft

Es gibt eine Reihe von Zeugnissen, nach denen Anaximander eine elaborierte Kosmologie entwickelte. Die Erde sieht er als Zylinder an, der einem steinernen Segment der Säule eines Tempels ähnlich ist. Die Menschen leben auf der oberen Grundfläche des Zylinders. Die Erde ruht im Zentrum des Kosmos. Anaximander gab auch eine Erklärung für die Stabilität der Erde, die derjenigen von Thales überlegen war. Aus der Sicht der heutigen Naturwissenschaft war Anaximander sehr progressiv, weil er als erster die Mathematik in Form von Zahlenverhältnissen auf die Natur und das Weltall anzuwenden versuchte (DK 12A10, 11 und 26). Die Pythagoreer knüpften an diesen Ansatz an (→ KAPITEL 2.4). Von Anaximander sind auch evolutionistische Erklärungen der Entstehung des tierischen und menschlichen Lebens überliefert. Die Tiere und Menschen auf dem Land sind nicht von Prometheus geschaffen worden, sondern haben sich aus dem Feuchten entwickelt (DK 12A30; vgl. Heitsch 1966a, S. 421). Wissenschaftlich und progressiv ist an diesem Ansatz, dass er manche Entwicklungen als natürliche Prozesse begreift, die aus sich selbst erklärt werden können. Der teilweise Verzicht auf die Götter und ihrer Eingriffe bei der Erklärung der Welt kann als wesentlicher Fortschritt auf einem Weg vom Mythos zum Logos begriffen werden.

2.2 Anaximenes: Die Luft und ihre Verwandlungen

Anaximenes als Autor

Anaximenes aus Milet war etwa eine Generation jünger als Anaximander, dessen Schüler er gewesen sein soll. Er muss zumindest eine Schrift verfasst haben. Denn nach Diogenes Laertius schrieb er „in ionischer Mundart, einfach und ungekünstelt" (DL II 3). Das legt es nahe, seinen Stil mit den „eher poetischen Worten" des Anaximander zu kontrastieren (Barnes 1989, S. 38; Kirk/Raven/Schofield 2001, S. 158; Rapp 2007, S. 48). Dennoch ist es nicht klar, ob Theophrasts bzw. Simplikios' Kommentar über Anaximanders Wortwahl eine Verallgemeinerung über dessen Schreibstil erlaubt. Von Anaximenes sind keine wörtlichen Zitate überliefert. Nach Diogenes Laertius soll Theophrast eine Schrift *Von der Lehre des Anaximenes* verfasst haben, die aber nicht erhalten ist (DL V 42).

Die Luft als Urstoff

Laut den aristotelischen Philosophiehistorikern begreift Anaximenes die „Luft" (*aêr*) als das einzige „Prinzip" (*archê*). Die Luft wird von ihm sowohl als Ursprung als auch als Urstoff aufgefasst. Im Gegensatz zu Anaximander, der das Apeiron als unbestimmtes Prinzip verstand, ist die Luft für Anaximenes ein bestimmtes Prinzip. Dieses stoffliche Prinzip sieht er allerdings als „unbegrenzt" (*apeiros*) an (DK 15A5 und A7). Das bedeutet, dass die Luft ein quantitativ unbegrenzter Urstoff und damit ein unerschöpfliches Material für die Dinge der Welt ist, die letztlich alle aus Luft bestehen. Im Gegensatz zu seinen Vorläufern Hesiod, Thales und Anaximander interessierte sich Anaximenes weniger für den Ursprung der Welt. Seine zentrale Frage war vielmehr, woraus die Welt besteht und wie sich ihre Vielfalt und die Veränderungen in ihr erklären lassen. Seine These ist, dass alle die verschiedenen Qualitäten und Elemente in der Welt aus Verwandlungen der Luft entstehen, des einen Urstoffs. Vielleicht hatte Aristoteles den stofflichen Monismus des Anaximenes vor Augen bei seiner problematischen Verallgemeinerung, dass *alle* frühen Philosophen vor allem über die stoffliche Ursache der seienden Dinge geforscht hätten. Denn Anaximenes ist der erste Denker, auf dessen Theorie diese Verallgemeinerung tatsächlich zutrifft. Neben Anaximenes erwähnt Aristoteles noch den deutlich jüngeren Diogenes von Apollonia, der die Luft wie Anaximenes als „vorzüglichstes Prinzip" ansetzte (DK 13A5 und A7; Met. I 3, 984 a 5–7).

Nach Anaximenes ist die Luft der Stoff, aus dem die ganze Welt besteht. Durch die Verwandlungen der Luft entstehen die anderen Elemente wie Wasser, Erde und Feuer und die verschiedenen Dinge und ihre Qualitäten. Ein wichtiger Ausgangspunkt der Theorie des

Anaximenes dürften Beobachtungen wie diejenige gewesen sein, dass Wasser verdunstet oder sich Wolken in Wasser verwandeln (vgl. DK 13A17 und 21). Nach seiner Theorie ist das herabregnende Wasser eine Verdichtung bzw. Verfestigung der Luft. Dagegen begreift Anaximenes die Verdunstung von Wasser nicht wie wir heute als eine Verwandlung von dessen flüssigem zu dessen gasförmigem Aggregatszustand. Vielmehr versteht er sie als eine Verdünnung bzw. Verfeinerung von Luft. Denn er versteht das Wasser wie alle anderen Elemente – außer der Luft – nicht als letzte Grundsubstanz, sondern als Erscheinungsform des einen Grundstoffs Luft. Aus der Luft gehen durch die beiden natürlichen Grundprozesse ihrer Verdichtung und ihrer Verdünnung letztlich alle anderen Stoffe und Elemente hervor. Theophrast überliefert uns, wie sich Anaximenes einige zentrale Verwandlungen der Luft konkret vorstellte: Durch Verdünnung bzw. Verfeinerung wird die Luft zu Feuer, durch Verdichtung bzw. Verfestigung wird sie zu Wind, „dann zu Wolken, durch noch weitere Verdichtung Wasser, sodann Erde, schließlich Steine; alles andere entsteht aus diesem“. Nach Theophrast sind alle diese Verwandlungen in die „ewige Bewegung“ eingebettet, von der sie abhängen (DK 13A5; vgl. 13A6). Bemerkenswert ist Theophrasts Aussage, dass alle anderen Dinge „aus diesem“ entstehen. Sie bedeutet wohl, dass die anderen Dinge und ihre Qualitäten für Anaximenes nicht unmittelbar aus Luft entstehen, sondern aus sekundären Grundsubstanzen wie Feuer, Wasser, Erde, Wind, Wolken und Steinen.

Die Verwandlungen der Luft

Die Theorie des Anaximenes wirft die Frage auf, warum er gerade die Luft als Grundstoff oder Grundsubstanz ansieht und nicht ein anderes Element wie Erde, Wasser oder Feuer. Eine Antwort könnte darin bestehen, dass die Luft in der Mitte liegt zwischen der Erde und dem Feuer, dem dichtesten und dem feinsten Element. Das könnte einen Grund für ihre Wandlungsfähigkeit darstellen. Dennoch trifft dies auch auf das Wasser zu, das wie Luft weniger fest als Erde ist und dichter als Feuer. Es wäre also durchaus eine Theorie denkbar, nach der alles aus Wasser besteht und die verschiedenen Dinge der Welt aus Verwandlungen des Wassers hervorgehen. In Anbetracht des Mangels an Quellen lässt sich sogar nicht völlig ausschließen, dass dies letztlich die Theorie des Thales war (vgl. Pichot 2000, S. 291f).

Warum gerade Luft als Grundstoff?

Ein Grund dafür, dass Anaximenes gerade die Luft als Grundstoff ansieht, ergibt sich aus der Beobachtung ihrer Wandlungsfähigkeit. Nach Plutarch verwies Anaximenes auf die gängige Erfahrung, dass Luft, die mit offenem Mund ausgeatmet wird, warm ist. Dagegen ist Luft, die mit zusammengedrückten Lippen ausgeatmet wird, kalt. Im

Alltag greifen wir auf die Wandlungsfähigkeit der Luft zurück, um etwa unsere Hände zu wärmen oder unsere Nahrung abzukühlen. Die Luft, die mit offenem Mund ausgeatmet wird, ist verdünnt. Die Luft, die mit zusammengedrückten Lippen ausgeatmet wird, ist verdichtet. Das zeigt für Anaximenes, dass die Qualitäten „warm" und „kalt" nicht unabhängig von der Luft bestehen, sondern Erscheinungsformen von deren Dichte oder Dünne sind. Seine These, dass alle die verschiedenen Qualitäten und Elemente in der Welt aus Verwandlungen der Luft entstehen, könnte auf die Verallgemeinerung dieser Beobachtung bzw. Deutung zurückgehen (DK 13B1).

Luft als Ursache von warm und kalt

Ein weiterer Grund dafür, dass Anaximenes gerade die Luft als Grundstoff ansieht, ist deren herausragende Bedeutung für das menschliche Leben. Ohne Luft und Atem kann der Mensch sein Leben nicht erhalten. Nach Anaximenes hält der Atem den Menschen „zusammen". Das heißt wohl, dass er den Körper des Menschen vor dem Zerfall und ihn damit vor dem Tod bewahrt. In einer nicht wörtlich überlieferten Aussage erklärt Anaximenes: „Wie unsere Seele, die Luft ist, uns mit ihrer Kraft zusammenhält, so umfasst (*periechei*) auch den ganzen Kosmos Atem und Luft (Luft und Atem werden synonym gebraucht)" (DK 13B2). In der Literatur wurden eine Reihe von Möglichkeiten erwogen, wie dieser Vergleich oder Analogieschluss vom Bekannten zum Unbekannten genau zu verstehen ist (Kirk/Raven/Schofield 2001, S. 174f.; Mansfeld 1987, S. 85f.). Jedenfalls dürfte Anaximenes eine Ähnlichkeit oder Entsprechung von Mikro- und Makrokosmos, von Mensch und Weltganzem, voraussetzen. Zudem dürfte er die „Seele" (*psychê*) wie der archaische Volksglaube als „Luft" (*aêr*) bzw. „Atem" (*pneuma*) ansehen. Aus der herausragenden Bedeutung, die dem Atem und der Luft für die Erhaltung des Menschen zukommt, schließt Anaximenes anscheinend auf die überragende Rolle der Luft im Kosmos. Es liegt nahe anzunehmen, dass die Luft für ihn den Kosmos zusammenhält und vor dem Zerfall oder Ende bewahrt.

Seele und Kosmos als Atem und Luft

Für diese Annahme spricht, dass Anaximenes die Luft als göttlich ansieht. Die Luft sei der Ursprung aller Dinge, die sich auch wieder in Luft auflösen (DK 13B2). Diese Aussage dürfte, was auch andere Quellen nahelegen, ein Hinweis darauf sein, dass Anaximenes – wie wahrscheinlich Anaximander – annahm, dass im Verlauf der Zeit nacheinander verschiedene Welten bzw. Ordnungen entstehen und wieder vergehen (vgl. Kirk/Raven/Schofield 2001, S. 165f.; →KAPITEL 2.1). Jedenfalls lehrte Anaximenes, dass es eine ursprüngliche Verdichtung der Luft gab, aus der als erstes die Erde entstanden sei. Die

Die göttliche Luft als Ursprung

Erde sei breit und flach, ähnlich wie ein Tisch, und werde von der Luft getragen, auf der sie einherfährt. Da die Erde auf der Luft treibt, sei sie in einer stabilen Lage. Diese Erklärung erinnert an die Auffassung des Thales, dass die Erde auf dem Wasser treibt. Sie hat jedoch den Vorteil, dass Anaximenes mit ihr auch die stabile Lage der anderen Himmelskörper erklären kann. Diese seien von der Erde her entstanden. Die Feuchtigkeit sei von ihr aufgestiegen, habe sich verdünnt und sei zu Feuer geworden. Was wir als Gestirne wahrnehmen, sei das nach oben gestiegene Feuer (vgl. dagegen DK 13A6). Nach Anaximenes ist die Luft nicht bloß der göttliche Urstoff, sondern auch der Ursprung der verschiedenen existierenden Götter, die aus ihr hervorgegangen sind (DK 13 A6, 7, 10 und 20; DK 13B2).

Die Bedeutung des Anaximenes

Unter den Interpreten der frühen griechischen Philosophie besteht kein Konsens darüber, wie die Theorie des Anaximenes zu bewerten ist. Uneinigkeit besteht auch hinsichtlich der Frage, wie stark sie von Anaximanders Kosmologie abhängt. Häufig wird die Theorie des Anaximenes als Rückschritt gegenüber derjenigen von Anaximander angesehen, weil er anstelle des unbestimmten Apeiron mit der Luft wieder einen bestimmten Stoff ansetzt. Dennoch weist seine Theorie eine Reihe von Qualitäten auf. Sie basiert nicht auf reiner Spekulation, sondern geht von Beobachtungen und Erfahrungen aus, die sie wissenschaftlich zu erklären versucht. Obwohl die Theorie des Anaximenes aus heutiger Sicht nicht stimmt, ist sie einfach und ökonomisch. Denn sie kann eine Vielzahl von Phänomenen mit dem einen Prinzip der Luft und den beiden natürlichen Grundprozessen ihrer Verdichtung und Verdünnung erklären. Auch wenn Anaximenes die Luft als göttlich begreift, kommt seine Theorie letztlich ohne Gott und einen göttlichen Eingriff aus. Denn sie kann die Welt und die Veränderungen in ihr rein mechanistisch und kausal erklären. Von verschiedenen Forschern wurde gegen die Theorie des Anaximenes eingewandt, sie sei „unheilbar vage“ (*incurably vague*). Sie könne etwa keine präzisen Aussagen darüber treffen, ab welchem Dichtegrad sich Luft in Wolken oder Wasser umwandelt (Barnes 1989, S. 48). Auch wenn Anaximenes derartige Prozesse nicht quantifiziert oder experimentell überprüft, dürfte er als erster Philosoph die Vorstellung entwickelt haben, dass Quantität in Qualität umschlagen kann. Seine Theorie reduziert im Grunde Qualitäten auf Quantitäten, die sich zumindest prinzipiell mathematisch ausdrücken und messen lassen. Deshalb kann er als Vorläufer des Ansatzes und der Denkweise der modernen Naturwissenschaft angesehen werden.

2.3 Xenophanes: Ein neuer Begriff von Gott

Leben, Werk und Bedeutung

Die antike Überlieferung zu Xenophanes' Leben ist widerspruchsvoll. Geboren worden dürfte er um 570 v. Chr. in Kolophon sein, einer reichen Stadt im ionischen Kleinasien (im heutigen Verwaltungsbezirk Izmir). Vermutlich nach der Einnahme von Kolophon durch die Perser 545 v. Chr. musste er seine Heimatstadt verlassen. Xenophanes wanderte in die Magna Graecia aus, den von Griechen besiedelten Teil Italiens. Den Großteil seines weiteren Lebens verbrachte er wahrscheinlich auf Sizilien und in Unteritalien. Um 475 v. Chr. verstarb er in sehr hohem Alter. Xenophanes schrieb nicht wie die Milesier in Prosa, sondern in Versen. Seine Gedichte, die er zumeist in Hexametern, in Jamben oder in elegischem Versmaß verfasste, trug er selbst als wandernder Rhapsode öffentlich vor. Er schrieb auch ein Gedicht mit naturphilosophischem Inhalt. Seine längeren Epen über die Gründung von Kolophon und die Auswanderung nach Elea sind verlorengegangen. Umstritten ist seine Beziehung zu Elea und dem dort lebenden und lehrenden Parmenides. Nach der Überlieferung soll er die eleatische Philosophenschule gegründet haben und der Lehrer des Parmenides gewesen sein. Manche Forscher akzeptieren diese Überlieferung oder argumentieren für ihre Plausibilität (Horn 2013a, S. 16; Rapp 2007, S. 85f.; Ricken 2007, S. 44). Andere halten sie für unwahrscheinlich und vermuten, dass Xenophanes Elea lediglich besucht hat (Kirk/Raven/Schofield 2001, S. 180f., 187). Umstritten ist auch Xenophanes' wissenschaftliche und philosophische Bedeutung, die von einigen Forschern in Frage gestellt wurde (Burnet 1914, S. 28; Burnet 1930, S. 129; Fränkel 1968, S. 339). Dagegen erklären andere: „Sein neues Götterbild ist für die weitere Entwicklung einer rationalen Theologie von großem Gewicht" (Mansfeld 1987, S. 212; vgl. Jaeger 1953, S. 65, und Lesher 1992, der Xenophanes' Bedeutung als Philosoph verteidigt).

Kritik an der Erkenntnis

Xenophanes entwickelte keine systematische Lehre, sondern trug einzelne Gedanken in verschiedenen Gedichten vor. Er ist der erste westliche Philosoph, von dem Zweifel an der Möglichkeit der menschlichen Erkenntnis überliefert sind: „Klares und Genaues hat freilich nie ein Mensch erblickt, so wie es auch nie einen geben wird, der es kennt, hinsichtlich der Götter und aller Dinge, die ich erkläre. Denn selbst wenn es jemanden in höchstem Maße gelänge, Vollendetes zu sagen, so hat er doch kein Wissen; bei allen Dingen gibt es nur Vermutung" (DK 21B34). Es ist bemerkenswert, dass dieses erkenntniskritische Fragment von Sextus Empiricus überliefert wurde, einem

Vertreter des antiken Skeptizismus (Math. VII 49). Der Skeptizismus ist eine philosophische Richtung, die den grundsätzlichen Zweifel an der Möglichkeit der Erkenntnis der Wirklichkeit zum Prinzip des Denkens erhebt und diese Möglichkeit überhaupt oder für bestimmte Bereiche leugnet (→ KAPITEL 12.2). Xenophanes' Fragment legt es nahe, ihn als frühen Vorläufer dieser Richtung anzusehen. Über die genauen Gründe, die ihn zu seiner erkenntnisskeptischen Haltung bewogen haben, ist jedoch nichts bekannt. Jedenfalls macht er in seiner Aussage deutlich, dass er seine Zweifel an der Möglichkeit der philosophischen Erkenntnis auch auf sein eigenes Denken anwendet, insbesondere auf seine Theorie über die Götter (vgl. zu Xenophanes' „Skeptizismus" Barnes 1989, S. 136–143). Im Einklang damit formuliert er nirgends ein Argument für die Existenz Gottes (vgl. Lesher 1992, S. 115, 118f.).

Kritik an den Gottesvorstellungen

Bekannt wurde Xenophanes vor allem durch seine Kritik an den traditionellen Vorstellungen von den Göttern, die auf Homer und Hesiod zurückgehen. Die verbreiteten Ansichten über die griechischen Götter kritisiert er als menschlich-allzumenschlich und daher als unangemessen. In den Werken von Homer und Hesiod erscheinen sie als anthropomorphe Götter, d.h. als Wesen, die nach der Gestalt des Menschen gedichtet wurden (*anthrôpos* = Mensch, *morphê* = Gestalt). Xenophanes versteht die Götter aller konventionellen Religionen als Resultat von Projektionen menschlicher Eigenschaften auf nichtmenschliche Wesen, die als höher angesehen werden. Die Menschen „nehmen an, die Götter seien geboren, trügen Kleider und hätten eine Stimme und einen Körper wie sie selbst" (DK 21B14). Dass es sich bei den verschiedenen Volksreligionen um Projektionen handelt, lässt sich leicht erkennen. Denn in den Gottesvorstellungen der verschiedenen Völker lassen sich deren spezifische Charakteristika identifizieren, die jeweils auf die Götter übertragen wurden: „Die Äthiopier behaupten, ihre Götter seien stumpfnasig und schwarz, die Thraker, ihre wären blauäugig und blond" (DK 21B16). Mit einem Gedankenexperiment verdeutlicht Xenophanes, wie unangemessen, relativ und absurd die Gottesvorstellungen sind, die aus derartigen Projektionsprozessen hervorgehen:

> „Wenn aber die Rinder und Pferde und Löwen Hände hätten, oder wie die Menschen mit ihren Händen malen und Bildwerke vollenden könnten, dann würden die Pferde die Götter in Gestalt von Pferden malen und die Rinder in Gestalt von Rindern, und sie würden die Statuen der Götter mit einem solchen Körper meißeln, der ihrer eigenen Gestalt entspricht" (DK 21B15).

Die Gottesvorstellungen der griechischen Volksreligion sind für Xenophanes zweifellos unangemessen. Das zeigt sich für ihn auch daran, dass Homer und Hesiod selbst die moralischen Defekte der Menschen auf die Götter übertragen haben. Die olympischen Götter stehlen, betrügen und brechen ihre Ehen (DK 21B11 und B12). Platon nimmt in seiner *Politeia* die Religionskritik des Xenophanes auf und führt sie weiter (→ KAPITEL 9.1).

Die Konsequenz von Xenophanes' Religionskritik ist keineswegs, wie man vielleicht vermuten könnte, dass er die Existenz von Göttern grundsätzlich in Frage stellt. Vielmehr bemüht er sich darum, die anthropomorphen Gottesvorstellungen zu überwinden und einen philosophischen Begriff von Gott zu gewinnen: „Ein einziger Gott ist unter Göttern und Menschen der Größte, weder an Gestalt noch an Einsicht den sterblichen Menschen ähnlich" (DK 21B23). Seine unklare Formulierung, dass ein „einziger Gott" unter *„Göttern* und Menschen der Größte" ist, hat seit alters her einen Streit um die Frage bewirkt, ob Xenophanes einen monotheistischen oder einen polytheistischen Gottesbegriff vertritt (vgl. seine Rede von „Göttern" in DK 21B18). Als Folge seiner Kritik an der griechischen Volksreligion könnte Xenophanes einen polytheistischen Gottesbegriff verneint haben. Das ist jedoch keine notwendige Konsequenz. Vielleicht bezieht er sich mit seiner Rede von den „Göttern" nur auf Wesen, die einzig und allein in der konventionellen Vorstellungswelt der Menschen, nicht aber in der extramentalen Wirklichkeit existieren. Oder es handelt sich schlicht um eine „Konzession an die verbreitete religiöse Terminologie" (Kirk/Raven/Schofield 2001, S. 185; vgl. Mansfeld 1987, S. 210). Xenophanes könnte auch einen pantheistischen Gottesbegriff vertreten haben (vgl. Burnet 1914, S. 35; Guthrie 1962, S. 381–383). Nach Aristoteles habe er auf den ganzen Himmel geblickt und erklärt, „das Eine sei Gott" (Met. I 5, 986 b24). Auf einen pantheistischen Gottesbegriff könnte auch seine dunkle Aussage verweisen: „er sieht als ganzer, denkt als ganzer, hört als ganzer" (DK 21B24). Gegen eine pantheistische Deutung könnte jedoch Simplikios' Zeugnis sprechen, nach dem Gott für Xenophanes unbeweglich immer „an demselben Ort" ist und alles durch seinen Geist bewegt und lenkt (DK 21B25 und 26; vgl. Guthrie 1962, S. 381f.). Dieses Zeugnis verweist sowohl zurück auf den Gottesbegriff des Anaximander als auch voraus auf Aristoteles, der Gott als „unbewegten Beweger" begreift (vgl. Lesher 1992, S. 109; → KAPITEL 2.1 UND 10.3).

Ein neuer Gottesbegriff

Von Xenophanes sind auch einige naturphilosophische und kosmologische Ansichten überliefert. Diese knüpfen an die Lehren seiner

Vorgänger an und beinhalten eine Kritik an mythologisch-religiösen Naturauffassungen. Der Regenbogen sei nicht die Götterbotin Iris, sondern eine Wolke (DK 21B32). Alles, was entsteht und wächst, sei Erde und Wasser. Wir alle seien aus Erde und Wasser geboren (DK 21B29 und B33). Diese Auffassung über die natürliche Entstehung des Lebens dürfte sich wie diejenige des Anaximander gegen den Mythos wenden, demzufolge die Menschen von Prometheus geschaffen wurden. Prometheus galt auch als derjenige, der den Menschen die Künste und Wissenschaften lehrte (Rose 1992, S. 52; Heitsch 1966a, S. 421; Wehrli 1966). Gegen diese mythologische Erklärung der Entstehung der Kultur dürfte sich Xenophanes' Satz richten: „Doch nicht gleich zu Anfang haben die Götter den Sterblichen alles enthüllt, sondern suchend finden sie im Laufe der Zeit Besseres hinzu" (DK 21B18). Für Xenophanes entsteht die Erde sukzessive neu aus dem Wasser und wird auch immer wieder vom Meer überflutet. In diesen Zyklen käme die Menschheit jedes Mal als Ganze um. Diese Theorie beruht nicht bloß auf Spekulation, sondern auch auf Beobachtungen. Als Beweis für seine Theorie führt Xenophanes den Fund von Muscheln und die Abdrücke von Seetieren im Gestein im Landesinneren an (DK 21A33). Außer auf Fossilienfunde verweist er auf Wasser, das in bestimmten Höhlen herabtropft (DK 21B37). Im Gegensatz zu seiner Naturphilosophie sind Xenophanes' kosmologische Ansichten über die Sonne, die Sterne etc. oft nur schwer nachvollziehbar.

Naturphilosophische Ansichten

2.4 Pythagoras: Schule, Seelenwanderung, Zahlen

Pythagoras dürfte etwa zur gleichen Zeit wie Xenophanes, um 570 v. Chr., auf der Insel Samos geboren worden sein. Die Insel liegt nicht weit von Milet direkt vor der Küste Kleinasiens. Mit etwa 40 Jahren, zur Zeit der drückenden Herrschaft des Tyrannen Polykrates, wanderte Pythagoras von Samos nach Kroton in Unteritalien aus. Die Bürger Krotons waren von Pythagoras' Reden und Ratschlägen sehr beeindruckt. Er gewann rasch außergewöhnlich hohes Ansehen. Viele Männer schlossen sich ihm an und er gründete eine einzigartige Schule. Diese war nicht einfach nur eine Philosophenschule, sondern ein esoterischer Männerbund bzw. eine elitäre Sekte (vgl. Riedweg 2007, S. 129–136). Die Eingeweihten orientierten sich nicht bloß an den Lehren, sondern auch an der Lebensweise des Meisters, deren Ziel die Reinhaltung der Seele war. Sein Bund erlangte bald die poli-

Leben und Schule

tische Herrschaft in Kroton und gewann auch erheblichen politischen Einfluss in anderen süditalischen Städten. Seine Feinde bekämpften ihn jedoch so heftig, dass er um 500 v. Chr. von Kroton nach Metapont übersiedelte, wo er einige Jahre später verstarb. Um 450 v. Chr. kam es in zahlreichen Städten erneut zu Erhebungen gegen die Pythagoreer, die viele das Leben kosteten. Der Bund bestand jedoch noch bis ca. 300 v. Chr. fort und konnte zeitweilig wieder politischen Einfluss gewinnen. Pythagoras soll der erste gewesen sein, der sich selber als „Philosoph" bezeichnet hat (DL VIII 8, vgl. Riedweg 2007, S. 120–128).

Ohne Zweifel war Pythagoras ein außergewöhnlicher Mann. Er wurde nicht bloß als Schuloberhaupt verehrt, sondern auch als spiritueller Führer. Nach einer Quelle sei er in die Unterwelt herabgestiegen, wäre völlig abgemagert zurückgekehrt und habe der Volksversammlung seine Erlebnisse vorgelesen. Die ergriffenen und betroffenen Bürger seien daraufhin überzeugt gewesen, dass er als „ein göttlicher Mensch" anzusehen sei (DL VIII 41). Pythagoras' Autorität als Sektenführer gründete sich auch auf andere Wundergeschichten. Angeblich habe er verschiedene zukünftige Geschehnisse vorausgesagt. In Etrurien habe er eine giftige Schlange, die ihn beißen wollte, selber gebissen und getötet. Als er mit seinen Begleitern einen Fluss überquerte, habe der Fluss mit lauter Stimme gesagt: „Sei gegrüßt, Pythagoras!". Im Theater sei er aufgestanden und habe den bei ihm Sitzenden seinen goldenen Schenkel gezeigt (DK 14.7). Wie groß die Autorität war, die Pythagoras unter seinen Anhängern genoss, zeigt sich an der sprichwörtlich gewordenen Formel: „Er selbst hat es gesagt" (*autos epha*) (DL VIII 46).

Die Autorität des Wundermanns

Pythagoras und seine unmittelbaren Schüler haben höchstwahrscheinlich nichts geschrieben. Die Lehre wurde mündlich weitergeben und die Schüler waren streng verpflichtet, über ihre Inhalte zu schweigen. Deshalb ist es schwer zu bestimmen, welche Lehren der Pythagoreer tatsächlich auf den Meister zurückgehen. Platon, dessen Denken sehr stark von pythagoreischen Lehren beeinflusst ist, erwähnt Pythagoras und die Pythagoreer nur zweimal explizit beim Namen (*Politeia* 530d, 600a/b). Erst mit Speusippos und Xenokrates, Platons Nachfolgern in der Akademie, beginnt eine von zwei Primärüberlieferungen des 4. Jahrhunderts v. Chr. zu Pythagoras und den Pythagoreern. Die zweite zentrale Quelle ist Aristoteles (vgl. Burkert 1962). Aristoteles verfasste sogar eine Monographie über die Pythagoreer, von der Fragmente erhalten sind. Dabei stützte er sich u.a. auf den frühen Pythagoreer Philolaos von Kroton, der in der zweiten

Überlieferung und Quellen

Hälfte des 5. Jahrhunderts v. Chr. ein Buch veröffentlichte, in dem er pythagoreische Lehren mit anderen vermischt. Von diesem Buch sind Fragmente erhalten geblieben (vgl. Burkert 1962; Huffman 2001, S. 72–77; Huffman 1993; Kirk/Raven/Schofield 2001, S. 354–383). Ganz oder teilweise auf uns gekommen sind die drei längeren Viten von Diogenes Laertius, von dem Neuplatoniker Porphyrios und seinem Schüler Iamblichos. Diese Lebensbeschreibungen entstanden jedoch erst im 3. und 4. Jahrhundert n. Chr. Auch wenn diese nachchristlichen Zeugnisse nicht durchweg verlässlich sind, basieren sie doch teilweise auf sehr frühen Quellen.

Die esoterisch-religiöse Hauptlehre des Pythagoras, die gewiss auf ihn selbst zurückgeht, besteht aus drei Dogmen. Die Seele sei unsterblich. Nach dem Tod verlasse sie den Körper und gehe in ein anderes Lebewesen ein. Alles Beseelte sei miteinander verwandt (Porphyrios: *Vita Pyth.* 19 = DK 14.8a). Pythagoras soll sogar behauptet haben, er könne sich an alle seine früheren Existenzen erinnern (DL VIII 4f.). Die Lebensweise der Pythagoreer, die auf die Reinhaltung der Seele abzielt, ist vor allem als die Konsequenz ihrer Lehre von der Seelenwanderung zu verstehen. Wird die Seele durch die richtige Ernährung und Lebensweise oder durch periodisches Fasten reingehalten, dann hat das Folgen für ihr Schicksal nach dem Tod. Diese Verhaltensweisen zielen vor allem darauf ab, die Reinkarnation der Seele in dem Körper eines Tiers zu vermeiden oder eine ihr vorangehende Bestrafung in der Unterwelt. Der Reinhaltung der Seele dürften etliche der pythagoreischen „Lehrsprüche“ bzw. „Verhaltensregeln“ (*akousmata*) gedient haben wie das Verbot, Bohnen, Hirn, bestimmte Fische oder allgemein beseelte Lebewesen zu essen (DK 58C6). Ob die Pythagoreer einen strikten Vegetarianismus vertraten, ist in Anbetracht einer widersprüchlichen Überlieferung schwer auszumachen. Ein strikter Vegetarianismus hätte jedenfalls zu Konflikten mit der in den griechischen Städten üblichen religiösen Praxis der Tieropfer geführt. Nach einer Quelle galt für die am politischen bzw. öffentlichen Leben beteiligten Pythagoreer, dass sie Beseeltes ausnahmsweise opfern durften (Iamblichos: *Vita Pyth.* 150). Das steht im Einklang mit der Überlieferung, dass es zwei Gruppen von Pythagoreern gab, die „Akousmatiker“ (*Hörer*) und die „Mathematiker“ (*Erkennenden*). Im Gegensatz zu den letzteren hatten die ersten die Verhaltensregeln bzw. Lehrsprüche nur vernommen, ohne ihre genauen „wissenschaftlichen“ Begründungen zu kennen (DK 18.2).

Die Dogmen der Seelenlehre

Die Herkunft der Lehre von einer unsterblichen und wandernden Seele lässt sich nicht eindeutig bestimmen. Die Behauptung von

Herodot, demzufolge sie als erstes von den Ägyptern vertreten wurde, dürfte nicht stimmen (*Historien* II 123). Der Glaube an die Seelenwanderung war auch bei den Orphikern und in verwandten Kulten verbreitet. Die Orphiker lehrten, der Körper sei ein Gefängnis, in das die Seele eingekerkert ist, bis sie ihre Strafe verbüßt hat (Platon: *Kratylos* 400 c). Wie die Anhänger des Mysterienkults von Eleusis praktizierten sie Techniken zur Reinigung der Seele. Die Orphiker und verwandte Kulte zielten darauf ab, dass die Seele dem mühevollen Kreis der Wiedergeburten entfliehen kann (vgl. DK 1B18). Dass dieses Ziel auch von den Pythagoreern angestrebt wurde, ist durchaus möglich. So stellt der von Pythagoras inspirierte Dichter Pindar denjenigen, die nacheinander drei Leben ohne Unrechttun führen, eine Existenz auf der Insel der Seligen in Aussicht (*Olympische Ode* II 68–77). Die Zielsetzung, den Kreislauf der Wiedergeburten zu beenden, könnte darauf verweisen, dass die Lehre von der Seelenwanderung aus Indien nach Griechenland kam (vgl. Huffman 2001, S. 65). Dafür könnte auch die Vorschrift der Pythagoreer sprechen, man solle „in keinem Fall" ein „Rind" bzw. eine „Kuh" (*bous*) opfern (Iamblichos: *Vita Pyth.* 150). Denn dieses Tier ist für Hindus unantastbar oder heilig. Auch die Verhaltensregel, man solle jede Säure von sich fernhalten, könnte auf die traditionelle indische Heilkunst Ayurveda zurückgehen, die zu einer basischen Ernährung rät (DK 58C6).

Die Herkunft der Seelenlehre

Gegenüber der vorherrschenden griechischen Volksreligion, die durch Homer und Hesiod geprägt war, wertet die pythagoreische Seelenlehre das Verhältnis von Leib und Seele um. Nach Homer gehen die Seelen der Toten in der Regel in den Hades ein, in dem sie ewig als Schatten vegetieren. Es gibt für sie kein Gericht, keine Schrecken der Hölle und auch keine Seligkeit im Paradies. Das öde Dasein der Seelen in der düstern Unterwelt ist ein blasses Abbild des wirklichen Lebens, das das körperliche Leben im Diesseits ist. Dagegen impliziert die Lehre des Pythagoras einen radikalen Gegensatz von Leib und Seele. Wie die Orphiker betrachtet er den Körper als das Gefängnis der Seele, die er als den höheren und besseren Teil des Menschen ansieht (Platon: *Kratylos* 400 c; vgl. Guthrie1952). Durch diese Interpretation negiert er den Körper und wertet ihn ab. Während für den homerischen Menschen die Seele nach dem Tod als ein „armseliger Rest" verbleibt, sieht sie Pythagoras als das „eigentlich Lebendige" an. Seine Auffassung der unkörperlichen Seele „mündet in den philosophischen Begriff des körperlosen Geists überhaupt, der zur geistlosen Materie in Gegensatz tritt" (Gigon 1968, S. 133). Die pythagoreische Seelenlehre wurde von Empedokles und Platon wie-

Die Bedeutung der Seelenlehre

der aufgenommen und modifiziert. Durch die enorme Wirkung, die Platons Philosophie auf das spätere philosophische Denken und die christliche Theologie ausübte, prägte diese Lehre zentrale Aspekte des abendländischen Denkens und Weltbildes (→ KAPITEL 4.1 UND 8.4).

Die Lehren von der unsterblichen und wandernden Seele sowie der Verwandtschaft alles Beseelten sind die einzigen Lehren, die mit Sicherheit von Pythagoras selbst vertreten wurden. Nach Porphyrios soll er zudem gelehrt haben, „dass das Entstandene nach gewissen Perioden erneut entstehe und dass es nichts schlechthin Neues gebe“ (Porphyrios: *Vita Pyth.* 19 = DK 14.8a). Genaueres über diese kosmologische Lehre, von der keine andere Quelle berichtet, ist nicht bekannt. Dennoch dürften Pythagoras' Vorgänger Anaximander und Anaximenes sowie sein Zeitgenosse Xenophanes ähnliche Lehren von sukzessiven Welten, die zyklisch entstehen und vergehen, vertreten haben (→ KAPITEL 2.1–2.3). Das könnte ein Indiz dafür sein, dass die Zuschreibung des Porphyrios zutrifft. Die Formulierung, dass „es nichts schlechthin Neues gebe“, legt es nahe, von einer von Pythagoras vertretenen Lehre der ewigen Wiederkunft des Gleichen zu sprechen. Ähnliche Lehren sind von Heraklit und den Stoikern überliefert, denen zufolge die Welt periodisch aus dem Feuer entsteht, dann ausbrennt und sich schließlich wieder in Feuer auflöst (→ KAPITEL 3.1 UND 12.3). Die Lehre von der ewigen Wiederkunft des Gleichen wird von späteren Denkern und insbesondere von Nietzsche wieder aufgenommen. Auch wenn sein Nachlass zeigt, dass er über ihre Anwendung auf den Kosmos im Sinne der antiken Tradition spekuliert hat, fungiert sie in Nietzsches veröffentlichten Schriften vor allem als Kriterium zur Bestimmung des Übermenschen (Knoll 2014; vgl. Löwith 1956).

Die ewige Wiederkunft des Gleichen

Das bedeutendste philosophische Dogma der Pythagoreer handelt von den Zahlen und der Harmonie. Die Grundgedanken der Zahlen- und Harmonielehre werden von etlichen Interpreten auf Pythagoras selbst zurückgeführt (Kirk/Raven/Schofield 2001, S. 257; Mansfeld 1987, S. 100f.; Rapp 2007, S. 89). Zentral für diese Lehre war die Musik, die für die Pythagoreer nicht bloß von theoretischer, sondern auch von praktischer und spiritueller Bedeutung war, weil sie der „Reinigung“ (*katharsis*) der Seele diente (vgl. Gigon 1968, S. 143f.). Ausgangspunkt der Zahlen- und Harmonielehre könnte die Beobachtung gewesen sein, dass die harmonischen Tonverhältnisse auf einem Saiteninstrument als Relation ganzer Zahlen zwischen 1 und 4 dargestellt werden können. Der zahlenmäßige Ausdruck der Oktave ist 2 : 1, der Quinte 3:2 und der Quarte 4 : 3 (DK 44B6). Addiert man die

Zahlen und Harmonie

ersten vier natürlichen Zahlen, dann ergibt sich die Zahl 10, die von den Pythagoreern als „Gruppe von Vier“, als „Tetraktys“, verstanden wird (1 + 2 + 3 + 4 = 10). Werden die vier Zahlen der Tetraktys als Punkte dargestellt und untereinander geschrieben, dann ergibt sich ein gleichseitiges Dreieck und damit eine symmetrische Figur:

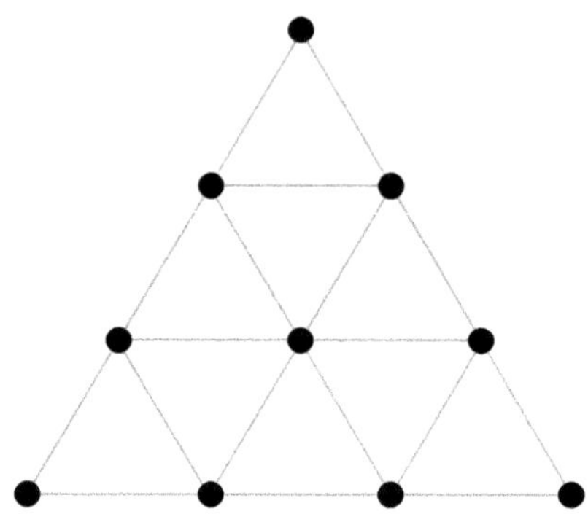

Quelle: Jossifresco [Public domain], via Wikimedia Commons.

Philolaos schreibt der Zehnzahl eine außergewöhnliche Bedeutung und Kraft zu. Sie sei „groß“, „vollkommen vollendet“, „alles bewirkend“ und der Anfang des „göttlichen und himmlischen sowie menschlichen Lebens“ (DK 44B11).

Die Beobachtung, dass sich die harmonischen Tonverhältnisse als Relation ganzer Zahlen darstellen lassen, dürfte die Pythagoreer zu einer gewagten Verallgemeinerung veranlasst haben. Denn sie verstehen die Zahlen als das Wesen der gesamten erfahrbaren Wirklichkeit, die durch sie bestimmt sein soll. Die Dinge seien Zahlen oder „Abbild“ bzw. „Nachahmung“ (*mimesis*) von Zahlen, und die Ordnung der Welt bestünde aus Zahlenverhältnissen. Die Zahlen seien „das Erste in der gesamten Natur“ und „die Elemente der Zahlen seien Elemente alles Seienden, und der ganze Himmel sei Harmonie und Zahl“ (Met. I 5, 986 a 1–3; Met. I 5, 987 a 19; Met. I 6, 987 b 8–14; vgl. Met. XIII 6, 1080 b 16–20, und Riedweg 2007, S. 108f., 116f.). Die Zahlenmetaphysik der Pythagoreer begründet wahrscheinlich eine Scheidung der Welt in eine sinnlich wahrnehmbare Welt und eine grundlegendere Welt der Zahlen, die das Wesen der ersteren ist. Diese Scheidung von Wesen und Erscheinung könnte – darüber lässt sich jedoch nur spekulieren – bis zu Anaximenes zurückreichen, der alle sinnlich wahrnehmbaren Dinge auf verschiedene Grade von Verdichtung und Verdünnung des einen Grundstoffs

Metaphysik und Kosmologie

Luft zurückführt (→ KAPITEL 2.2). Sie ist wahrscheinlich die Grundlage der Zwei-Welten-Lehre, die später explizit von Parmenides und von Platon vertreten wurde (→ KAPITEL 3.2, 8.2, 8.3). Als Teil der Harmonie des Himmels bringen die Gestirne durch ihre Bewegung eine Musik hervor, die später als die „Harmonie der Sphären" bezeichnet wurde (DK 58B35). Während die Menschen diese Musik nicht hören können, hätte Pythagoras sie angeblich vernommen (Porphyrios: *Vita Pyth.* 30). Zusätzlich zu den neun sichtbaren Himmelskörpern postulierten die Pythagoreer die Existenz einer „Gegen-Erde". Dadurch brachten sie ihre Himmelsbeobachtungen in Einklang mit der außergewöhnlichen Rolle, die in ihrem Denken der Zehnzahl zukam (Met. I 5, 986 a 8–12; DK 44A16). Was in der Welt ist, bestehe aus Begrenztem und Unbegrenztem. Aus der Zahl „Eins" lassen sich nicht nur die anderen Zahlen hervorbringen. Es existiere auch eine kosmische „Eins", die begrenzt und begrenzend ist. Die kosmische „Eins" gilt den Pythagoreern wie auch das „Unbegrenzte" (*apeiron*) als erstes Prinzip. Die Welt, ihre Ordnung und die Zahlen entstehen dadurch, dass die kosmische „Eins" das Apeiron „einatmet". In diese merkwürdige Kosmologie dürften sowohl Gedanken von Anaximander als auch von Anaximenes eingegangen sein (vgl. Mansfeld 1987, S. 101ff.).

Wie ansatzweise Anaximander waren die Pythagoreer der Auffassung, dass die Natur und das Weltall durch Zahlenverhältnisse beschrieben werden können. Daher wurde Pythagoras als Begründer der mathematischen Naturwissenschaft angesehen (Guthrie 1962, S. 181). Tatsächlich kann Pythagoras als Vorläufer von Galileo Galileis Ansicht verstanden werden, dass das „Buch der Natur" „in der Sprache der Mathematik geschrieben" ist (Galilei 1896, S. 232). Zudem ist es möglich, dass der Beweis des „Satzes des Pythagoras", demzufolge im rechtwinkligen Dreieck der Flächeninhalt des Hypotenusenquadrats demjenigen der Kathetenquadrate entspricht, bereits auf den Schulgründer zurückgeht. Dennoch hatten die Pythagoreer einen ganz anderen Begriff der Zahl als die heutigen Mathematiker. Ihre Zahlenlehre ist nicht bloß mit ihrer Metaphysik und Kosmologie verbunden, sondern auch mit einer Zahlensymbolik und -mystik, die etwa in der Verehrung der Zehnzahl zum Ausdruck kommt. Die spätere Entdeckung, dass die Diagonale und die Seitenlänge eines Quadrats inkommensurabel sind, stellte die pythagoreische Zahlen- und Harmonielehre in Frage und stürzte die Schule in eine ernste Krise.

Mathematik und Naturwissenschaft

Wie vor ihm Hesiod ist Pythagoras ein früher hellenischer Denker, der sich bereits mit der für die griechische Philosophie charakteristischen Frage nach dem guten und gelingenden Leben beschäftigt hat. Die Lebensregeln der Pythagoreer, die auf die Reinhaltung der Seele abzielen, können als Ausdruck von einem „umfassenden Plan für ein gutes Leben" verstanden werden (Huffman 2001, S. 69). Dieser Plan ist jedoch nicht weltlich-rational begründet, sondern basiert auf einem esoterisch-religiösen Fundament, der pythagoreischen Seelenlehre. Die Frage nach dem guten Leben ist ein zentrales Thema der philosophischen Disziplin der Ethik. Die antike Ethik verbindet diese Frage in der Regel mit einer Lehre von der „Tugend" bzw. „Tüchtigkeit" (*aretê*). Als die wichtigste ethische Tugend wird von Hesiod bis heute die „Gerechtigkeit" (*dikaiosynê*) angesehen. Pythagoras dürfte sich als erster griechischer Denker um eine Definition der Gerechtigkeit bemüht haben. Im Einklang mit seiner Zahlen- und Harmonielehre versteht er sie als ein Verhältnis von Zahlen (DK 58B4; Met. I 5, 985 b 29; vgl. Platon: *Gorgias* 507 e–508 a; vgl. Manthe 1996). An diese Auffassung knüpften später Platon und Aristoteles mit ihrer Lehre von einer Gerechtigkeit an, die nach geometrischen bzw. proportionalen Gleichheit verfährt (vgl. Platon: *Nomoi* 757 a–e; EN V; Pol. III; Knoll 201; → KAPITEL 10.2).

Ethik

Die ethische Praxis der Pythagoreer war vermutlich mit ihrer Politik verbunden. Pythagoras soll den in Süditalien angesiedelten Griechen sogar Gesetze gegeben haben. Mit etwa 300 Schülern seines Bunds soll er Kroton „zu hoher Blüte" gebracht und in eine „wirkliche Aristokratie", in eine Herrschaft der Besten, verwandelt haben (DL VIII 3). Es ist gut möglich, dass Platon bei seiner Forderung der Herrschaft von „Philosophenkönigen" dieses politische Modell vor Augen hatte. Von Pythagoras könnte Platon auch das kommunistische Prinzip, dass „unter Freunden alles gemeinsam" ist, übernommen haben (DL VIII 10; → KAPITEL 9.1). In zentralen Aspekten dürfte die politische Grundhaltung der Pythagoreer jedoch konservativ gewesen sein. Der Mensch sei „von Natur" (*physei*) ein zur Hybris neigendes Wesen, „das kompliziert und unbeständig sei in seinen Bestrebungen, Begierden und sonstigen Gemütsbewegungen". Um den Menschen moralisch zu bessern und um Ordnung zu schaffen, bedürfe es der Religion, der Sitten, der Erziehung, der politischen Autorität und der Gesetze. In Anbetracht der menschlichen Natur sei das größte Übel die Anarchie, die Abwesenheit von Herrschaft und Autorität. Deshalb sei an den überkommenen Sitten und Gesetzen auch dann festzuhalten, wenn diese „viel schlechter als andere seien". Umwälzungen und Veränderungen seien weder nützlich noch der Sicherheit förderlich (Iamblichos: *Vita Pyth.* 174f.). Die politischen

Politik

Herrscher sollten nicht bloß sachkundig und wissend sein, sondern auch menschenfreundlich (DK 58D4). Wie die Wertschätzung der Musik und der Harmonie wird auch der Gedanke einer Herrschaft der Wissenden von Platon wieder aufgenommen (→ KAPITEL 9.1).

Fragen und Anregungen

- Was versteht Anaximander unter dem „Unbegrenzten" (*apeiron*)?
- Erläutern Sie die Gründe, aus denen Anaximenes die Luft als stoffliches Prinzip der Dinge angesehen haben dürfte.
- Was sind die Konsequenzen, die Xenophanes aus seiner Kritik der traditionellen griechischen Volksreligion zieht?
- Welche Folgen hat Pythagoras' Lehre von einer unsterblichen und wandernden Seele für die Auffassung des Verhältnisses von Leib und Seele?

Lektüreempfehlungen

Quellen

- **Hermann Diels/Walther Kranz (Hg.): Die Fragmente der Vorsokratiker**, 3 Bde., 6. verbesserte Aufl., Berlin 1951/52 (seither unveränderte Nachdrucke, zuerst: 1903) [= DK]. *Diese umfangreiche Sammlung der wörtlichen und der sekundären Fragmente gilt bis heute als die Standardausgabe der Text der frühen griechischen Philosophen (vgl. die ausführlichen Erläuterungen zu Diels/Kranz im Serviceteil).*
- **Jaap Mansfeld: Die Vorsokratiker**, griech./dt., Auswahl der Fragmente, Übers. und Erläut., Stuttgart 1987. *Diese schöne Ausgabe präsentiert auf knapp 700 Seiten eine zweisprachige Auswahl aus der Sammlung der Fragmente der frühen griechischen Philosophen von Diels/Kranz in neuer Übersetzung. Jedes Kapitel enthält zudem eine gesonderte Einführung in den jeweiligen Denker oder die jeweilige Schule. Die Fragmente aus Diels/Kranz sind unter thematischen Gesichtspunkten geordnet und mit Überschriften versehen.*

Forschung und Literatur

- **Jonathan Barnes: The Presocratic Philosophers,** London/New York 1989 (Original: in zwei Bänden 1979, in einem Band 1982). *In der Tradition der analytischen Philosophie bemüht sich Barnes in seinem ausführlichen Werk darum, die Argumente der frühen griechischen Denker zu rekonstruieren und zu bewerten.*
- **Walter Burkert: Weisheit und Wissenschaft.** Studien zu Pythagoras, Philolaus und Platon, Nürnberg 1962. *Bedeutende und einflussreiche Monographie zu Pythagoras, den Pythagoreern und der Überlieferung ihres Denkens.*
- **Geoffrey S. Kirk/John E. Raven/ Malcolm Schofield: Die Vorsokratischen Philosophen.** Einführung, Texte und Kommentare, übers. von Karlheinz Hülser, Stuttgart/Weimar 2001 (Original: The Presocratic Philosophers, Cambridge 1962, 1983). *Die Autoren verbinden eine zweisprachige Präsentation der Quellentexte mit ausführlichen Interpretationen.*
- **Xenophanes of Colophon. Fragments.** A Text and Translation with a Commentary by J.H. Lesher (Phoenix Supplementary, 32), Toronto/Buffalo/ London 1992. *Präsentiert alle erhaltenen Fragmente von Xenophanes zusammen mit den antiken Zeugnissen über Leben und Lehre sowie einer neuen Übersetzung. Die Ausgabe enthält zudem einen Kommentar und vier Aufsätze über Xenophanes' Philosophie.*
- **A.A. Long (Hg.): Handbuch frühe griechische Philosophie.** Von Thales zu den Sophisten, Stuttgart/Weimar 2001 (Original: The Cambridge Companion to Early Greek Philosophy, Cambridge 1999). *In 16 aufeinander abgestimmten Aufsätzen gibt der internationale Sammelband einen breit angelegten Überblick.*
- **Christof Rapp: Vorsokratiker,** zweite, überarbeitet Auflage, München 2007 (zuerst 1997). *Rapp präsentiert klare und aus den Quellen gearbeitete Darstellungen der frühen griechischen Philosophen. Das Buch orientiert sich an der Forschung und der analytischen Philosophie.*
- **Christoph Riedweg: Pythagoras. Leben. Lehre. Nachwirkung,** München, 2. überarbeite Auflage 2007 (zuerst 2002). *Gut geschriebenes und klares Werk, das an den Quellen und der Forschung orientiert alle wichtigen Aspekte von Pythagoras und den Pythagoreern beleuchtet. Das Werk ist 2005 in englischer und 2007 in italienischer Sprache erschienen.*

3 Heraklit, Parmenides und die eleatische Schule

Abbildung 3: Kampf von zwei Hopliten

Das Bild zeigt ein Detail einer griechischen Vase (Krater) aus dem archäologischen Museum von Athen. Die Vase ist im schwarzfigurigen Stil gemalt, der vor allem im 7. und im 6. Jahrhundert v. Chr. vorherrschte und nach ca. 500 v. Chr. vom rotfigurigen Stil abgelöst wurde. Das Detail stellt den Kampf von zwei Hopliten dar, die sich in voller Rüstung mit Lanze und Schild gegenüberstehen. Hopliten waren schwer bewaffnete Fußsoldaten, die ab dem 7. Jahrhundert v. Chr. in einer „geschlossenen Schlachtreihe" (Phalanx) kämpften. Die Vase dürfte um 530 v. Chr. entstanden sein. Das Detail soll den Kampf um den Leichnam des Patroklos, Achilleus' Freund, vor Troja darstellen. Krieg war in der Kultur der griechischen Antike ein alltägliches Phänomen. Die griechischen Stadtstaaten kämpften nicht nur gegen äußere Feinde wie die Perser, sondern waren auch ständig untereinander in Kriege verwickelt. Die griechischen Götter waren Krieger. Zeus und seine Geschwister kamen durch einen brutalen zehnjährigen Kampf mit den Titanen zur Macht. Im Gegensatz zu Eirene, der Göttin des Friedens, spielte Ares, der Gott des Krieges, eine wichtige Rolle unter den griechischen Göttern.

Nach Heraklits berühmten Wort ist der „Krieg" (*polemos*) „von allem der Vater, von allem der König". Heraklit verwendet „Krieg" nicht bloß in einer engen militärischen und politischen Bedeutung, sondern auch im weiten Sinne als Bezeichnung für den universell gegenwärtigen Wechsel und Kampf der Gegensätze. Trotz ihrem ständigen Kampf bilden die Gegensätze für ihn eine Einheit. Während Heraklit in seinen Fragmenten die Welt als dynamische Ordnung begreift, stellt sein Zeitgenosse Parmenides den Begriff eines unbewegten Seienden in den Mittelpunkt seines Denkens. In seinem Lehrgedicht versucht Parmenides vor allem nachzuweisen, dass dem Seienden bestimmte Eigenschaften wie „unentstanden" und „unvergänglich" zukommen müssen. Damit begründet er die philosophische Disziplin der Metaphysik oder Ontologie, die Lehre vom Seienden.

3.1 Heraklit: Kampf und Einheit der Gegensätze

Heraklit wurde um 540 v. Chr. in Ephesus geboren und ist dort nach einer Quelle im Alter von 60 Jahren verstorben (DL IX 1, 3; vgl. Kirk/Raven/Schofield 2001, S. 198f.). Er stammte aus einer alten adligen Familie und soll zugunsten seines Bruders auf die Königswürde verzichtet haben. Zudem habe er das Angebot der Epheser zurückgewiesen, als Gesetzgeber tätig zu werden. Dies begründete er damit, dass „die Polis bereits zu sehr dem Einfluss der schlechten Verfassung anheimgefallen sei" (DL IX 3). Heraklit stand den demokratischen und egalitaristischen Strömungen, die seinerzeit in Griechenland einen Aufschwung erlebten, äußerst kritisch gegenüber. Der damalige Niedergang des alten griechischen Adels und aristokratischer Werte kommt bereits in der Dichtung des im späten 6. Jahrhundert v. Chr. wirkenden Theognis aus Megara zum Ausdruck (Theognis 2005). Im Gegensatz zum Gleichheitsdenken seiner Zeit betonte Heraklit die Ungleichheit und Ungleichwertigkeit der Menschen und damit seine aristokratische Gesinnung: „Einer gilt mir zehntausend, wenn er der Beste (*aristos*) ist" (DK 22B49; vgl. DL IX 16). Damit gehört Heraklit wie Theognis und Platon zu einer Reihe aristokratischer Denker, die bis zu Nietzsche reicht, der stark von ihm beeinflusst war. Heraklit wird als adelsstolzer und hochmütiger Charakter beschrieben, der seine Mitmenschen verachtete. Zudem könnte er Melancholiker gewesen sein. Im Alter soll er als Misanthrop und Einsiedler im Gebirge von Gras und Kräutern gelebt haben (DL IX 1, 3, 6).

Leben und aristokratische Haltung

Heraklit soll keinen philosophischen Lehrer gehabt und erklärt haben, „er erforsche sich selbst und schöpfe sein ganzes Wissen aus sich selbst" (DL IX 5). Er lehnte die meisten der ihm vorangehenden Dichter und Philosophen ebenso ab wie seine Mitmenschen, die ihnen ihre Bildung verdankten: „Lehrer der meisten ist Hesiod; sie sind überzeugt, er wisse das meiste, der Tag und Nacht nicht kannte: die sind ja doch eins!" (DK 22B57). Heraklits Urteil über Hesiods Dichterkollegen war keineswegs wohlwollender: „Homer verdiene es, aus den Preiswettbewerben geworfen und verprügelt zu werden, und Archilochos ungefähr dasselbe" (DK 22B42; vgl. zu Homer A22 und B56). Archilochos von Paros, der um die Mitte des 7. Jahrhunderts lebte, gilt als der Begründer der griechischen Lyrik. Mit Heraklits Ablehnung von Hesiod und Homer ging auch eine Missbilligung der griechischen Volksreligion und des mit ihr verknüpften Kultus einher. Auch die frühen italischen Philosophen waren Zielscheibe seiner Kritik: „Vielwisserei bzw. viel Gelehrsamkeit lehrt noch nicht,

Heraklit und die Tradition

sich einen Begriff zu bilden; sonst hätte sie es Hesiod gelehrt und Pythagoras, wie auch Xenophanes und Hekataios" (DL IX 1; vgl. eine ähnliche noch schärfere Kritik an Pythagoras DL VIII 6, zudem: B81). Hekataios von Milet war ein um 560 v. Chr. geborener früher Historiker und Geograph, der zahlreiche Forschungsreisen in verschiedene Teil der Erde unternommen hatte. Es fällt auf, dass keine explizite Kritik Heraklits an den ionischen Kosmologen überliefert ist. Die naheliegende Erklärung dafür ist, dass er an Anaximanders Lehren vom Apeiron und den Gegensätzen und an Anaximenes Lehre von der Verwandlung der Elemente und Grundstoffe anknüpfte. Heraklit steht in der Tradition der sogenannten ionischen Naturphilosophie (vgl. Hussey 2001, S. 81; Kahn 1979, S. 207; Mansfeld 1987, S. 235–237; Ricken 2007, S. 38–41; → KAPITEL 2.1 UND 2.2).

Quellen, Werk und Stil

Von Heraklit sind etwa 125 Fragmente erhalten, die meistens nur aus einem in Prosa abgefassten Satz bestehen. Davon dürften etwa 90 zur Gänze wörtliche Zitate sein (Kahn 1979, S. 25). Das Gros der Fragmente ist von den um 200 n. Chr. schreibenden christlichen Theologen Hippolytos von Rom und Clemens von Alexandria überliefert, die als weitgehend verlässliche Quellen gelten. Heraklits Sätze sind sorgfältig gestaltete, dichte und oft schwer verständliche Sprüche. Das hat ihm bereits in der Antike das Attribut „der Dunkle" (*skoteinos*, *obscurus*) eingebracht. Obwohl Heraklits Sätze den Eindruck von mündlichen Aussprüchen erwecken, soll er nach Diogenes Laertius ein Buch verfasst haben (DL IX 1, 5, 6, 7, 12). Diese Schrift dürfte Hippolytos und Clemens vorgelegen haben. Heraklits Buch soll ein zusammenhängendes Werk „*Von der Natur*" (*Peri Physeos*) gewesen sein, das in drei Abhandlungen bzw. Teile gegliedert war, „deren erster vom All, deren zweiter von der Politik und deren dritter von der Gottheit handelt. Er legte es im Artemistempel nieder, absichtlich, wie einige meinen, in dunkler Sprache gehalten, damit nur die wirklich Berufenen sich mit ihm beschäftigen" (DL IX 5f.; vgl. zum Titel *Von der Natur* DL IX 5 und 12). Tatsächlich spricht vieles dafür, dass Heraklit seine Sätze bewusst rätselhaft gestaltet hat (dagegen Nietzsche 1988b, S. 832f.). Ob es sich bei Heraklits Buch um seine eigene Komposition oder um eine in späteren Jahrhunderten kompilierte Sammlung von Aphorismen handelt, ist umstritten. Das längste von Heraklit überlieferte Fragment wird – im Einklang mit der antiken Überlieferung – von den meisten Forschern als Anfang der Schrift angesehen (DK 22B1, Aristoteles: *Rhetorik* 1407 b 16; vgl. Ackeren 2006, S. 13; Barnes 1989, S. 58; Gigon 1968, S. 200;

Heit 2011, S. 64; Mansfeld 1987, S. 232; Rapp 2007, S. 58f.; Ricken 2007, S. 34).

Zu Beginn seiner Schrift führt Heraklit sofort den „*logos*“ als einen der zentralen Termini seiner Philosophie ein. Das gesamte Anfangsfragment lautet:

Der Anfang der Schrift: der Logos

> „Obwohl die hier gegebene Erklärung (*logos*) immer gültig ist, werden die Menschen sie nie verstehen, sowohl bevor sie sie vernommen als auch nachdem sie sie gehört haben. Auch wenn alles gemäß dieser Erklärung (*logos*) geschieht, gleichen sie doch Unerfahrenen, so oft sie sich versuchen an solchen Worten und Werken (*erga*), wie ich sie darlege, jeden einzelnen Gegenstand nach seiner Natur zerlegend und erklärend, wie es sich damit verhält. Den anderen Menschen aber entgeht all das, was sie im Wachen tun, so wie sie vergessen, was sie im Schlaf tun“ (DK 22B1; vgl. Gigon 1968, S. 200, der an diese Sätze noch die Fragmente B 113, B 114, B 2 und B 17 anschließt).

Das Anfangsfragment bringt erneut Heraklits Geringschätzung seiner Mitmenschen zum Ausdruck, deren Unwissen und Unverständnis so weit geht, dass sie die Wahrheit auch dann nicht begreifen, wenn sie ihnen mitgeteilt wird. Mit den Gegenständen, die Heraklit zu erklären und zu analysieren beansprucht, dürften sowohl der Kosmos und Gott als auch der Mensch und dessen Welt gemeint sein. Das legen die Aussagen nahe, dass „*alles* gemäß dem Logos geschieht“ und dass der Gegenstand der Darlegung auch die „Werke“ (*erga*) sind, womit die Werke und Handlungen der Menschen gemeint sein dürften (vgl. die Dreigliederung von Heraklits Werk; vgl. Kirk/Raven/Schofield 2001, S. 205f., und Rapp 2007, S. 61f.).

Die Bedeutung des Logos

Der Terminus „*logos*“ leitet sich von dem griechischen Verb „*legein*“ her, das „sagen“ und anfänglich „sammeln“ bedeutet. Der Terminus hat im Griechischen eine Vielzahl an Bedeutungen. Die grundlegenden Bedeutungen von „*logos*“ sind Rede, Wort, Darlegung, Erzählung, Vortrag. Der Terminus kann aber auch Erklärung, Behauptung, Lehrsatz, Grund, Argument, Vernunft bedeuten oder Maß(stab), Berechnung, Verhältnis, Proportion. Nach einigen Interpreten soll der „technische Sinn“ von Logos in Beziehung zu den letzteren vier Bedeutungen stehen (Kirk/Raven/Schofield 2001, S. 205; vgl. Hussey 2001, S. 83; Rapp 2007, S. 65). Das Anfangsfragment macht deutlich, dass der Logos für Heraklit etwas ist, das unabhängig von der Erklärung besteht, die er von ihm gibt (vgl. Rapp 2007, S. 60f.). Unabhängig davon ob der Logos als solcher von den Menschen erkannt wird, sei er „gemeinschaftlich“ und „allgemein“ (DK 22B2). Heraklit erklärt über den Logos, mit dem die Menschen „am dauerndsten Umgang haben" und der „ihnen jeden Tag begegnet", dass er „das All verwaltet" bzw. „alles verwaltet" (B72). Wie die Aussage, dass „*alles* gemäß dem Logos geschieht", legt es diese Charakterisierung nahe, den Logos als ein aktives Prinzip zu deuten, das die Prozesse in der Welt und im Kosmos lenkt (vgl. Anaximanders göttliches Apeiron, das „alles umfassen" und „alles steuern" soll; → KAPITEL 2.1). Einiges spricht dafür, den Logos mit dem noch zu thematisierenden vernünftigen göttlichen Feuer zu identifizieren, das nach Heraklit das Weltgeschehen steuert (B30, B31, B41, B64, B66, B67, B86, B90; vgl. Kirk/Raven/Schofield 2001, S. 206; Rapp 2007, S. 61, 79–81). Die Stoiker, die an Heraklit anknüpfen, interpretieren seinen Logos jedenfalls als „jenes Weltgesetz, das alles schafft, ordnet und vorherbestimmt" (Weinkauf 2006, S. 9; → KAPITEL 12.3).

Die Erkenntnis des Logos

Dass der Logos ein allgemeines objektives Prinzip ist, das unabhängig von Heraklits subjektiver Erklärung besteht, geht auch aus einem anderen bedeutenden Fragment hervor: „Wenn man nicht auf mich hört, sondern auf den Logos, ist es weise beizupflichten (*homologein*), dass alles eins ist" (B50). Die Einheit von allem und insbesondere der Gegensätze ist eine zentrale Lehre von Heraklits Philosophie. Diese Einheit soll prinzipiell jeder vernünftige Mensch nachvollziehen können. Die Einsicht sei „etwas Allgemeines" und es sei „allen Menschen gegeben, sich selbst zu erkennen und vernünftig zu sein" (B113, B116; vgl. Robinson 1987, S. 181f.). Mit Hilfe der Vernunft und der Erfahrung könne jeder den Logos vernehmen und die Alleinheit erkennen. Dies ist allerdings schwer mit Heraklits elitärer Haltung zu vereinbaren (vgl. Ottmann 2001a, S. 168f.). Zwar versteht er den Logos sowie die Einheit der Gegensätze als „nichtoffenkundige Harmonie" und erklärt: „Natur liebt es, sich zu verbergen" (B54, B123). Dennoch verwirft Heraklit das Erfahrungswissen und die Sinneserkenntnis nicht. Zur Hierarchie der Sinneserkenntnis erklärt er: „Augen sind schärfere Zeugen als Ohren" (B101a). Trotz seiner Kritik an der Vielwisserei führt Heraklit aus, dass nach Weisheit strebende Männer viele Dinge erforschen müssen (B35).

Die Einheit der Gegensätze

Heraklits zentraler Lehrsatz, „dass alles eins ist", dürfte vor allem die Einheit der Gegensätze zum Inhalt gehabt haben. So kritisiert er an Hesiod, dass er nicht wisse, dass Tag und Nacht „eins" sind (B57). Hesiod versteht Tag und Nacht tatsächlich als zwei verschiedene Wesen, die in regelmäßigem Wechsel in der Unterwelt wohnen und über die Erde wandern (*Theogonie* 744–754). Dieses Verständnis stellt eine Interpretation der Alltagserfahrung dar, der zufolge

Tag und Nacht verschiedene und gegensätzliche Phänomene sind. Dagegen dürfte Heraklit die naturwissenschaftliche „Entdeckung der Griechen" ins Feld führen, dass „die feste Zeiteinheit innerhalb des Jahres nicht der Tag, sondern die Einheit von Tag und Nacht ist. Die Länge des Tages und die Länge der Nacht ändern sich; was gleich bleibt, ist die Zeit von Mittag zu Mittag; wenn die Tage kürzer werden, werden die Nächte länger" (Ricken 2007, S. 36; Kahn 1979, S. 109f.). Heraklit dürfte weder behauptet haben, dass der Gegensatz von Tag und Nacht nicht existiert noch dass beide Phänomene identisch sind. Vielmehr dürfte er Tag und Nacht als verschiedene und kontinuierlich wechselnde Zustände desselben verborgenen Substrats, der Sonne, verstehen: „Wenn es keine Sonne gäbe, dann wäre trotz der übrigen Gestirne Nacht" (B99). Als identisches Substrat bildet die Sonne die reale und dynamische Einheit, die fundamentaler ist als die Gegensätze von Tag und Nacht, auch wenn diese wesentliche Erscheinungsformen der ihnen zugrundeliegenden Identität sind (B67; vgl. Hussey 2001, S. 86f.). Heraklit selbst spricht nicht von „Gegensätzen" oder von „Gegensatz". Dennoch hat sich für seine Lehre in der Forschung der Terminus „Einheit der Gegensätze" eingebürgert (vgl. Barnes 1989, S. 60, 69–75; Heit 2011, S. 69f.; Hussey 2001, S. 84–89; Jaeger 1953, S. 136; Kirk/Raven/Schofield 2001, S. 206; Mansfeld 1987, S. 232–241; Rapp 2007, S. 72f.).

Heraklits überlieferte Fragmente enthalten eine Vielzahl an unterschiedlichen Beispielen für die Einheit der Gegensätze. Eine genaue Betrachtung dieser Beispiele zeigt jedoch, dass sie verschiede Arten von Einheit oder Verbindung von Gegensätzen veranschaulichen. In der Forschungsliteratur finden sich daher verschiedene Versuche, Heraklits Gegensatz-Fragmente zu typologisieren. Einige Forscher unterscheiden vier Typen der Verbindung von Gegensätzen (Guthrie 1962, S. 445f.; Kirk/Raven/Schofield 2001, S. 206–209). Nach Christof Rapp, der sogar acht „Beispieltypen" unterscheidet, „lässt sich überhaupt kein einheitlicher Sinn finden, in dem von einer Einheit der Gegensätze gesprochen werden könnte" (2007, S. 73–76). Dennoch liegt in nahezu allen Beispielen, die Heraklit anführt, den jeweiligen Gegensätzen ein identisches Substrat zugrunde, von dem sie abhängen und das ihre reale Einheit konstituiert: „Meer: reinstes und abscheulichstes Wasser, für Fische trinkbar und lebenserhaltend, für Menschen nicht trinkbar und tödlich" (B61). In diesem Beispiel ist das Meer das identische und dynamische Substrat, das gegensätzliche Wirkungen hervorbringt und deren Einheit bildet. In einem anderen Fragment bildet „der Weg" das identische Substrat gegensätz-

Typen von Gegensätzen

licher Betrachtungsweisen: „Der Weg hinauf und hinab ist ein und derselbe“ (B60). Je nach Perspektive kann der identische Weg sowohl als aufsteigender als auch als absteigender Pfad erscheinen. Zudem: „Kaltes wird warm, Warmes kühlt ab, Feuchtes trocknet, Trockenes wird feucht“ (B126). Das identische und dynamische Substrat stellen hier dieselben Gegenstände dar, deren gegensätzliche Zustände sich in einem kontinuierlichen Verlauf verändern. Überdies: „Sie verstehen nicht, wie etwas, das auseinandergeht, mit sich selbst zusammengeht: eine gegenspännige Verbindung wie bei Bogen und Leier“ (B51). In diesem Beispiel sind ein gespannter Bogen und eine Leier das Substrat, dessen Einheit in der harmonischen Verbindung entgegengesetzter Kräfte besteht. Des Weiteren: „Krankheit macht Gesundheit angenehm und gut, Hunger die Sattheit, Mühe das Ausruhen“ (B111). In diesen Beispielen ist die Erfahrung des Gegensatzes eines Zustandes, den wir wertschätzen, der Grund für dessen Wertschätzung. Das identische und dynamische Substrat, das diese wechselnden Zustände erlebt und wertschätzt, ist dasselbe Lebewesen. Ferner: „Dasselbe ist, Lebendiges und Totes und Wachendes und Schlafendes und Junges und Altes. Denn dieses ist umschlagend in jenes und jenes ist umschlagend in dieses“ (B88). Das identische und die Einheit bewirkende Substrat ist hier wiederum dasselbe Lebewesen, das nacheinander gegensätzliche Zustände durchläuft.

Heraklits Anspruch dürfte gewesen sein, dass er mit seiner Entdeckung der Einheit der Gegensätze eine wichtige Einsicht über das Wesen der Welt gewonnen hat. Seine neue Erkenntnis dürfte gewesen sein, dass die meisten Dinge der Welt nicht die einfachen Identitäten sind, die sie zu sein scheinen, sondern komplexe und dynamische Einheiten von Gegensätzen. Heraklits Lehre von der Einheit der Gegensätze wird jedoch von der Forschung sehr unterschiedlich bewertet (Emlyn-Jones 1976; Kahn 1979, S. 181–210; Kirk 1962, S. 166–201; Rapp 2007, S. 76–78). Dennoch gilt er allgemein als Begründer der Dialektik. Hegel erklärt: „Hier sehen wir Land; es ist kein Satz des Heraklit, den ich nicht in meine Logik aufgenommen“ (Hegel 1971, S. 320). Aristoteles dagegen kritisiert Heraklit dafür, dass er mit seiner Lehre gegen das Prinzip der Widerspruchsfreiheit verstößt (Met. IV 7, 1012 a 24–26). Diese Kritik wird jedoch von den meisten Interpreten aus guten Gründen zurückgewiesen (Hussey 2001, S. 88; Rapp 2007, S. 76f.). Heraklit behauptet etwa in den zuletzt angeführten Beispielen nicht, das dasselbe Lebewesen zum selben Zeitpunkt lebendig und tot, wach und schlafend, jung und alt, krank und gesund, oder hungrig und satt ist. Vielmehr durchläuft dasselbe

Bewertung der Gegensatzlehre

Lebewesen diese gegensätzlichen Zustände nacheinander. Heraklit behauptet nicht die Identität der Gegensätze, sondern lediglich ihre Einheit. Daher verstößt er nicht gegen das Prinzip der Widerspruchsfreiheit.

Heraklit weist nach, dass den verschiedenen Gegensätzen immer etwas Identisches zugrundliegt, von dem sie abhängen und das ihre Einheit konstituiert. Dieser Nachweis reicht jedoch nicht hin, um seinen zentralen Lehrsatz, „dass alles eins ist“, verständlich zu machen. Denn dieser Lehrsatz behauptet mehr über die Welt bzw. den Kosmos als nur die jeweilige Einheit von verschiedenen Gegensatzpaaren. In einem inhaltlich verwandten Fragment erklärt Heraklit: „Verbindungen: Ganzes und Nichtganzes, Zusammentretendes – Auseinandertretendes, Zusammenklingendes – Auseinanderklingendes; aus allem eins und aus einem alles“ (B10). Heraklits zentrale Lehrsätze werfen die Frage auf, wie die verschiedenen Substrate, die die dynamischen Einheiten der Gegensätze bilden, miteinander zusammenhängen. Was bildet die Einheit der Einheiten der Gegensätze? Welches identische Substrat liegt dieser fundamentalsten Einheit zugrunde und konstituiert sie? Wie ist der Monismus, den Heraklit behaupten dürfte, genau zu denken?

Die Einheit der Einheiten

Wie ein Fragment verdeutlicht, begreift Heraklit Gott als das Substrat, das die Einheit der verschiedenen Einheiten der jeweiligen Gegensatzpaare konstituiert: „Der Gott ist Tag-Nacht, Winter-Sommer, Krieg-Frieden, Sättigung-Hunger [*alle Gegensätze, das ist die Bedeutung*]; er wandelt sich, genau wie Feuer, wenn man es mit Räucherwerk vermischt, nach dem Wohlgeruch jedes einzelnen [*Duftstoffs*] benannt wird“ (B67). Heraklit führt vier verschiedene Paare von Gegensätzen an, die einander jeweils in kontinuierlichem Wechsel ablösen. Er entnimmt diese Paare aus vier verschiedenen Bereichen der Wirklichkeit, dem Kosmos, der Natur, den zwischenmenschlichen Beziehungen und den Organismen. Seine Zusammenstellung von Gegensatzpaaren aus verschiedensten Wirklichkeitsbereichen macht die verallgemeinernde Interpretation des Kommentators plausibel, dass Heraklit letztlich alle Gegensatzpaare und ihre Beziehung zu Gott thematisiert. Heraklit vergleicht Gott mit dem Altarfeuer, das im religiösen Kultus eine zentrale Rolle spielt. Das Feuer ist die fundamentale Einheit der gegensätzlichen Wohlgerüche, die entstehen, wenn in ihm Räucherwerk verbrannt wird. Obwohl das Feuer der grundlegende Bestandteil der verschiedenen Wohlgerüche ist, werden sie von den Menschen irrtümlicherweise lediglich als Weihrauch etc. benannt (vgl. Hussey 2001, S. 91). Analog dazu ist Gott die fundamen-

Gott als die Einheit der Einheiten

tale Einheit aller Gegensatzpaare und damit der Substrate, von denen sie abhängen und die ihre jeweilige Einheit konstituieren. Auch wenn Gott der grundlegende Bestandteil der verschiedenen Gegensatzpaare und ihrer jeweiligen Einheit ist, werden sie von den Menschen irrtümlicherweise lediglich als Tag-Nacht, Winter-Sommer etc. benannt. Damit wird jedoch ihr göttliches Wesen verkannt, das sie alle miteinander verbindet. Gott ist das wandelbare und einheitliche Wesen der Welt, die den Menschen als Vielheit voneinander unabhängiger Gegensätze erscheint.

Das Fragment, das Heraklits pantheistisches Gottesverständnis offenbart, legt die Interpretation nahe, dass Gott auch als Altarfeuer erscheint (Kahn 1979, S. 280). In einem anderen Fragment versteht Heraklit das Feuer sogar wie Gott als das einheitliche Wesen der Welt: „Diese Weltordnung (*kosmos*) [*dieselbe für alle*] wurde weder von einem der Götter noch einem der Menschen geschaffen, sondern war, ist, und wird sein immer: Feuer, ewig lebendig, nach Maßen entflammend und nach Maßen erlöschend" (B30). Dieses Fragment bringt zum Ausdruck, dass Heraklit die Welt und ihre Ordnung als ewig ansieht (vgl. Mansfeld 1987, S. 236). Nach Aristoteles versteht Heraklit das Feuer als „vorzüglichstes Prinzip" und als Grundstoff (Met. I 3, 984 a 5–8). Problematisch ist an dieser Interpretation, dass Heraklit das Feuer nicht – wie Aristoteles den Stoff – als ein passives Material begreift, in dem sich die Formen individuieren, sondern als ein lebendiges und aktives Prinzip (→ KAPITEL 2.1 UND 10.2). Das „ewige Feuer" „sei vernunftbegabt und Ursache der ganzen Weltregierung" (B64). Wie Gott sich verändert und verschiedene gegensätzliche Gestalten annimmt, wandelt sich das Feuer als integraler Teil der Weltprozesse: „Wendungen des Feuers: an erster Stelle Meer, vom Meer aber die eine Hälfte Erde, die andere Gluthauch. [...] Die Erde löst sich auf in Meer und dieses erhält sein Maß nach derselben Proportion (*logos*), die galt, bevor es Erde wurde" (B 31; vgl. DL IX 9; vgl. zum Verhältnis von Feuer und Wasser zur Psyche B36, B117, B118, B77). Dieses Fragment legt die Interpretation nahe, dass Heraklit das Feuer zwar nicht, wie Aristoteles behauptet, als passives Material ansieht, aber dennoch – wie Anaximenes die Luft – als aktiven göttlichen Urstoff begreift, der durch seine Verwandlungen die anderen Grundstoffe bzw. Elemente hervorbringt (DL IX 8; Nietzsche spricht von Heraklits „Einführung des Feuers als einer weltbildenden Kraft" 1988b, S. 828; → KAPITEL 2.2). Dafür spricht auch ein anderes Fragment: „Alles ist austauschbar gegen Feuer und Feuer gegen alles, wie Waren gegen Gold und Gold gegen Waren" (B90). Wie Gott Bestand-

Das Verhältnis von Gott und Feuer

teil der verschiedenen Gegensatzpaare ist und diese miteinander verbindet, ist das kosmische Feuer der verbindende Bestandteil der Elemente der Welt und ihrer Ordnung. Das vernünftige Feuer ist göttlich und wie der Logos ein aktives und steuerndes Prinzip. Daher dürfte es mit dem Logos identisch oder dessen Erscheinungsform sein (vgl. Kirk/Raven/Schofield 2001, S. 206, 232; Mansfeld 1987, S. 234–238; Rapp 2007, S. 80f.).

Der „Weltenbrand" (*ekpyrôsis*)

Nach Diogenes Laertius und den Stoikern, die an Heraklits Kosmologie und Naturphilosophie anknüpfen, vertrat Heraklit bereits ihre Lehre vom „Weltenbrand" (*ekpyrôsis*) (DL IX 8; → KAPITEL 12.3). Dies dürfte auch aus der Überlieferung des Aristoteles hervorgehen (*De Caelo* 297b 12–17). Der Lehre vom Weltenbrand zufolge entsteht die Welt periodisch aus dem Feuer, brennt dann aus und löst sich schließlich wieder in Feuer auf. Ob Heraklit diese Lehre tatsächlich vertreten hat, ist sowohl unter den älteren als auch unter den neueren Interpreten umstritten (vgl. zur Debatte Barnes 1989, S. 600 (Fn. 15); Kirk 1962, S. 335ff.; Ricken 2007, S. 40f.; Zeller 2006, S. 59f.). Heraklits Aussagen, das ewig lebendige Feuer sei „*nach Maßen* entflammend und *nach Maßen* erlöschend", und alles sei austauschbar gegen Feuer und Feuer gegen alles, dürften eher gegen eine Lehre vom Weltenbrand bei Heraklit sprechen (vgl. Kirk/Raven 1977, S. 202, und dezidiert Barnes 1989, S. 61f.). Dagegen könnten das Fragment von den „Wendungen des Feuers" und Heraklits Rede vom „großen Jahr", das „aus 10 800 Sonnenjahren bestehe" (A13), auf diese Lehre hindeuten. Setzt man in Heraklits dunkle Aussage „aus allem eins und aus einem alles" (B10) für das „eine" das „Feuer" ein, dann ergibt sich noch ein Indiz dafür, dass Heraklit einen Weltenbrandt lehrte. Als weiteres Indiz kann auch die Tatsache gedeutet werden, dass Heraklit in der Tradition der sogenannten ionischen Naturphilosophie steht. Denn bereits Anaximander und Anaximenes dürften Lehren von sukzessiven Welten, die zyklisch entstehen und vergehen, vertreten haben (vgl. Gigon 1968, S. 207ff.; Nietzsche 1988b, S. 829; → KAPITEL 2.1 UND 2.2).

Die Welt als Kampf der Gegensätze

Im Zentrum von Heraklits Philosophie steht nicht bloß die Lehre, dass die verschiedensten Gegensätze, aus denen die Welt besteht, eine Einheit bilden. Ebenso zentral für sein Denken ist die Lehre, dass diese Gegensätze in einen beständigen Kampf und Streit miteinander verwickelt sind. Kampf und Streit sind für Heraklit keine abzulehnenden Phänomene. Vielmehr soll er Homer dafür kritisiert haben, dass er schrieb: „Schwände doch jeglicher Zwiespalt (*eris*) unter Göttern und Menschen" (A22 = Aristoteles: *Eudemische Ethik* VII 1,

1235 a 26f.). Bereits Hesiod unterscheidet eine verabscheuungswürdige Eris, die „nur böse Feindschaft und hässlichen Hader" nährt, von einer guten Eris, die die Menschen zur Arbeit und zu einem friedlichen Wettstreit motiviert (*Werke und Tage* 11–26). Vielleicht knüpft Heraklit verallgemeinernd an Hesiods Überlegungen an, wenn er in einem bedeutenden Fragment erklärt:

> „Man muss wissen, dass der Krieg (*polemos*) universell gegenwärtig und Gerechtigkeit Streit (*eris*) ist und dass alles gemäß dem Streit (*kat' erin*) geschieht und gemäß demjenigen, was notwendig ist" (B80; vgl. zu Heraklit und Hesiod Kahn 1979, S. 206; Nietzsche 1988b, S. 825).

Die erste Aussage verallgemeinert den Krieg bzw. Streit, ein Phänomen aus dem zwischenmenschlichen Bereich, und überträgt es auf den ganzen Kosmos. Nietzsches Interpretation zufolge wird von Heraklit der „Wettkampfgedanke des einzelnen Griechen und des griechischen Staates, aus den Gymnasien und Palästren, aus den künstlerischen Agonen, aus dem Ringen der politischen Parteien und der Städte miteinander, in's Allgemeinste übertragen, so daß jetzt das Räderwerk des Kosmos in ihm sich dreht" (Nietzsche 1988b, S. 825). Die ständigen Veränderungen der Welt werden von Heraklit als Interaktion und Kampf von Gegensätzen interpretiert.

Gerechtigkeit ist Streit

Nach der zweiten Aussage von Heraklit Fragment muss die „Gerechtigkeit" (*dikê*) als „Streit" (*eris*) verstanden werden. Die Gleichsetzung von Streit und Gerechtigkeit erstaunt, weil beide üblicherweise als Gegensätze gelten. Bestehende Konflikte verlangen zu ihrer Lösung oder Regelung nach Gerechtigkeit. Die Termini „Streit" bzw. „Krieg" sind in Heraklits Fragment in einem weiten Sinne als Bezeichnungen für den universell gegenwärtigen Wechsel und Kampf der Gegensätze zu verstehen. Der Kerngedanke von seiner Gleichsetzung von Streit und Gerechtigkeit dürfte sein, dass sich dieser Kampf nicht ungeordnet vollzieht, sondern nach den Gesetzmäßigkeiten und Regeln einer kosmischen Gerechtigkeit. Wie die Termini „Streit" bzw. „Krieg" universalisiert Heraklit die Idee der Gerechtigkeit und überträgt sie aus ihrem traditionellen zwischenmenschlichen Bereich auf den gesamten Kosmos (vgl. B94). Das ergibt sich aus der dritten Aussage des Fragments, „dass *alles* gemäß dem Streit (*kat' erin*) geschieht", der davor mit der Gerechtigkeit identifiziert wurde. Mit seiner Interpretation der kosmischen bzw. natürlichen Ordnung in moralisch-rechtlichen Termini knüpft Heraklit höchstwahrscheinlich an Anaximander an (vgl. Kahn 1979, S. 206f.; Vlastos 1970, S. 419; → KAPITEL 2.1). In seinem überlieferten Satz spricht Anaximander von einer ausgleichenden Gerechtigkeit, die sich zwischen den sukzessiven Ordnungen bzw. Welten vollzieht oder zwischen den Gegensätzen wie warm und kalt, trocken und feucht, die sich den Jahreszeiten und den Elementen zuordnen lassen. Das Unrecht, das durch die Vorherrschaft oder den zeitweiligen Sieg des einen Gegensatzes entsteht, wird später durch einen Wechsel und die Vorherrschaft des anderen Gegensatzes ausgeglichen.

Der „Krieg" bzw. „Streit" steht auch im Zentrum von einem von Heraklits berühmtesten Fragmenten: „Krieg (*polemos*) ist von allem der Vater, von allem der König. Denn die einen erweist er als Götter, die anderen als Menschen, die einen macht er zu Sklaven, die anderen zu Freien" (B53). Heraklits Aussage ist erstaunlich, weil der Krieg normalerweise als der Zerstörer aller Dinge und nicht als ihr Erzeuger angesehen wird. Dass seine Sichtweise dennoch zutrifft, veranschaulicht Heraklit mit den beiden Gegensatzpaaren „Götter – Menschen" und „Sklaven – Freie". In beiden Beispielen wird Krieg in seiner engen militärischen und politischen Bedeutung verstanden. Zu Heraklits Zeiten war es üblich, die Verlierer in einem Krieg zu versklaven. Dagegen blieben die Sieger frei oder wurden durch einen Krieg frei, wenn sie davor unterjocht waren. Schwieriger zu deuten ist Heraklits Aussage, dass der Krieg die einen als Götter und die anderen als Menschen erweist. Zwei Deutungsmöglichkeiten bieten sich an: „Es könnte eine Erinnerung sein an die homerischen Götter, die im Krieg nicht getötet, sondern nur verwundet werden. Es könnte auch bedeuten, dass die einen göttlichen Ruhm erwerben, wenn sie fallen; die Überlebenden aber Menschen bleiben, Sterbliche" (Ottmann 2001a, S. 169f.; vgl. Gigon 1968, S. 210). Gegen die erste Möglichkeit spricht, dass in ihr die produktive Rolle des Krieges auf ein Mittel zur Erkenntnis von Göttern oder Menschen beschränkt ist. Die zweite Möglichkeit kann sich dagegen auf zwei Heraklit-Fragmente stützen: „Die im Kampf gefallenen werden von Göttern und Menschen geehrt" (B24). „(Denn) eins vor allen anderen wählen sich die Besten: den ewigen Ruhm vor den sterblichen Dingen; die Vielen freilich sind vollgefressen wie das Vieh" (B29). Neben der engen militärischen und politischen Bedeutung hat „Krieg" in Heraklits Fragment auch die weite Bedeutung, die er in der Passage besitzt, in der er Streit und Gerechtigkeit gleichsetzt. Denn der Krieg ist „von *allem* der Vater, von *allem* der König". Diese Verallgemeinerung erinnert an Homers Charakterisierung von Zeus als dem „Vater der Menschen und Götter". Heraklit ersetzt Zeus nicht bloß durch den Krieg, sondern als Vater *von allem* wird der Krieg zum „Super-Zeus"

Der Krieg als Vater aller Dinge

(Kahn 1979, S. 208; vgl. B80). Krieg wird zum zentralen kosmischen Prinzip, das neben dem universell gegenwärtigen Wechsel und Kampf der Gegensätze den Streit der verschiedenen Kräfte einbegreift. Als inneres Prinzip regiert der Krieg das Weltgeschehen und ist deshalb König. Berücksichtigt man Heraklits Gleichsetzung von Streit bzw. Krieg und Gerechtigkeit, dann handelt es sich nicht um eine willkürliche, sondern um eine gerechte und gesetzmäßige Regentschaft. Krieg dürfte letztlich für Gott und die ewige Gerechtigkeit stehen, die die verschiedenen Elemente und Gegensätze der Welt zu einer Einheit verbinden (vgl. Jaeger 1953, S. 136–138).

Das göttliche Gesetz als Vorbild

Heraklit setzt nicht bloß den Krieg bzw. Streit mit der Gerechtigkeit gleich, sondern identifiziert das Recht auch mit dem Göttlichen. So spricht er von einem göttlichen Gesetz, das er als Vorbild der menschlichen Gesetze begreift. Heraklit sieht das Gesetz als zentrales Element einer Polis an, weil es ihre Bürger nicht bloß zu einer Gemeinschaft vereint, sondern auch für ihren Fortbestand entscheidend ist: „Die Bürger sollen für ihr Gesetz kämpfen wie für ihre Mauer" (B44). Das Fragment über das göttliche Gesetz knüpft wahrscheinlich an den Satz „das Denken ist allen gemeinsam" (B113) an, der ihm vorangegangen sein dürfte: „Indem man sich im Begriff ausdrückt, muss man Kraft schöpfen aus dem, was allen gemeinsam ist, wie eine Polis aus ihrem Gesetz (*nomos*), und noch viel stärker. Denn alle menschlichen Gesetze werden von dem Einen, Göttlichen, genährt; dessen Kraft ist unbegrenzt, und es reicht für alles aus und setzt sich durch" (B114; vgl. B102). Dieses Fragment macht auch deutlich, dass für Heraklit nicht alles im Fluss bzw. Werden begriffen ist, sondern dass er eine göttliche Gerechtigkeit und damit ein konstantes Maß kennt. Nicht zu Unrecht wurde er als „Vorläufer des Naturrechtsdenkens" verstanden (Ottmann 2001a, S. 172).

„Alles fließt" (*panta rhei*)

Eine der berühmtesten Lehren, die Heraklit zugeschrieben werden, wird in dem Satz „Alles fließt" (*panta rhei*) zusammengefasst. Frühe Quellen für Heraklits Flusslehre sind vor allem Platon und Aristoteles (vgl. zu einer früheren Quelle Barnes 1989, S. 65). Nach der Überlieferung des Aristoteles habe Platon schon in seiner Jugendzeit den Herakliteer Kratylos kennen gelernt. Kratylos habe ihn vertraut gemacht mit Heraklits Lehren, „dass alles Sinnliche im beständigen Flusse sei, und dass es keine Wissenschaft bzw. kein Wissen (*epistêmê*) davon gebe" (Met. I 6, 987 a 32–34). In seinem Dialog *Kratylos* äußert Platon über Heraklits Lehre: „alles sei in Bewegung und nichts stehe still" bzw. „es befinde sich alles in Gang und Fluss" (401 d, 439 c). Zudem: „Heraklit sagt doch wohl, alles sei in Bewegung (*panta chôrei*) und nichts habe Bestand, und indem er die Dinge mit der Strömung eines Flusses vergleicht, sagt er, man könne nicht zweimal in denselben Fluss steigen" (402 a; DK 22B91; vgl. Aristoteles: *De Caelo* III, 298 b 29–33; Phys. VIII 3, 253 b 9–11; Aristoteles: *Topik* 104 b 21f.). Heraklits Wirklichkeitsauffassung, der zufolge sich alles permanent verändert und nichts beharrt bzw. konstant bleibt, mache letztlich Wissenschaft und Erkenntnis unmöglich. Denn Wissenschaft und Erkenntnis setzen einen gleichbleibenden Gegenstand voraus, über den Aussagen gemacht werden können (*Kratylos* 439 e–440 b; vgl. Platon: *Theaitetos* 152 dff.; 179 d–183 b).

Die neuere Forschung bestreitet mehrheitlich, dass Heraklit eine Flusslehre vertreten hat und dass die Sätze „Alles fließt" (*panta rhei*) und „Man kann nicht zweimal in denselben Fluss stiegen" (DK 22B91) tatsächlich auf ihn zurückgehen (Kirk 1962, S. 244, 366; Reinhardt 1977, S. 206f.; Snell 1966a, S. 130f.; vgl. zur Debatte Marcovich 1967, S. 206–214). Diese Urteile sind zu pauschal. So unterscheiden manche Interpreten treffend zwischen einer starken und einer schwachen Lesart der Alles-fließt-Formel (Barnes 1989, S. 69; Rapp 2007, S. 69f.; vgl. Hussey 2001, S. 90). Die starke Form der Flusslehre, die Platon präsentiert, dürfte tatsächlich kaum auf Heraklit zurückgehen. Nach ihr verändert sich buchstäblich *alles* und zwar *permanent*, so dass es keine gleichbleibenden und identischen Gegenstände gibt. Wahrscheinlich wurde diese Lehre von Kratylos vertreten, der gegen Heraklits Spruch eingewandt haben soll, man könne auch nicht *einmal* in denselben Fluss steigen (Met. IV 5, 1010 a 7–15; vgl. Barnes 1989, S. 69). Die starke Lesart ist mit Heraklits Lehre von dem einen „*logos*", der „immer gültig" ist, mit der Existenz einer göttlichen Gerechtigkeit und dem Kerngedanken seiner Flussfragmente unvereinbar. Heraklit zielt mit seinen Flussfragmenten wie mit anderen Sentenzen darauf ab, seine Leser durch die Formulierung eines scheinbaren Widerspruchs zu verblüffen: „In dieselben Flüsse steigen wir und steigen wir nicht, wir sind und wir sind nicht" (B49a). Diesen Widerspruch hebt Heraklit jedoch in einem anderen Fragment auf: „Denen, die in *dieselben* Flüsse hineinsteigen, strömen andere und immer wieder andere Wasser zu" (B12). Dem Kerngedanken seiner Flussfragmente zufolge verändert sich ein Fluss – wie der einzelne Mensch – zwar permanent, bewahrt dabei aber dennoch seine Identität und bleibt derselbe. Die beständige Veränderung des Flusses wird durch die dauernd in ihn einmündenden und durch ihn strömenden wechselnden Wassermassen bewirkt. Dennoch bleiben der Name des Flusses und seine geographische Posi-

Die Fluss-Fragmente

tion über lange Zeit hinweg dieselben. Der Fluss kann daher als die Einheit der Gegensätze „Identität" und „Wandel" begriffen werden. Wie die meisten Dinge der Welt ist er nicht eine einfache und stabile Identität, sondern eine komplexe und dynamische Einheit von Gegensätzen.

Schwache Form der Flusslehre

Die schwache Form der Flusslehre ist wie die starke eine allgemeine Theorie über das Wesen der Welt. In ihr bezieht sich der Quantor „alles" aus „Alles fließt" nicht auf *alles, was ist* bzw. nicht auf *alle* Entitäten. Diese Lesart verhindert, dass die Lehre in Widerspruch gerät mit Heraklits Annahme eines ewigen Logos, einer ewigen Gerechtigkeit, oder der Existenz identischer und lange gleichbleibender Gegenstände wie einem bestimmten Flussbett oder einem Felsen (vgl. Kirk/Raven/Schofield 2001, S. 214, 216). Christof Rapp unterscheidet nochmals verschiedene Lesarten der schwachen Form der Flusslehre und argumentiert wie Jonathan Barnes überzeugend dafür, dass Heraklit eine solche vertreten hat (Barnes 1989, S. 60, 65–69; Rapp 2007, S. 69–72). Nach der schwachen Interpretation besagt die Flusslehre, dass die Welt eine prozesshafte und dynamische Ordnung ist (vgl. Hussey 2001, S. 89–92). Auch wenn sich nicht buchstäblich alles in der Welt permanent verändert, wandeln sich viele Dinge und ihre Qualitäten im Laufe der Zeit. Nach Heraklit besteht die Welt aus Grundstoffen bzw. Elementen und Gegensätzen, die ständig ineinander übergehen. Heraklits Beispiele für Gegensätze zeigen, dass ihnen – wie den wechselnden Wassermassen ein identischer Fluss – jeweils ein identisches Substrat zugrunde liegt, von dem sie abhängen und das ihre reale Einheit konstituiert.

3.2 Parmenides: Die Merkmale des Seienden

Leben und Platons *Parmenides*

Parmenides wuchs in der von ionischen Auswanderern um 540 v. Chr. gegründeten Polis Elea in Unteritalien auf (das heutige Velia in der Provinz Salerno). Die Stadt geriet wahrscheinlich gegen Ende des 6. Jahrhunderts unter den Einfluss des Bundes der Pythagoreer. Parmenides soll Spross einer reichen und adligen Familie gewesen sein (DL IX 21). In Elea soll er auch als Gesetzgeber gewirkt haben (Speusippos, fr. 1). Parmenides' genaue Lebensdaten sind stark umstritten. Manche Forscher halten sich an die Angaben von Diogenes Laertius, die sich höchstwahrscheinlich auf den Historiographen Apollodor stützen (DL IX 23). Demnach wurde Parmenides wie Heraklit um 540 v. Chr. geboren (Mansfeld 1987, S. 284; Rapp 2007, S. 91f.;

Zeller 2006, S. 52). Die alternative Spätdatierung seiner Geburt um 515 v. Chr. stützt sich auf Platons Dialog *Parmenides*. Platon zufolge sei Parmenides, damals „etwa fünfundsechzig Jahre alt“, mit seinem 25 Jahre jüngeren Schüler Zenon (→ KAPITEL 3.3) in Athen mit Sokrates zusammengetroffen, der „damals noch sehr jung gewesen“ sei (127 b/c). Demnach muss der 470/69 v. Chr. geborene Sokrates wohl um die 20 Jahre gewesen sein, so dass das Treffen um 450 v. Chr. stattgefunden haben könnte. Aber es ist durchaus möglich, dass Platon das Zusammentreffen lediglich inszeniert hat. Der Dialog „hat so oder ähnlich sicher nie stattgefunden, denn die Figur des Parmenides trägt eine eigentümlich einseitige Darstellung der Parmenideischen Lehre vor, und der junge Sokrates vertritt die Ideenlehre, wie sie gewiss erst von Platon formuliert wurde“ (Rapp 2007, S. 91f.; vgl. Mansfeld 1987, S. 334, und McKirahan Jr. 2001, S. 122). Auch die Vertreter der Gegenmeinung, die sich auf Platons präzise Altersangaben stützen, sind von der Stringenz ihrer Argumente überzeugt: „Die Tatsache, daß er diese Details angibt, legt es unabweisbar nahe, daß er mit chronologischer Genauigkeit schreibt“ (Kirk/Raven/Schofield 2001, S. 264). Dieses Argument ist nicht zwingend. Die präzisen Altersangaben könnten auch Teil des szenischen Arrangements sein. Aber auch das Gegenargument ist nicht völlig überzeugend. So wurde in der Forschung mehrmals die Position vertreten, dass nicht erst Platon, sondern bereits Sokrates die Theorie der Ideen entwickelte (Burnet 1911; Burnet 1914, S. 102–156; Figal 1998, S. 62–84; Taylor 1911; Taylor 1979, S. 153ff.; → KAPITEL 7.3).

Werk, Einflüsse, Quellen, Wirkung

Die Philosophen vor Parmenides wollten vor allem den Kosmos und die Welt sowie deren Entstehung und Veränderungen verstehen. Das Lehrgedicht des Parmenides gibt im zweiten Teil zwar auch eine Kosmologie und Kosmogonie. Der erste Teil überschreitet jedoch das vorangehende philosophische Denken und stellt einen bewussten Neuanfang dar. Parmenides begründet eine neue philosophische Disziplin, die später sogenannte Ontologie, die Lehre vom Seienden. Der zentrale Begriff, von dem seine Lehre ausgeht und den er in ihr bestimmt, ist das „Seiende“ im Gegensatz zum „Nichtseienden“. Neu an seiner Theorie ist auch, dass er einen Anspruch auf absolute Wahrheit mit ihr verbindet. Parmenides soll seine philosophische Bildung sowohl von dem Pythagoreer Ameinias als auch von Xenophanes erhalten haben (DL IX 21). In der Forschung ist es jedoch umstritten, wie stark Parmenides' Denken tatsächlich von Xenophanes beeinflusst wurde (→ KAPITEL 2.3). Jedenfalls wählt Parmenides wie Xenophanes wieder die dichterische Form zur Darstellung seiner

Lehre. Das Lehrgedicht des Parmenides, von dem bedeutende Teile erhalten sind, ist die einzige von ihm verfasste Schrift (DL I 16). Das Lehrgedicht ist in Hexametern abgefasst, von denen etwa 150 erhalten sind. Diese Form der Darstellung ist nicht das einzige Indiz dafür, dass Parmenides bewusst an die Tradition von Homer und Hesiod anknüpft. Wie Xenophanes konkurriert Parmenides mit Homer und Hesiod und versucht sie zu überwinden (vgl. Ricken 2007, S. 45). Homer ruft zu Beginn seiner Epen die Musen an, die auch Hesiod am Anfang seiner *Theogonie* inspirieren und den Wahrheitsanspruch seiner Dichtung verbürgen. Analog dazu beginnt Parmenides' Lehrgedicht mit einer Offenbarung der Göttin, die im Besitz der Wahrheit ist, die sie ihm zusammen mit den ungewissen Meinungen der Sterblichen verkündet (DK 28B1, Z. 28–30). Während der erste Teil des Lehrgedichts die Wahrheit über das Seiende präsentiert, legt der zweite Teil die Meinungen der Sterblichen über den Kosmos und dessen Entstehung dar. Die Wahrheit über das Seiende steht nicht bloß im Gegensatz zum Nichtseienden, sondern auch zu den Meinungen der Sterblichen, die der Illusion anhängen, dass es Vielheit und Veränderung gibt. Der erste Teil des Lehrgedichts dürfte nahezu vollständig erhalten sein, der zweite nur bruchstückhaft. Die zentrale Quelle für das Lehrgedicht sind die wörtlichen Zitate, die Simplikios „wegen der Seltenheit des Texts" in seine Kommentare zu Aristoteles' *Physik* und *De Caelo* aufgenommen hat (DK 28A21; vgl. Coxon 1986, S. 1–7). Die Wirkung, die von Parmenides' Lehre auf die spätere griechische Philosophie ausging, insbesondere auf Platon, war beträchtlich.

Ein neuer Typ von Theorie

Neu ist an Parmenides' ontologischer Theorie nicht bloß ihr Anspruch auf absolute Wahrheit. Neu ist auch, dass sie keine Theorie über die Welt und den Kosmos darstellt, die zumindest im Prinzip durch das Kriterium ihrer Korrespondenz bzw. Übereinstimmung mit den Gegenständen, die sie erklären will, falsifiziert oder verifiziert werden kann. Parmenides' Ontologie ist keine empirische Theorie, deren Gültigkeit sich an den Erfahrungstatsachen überprüfen lässt. Sie ist vielmehr wie die Mathematik oder Logik eine rein formale Theorie, in deren Zentrum ein System von kohärenten und in sich widerspruchsfrei zusammenhängenden Begriffen und Aussagen steht. Nur weil Parmenides' ontologische Theorie eine nicht-empirische Theorie ist, kann sie einen Anspruch auf absolute Wahrheit bzw. Gültigkeit erheben (vgl. Mansfeld 1987, S. 284–286).

Die Vorrede bzw. das Proömium des Gedichts malt die rasante Fahrt des Parmenides auf einem Wagen aus, der von göttlichen Stuten gezogen und von Sonnenmädchen geleitet wird. Die Wagenfahrt, die

Parmenides' inspirierten Weg zur Erkenntnis symbolisieren dürfte, verläuft vom „Haus der Nacht" zum Licht, vom menschlichen Meinen zum göttlichen Wissen. Die Fahrt endet am detailliert beschriebenen Tor, das die Bahnen von Nacht und Tag trennt. Das Tor untersteht der Göttin Dikê, die Parmenides Einlass gewährt. Im Inneren empfängt ihn zuvorkommend eine Göttin, die ihm erklärt, dass ihn „göttliche Fügung (*themis*) und Recht (*dikê*)" auf diesen seinen „Weg, der weitab vom üblichen Pfad der Menschen liegt", geleitet haben. Die Göttin kündigt Parmenides an, dass sie ihm sowohl „das unerschütterliche Herz der wohlgerundeten Wahrheit (*alêtheia*)" als auch „die Meinungen (*doxai*) der Sterblichen, denen keine wahre Verlässlichkeit innewohnt", offenbaren wird (DK 28B1, Z. 1–30).

Vorrede bzw. Proömium

Die Fortsetzung des Lehrgedichts wird als Offenbarung und philosophische Rede der Göttin dargestellt (B2, Z. 1). Das bringt zum Ausdruck, dass Parmenides für seine Lehre den Anspruch auf absolute Wahrheit erhebt. Die Lehre, die die Göttin offenbart, ist jedoch kein Mythos, sondern eine rationale philosophische Abhandlung und systematische Beweisführung in Versen. Der Wahrheitsanspruch der Lehre beruht nicht allein auf dem Akt der Offenbarung, sondern auch darauf, dass sie rational nachvollziehbar und überprüfbar ist. So fordert die Göttin Parmenides und damit den Leser auf, die von ihr ausgesprochene „streitbare Widerlegung" bzw. die vorgetragene Beweisführung mit der „Vernunft" (*logos*) zu beurteilen (B7, Z. 5–6).

Offenbarung und Vernunft

Die Göttin beginnt ihre Lehre mit der Unterscheidung von den einzigen beiden Wegen, die ihr zufolge für die Untersuchung denkbar sind. Diese beiden Wege schließen sich gegenseitig aus, weil sie kontradiktorische Gegensätze sind. Die ausschließende Disjunktion, die in ihrer reinsten Form ohne Angabe eines grammatischen Subjekts präsentiert wird, lautet: entweder „ist" (*estin*) oder „ist nicht" (aber nicht beides zugleich). Die intuitive logische Einsicht, die dieser Disjunktion zugrundeliegt, wird später in der Philosophiegeschichte als der „Satz vom Widerspruch" bezeichnet. Dasselbe kann nicht zugleich „sein" und „nicht sein". Wovon jedoch behauptet wird, dass es nicht zugleich „sein" und „nicht sein" kann, bleibt vorerst dunkel. Es geht Parmenides gewiss nicht bloß um einzelne wiederstreitende Aussagen oder Sachverhalte, die nicht zugleich widerspruchsfrei behauptet und bestritten werden können. Vielmehr geht es um eine grundsätzliche und wesentliche Ausschließlichkeit bzw. Disjunktion, in Anbetracht derer eine Wahl zu treffen ist. Nur einer der beiden Wege kann begangen werden, nicht beide zugleich. Für die anstehende Untersuchung bzw. Erkundung weist die Göttin den Weg

Zwei Wege der Untersuchung

des „ist nicht" zurück und entscheidet sich für den Weg des „ist". Sie erklärt über den Weg des „ist nicht", er sei „ein völlig unerkundbarer Pfad. Denn es ist ausgeschlossen, dass Du etwas erkennst, was nicht ist, oder etwas darüber aussagst; solches lässt sich nämlich nicht durchführen" (B2, Z. 5–7).

In der Forschungsliteratur ist es umstritten, warum in der Disjunktion „*entweder* ist *oder* ist nicht" kein grammatisches Subjekt angeführt ist (Barnes 1989, S. 160–165; Rapp 2007, S. 97–100; Sedley 2001, S. 103). Eine naheliegende und verbreitete Lösung für dieses Problem besteht darin, als Subjekte „das Seiende" (*to eon*) und „das Nichtseiende" (*to mê on*) zu ergänzen. Dass diese Lösung angemessen ist, geht auch aus den späteren Zusammenfassungen der anfänglichen Argumentation hervor (Mansfeld 1987, S. 290; vgl. dagegen Barnes 1989, S. 162f.). Das zentrale Argument, auf Grund dessen die Göttin den Weg des „ist nicht" zurückweist, lautet demnach, dass es vom Nicht-Seienden kein Denken und Sagen geben kann, sondern nur vom Seienden (vgl. zur Deutung dieses Arguments Gallop 1984, S. 23–28; Rapp 2007, S. 107–115; Sedley 2011, S. 105). Wie die anfängliche Unterscheidung von zwei unvereinbaren Wegen der Erkundung lässt dieses Argument erkennen, dass Parmenides in seinem Lehrgedicht ontologische und erkenntnistheoretische Fragen verknüpft. Erkenntnis im strikten Sinne gibt es nur vom Seienden, das der einzige Gegenstand sicherer Erkenntnis ist. Das ist wohl auch mit der häufig zitierten Aussage gemeint, die Parmenides' erstem Argument unmittelbar nachgefolgt sein dürfte: „denn dass man es erkennt, ist dasselbe wie dass es ist" (DK 28B3; vgl. Rapp 2007, S. 110–115; Seidl 2013, S. 30f.).

Seiendes und Erkenntnis

Das erste Resultat des Lehrgedichts, demzufolge es Erkenntnis nur vom Seienden gibt, wirft natürlich die Fragen auf, was unter „erkennen" (*noein*) und „sein" (*einai*) genau zu verstehen ist (vgl. zur Übersetzung von „*noein*" Barnes 1989, S. 158f., und zu Parmenides' Erkenntnisbegriff Ricken 2007, S. 49f.). Nachdem Parmenides den Weg des Nichtseienden als ungangbar zurückgewiesen hat, schreitet seine Erkundung bzw. Forschung auf dem Weg des Seienden fort und macht sich dessen genauere inhaltliche Bestimmung zur zentralen Aufgabe. Der erste Schritt besteht in einer Abgrenzung des wahren Begriffs des Seienden von einem verfehlten Begriff, wie er für die „Meinungen" (*doxai*) der Menschen charakteristisch ist. Der fehlerhafte Begriff des Seienden ist mit einer dritten Möglichkeit bzw. mit einem dritten Weg verbunden, der neben dem Weg des Seienden und dem ihm entgegengesetzten Weg des Nichtseienden besteht. Dieser

Weg vermischt Sein und Nichtsein, indem er sie gleichsetzt und verwechselt. Nach dem fehlerhaften Begriff des Seienden kann Sein auch nicht sein, Nichtsein auch sein. Die Göttin charakterisiert die „nichtswissenden Menschen", die diesen Weg des Scheins und der permanenten Veränderung wählen, als „die Doppelköpfigen", „denen das Sein und Nichtsein als dasselbe und auch wieder nicht als dasselbe gilt und für die es eine Bahn gibt, auf der alles in sein Gegenteil umschlägt" (B6, Z. 4–9). Parmenides macht deutlich, dass diese dritte Möglichkeit ebenso wie der Weg des Nichtseienden zu eliminieren ist. Ein derartiges Eliminationsverfahren ist eine Methode der Wahrheitsfindung und des Beweises, die vermutlich in der „Gerichtsrhetorik" entstanden ist (Gigon 1968, S. 250f.). Zwar belässt es Parmenides vorläufig bei einer polemischen Abfertigung der Meinungen des „urteilslosen Haufens", wodurch bei manchen Interpreten das Missverständnis entstanden sein dürfte, dass er für seine Ablehnung des dritten Wegs nirgendwo Gründe anführt (B6, Z. 7; etwa bei Rapp 2007, S. 96). In seiner inhaltlichen Bestimmung des Seienden argumentiert er jedoch fortwährend gegen die Prädikate, die dem Seienden nach den Meinungen der Menschen zukommen. Damit dürfte Parmenides nicht bloß die Weltsicht der gewöhnlichen Menschen zurückweisen, sondern auch die Lehren der frühesten griechischen Denker, denen zufolge der Kosmos bzw. das Seiende immer neu entsteht, sich verändert und wieder vergeht (→ KAPITEL 2). So dürfte sich das Fragment, das seiner expliziten Kritik des dritten Weges wohl unmittelbar vorangegangen ist, gegen Anaximenes richten (B4, vgl. Gigon 1968, S. 255–257, 264f.). Umstritten und vieldiskutiert ist die These, der zufolge sich Parmenides mit seiner Kritik des dritten Weges vor allem gegen Heraklit und seine Anhänger richtet (vgl. Mansfeld 1964, S. 1–41; Gigon 1968, S. 259; Reinhardt 1977, S. 64ff.). Es ist bemerkenswert, dass die Kosmologie und Kosmogonie, die Parmenides im zweiten Teil seines Lehrgedichts entwickelt, auch von der Entstehung und Veränderung des Kosmos und von dessen Vergehen handeln (vgl. die Deutung von Reinhardt 1977, S. 69).

Die Meinung über das Seiende

Parmenides leitet seine genauere inhaltliche Bestimmung des Seienden mit der Bemerkung ein, dass allein noch eine Darstellung des Wegs des „ist" übrig sei. Auf diesem Weg gebe es sehr viele „Zeichen" (*sêmata*), womit die Merkmale des Seienden gemeint sind (B6, Z. 1–2). Diese Merkmale leitet Parmenides in Form von Argumentationen bzw. Beweisen her, die auf den als erwiesen vorausgesetzten kontradiktorischen Gegensatz von Seiendem und Nichtseiendem zurückgreifen und auf das Argument, dass es vom Nicht-Seienden kein

Die Erkenntnis des Seienden

Denken und Sagen geben kann. Daraus folgt als Grundsatz für die Argumentation, dass das Seiende entweder „ganz und gar ist oder überhaupt nicht" (B6, Z. 11). Die Merkmale des Seienden ergeben sich aus dem „Versuch, das, was ist, konsequent als ganz und gar seiend zu denken" (Rapp 2007, S. 116, vgl. 96). Der Weg der Erkenntnis des Seienden besteht in dem schrittweisen Nachweis, dass ihm bestimmte Eigenschaften zukommen müssen und andere nicht zukommen können bzw. dass es notwendig mit bestimmten Begriffen verbunden und von anderen geschieden ist. Allerdings liefert Parmenides nicht für alle Merkmale des Seienden gesonderte Argumentationen bzw. Beweise. Vielmehr greift er wiederholt auf die zentrale Argumentation zurück, mit der er beweist, dass das Seiende unentstanden und unvergänglich ist.

Unentstanden und unvergänglich

Das erste Merkmal des Seienden ist, dass es nicht entstanden ist. Der Beweis besteht darin, dass die beiden hypothetischen Möglichkeiten von dessen Entstehung undenkbar bzw. nicht schlüssig sind. Wenn das Seiende entstanden wäre, dann entweder aus Nicht-Seiendem oder aus Seiendem. Eine dritte Möglichkeit gibt es nicht. Aus dem Nicht-Seienden kann es nicht entstanden sein, weil es – wie bereits erwiesen – vom Nicht-Seienden kein Denken und Sagen geben kann. Aber selbst wenn es dies gäbe, dann lässt sich kein zureichender Grund dafür angeben, weshalb das Seienden zu einem bestimmten Zeitpunkt, sei es früher oder später, aus dem Nicht-Seienden entstanden sein sollte. Aber auch aus dem Seienden kann das Seiende nicht entstanden sein, weil es unmöglich ist, dass etwas neben oder über das Seiende hinaus entsteht. Es kann keine Vielheit von Seiendem geben. Dieses Argument dürfte sich auf die spätere Charakterisierung des Seienden als „vollständig" und „unteilbar" stützen (vgl. Rapp 2007, S. 118). Für das zweite Merkmal des Seienden, dessen Unvergänglichkeit, argumentiert Parmenides nicht nochmals gesondert. Höchstwahrscheinlich nimmt er an, dass die Vergänglichkeit des Seienden mit dem Ausschluss des Nicht-Seienden unverträglich ist (B8, Z. 6–21).

Ewige Gegenwart

Da das Seiende unentstanden und unvergänglich ist, hat es keinen Anfang und kein Ende im Verlauf der Zeit. Es besteht daher ewig. In diesem Zusammenhang erwähnt Parmenides als weitere Merkmale des Seienden noch: „weder war es jemals, noch wird es irgendwann einmal sein, weil es jetzt in seiner Ganzheit beisammen ist, als eines und kontinuierlich Zusammenhängendes" (B8, Z. 5–6; vgl. Platon: *Timaios* 37 e–38 b). Nach den ersten beiden angeführten Merkmalen ist der Begriff des Seienden geschieden von den Begriffen „früher" und „zukünftig“, mit denen es unvereinbar ist. Mit diesen beiden Merkmalen dürfte Parmenides nicht erneut zum Ausdruck bringen wollen, dass das Seiende ewig besteht, sondern dass es „jetzt“ ist, d.h. in der Gegenwart (vgl. dagegen Gigon 1968, S. 261–263). Es hat keine Vergangenheit und keine Zukunft. Das Seiende existiert, so vermutlich Parmenides' Gedanke, in „ewiger Gegenwart, die keinerlei zeitlichen Differenzierungen irgendwelcher Art unterliegt“ (Kirk/Raven/Schofield 2001, S. 275). Dieser Gedanke impliziert, dass sich das Seiende nicht verändern und entwickeln kann bzw. dass es kein Werden gibt.

Unteilbar, gleichartig, kontinuierlich

Als weitere Merkmale führt Parmenides an, dass das Seiende unteilbar ist, „weil es als Ganzheit gleichartig bzw. homogen ist“ (B8, Z. 22). Das Seiende ist im doppelten Sinne keine Vielheit. Weder existiert etwas außerhalb des Seienden noch hat es in sich Teile. Es ist in sich „ganz erfüllt von Seiendem“ (B8, Z. 24). Hätte es Lücken, dann wären diese mit Nicht-Seiendem gefüllt, was ausgeschlossen wurde. Das Seiende ist ein einheitliches Plenum, das in sich undifferenziert ist. Es weist nicht „an dieser Stelle ein Mehr oder an jener ein Weniger“ auf (B8, Z. 23). Dies könnte sich erneut gegen Anaximenes richten, dessen Lehre zufolge die Wirklichkeit aus ungleich dichten Teilen besteht (vgl. B4; → KAPITEL 2.2). Aus der Bestimmung des Seienden als einheitliches Plenum folgt als weiteres Merkmal, dass es als Ganzheit kontinuierlich ist bzw. geschlossen zusammenhängt (B8, Z. 25). Umstritten ist, ob diese Kontinuität im räumlichen oder im zeitlichen Sinne zu verstehen ist (Kirk/Raven/Schofield 2001, S. 276; Rapp 2007, S. 121f.).

Unbewegt, vollkommen, begrenzt

Ein weiteres Merkmal des Seienden besteht darin, dass es „unbeweglich“ bzw. „unveränderlich“ (*akinêtos*) ist (B8, Z. 26). Das Seiende bleibt „fest am selben Ort: Denn die mächtige Notwendigkeit hält es in den Fesseln der Grenze, die es ringsum einschließt“ (B8, Z. 30–31). Es ist logisch notwendig, dass das Seiende innerhalb einer Grenze verharrt und daher unbeweglich bzw. unveränderlich ist. Dies folgt aus den Merkmalen von der Vollständigkeit und Vollkommenheit des Seienden. Da es vollkommen ist bzw. keinen Mangel aufweist, muss und kann sich das Seiende nicht verändern bzw. bewegen (B8, Z. 31–33). Im letzten Abschnitt des Wahrheitsteils verbindet Parmenides die Vollkommenheit des Seienden nochmals mit dessen Begrenztheit und vergleicht es mit der „Masse einer wohlgerundeten Kugel, vom Zentrum her sich gleichermaßen in alle Richtungen erstreckend“ (B8, Z. 42–44). Ob der Vergleich mit der Kugel nur ein metaphorischer Ausdruck der Vollkommenheit des Seienden ist oder ob dem Seienden tatsächlich eine räumliche Ausdehnung zukommt, ist umstritten (vgl. Rapp 2007, S. 128). Offen bleibt auch, in welchem Verhältnis die Kugel zu der Grenze steht, die das Seiende „ringsum einschließt". Die Begrenztheit des Seienden wurde zusammen mit dessen Ewigkeit und Gleichartigkeit als eines von drei Prinzipien begriffen, um die sich dessen einzelne Merkmale gruppieren (Gigon 1968, S. 270). Zudem dürfte mit Parmenides' Auffassung der Begrenztheit des Seienden eine Kritik an der milesischen Lehre vom „Unbegrenzten" (*apeiron*) einhergehen (Gigon 1968, S. 265; → KAPITEL 2.1 UND 2.2).

Einzig bzw. eines

Ein weiteres Merkmal des Seienden besteht darin, dass es „einzig" (*mounogenes*) bzw. „eines" (*hen*) ist (B8, Z. 4, Z. 6). Parmenides geht auf dieses Merkmal nicht genauer ein. Es folgt wohl bereits daraus, dass es nichts neben dem Seienden bzw. keine Vielheit des Seienden geben kann (B8, Z. 12–13, Z. 36–37). Dieses Merkmal besagt, dass es nur ein einziges Etwas gibt bzw. dass das Seiende einzig ist. Vielheit ist folglich ein bloßer Schein. Ob Parmenides tatsächlich den „numerischen Monismus" in die Philosophie einführte, ist in der Forschung umstritten (vgl. Rapp 2007, S. 126f.). Jedenfalls verstand bereits Aristoteles Parmenides als Vertreter eines Monismus und als Kritiker der Vielheit (Met. I 5, 986 b29f.). In der eleatischen Schule, die Parmenides' Lehre weiterentwickelte und verteidigte, vertrat Melissos explizit einen ontologischen Monismus (B6; vgl. Rapp 2007, S. 151f.). Zenons zentrales Anliegen bestand darin zu zeigen, dass die Annahme von Vielheit und Bewegung zu Paradoxien führt (→ KAPITEL 3.3).

Die Bedeutungen von „sein"

Aus den Merkmalen des Seienden geht nicht eindeutig hervor, was Parmenides unter dem Seienden genau versteht. Ein gängiger Ansatz zur Aufhellung dieses Problems besteht darin, die verschiedenen Bedeutungen des griechischen Terminus „sein" (*einai*) bzw. „ist" (*estin*) zu untersuchen und zu analysieren, wie ihn Parmenides verwendet. Dass etwas „ist" kann bedeuten, dass es „existiert", „gegenwärtig ist", „wahr" oder „der Fall ist" etc. (Barnes 1989, S. 160–163; Kirk/Raven/Schofield 2001, S. 269–271; Rapp 2007, S. 100–107; Sedley 2001, S. 103f.; vgl. eine Untersuchung über das Verb "sein" im frühen Griechischen Kahn 2003). Gegen diesen Ansatz wurde eingewendet, es sei „methodisch unrichtig, die Bedeutung von „sein" bei Parmenides ausschließlich von den vorgegebenen Bedeutungsmöglichkeiten des griechischen Wortes her zu erklären: denn Parmenides ist gerade bemüht, der richtigen, rechtfertigbaren Bedeutung von „sein" ein für allemal auf die Spur zu kommen. Sein Hauptanliegen ist die *Bestimmung des Begriffes des Seienden*" (Mansfeld 1987, S. 291f.).

Was ist das Seiende?

Aus Parmenides' Definition des Seienden geht nicht eindeutig hervor, was mit diesem Begriff gemeint ist. In der Forschung divergieren die Auffassungen über diese Frage stark. Der Begriff „Seiendes" stellt offensichtlich eine Verdinglichung dar. Ob es sich jedoch „tatsächlich um ein Ding handelt", wie Jaap Mansfeld behauptet, ist umstritten (Mansfeld 1987, S. 298f.; vgl. Rapp 2007, S. 103f.). Manche Interpreten verstehen das Seiende als ein „transzendentes Seiendes" (*ens metaphysicum*), andere als ein „Seiendes logischer Natur" (*ens logicum*) und wieder andere als beides (Mansfeld 1987, S. 291, 298). Nach einigen Interpreten muss unter dem Seienden vor allem die „Wirklichkeit" bzw. die „Realität" als Ganze begriffen werden (Kirk/Raven/Schofield 2001, S. 270f., 274, 276, 279). Wenn Parmenides das Seiende tatsächlich mit der Wirklichkeit identifiziert, dann kann er jedoch nicht die sinnlich wahrnehmbare Realität als solche meinen. Denn der Wahrnehmung zufolge besteht die Wirklichkeit aus vielfältigsten Teilen, ist in Bewegung, verändert sich etc. Gemeint sein kann also nur die denkbare bzw. intelligible Wirklichkeit. Wie später Platon dürfte Parmenides diese als die wahre Welt verstehen, die er der scheinbaren gegenüberstellt. Jedenfalls wird Platon die ontologischen Merkmale des Seienden wie unentstanden, unvergänglich, unveränderlich und vollkommen seinen Ideen zusprechen, die er als die erkennbaren Wesenheiten der Dinge der sinnlich wahrnehmbaren Wirklichkeit begreift. „Erkenntnis" bzw. „Wissen" (*epistêmê*) gibt es Platon zufolge nur von den Ideen, nicht von der unzuverlässigen „Meinung" (*doxa*), die zwischen Seiendem und Nichtseiendem schwankt (Platon: *Politeia* 477 a–480 a; → KAPITEL 8.2 UND 8.3). Analog dazu dürfte Parmenides unter dem Seienden das wahre Wesen der Wirklichkeit verstehen, das den Gegensatz zu den Meinungen von ihr und dem falschen Begriff des Seienden bildet. Es ist wahrscheinlich, dass Parmenides' und Platons Zwei-Welten-Lehre von den Pythagoreern beeinflusst wurde, die die Zahlen als das Wesen der wahrnehmbaren Wirklichkeit verstanden (vgl. Met. I 6, 987 b8ff.; → KAPITEL 2.4 UND 8.2).

Das Seiende ist für Parmenides der einzige Gegenstand sicherer Erkenntnis. Seine kritische Beschränkung der philosophischen Forschung auf den Bereich sicheren Wissens kann als Reaktion auf die erkenntnisskeptische Haltung des Xenophanes verstanden werden (vgl. zu Xenophanes und Parmenides und zum Einfluss des ersteren auf letzteren Coxon 1986, S. 17f.; Rapp 2007, S. 85f.; Röd 1998, S. 47; Ricken 2007, S. 44; → KAPITEL 2.3). Das Seiende ist für Parmenides durch die „Vernunft" (*nous*) insofern erkennbar, als es seiend

Die Geburt der Metaphysik

ist und nicht nicht seiend. Damit begründet Parmenides die philosophische Disziplin der Metaphysik, deren Gegenstand nach Aristoteles „das Seiende als Seiendes" (*on hê on*) ist bzw. „das Seiende, insofern es seiend ist" (Met. IV 1, 1003 a 21–32; → KAPITEL 10.3). Weil die Metaphysik, die Aristoteles selbst die „erste Philosophie" oder „Weisheit" nennt, sich um eine Lehre vom „Seienden" (*to on*) bemüht, wurde sie später auch als Ontologie bezeichnet.

Der Weg der Forschung

Obwohl Parmenides seine Ontologie als Offenbarung und philosophische Rede der Göttin präsentiert und einen Anspruch auf absolute Wahrheit für sie erhebt, lässt der Wahrheitsteil seines Lehrgedichts viele Fragen offen. Es wäre denkbar, dass sich Parmenides durchaus bewusst war, dass er als Begründer einer neuen Wissenschaft den Weg der Erkundung des Seienden noch nicht zu Ende beschritten hatte. Seine zentrale Metapher der verschiedenen Wege der Forschung legt diese Vermutung ebenso nahe wie seine vorsichtige Formulierung, dass es auf dem Weg des „ist" sehr viele „Zeichen" (*sêmata*) gibt. Nicht bloß Parmenides' Schüler Melissos und Zenon schritten auf diesem Weg weiter, sondern auch Platon mit seiner Theorie von den Ideen.

Die Meinungen der Sterblichen

Im zweiten Teil seines Lehrgedichts legt Parmenides die „Meinungen" (*doxai*) der Sterblichen über den Kosmos und dessen Entstehung dar. Wie dieser Teil mit dem ihm vorangehenden Wahrheitsteil zu vereinbaren ist und welchen Erkenntnisanspruch er damit verbindet, ist in der Forschung stark umstritten. Die Interpretationen über das Verhältnis der beiden Teile sind vielfältig. Referiert Parmenides im zweiten Teil lediglich gängige oder fremde Meinungen? Sind die Inhalte dieses Teils bloß hypothetisch? Entsprechen sich die Inhalte beider Teile in der Weise, dass die Erkenntnisse des Wahrheitsteils auf die Kosmologie angewandt werden (Reinhardt 1977, S. 1–88)? Oder wendet sich Parmenides im zweiten Teil schlicht den Phänomenen zu, die er im ersten vernachlässigt hat (Met. I 5, 986 b 27–34)? (vgl. zu den verschiedenen Interpretationen Kirk/Raven/Schofield 2001, S. 279–289; Rapp 2007, S. 131f.). Parmenides selbst lässt die Göttin über ihre Motivation zur Darlegung des zweiten Teils erklären: „Wie diese Weltanordnung in ihrer Gesamtheit aussieht, teile ich Dir mit, so dass Dich niemals irgendeines Menschen Ansicht überhole" (B8, Z. 60–61). Über die Details der Kosmologie und Kosmogonie des zweiten Teils, die Gedanken von Hesiod, Anaximander und Anaximenes aufnimmt, ist wenig bekannt. Denn die Überlieferung weist viele Lücken auf.

Nach dem Meinungsteil ist der gesamte Kosmos aus zwei elementaren Formen aufgebaut, Licht bzw. Feuer und Nacht. Alles im Kosmos gehört einer dieser beiden Formen zu, die sich nicht ineinander verwandeln bzw. nicht aufeinander zurückgeführt werden können. Die beiden elementaren Formen können sich jedoch vermischen. Durch die Mischung der beiden Formen entstehen die verschiedenen Dinge der Welt (DK 28B8, Z. 53–61, B9, B10, B12, Z. 4, A37, A43, A43a). Der Begriff der Mischung und der Gedanke, dass die Welt aus elementaren Teilen besteht, wurden von späteren Denkern wie Empedokles, Anaxagoras und den Atomisten aufgenommen (→ KAPITEL 4). Parmenides charakterisiert das Licht bzw. Feuer und die Nacht mit entgegengesetzten Merkmalen. Das Licht bzw. Feuer ist milde, sehr leicht (und vernünftig), die Nacht ist dicht, schwer und unwissend (B8, Z. 56–59; vgl. Mansfeld 1987, S. 323, 293, 305). Die Erde sei durch das „Herabsinken des Dichten" entstanden, d.h. sie besteht aus Nacht (A22). Nach Aristoteles entspricht die Erde bei Parmenides der Nacht und dem Kalten, das Licht und das Feuer dem Warmen (Met. I 5, 986 b 33–987 a 1). Im Zusammenhang mit dem Gegensatzpaar „Nacht" und „Licht" ist es bedeutend, dass Parmenides' Wagenfahrt, die im Proömium geschildert wird, vom „Haus der Nacht" zum Licht verläuft.

Licht bzw. Feuer und Nacht

Die Themen des Meinungsteils und die Erklärungen, die er für die Welt der Erscheinungen anbietet, sind vielfältig. Im Zentrum der kosmologischen und astronomischen Spekulationen steht eine Ordnung des Himmels aus verschiedenen Gestirnringen bzw. -kränzen, die entweder aus Licht bzw. Feuer oder aus Nacht oder aus einer Mischung bestehen (A37). Als erster Denker soll Parmenides die Erde als rund bzw. kugelförmig bezeichnet haben (A44) und erkannt haben, dass der Morgenstern mit dem Abendstern identisch ist (A40a). Zudem soll er bereits die Auffassung vertreten haben, dass das Licht des Mondes reflektiertes Sonnenlicht ist (A14, A15). Weitere Themengebiete des Doxa-Teils betreffen u.a. die Theogonie, die Zeugung, die Embryologie, den Schlaf, das Alter und den Tod (B17, B18, A46, A46a, A46b). Am Ende des Lehrgedichts erklärt Parmenides, dass der entstandene Kosmos auch wieder vergehen wird (B19).

Themen des Meinungsteils

Nach Parmenides besteht der Grundirrtum der Sterblichen darin, dass sie auf Grund der Sinneserfahrung annehmen, dass neben dem Seienden auch das Nichtseiende ist (B6). Ausgehend von ihrem Grundirrtum bilden sie sich ihre Meinungen und bezeichnen die Welt der Erscheinungen mit Namen wie „Entstehen und Vergehen, Sein und Nichtsein, Veränderung des Ortes und Wechsel der Farbe" (B8,

Wesen und Erscheinung

Z. 40–41). Es kann aber vom Nicht-Seienden kein Denken und Sagen geben, sondern nur vom Seienden (B2, Z. 5–7). Daher handelt es sich um bloße Namen ohne Wahrheitsgehalt, die etwas bezeichnen, „das seinem Wesen nach namenlos und nichtseiend ist“ (Gigon 1968, S. 267). Von daher lässt sich die Aussage zu Beginn des Meinungsteils interpretieren, dass der Fehler der Sterblichen darin bestehe, mit Licht bzw. Feuer und Nacht zwei gegensätzliche elementare Formen zu benennen (B8, Z. 53–54). Der Fehler ist, so dürfte die sprachlich mehrdeutige Textpassage zu verstehen sein, dass nur eine der beiden Formen ihren Namen zu Recht erhalten hat, die andere nicht. Daraus lässt sich schließen, dass das Licht bzw. Feuer dem Seienden in der Erscheinungswelt entspricht und die Nacht dem Nichtseienden, das nicht hätte benannt werden sollen (vgl. Met. I 5, 986 b 34–987 a 1; Gigon 1968, S. 271f.; Zeller 2006, S. 53). Als das intelligible Wesen der sinnlich wahrnehmbaren Welt ist das Seiende in ihr durch das Licht repräsentiert. Das Proömium des Lehrgedichts zeigt, dass das Licht wie das Seiende einen engen Bezug zur Erkenntnis bzw. zur Wahrheit hat. Das Feuer entspricht dem Himmel, der durch seine Kugelgestalt ein Abbild des Seienden ist (B8, B56, A37, A40a; vgl. Gigon 1968, S. 272). Das Licht bzw. Feuer kann allgemein als Abbild des Seienden in der Erscheinungswelt verstanden werden. Dennoch wird die Darstellung im Meinungsteil durch die Ergänzung der Nacht eine „trügerische“ (B8, Z. 52) und damit zum Zerrbild der Wahrheit. Trotzdem steht sie durch ihr partielles Urbild-Abbild-Verhältnis zum Seienden der Wahrheit näher als alle anderen Meinungen über den Kosmos und dessen Entstehung (vgl. B1, Z. 31–32; vgl. Platons Theorie der Weltentstehung im *Timaios*). Von daher lässt sich die Aussage der Göttin verstehen, die Parmenides als ihre Motivation zur Darlegung des zweiten Teils erklärt, sie wolle damit sicherstellen, „dass Dich niemals irgendeines Menschen Ansicht überhole“ (B8, Z. 60–61).

3.3 Zenon und Melissos: Die eleatische Schule

Zenons Leben und Werk

Der bekannteste von Parmenides’ Schülern war Zenon aus Elea. Die Berichte über sein Leben stimmen nicht überein. Nach Platons *Parmenides* dürfte Zenon etwa 490 v. Chr. geboren worden sein. Apollodor zufolge müsste er gut zehn Jahre älter gewesen sein (DL IX 29). Apollodor berichtet auch, Zenon sei Parmenides’ Stiefsohn gewesen. Sowohl nach Platon als auch nach Diogenes Laertius war er nicht bloß der Schüler, sondern auch der Geliebte des Parmenides (DL IX 25).

Zenon soll eine Schrift veröffentlicht haben, deren erster Satz von Platon überliefert wird: „Wenn das Seiende vieles wäre, dann müsste es sowohl gleich bzw. ähnlich als auch ungleich bzw. unähnlich sein" (Platon: *Parmenides* 127 d). Dieses Argument zeigt, dass Zenon die Annahme der Vielheit bestreitet, weil sie zu widersprüchlichen bzw. kontradiktorischen Schlussfolgerungen über das Seiende führt. Der Anfang der Schrift legt es nahe, dass Zenon darin Parmenides' Ontologie und seine These von der Einzigkeit des Seienden verteidigt hat. Das erklärt Zenon in Platons *Parmenides* auch ausdrücklich:

> „In Wahrheit ist meine Schrift eine Unterstützung für die These des Parmenides gegen diejenigen, die versuchen ihn lächerlich zu machen, indem sie behaupten, dass aus der These, dass Eins ist, viel Lächerliches und ihr Widersprechendes folgt. So argumentiert meine Schrift gegen jene, die das Viele behaupten, und zahlt es ihnen mit gleicher Münze und sogar noch stärker heim; und zwar in der Absicht zu zeigen, dass ihre These, dass Vieles ist, noch zu weit größeren Ungereimtheiten führt als die These, das Eins ist, wenn man sie nur konsequent zu Ende führt" (128 c–d).

Ob Zenons Schrift neben den Paradoxien der Vielheit auch seine berühmten Paradoxien der Bewegung enthalten hat, lässt sich aus den überlieferten Quellen nicht rekonstruieren.

Die Paradoxien der Vielheit

Zusätzlich zu der Paradoxie der Vielheit, die in Platons *Parmenides* angeführt wird, überliefert Simplikios in seinem Physikkommentar noch zwei weitere Argumente gegen die Vielheit des Seienden, die ähnlich konstruiert sind (DK 29B1–3). Nach der ersten müsste das Seiende bei der Annahme von dessen Vielheit zugleich unendlich klein und unendlich groß sein (B1 und B2). Der zweiten zufolge wäre das Seiende bei der Annahme von dessen Vielheit zugleich der Zahl nach begrenzt und unbegrenzt (B3). Vermutlich auf Grund von derartigen Paradoxien, die aus anerkannten Meinungen widersprüchliche bzw. kontradiktorische Schlussfolgerungen ziehen, hat Aristoteles Zenon als den Erfinder der Dialektik bezeichnet (DL VIII 57; DL IX 25; DK 29A10; vgl. Aristoteles: *Topik* 100 a18ff.). Von Zenon ist zudem ein Argument gegen die Existenz des Raums überliefert: Wenn alles, was ist, in einem Raum ist, dann muss auch dieser Raum, wenn er ist, wieder in einem Raum sein, und ebenso jener Raum und immer so fort bis ins Unendliche (A24). In seiner Paradoxie des Raumes und in anderen Paradoxien wendet Zenon ein Argumentationsverfahren an, das bis heute als gültig angesehen wird. Es handelt sich um den „Regressus in infinitum", d.h. das Rückschreiten ins Unendliche.

Berühmt wurde Zenon vor allem durch seine Paradoxien der Bewegung. In Buch VI 9 seiner *Physik* führt Aristoteles vier Argumente an, mit denen Zenon die Möglichkeit von Bewegung bestritten hat (DK 29A25–28). Der ersten Paradoxie zufolge ist es unmöglich, dass ein Läufer eine bestimmte Strecke in einem Stadion zurücklegen kann. Um die Strecke zurücklegen zu können, müsste der Läufer zuerst die Hälfte dieser Strecke bewältigen. Um diese erste Hälfte durchlaufen zu können, müsste er zuvor wiederum deren Hälfte überwinden. Die Konsequenz dieses Gedankens ist, dass jede Teilstrecke erneut halbiert werden kann, so dass sich unendlich viele Teilstrecken ergeben. Der Läufer kann die anfängliche Strecke nicht zurücklegen, weil er dazu in einer begrenzten Zeit eine unendliche Zahl von Teilstrecken bzw. Räumen durchlaufen und eine unendliche Zahl von Punkten berühren müsste (Phys. VI 2, 233 a 21–23; Phys. VI 9, 239 b 11–13). Die zweite Paradoxie ist die berühmteste und stellt eine Variation der ersten dar. Zenon veranschaulicht sie mit Achilleus und der Schildkröte. Dieser Paradoxie zufolge kann der „schnellfüßige" Achilleus die langsame Schildkröte niemals einholen, wenn sie einen Vorsprung hat. Denn wenn Achilleus ihren ursprünglichen Standort A erreicht, dann ist die Schildkröte bereits zu einem neuen Standort B fortgeschritten. Wenn Achilleus schließlich an dem Ort B angelangt, ist die Schildkröte bereits zu dem Ort C vorangekommen und so fort bis unendliche. Selbst wenn der Abstand zwischen Achilleus und der Schildkröte immer kleiner wird, könne er sie nie einholen (Phys. VI 9, 239 b 14–29). Bei beiden Paradoxien kann der Läufer bzw. Achilleus sein Ziel wegen der unendlichen Teilbarkeit der Strecken nicht erreichen. Eine Lösung der Paradoxie gelingt Aristoteles durch seine Unterscheidung von zwei Bedeutungen von „unendlich". Eine Strecke oder ein Kontinuum kann unendlich teilbar sein oder von einem zum anderen Ende unendlich ausgedehnt sein. Während eine unendlich ausgedehnte Strecke nicht in einer endlichen Zeit durchlaufen werden kann, ist dies bei einer unendlich teilbaren Strecke sehr wohl der Fall (Phys. VI 2, 233 a 21–34). Mit seiner dritten Paradoxie beabsichtigt Xenon zu zeigen, dass ein fliegender Pfeil in Wahrheit stillsteht (Phys. VI 8/9, 239 a 35–b 9, b 30–33).

Die Paradoxien der Bewegung

Nach der gängigen Auslegung wollte Xenon mit seinen Paradoxien der Vielheit und der Bewegung die Ontologie des Parmenides stützen. Diese Interpretation wurde jedoch von der Forschung in Frage gestellt. Diesen Positionen zufolge richten sich Zenons Argumente vor allem gegen bestimmte pythagoreische Lehren. Eine andere Interpretationsrichtung bestreitet, dass Zenon überhaupt ein ernsthaftes

Zenons Zielsetzung

philosophisches Anliegen hatte und versteht seine Paradoxien als Spielerei oder Argumentationsgymnastik. Zudem wurde eingewandt, dass sich Zenons Argumente auch gegen die Lehre des Parmenides ins Feld führen ließen (vgl. Rapp 2007, S. 137f.). Jedenfalls wurden seine Argumente später dazu verwendet, skeptische Positionen zu stützen. Zudem regten sie zu weiteren Forschungen über die Begriffe von Raum, Zeit und Bewegung und über die damit verbundenen Probleme an.

Melissos' Leben, Werk und Quellen

Die eleatische Tradition wurde von Melissos aus Samos fortgesetzt, der auch ein Schüler des Parmenides gewesen sein soll (DL IX 24). Melissos dürfte um 480 v. Chr. geboren worden sein. Er soll nicht bloß ein Philosoph, sondern auch ein Staatsmann und der Befehlshaber einer Flotte gewesen sein. In beiden öffentlichen Funktionen erlangte er große Anerkennung (DL IX 24; DK 20A3). Nach Simplikios hat Melissos ein Buch mit dem Titel *Über die Natur oder über das Seiende* verfasst, von dem er einige Inhalte überliefert. Eine weitere Quelle für seine Schrift ist die pseudo-aristotelische Schrift *Über Melissos, Xenophanes und Gorgias* (siehe unten; vgl. DK 30A5). Im Gegensatz zur dichterischen Form, in der Parmenides seine Lehre darstellt, war Melissos' Werk „in schmuckloser jonischer Prosa geschrieben“. Dies sei wie der Titel seiner Schrift und sein Desinteresse an einer Zurückweisung des „ist nicht“ ein Indiz dafür, dass er „als ein jonischer Naturphilosoph schreibt“ und sich „an ein ähnlich denkendes Publikum wendet“ (Sedley 2001, S. 114).

Melissos' philosophische Position

Wie Parmenides deduzierte Melissos die Merkmale des Seienden. Dabei ging er auf analoge Weise vor wie sein Lehrer. Auch seine Resultate stimmen mit denjenigen des Parmenides weitgehend überein. Das Seiende sei unentstanden und unvergänglich, ewig, homogen, eines, unveränderlich bzw. unbeweglich. Im Gegensatz zu Parmenides vertritt er jedoch die Auffassung, dass das Seiende räumlich unbegrenzt und unendlich ist. Wie er diese Auffassung begründet, wird nicht sonderlich deutlich (Rapp 2007, S. 150; vgl. dagegen Zeller 2006, S. 56). Originell ist ein Argument, das Melissos gegen die Möglichkeit der Bewegung vorbringt. Bewegung bedarf der Leere. Da es aber das Nichtseiende nicht gibt, so vermutlich sein Schluss, existiert auch das Leere nicht. Daher gibt es keine Bewegung (vgl. Rapp 2007, S. 146f., 152f.). Bedeutend ist auch, dass Melissos den „numerischen Monismus“ explizit begründen dürfte. Dagegen ist es umstritten, ob es Parmenides zufolge tatsächlich nur ein einziges Etwas gibt (→ KAPITEL 3.2). Melissos leitet die Einzigkeit des Seienden aus dessen Unbegrenztheit ab. Wenn das Seiende zwei Dinge wären, dann würden diese gegeneinander eine Grenze erzeugen. Wäre das Seiende eine Vielheit, dann könnte es folglich nicht unbegrenzt sein. Da es aber unbegrenzt ist, muss es eines sein (DK 30B6, vgl. Rapp 2007, S. 151f., 134).

Im Gegensatz zu Zenon, der bis heute hoch angesehen ist, wird Melissos häufig geringgeschätzt (vgl. zur hohen Wertschätzung Zenons Mansfeld 1987, S. 336, 349f.). Die Geringschätzung des Melissos zeigt sich alleine schon daran, dass etliche Bücher zur frühen griechischen Philosophie kein Kapitel über ihn enthalten (etwa Mansfeld 1987 und Ricken 2007). Melissos' Leistung wird vor allem in der Verteidigung der Ontologie des Parmenides gesehen. Die Qualität seiner Philosophie und seiner Schlussfolgerungen wird spätestens seit Aristoteles angezweifelt. Aristoteles kritisiert an Melissos, dass er „zu wenig philosophische Bildung" habe, „falsche Annahmen" mache, und dass seine Philosophie „nicht schlüssig" sei (Met. I 5, 986 b 25–27; Phys. I 3, 186 a8ff.). Gegen diese Geringschätzung wurde von der neueren Forschung eingewandt, „dass Melissos einige Punkte des Parmenideischen Systems neu durchdacht hat und dabei zu durchaus originellen Einsichten gelangt ist" (Rapp 2007, S. 146). Ein weiteres Urteil lautet:

Melissos' Bedeutung

> „Melissos war weder ein großer und origineller Metaphysiker wie Parmenides noch jemand, der so brillant wie Zenon Paradoxien herausarbeiten konnte. Aber er war erfinderisch in argumentativer Hinsicht, und seine Ableitung der Eigenschaften der Wirklichkeit ist im Allgemeinen erheblich klarer als diejenige des Parmenides. Es ist seine Version der eleatischen Lehre, auf die die Atomisten hauptsächlich antworten und von der ihre Präsentation bei Platon und Aristoteles geprägt war" (Kirk/Raven/Schofield 1983, S. 401; vgl. Kirk/Raven/Schofield 2001, S. 438).

Fragen und Anregungen

- Erläutern Sie Heraklits Lehre von den Gegensätzen.
- Wie ist Heraklits Auffassung, dass der Krieg „von allem der Vater, von allem der König" ist, zu verstehen?
- Was sind die Eigentümlichkeiten der innovativen Theorie, die Parmenides im ersten Teil seines Lehrgedichts entfaltet?
- Wie bestimmt Parmenides den Begriff des Seienden?

Lektüreempfehlungen

Quellen

- Siehe die Angaben am Ende von Kapitel 2 zu Diels/Kranz.
- Barbara Cassin: Si Parménide. Le traité anonyme De Melisso Xenophane Gorgia. Edition critique et commentaire (Cahiers de Philologie 4), Lille 1980. *Kritische Ausgabe der Schrift von einem Anonymus (Pseudo-Aristoteles), die eine verlässliche Quelle für Melissos' Schrift sein dürfte. Die Ausgabe enthält auch eine Übersetzung ins Französische und einen Kommentar.*

Forschung und Literatur

- **A. H. Coxon: The Fragments of Parmenides. A critical text with Introduction, translation, the ancient *testimonia* and a commentary,** Assen/Maastricht/Wolfeboro 1986. *Kritische Ausgabe von Parmenides' Fragmenten mit einer lesenswerten Einleitung und lehrreichen Kommentaren.*
- **Charles H. Kahn: The Art and Thought of Heraclitus. An Edition of the Fragments with Translation and Commentary,** Cambridge 1979. *Bietet eine sinnvolle neue Anordnung von Heraklits Fragmenten und ausführliche und erhellende Kommentare und Interpretationen.*
- **Jaap Mansfeld: Die Offenbarung des Parmenides und die menschliche Welt,** Assen 1964. *Hervorragende Dissertation über Parmenides' Philosophie.*
- **Christof Rapp: Vorsokratiker,** zweite, überarbeitet Auflage, München 2007. *Rapp präsentiert klare, forschungsorientierte und aus den Quellen gearbeitete Darstellungen der frühen griechischen Philosophen. Das Buch enthält ausführliche Kapitel zu Heraklit, Parmenides, Zenon und Melissos.*

4 Die ewigen Bausteine der Dinge der Welt: Empedokles, Anaxagoras und die Atomisten

Abbildung 4: Mauer, aus einer Vielzahl rechteckiger Steine

Das Bild zeigt eine Mauer, die aus einer Vielzahl rechteckiger Steine gebaut wurde. Wird die Mauer als zusammengesetzter Gegenstand zerstört, bleiben die Steine als ihre elementaren Bestandteile erhalten. Die Steine sind die grundlegenden Elemente der Mauer, die vor ihrer Entstehung bestanden und in der Regel ihren Verfall überdauern. So sind noch heute die meisten Steine der antiken Tempel und Bauwerke erhalten, die als solche bereits lange nicht mehr existieren. Diese Steine wurden im Geschichtsverlauf auch häufig dazu verwendet, neue Bauwerke zu errichten.

Die sogenannten jüngeren Naturphilosophen wie die Atomisten Leukipp und Demokrit sowie Empedokles und Anaxagoras bemühen sich wie ihre Milesischen Vorgänger um eine Erklärung des Kosmos und der Welt (→ KAPITEL 1.2, 2.1, 2.2). Anders als die Milesier müssen sie sich jedoch der Herausforderung stellen, die die einflussreiche Philosophie des Parmenides darstellt. Parmenides zufolge entsteht und vergeht das Seiende nicht. Diese Lehre versuchen sie mit der durch die Sinne vermittelten Erfahrung des Werdens in Einklang zu bringen, der zufolge die Dinge der Welt sehr wohl entstehen und vergehen. Das Resultat ist der übereinstimmende Kerngedanke ihrer Lehren, dem zufolge den veränderlichen Dingen der Welt grundlegende Bausteine zugrunde liegen, die selbst unentstanden und unvergänglich sind. Nach Empedokles handelt es sich um die vier Elemente Wasser, Luft, Feuer und Erde, nach Anaxagoras um die „Samen aller Dinge“ und nach Leukipp und Demokrit um die Atome. Die wahrnehmbaren Dinge der Welt entstehen und vergehen durch die fortwährende Mischung bzw. Verbindung und Trennung dieser konstanten Grundbausteine. Es ist bemerkenswert, dass sowohl Empedokles, Anaxagoras als auch Demokrit eine Theorie der Sinneswahrnehmung entwickelten.

4.1 Empedokles: Liebe, Streit und die vier Elemente
4.2 Anaxagoras: Der „Nous“ (Geist) und die „Samen aller Sachen“
4.3 Leukipp und Demokrit: Die Bewegung der Atome und der leere Raum

4.1 Empedokles: Liebe, Streit und die vier Elemente

Empedokles wurde um 495 v. Chr. in Akragas (dem heutigen Agrigento) auf Sizilien geboren und soll im Alter von 60 Jahren verstorben sein (DL VIII 51f. = DK 31A1). Er stammte aus einer wohlhabenden hochadligen Familie, soll jedoch – ähnlich wie Heraklit – die ihm angebotene Königswürde zurückgewiesen haben (DL VIII 63). Politisch setzte er sich für die Ziele des Volkes und damit für eine Demokratisierung seiner Heimatstadt ein (DL VIII 66; vgl. Plutarch: *Adversus Colotes* 24, 1126 b; DK 31A14). Empedokles war nicht bloß ein politisch aktiver Philosoph, sondern auch ein Arzt, Dichter, Theologe, Biologe und Redner. Aristoteles soll ihn als den „Erfinder der Rhetorik" bezeichnet haben. Im Einklang damit gilt er als Lehrer des bedeutenden Sophisten und Rhetors Gorgias, der aus dem sizilianischen „Leontinoi" (*Lentini*) stammte (DL VIII 57f.; → KAPITEL 5.4). Um das Leben des Empedokles ranken sich eine Reihe von Legenden. Er soll eine Frau, die schon 30 Tage zu atmen aufgehört hatte, wiederbelebt haben (DL VIII 61). Als Empedokles' Todesursache wird sein Sprung in den Krater des Vulkans Ätna überliefert. Damit soll er beabsichtigt haben, den über ihn verbreiteten Glauben zu bestätigen, er sei zum Gott geworden (DL VIII 69).

Persönlichkeit und Leben

Dass über Empedokles Wundergeschichten verbreitet wurden, verbindet ihn mit Pythagoras (→ KAPITEL 2.4). Auch eines von seinen beiden Lehrgedichten, die nur fragmentarisch überliefert sind, steht den Pythagoreern, ihrer Ethik und ihnen verwandten Strömungen inhaltlich nahe (vgl. Kingsley 1995). Es handelt sich um die „*Reinigungen*" (*Katharmoi*), die von der Reinigung eines göttlichen Wesens bzw. Dämons erzählt. Der Dämon, der sich befleckt hat, wird aus dem Kreis der glückseligen Götter ausgeschlossen, reinigt sich in einer Serie von Reinkarnationen und erlangt schließlich seine Göttlichkeit zurück. Nach Theophrast war Empedokles ein „Verehrer und Schüler des Parmenides und weit mehr noch der Pythagoreer" (DK 31A7). Der Einfluss des Parmenides zeigt sich sowohl stilistisch als auch inhaltlich in der Kosmologie bzw. Naturphilosophie des Empedokles (vgl. Graham 2001, S. 150ff.; Rapp 2007, S. 158–161). Sie war in den drei Büchern seiner zweiten epischen Dichtung enthalten. Für dieses Lehrgedicht ist der Titel „*Über die Natur*" (*Peri physeos*) überliefert. Sowohl die *Reinigungen* als auch *Über die Natur* waren wie das Lehrgedicht des Parmenides und die Dichtungen von Homer und Hesiod in Hexametern verfasst. Die Titel der beiden Schriften

Einflüsse und Schriften

stammen jedoch höchstwahrscheinlich nicht von Empedokles selbst, sondern wurden später hinzugefügt.

Das Verhältnis der beiden epischen Dichtungen des Empedokles ist in der Forschung umstritten. Seinem originellen kosmologischen System, das er in *Über die Natur* entwickelt, steht in den *Reinigungen* eine Lehre von der Seele, ihrer Wanderung und Reinhaltung gegenüber, die an die Pythagoreer anknüpft und eine religiöse Dimension besitzt. In der älteren Forschung wurde das Verhältnis der beiden Schriften zumeist als widersprüchlich angesehen. Eduard Zeller erklärte 1883, Empedokles habe die Lehren dieser beiden Schriften nicht bloß „in keine wissenschaftliche Verbindung gebracht, sondern auch den Widerspruch beider zu beseitigen keinen Versuch gemacht" (Zeller 2006, S. 65). Die neuere Forschung sieht dagegen „eine gewisse Parallele" zwischen den beiden Schriften und plädiert für eine Revision des Bildes „von Empedokles als eines Autors mit gewissermaßen gespaltener Persönlichkeit" (Rapp 2007, S. 157; vgl. Kirk/Raven/Schofield 2001, S. 345, 353; Röd 1976, S. 160–162). Für eine solche Revision und eine Annäherung der beiden Schriften sprechen auch die neu aufgetauchten rund 80 Hexameter aus Empedokles' *Über die Natur*, die 1990 von Alain Martin auf einem Papyrus in der Straßburger Nationalbibliothek entdeckt wurden (Martin/Primavesi 1999; vgl. Inwood 2001, S. 75–79; Rapp 2007, S. 158; Der Spiegel Nr. 48/1997, S. 292f.). Vor diesem Fund waren etwa 450 Verszeilen von Empedokles' Schriften überliefert.

Das Verhältnis der beiden Schriften

Nach der Beweisführung des Parmenides kann das Seiende weder aus Seiendem noch aus Nicht-Seiendem entstanden sein. Das Seiende sei zudem unvergänglich (→ KAPITEL 3.2). Die überlieferten Fragmente zeigen deutlich, dass Empedokles an diesen und anderen Grundgedanken des Parmenides festhält: „Denn aus Nicht-Seiendem kann unmöglich etwas entstehen, und dass Seiendes völlig ausgetilgt wird, ist weder zu erreichen noch kann es davon Kunde geben; denn man wird es immer ansetzen, wo man es nur immer hinstellt" (DK 31B12; vgl. B13, B14). Empedokles zielt darauf ab, die Lehre des Parmenides mit der Erfahrung und der sinnlich wahrnehmbaren Welt vereinbar zu machen. In dieser entstehen und vergehen die Dinge in beständigem Wechsel; auf die Geburt folgt der Tod. Nach Empedokles stellen Entstehen und Vergehen, Geburt und Tod, jedoch nur vordergründige Erscheinungen und konventionelle Benennungen dar, die er als Philosoph hinterfragt und kritisiert: „Die Törichten! Ihr grübelnder Sinn sieht nicht sehr weit! Glauben sie doch, dass etwas entsteht, das vorher nicht seiend war, oder dass etwas ganz und gar stirbt und völlig

Der Einfluss des Parmenides

vernichtet wird" (B11). Weder kann etwas aus dem Nicht-Seienden entstehen noch kann etwas in das Nicht-Seiende vergehen.

Mischung und Trennung

Bei den Phänomenen, die den gewöhnlichen Menschen als Entstehen und Vergehen, als Geburt und Tod, erscheinen, handelt es sich in Wahrheit lediglich um die Mischung und Trennung von Unentstandenem: „Doch etwas anderes will ich dir kundtun: Für nichts von demjenigen, das sterblich ist, gibt es eine Geburt, auch nicht ein Ende im verwünschten Tod, sondern nur Mischung (*mixis*) und Wechsel desjenigen, das gemischt ist; Geburt ist bloß der Name dafür bei den Menschen!" (B8; vgl. B9). Wie in dem Fragment B9 bezieht sich Empedokles hier lediglich auf Lebewesen wie Pflanzen, Tiere und Menschen, deren grundlegende Bestandteile bereits vor ihrer Geburt existierten und ihren Tod überdauern. In anderen Fragmenten verallgemeinert er jedoch seine Lehre von der Mischung und Trennung. Die ganze Welt und der ganze Kosmos bestehen aus unentstandenen und unvergänglichen Elementen, die sich fortwährend vermischen und wieder trennen.

Die vier Elemente

Die grundlegenden und konstanten Bestandteile des Kosmos sind die vier Elemente Wasser, Luft, Feuer und Erde. Empedokles selbst spricht nicht von „Elementen" (*stoicheia*), sondern von den „vier Wurzeln (*rhizômata*) aller Dinge" (B6; vgl. Buchheim 1994, S. 146–149). Nach Aristoteles war Empedokles der erste Denker, der vier Elemente angesetzte (Met. I 4, 985 a 31–33; vgl. Met. I 3, 984 a 8f.). Aristoteles begreift diese vier Elemente als Stoffe bzw. stoffliche Ursachen (→ KAPITEL 1.2 UND 10.2). Drei der vier Elemente stehen im Mittelpunkt des Denkens je eines frühen griechischen Philosophen: für Thales das Wasser, für Anaximenes die Luft und für Heraklit das Feuer (→ KAPITEL 1.2, 2.2, 3.1). Als Göttin Gaia kommt der Erde in Hesiods Kosmogonie eine bedeutende Rolle zu (→ KAPITEL 1.3). Aber auch Thales, Anaximander und Heraklit verstehen das von ihnen ausgezeichnete Element nicht einfach als Ursprung oder Urstoff des Kosmos, sondern zugleich als göttliches Wesen. Im Einklang damit identifiziert Empedokles die vier Elemente mit vier verschiedenen Göttern: „Denn höre zuerst die vier Wurzeln aller Dinge: hell leuchtender Zeus, Leben spendende Hera, sowie Aidoneus und Nestis, die mit ihren Tränen den irdischen Quellstrom benetzt" (B6). Welcher Gott welchem Element entspricht, ist in der Literatur umstritten. Theophrast ordnet Zeus dem Feuer zu, Hera der Erde, Aidoneus (bzw. Hades) der Luft und Nestis dem Wasser (vgl. Rapp 2007, S. 162; Kirk/Raven/Schofield 2001, S. 316). In der wahrnehmbaren Welt ist das Feuer nach Empedokles durch die Sonne repräsentiert, die Luft durch den Himmel, das Wasser durch das Meer und den Regen und die Erde durch das Land (B21, B22, B27). Alle Dinge der Welt und des Kosmos wie auch alle Lebewesen sind Mischungen aus den vier Elementen, die ewig sind: „Denn aus ihnen entspringt alles, was war und ist und sein wird, Bäume, Männer und Frauen, Tiere, Vögel und sich vom Wasser ernährende Fische, ferner auch Götter, langlebige, in höchster Ehre stehend. Denn was ist, sind eben sie; indem sie durcheinander hindurch gehen, werden sie anders im Aussehen: einen derart großen Unterschied bewirkt Mischung im Wechsel" (B21, Z. 9–14; vgl. B7). Empedokles vergleicht die vier Elemente mit den Pigmenten, die der Maler in bestimmten Proportionen mischt und aus denen er letztlich vielfarbige Abbilder der ganzen Welt zu schaffen vermag (B23).

Die vier Elemente sind nicht die einzigen Grundbestandteile des Kosmos, die unentstanden und unvergänglich sind. Gesondert von ihnen existieren noch die beiden göttlichen Grundkräfte „Liebe" (*Philotês*, *Aphroditê*, *Philia, Harmonia, Kypris*) und „Streit" (*Neikos*).

Liebe und Streit

Empedokles versteht diese beiden Grundkräfte, die die Mischung und Trennung der Elemente bewirken, als Prinzipien der Bewegung (vgl. Inwood 2001, S. 49–55). Die Liebe führt zusammen bzw. vereint, der Streit bzw. Hass trennt und stößt ab. Als Eros spielt die Liebe bereits in Hesiods Kosmogonie eine bedeutende Rolle. In seiner *Theogonie* bewirkt sie durch ihre zusammenführende Macht die Entstehung der Götter, die zugleich die Entstehung der Bestandteile der Welt ist (→ KAPITEL 1.3). Die Liebe dürfte auch in der Kosmologie des Parmenides von Bedeutung gewesen sein (DK 28B13). Die Liebe kann nach Empedokles jedoch auch Trennung bewirken und der Streit bzw. Hass Vereinigung (vgl. Met. I 4, 985 a 21–31) Daher kann man vermuten, dass Empedokles' Grundkraft „Streit" (*Neikos*) durch Heraklits Prinzip des „*polemos*" (Krieg, Streit), der der Vater aller Dinge ist, inspiriert wurde (→ KAPITEL 3.1). Womöglich stellen beide Konzeptionen eines kosmischen Streits Anknüpfungen und Abwandlungen von Hesiods Gedanken einer guten und schlechten „Eris" (Streit) dar (*Werke und Tage*, 11–26; → KAPITEL 1.3). Jedenfalls handelt es sich bei Empedokles' aktiven Prinzipien Liebe und Streit um Übertragungen von Phänomenen, die aus dem zwischenmenschlichen Bereich bekannt sind, auf den ganzen Kosmos.

Die bewegenden Grundkräfte Liebe und Streit wirken ständig auf die Elemente ein. Auf der kosmischen Ebene findet diese Einwirkung als Kreislauf statt, in dem Liebe und Streit im Wechsel herrschen. Wenn die Liebe maximal dominiert und der Streit abgedrängt ist, dann sind alle Elemente harmonisch in einer „göttlichen Kugel" (*Sphairos*) vereint (DK 31B27–29, 36; vgl. zur Bedeutung der Kugel bei Parmenides → KAPITEL 3.2). In der darauffolgenden zweiten Phase dringt der Streit in die Kugel ein. Er bringt die Elemente in Bewegung und bewirkt eine Feindschaft zwischen ihnen, auf Grund derer sie sich voneinander trennen (B30f., A49). In dieser Phase der abnehmenden Liebe und des zunehmenden Streits entsteht die Welt, die diejenige des Empedokles und noch die unsere ist (Aristoteles: *De gen. et corr.* 334 a5 = A42). Hat der Streit den Gipfel seiner Dominanz und die Absonderung der Elemente ihren Höhepunkt erreicht, dann tritt – wahrscheinlich als dritte Phase – ein Zustand der Ruhe ein, der den Gegenpol zur maximalen Dominanz der Liebe im Sphairos bildet (vgl. dagegen O'Brien 1995). In einer vierten und letzen Phase, die den Gegensatz zur zweiten Phase darstellt, erstarkt dann erneut die Liebe und der Streit nimmt ab (B35, B17). Die Elemente vereinen sich wieder zunehmend und die Entwicklung führt zurück zur göttlichen Kugel, womit der Kreislauf vollendet ist. Nach einer weiteren Ruhephase beginnt er erneut. Empedokles' zyklische Theorie des Kosmos impliziert, dass er – wie die sogenannten ionischen Naturphilosophen – das ewige Entstehen und Vergehen sukzessiver Welten gelehrt hat (→ KAPITEL 2.1 UND 2.2). Die genaue und angemessene Deutung von Empedokles' kosmischem Kreislauf und vom Zusammenwirken von Liebe und Streit ist in der Forschung umstritten (vgl. Inwood 2001, S. 44–49; Rapp 2007, S. 165–168).

Der Kreislauf der Elementbewegung

Da Empedokles' zyklische Theorie des Kosmos keine eindeutige Interpretation zulässt, bleibt auch unklar, wie sich seine Theorie der Entstehung der Lebewesen in sie einfügt. Nach der Überlieferung des Aetios verläuft die Entwicklung in vier Phasen (A72). In der ersten Phase bilden sich organische Substanzen wie Fleisch, Blut und Knochen, die durch die Mischung der vier Elemente in bestimmten Proportionen entstehen (B96, B98, A78). Dass in diesen Fragmenten „von Zahlenverhältnissen Gebrauch gemacht wird, spiegelt vielleicht einen pythagoreischen Einfluß" (Kirk/Raven/Schofield 2001, S. 333). Zudem existierten in der ersten Phase keine vollständigen Lebewesen, sondern nur getrennte Glieder: „Viele Wangen wuchsen ohne Nacken auf, und nackte Arme irrten ohne Schultern hin und her, und einsame Augen ohne Stirne trieben sich herum" (B57; vgl. B58). In der zweiten Phase wuchsen die getrennten Glieder auf zufällige Weise zusammen. Dabei entstanden monströse Kreaturen wie doppelgesichtige Wesen und Mischwesen zwischen Mensch und Tier (B59–61). Von diesen Kreaturen überlebten nach Aristoteles, der Empedok-

Die Entwicklung der Lebewesen

les den Gedanken einer evolutionären Selektion zuschreiben dürfte, nur die wenigen, die auf zweckmäßige Weise zusammengesetzt waren (Phys. II 8, 198 b 29–32). Dies ist jedoch schwer mit dem von Simplikios überlieferten Zitat vereinbar, in dem Empedokles erklärt, vollständige bzw. „ganzgewachsene" Lebewesen seien erstmals – vom Feuer geschickt – aus der Erde aufgetaucht. Die Körper dieser Lebewesen und Menschen seien geschlechtlich noch nicht determiniert gewesen und hätten auch noch nicht über eine Stimme verfügt (B62). Nach dieser dritten Phase entstanden die noch heute existierenden und geschlechtlich determinierten „normalen" Lebewesen und Menschen schließlich in einer vierten Phase wiederum aus der Erde (A81). Die Entstehung der Lebewesen kann als „Werk der Liebe" interpretiert werden (Mansfeld 1987, S. 386).

Das Lehrgedicht *Über die Natur* enthielt auch eine Reihe von einflussreichen Überlegungen zur Biologie, die insbesondere von Aristoteles rezipiert wurden. Von besonderem Interesse ist Empedokles' Einsicht, dass bei verschiedenen Lebewesen – Menschen, Tieren, Pflanzen – unterschiedliche Körperteile gleichartige Funktionen haben: „Dasselbe, so erweist sich, sind Haare und Blätter und der Vögel dichte Federn sowie Schuppen auf kräftigen Gliedern" (B82). Sowohl Haare und Blätter als auch Federn und Schuppen dienen dazu, die jeweiligen Lebewesen vor Kälte und anderen Umwelteinflüssen zu schützen. Empedokles zeigt verschiedene Ähnlichkeiten und Verwandtschaften auf, die in der Natur bestehen: „Manches ist nämlich mit Hörnern, Zähnen und Stacheln ausgerüstet; ‚die Igel indessen haben auf dem Rücken borstige Haare mit scharfen Spitzen'" (B83). Tiere, Menschen und Pflanzen haben genau betrachtet ähnliche Körperteile, die gleichermaßen ihrem Schutz bzw. ihrer Erhaltung dienen.

Biologische Einsichten

Von Empedokles stammt die erste ausgearbeitete Theorie der Sinneswahrnehmung, die in der griechischen Philosophie entwickelt wurde. Von dieser Lehre sind sowohl wörtliche Fragmente erhalten als auch die Kritik von Theophrast, die er in *Über die Sinneswahrnehmung* formuliert, dem einzigen erhalten gebliebenen Buch von seiner Schrift „*Meinungen der Naturphilosophen*" (*Physikon doxon*). Im Zentrum von Empedokles' Wahrnehmungstheorie steht der Gedanke, dass die verschiedenen Sinnesorgane Poren (*poros* = Durchgang) haben, die die Wahrnehmung ermöglichen. Von verschiedenen Wahrnehmungsobjekten gehen unterschiedliche Ausströmungen aus, die durch die Poren in die verschiedenen Sinnesorgane gelangen. Nach Theophrasts Bericht kommt für Empedokles jegliche Sinneswahrnehmung dadurch zustande, dass dasjenige, das wahrgenom-

Theorie der Sinneswahrnehmung

men wird, „in die Poren des jeweiligen Sinnes hineinpasst. Daher könne auch nicht ein Sinn die Gegenstände eines anderen beurteilen, weil die Poren der einen Sinne zu weit seien für die Wahrnehmungsobjekte und die Poren der anderen zu eng, so dass die einen Gegenstände hindurchgehen ohne Kontakt herzustellen, und die anderen überhaupt nicht hineinkommen können“ (*De Sensu* 7 = A 86; vgl. B89 und Platon: *Menon* 76 c = A92). Wahrnehmung entsteht demnach nur, wenn es zum Kontakt kommt zwischen den verschiedenen Ausströmungen der Wahrnehmungsobjekte und den ihnen jeweils angemessenen Sinnesorganen. Ein weiterer Grundsatz von Empedokles' Wahrnehmungstheorie ist, dass Gleiches nur durch Gleiches erkannt wird: „Denn mit Erde schauen wir Erde, mit Wasser Wasser, mit Luft (*aithêr*) strahlende Luft, aber mit Feuer das vernichtende Feuer; Liebe schauen wir mit Liebe und Streit mit unheilvollem Streit“ (B109). Der Grundsatz „Gleiches durch Gleiches“ gilt auch für das Denken, das sich nach Empedokles nicht grundlegend vom Wahrnehmen unterscheidet. Wie Wahrnehmen sei Denken ein leiblicher Prozess, da sich Denken – so seine schwer nachvollziehbare Auffassung – durch das Blut um das Herz vollzieht, das den Verstand bildet (Theophrast: *De Sensu* 9 = A 86; Aristoteles: *De Anima* III 427 a 21ff.; B105–108).

Das Lehrgedicht *Reinigungen*

Die *„Reinigungen“* (*Katharmoi*) wurden nach übereinstimmender Auffassung der Forschung später geschrieben als *Über die Natur* (Kirk/Raven/Schofield 2001, S. 345). Empedokles, der sich in den *Reinigungen* als umherreisender „unsterblicher Gott“ (B112) bezeichnet, erzählt in diesem Lehrgedicht die Geschichte seiner Seele und ihrer langen Wanderung in der Welt. Einst sei er ein göttliches Wesen bzw. ein Dämon gewesen, habe aber unter dem Einfluss des Streits bzw. Hasses ein schweres Vergehen begangen (B115 legt nahe, dass er einen Blutsverwandten getötet hat). Nach dem ewigen und mit mächtigen Schwüren besiegelten Beschluss der Götter war die Strafe dafür der Ausschluss aus dem Kreis der glückseligen Götter für „dreimal zehntausend Jahreszeiten (*ôras*)“ (B115, Z. 5). Während dieser Zeit muss er eine lange Reihe von mühsamen Wiedergeburten in den „Gestalten aller Art von Lebewesen“ durchlaufen um sich zu reinigen und seine Göttlichkeit wiederzuerlangen (B115, Z. 6f.; vgl. Inwood 2001, S. 55–68). Empedokles soll erklärt haben: „Denn ich war bereits einmal ein junger Mann, eine junge Frau, ein Strauch, ein Vogel und ein Fisch, der aus dem Meer emporschnellt“ (DL VIII 77 = B117).

Empedokles kontrastiert sein überglückliches Dasein unter den Göttern, dem er bitter nachtrauert, mit dem irdischen Jammertal, in das er verbannt wurde: „Ich weinte und klagte, als ich den ungewohnten Ort erblickte, wo Mord und Groll und Scharen weiterer Todesgestalten [sich befanden]" (B121; vgl. B119, B124, B136, B158). Dennoch berichtet Empedokles wie Hesiod von einem zurückliegenden goldenen Zeitalter der Welt, in dem die Liebe herrschte (→ KAPITEL 1.3). In diesem friedlichen Zeitalter, in dem alle Lebewesen als verwandt angesehen und keine Tiere geopfert wurden, galten weder der Kriegsgott Ares noch Kronos und Zeus als Götter, sondern nur die Liebe bzw. die „königliche Kypris" (B128; vgl. B130). An anderer Stelle kritisiert Empedokles die traditionellen Gottesvorstellungen der griechischen Volksreligion, die er – wie bereits Xenophanes (→ KAPITEL 2.3) – als menschlich-allzumenschlich bzw. anthropomorphistisch zurückweist (B134; vgl. B132). Dagegen erklärt er über Gott, er sei „einzig und allein ein Geist bzw. Sinn, heilig und unbeschreiblich, der mit schnellen Gedanken durch den ganzen Kosmos stürmt" (B134). Ob mit dieser Erklärung der göttliche Sphairos gemeint ist, geht aus den überlieferten Fragmenten nicht eindeutig hervor (vgl. Kirk/Raven/Schofield 2001, S. 343; Mansfeld 1987, S. 388f.; Röd 1976, S. 161).

Welt, goldenes Zeitalter, Gott

Der mühsame Rückweg der gefallenen Seele zur Vergöttlichung führt über immer höhere Stufen der Reinkarnation – Pflanzen, Tiere und schließlich Menschen – zur letzten Vorstufe: „Am Ende werden sie Seher, Dichter, Ärzte und Fürsten für die auf Erden lebenden Menschen, woraus sie emporwachsen zu Göttern, die in höchsten Ehren stehen, den anderen Unsterblichen Herd- und Tischgefährten, ohne Anteil am menschlichen Leiden und unverwüstlich" (B146). Ob Empedokles diese vier Berufungen alle auf sich selbst bezieht und wie sich diese Beschreibung der Götter mit seiner Kritik am Anthropomorphismus vereinbaren lässt, bleibt unklar. Um dem Kreislauf der Wiedergeburten entkommen zu können, sind jedenfalls Maßnahmen erforderlich um die Seele zu reinigen. Weder dürfen Tiere getötet bzw. geopfert noch Bohnen und Lorbeerblätter verzehrt werden (B140, B141, B144; vgl. die Diätvorschriften der Pythagoreer → KAPITEL 2.4). In den *Reinigungen* bleiben die beiden göttlichen Grundkräfte Liebe und Streit von zentraler Bedeutung. Während sich Empedokles in ihnen wie Pythagoras als Lehrer des Heils und der Erlösung darstellt, der über einen „Schatz göttlicher Einsicht" (B132) verfügt, präsentiert er sich in *Von der Natur* als nüchterner Kosmologe und Naturphilosoph.

Der Weg der Reinigungen

4.2 Anaxagoras: Der „Nous" (Geist) und die „Samen aller Sachen"

Anaxagoras wurde um 500 v. Chr. in Klazomenai in Ionien geborenen, das in der heutigen Türkei am Golf von Smyrna bzw. Izmir liegt. Er soll aus einer vornehmen und reichen Familie gestammt haben (DL II 6f.). Obwohl er etwa fünf Jahre älter war als Empedokles, soll er seine philosophische Lehre später als sein Zeitgenosse entwickelt haben (Met. I 3, 984 a 11–13 = DK 59A43). Mit etwa 20 Jahren, um die Zeit der entscheidenden Siege der Griechen über die Perser, ließ er sich in Athen nieder (DL II 7; → KAPITEL 1.1). Anaxagoras verbrachte mindestens 30 Jahre seines Lebens in der damals aufblühenden Stadt und wurde bekannt als der erste, der die Athener in Philosophie unterrichtete (A7). Er befreundete sich mit dem etwa zehn Jahre jüngeren Perikles, der auch sein Schüler gewesen sein soll (Platon: *Phaidros* 270 a; DL II 12f.). Nach der Entmachtung des Areopags, des alten Adelsrats, im Jahr 462/61 v. Chr. stieg Perikles zum führenden Politiker der athenischen Demokratie auf. Dem Bericht des Historikers Plutarch zufolge soll Anaxagoras der Freundschaft zu Perikles seinen Gerichtsprozess wegen Gotteslästerung verdanken. Die Anklage soll von Perikles' politischen Gegnern initiiert worden sein und tatsächlich auf diesen abgezielt haben (*Vita Per.* 32 = A17). Es sind allerdings sowohl verschiedene Varianten dieser Geschichte überliefert als auch verschiedene Datierungen (zwischen 450 und 433 v. Chr.; DL II 12–14; vgl. Gershenson/Greenberg 1964, S. 346–348; Kirk/Raven/Schofield 2001, S. 388f.; Mansfeld 1987, S. 482f.). Im Zentrum der Anklage soll der Vorwurf gestanden haben, Anaxagoras halte die Sonne und den Mond nicht für Götter, sondern diesen für eine Erde und jene für einen glühenden Stein (Platon: *Apologie* 26 d). Auch über Verlauf und Resultat der Anklage oder des Prozesses gibt es verschiedene Varianten. Jedenfalls verließ Anaxagoras als Folge Athen und zog sich nach Lampsakos in Ionien zurück, wo er 428/27 v. Chr. verstorben sein soll (DL II 14f.).

Leben, Zeit in Athen und Schrift

Nach Platons Überlieferung hat Anaxagoras mindestens eine kosmologische bzw. naturphilosophische Schrift verfasst, die für eine Drachme in Athen auf dem Markt zu kaufen gewesen sei. Platons Sokrates führt aus, dass Anaxagoras' „Bücher" (*biblia*) – womit die Bücher dieser einen Schrift gemeint sein dürften – voll gewesen seien von Aussagen wie denjenigen, mit denen er Sonne und Mond naturwissenschaftlich und nicht religiös zu erklären suchte (*Apologie* 26 d; vgl. Platon: *Phaidon* 97 b). Auf Grund des niedrigen Preises von einer

Schrift, Überlieferung und Methode

Drachme gehen die meisten Forscher davon aus, dass Anaxagoras' Schrift nicht sonderlich umfangreich gewesen sein kann (Kirk/Raven/ Schofield 2001, S. 390f.; Ricken 2007, S. 55; vgl. zur Kommunikation zwischen den frühgriechischen Philosophen Warren 2007, S. 9–21). Unsere Hauptquelle für die Philosophie des Anaxagoras ist außer den Schriften des Aristoteles vor allem Simplikios' Kommentar zur *Physik* des Aristoteles. Die Forschung geht zumeist davon aus, dass Simplikios uns Teile von Anaxagoras' Schrift „wohl fast ohne größere Lücken überliefert hat – d.h. gerade auch diejenigen Partien, die die Grundlage der weiteren, fast vollständig verlorengegangenen Ausführungen im 2. Buch bildeten" (Mansfeld 2007, S. 483f.). Es wurde jedoch angezweifelt, dass es sich bei dem von Simplikios überlieferten Text tatsächlich um wörtliche Zitate handelt (Gershenson/ Greenberg 1964, S. 355ff.). Anaxagoras' Untersuchungen des Seienden bzw. der Natur liegen methodisch sowohl genaue Beobachtungen der Erscheinungen als auch die damals neu entstandene Methode der logischen Analyse zugrunde (vgl. Gershenson/Greenberg 1964, S. 6f.).

Wie Empedokles hält Anaxagoras an Parmenides' Grundgedanken fest, dass das Seiende weder entstanden sein noch vergehen kann (vgl. Phys. I 4, 187 a 26ff. = A52; → KAPITEL 3.2 UND 4.1). Auch die Erfahrung des Werdens erklärt er wie Empedokles damit, dass sich Unentstandenes vermischt und wieder scheidet: „Die Griechen haben keine richtige Meinung vom Entstehen und Vergehen. Denn keine Sache (*chrêma*) entsteht oder vergeht, sondern aus seienden Sachen (*chrêmata*) wird sie zusammengemischt und trennt sich wieder. Daher sollten sie richtiger das Entstehen als ein Sich-mischen und das Vergehen als ein Sich-trennen bezeichnen" (DK 59B17). Die wahrnehmbaren Gegenstände der Welt entstehen und vergehen nur scheinbar. In Wirklichkeit findet lediglich eine Mischung oder Trennung von unentstandenen und unvergänglichen Sachen statt. Anaxagoras begreift diese wahrhaft seienden Sachen allerdings nicht wie Empedokles seine vier Elemente als klar voneinander geschiedene und jeweils in sich homogene Grundbausteine der Welt (→ KAPITEL 4.1).

Mischung und Trennung

Nach der Ontologie des Anaxagoras sind die wahrhaft seienden Sachen keine homogenen bzw. reinen Stoffe. Vielmehr sind sie jeweils aus einer Vielzahl an ungleichartigen Bestandteilen zusammengesetzt. Die wahrhaft seienden Sachen, aus denen alle wahrnehmbaren Gegenstände der Welt zusammengemischt sind, stellen also wiederum selbst Mischungen aus verschiedenartigen Bestandteilen dar. Aristoteles zufolge handelt es sich dabei sogar jeweils um eine unendliche Anzahl

Die wahrhaft seienden Sachen

von Bestandteilen, die sich wegen ihrer Kleinheit der Wahrnehmung entziehen (Phys. I 4, 187 a 25–27, a 37–b 1; vgl. B1). Anaxagoras geht sogar so weit, als zentrales ontologisches Grundprinzip zu behaupten: „in allem ist alles“ bzw. „in jedem ist ein Anteil von jedem“ (B6, B11, B12). Dieses Prinzip gilt nicht bloß für die wahrnehmbaren Gegenstände der Welt, sondern auch für ihre wahrhaft seienden Bestandteile. So enthält etwa das wahrnehmbare Fleisch, das der Nahrung dient, nicht bloß kleinste Anteile von Fleisch, sondern auch von Haaren, Knochen, Blut, Sehnen usw., und alle diese kleinsten Anteile weisen wiederum Anteile all dieser Substanzen auf usw. (A46; vgl. A104). Zudem sind all diese Anteile etwa auch in der Samenflüssigkeit enthalten und differenzieren sich im Laufe des Wachstums eines gezeugten Lebewesens aus (B10). Die Fleischanteile in den verschiedenen Nahrungsmitteln kommen nach ihrer Aufnahme zu den Fleischanteilen im Embryo hinzu und wirken so an dessen Wachstum mit (Aristoteles: *Gen. animal.* 723 a 9ff.). In der Mischung jeder wahrnehmbaren Sache gibt es einen bestimmten wahrhaft seienden Bestandteil, der quantitativ überwiegt. Dieser gibt den Ausschlag darüber, als was diese Sache wahrgenommen wird. Eine Sache, die als Fleisch wahrgenommen wird, enthält also mehr Anteile an Fleisch als an Haaren, Knochen, Blut etc. (B12, A44, Phys. I 4, 187 b 2–7; vgl. Rapp 2007, S. 182f.).

Die angeführten Phänomene aus dem organischen Bereich – Zeugung, Wachstum, Aufbau und Erhaltung von Körpersubstanz – verstehen wir heute mit Hilfe der Genetik, der Physiologie und mit Theorien des Stoffwechsels. Anaxagoras' ontologische Theorie vermag diese Phänomene jedoch bereits zu erklären und wurde vielleicht ursprünglich zu diesem Zweck entwickelt oder durch diese Phänomene inspiriert. So kann seine Theorie begreiflich machen, wie aus dem Sperma und durch die Nahrungsaufnahme ein ausdifferenzierter Organismus hervorgeht, wächst und sich erhält. Anaxagoras' „pluralistische Ontologie“ ist deutlich plausibler als diejenige des Empedokles, nach dem alle Gegenstände der wahrnehmbaren Welt aus bestimmten Mischungsverhältnissen von lediglich vier Grundstoffen – Wasser, Feuer, Luft und Erde – hervorgehen und bestehen.

Ursprungsbereich der Ontologie

Während die Erklärung der organischen Phänomene vermutlich den Ausgangspunkt von Anaxagoras' Theorie darstellt, verallgemeinert er deren Ansatz dann zu seinem ontologischen Grundprinzip „Alles in Allem“. Diese Verallgemeinerung ist jedoch vom Ausgangspunkt der Theorie her schwer nachvollziehbar. Warum sollte etwa Fleisch auch Stein, Holz oder Gold enthalten? Um diese Verallgemeinerung verstehen zu können, muss Anaxagoras' Kosmogonie herangezogen werden. Nach Simplikios entfaltete er diese zu Beginn des ersten Buchs seiner Schrift: „Zusammen waren alle Sachen (*chrêmata*), unbegrenzt sowohl der Anzahl als auch der Kleinheit nach; denn auch das Kleine war unbegrenzt. Und während alle Sachen zusammen waren, war darin infolge der Kleinheit nichts klar zu erkennen" (B1). Vor der Entstehung des Kosmos und der Welt bestand ein Urgemisch der wahrhaft seienden Sachen, die sowohl unendlich viele als auch unendlich klein waren. Anaxagoras' ontologische Annahmen von Vielheit und unendlicher Teilbarkeit dürften sich gegen Zenon gerichtet haben, für den diese Annahmen zu Paradoxien führen (B3; vgl. zu Zenon und Anaxagoras Kirk/Raven/Schofield 2001, S. 395f.; Mansfeld 1987, S. 488f.; Röd 1976, S. 171–173; → KAPITEL 3.3). Im Urgemisch waren auch große Mengen der Elemente wie Luft, Erde und Feuer enthalten, die auch später in der ausdifferenzierten Welt einen beträchtlichen Anteil des Ganzen ausmachen (B1, B4, A71; vgl. Kirk/Raven/Schofield 2001, S. 394). Alle Sachen waren gleichmäßig zusammen und es war „nicht einmal eine einzige Farbe klar erkennbar" (B4). Auch die Gegensätze bzw. Grundqualitäten wie das Feuchte und das Trockene, das Warme und das Kalte und das Helle und Dunkle waren vermischt (B4).

Urgemisch des wahrhaft Seienden

Das Urgemisch enthielt zudem unendlich viele „Samen" (*spermata*), „die sich einander in nichts ähnlich waren" (B4). Diese Aussage und Charakterisierung der Samen wirft die schwierige Frage aus, was Anaxagoras unter ihnen genau versteht. In der Literatur besteht über Wesen und Funktion der Samen in Anaxagoras' Kosmologie bzw. Naturphilosophie kein Konsens (Curd 2007, S. 153–191; Kirk/Raven/Schofield 2001, S. 401–405; Mansfeld 1987, S. 491; Ricken 2007, S. 56; Strang 1975). In dem Fragment B4 erklärt Anaxagoras, man müsse „zugeben, dass in all den Dingen, die aus Gesondertem zusammentreten, vielerlei von jedweder Art enthalten ist, die „Samen aller Sachen (*spermata panton chrêmaton*), die allerlei Formen wie auch allerlei Farben und Wohlgeschmack bzw. Wohlgeruch haben" (B4). Diese Aussage bezieht sich auf den Zustand, der nach der Entstehung des Kosmos und der Welt bestand. Genauer bezieht sie sich auf die wahrnehmbaren Gegenstände der Welt, die durch Mischung der unentstandenen und unvergänglichen Stoffe bzw. Substanzen entstanden sind, die im Urgemisch enthalten waren und sich später ausgesondert haben. Diese unentstandenen und unvergänglichen Stoffe bzw. Substanzen bezeichnet er als „Samen aller Sachen", über die er erklärt, sie hätten verschiedenste Formen und Qualitäten und

Die Samen aller Sachen

sie seien „einander in nichts ähnlich". Die mögliche Interpretation, dass Anaxagoras die einzelnen Samen als reine bzw. unvermischte Stoffe – z.B. reine Knochensubstanz, reines Gold – versteht, widerspricht eindeutig seinem ontologischen Grundprinzip, dem zufolge bis ins unendlich Kleine in jedem ein Anteil von jedem ist. Daher ist die Interpretation plausibler, dass er jeden Samen als eine Zusammensetzung aus allen Anteilen versteht, in der jeweils ein Stoff bzw. eine Substanz quantitativ überwiegt. Einige Interpreten nehmen zudem an, dass in den Samen auch die Gegensätze bzw. Grundqualitäten enthalten sind (Kirk/Raven/Schofield 2001, S. 405; Ricken 2007, S. 56). Wie auf der makroskopischen Ebene der Anteil einer wahrnehmbaren Sache, der in ihrer Mischung quantitativ überwiegt, den Ausschlag darüber gibt, als was diese Sache wahrgenommen wird, würde demnach auf der mikroskopischen Ebene der Stoff oder die Grundqualität, die in der Zusammensetzung eines Samens quantitativ überwiegt, dessen Identität und damit dessen Form und Qualität bestimmen. Jedenfalls dürfte der Terminus „Samen aller Sachen" implizieren, dass die Samen mikroskopische Entitäten sind, aus denen die makroskopischen Entitäten hervorgehen bzw. herauswachsen.

Grundstoffe oder Grundqualitäten?

In der Forschung ist es umstritten, ob Anaxagoras die unentstandenen und unvergänglichen wahrhaft seienden Sachen als Grundstoffe oder als Grundqualitäten versteht. Nach der Überlieferung des Aristoteles setzt Anaxagoras als Prinzipien seines Systems „in unbegrenzter Anzahl die gleichteiligen Stoffe (*homoiomerê*) und die Gegensätze an" (Phys. I 4, 187 a 25f. = A 52). Der Ausdruck „gleichteiliger Stoff" (*homoiomerês*) findet sich in den von Simplikios überlieferten Fragmenten nicht. Er geht höchstwahrscheinlich erst auf Aristoteles zurück. Knochen oder Fleisch sind Aristoteles zufolge gleichteilige Stoffe, weil aus ihrer Zerlegung gleichnamige Teile hervorgehen, also wieder Knochen oder Fleisch (Aristoteles: *De gen. et corr.* 314 a 18f.; vgl. Rapp 2007, S. 178f.; Röd 1976, S. 168). Obwohl Aristoteles die Gegensätze erwähnt, stellt er in seiner Auslegung von Anaxagoras' System die Grundstoffe in den Mittelpunkt. Auch wenn einige moderne Interpreten der Auslegung des Aristoteles folgen, zweifeln etliche sie an und erklären, die wahrhaft seienden Sachen seien für Anaxagoras die Grundqualitäten, die er als Gegensätze versteht (Cornford 1930; vgl. Röd 1976, S. 170; Rapp 2007, S. 179). Als entgegengesetzte Qualitäten erwähnt Anaxagoras etwa das Feuchte und das Trockene, das Warme und das Kalte und das Helle und Dunkle (B4, B8, B12, B15). Am plausibelsten dürfte die Interpretation sein, dass Anaxagoras sowohl die Grundstoffe als auch die Grundqualitäten als die unentstandenen und unvergänglichen wahrhaft seienden Sachen ansah. Wie bereits erwähnt, waren für ihn im Urgemisch sowohl die Elemente wie Luft und Erde, die gegensätzlichen Grundqualitäten, als auch die Samen aller Sachen enthalten (B4). Demzufolge wären die Ausdrücke „Samen aller Sachen" und „gleichteilige Stoffe" partiell oder vollends gleichbedeutend (vgl. Ricken 2007, S. 56).

Nach Empedokles existieren neben den vier Elementen noch die beiden göttlichen Grundkräfte Liebe und Streit, die er als die Prinzipien der Bewegung ansieht (→ KAPITEL 4.1). An Stelle dieser beiden Grundkräfte setzt Anaxagoras den Nous (*nous* = Geist, Intellekt oder Vernunft) als das Prinzip der Bewegung an. Allein der Nous ist von dem ontologischen Grundprinzip ausgenommen, nach dem in jedem ein Anteil von jedem ist; der Nous ist „mit nichts vermischt" (B11, B12; Platon: *Kratylos* 413 c = A 55; Phys. VIII 5, 256 b 24f. = A 56; vgl. zum Nous Curd 2007, S. 192–205). Der Nous ist auch nicht in das Urgemisch eingemischt. Er ist vielmehr das bewegende Prinzip, das die Entstehung des Kosmos und der Welt bewirkt. Während „unendliche Zeit alles zusammen und in Ruhe war", so Aristoteles, „habe es der Geist (*nous*) in Bewegung gesetzt und auseinandertreten lassen (Phys. VIII 1, 250 b 24f.). Der Nous verursacht eine Rotationsbewegung, die dazu führt, dass sich alles, das im Urgemisch enthalten ist, sukzessive voneinander trennt: „Und vom Feinen wird das Dichte ausgesondert, vom Kalten das Warme, und vom Feuchten das Trockene" (B12). Entstehung bedeutet für Anaxagoras nichts anderes „als ein Sichaussondern" der Bestandteile der Welt und des Kosmos aus dem Urgemisch (B13).

Der Nous als Bewegungsprinzip

Nach Anaxagoras ist allein der Nous „für sich selbst", weil allein er „mit keiner Sache in Mischung verbunden" ist (B12, Z. 2–3). Zudem ist der Nous „unbegrenzt" (*apeiros*) und „selbstständig herrschend" (*autokrates*) (B12, Z. 1–2). Die klare Gegenüberstellung und Abgrenzung des Nous von allen miteinander vermischten Sachen dürfte auch deshalb erforderlich sein, um dessen Herrschaft über sie gewährleisten zu können. Die Dimensionen dieser Herrschaft verdeutlicht Anaxagoras im Zusammenhang mit den weiteren Charakteristika des Nous:

Charakteristika des Nous

> „Denn er ist die feinste von allen Sachen, wie auch die reinste, und er hat von allem jede Erkenntnis (*gnômê*) und besitzt die größte Kraft; und alles, was Seele (*psychê*) hat, beherrscht der Geist (*nous*), die größeren wie die kleineren Lebewesen. Auch die gesamte Kreisbewegung beherrscht der Geist, so dass sie überhaupt stattfindet.

> [...] Auch wie es sein würde, wie es war, was jetzt ist und wie es sein wird, all dies ordnet der Geist an [...] Jeglicher Geist, der größere wie auch der kleinere, ist gleichartig" (B12, Z. 9–29; vgl. Platons und Aristoteles' Kritik von Anaxagoras' Konzeption des Nous: Platon: *Phaidon* 97 bff.; Met. I 4, 985 a 18f.).

Aus Anaxagoras' Charakterisierungen geht hervor, dass sich sein Verständnis des Nous nicht in den heute gängigen Dualismus von Geist und Körper/Materie einordnen lässt. Denn einerseits hat der Nous eindeutig geistige Merkmale wie „Erkenntnis" (*gnômê*), andererseits versteht ihn Anaxagoras als einen Körper bzw. eine Sache unter anderen. Er unterscheidet sich von den anderen Sachen lediglich dadurch, dass er feiner und reiner ist als sie. Er ist deshalb reiner, weil er als einzige Sache mit keiner anderen vermischt ist. Die Feinheit des Nous impliziert wahrscheinlich eine Tendenz zum Immateriellen. Dennoch ist auch ein sehr feiner Stoff „immer noch ein Stoff: der Begriff des Unkörperlichen lässt sich nicht durch zunehmende Verfeinerung der Materie gewinnen" (Rapp 2007, S. 186). Der Gegensatz von einem körperlosen Geist zu einer geistlosen Materie, der durch Platons Philosophie das abendländische Denken prägte, geht nicht auf Anaxagoras, sondern auf Pythagoras zurück (vgl. dagegen DL II 6; → KAPITEL 2.4).

Der Nous als göttliches Prinzip

Auch wenn Anaxagoras den Nous in den erhaltenen Fragmenten nirgends explizit als das Göttliche bezeichnet, argumentiert Werner Jaeger überzeugend dafür, „dass dies trotzdem seine Lehre gewesen sein muß" (Jaeger 1953, S. 184). Dafür sprechen sowohl die erhabene Sprache und die hymnische Form, in der Anaxagoras in B12 den Nous charakterisiert, als auch dessen inhaltliche Kennzeichnungen (vgl. Jaeger 1953, S. 184f.; vgl. 184–187). Anaxagoras dürfte den Nous wie Anaximander das Apeiron als unbegrenztes und göttliches kosmisches Prinzip ansehen, das das All steuert (→ KAPITEL 2.1). Ähnlich erklärte auch bereits Xenophanes über seinen Gott, dass er alles durch seinen Geist bewegt und lenkt (→ KAPITEL 2.3). Auch Heraklit lehrte die Existenz eines vernünftigen göttlichen Feuers, das er wie den Logos als aktives und steuerndes Prinzip ansah (→ KAPITEL 3.1).

Theorie der Sinneswahrnehmung

Wie Empedokles entwickelte auch Anaxagoras eine Theorie der Sinneswahrnehmung. Deren Grundprinzip war demjenigen von Empedokles' Wahrnehmungstheorie entgegengesetzt. Wird nach Empedokles' Theorie Gleiches nur durch Gleiches erkannt, findet Anaxagoras zufolge die Sinneswahrnehmung „mittels des Entgegengesetzten statt, denn das Gleiche könne von seinesgleichen nicht affiziert werden. Er versucht, dies für jeden Sinn einzeln aufzuzählen"

(Theophrast: *Über die Sinneswahrnehmung* 27ff. = DK 59A92). Beim Sehen werde das Bild in der Pupille nicht im gleichfarbigen, sondern einem andersartigen Medium gespiegelt. Beim Tastsinn werde das Kalte durch das Warme erkannt und beim Geschmackssinn das Süße durch das Scharfe und jeweils umgekehrt. Die sinnlichen Qualitäten seien sämtliche in uns vorhanden (Theophrast: *Über die Sinneswahrnehmung* 27ff. = DK 59A92).

4.3 Leukipp und Demokrit: Die Bewegung der Atome und der leere Raum

Die berühmt gewordene ontologische Lehre von den Atomen, die sich im leeren Raum bewegen, geht nach Aristoteles und späteren antiken Quellen auf Leukipp zurück (Aristoteles: *De gen. et corr.* 325 a 23ff. = DK 67A7). Allerdings wissen wir kaum etwas über Leukipp und seine Beziehung zu Demokrit, der eine philosophische

Leukipp und Demokrit

Atomtheorie mit denselben Grundprinzipen entwickelte. In der antiken Überlieferung werden beide Atomisten oft zusammen erwähnt. Nach der vorherrschenden Auffassung war Demokrit der Schüler Leukipps (DL X 13; Kenny 2006, S. 26; Rapp 2007, S. 187f.; Röd 1976, S. 180; Zeller 2006, S. 66). Dies lässt sich jedoch durch die antiken Quellen nicht eindeutig belegen. Der Überlieferung zufolge ist es durchaus möglich, dass die beiden lediglich zusammenarbeiteten (DL IX 34 = DK 68A1, DK 67A8; vgl. Taylor 2001, S. 165). Aristoteles bezeichnet Demokrit nicht als den Schüler, sondern als den „Gefährten" bzw. „Freund" bzw. „Kollegen" (*hetairos*) des Leukipp (Met. I 4, 985 b 4; vgl. die unzutreffende Übersetzung von „*hetairos*" mit „Schüler" von Mansfeld 1987, S. 610f.). Ein Versuch, die Lehren von Leukipp und Demokrit im Einzelnen zu unterscheiden, konnte spätere Forscher nicht überzeugen (Bailey 1928, S. 64–214; vgl. Kirk/Raven/Schofield 2001, S. 441; Rapp 2007, S. 188).

Demokrit soll wohlhabende Eltern gehabt und zu Studienzwecken viel gereist sein, unter anderem nach Ägypten, Persien und Indien (DL IX 34–36). Er stammte wie sein älterer Zeitgenosse Protagoras aus Abdera, das in Thrakien im Norden Griechenlands

Leben

liegt (DL IX 34; → KAPITEL 5.2). Deshalb wurde vermutet, dass auch Leukipp aus Abdera stammte. Allerdings wurden auch Milet und Elea als Leukipps Heimatstädte überliefert. Für Elea könnte sprechen, dass er Zenons Schüler gewesen sein soll (DL IX 30; → KAPITEL 3.3). Milet und Elea könnten jedoch lediglich für die Philosophietraditionen stehen, die Leukipp in seiner Lehre verbindet. Selbst wenn Leukipp tatsächlich Zenons Schüler war, ist dies für die Datierung seines Lebens nur beschränkt hilfreich, weil die Berichte über Zenons Leben nicht übereinstimmen (→ KAPITEL 3.3). Dennoch ließe sich auf dieser Grundlage Leukipps Geburt um 470 v. Chr. oder etwa gut zehn Jahre früher ansetzen. Die Behauptung Epikurs und des Epikureers Hermarchos, es hätte den Philosophen Leukipp gar nicht gegeben, ist unglaubwürdig (DL X 13; vgl. Kirk/Raven/Schofield 2001, S. 440). Demokrit soll nach dem Historiographen Apollodor 40 Jahre jünger als Anaxagoras gewesen sein (DL IX 34 und 41). Dann wäre er um 460 v. Chr. geboren. Nach einer anderen Quelle soll er jedoch zehn Jahre älter und damit etwa gleichaltrig mit Sokrates gewesen sein (DL IX 41). Demokrit soll in sehr hohem Alter verstorben sein (DL IX 43).

Schriften

Von Leukipp sind keine Schriften überliefert. Er soll zumindest ein Hauptwerk, die „*Große Weltordnung*“ (*Megas diakosmos*), verfasst haben. Darin leugnet er unter anderem wie Anaxagoras, dass die Gestirne lebende Wesen sind (DK 67B1; → KAPITEL 4.2). Diogenes Laertius überliefert einen inhaltlichen Abriss der Schrift bzw. von Leukipps Lehre, der vermutlich auf Theophrast zurückgeht (DL IX 30–33; vgl. Mansfeld 1987, S. 556f.). Von Demokrit ist dagegen ein Schriftenverzeichnis mit 70 Titeln überliefert, die allerdings nicht alle echt sind. Es ist eingeteilt in Schriften zur Ethik, Physik, Mathematik, Musik (inklusive Literatur und Sprache) und zu den Künsten wie Medizin, Malerei, Ackerbau und Kriegskunst (DL IX 45–49). Durch das breite Themenspektrum seiner Schriften und seine Interessenvielfalt zeigt sich Demokrit „als ein typischer Autor des Zeitalters der Sophisten“ (Kirk/Raven/Schofield 2001, S. 441). Unter seinen Titeln wird auch die „*Kleine Weltordnung*“ (*Mikros diakosmos*) angeführt, die sein Hauptwerk gewesen sein dürfte. Demokrits Schriften sind alle verloren. Die wenigen wörtlichen Fragmente, die überliefert sind, stammen zu mehr als vier Fünfteln aus den Werken zur Ethik. Ihre Echtheit wurde bezweifelt, auch weil etliche Fragmente (DK 68B35–B115) unter dem Namen „Demokrates“ überliefert sind und weil Aristoteles und Theophrast über Demokrits ethische Schriften schweigen (vgl. Taylor 1999, S. 223ff.). Demokrits Werk war offensichtlich einflussreicher als dasjenige von Leukipp. Letzteres wurde von ersterem überstrahlt. Moderne Interpreten stimmen darin überein, dass Demokrit die Atomtheorie und den Ansatz Leukipps weiter bzw. im Einzelnen ausgearbeitet hat (Kirk/Raven/Schofield 2001, S. 441; Mansfeld 1987, S. 556; Rapp 2007, S. 188, Ricken 2007,

S. 56; Taylor 2001, S. 165). Bemerkenswert ist, dass Platon Demokrits Namen in seinen Dialogen nirgends erwähnt (vgl. Rapp 2007, S. 189f.).

Parmenides und die Atomtheorie

Wie Empedokles und Anaxagoras halten Leukipp und Demokrit an Parmenides' Grundgedanken fest, dass das Seiende weder entstanden sein noch vergehen kann. Wie ihre beiden älteren Zeitgenossen beabsichtigen die Atomisten, die Lehre des Parmenides mit der Erfahrung des Werdens und Vergehens, die durch die Sinneswahrnehmung vermittelt ist, zu vereinbaren bzw. zu versöhnen. Zudem versuchen sie die eleatische Metaphysik mit der sinnlichen Wahrnehmung von Vielheit und Bewegung in Einklang zu bringen. Als unentstandenes und unvergängliches Seiendes postulieren Leukipp und Demokrit eine unendliche Anzahl an kleinen Partikeln, die Atome, die sich im leeren Raum bewegen. Im Gegensatz zu Empedokles' Elementen können diese Partikel wegen der Kleinheit ihrer Massen nicht beobachtet werden. Wahrnehmbar sind nur die Gegenstände der Welt, die alle aus einer bestimmten Anzahl und Art von Atomen zusammengesetzt sind. Nach der Atomtheorie findet Entstehen statt, wenn Atome zu Konglomeraten bzw. Aggregationen zusammentreten, und Vergehen, wenn sich diese zusammengesetzten Gebilde wieder auflösen (DK 68A37, 57; Aristoteles: *De gen. et corr.* 325 a 2–b 1 = DK 67A7).

Das Leere

Auch wenn die Sinne zutreffend von Vielheit und Bewegung künden, repräsentieren sie die wahrnehmbaren Gegenstände der Welt nicht so, wie sie in Wirklichkeit sind. In Wahrheit gibt es weder Warmes und Kaltes noch Farben noch Süßes und Bitteres, sondern nur „die Atome und das Leere“ (DK 68B9, B10, B125). Die Atomisten bezeichnen das Leere bzw. den unbegrenzten leeren Raum, in dem sich die Atome bewegen, „als Nichtseiendes“. Dennoch erklären sie, dass „das Seiende um nichts mehr existiere als das Nichtseiende, weil auch das Leere um nichts weniger existiere als der Körper“ (Met. I 4, 985 b 6–9; vgl. DK 68A37). Die Behauptung, dass das Leere zwar nicht ist, aber dennoch existiert, ist offensichtlich paradox. Die Annahme der Existenz des leeren Raums ist jedoch notwendig, um die Vielheit und Bewegung der Atome erklären zu können. Der leere Raum trennt die einzelnen Atome voneinander und erlaubt es ihnen, sich in ihn hinein zu bewegen (vgl. Phys. IV 6, 213 a 34ff.; Rapp 2007, S. 193–196; Sedley 1982; Taylor 1999, S. 184–188; Taylor 2001, S. 166f.).

Das Wort „Atom“ geht auf den griechischen Terminus „*atomos*“ zurück, der „unteilbar“ bedeutet. Atome sind die letzten und kleinsten Entitäten der Wirklichkeit. Als individuelle und homogene körperliche Partikel sind alle Atome massiv, d.h. „dicht“ bzw. „hart“ bzw. „fest“ (*stereos*) sowie „voll“ (*plêrês*) (Met I 4, 985 b 5–7). Dass die Atome „voll“ sind, dürfte bedeuten, dass sie voll von Seiendem sind bzw. keinerlei leeren Raum enthalten (DK 67A14). Auf Grund ihrer Massivität sind sie für Einwirkungen von außen unempfänglich, so dass ihre Gestalt nicht verändert werden kann (DK 68A57). Im Gegensatz zu den wahrhaft seienden Sachen des Anaxagoras, die unendlich teilbar sind, können Atome nicht weiter zerlegt werden (→ KAPITEL 4.2). Der entscheidende Grund für die Unteilbarkeit der Atome dürfte ihre Massivität sein (DK 67A14; vgl. zur Unteilbarkeit der Atome Rapp 2007, S. 199–201; Taylor 1999, S. 164–171). Die einzelnen Atome unterscheiden sich voneinander in drei Hinsichten. Erstens haben Atome verschiedene Formen. Es gibt eckige, hakenförmige, konkave, konvexe etc. Atome. Wie die Anzahl der Atome unendlich ist, so sind auch ihre unterschiedlichen Gestalten unzählig (DK 68A37; Aristoteles: *De gen. et corr.* 315 b 6–8 = DK 67A9; vgl. DK 67A8). Zweitens variieren die einzelnen Atome nach ihrer Größe. Obwohl die Atome generell so klein sind, dass sie nicht wahrgenommen werden können, hält es Demokrit für möglich, dass es ein Atom von der Größe des Universums geben kann (DK 68A37, A43, A47; vgl. Taylor 2001, S. 185, und Barnes 1989, S. 347f.). Drittens haben unterschiedliche Atome ein verschiedenes Gewicht, das jeweils von ihrer Größe abhängt (DK 68A60, A135; Aristoteles: *De gen. et corr.* 326 a 9f.; vgl. dagegen DK 68A47; vgl. zum Gewicht der Atome Pechmann 2008, S. 176–181; Taylor 1999, S. 179–184).

Die Eigenschaften der Atome

Die Atome existieren im leeren Raum, in dem sie immer in Bewegung sind (DK 67A16; DK 68A47, A57). Wenn die bewegten Atome zusammenstoßen, dann prallen sie entweder aneinander ab oder verflechten bzw. verhaken sich. Wenn die Formen der Atome nicht zusammenpassen, dann stoßen sie sich ab und werden „herumgewirbelt“. Wenn sie aber ineinanderpassen, dann kommt es zu einer „Verflechtung“ (*symblokê*) bzw. zur Bildung von Konglomeraten bzw. Aggregationen von Atomen. Ab einer bestimmten Menge von verflochtenen Atomen bzw. ab einer bestimmten Größe der Konglomerate entstehen sinnlich wahrnehmbare Gegenstände. Diese stellen jedoch keine unauflöslichen Verschmelzungen bzw. keine neuen einheitlichen Substanzen dar, sondern lediglich zusammengesetzte Gebilde, die sich irgendwann wieder in ihre Bestandteile – einzelne Atome oder Atomverbindungen – auflösen (DK 67A15, DK 68A37, A58). Größere Atomkonglomerate enthalten immer bestimmte Anteile des Leeren. Je mehr Leeres ein zusammengesetzter Körper auf-

Atombewegung und -verflechtung

weist, desto geringer ist in der Regel sein Gewicht (DK 68A135). Einzelne Atome können verschiedene Positionen bzw. Lagen einnehmen. Während Aristoteles die Verschiedenheit der Formen der Atome mit dem Unterschied der Formen der Buchstaben A und N erläutert, veranschaulicht er die Verschiedenheit ihrer Positionen bzw. Lagen mit dem Buchstaben N, der um 90 Grad nach rechts gedreht als ein Z erscheint. In zusammengesetzten Gebilden unterscheiden sich einzelne Atome durch ihre Anordnung. So können die verschieden geformten Atome A und N in einer Aggregation sowohl als AN als auch als NA angeordnet sein (Met. I 4, 985 b 17–19).

Antike und moderne Atomtheorie

Die Literatur urteilt über das Verhältnis von antiker und moderner Atomtheorie sehr unterschiedlich. Die Atomtheorien der neuzeitlichen Physik hätten mit dem antiken Atomismus „kaum mehr als die Bezeichnung ‚Atom' gemeinsam", wobei die Unteilbarkeit als Merkmal der Atome „von der physikalischen Atomtheorie ohnehin nicht mehr behauptet wird und in der antiken Atomphilosophie wahrscheinlich nicht einmal die grundlegende Eigenschaft der atomaren Körper darstellt" (Rapp 2007, S. 190). Dagegen wurde betont, dass der antike Atomismus – wie bereits die Philosophie des Anaximenes – das neuzeitliche naturwissenschaftliche Denken vorbereitet: „Die Atomtheorie Demokrits ist ein wichtiger Schritt auf dem Weg zur modernen Naturwissenschaft, insofern ihr der Gedanke zugrundeliegt, daß alle qualitativen auf quantitative Bestimmungen zurückzuführen sind" (Ricken 2007, S. 57f.; vgl. Röd 1976, S. 188). Dieses Urteil ist in seiner Allgemeinheit nicht nachvollziehbar. Die antiken Atomisten führen zwar alle sinnlich wahrnehmbaren Gegenstände und ihre Qualitäten auf Atomkonglomerate zurück, die aus einer bestimmten Anzahl von Atomen mit verschiedenen Größen und Gewichten bestehen. Dennoch sind für den spezifischen Charakter der Wahrnehmungsobjekte auch qualitative und räumliche Unterschiede der Atome – ihre unterschiedlichen Formen, Positionen und Anordnungen – entscheidend. Dagegen lassen sich für Anaximenes tatsächlich alle Qualitäten – zumindest prinzipiell – auf ein bestimmtes Quantum an verdichteter oder verdünnter Luft zurückführen (vgl. Met. I 4, 985 b 10–13; → KAPITEL 2.2). Auch wenn die antiken Atomisten die Welt nicht wie die modernen Naturwissenschaften mathematisieren und durchgängig auf Quantitäten reduzieren, erklären sie sie und ihre Veränderungen mechanistisch und kausal. Atome stoßen und drücken fortwährend aufeinander und all dies geschieht mit strenger Notwendigkeit: „Kein Ding entsteht auf Geratewohl, sondern alles infolge eines Grundes und durch Notwendigkeit“ (DK 67B2). Ein bleibendes Vermächtnis der Atomisten ist der Gedanke, dass sich alle körperlichen Erscheinungen letztlich nur auf der mikrophysikalischen Ebene erklären lassen (Taylor 1999, S. 160).

Die Entstehung der Welten

Nach den antiken Atomisten entstehen und vergehen im Laufe der ewigen Bewegung der Atome unzählig viele Welten, die sich in vielen verschiedenen Hinsichten voneinander unterscheiden. In manchen Welten gebe es weder Sonne noch Mond noch Lebewesen, in manchen mehrere Sonnen und Monde (DK 68A40). Zuerst komme es an einer Stelle im unendlichen leeren Raum zu einer Anhäufung von einer Vielzahl an Atomen. Dann bilde sich aus diesen Atomen ein Wirbel. Dieser bewirke, dass sich die Atome nach dem Prinzip „gleich zu gleich“ zueinander gesellen. Die größeren Atome sammelten sich in der Mitte. Aus ihnen entstehe die Erde, die nach Demokrit die Form einer breiten Scheibe hat (DK 68A94). Die Gestirne „seien glühend infolge der Schnelligkeit ihrer Bewegung; die Sonne werde jedoch auch von den Sternen erhitzt“ (DL IX 30–33 = DK 67A1; vgl. DK 68B167, A39, A67).

Wahrnehmung und Erkenntnis

Wie Empedokles und Anaxagoras präsentiert auch Demokrit eine Theorie der Sinneswahrnehmung, die bei ihm zudem eine erkenntnistheoretische Dimension hat. Der zentrale Gedanke seiner Wahrnehmungstheorie ist, dass die Inhalte bzw. Qualitäten der Sinneswahrnehmungen nicht nur auf ihren Gegenständen basieren, sondern auf einer Interaktion vom Subjekt und Objekt der Wahrnehmung. Das Warme und Kalte, die Farben, das Süße und Bittere sind als sekundäre Qualitäten nicht Eigenschaften des Objekts, sondern entstehen aufgrund der Wahrnehmung und der Verfassung des Subjekts (DK 68B9, B10, B125; vgl. Taylor 1999, S. 175–179). Die Objekte der Welt sind Atomverflechtungen, die beständig „Abbilder“ (*eidôla* bzw. *deikela*) durch die Luft ausströmen. Je nach Variante der Theorie gelangen diese Abbilder entweder direkt ins Auge oder indirekt vermittels von Ausströmungen, die von ihm ausgehen (DK 67A29, Theophrast: *Über die Sinneswahrnehmung* 49ff. = DK 68A135; vgl. Rapp 2007, S. 209f.). Die Sinneswahrnehmung erlaubt es uns, die Objekte der Welt lediglich so zu kennen, wie sie auf uns wirken und nicht wie sie wirklich sind. Deshalb bezeichnet sie Demokrit als „dunkle“ Erkenntnis. Sie bildet den Gegensatz zur „echten“ Erkenntnis durch den Verstand, womit vor allem seine eigenen Einsichten über die Atome gemeint sein dürften (DK 68B11).

Im Gegensatz zur theoretischen Philosophie der Atomisten, die uns fast ausschließlich durch spätere Autoren bekannt ist, sind zu Demokrits praktischer Philosophie eine Vielzahl von wohl größtenteils authentischen Zitaten überliefert. Diese stammen nahezu alle aus zwei sich teilweise überlappenden Sammlungen. Die eine trägt den Titel „*Die Sprüche des Demokrates*“ (*Demokratous Gnomai*) (DK 68B35–B115), die andere ist Teil der umfassenden Sammlung von Exzerpten griechischer Texte, die Johannes Stobaios im frühen 5. Jahrhundert zusammenstellte. Das Themenspektrum der überlieferten Fragmente von Demokrits praktischer Philosophie ist breit. Umstritten ist, ob es sich dabei eher um eine Aneinanderreihung von Ratschlägen und praktischen Lebensweisheiten handelt, oder um eine einheitliche bzw. systematische Ethik (Guthrie 1969, S. 489f.; Mansfeld 1987, S. 567f.; Rapp 2007, S. 212; Röd 1976, S. 194f.). Letzteres wurde von Paul Natorp Ende des 19. Jahrhunderts vertreten (Natorp 1893). Sehr umstritten ist auch die Frage, wie eng der systematische Zusammenhang von Demokrits praktischer Philosophie zu seiner philosophischen Atomtheorie ist (vgl. Mansfeld 1987, S. 567; Ricken 2007, S. 58; Taylor 1999, S. 232–234; Vlastos 1975).

Die praktische Philosophie

Wie spätere griechische Denker vertritt Demokrit eine Ethik des guten Lebens, die wohl vor allem in seiner Schrift „*Peri Euthymies*“ enthalten war (*Über die Heiterkeit* oder, freier übersetzt, *Über die Seelenruhe*). Oberstes Ziel eines guten Lebens ist die „Heiterkeit“ (*euthymia*) bzw. das „Wohlbefinden“ (*euestô*) (DL IX 45f.). Die gängige deutsche Übersetzung von „*euthymia*“ ist „gute Laune“ (Mansfeld 1987, S. 567; Rapp 2007, S. 212; Kirk/Raven/Schofield 2001, S. 469–471; Taylor 2001, S. 180). Diese Übersetzung ist problematisch, weil es sich bei einer Laune um eine momentane und wechselnde subjektive Gemütsverfassung bzw. Stimmung handelt. Dagegen versteht Demokrit unter Euthymie vor allem einen ausgeglichenen Zustand der Seele, der der permanenten inneren Harmonie bzw. Seelenruhe gleichkommt. „Glückseligkeit“ (*eudaimonia*) ist ein objektiver Zustand der Seele (DK 68B170f.). Die Seele ist sterblich bzw. geht mit dem Tod unter, so dass sich ihre Atome zerstreuen (A109; → KAPITEL 12.4). Im Einklang mit der Tradition empfiehlt Demokrit als bestes Mittel zur Seelenruhe bzw. Euthymie die „Mäßigung des Genusses und entsprechend rechtes Maß der Lebensführung. Dasjenige, was zu wenig und zu viel ist, pflegt in sein Gegenteil umzuschlagen und verursacht dadurch große Bewegungen innerhalb der Seele“ (DK 68B191). Zu große Bewegungen innerhalb der Seele beeinträchtigen ihre Harmonie und Ruhe (→ KAPITEL 7.4). Seelenruhe bzw. Euthymie erreicht man dadurch, dass man lernt, das sinnliche Begehren zu mäßigen und die „Genügsamkeit“ (*autarkeia*) auszubilden (B191, B235, B246). Dabei kommt der Vernunft, die das wahrhaft Zuträgliche zu

Ethik des guten Lebens

prüfen hat, eine entscheidende Rolle zu (B51, B58f., B65f., B197, B216; vgl. Röd 1976, S. 196f.). Wie die meisten griechischen Denker sieht auch Demokrit die Ausbildung der „Tüchtigkeit" (*aretê*) als zentral an für ein gutes Leben. Überliefert ist der Titel einer Schrift „*Über die Mannestüchtigkeit oder Über die Tüchtigkeit*" (*Peri andragathias he peri aretes*) (DL IX 46). Darin identifiziert Demokrit die Tapferkeit mit der Besonnenheit bzw. Selbstbeherrschung: „Tapfer ist nicht nur, wer stärker ist als seine Feinde, sondern auch, wer stärker ist als seine Lüste" (B214; vgl. B211, B70–74). Wie seine Atomtheorie hat Demokrits Ethik Epikurs Philosophie maßgeblich beeinflusst. So besteht das Ziel eines guten Lebens für Epikur in der „Unerschütterlichkeit" bzw. „Seelenruhe" (*ataraxia*). Dieser Einfluss geht auf den Demokriteer Nausiphanes zurück, der Epikurs langjähriger Lehrer war (→ KAPITEL 12.4). Nausiphanes studierte bei Pyrrhon, für dessen Ethik das Ziel der „Seelenruhe" (*ataraxia*) bereits zentral war (DL IX 64, 69; DL X 13; → KAPITEL 12.2). Demokrits Ethik des guten Lebens schließt auch moralische Prinzipien und Konzeptionen ein wie Scham, Gewissen und Pflicht. (B84, B174, B181, B215, B244, B252, B264; vgl. Röd 1976, S. 197f.; Taylor 1999, S. 227f.; Taylor 2001, S. 181f.)

Demokrit beschäftigte sich auch mit politischen Fragen. Seine Parteinahme für die Demokratie, die in Athen etwa um die Zeit seiner Geburt eingeführt wurde, ist jedoch nicht so eindeutig, wie ihm unterstellt wird (Röd 1976, S. 198; Taylor 1999, S. 230f.; → KAPITEL 1.1). Einerseits führt er aus: „Die Armut in einer demokratischen Gesellschaft ist der Glückseligkeit, die unter einzelnen Machthabern angeblich zu genießen ist, um so viel vorzuziehen wie die Freiheit der Sklaverei" (B251; vgl. zur Redefreiheit als Merkmal der Freiheit B226). Andererseits bringt Demokrits Erklärung, dass „die Herrschaft von Natur aus (*physei*) den Besseren zukommt", eine aristokratische politische Grundhaltung zum Ausdruck (B267). Zudem warnt er vor den Gefahren, wenn die politischen Ämter mit „den Schlechten" (*hoi kakoi*) besetzt werden. Die beständige Warnung vor den Schlechten ist bereits ein Charakteristikum von Theognis aus Megara, dem Dichter des alten griechischen Adels (Theognis 2005). Im Gegensatz zu den jüngeren Sophisten, die das „Gesetz" (*nomos*) durchweg unter Berufung auf die „Natur" (*physis*) kritisieren, verteidigt Demokrit die Notwendigkeit des Gesetzes und der guten Regierung der Polis (B245; vgl. Taylor 1999, S. 229; Taylor 2001, S.181f.; → KAPITEL 6). So betont er:

Gedanken zur Politik

> „Die größte aller Pflichten bezieht sich darauf, dass die Polis gut regiert wird. Dabei darf man weder aus Ehrgeiz gegen die Moral verstoßen noch sich dem Nutzen der Gemeinschaft zuwider Macht aneignen. Denn eine gut regierte Polis ist das größte Gut, darin ist alles beschlossen: bleibt es erhalten, bleibt alles erhalten, geht es zugrunde, geht alles zugrunde" (B252).

Wie später Aristoteles begreift Demokrit Ethik und Politik als eine Einheit. Eine stabile und gut regierte politische Gemeinschaft ist die Voraussetzung dafür, dass der Einzelne die Harmonie und Ruhe seiner Seele und damit ein gutes Leben verwirklichen kann.

Fragen und Anregungen

- Was ist die gemeinsame Antwort der Atomisten Leukipp und Demokrit sowie von Empedokles und Anaxagoras auf die Herausforderung, die die Philosophie des Parmenides darstellt?
- Was ist die Beziehung von Empedokles' vier Elementen zu seinen beiden göttlichen Grundkräften „Liebe" und „Streit"?
- Was versteht Anaxagoras unter den „Samen aller Sachen"?
- Was sind nach den Atomisten Leukipp und Demokrit die wesentlichen Eigenschaften der Atome und wodurch unterscheiden sie sich voneinander?

Lektüreempfehlungen

Quellen

- Siehe die Angaben am Ende von Kapitel 2 zu Diels/Kranz und die Ausgaben mit den Fragmenten und Übersetzungen unten.

Forschung und Literatur

- **Anaxagoras of Clazomenae. *Fragments and Testimonia.*** A Text and Translation with Notes and Essays by Particia Curd (Phoenix Supplementary, 44), Toronto/Buffaloe/London 2007. *Präsentiert alle erhaltenen Fragmente von Anaxagoras zusammen mit den antiken Zeugnissen über Leben und Lehre sowie einer neuen Übersetzung. Die Ausgabe enthält zudem einen Kommentar und fünf Aufsätze über Anaxagoras' Philosophie.*

- **Daniel E. Gershenson/Daniel A. Greenberg: Anaxagoras and the Birth of Physics,** New York/London/Toronto 1964. *Umfangreiche Interpretation von Anaxagoras' Naturphilosophie, die aus der Zusammenarbeit eines klassischen Philologen und eines theoretischen Physikers hervorging.*
- **The Poem of Empedocles. A Text and Translation with an Introduction by Brad Inwood** (Phoenix Supplementary, 39), Revised Edition, Toronto/Buffaloe/London 2001 (zuerst 1992). *Präsentiert alle erhaltenen Fragmente von Empedokles – incl. diejenigen von dem Papyrus aus Strasbourg – zusammen mit den antiken Zeugnissen über Leben und Lehre sowie einer neuen Übersetzung. Die Ausgabe enthält zudem eine Einleitung und einen Kommentar.*
- **Peter Kingsley: Ancient Philosophy, Mystery and Magic: Empedocles and Pythagorean Tradition,** Oxford/New York 1995. *Das Buch bemüht sich um eine neue Sichtweise auf Empedokles, die ihn nicht aus einer aristotelisch-rationalistischen Perspektive interpretiert, sondern in einem mystisch-magischen Kontext.*
- **Alain Martin/Oliver Primavesi: L'Empédocle de Strasbourg (P. Strasb. gr. Inv. 1665–1666).** Introduction, édition, et commentaire, with an English summary, Berlin u.a. 1999. *Präsentiert und analysiert die neuen Fragmente von Empedokles, die 1990 von Alain Martin auf einem Papyrus in der Straßburger Nationalbibliothek identifiziert wurden.*
- **Wolfgang Röd: Die Philosophie der Antike 1. Von Thales bis Demokrit** (= Geschichte der Philosophie, hg. von Wolfgang Röd, Bd. 1), München 1976. *Röd präsentiert klare, forschungsorientierte und aus den Quellen gearbeitete Interpretationen der frühen griechischen Philosophen. Das Buch enthält ausführliche Kapitel zu Empedokles, Anaxagoras und den Atomisten Leukipp und Demokrit.*
- **C.C.W. Taylor: The Atomists Leucippus and Democritus. Fragments: A Text and Translation with a Commentary,** Toronto u.a. 1999. *Neue Übersetzung und weitgehend neue Anordnung der Fragmente und Testimonia von Leukipp und Demokrit. Das Buch enthält zudem einen ausführlichen und lesenswerten Kommentar, der nach Themen und philosophischen Disziplinen geordnet ist.*

5 Die älteren Sophisten: Protagoras und Gorgias

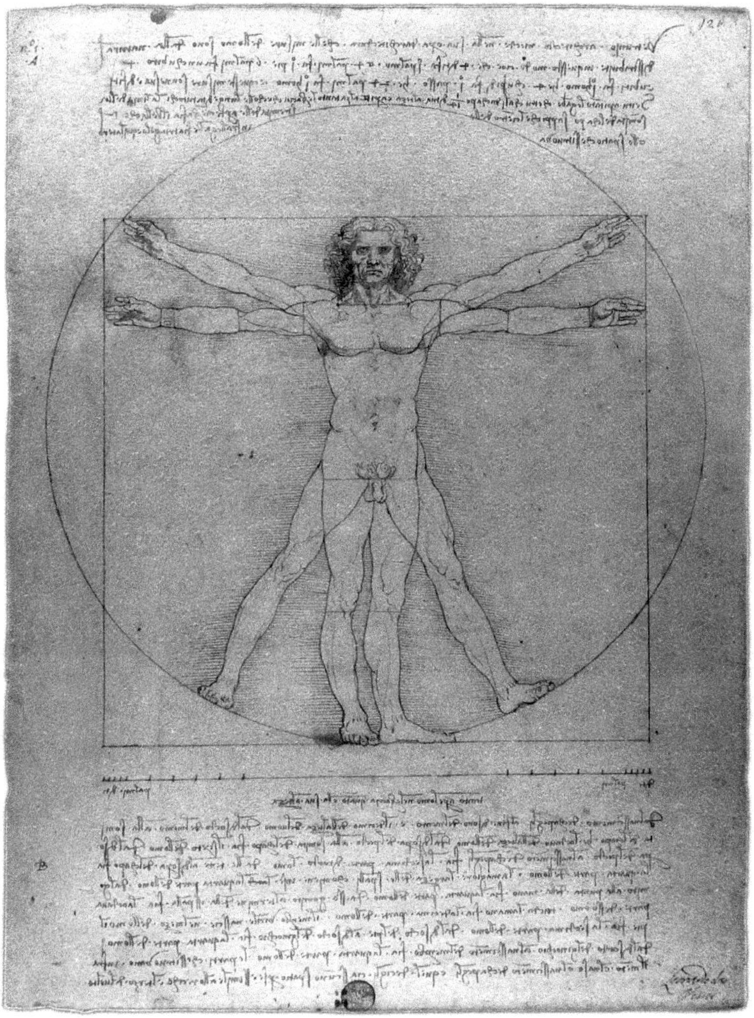

Abbildung 5: Leonardo da Vincis Zeichnung des „vitruvianischen Menschen“

Die kleine Zeichnung mit Notizen aus einem Tagebuch Leonardo da Vincis von 1492 wurde unter der Bezeichnung „vitruvianischer Mensch" berühmt. Sie zeigt einen nackten Mann mit ausgestreckten Gliedmaßen, die jeweils in zwei Positionen dargestellt sind. Einmal berühren seine Fingerspitzen und Fußsohlen einen Kreis und einmal ein Quadrat, die ihn umgeben. Benannt ist die Zeichnung nach dem um 10 v. Chr. verstorbenen römischen Architekten Marcus Vitruvius Pollio, der eine Theorie des „wohlgebildeten Menschen" (homo bene figuratus) aufstellte. Nach ihr bildet der Nabel den Mittelpunkt des Körpers und des ihn umgebenden Kreises. Der menschliche Körper fügt sich nicht bloß in den Kreis, sondern auch in das Quadrat. So entspricht die Länge vom Scheitel bis zu den Fußsohlen der Breite der ausgestreckten Arme. Die Studie zeigt Leonardos Interesse für die Proportionen des menschlichen Körpers.

Die frühen griechischen Philosophen wollten die Natur, den Kosmos und das Wesen der Welt erklären. Im 5. Jahrhundert v. Chr. lagen darüber eine Vielzahl unvereinbarer Theorien vor. Das musste Zweifel wecken, ob der Mensch diese Gegenstände überhaupt erkennen kann. Daher ist es verständlich, dass sich das spätere philosophische Denken viel stärker als davor dem Menschen zuwandte und erkenntnistheoretische, ethische und politische Fragen stellte. Dazu regte auch die Unterschiedlichkeit der Religionen, Normen und Sitten der Völker an, die Herodot bewusst machte. Nach dem berühmten Hauptsatz der Erkenntnistheorie des Protagoras ist der Mensch das „Maß aller Dinge". Der um 490 v. Chr. geborene Denker, der die Möglichkeit von Wissen über die Götter verneint, erzählt auch einen Mythos von der Entstehung des Menschen, der Zivilisation und der Polis. Protagoras ist zur selben Zeit geboren wie Gorgias, der die Macht der Rhetorik preist und die Existenz, Erkennbarkeit und Mitteilbarkeit des Seins leugnet. Die beiden Denker, denen Platon jeweils einen nach ihnen benannten Dialog widmete, gelten als die ersten und berühmtesten „Sophisten". Darunter versteht man die griechischen Wanderlehrer, die sich im 5. und frühen 4. Jahrhundert die professionelle Vermittlung der höheren Bildung oft gut bezahlen ließen.

5.1 Die Sophisten und ihr schlechtes Ansehen

Im Deutschen versteht man unter dem Terminus „Sophist“ zumeist einen spitzfindigen Wort- und Argumentationskünstler oder einen Scheingelehrten. Analog dazu bedeutet das Verb „*to sophisticate*“ im Englischen „verdrehen“ oder „verfälschen“. Der Ausdruck „*sophisticated*“ wird jedoch auch mit „kultiviert“ oder „gebildet“ übersetzt. Dennoch steht es um den Ruf der „Sophisten“ offenbar nicht zum Besten. Dabei bedeutet „*sophistês*“, eine Nominalbildung zu dem Adjektiv „*sophos*“, ursprünglich und wörtlich „Könner“ oder „Verständiger“ (vgl. Kerferd/Flashar 1998, S. 3; Guthrie 1977, S. 27–34). Seit dem 5. Jahrhundert v. Chr. wurde „Sophist“ zu einer Berufsbezeichnung für eine neu gebildete, von Polis zu Polis ziehende Gruppe von Lehrern der „Weisheit“ (*sophia*), die neben den Wissenschaften und Künsten vor allem die Rhetorik und andere für das politische Leben nützliche Fertigkeiten und Kenntnisse lehrten (vgl. Schirren/Zinsmaier 2003b, S. 12f.). Die Sophisten stellten keine homogene Gruppe dar, sondern vertraten unterschiedliche philosophische Lehren und politische Positionen (vgl. zum Verhältnis von Sophistik und Philosophie Kerferd/Flashar 1998, S. 5). In ihrer Zeit waren sie kulturell und politisch sehr einflussreich.

Der Terminus „Sophist“

Die Sophisten verlangten für ihre Lehrtätigkeit Geld. Einige von ihnen wie Gorgias und Protagoras erwarben sich auf diese Weise sogar ein Vermögen. Dass sie für Geld unterrichteten, war dem Ansehen der Sophisten abträglich. Der vornehme Platon bezeichnete sie verächtlich als „eine Art Großhändler oder auch Krämer mit Waren, die der Seele zur Nahrung dienen“ (*Protagoras* 313 c). Der Sophist, präzisiert er in dem Dialog *Sophistes*, handele mit „Reden und Wissensschätzen, die sich auf die Tugend beziehen“. Er definiert die Sophistik als die lohndienerische „Kunst, die eine Scheinerziehung vermittelt“. Zudem bestimmt er sie nach dem Musterbild der Angelfischerei als die Erwerbskunst, die „Jagd auf reiche und vornehme Jünglinge“ macht (*Sophistes* 223 b, 224 c/d). Platon karikierte auch die Eristik der Sophisten, d.h. ihre Disputier- bzw. Argumentationskunst, die er in dem Dialog *Euthydemos* thematisiert. Die Trug- und Fehlschlüsse der Eristik, die es den Schülern der Wanderlehrer erlaubten, einen Streit vor Gericht oder in der Volksversammlung für sich zu entscheiden, wurden von Aristoteles in den *Sophistischen Widerlegungen* analysiert. Auch wenn von daher die heutige Bedeutung des Terminus „Sophist“ verständlich wird, liegen die Gründe für Platons Gegnerschaft gegen die sophistischen Philosophen tiefer. Auf der er-

Platon und die Sophisten

kenntnistheoretischen Ebene kritisierte er vor allem den Relativismus und Skeptizismus, den Sophisten wie Protagoras vertraten. Diese Positionen lehnte er auch wegen ihrer Konsequenzen für die Politik ab. Im Gegensatz zu Protagoras sieht Platon das Gerechte keineswegs in dem Sinne als relativ an, dass sein Inhalt von der jeweiligen Auffassung einer bestimmten politischen Gemeinschaft abhängt (→ KAPITEL 5.2). Zudem verabscheute Platon die Moralvorstellungen vieler Sophisten und vor allem deren Hedonismus. Letztlich lehnte er als Gegner der Demokratie die Sophisten auch deshalb ab, weil etliche von ihnen für die demokratische Verfassung Athens eintraten (vgl. eine konträre Ansicht über Platons Verhältnis zu den Sophisten Erler 2007, S. 344f.; → KAPITEL 6.2, 6.3, 9.1).

An den Vorträgen und Kursen der Sophisten konnte jeder teilnehmen, der genügend Zeit und Geld besaß. Der Kreis der Adressaten der höheren Bildung, der davor oft auf wenige Aristokraten beschränkt war, wurde damit erheblich erweitert. Mit den Sophisten vollzog sich eine Demokratisierung des Wissens, und Athen war der beste Boden für ihre Tätigkeit. Die Athener Demokratie entstand im Jahr 462/61 v. Chr., in dem der Areopag, der alte Adelsrat, entmachtet wurde (vgl. Bleicken 1994; Meier 1993). In diesem Jahr war Gorgias etwa 30 und damit so alt wie Protagoras und Perikles, die später Freunde wurden. Perikles war ein Volksführer und lange der führende Politiker Athens, der die Demokratie durch die Einführung der Tagegelder, der Diäten, vollendete. Sie ermöglichten es auch den armen Bürgern, politische Ämter auszuüben und an der Volksversammlung teilzunehmen. Perikles' Förderung der Sophisten war ein zentraler Grund für ihren Erfolg in der Athener Demokratie (vgl. Kerferd 1981, S. 15–23). Zentrale Merkmale der Demokratie waren die politische Gleichheit und Freiheit der Bürger, zu denen auch ein gleiches Klagerecht und die Redefreiheit gehörten. Daher versprachen sich die Athener Bürger durch die Sophisten und die Schulung ihrer rhetorischen Fähigkeiten eine erfolgreiche Teilnahme am politischen Leben der Stadt. Ihre Lehrer stammten dagegen großteils nicht aus Athen und hatten dort auch kein Bürgerrecht. In der Stadt traten sie mit dem Anspruch auf, sie könnten die „Tüchtigkeit" (*aretê*) und den Erfolg in der politischen Praxis und vor Gericht lehren.

Die Sophisten und die Demokratie

Der Althistoriker Alfred Heuss erklärte: „Der Demokratie strömten keine geistigen Kräfte zu. Diese standen ganz eindeutig auf der Seite ihrer Kritiker" (Heuss 1986, S. 374). Analog dazu führte sein Kollege Jochen Bleicken aus, dass „es keine politische Theorie gab, die als eine in sich selbst ruhende Kraft die Ausbildung einer demokratischen Verfassung getragen oder gefördert hätte" (Bleicken 1994, S. 47). Diese Auffassungen sind jedoch fragwürdig. Denn das politische Denken der Sophisten, genauer der politisch „links" stehenden, kritisierte den Adel und die Sklaverei und trat für die Gleichheit der Menschen ein. Dafür stehen Denker wie Lykophron, Alkidamas, Antiphon und vielleicht Hippias (→ KAPITEL 6). Auch der Mythos des Protagoras ist aus guten Gründen als eine Verteidigung der Demokratie verstanden worden (vgl. Giorgini 2016, S. 25, 10; Ottmann 2001a, S. 221f.). Durch ihr Gleichheitsdenken rechtfertigten die Sophisten die Demokratie und förderten ihre Stabilisierung und Weiterentwicklung in Athen, von wo aus diese Verfassungsform – oft auch mit Gewalt – in ganz Griechenland verbreitet wurde.

Demokratisches Denken?

Die zweite Hälfte des 5. Jahrhunderts v. Chr. wurde oft als das „Zeitalter der Aufklärung" bezeichnet und damit mit der geistesgeschichtlichen Epoche verglichen, die im späten 17. Jahrhundert in England begann und Frankreich im 18. Jahrhundert prägte. Analog dazu wurde die Sophistik als die „griechische Aufklärung" verstanden (vgl. Kranz 1997, S. 104; Taureck 1995, S. 35–42; vgl. zur älteren Literatur Kerferd/Flashar 1998, S. 4). Beide Epochen wandten sich vom spekulativen Philosophieren ab, das ihnen voranging, und entwickelten ein rationales und kritisches Denken. Die traditionellen „Gesetze", „Sitten" und „Bräuche" (*nomoi*) und ihr göttlicher Ursprung wurden hinterfragt und als menschliche Konventionen und Vorurteile kritisiert. Dagegen berief sich das philosophische Denken auf konsequente logische Schlussfolgerungen, die „Natur" (*physis*) und das natürliche Recht. Der Versuch, sowohl rationale als auch irrationale Phänomene mit Hilfe der Vernunft zu verstehen, wurde als das bedeutendste übergreifende Charakteristikum der „sophistischen Bewegung" verstanden (Kerferd 1981, S. 174). An die Stelle der großen Welterklärungen traten in der zweiten Hälfte des 5. Jahrhunderts die Erkenntniskritik und die Einzelwissenschaften. In Griechenland entstand damals mit Herodot von Halikarnassos und seinem berühmten Werk *Historien* die Geschichtswissenschaft. Der römische Politiker und Philosoph Cicero bezeichnete Herodot als den „Vater der Geschichtswissenschaft" (*pater historiae*) (*De legibus* 1,5) Der Sophist Prodikos von Keos war einer der ersten Sprachwissenschaftler und Hippokrates von Kos begründete die empirisch ausgerichtete wissenschaftliche Medizin. Hippokrates' Texten liegt die Vorstellung einer allgemeinen menschlichen Natur zugrunde, auf die spätere Sophisten vermutlich zurückgriffen (vgl. Giorgini 2016; → KAPITEL 6.3). Im politischen Bereich entstanden sowohl im 5. als auch im späten

Das „Zeitalter der Aufklärung"

17. und im 18. Jahrhundert neue und revolutionäre Strömungen, deren zentrale Werte die Gleichheit und die Freiheit der Menschen waren.

Der deutsche Philologe Walther Kranz erklärte Anfang der 1940er Jahre zutreffend über die Sophisten, dass ihre Wirkung „einer geistigen Revolution“ gleichkam (Kranz 1997, S. 110). Dieses Urteil ist jedoch kaum damit zu vereinbaren, dass er die Einordnung der Sophisten unter die „Vorsokratiker“ in Hermann Diels' klassischer Edition der *Fragmente der Vorsokratiker*, die er nach dessen Tod weiter betreute, nicht revidierte. Denn der Terminus impliziert, dass sich erst mit Sokrates eine revolutionäre Wende des philosophischen Denkens vollzieht und dass die ihm vorangehende Philosophie gemeinsame Merkmale aufweist, die sein Denken hinter sich gelassen hat. Die Einordnung der Sophisten als „Vorsokratiker“ ist in mindestens dreifacher Hinsicht unangemessen. Erstens ist sie chronologisch unzutreffend, weil Gorgias und Protagoras nur etwa 20 Jahre älter waren als der 470/69 v. Chr. geborene Sokrates. Zweitens unterscheidet sich die Philosophie der Sophisten signifikant von der ihr vorangehenden. Drittens hat ihr Denken bedeutende Gemeinsamkeiten mit demjenigen des Sokrates, etwa die Abwendung von kosmologischen Fragestellungen und das Nachdenken über die „menschlichen Dinge“ (Mem. 1,1,12–16). Zudem dürfte Sokrates von den Athener Bürgern als ein Sophist unter anderen wahrgenommen worden sein. Aristophanes stellte ihn in der 423 uraufgeführten Komödie *Die Wolken* als typischen Sophisten dar. Im Unterschied zu den meisten Sophisten verlangte Sokrates jedoch kein Geld für seine philosophischen Gespräche (vgl. zu der Frage, ob Sokrates ein Sophist war, Farmer 2008; → KAPITEL 7)

Die Sophisten als „Vorsokratiker“?

Der heute gängige Terminus „Vorsokratiker“ und dessen traditionelle Verwendung resultieren aus Platons außerordentlich hoher Wertschätzung seines Lehrers, den er von den anderen Sophisten abgrenzen will. Zudem konserviert der Terminus Platons Abwertung der sophistischen Philosophen. Platons Gegnerschaft und Kritik hat nicht bloß zum schlechten Ruf der Sophisten maßgeblich beigetragen. Sie dürften auch bewirkt haben, dass von ihren Schriften nur wenige Fragmente überliefert wurden. Die Hauptquellen für das Denken der Sophisten sind Platons Dialoge. In der Forschungsliteratur ist es umstritten, wie zuverlässig diese Quellen sind und welcher Quellenwert anderen antiken Darstellungen der Sophistik zukommt. Gegen die gängige Behauptung, Platon zeichne ein Zerrbild der sophistischen Positionen, wurde mit Verweis auf Platons intellektuelle Redlichkeit

Die Quellen- und Forschungslage

und Wahrheitsliebe argumentiert. Demzufolge habe Platon eher ein Interesse daran, seine Gegner so stark wie möglich zu machen, um sie desto vollständiger widerlegen zu können. Zudem wäre es wegen des geringen zeitlichen Abstands von Platon zu den Sophisten aufgefallen, wenn er ihre Positionen verzerrt wiedergegeben hätte (Giorgini 2016, S. 11f.). Jedenfalls besteht ein enger Zusammenhang zwischen der Platon- und der Sophistikforschung. Uneinigkeit besteht in der Literatur auch in der Frage, wie originell die sophistischen Philosophen waren oder wie stark sie von früheren Denkern abhängig sind. Das Spektrum reicht von Positionen, die ihnen jegliche Originalität absprechen bis zu solchen, die ihnen ein hohes Maß bescheinigen. Analog dazu besteht Dissens darüber, wie die Philosophie der Sophisten zu bewerten ist. Im Gegensatz zu früher zeigte sich die Forschung seit Ende des 18. Jahrhunderts aufgeschlossener, nicht nur die Schwächen der Sophisten zu kritisieren, sondern auch ihre Leistungen zu würdigen. Dennoch kam es im Zuge des Interesses der Romantik an Platon Anfang des 19. Jahrhunderts erneut zu einseitig abwertenden Urteilen, so auch bei dem berühmten Platon-Übersetzer Friedrich Schleiermacher. Dagegen bemühte sich sein Zeitgenosse Hegel in den *Vorlesungen über die Geschichte der Philosophie* um ein ausgewogenes Urteil. In den folgenden Jahrzehnten kam es zu einer Neubewertung und deutlichen Aufwertung der Sophisten, die durch das 1850 erschienene 67. Kapitel von George Grotes *A History of Greece* dokumentiert wird (Grote 1850; vgl. Giorgini 2014; Kerferd 1981, S. 8f.). In der neueren Forschung gibt es jedoch weder einen Konsens über die Bewertung der sophistischen Philosophen noch über den Wert der vorhandenen Quellen noch über die Frage, worin das gemeinsame Merkmal der Sophistik besteht (vgl. Classen 1976; Kerferd/Flashar 1998, S. 4f.). Dieses wurde etwa im „Menschen“ oder „Menschen in der Gesellschaft“ als Gegenstand ihres Interesses oder im „Vorwalten des rhetorischen Interesses“ erkannt, Bestimmungen die oft kritisiert wurden (Classen 1976, S. 10; Kerferd/Flashar 1998, S. 5). Eine neuere Studie sieht das gemeinsame Merkmal der Sophistik darin, dass sie eine „Avantgarde normalen Lebens“ darstellt (Buchheim 1986).

5.2 Protagoras: Der Mensch als „Maß aller Dinge"

Der um 490 v. Chr. geborene Protagoras stammte aus Abdera in Thrakien, das im Norden Griechenlands liegt. Nach einer Quelle war sein Vater reich und konnte ihm durch seine guten Beziehungen zu dem persischen Großkönig eine Erziehung bei den persischen Magiern verschaffen. Er soll der erste gewesen sein, der sich als Sophist bezeichnete und für seine Lehre bezahlen ließ. Mit seiner Weisheit soll er Platon zufolge mehr Geld verdient haben als sein Zeitgenosse, der berühmte Bildhauer Phidias und „als zehn Bildhauer sonst" (*Menon* 91 d). Protagoras war sehr angesehen und wirkte nach übereinstimmender Überlieferung 40 Jahre als Sophist. Zu seinen Schülern soll der eine Generation jüngere Prodikos von Keos gehört haben, der als Gesandter seiner Polis mehrmals in Athen war. Protagoras wurde als Freund des Perikles, des führenden Staatsmannes von Athen, mit der Gesetzgebung für das 444/3 v. Chr. neu gegründete Thurioi beauftragt (DL IX 50). Als süditalienische „Tochterpolis" Athens hatte Thurioi höchstwahrscheinlich eine demokratische Verfassung. Wegen seiner skeptischen Haltung gegenüber den Göttern wurde Protagoras vermutlich 411 v. Chr. in Athen angeklagt. Seine Schrift *Von den Göttern* wurde angeblich verbrannt und er selbst soll verbannt worden oder, nach einer anderen Überlieferung, aus Attika geflüchtet sein (DL IX 52). Unsicher ist, ob er während der Überfahrt nach Sizilien ertrank oder an Bord an Alterschwäche starb und welches Alter er tatsächlich erreichte. Die Quellen variieren zwischen 70 und 90 Jahren (DL IX 55f.).

Leben

Das Werk des Protagoras ist wie dasjenige der meisten anderen Sophisten sehr vielseitig. Der Philosophiehistoriker Diogenes Laertius führt 13 Titel erhaltener Bücher an (DL IX 54f.; vgl. zur Problematik dieser Angaben Heitsch 1976; Flashar 1998, S. 30). Unter seinen Büchern sind Titel wie *Vom Ringkampf* oder *Von der Mathematik*. Ein zentrales Arbeitsgebiet des Protagoras waren die Rhetorik und die Eristik, die Streitkunst, deren Form er begründet haben soll (DL IX 52). Er unterschied mit Bitte, Frage, Antwort und Befehl als erster vier Formen der Rede (DL IX 53). Zusammen mit Gorgias zählt er zu den ersten, die die „Gemeinplätze" (*loci communes*) behandelten. Nach einem seiner zentralen Sätze vermag die Rhetorik bzw. Eristik „die schwächere Aussage bzw. Auffassung (*logos*) zur stärkeren zu machen". Berühmt ist auch der Lehrsatz: „Von jeder Sache gibt es zwei entgegen gesetzte Aussagen bzw. Auffassungen" (DL IX 51; vgl. Schirren/Zinsmaier 2003a, S. 35–49). Zur Rheto-

Werk

rik bzw. Eristik verfasste er etwa *Die Kunst der Streitrede*. Auf dem Gebiet der Religionsphilosophie schrieb er außer *Von den Göttern* auch eine Schrift *Von der Unterwelt*. Überliefert sind ferner mit *Vom Ehrgeiz* der Titel einer anthropologischen Schrift und einige Titel zur Ethik wie *Von den Tüchtigkeiten* und *Von den unrechten Handlungen der Menschen*. Auf dem Gebiet der politischen Philosophie verfasste er *Von der Verfassung* und *Vom Urzustand*. Zudem schrieb er zwei Bücher über „*Gegenreden*“ (*Antilogiai*). Merkwürdig ist, dass Diogenes Laertius zwei oft als Hauptwerk angesehene Titel „*Wahrheit*“ (*Aletheia*) und „*Niederwerfende Reden*“ (*Kataballontes*) nicht erwähnt.

Das Hauptwerk?

Der berühmte Hauptsatz der Erkenntnistheorie des Protagoras, nach dem der Mensch das Maß aller Dinge ist, stand Platon zufolge am Anfang der Schrift *Wahrheit* (*Theaitetos* 161 c). Dagegen berichtet der antike Skeptiker Sextus Empiricus, der in der zweiten Hälfte des 2. Jahrhunderts n. Chr. lebte, dass mit diesem Satz die *Niederwerfenden Reden* begannen (DK 80B1; Math. VII 60). Nach einer Interpretation stellt die *Wahrheit* den ersten Teil der *Niederwerfenden Reden* dar. Einer anderen Deutung zufolge handelt es sich um zwei verschiedene Titel für dieselbe Schrift. Wieder andere Interpreten halten diese Schrift zudem identisch mit den zwei Büchern über *Gegenreden* und mit einer *Über das Seiende* betitelten Schrift. Möglich wäre jedoch auch, dass es sich bei *Wahrheit* und *Niederwerfende Reden* um zwei verschiedene Schriften handelt, die beide mit demselben Satz begannen (vgl. Heitsch 1976; Lee 2005, S. 21–30; Neumann 1976, S. 259–261).

Quellen des Homo-mensura-Satzes

Der Hauptsatz der Erkenntnistheorie des Protagoras wird mit dem lateinischen Namen „Homo-mensura-Satz“ („Mensch-Maß-Satz“) bezeichnet. In seiner vollen Form wird er von Sextus Empiricus und von Platon überliefert, wobei umstritten ist, ob Sextus von Platon unabhängige Quellen benützt hat (vgl. Neumann 1976, S. 258). Während Sextus den Satz nur knapp erläutert, nimmt Platons Auseinandersetzung mit der Position des Protagoras etwa die Hälfte seines Dialogs *Theaitetos* ein (152 a–187 a). Eine immer noch aktuelle Studie von 1938, die den Anspruch auf eine „vorurteilslose kritische Sichtung der bisherigen Untersuchungsergebnisse“ erhebt, kommt zu dem Resultat:

> „Eins steht aber fest, was auch immer Platon mit seinem „Theätet“ bezweckt haben mag, von einer absichtlichen oder unbewußten Verdrehung der protagoreischen Darlegung, wie sie angenommen wurde, kann keine Rede sein. [...] Die Differenz der platonischen

Auffassung des Metron-Anthropos Satzes von der des Protagoras kann daher, wenn sie besteht, nicht groß und nur durch die Ausführungen des Abderiten selbst bedingt sein. Was also erstrebt wird, eine sichere und restlose Deutung, sie ist, das kann zusammenfassend als Ergebnis der über Jahrzehnte zurückblickenden Homo-mensura-Satz Forschung gebucht werden, mit dem vorhandenen Material nicht möglich" (Neumann 1976, S. 257, 268f.; vgl. Huss 1996).

Platons Dialog *Theaitetos*

Platons späterer Dialog *Theaitetos*, der den Frühdialogen ähnelt, dreht sich um die Frage, was „Wissen" bzw. „Erkenntnis" (*epistêmê*) ist. Sokrates führt die Untersuchung und prüft das Wissen, das die anderen von der Erkenntnis haben. Der Dialog, der nach dem Schüler des am Gespräch beteiligten Mathematikers Theodoros benannt ist, prüft vier Definitionen des Wissens und endet aporetisch, d.h. in der argumentativen Rat- und Weglosigkeit. Nach der ersten Bestimmung des Theaitetos haben die Kundigen, etwa die Mathematiker und die Handwerker, ein Wissen. Der zentrale Mangel dieser Definition ist, dass die Frage nach dem Wissen nicht auf einzelne Erkenntnisse, sondern auf das Wesen der Erkenntnis abzielt. Daraufhin gibt Theaitetos eine zweite Bestimmung, nach der „Wissen nichts anderes als Wahrnehmung" ist (151 e). Damit formuliert er den Grundsatz der sensualistischen oder empiristischen Erkenntnistheorie, der zufolge alles Wissen und alle Verstandesinhalte von der Sinneswahrnehmung ausgehen und letztlich von ihr her bestimmt sind.

Der Homo-mensura-Satz

Sokrates erklärt, Theaitetos' Bestimmung des Wissens sei „diejenige, die auch Protagoras gab. Nur sagte er das nämliche auf eine andere Weise. Er behauptet nämlich, *der Mensch sei das Maß aller Dinge, der seienden, dass sie sind, der nicht seienden, dass sie nicht sind*" (152 a; vgl. DL IX 51). Der Satz ist in sprachlicher Hinsicht vieldeutig. Die Wendung „*dass sie sind*" könnte auch mit „wie sie sind" übersetzt werden. Ist bei diesem Teilsatz sogar eine Übertragung mit beiden Bedeutungen zugleich erwogen worden, ergibt die Übersetzung „wie sie nicht sind" bei dem darauf folgenden Teilsatz kaum Sinn. Weitere Probleme sind, ob „Mensch" oder „Maß aller Dinge" das Subjekt des Satzes ist, was unter „aller Dinge" und unter dem Wort „Maß" (*metron*) genau zu verstehen ist. Sextus Empiricus erklärt, „*metron*" benenne das „*kritêrion*", womit das Deutungsproblem aber nur verschoben wird (Pyrr. I 216; vgl. Taureck 1995, S. 101f.). Betrachtet man den Homo-mensura-Satz und dessen sprachliche Probleme unabhängig von Platons Deutung, dann ergibt sich als Fazit, dass „eine sprachliche Interpretation des Maßsatzes in keinem Punkte jene sichere Fundierung schaffen kann, die für eine eindeutige und restlose philosophische Lösung unerlässlich erscheint“ (Neumann 1976, S. 265).

Der Homo-mensura-Satz wirft eine Vielzahl von Deutungsproblemen auf. Ist mit „der Mensch“ das Individuum oder das Gattungswesen in Abgrenzung von anderen Gattungen gemeint? Die erste Interpretation des Satzes, die Sokrates gibt, scheint diese Frage eindeutig zu klären: „Meint er es also nicht so, dass für mich alles so ist, wie es mir erscheint, und für dich hinwiederum so, wie es dir erscheint?“ (152 a). Diese Interpretation erläutert er mit dem Beispiel des Windes, der dem Frierenden auf Grund seiner Sinneswahrnehmungen als kalt erscheint, während ihn der nicht Frierende auch nicht als kalt wahrnimmt. In Anbetracht dieser beiden entgegengesetzten Auffassungen stellt sich die Frage, ob es angemessen ist, den Wind als an und für sich kalt zu bezeichnen. Somit ruft die Frage nach der Erkenntnis notwendig die Frage nach dem Wesen der Wirklichkeit hervor, die alsbald in den Dialog einbezogen wird. Die scheinbar eindeutige Lösung, nach der „der Mensch“ individuell zu verstehen ist, wird durch spätere Aussagen wieder in Frage gestellt. So konfrontiert der Dialog die menschliche Wahrnehmung mit derjenigen eines Hundes oder stellt die provokative Frage, warum Protagoras nicht behaupte, das Schwein oder der Pavian seien das Maß aller Dinge (154 a, 161 c). Ein Verständnis von „der Mensch“ im Sinne der Gattung bedeutet, dass die Wahrnehmung und das Wissen über die Wirklichkeit relativ zu den gattungsspezifischen Sinnesorganen und psychischen Eigenarten sind.

Individuum oder Gattungswesen?

Sowohl die auf das Individuum als auch die auf die Gattung bezogene Interpretation von „der Mensch“ wirft die Frage nach dem Wesen der Wirklichkeit auf. Kommt der Wirklichkeit eine Identität an sich zu, d.h. eine objektive Identität, die unabhängig von ihrer individuellen oder gattungsspezifischen subjektiven Wahrnehmung besteht? Nach dem *Theaitetos* verneint Protagoras – angeblich im Einklang mit Heraklit und Empedokles – diese Frage (→ KAPITEL 3.1 UND 4.1). Nach der Protagoras zugeschriebenen Lehre hat nichts ein Sein und eine objektive Identität und Qualität. Vielmehr ist alles in ständiger Veränderung und Bewegung und auch der Mensch als das erkennende Subjekt ist davon nicht ausgenommen. Identität wie etwa die Farbe „schwarz“ oder „weiß“ bildet sich nur „aus dem Zusammentreffen der Augen mit der entsprechenden Bewegung“ als Produkt der jeweils besonderen Vermittlung von Subjekt und Objekt (152 d–154 a, vgl. 166 b). Im Einklang damit berichtet Sextus, für

Das Wesen der Wirklichkeit?

Protagoras sei die „Materie“ (*hylê*), die „an sich selbst alles das sein könne, was allen erscheint“, im Fluss ständiger Veränderung (Pyrr. I 218). Problematisch an dieser Überlieferung ist jedoch, dass der Begriff der Materie und deren Verständnis als „Zugrundeliegendes“ (*hypokeimenon*) erst auf Aristoteles und damit das 4. Jahrhundert zurückgeht (→ KAPITEL 10.2 UND 10.3). Sextus’ Zeugnis wurde auch so interpretiert, dass Protagoras möglicherweise Elemente der Philosophie Heraklits mit dem Atomismus des Demokrit kombinierte (Taureck 1995, S. 103ff.; vgl. DL IX 50). Der wie Protagoras aus Abdera stammende Demokrit war jedoch etwa 30 Jahre jünger als Protagoras (→ KAPITEL 4.3).

Interpretationen des Satzes

Hegel deutet den Satz des Protagoras subjektivistisch. Die Wirklichkeit muss notwendig einem Subjekt erscheinen, weil es sonst kein Wissen von ihr gäbe (Hegel 1971, S. 430–434). Platon interpretiert den Satz dagegen relativistisch. Die Wirklichkeit ist für jeden so, wie sie ihm mittels seiner Wahrnehmungen erscheint. Weil die besonderen Wahrnehmungen und Erscheinungen alle wahr sind, hat jeder ein Wissen von der Wirklichkeit (vgl. Met. IV 5, 1009 a 6ff.). Als Konsequenz dieser Auffassung muss die Vorstellung einer allgemeingültigen Wahrheit und einer Erkenntnis der Wirklichkeit an sich verabschiedet werden. Während der subjektivistischen Position zufolge jede Erscheinung wahr ist, ist nach der relativistischen jede Erscheinung für ein bestimmtes Subjekt wahr. Versteht man „der Mensch“ im Sinne der Gattung, lässt sich Protagoras als Vorläufer von Nietzsches Perspektivismus verstehen, dem zufolge es nur standpunktabhängige Interpretationen und keine absolute Wahrheit gibt (vgl. Grimm 1977).

Platon kritisiert die Position des Protagoras mit einer Reihe von Argumenten. Wenn für jeden seine eigene Wahrnehmung wahr sein soll, so wendet er ein, dann ist keiner weiser als der andere. Warum soll man dann einem Sophisten wie Protagoras Geld für seine Wahrheit oder Weisheit bezahlen? (161 c/d). Zur Verteidigung seiner Lehre lässt Sokrates Protagoras eine längere Rede halten, deren Positionen authentisch sein dürften. Wurde der Homo-mensura-Satz bisher vor allem dergestalt erläutert, dass der individuelle Mensch das Maß für sinnliche Wahrnehmungen wie „warm“ oder „kalt“ ist, konkretisiert ihn Protagoras jetzt durch „Dinge“ aus dem Bereich des Rechts, der Moral und der Religion. Das Gerechte, Schöne und Heilige habe kein Wesen an sich, sondern hänge von der jeweiligen Meinung ab, die die Menschen einer Polis darüber haben und gesetzlich festlegen (167 c, 172 b, 177 d/e). Eine empirische Grundlage dieser Auffassung dürfte Protagoras’ Wissen gewesen sein, dass verschiedene Gesellschaften und Kulturen verschiedene Auffassungen davon haben, was richtig und was falsch ist. Ein solches Wissen dürfte etwa durch seinen Zeitgenossen und Bekannten Herodot vermittelt worden sein, der nicht bloß Historiker war, sondern auch Ethnograph bzw. Ethnologe (vgl. Herodot: *Historien* III 38). Protagoras hält die unterschiedlichen Auffassungen des Gerechten, Schönen und Heiligen keineswegs für gleichwertig. Vielmehr existierten sowohl nützliche als auch schädliche Meinungen von diesen Gegenständen, wie es auch weise Menschen und ihr Gegenteil gebe. Der Sophist sei weise, weil er durch Reden und Erziehung bei den Menschen einen Meinungswandel bewirke. Er ersetze aber keineswegs eine unwahre durch eine wahre Meinung, sondern bewirke wie ein Arzt eine Umwandlung der Seelenverfassung, in deren Folge an die Stelle von verderblichen Meinungen nützliche träten (166 e–167 d). Protagoras wurde daher als Vertreter einer „utilitaristischen Ethik" interpretiert (Zehnpfennig 2001, S. 176). Folgt man der Deutung Platons, muss er auch als früher Vertreter einer Position verstanden werden, die heute als „ethischer Relativismus" bezeichnet wird. Protagoras' Relativismus ist jedoch nicht absolut, sondern lässt Raum für Debatten über Nutzen und Nachteil von Meinungen, die für die Demokratie sowie für den Wertepluralismus und die Politik freier Bürger charakteristisch sind.

Der Weise als Maß der Meinungen

5.3 Protagoras: Der Mythos vom Urzustand

In Platons Dialog *Protagoras* vertritt der angesehene Sophist die These, er könne den jungen Männern die „politische Kunst" (*politikê technê*) beibringen und sie zur „Wohlberatenheit" (*euboulia*) in den eigenen und den öffentlichen Angelegenheiten sowie zu guten Bürgern erziehen. Sokrates führt gegen Protagoras' Anspruch einige Argumente an und formuliert als Fazit, dass die Tüchtigkeit nicht lehrbar sei. Protagoras bietet an, er könne den Nachweis für ihre Lehrbarkeit entweder in Form eines „*mythos*" oder eines „*logos*" erbringen, das heißt durch eine Erzählung oder eine diskursive Erörterung. Von den Anwesenden vor die Wahl gestellt, entscheidet er sich für einen Mythos. (318 e–320 c)

Platons Dialog *Protagoras*

Der Mythos ist eine ausführliche Erzählung von der Entstehung des Menschen, der Zivilisation und der Polis. Ob er die Lehre des Protagoras getreu wiedergibt, oder allein Platons Schöpfung ist, oder eine Mischung dieser beiden Extreme darstellt, kann nicht mit Sicherheit entschieden werden. In der Forschung herrscht die Auffassung

Die Authentizität des Mythos?

vor, dass der Mythos auf Protagoras zurückgeht und Gedanken aus seiner Schrift *Vom Urzustand* ausführt (vgl. Lisi 1985, S. 291–295; Ottmann 2001a, S. 220; Müller 1976, S. 312f.; Vlastos 1976, S. 273; vgl. zu Zweifeln, ob Protagoras diese Schrift tatsächlich verfasst hat, Schirren/Zinsmaier 2003, S. 34). Es wäre möglich, dass die Schrift eine diskursive Erörterung war, deren Inhalte von Platon kunstvoll als Mythos wiedergegeben wurden.

Der Mythos vom Urzustand

Nach dem Mythos gab es ursprünglich zwar Götter, aber keine Lebewesen. Als diese von jenen geformt wurden, beauftragten sie die Brüder Prometheus und Epimetheus, den „Vorausdenkenden" und den „zu spät Bedenkenden", sie mit den lebensnotwendigen Kräften auszustatten. Epimetheus, der die Zuteilung vornehmen durfte, bemerkte nicht, dass er seinen Vorrat an „schutzkräftigen Gaben" schon aufgebraucht hatte, bevor das Menschengeschlecht ausgestattet war. Prometheus, der die Verteilung nachprüfte, fand alle Tiere gut geschützt mit Hufen und Fellen, „den Menschen aber nackend, ohne Schutz für die Füße, ohne Decke und Wehr". Im Gegensatz zu den Tieren ist der Mensch ein „Mängelwesen", wie es Arnold Gehlen mit Johann Gottfried Herders Terminus auf den anthropologischen Begriff brachte (Gehlen 1940). Um dem Mangel des Menschen durch ein Schutzmittel abzuhelfen, stahl Prometheus die „kunstreiche Kenntnis" (*entechnos sophia*) des Handwerkergottes Hephaistos und der Athene sowie das Feuer, die er den Menschen brachte und schenkte.

Die Teilhabe an diesen göttlichen Gütern machte den Menschen zum Verwandten der Götter. Daher wurde er zum einzigen Geschöpf, das an Götter glaubt und diese verehrt (322 a). Hinsichtlich dieser Genealogie des Götterglaubens wurde von der Forschung eingewendet, dass die Behauptung der Verwandtschaft von Menschen und Göttern gegen die Authentizität des Mythos spreche (vgl. Müller 1976, S. 314f.). Denn der historische Protagoras bestreitet als Agnostiker die Möglichkeit eines Wissens von den Göttern. So lauten die erhaltenen Anfangssätze seiner Schrift *Über die Götter*: „Von den Göttern weiß ich nichts, weder dass sie sind, noch dass sie nicht sind, noch wie sie an Gestalt sind. Denn viele Hindernisse versperren uns die Erkenntnis: die Unklarheit der Sache und die Kürze des menschlichen Lebens" (DK 80B4). Diese Position folgt auch aus der Beschränkung des menschlichen Wissens, die der Homo-mensura-Satz zum Ausdruck bringt. Der Satz erlaubt noch eine weitere Deutung. Wird der Mensch als das Maß der Götter verstanden, dann existieren diese bloß als menschliche Meinungen. Verwandtschaft von

Protagoras über die Götter

Menschen und Göttern bedeutet dann, dass diese nur Spiegelungen und Projektionen jener sind. Diese Deutung entkräftet die Einwände gegen die Authentizität des Mythos und verortet Protagoras in der Tradition von Xenophanes' Kritik der anthropomorphen Gottesvorstellungen (vgl. Müller 1976, S. 317; → KAPITEL 2.3).

Durch die göttlichen Gaben, die die Menschen von Prometheus erhalten hatten, konnten sie zwar ihre Grundbedürfnisse befriedigen. Sie wurden jedoch zur Beute der wilden Tiere, weil sie im Urzustand noch zerstreut lebten. Vermutlich ist dies eine der Positionen, gegen die sich später Aristoteles berühmte These richtet, der Mensch sei von Natur ein politisches Lebewesen (→ KAPITEL 11.3). Um sich zu schützen, versuchten sich die Menschen politisch zusammenzuschließen und Städte zu gründen. Jedoch fehlte ihnen noch die „politische Kunst" (*politikê technê*), von der die Kriegskunst ein Teil ist. Daher fügten sie sich bei jedem Zusammenschluss Unrecht zu und beleidigten sich gegenseitig, woraufhin sie sich immer wieder zerstreuten. Der völlige Untergang des Menschengeschlechts schien bevorzustehen. Um dies zu verhindern, schickte Zeus den Hermes, um ihnen „Scham" bzw. „Respekt" (*aidôs*) vor den anderen Menschen und „Recht" (*dikê*) zu bringen, damit den politischen Gemeinschaften moralische und rechtliche „Ordnung" (*taxis*) sowie „Eintracht" und „Bürgerfreundschaft" (*philia*) zuteil werde (322 c). Von Hermes gefragt, ob es bei diesen Gütern wie bei der ärztlichen Kunst genüge, wenn einige Menschen sie besitzen, wies ihn Zeus an, sie an alle zu verteilen. Denn sonst könne es nie zum Bestehen von politischen Gemeinschaften kommen (322 d). Im Gegensatz zu Platon versteht Protagoras Politik nicht als Sache weniger wissender Experten, sondern als diejenige aller Bürger (→ KAPITEL 9). Politische Beratungen setzen „politische Tüchtigkeit" (*politikê aretê*) und Urteilsfähigkeit voraus, das heißt „Gerechtigkeit" (*dikaiosynê*) und „Besonnenheit" (*sôphrosynê*). Weil allen Menschen ein Sinn für Gerechtigkeit und für Respekt vor anderen Menschen zu eigen ist, ließen die Athener zu Recht alle Bürger politisch teilhaben (323 a). Daher ist der Mythos als eine Verteidigung der Demokratie interpretiert worden (vgl. Giorgini 2016, S. 25, 10; Ottmann 2001a, S. 221f.; Ottmann 2001b, S. 11f.; Döring 1981 arbeitet heraus, dass sich Protagoras' Aussagen zur Politik in Platons gleichnamigem Dialog und im *Theaitetos* wechselseitig ergänzen. Diese Komplementarität lege es nahe, dass in den beiden Dialogen die politische Theorie des historischen Protagoras zum Ausdruck kommt).

Respekt und Recht als Basis der Polis

Protagoras ist nicht der erste griechische Denker, bei dem sich philosophische Gedanken über Politik nachweisen lassen (→ KAPITEL 2.4, 3.1, 4.3). Wegen seinen vielfältigen Überlegungen zu Themen wie dem ethischen Relativismus und dessen politischen Konsequenzen, zur politischen Kunst und Tüchtigkeit, zur Demokratie und zur Entstehung der Polis, muss dennoch Protagoras als eigentlicher Begründer der politischen Philosophie angesehen werden. Nach der vorherrschenden Meinung entsteht diese philosophische Disziplin jedoch erst mit Sokrates (Ottmann 2001a, S. 243f.; Strauss/Cropsey 1987, S. 4f.). Diese Meinung stützt sich unter anderem auf Cicero und dessen häufig zitierte Auffassung: „Sokrates aber hat als erster die Philosophie vom Himmel heruntergeholt, in den Städten angesiedelt, sie sogar in die Häuser eingeführt und sie gezwungen, nach dem Leben, den Sitten und dem Guten und Bösen zu fragen" (*Gespräche in Tuskulum* V 4, 10). Diese Auffassung trifft genau dann zu, wenn an Stelle von Sokrates der Name des 20 Jahre älteren Protagoras eingesetzt wird. Wenn man die Wende des philosophischen Denkens zum Menschen und zu erkenntnistheoretischen, ethischen und politischen Fragestellungen als die entscheidende Revolution im philosophischen Denken des 5. Jahrhunderts v. Chr. begreift, dann sollte man diesen Bruch nicht am frommen Sokrates, sondern am gottlosen Protagoras festmachen. Vielleicht wäre es daher besser, den Ausdruck „Vorsokratik" durch Termini wie „Vorprotagoreik" oder „Präsophistik" zu ersetzen. Am angemessensten dürfte es jedoch sein, statt von „Vorsokratik" von „früher griechischer Philosophie" oder von „frühgriechischer Philosophie" zu sprechen (letzteres ist der Titel des Buches von Heit 2011 und des Bandes von Flashar/Bremer/Rechenauer 2013, in dem aber auch der Terminus „Vorsokratiker-Forschung" vorkommt, S. 18–38; vgl. zur Kritik des Terminus „Vorsokratik" Laks 2002 und Long 2001b, S. 5ff.).

Geburt der politischen Philosophie

5.4 Gorgias: Rhetorik und Leugnung des Seienden

Der um 490 v. Chr. geborene Gorgias stammte aus Leontinoi auf Sizilien, dem heutige Lentini. Nach übereinstimmender Überlieferung wurde er in bester Verfassung älter als 100 Jahre, wozu sein besonnener Lebenswandel beitrug (vgl. zum Problem genauerer Datierungen Buchheim 2012, S. VII). Gorgias' Lehrer soll Empedokles gewesen sein, der jedoch wohl nur fünf Jahre älter war als er (DL VIII 58; → KAPITEL 4.1). Die Quellen bringen Gorgias auch mit dem frühen Rhetoriklehrer Teisias aus Syrakus in Verbindung, der im 5. Jahrhun-

Leben

dert v. Chr. lebte. Wie Protagoras gilt Gorgias als der Begründer der alten Sophistik und der Kunst der Rhetorik. Aristoteles soll jedoch Empedokles als den „Erfinder der Rhetorik" bezeichnet haben (DL VIII 57). Wie Protagoras genoss Gorgias sehr hohes Ansehen und verdiente durch seine Lehrtätigkeit so viel, dass er dem Tempel in Delphi eine goldene Statue von sich stiften konnte. 427 v. Chr. kam Gorgias als Gesandter seiner Heimatstadt Leontinoi nach Athen. Dort sprach er vor der Volksversammlung und bat um militärische Unterstützung gegen Syrakus. Die Athener bewunderten seine rhetorischen Künste. Zu seinen berühmtesten Schülern zählten der Redner Isokrates, die Sophisten und Rhetoren Alkidamas und Polos, sowie die Politiker Perikles und Alkibiades (→KAPITEL 6.1 UND 6.3). Letzterer war ein um 450 v. Chr. geborener Staatsmann und Feldherr aus Athen. (vgl. Buchheim 2012, S. VIIIf.)

Die Rhetorik in Platons *Gorgias*

In Platons Dialog *Gorgias* unterredet sich Sokrates erst mit dem angesehenen Sophisten, dann mit dessen Schüler Polos und schließlich mit dem Sophisten Kallikles. Thema des Gesprächs mit Gorgias ist die Rhetorik, die dieser als die Kunst bestimmt, bei der „die ganze Leistung und die entscheidende Wirkung auf Reden" beruht (450 b/c). Gorgias preist die Macht der Redekunst, die den Menschen das Gut verschafft, selbst frei zu sein und zugleich in ihrer Polis über andere zu herrschen. Die Rhetorik gewähre die Macht, im Gericht die Richter zu „überreden" (*peithein*), in der Ratsversammlung die Ratsherren und in der Volksversammlung die Menge (452 d/e). Im Einklang damit bezeichnet Gorgias in seiner *Lobrede auf Helena* die Rede als einen „großen Gebieter" (*dynastês megas*), weil sie „mit dem kleinsten und unscheinbarsten Körper die göttlichsten Werke vollbringt. Denn sie vermag sowohl Furcht zu beenden, Trauer zu nehmen, Freude zu bereiten und Mitleid zu vergrößern" (DK 82B11, 8; Schirren/Zinsmaier 2003a, S. 82f.). Im *Gorgias* präzisiert der Sophist, dass der Gegenstand der Überredung, mit dem es die Rhetorik vor Gericht und in den Versammlungen zu tun hat, das Gerechte und Ungerechte ist. In seiner Debatte mit Gorgias unterscheidet Sokrates zwei Arten von Überredung. Der Sophist stimmt dieser Unterscheidung zu und räumt ein, die Rhetorik bewirke hinsichtlich ihrer Gegenstände nur Glauben ohne deutliche Erkenntnis. Zudem sei sie nicht fähig, Wissen zu schaffen und zu belehren. Dennoch habe die Redekunst eine Macht, die sie allen anderen Künsten überlegen mache. Die Redekunst sei wichtiger als das Wissen des Arztes, weil – so sein Beweis – sie den Kranken etwa dazu überreden könne, sich einer schmerzhaften Operation zu unterziehen. Die universelle

Macht der Rede wirft die Frage nach ihrem Missbrauch auf, dessen Möglichkeit Gorgias einräumt, aber scharf verurteilt. Für einen Missbrauch könne jedoch weder der Rhetoriklehrer noch die Redekunst verantwortlich gemacht werden, sondern allein derjenige, der sie unrechtmäßig gebraucht (453 a–457 c).

Von Gorgias' Werk sind außer einigen Reden und Redefragmenten auch zwei längere Darstellungen seiner Schrift *Über das Nicht-Seiende (oder über die Natur)* überliefert, deren Wortlaut nicht erhalten ist. Das eine Referat stammt von Sextus Empiricus, das andere aus dem pseudo-aristotelischen Traktat *De Melisso Xenophane Gorgia* (DK 82B3; Math. VII 65–87; MXG 979 a 10–980 b 21; vgl. Buchheim 2012, S. 38–63). Auch wenn zwischen den beiden Berichten etliche Unstimmigkeiten bestehen, überliefern sie denselben Gesamtaufbau der Schrift. Der Bericht aus dem pseudo-aristotelischen Traktat gilt heute als der getreuere (Newiger 1973; vgl. Buchheim 2012, S. XVI). Der unbekannte Autor des pseudo-aristotelischen Traktats referiert aus Gorgias' Schrift: „Er sagt, es sei nichts; wenn aber etwas sei, so sei es unerkennbar; wenn es aber auch sei und erkennbar sei, so sei es doch nicht anderen klarzumachen" (zit. nach Newiger 1973, S. 10). Die Schrift bestand wohl aus drei Hauptteilen, in denen diese drei Thesen verteidigt wurden. Die verschiedenen Argumentationen werden von beiden Quellen unterschiedlich und mit anderen Schwerpunkten referiert (vgl. Newiger 1973).

Die Schrift *Über das Nicht-Seiende*

Höchstwahrscheinlich war der Inhalt von Gorgias' Schrift *Über das Nicht-Seiende* vor allem eine Kritik der Ontologie des Parmenides. Nach Thomas Buchheim versuchte Gorgias in seiner Schrift „das eleatische Denken eines Parmenides, Melissos und Zenon in Widersprüche zu treiben" (Buchheim 2012, S. XVI; →KAPITEL 3.2 UND 3.3). Im Zentrum von Parmenides' nicht-empirischer Theorie, für die er einen absoluten Wahrheitsanspruch erhebt, steht der Begriff des Seienden im Gegensatz zum Nichtseienden. Gorgias' erste These, der zufolge nichts ist, dürfte sich gegen Parmenides' zentralen Begriff des Seienden richten. Das Seiende existiert für Parmenides nicht bloß, sondern ist auch der einzige Gegenstand sicherer Erkenntnis. Gorgias' zweite These, dass selbst wenn etwas sei, dieses unerkennbar ist, dürfte eine Kritik von Parmenides' zentralem Gedanken darstellen, dass es Erkenntnis im strikten Sinne nur vom Seienden gibt. Die Beweismethode des Gorgias gibt in einem zweiten Beweisgang die These des ersten Beweisgangs preis (in dem Fall, dass nicht ersteres gilt, so gilt doch zweiteres). Diese Beweismethode wendet bereits Parmenides in seinem Lehrgedicht an (vgl. Gigon 1968, S. 262). Gorgias' dritte These gibt in

Gorgias und Parmenides

einem dritten Beweisgang die Thesen der ersten beiden Beweisgänge preis: „wenn es aber auch sei und erkennbar sei, so sei es doch nicht anderen klarzumachen". Auch die dritte These dürfte sich gegen ein zentrales Argument des Parmenides richten. So weist Parmenides den Weg einer Erkenntnis des Nichtseienden mit dem Argument zurück, dass es vom Nicht-Seienden kein Denken und Sagen geben kann, sondern nur vom Seienden (DK 28B2, 5–7). Dagegen geht Gorgias' dritte These über seine zweite hinaus und behauptet, dass es vom Seienden nicht bloß kein Denken, sondern auch kein Sagen geben könne.

Die Interpretationen der Schrift

Die Interpretation der Schrift *Über das Nicht-Seiende* ist sehr umstritten (vgl. zur Forschungsliteratur Buchheim 2012, S. XVI und S. XLVIII–LIX). Hermann Diels vertrat 1884 die These einer „geistigen Entwicklung" des Gorgias. Er habe erst – beeinflusst von Empedokles – als Physiker gewirkt, wäre aber später von der Kritik der jüngeren Eleaten wie Zenon und Melissos an der „Möglichkeit der bestehenden Sinnenwelt" „besiegt" worden (→KAPITEL 3.2, 3.3, 4.1). In „dieser Periode des Zweifels oder vielmehr der Verzweiflung" sei seine Schrift entstanden, „worin er die zweischneidigen Waffen des Zenon und Melissos gegen die ältere Physik und, nicht minder gegen den Eleatismus selbst schwingt". Er sei aber nicht bei dem „dürren Nihilismus" der Schrift verharrt, sondern habe sich später zum Redner entwickelt (Diels 1976, S. 371–373; vgl. zur Kritik an der Entwicklungshypothese Gigon 1972, S. 69f.). Dagegen wandte Heinrich Gomperz ein, Gorgias sei ausschließlich ein Rhetor ohne „sachliches *philosophisches* Interesse" gewesen. Seine Schrift sei lediglich „eine Redeübung an einem philosophischen Stoff" (Gomperz 1976, S. 33). Wurde die Schrift nach Gomperz mehrfach als „Scherzrede" oder „Farce" ausgefasst, begriffen sie zahlreiche Interpreten im Anschluss an Diels als ernsthaftes philosophisches Werk. Trotz vieler Differenzen stimmten letztere überein, „(1) darin, daß sie Gorgias als Denker ernst nehmen; (2) darin, daß sie die enge Verflechtung, die die Argumentationen des Gorgias mit der Philosophie und Argumentationsweise der Eleaten zeigen, betonen; (3) darin, daß sie Gorgias in die Nähe einer Reihe von anderen Denkern rücken, wobei jeweils Protagoras erscheint" (Newiger 1973, S. 5f.; vgl. 181). Gorgias' zweite These, dass selbst wenn etwas sei, dieses unerkennbar ist, verabschiedet die Möglichkeit einer Wahrheit über das Seiende. Wenn Wahrheit unerreichbar ist, dann kommt alles darauf an, den anderen dazu zu überreden, eine bestimmte Auffassung zu akzeptieren. Gorgias' erkenntnistheoretische Position befindet sich daher im Einklang mit der von ihm proklamierten universellen Macht der Rede.

Fragen und Anregungen

- Skizzieren Sie gemeinsame Merkmale der Sophisten.
- Interpretieren Sie den Homo-mensura-Satz des Protagoras.
- Erläutern Sie Protagoras' Mythos vom Urzustand.
- Analysieren Sie Gorgias' Verständnis der Rhetorik.

Lektüreempfehlungen

Quellen

- **Thomas Buchheim (Hg.): Gorgias von Leontinoi. Reden, Fragmente und Testimonien,** 2., verbesserte Auflage, Hamburg 2012. *Diese Ausgabe präsentiert alle erhaltenen Texte des Sophisten und sämtliche Testimonien. Zudem bietet die Ausgabe eine ausführliche Einleitung des Herausgebers, einen editorischen Bericht und umfangreiche Angaben zur Literatur.*
- **Platon: Sämtliche Dialoge,** hrsg. von Otto Apelt, Hamburg 1988 (zuerst 1919). *Platons Dialog „Gorgias" ist eine bedeutende Quelle für den gleichnamigen Sophisten, seine Dialoge „Protagoras" und „Theaitetos" sind die wichtigsten Quellen für den Sophisten Protagoras. Allerding lässt sich genau nicht ermitteln, bis zu welchem Grad Platons Dialoge als historische Zeugnisse für diese Sophisten verlässlich sind.*
- **Hermann Diels/Walther Kranz (Hg.): Die Fragmente der Vorsokratiker.** *Siehe genauere Angaben und Erläuterungen am Ende von Kapitel 2.*
- **Barbara Cassin: Si Parménide. Le traité anonyme De Melisso Xenophane Gorgia.** Edition critique et commentaire (Cahiers de Philologie 4), Lille 1980. *Kritische Ausgabe der Schrift von einem Anonymus (Pseudo-Aristoteles), die einen längeren Bericht über Gorgias' Schrift „Über das Nichtseiende" enthält. Die Ausgabe enthält auch eine Übersetzung ins Französische und einen Kommentar.*
- **Thomas Schirren/Thomas Zinsmaier (Hg.): Die Sophisten. Ausgewählte Texte,** Stuttgart 2003. *Umfangreiche und leicht zugängliche Ausgabe, die auch die Testimonien und Fragmente von Protagoras und Gorgias sowie eine ausführliche Einleitung enthält.*

Forschung und Literatur

- **Carl Joachim Classen (Hg.): Sophistik** (Wege der Forschung, Bd. CLXXXVII), Darmstadt 1976. *Umfangreiche Sammlung, in der bedeutende Texte der Forschung vieler Jahrzehnte nachgedruckt sind.*
- **George B. Kerferd/Hellmuth Flashar: Erstes Kapitel: Die Sophistik, in: Überweg. Grundriss der Geschichte der Philosophie. Die Philosophie der Antike**, Bd. 2/1: Sophistik. Sokrates. Sokratik. Mathematik. Medizin, von Klaus Döring/Hellmut Flashar/George B. Kerferd/Caroline Oser-Grote/Hans-Joachim Waschkies; hg. von Hellmut Flashar, Basel 1998. *Umfangreiches Kapitel (ca. 140 S.), das neben übergreifenden Charakterisierungen alle Sophisten forschungsorientiert darstellt. Die jeweils einem Sophisten gewidmeten Unterkapitel gliedern sich in a) Biographie, b) Werkbeschreibung, c) Lehre. Das Kapitel enthält eine ca. dreißigseitige Bibliographie.*
- **Thomas Buchheim: Die Sophistik als Avantgarde normalen Lebens**, Hamburg 1986. *Gesamtinterpretation der Sophisten, die eine längere Auseinandersetzung mit Protagoras' Homo-mensura-Satz enthält.*
- **Hans-Joachim Newiger: Untersuchungen zu Gorgias' Schrift Über das Nichtseiende**, Berlin/New York 1973. *Anspruchsvolle, aber gut lesbare und klar strukturierte Habilitationsschrift.*

6 Die jüngeren Sophisten: Gleichheit oder Ungleichheit der Menschen?

Abbildung 6: Römische Skulpturen aus weißem Marmor, 2. Jahrhundert n. Chr.

Auf jedem der beiden Bilder ist eine römische Skulptur zu sehen. Beide Statuen sind aus weißem Marmor gefertigt und dürften im 2. Jahrhundert n. Chr. entstanden sein. Die linke Skulptur befindet sich im Louvre in Paris und stellt einen Epheben, einen jungen Mann, dar. Er wird traditionell mit Narzissos oder Hyakinthos identifiziert. Die rechte Skulptur steht im Prado in Madrid und wird als die Venus mit der Parfümflasche (Venus del Pomo) bezeichnet. Beide Statuen sind Kopien von griechischen Originalen. In der griechischen Plastik wurden vor allem der ideale menschliche Körper und seine Schönheit verherrlicht. Die beiden Skulpturen sind einander gleich und ungleich. Sie sind einander ungleich, weil die eine Statue einen Mann und die andere eine Frau darstellt. Sie sind einander gleich, weil beide einen idealen Menschen präsentieren. Im Mittelpunkt der bildenden Kunst der Griechen steht der Mensch.

Der Sophist Protagoras vollzieht die Wende des philosophischen Denkens zum Menschen. Die jüngeren Sophisten teilen sein Erkenntnisinteresse. Sie denken zwar auch über die Sprache, die Religion und eine Vielzahl anderer Themen nach. Vor allem aber widmen sie sich politischen, ethischen und rechtlichen Fragestellungen. Viele von den jüngeren Sophisten kritisieren die bestehenden Gesetze und Moralvorstellungen und berufen sich dabei auf die Natur, insbesondere die Natur des Menschen. In ihren Reflexionen über die menschliche Natur kommen sie jedoch nicht bloß zu unterschiedlichen, sondern zu entgegengesetzten Resultaten. Während etwa Antiphon für die natürliche Gleichheit der Menschen argumentiert, verteidigt Kallikles ihre natürliche Ungleichheit. Aus den verschiedenen Menschenbildern lassen sich Rückschlüsse auf die unterschiedlichen politischen Grundüberzeugungen der jüngeren Sophisten ziehen. Die jüngeren Sophisten bilden keine Einheit, sondern lassen sich grob nach dem politischen Schema „links“ und „rechts“ gruppieren.

6.1 Die zentralen Themen der jüngeren Sophisten

Protagoras und Gorgias gehören der ersten Generation der Sophisten an (→ KAPITEL 5). Sie hatten eine Reihe von Schülern und übten einen starken Einfluss auf das Denken aus, das ihnen nachfolgte. Zu den jüngeren Sophisten zählen unter anderen Thrasymachos, Antiphon aus Athen, Hippias aus Elis, Prodikos aus Keos, Alkidamas, Lykophron und mit Einschränkungen Kritias aus Athen. Wie von Protagoras und Gorgias sind nahezu alle philosophischen Schriften der jüngeren Sophisten verloren. Erhalten geblieben sind Fragmente und Testimonien. Eine zentrale Quelle sind Platons Dialoge, in denen auch der Sophist Kallikles auftritt. Zudem sind Teile von Schriften überliefert, die sich – obwohl ihre Autoren unbekannt sind – der Strömung der Sophisten zuordnen lassen. Zu dem bedeutendsten zählen ein Text, der mit Anonymus Iamblichi bezeichnet wird, und die „*Dissoi Logoi*" (*Doppelte Argumente*).

Die jüngeren Sophisten

Der Sophist Hippias aus Elis war mindestens eine Generation jünger als Protagoras und Gorgias. Die Polis Elis lag im Nordwesten der Peloponnes, in der Nähe von Olympia. Im Jahr 399 v. Chr., als Sokrates vor Gericht gestellt wurde, war Hippias noch am Leben (Platon: *Apologie* 19 e). Er ist uns vor allem durch zwei mit *Hippias* betitelte Dialoge Platons und dessen Dialog *Protagoras* bekannt (vgl. zu den erhaltenen Zeugnissen Tarrant 1928, S. XVII–XXX). Auf den diplomatischen Reisen für seine Heimatstadt kam Hippias viel herum. Besonders häufig war er in Sparta. Er hielt Vorträge, erteilte Unterricht und verdiente damit viel Geld (Platon: *Hippias maior* 281 a/b, 282 d/e). Hippias beanspruchte Wissen in allen Bereichen. In Xenophons *Memorabilia* nennt ihn Sokrates einen „Vielwisser" (*polymathês*) (Mem. 4,4,6). Hippias soll nicht bloß etliche Werke in Prosa, sondern auch Dichtungen und Tragödien verfasst haben. Zudem habe er umfassende handwerkliche und künstlerische Fähigkeiten gehabt (Platon: *Hippias minor* 368 c/d; vgl. die Werkbeschreibung in Kerferd/Flashar 1998, S. 65f.). Bemerkenswert ist, dass Hippias einer der ersten Philosophiehistoriker war und als solcher das Verständnis der frühgriechischen Philosophie von Platon und Aristoteles stark beeinflusst hat (Patzer 1986; Snell 1966b).

Hippias der Vielwisser

Der Sophist Prodikos stammte aus Iulis auf der Insel Keos. Wie Hippias war er mindestens eine Generation jünger als Protagoras, der vielleicht sein Lehrer war. Im Jahr 399 v. Chr. war er noch am Leben (Platon: *Apologie* 19 e). Wie Hippias reiste er als Gesandter seiner Heimat durch Griechenland. Dabei kam er öfters nach Athen, wo seine Reden sehr gut ankamen und er viel Geld durch Unterricht verdiente (Platon: *Hippias maior* 281 c). Die einzige Schrift, die definitiv von ihm stammt, trägt den Titel „*Horai*" (*Jahreszeiten*). Über ihren Inhalt wurde viel spekuliert. Gesichert ist nur, dass die Schrift eine Geschichte des heranwachsenden Herakles enthielt, der sich für sein zukünftiges Leben zwischen „Laster" (*Kakia*) und „Tugend" (*Aretê*) entscheiden muss (Mem. 2,1,21–34; vgl. Kerferd/Flashar 1998, S. 59f.). Auch wenn Prodikos wahrscheinlich auf verschiedenen Gebieten gearbeitet hat, wurde er vor allem für seine Philosophie und Theorie der Sprache berühmt. Im Zentrum stand dabei seine Methode, Wörter mit ähnlichen Bedeutungen gegeneinander abzugrenzen (viele Beispiele bei Platon, etwa im *Protagoras* 337 a–c; vgl. Cooper 2008). Ziel dieser Bemühungen war es, der Sprache zu klarem und präzisem Ausdruck zu verhelfen. Ihr Kontext war wohl seine Tätigkeit als Redner und Lehrer der Rhetorik. Prodikos' Sprachphilosophie war sehr einflussreich. Insbesondere dürften seine Bestrebungen, die genauen Bedeutungen der Wörter herauszuarbeiten, Sokrates' Philosophie der Begriffe und ihrer exakten Bestimmung beeinflusst haben (vgl. zur Literatur Kerferd/Flashar 1998, S. 58, 62; >KAPITEL 7.2).

Prodikos der Sprachphilosoph

Kritias aus Athen dürfte etwas jünger gewesen sein als Hippias und Prodikos. Er entstammte einer der ältesten Adelsfamilien Athens und war der Onkel Platons mütterlicherseits. Platon lässt ihn in mehreren seiner Dialoge auftreten. Als Politiker war Kritias oligarchisch gesinnt und gehörte zur Gruppe der sogenannten „Dreißig", die in Athen von 404 bis 403 v. Chr. als Gewaltherrscher wirkten. Er starb 403 im Kampf gegen die Anhänger der Demokratie. Kritias war wohl sowohl ein Schüler von Gorgias als auch von Sokrates (Mem. 1,2,12ff.; Philostrat: *Epist.* 73). Zu den Sophisten zählt er nur mit Einschränkungen, weil er keinen Unterricht gab und keine Schüler hatte. Er war jedoch auf verschiedenen Gebieten bewandert und verfasste Prosawerke, Dichtungen und Tragödien (vgl. Kerferd/Flashar 1998, S. 81f.; Untersteiner 2008, S. 485–487 [1949, S. 382–384]). Kritias' einziger Text, der eindeutig in sophistischer Tradition steht, ist das Satyrspiel *Sisyphos*, von dem ein Fragment erhalten ist (zweisprachiger Text in Schirren/Zinsmaier 2003a, S. 278–281). Allerdings wurde angezweifelt, dass Kritias tatsächlich der Verfasser des Satyrspiels ist. Als alternativer Autor wurde Euripides vorgeschlagen (Schirren/Zinsmaier 2003a, S. 263, 382). Thema des Fragments ist die Entstehung der Religion im Rahmen des Zivilisationsprozesses. Ausgangspunkt ist eine Art Urzustand, der durch menschliche Gesetzgebung und die Bestrafung der Gesetzesbrecher überwunden

Kritias der Religionskritiker

wird. Um die Menschen davon abzuhalten, nun im Verborgenen Unrecht zu tun, führte ein „verständiger und weiser Mann“ die Religion ein. In einer „falschen Rede“ behauptet er, die Götter wohnten am Himmel, dem Ort, den die Menschen fürchten, weil von dort Blitz und Donner kommen. Zudem erklärte er, die Götter würden alle menschlichen Worte und Taten kennen und sie für ihre Freveltaten bestrafen. Die Furcht vor göttlicher Strafe hielt die Menschen in der Folge davon ab, Unrecht zu tun. Dem Fragment zufolge ist die Religion ein rein innerweltliches Phänomen, ein schlau erdachtes Instrument für weltliche Zwecke. Ein Vorläufer dieser Religionskritik ist Xenophanes' Entlarvung des Anthropozentrismus der traditionellen Vorstellungen von den Göttern, die auf Homer und Hesiod zurückgehen (vgl. Graeser 1983, S. 61f.; → KAPITEL 2.3). Kritias' Lehre wurde als eine elitäre und „moderne“ Theorie verstanden, deren Charakteristika neben der funktionalen Betrachtung der Religion ein Glaube an Effektivität, an den Fortschritt und an die Ungleichheit der Menschen sind (Roßner 2002).

Ein zentrales Gebiet des Denkens der jüngeren Sophisten ist die politische Philosophie bzw. die Rechtsphilosophie. Der vertragstheoretische Ansatz, der in der frühen Neuzeit zu einem Charakteristikum des politischen Denkens wurde, ist bei ihnen bereits entwickelt (vgl. Guthrie 1977, S. 135–147; Kahn 1981; Sprute 1990). Nach den Sophisten Antiphon und Hippias beruht das Gesetz bloß auf Vereinbarung (DK 87 B44; Mem. 4,4,13). Die sophistische Auffassung, dass Recht und Gerechtigkeit durch einen Vertrag entstehen und Geltung erlangen, wird auch in Platons *Politeia* überliefert. Der Zustand, der dem Vertragsschluss vorangeht, wird als ein Zustand charakterisiert, in dem sich habgierige Menschen wechselseitig Unrecht tun und Unrecht leiden. Die vertragliche Überwindung dieses Zustandes, der Hobbes' Kriegszustand ähnelt, geht von den schwachen Menschen aus, die in einem rechtlichen Zustand ihren Vorteil sehen (358 eff.). Eine ähnliche Auffassung von der Entstehung des Rechtszustandes vertritt der Sophist Kallikles (→ KAPITEL 6.2). Es ist höchstwahrscheinlich, dass die Ansicht eines vertraglichen Ursprungs des Rechts mit der Auffassung einer vertraglichen Entstehung der Polis einhergeht. Der Gedanke, dass die politische Gemeinschaft ein Vertrag ist, wird auch von Aristoteles überliefert. Die Textstelle legt nahe, dass er von Lykophron vertreten wurde, der wohl Gorgias' Schüler war (vgl. zu Lykophron Schirren/Zinsmaier 2003a, S. 114f.). Aristoteles' *Politik* zufolge wäre eine politische Gemeinschaft, die sich nicht um die Tüchtigkeit kümmert, „ein bloßer Beistandsvertrag, der sich von den

Vertragstheoretische Ansätze

andern solchen Verträgen (die weit voneinander getrennte Staaten verbinden) nur durch die räumlichen Verhältnisse unterschiede, und das Gesetz würde eine bloße Abmachung und, wie der Sophist Lykophron sagte, ein gegenseitiger Bürge der Gerechtigkeit, aber nicht in der Lage, die Bürger tugendhaft und gerecht zu machen" (Pol. III 9, 1280 b 8–12). Auch Sokrates, der in Aristophanes' *Wolken* als Sophist dargestellt wird, vertritt in Platons Dialog *Kriton* die Auffassung, dass die politische Gemeinschaft ein stillschweigender Vertrag ist (49 eff.; → KAPITEL 7.3).

Die Antithese Nomos und Physis

Einige Sophisten waren davon überzeugt, dass der „Nomos" (Gesetz, Moral, Sitte, Brauch) bloß auf menschlicher Vereinbarung beruht. Diese Überzeugung impliziert, dass die unterschiedlichen moralischen und rechtlichen Normen weder auf Gott zurückgehen noch in der Ordnung des Alls verankert sind. Damit kehren sich die jüngeren Sophisten von früheren Auffassungen ab, die den Nomos als etwas Göttliches und Unabänderliches ansahen. Verursacht wurde die Säkularisierung des Nomos auch durch die damalige Ethnographie bzw. Ethnologie, die zu Bewusstsein brachte, dass verschiedene Gesellschaften und Kulturen sehr verschiedene Gesetze, Moralvorstellungen und Sitten haben (vgl. Herodot: *Historien* III 38). Die Einsicht in den kulturellen Relativismus erschütterte den Nomos als traditionelle, verbindliche und unhinterfragbare Autorität. So wendet sich Sophokles' Antigone gegen die menschlichen Gesetze und ruft dabei die ungeschriebenen Gesetze der Götter an (450–470). Dagegen ist für viele Sophisten eine Denkfigur charakteristisch, die dem Nomos die „Physis" (Natur) entgegensetzt. Unter Berufung auf die Natur, vor allem auf die menschliche Natur, kritisieren sie, dass der Nomos naturwidrig und lediglich vom Menschen gemacht bzw. bloß gesetzt ist. Der Begriff der Natur bekommt damit eine neue Bedeutung, mit der der geschichtlich einflussreiche Gedanke eines Naturrechts seinen Anfang nimmt (vgl. zum Gegensatz von Nomos und Physis und zu dessen Herkunft Casertano 1971; Guthrie 1977, S. 55–134; Heinimann 1945; Kerferd 1981, S. 111–130). Die erste Entgegensetzung von Physis und Nomos wurde vermutlich von Archelaos vorgenommen, der ein Naturphilosoph und Schüler des Anaxagoras war: „Und das Gerechte und Hässliche ist nicht so von Natur aus (*physei*), sondern auf Grund von menschlicher Satzung (*nomo*)" (DK60A2). Diese Aussage wurde als „erste Attacke gegen den ethischen Objektivismus" interpretiert (Graeser 1983, S. 63).

Die Sophisten waren nicht bloß Rechtsphilosophen und politische Denker, sondern übernahmen auch selbst politische Aufgaben.

So waren sowohl die beiden ältesten als auch einige jüngere Sophisten Repräsentanten und Abgesandte ihrer Städte. Protagoras entwarf sogar die Verfassung einer „Tochterpolis“ von Athen (→ KAPITEL 5.2). Die Sophisten übten zudem einen beträchtlichen Einfluss auf ihre Schüler, die Bürger der griechischen Städte und ihre Politiker aus. Die verschiedenen Sophisten hatten jedoch unterschiedliche politische Grundüberzeugungen und sollten daher nicht als einheitliche politische Gruppe oder Partei missverstanden werden. Nach Henning Ottmann lassen sie sich zumindest grob nach den modernen politischen Kategorien „links“ und „rechts“ gruppieren (Ottmann 2001a, S. 216). Auch wenn eine derartige Gruppierung anachronistisch und nur beschränkt auf die antiken Denker anwendbar ist, ermöglicht sie es, Gemeinsamkeiten ihrer Lehren vom Nomos, von der Physis, vom Menschen und von der richtigen Ordnung der Polis wahrzunehmen. Politisch „rechte“ Sophisten betonen die Ungleichheit der Menschen und befürworten deshalb soziale und politische Ungleichheit, während politisch „linke“ Sophisten die Gleichheit der Menschen verteidigen und daher auch für eine soziale und politische Gleichheit eintreten. Dennoch ist eine politische Gruppierung der Sophisten in Anbetracht unseres fragmentarischen Wissens von ihren Lehren und von ihnen selbst nicht unproblematisch. Zudem existieren in der Literatur sehr verschiedene Interpretationen von Sophisten wie Thrasymachos, Hippias und Antiphon. Ihre politische Einordnung hängt auch davon ab, welche man zugrunde legt.

Politische Gruppierung der Sophisten

6.2 Die sophistische „Rechte“: Thrasymachos und Kallikles

Der Sophist Thrasymachos ist heute vor allem deshalb bekannt, weil Platon ihn als Hauptgesprächspartner des Sokrates im ersten Buch seiner *Politeia* auftreten lässt. Darin fordert er Geld dafür, sein vorgebliches Wissen über die Gerechtigkeit darzulegen (337 d). Buch I könnte früher entstanden sein als der Rest des Werks und war womöglich anfänglich ein mit *Thrasymachos* betitelter selbstständiger Dialog (→ KAPITEL 9.1). Platons Thrasymachos ist höchstwahrscheinlich mit dem gleichnamigen Redner und Rhetoriklehrer aus der von Megara gegründeten Hafenstadt Chalkedon (heutiges Kadıköy, ein Stadtteil Istanbuls) identisch. So gibt seine erhaltene Grabinschrift in Chalkedon als Beruf „Sophist“ (*he technê sophiê*) an. Thrasymachos’ genaue Lebensdaten sind nicht bekannt. Der atheni-

Leben und Werk

sche Komödiendichter Aristophanes brachte ihn in seinem 427 v. Chr. uraufgeführten Frühwerk „*Daitaleis*" (*Die Schmausbrüder*) auf die Bühne. Zu dieser Zeit dürfte er sich in Athen bereits einen Namen gemacht haben. Seine Rede zum Schutz der Larisäer lässt sich auf den Zeitraum zwischen 413 und 399 v. Chr. datieren (vgl. Kerferd/Flashar 1998, S. 54). Daraus lässt sich schließen, dass das Gros seiner Lebenszeit in die zweite Hälfte des 5. Jahrhunderts v. Chr. fiel. Thrasymachos' Werk besteht vor allem aus Schriften zur Rhetorik und aus Reden, die er – als Nicht-Bürger in Athen – größtenteils für andere geschrieben hat (vgl. zum Werk Kerferd/Flashar 1998, S. 54f.). Es ist unklar, ob seine politische Theorie von Platon im ersten Buch seiner *Politeia* tatsächlich angemessen wiedergegeben wird: „Die überlieferten Reden lesen sich als Ansichten eines Konservativen, der nicht so leicht mit der Platonischen Darstellung seiner Argumente in Einklang zu bringen ist" (Schirren/Zinsmaier 2003a, S. 249; vgl. zum Verhältnis von Platon und Thrasymachos Harrison 1967 und Maguire 1976).

Die Gerechtigkeitsauffassung

Nach Sokrates' Widerlegung von zwei Bestimmungen der Gerechtigkeit trägt Thrasymachos im ersten Buch der *Politeia* seine Auffassung vor, der zufolge das Gerechte „nichts anderes als das dem Stärkeren Zuträgliche (*sympheron*)" ist (338 c). Unter dem Stärkeren versteht er jeweils den- oder diejenigen, die in einer politischen Gemeinschaft die Macht haben. Sie bestimmen durch Gesetzgebung, was in der Polis als gerecht und ungerecht gilt. Dabei zielen sie immer auf ihren persönlichen Nutzen bzw. Vorteil ab. Wenn die Bürger den Gesetzen gehorchen, verwirklichen sie zwangsläufig den Nutzen bzw. Vorteil der Machthaber. Wenn sie sich weigern ihnen Folge zu leisten, werden sie dazu gezwungen oder bestraft. Thrasymachos erklärt seine Definition der Gerechtigkeit als Vorteil bzw. Nutzen des Stärkeren als für alle Verfassungsformen gültig und nicht bloß, wie später Aristoteles, für die verfehlten Formen (338 c–339 a; → KAPITEL 11.3). Im weiteren Verlauf des Gesprächs mit Sokrates erklärt Thrasymachos, die Gerechtigkeit sei ein „fremdes Gut" (343 c). Damit leitet er zu seiner zweiten Hauptthese über, dass das Leben des Ungerechten besser ist als dasjenige des Gerechten. Die Gerechtigkeit ist für ihn insofern ein „fremdes Gut", als sie den anderen Vorteil und Nutzen bringt, den Gerechten dagegen nur Nachteil und Schaden. Mit einer Reihe von Beispielen versucht Thrasymachos zu demonstrieren, dass der gerechte Mann gegenüber dem ungerechten immer schlechter dasteht. Er wird bei Geschäften übervorteilt, zahlt zu viel Steuern und hat nur Nachteile, wenn er ein öffentliches Amt ausübt. Dagegen hat der ungerechte Mann, vor allem wenn er ungerechte Taten in großem Ausmaß betreibt und Tyrann wird, ein gutes Leben und wird von allen als glücklich gepriesen (343 c–344 c, 347 e). Im Einklang mit Thrasymachos' Ausführungen begreifen die sophistischen Lehren, die Platon in Buch II der *Politeia* anführt, die ungerechte Aneignung fremden Gutes zur Befriedigung der „Habgier“ (*pleonexia*) als natürliches Verhalten und das straflose Unrechttun als das Beste (359 aff.).

In seinen Aussagen in der *Politeia* identifiziert Thrasymachos das Gerechte mit dem Gesetzlichen. Es ist gerecht, den Vorschriften der Gesetze Folge zu leisten, und ungerecht, sie zu übertreten. Diese gängige Auffassung der Gerechtigkeit setzt er in Beziehung zu Fragen nach Macht und Nutzen. So bezieht er das Gerechte auf die verschiedenen Verfassungsformen und die in ihnen jeweils Herrschenden und konstatiert, dass sie mit den von ihnen gegebenen Gesetzen grundsätzlich auf ihr jeweils besonderes Wohl abzielen. Wie Thrasymachos' Lehre genau interpretiert werden muss, ist in der Literatur umstritten. Kerferd, der einen guten Überblick bietet, unterscheidet drei verschiedene Deutungen und Positionen, die Thrasymachos vertreten haben soll (Kerferd 1976, S. 545–547; vgl. zu neuerer Literatur Graeser 1983, S. 78f.; Maguire 1976, S. 564). Nach der ersten Interpretation vertritt Thrasymachos einen „ethischen Nihilismus“, dem zufolge es keinerlei moralische Verpflichtungen gibt. Solche Verpflichtungen seien lediglich eine Illusion, die in den Köpfen der Menschen existiert. Der zweiten Deutung zufolge ist Thrasymachos ein Legalist. Für den Legalismus werden moralische Verpflichtungen nur durch Gesetze geschaffen und existieren nicht unabhängig von ihnen. In unterschiedlichen Gesellschaften existieren verschiedene Gesetze, die dort jeweils verpflichten (vgl. eine Deutung, nach der Thrasymachos zugleich einen Rechtspositivismus vertritt und kritisiert Neschke-Henschke 1995, S. 81–86). Nach der dritten Interpretation, für die Kerferd argumentiert, vertritt Thrasymachos eine Naturrechtstheorie, der zufolge eigenständige moralische Verpflichtungen existieren, die aus der Natur des Menschen entspringen. Ganz ähnlich wie Kallikles in Platons *Gorgias* verteidige Thrasymachos ein sogenanntes „Naturrecht des Stärkeren“ (Kerferd 1976, S. 547f.).

Thrasymachos-Interpretationen I

Die drei verschiedenen Deutungsmuster von Thrasymachos' Lehre, die Kerferd anführt, sind nicht die einzigen, die in der Literatur vertreten wurden. Thrasymachos wird auch als Realist interpretiert, der lediglich eine Diagnose der politischen Wirklichkeit gibt. Er präsentiere erstmals eine „Soziologie der Macht“ und sei „auch ein früher Ideologiekritiker, der die Frage ‚cui bono‘ stellt und der mit Recht der

Thrasymachos-Interpretationen II

politischen Rhetorik der Gerechtigkeit mißtraut“ (Ottmann 2001b, S. 28f.; vgl. zu Thrasymachos als Soziologe Salomon 1911, S. 143; Kerferd/Flashar 1998, S. 56). In Ergänzung zur legalistischen Deutung lässt sich Thrasymachos auch wie Protagoras als Vertreter einer Form des ethischen Relativismus verstehen, nach dem keine allgemeingültige Gerechtigkeitsvorstellung existiert, sondern in verschiedenen Städten und Kulturen unterschiedliche Vorstellungen gültig sind (→ KAPITEL 5.2). Je nachdem, wie die Regierenden ihren Vorteil oder Nutzen definieren, werden sich auch die Gesetze und damit die in der Polis herrschenden Bestimmungen des Gerechten unterscheiden. Eine Entscheidung der Frage, welche der verschiedenen Thrasymachos-Interpretationen am angemessensten ist, sollte auch ein überliefertes Fragment einbeziehen, in dem der historische Thrasymachos die Gerechtigkeit als „das größte menschliche Gut“ bezeichnet und hinzufügt, dass die Menschen davon „keinen Gebrauch machen“ bzw. daraus „keinen Nutzen zögen“ (DK 85B8).

Der Sophist Kallikles

Das einzige Zeugnis, das wir von Kallikles aus dem attischen Acharnai besitzen, ist seine Unterredung mit Sokrates im dritten Teil von Platons Dialog *Gorgias* (vgl. Aristoteles’ Verweis auf Kallikles im *Gorgias* in seinen *Sophist. Widerlegungen* 173 a 7). Daher wurde oft angenommen, es handle sich nicht um eine reale Person, sondern um eine „Kunstfigur Platons“ (Ottmann 2001a, S. 225; Ottmann 2001b, S. 15). Andere Autoren erklären dagegen, die „Mehrheit der Forscher“ sei mittlerweile „geneigt, Kallikles als historische Persönlichkeit zu akzeptieren“ (Kerferd/Flashar 1998, S. 85). Im *Gorgias* führt Sokrates nacheinander drei Dialoge, zuerst mit Gorgias selbst, dann mit seinem Schüler Polos und schließlich – als Höhepunkt – mit Kallikles. Im Dialog beherbergt Kallikles den berühmten Gorgias in seinem Haus (447 b; → KAPITEL 5.4). Das impliziert, dass Kallikes ein wohlhabender Mann aus gutem Hause war oder zumindest von Platon als solcher dargestellt wurde. Zudem deutet dies auf ein Lehrer-Schüler-Verhältnis hin. Dafür spricht auch, dass Gorgias in seiner *Lobrede an Helena* wie später Kallikles erklärt, dass von Natur „das Schwächere vom Starken beherrscht und gelenkt“ werde (DK 82B11, 6; vgl. Schirren/Zinsmaier, S. 80f.). Kallikles wird von Platon als schöner junger Mann darstellt, der gerade damit beginnt, sich am öffentlich-politischen Leben seiner Stadt zu beteiligen (515 a). In der Forschung ist umstritten, welche politische Überzeugung Kallikles genau vertreten hat (vgl. zur Literatur Kerferd/Flashar 1998, S. 85).

Im seinem Gespräch mit Polos verteidigt Sokrates die konventionelle Moral und die paradoxe These, dass Unrechtleiden besser ist als

Kallikles' Kritik an Gesetz und Moral

Unrechttun (461 a–481 b). Kallikles greift diese Position entschieden an. Seine Argumentation basiert auf dem sophistischen Gegensatz von Nomos und Physis (→ KAPITEL 6.1). Kallikles erklärt:

„Gesetz und Moralvorstellungen stellen immer die schwachen Menschen und die Menge (*oi polloi*) auf. Für sich selbst und in ihrem eigenen Interesse geben sie Gesetze und erteilen Lob und Tadel. Dadurch wollen sie die stärkeren Menschen, die die Kraft besäßen, sich mehr Vorteile zu verschaffen als sie, einschüchtern, damit sie dies nicht tun, als ob es schlecht und unrecht wäre, mehr Vorteile zu haben als andere; und das versteht man unter Unrechttun, wenn jemand mehr Vorteile als andere zu gewinnen sucht; denn sie, die Minderwertigen, sind freilich zufrieden, wenn sie gleiches Recht haben“ (483 b/c).

Kallikles' Kritik der Gesetze und der konventionellen Moral weist Übereinstimmungen mit Thrasymachos' Position auf. Denn wie dieser bezieht er den Nomos auf Fragen nach Macht und Nutzen und analysiert seine Herkunft und die Interessen, die mit ihm verfolgt werden. Kallikles zufolge stellt die Volksmenge die Gesetze und die moralischen Vorschriften zu ihrem Vorteil oder Nutzen auf. Diesen sieht sie darin, die stärksten und tüchtigsten Persönlichkeiten davon abzuhalten, sich mehr materielle Güter und mehr politische Macht zu verschaffen als die anderen haben. Während die Volksmenge, die Kallikles abwertet, auf Gleichheit und gleiches Recht zielt, streben die wenigen Starken nach Ungleichheit und Bevorzugung. Im Verlauf des Dialogs macht Kallikles deutlich, dass er unter den Starken vor allem die Tüchtigen versteht, die er mit den Klugen und Tapferen identifiziert (490 e–491 e). Kallikles' Analyse der Herkunft der Moral dürfte das Vorbild für die erste Abhandlung von Nietzsches Schrift *Zur Genealogie der Moral* gewesen sein (vgl. Graeser 1983, S. 74f., und zur Literatur Ottmann 2001b, S. 16).

Das Naturrecht des Tüchtigeren

Gegen die Moral der Gleichheit, die auch im vorherrschenden Recht verkörpert ist, beruft sich Kallikles auf das natürliche Recht des Tüchtigeren, das in ähnlicher Form bereits von Gorgias verteidigt wurde. Gegen die gängige Ansicht der Gerechtigkeit, die das Gerechte mit dem Gesetzlichen identifiziert, führt Kallikles eine neue Gerechtigkeitsauffassung ins Feld, die beansprucht, sich auf die Natur als höhere Rechtsquelle zu stützen:

„Meines Erachtens aber beweist die Natur selbst, dass es gerecht ist wenn der Bessere mehr hat als der Schlechtere und der Fähigere mehr als der weniger Fähige. An vielen Fällen sowohl bei den übrigen Lebewesen als auch bei den Menschen in den Verhältnissen

> ganzer Staaten und Geschlechter sieht man, dass es sich so verhält: dass nämlich als gerecht anerkannt wird, dass der Stärkere über den Schwächeren herrscht und mehr hat als dieser“ (483 d).

In seiner Argumentation beruft sich Kallikles auf die Natur und insbesondere auf die ungleiche Natur der Menschen. Daraus leitet er ein Recht ab, dem zufolge es gerecht ist, wenn die Besseren mehr materielle Güter und mehr politische Macht haben als die Schlechteren und über diese herrschen. Für diese Form von Recht hat sich der Ausdruck „Naturrecht des Stärkeren“ eingebürgert (Graeser 1983, S. 74f.; Ottmann 2001a, S. 226; Ottmann 2001b, S. 15f.). Genau betrachtet handelt es sich jedoch um ein Naturrecht der wertvolleren und tüchtigeren Menschen. Das ist ein starkes Argument dafür, Kallikles wie Platon als Aristokraten und seine politischen Überzeugungen als aristokratisch zu charakterisieren. Allerdings hält Kallikles es für legitim, wenn die Tüchtigsten mit ihrer Herrschaft vor allem ihren eigenen Vorteil und Nutzen anstreben. Dagegen erklärt Platon, die Besten sollen mit ihrer Regierung auf das Glück aller und das Gemeinwohl abzielen (→ KAPITEL 9.1). Der Gedanke, dass ungleiche Menschen auch ungleiche Rechte haben, wird von Nietzsche wieder aufgenommen und verteidigt (Nietzsche 1988d, S. 288f., 371).

Auffassung des guten Lebens

Wie Thrasymachos vertritt auch Kallikles eine Auffassung über das gute Leben bzw. das Glück. Zwischen beiden Auffassungen bestehen Übereinstimmungen wie ihre Wertschätzung der Lebensform des Tyrannen. Nach Kallikles’ zweiter Hauptthese bestehen das Glück und die Tugend in der ungezügelten Befriedigung der Begierden. Sie ist vor allem dem Tyrannen möglich, der sich durch seine Macht den Genuss aller Güter verschaffen kann. Wie für sein Recht des Tüchtigeren beansprucht Kallikes für seine Auffassung des guten Lebens, dass sie natürlich bzw. im Einklang mit der Natur ist:

> „Nun, das naturgemäße Schöne und Gerechte (*to kata physin kalon kai dikaion*) ist das, was ich dir jetzt in freimütigen Worten verkünde: wer richtig leben will, muss seine Begierden so groß werden lassen wie möglich ohne ihnen einen Zügel anzulegen; sind sie aber so groß wie möglich, so muss er imstande sein, ihnen mit Tapferkeit (*andreia*) und Klugheit (*phronêsis*) zu dienen und alles, wonach sich die Begierde regt, zur Stelle zu schaffen. Aber dies ist natürlich den meisten nicht möglich“ (491e).

Tapferkeit und Klugheit sind nicht bloß Kriterien, nach denen sich beurteilen lässt, wer die tüchtigsten und wertvollsten Menschen sind. Kallikles begreift sie auch als Mittel und Instrumente zur Befriedigung der Lust bzw. der natürlichen menschlichen Begierden.

Zur umfassenden Bedürfnisbefriedigung sind aber nur die wenigsten Menschen in der Lage. Denn den meisten mangelt es nicht bloß an Tapferkeit und Klugheit, sondern auch an Macht. In Antizipation von Nietzsches Lehre von der Herkunft der Moral aus dem Ressentiment der Ohnmächtigen vertritt Kallikles die psychologische These, dass die untüchtigen Menschen ein Leben des üppigen Genusses als unmoralisch verneinen und kritisieren, weil sie es selbst nicht führen können. Kallikles' Fazit lautet: „Üppigkeit, Zügellosigkeit und Freiheit, wenn ihnen alle Hilfsquellen offen stehen, das ist Tugend und Glück, das andere aber, diese eure schönen Benennungen und widernatürlichen menschlichen Abmachungen, ist eitel Wind und nichtig“ (492 c). Die Authentizität von Platons Darstellung von Kallikles und den Sophisten als Hedonisten wurde in der Literatur angezweifelt (Ottmann 2001b, S. 17).

6.3 Die sophistische „Linke“: Antiphon und Hippias

Antiphon: Sophist und/oder Redner?

Über das Leben von Antiphon, dem Sophisten aus Athen, ist wenig bekannt. Abträglich ist der Forschung, dass in den letzten Jahrzehnten des 5. Jahrhunderts in Athen mehrere Persönlichkeiten mit diesem Namen wirkten. Neben dem Sophisten gab es einen Tragödiendichter, einen Wahrsager, den Verfasser einer Schrift über die Traumdeutung und den Politiker und Redner Antiphon aus der attischen Polis Rhamnus, der von etwa 475 bis 411 v. Chr. lebte. Stark umstritten ist die Frage, ob der Sophist mit dem Redner identisch ist oder nicht (vgl. zu Quellen und Literatur Kerferd/Flashar 1998, S. 69; Shortridge/Baltzly 2008, S. 83f.). Reden zu verfassen und zu halten sowie Unterricht in Rhetorik zu geben gehörte jedenfalls zu den spezifischen Tätigkeiten eines Sophisten (vgl. Schirren/Zinsmaier, S. 122). Die antiken Testimonien wie Xenophons *Memorabilia* erlauben genauso wenig eine Entscheidung der sogenannten Antiphon-Frage wie die Stilanalyse der erhaltenen Texte (Mem. 1,6,1–15). Auch wenn die Gerichtsreden und die philosophische Schrift „*Wahrheit*“ (*Aletheia*) stilistische Unterschiede aufweisen, kann daraus nicht auf zwei verschiedene Autoren geschlossen werden. Denn es handelt sich um zwei unterschiedliche literarische Genres, deren Werke mit unterschiedlichen Zielsetzungen und für ein verschiedenes Publikum verfasst wurden (Gagarin 2002, S. 37; vgl. zur Literatur Kerferd/Flashar 1998, S. 70f.). Aus inhaltlicher Perspektive ergeben sich jedoch zwei

Argumente gegen eine Identifizierung der beiden. (1) Während die überlieferten Reden eine starke Wertschätzung des Rechts und der Gesetze zum Ausdruck bringen, enthält die Schrift *Aletheia*, die von dem Sophisten verfasst wurde, eine scharfe Kritik der Gesetze der Polis. (2) Der Rhetor Antiphon, von dem etliche Reden erhalten sind, war ein führender Kopf des oligarchischen Umsturzes, der 411 v. Chr. in Athen stattfand. Er wurde im selben Jahr hingerichtet (Thukydides VIII 68, 90; Aristoteles: *Pol. Athen.* XXXII). Dagegen legen es die überlieferten Fragmente von *Alêtheia* nahe, dass ihr Autor darin eine egalitaristisch-demokratische politische Grundüberzeugung verteidigt (Kerferd/Flashar 1998, S. 71; Luria 1976, S. 538; Ottmann 2001a, S. 217; vgl. dagegen Gagarin 2002, S. 52, der in seiner Monographie für die Identität von Redner und Sophist argumentiert und auf weitere neuere „Unitarier" verweist).

Werk

Antiphon, dem Sophisten, werden in der Regel drei Schriften zugeschrieben: *Aletheia* (in zwei Büchern), „*Von der Eintracht*" (*Peri homonoias*), *Politikos* (fast vollständig verloren). Es wurde jedoch bezweifelt, dass die Inhalte von *Aletheia* und *Peri homonoias* vereinbar sind und von demselben Autor stammen (Nestle 1975, 385–388). *Aletheia* war auch der Titel einer Hauptschrift des Protagoras, was ein Konkurrenzverhältnis nahelegt (→ KAPITEL 5.2). Von den Schriften sind lediglich Fragmente überliefert. Deshalb lassen sich ihr genauer Aufbau und Inhalt nicht rekonstruieren. Zudem lässt sich nicht immer definitiv entscheiden, welches erhaltene Fragment welcher Schrift zugeordnet werden muss. Die bedeutendsten Fragmente wurden Ende des 19. Jahrhunderts zusammen mit einer Vielzahl an Papyri in der antiken Stadt Oxyrhynchos entdeckt, dem heutigen Al Bahnasa in Ägypten. Sie wurden 1915, 1922 und 1984 veröffentlicht und in der Regel der Schrift *Aletheia* zugeordnet (vgl. Gagarin 2002, S. 63–65; Schirren/Zinsmaier, S. 121f.). Bemerkenswert für einen Sophisten ist die Themenvielfalt dieser Schrift. Darin behandelt Antiphon nicht bloß die Ethik und die politische Philosophie, sondern auch Anthropologie, Rhetorik, Erkenntnistheorie, Metaphysik, Physik, Kosmologie und Mathematik. Erstaunlich ist, dass der Sophist Antiphon im Gegensatz zu den meisten anderen bedeutenden Sophisten in Platons Dialogen nicht auftritt (ein Verweis im *Menexenos* 236 a bezieht sich eindeutig auf den Redner).

Antiphon ist der einzige Sophist, von dessen Ansichten über Gerechtigkeit und Moral wir wörtliche Fragmente besitzen. Im bedeutendsten dieser Fragmente kritisiert er das positive Recht und die gängigen Moralvorstellungen. Dabei beruft er sich auf die Gebote der Natur, die den Gesetzen der Polis und der Moral zumeist widersprechen und denen einen höhere Dignität zukommt. Die Kritik des Nomos unter Berufung auf die Physis ist dieselbe Denkfigur, die sich bei Kallikles und anderen Sophisten findet (→ KAPITEL 6.1 UND 6.2). In der Schrift *Aletheia* erklärt Antiphon:

Kritik des Rechts und der Moral

> „Gerechtigkeit heißt, dass man die gesetzlichen und moralischen Normen der Polis, in der man Bürger ist, nicht übertritt. Am zuträglichsten wird sich dabei der einzelne Mensch zur Gerechtigkeit verhalten, wenn er in Anwesenheit von Zeugen Gesetz und Moral hochhält, ohne solche dagegen die Gebote der Natur. Denn die Forderungen von Gesetz und Moral sind willkürlich auferlegt, die Gebote der Natur dagegen beruhen auf Notwendigkeit. Denn die Forderungen von Gesetz und Moral sind vereinbart, nicht natürlich geworden, die Gebote der Natur aber sind natürlich geworden, nicht vereinbart. [...] Die Untersuchungen dieser Fragen stelle ich ganz und gar deswegen an, weil das meiste von dem, was nach Gesetz und Moral für recht gilt, im Widerspruch mit der Natur festgesetzt worden ist“ (Papyri Oxyrhynchus (POxy.) 1364, Fr. A = DK 87B44, Fr. A).

Im ersten Satz des Fragments definiert Antiphon die Gerechtigkeit gemäß der gängigen Ansicht, nach der das Gerechte mit dem Gesetzlichen und Moralischen identisch ist (vgl. Decleva Caizzi 2001, S. 296f.). An den Gesetzen der Polis und an den herrschenden Moralvorstellungen kritisiert er, dass sie lediglich auf menschlicher Übereinkunft und Setzung beruhen und dass sie oft den Geboten der Natur widersprechen. Da das Gerechte nur von subjektiven und willkürlichen Beschlüssen einer bestimmten Gemeinschaft abhängt, wird die Gerechtigkeit für Antiphon wie für Protagoras zu etwas Relativem (→ KAPITEL 5.2). Im Gegensatz zu Protagoras kennt Antiphon jedoch mit den Geboten der Natur eine Instanz, die dem Relativismus enthoben ist. Die Gebote der Natur stellen eine höhere Rechtsquelle dar als das positive Recht und die Moral. Ein Grund dafür ist, dass sie nicht willkürlich vereinbart, sondern notwendig sind. Wegen ihres notwendigen Charakters ist es für den Menschen zuträglich, sich so weit als möglich immer an sie zu halten. Sie zu übertreten schadet in der Regel. Dagegen schadet die Übertretung naturwidriger gesetzlicher und moralischer Normen nur dann, wenn man dabei beobachtet bzw. erwischt wird. Das ist die Begründung von Antiphons Empfehlung, dass sich der Einzelne möglichst wenig an Moral und Gesetz halten soll, wenn diese den Geboten der Natur widersprechen. Zum Maßstab des menschlichen Verhaltens erklärt er wie andere Sophisten das

„Zuträgliche" (*sympheron*), „ein stark medizinisch gefärbter Begriff vom Nutzen und eigenen Wohl" (Ottmann 2001a, S. 218).

Naturwidrige Normen und die Lust

In dem Fragment führt Antiphon Beispiele für Normen an, die den Geboten der Natur widersprechen. Als solche nennt er etwa die gesetzliche Vorschrift, sich erst zur Wehr zu setzen, wenn man Schaden erlitten hat und nicht vorbeugend zu handeln. Das Recht schützt den einzelnen nicht ausreichend vor Schaden und Unrecht und eine gerichtliche Anklage des Schädigers garantiert nicht dessen Bestrafung. Ein weiteres Beispiel ist die moralische Forderung, seinen Eltern wohl zu tut, auch wenn sie sich gegenüber ihren Kindern schlecht verhalten. Wer diese Normen befolgt, wird dadurch deutlich mehr Leid und Schmerz erfahren, als er anderenfalls haben würde. Zudem wird er weniger Lust und Freude erleben als möglich wäre. Beides ist für Antiphon wider die Natur. Die Gleichsetzung des Natürlichen mit der Vermehrung von Lust und Freude und der Verminderung von Leiden und Schmerz spricht sehr dafür, dass Antiphon wie sein Zeitgenosse Aristippos aus Kyrene ein Hedonist war. Der Hedonismus (*hêdonê* = *Lust, Freude*) sieht die Lust und die Freude als das Gute an. Im Gegensatz zu Antiphon empfiehlt Aristippos jedoch, sich an die Vorschriften der konventionellen Moral und der bestehenden Gesetze zu halten, weil dies von Unlust freihalte und ein lustvolles Leben nicht beeinträchtige (→ KAPITEL 7.4). Trotz ihrer unterschiedlichen Haltung zu Gesetz und Moral teilen beide die grundlegende Überzeugung, dass der Mensch von Natur nach Lustmaximierung und Leidensminimierung strebt. Seine Natur gebietet ihm daher, sein Verhalten gemäß diesen Strebungen auszurichten und damit das für ihn wahrhaft Zuträgliche bzw. Gute zu verwirklichen.

Antiphon-Interpretationen

Da sich Antiphons Denken auch am Begriff des „Zuträglichen" bzw. „Nutzens" (*to sympheron*) orientiert, lässt er sich nicht bloß als Hedonist, sondern auch als Utilitarist verstehen: „Die Ethik Antiphons beruht sicherlich auf einem utilitaristischen Hedonismus" (Bignone 1976, S. 493). Zu Recht wurde Antiphons „naturalistische Ethik" als Vorläufer des „hedonistischen Utilitarismus" interpretiert, wie er Ende des 18. Jahrhunderts von dem englischen Philosophen Jeremy Bentham vertreten wurde (Graeser 1983, S. 70f.). Es ist jedoch unwahrscheinlich, dass Antiphon für die „Abschaffung der Rechtsordnung konventioneller Art" plädierte oder dass ihm zumindest „eine gründliche Revision der geltenden Moral- und Rechtsordnung" vorschwebte (Graeser 1983, S. 71). Vielmehr dürfte er eine individualistische Ethik vertreten haben, die das Handeln des einzelnen Menschen orientieren will. Diese Interpretation steht im Einklang mit den Anleitungen zu einer klugen Lebensführung, wie sie seine Schrift *Von der Eintracht* enthält und der Überlieferung, er habe eine psychotherapeutische Praxis unterhalten (Schirren/Zinsmaier 2003a, S. 126f.; vgl. zu den Quellen S. 370). Ein Verständnis des guten Lebens im Sinne des Hedonismus und eine Kritik des Rechts und der Moral stellen Gemeinsamkeiten von Platons Kallikles und Antiphon dar. Es ist durchaus möglich, dass auch Thrasymachos eine ähnliche Auffassung des guten Lebens vertreten hat (→ KAPITEL 6.2; vgl. zu Literatur über Gemeinsamkeiten der drei Denker Bignone 1976, S. 495. Furley 1981 zufolge ähnelt Antiphons Haltung zur Gerechtigkeit derjenigen des Thrasymachos, wobei sich letzterer nicht auf die Natur beruft).

Menschengleichheit von Natur

Bei der Interpretation eines weiteren Antiphon-Fragments, in dem er als wohl erster Philosoph explizit die allgemeine Menschengleichheit verteidigt, muss beachtet werde, dass ein 1984 veröffentlichtes Papyrusbruchstück (POxy. 3647) eine Ergänzung des Texts erlaubte. Den meisten Forschern zufolge muss damit auch der ergänzte Anfangssatz des Fragments verabschiedet werden, der noch in der letzten Auflage von Diels und Kranz enthalten ist (Gagarin 2002, S. 52; Schirren/Zinsmaier 2003a, S. 125; Kerferd/Flashar 1998, S. 72f., 77). Allerdings wird das Fragment von neueren Forschern noch immer in der von Diels und Kranz ergänzten Version zitiert (Ottmann 2001a, S. 218). Diese Version lautet in vollständiger Form:

> „Diejenigen, die von vornehmen Vätern abstammen, ehren und achten wir; die aber, die aus einer unedlen Familie sind, ehren und achten wir nicht. Hierbei behandeln wir uns gegenseitig wie Barbaren. Denn von Natur sind wir alle, Barbaren und Hellenen, in allem gleich veranlagt. Das lässt sich aus dem erkennen, was für alle Menschen naturnotwendig ist. Das können sich alle gleichermaßen verschaffen und in dem allen ist niemand von uns ausgeschlossen, weder ein Barbar noch ein Hellene. Denn wir atmen alle durch Mund und Nase in die Luft aus und (essen alle mit den Händen?)“ (DK 87B44, Fr. B).

Im neuen Papyrusbruchstück folgen weitere Argumente für die natürliche Gleichheit von Griechen und Barbaren. Alle Menschen haben die gleichen Körper und (Sinnes-)Organe und bringen ihre Stimmungen auf gleiche Weise – etwa durch Lachen und Weinen – zum Ausdruck. Das neue Bruchstück schließt – nach Textlücken – mit der Feststellung, alle seien durch Beschluss übereingekommen, sich Gesetze zu geben (POxy. 1364, Fr. B). Entscheidend für die Neubewertung ist, dass das neue Bruchstück anders beginnt, wobei die ersten drei Wörter wiederum ergänzt wurden und andere Ergänzungen denkbar sind:

> [...] ‹unsere eigenen Normen› kennen und achten wir, doch diejenigen derer, die fern von uns wohnen, kennen wir weder noch achten wir sie. Hierin also haben wir zueinander das Verhalten von Barbaren angenommen [...] (zitiert nach Schirren/Zinsmaier 2003a, S. 195).

Die von Diels und Kranz ergänzte Version des Fragments legt die Interpretation nahe, dass Antiphon in dem Fragment die natürliche Gleichheit der Menschen verteidigt, um ihre gesellschaftliche und politische Ungleichheit in der Polis zu kritisieren und stattdessen Gleichheit einzufordern (vgl. Guthrie 1977, S. 148–163). Dagegen wird das Fragment heute auf Grund des neuen Anfangssatzes, der von entfernt wohnenden Menschen spricht, nicht mehr in einen sozialkritischen-politischen, sondern in einen ethnographischen oder ethnologischen Kontext gestellt. Dabei werden Parallelen zur Ethnographie gezogen, die etwa in Herodots *Historien* enthalten ist (III 38). Nach den mittlerweile vorherrschenden Interpretationen des Fragments kritisiert Antiphon darin nicht den Adel und die soziale Ungleichheit, sondern das griechische Bewusstsein von Überlegenheit. Auf Grund der natürlichen Menschengleichheit fordere er einen gleichen Respekt gegenüber fremden Völkern ein (Kerferd/Flashar 1998, S. 77f.; Ottmann 2001a, S. 218; Schirren/Zinsmaier 2003a, S. 125f.).

Interpretationen des Fragments

Trotz des neuen Anfangssatzes sprechen noch immer gute Gründe für die traditionelle Interpretation des Fragments. Die Textpassage ist relativ kurz und wir kennen nicht den weiteren Kontext, der die Bedeutung des Anfangssatzes relativieren könnte. Entscheidend ist, dass die Verteidigung der allgemeinen Menschengleichheit im Zentrum des Fragments steht. Sie kam in einer Gesellschaft wie der Griechischen, in der vielerlei Ungleichheiten herrschten, gewiss einer radikalen Sozialkritik gleich. Ein bedeutender Teil der zahlreichen Sklaven in den Städten waren Angehörige anderer Völker, die als Barbaren angesehen wurden. Daher impliziert die Berufung auf die *natürliche* Gleichheit der Menschen auch eine Kritik an der *gesetzlichen* Institution der Sklaverei (vgl. Unruh 2002, S. 72–74). Auch der Sophist Alkidamas, ein Schüler des Gorgias, der im 4. Jahrhundert lebte, kritisierte den Nomos der Sklaverei mit Verweis auf die Natur: „Gott hat alle Menschen freigelassen; die Natur hat niemand zum Sklaven gemacht" (Avezzù 1982, Fr. 3; vgl. zu Aklidamas Schirren/Zinsmaier 2003a, S. 342–347). Zudem sollten die politischen Implikationen von Antiphons Argumentation für die Gleichheit der Menschen nicht unter-

Sozialkritisch-politische Deutung

schätzt werden. So überliefert uns Aristoteles eine Argumentation der demokratischen Partei, die sich auf die *gleiche* Freiheit aller männlichen Bürger beruft und daraus ableitet, dass es gerecht ist, die politische Macht gleich zu verteilen (vgl. Knoll 2009, S. 88f.). Es ist durchaus nicht unwahrscheinlich, dass Antiphon in seiner Schrift *Aletheia* auf ähnliche Weise für eine demokratische Verfassung argumentiert hat. Denn bis heute berufen sich egalitaristische Philosophen auf die Gleichheit und Gleichwertigkeit der Menschen um eine soziale und politische Gleichheit zu rechtfertigen. Es ist daher gut möglich, dass Antiphon auch ein Kritiker des Adels war, wie es Diels und Kranz bei ihrer Ergänzung vermuteten (vgl. Unruh 2002, S. 71f.). Eine explizite Kritik des Adels ist von dem Sophisten Lykophron überliefert: „Des Adels Glanz ist etwas ganz Hohles. Seine Vornehmheit beruht auf dem bloßen Wort“ (DK 83B4).

Von dem Sophisten Hippias aus Elis ist bezeugt, dass er sich für die Demokratie seiner Vaterstadt einsetzte. Im *Protagoras* vertritt er eine Position, die mit Antiphons Lehre von der natürlichen Gleichheit aller Menschen vergleichbar ist. Hippias erklärt während des Gesprächs im *Protagoras*, dass alle Anwesenden von Natur miteinander verwandt sind. Dabei beruft er sich wie Antiphon und andere Sophisten auf die Natur, auf deren Grundlage er den Nomos der Ungleichheit kritisiert:

Hippias: Natürliche Verwandtschaft

> „Ihr Männer, die ihr anwesend seid! Ich bin der Meinung, dass wir alle verwandt, zusammengehörig und Bürger (*politai*) eines Reiches sind, nicht nach Sitte (*nomos*), aber von Natur (*physei*). Denn gleich und gleich ist von Natur (*physei*) verwandt; die Sitte aber, die die Menschen tyrannisiert, setzt mit Gewalt vieles Naturwidrige durch“ (Platon: *Protagoras* 337c/d).

In der Literatur ist die Bedeutung von Hippias’ Aussage umstritten. Die entscheidende Frage ist, für welche Personengruppe Hippias ein Verwandtschaftsverhältnis und damit Gleichheit behauptet. Nach der engsten Deutung dieser Gruppe bezieht sich Hippias’ Aussage nur auf die beim Gespräch anwesenden weisen Männer (Sokrates, Protagoras, Alkibiades, Kallias, Kritias, Prodikos und Hippias). Verwandt wären demnach nur die Angehörigen einer intellektuellen Elite, die ein Wissen über die Natur der Dinge haben (Schirren/Zinsmaier 2003a, S. 217; Voegelin 1957, S. 282f.). Naturwidrig wäre dagegen, dass die verschiedenen Städte und ihre unterschiedlichen Gesetze diese Männer, die aufgrund ihrer Weisheit verwandt sind, einander entfremden. Dieser Interpretation zufolge verträte Hippias nicht die Gleichheit der Menschen, sondern wie später Platon und Aristoteles ihre Ungleich-

Drei Deutungen der Aussage

heit. Denn sie impliziert, dass er die kleine Gruppe der griechischen weisen Männer auszeichnet und gegenüber der gemeinen Volksmenge abgrenzt. Einer deutlich weiteren Deutung zufolge vertritt Hippias einen Panhellenismus und will auf die Verwandtschaft aller Griechen verweisen. Nach dieser Interpretation verträte Hippias eine Gleichheit der Griechen, nicht aber aller Menschen (Schütrumpf 1972, S. 24–28). Der Begriff der „Verwandtschaft" (*syngeneia*) hätte nach dieser Deutung einen ethnischen Sinn. Wider diese natürliche Verwandtschaft wäre etwa die damals vorherrschende naturwidrige Sitte, dass Griechen im Krieg unterlegene Griechen versklaven (vgl. zu Platons Panhellenismus *Politeia* 469 b–471 b). Die dritte Deutung weitet den Kreis der Personen, die Hippias als verwandt ansieht, noch weiter aus. Dieser Interpretation zufolge sind für ihn die Griechen nicht bloß mit allen Griechen, sondern auch mit allen Barbaren verwandt. Hippias würde damit zum Vordenker des Kosmopolitismus (Untersteiner 2008, S. 433 [1949, S. 344f.]). Als solcher könnte er etwa die Sitte, Barbaren als minderwertig anzusehen und zu versklaven, kritisiert haben. Demnach würde Hippias eine ähnliche Position vertreten wie Antiphon, der eine allgemeine Menschengleichheit verteidigt. Während Antiphon diese Gleichheit vor allem an biologischen Merkmalen festmacht, könnte Hippias an ein Weltbürgertum denken, das auf Freundschaft, Eintracht und einer gemeinsamen Menschlichkeit gründet.

Vergleicht man die Argumentationen der sophistischen „Rechte" und der sophistischen „Linke", dann fällt auf, dass sich sowohl Antiphon als auch Kallikles auf die Natur berufen und insbesondere auf die Natur des Menschen. Übereinstimmend spielen Antiphon und Kallikles die Natur gegen Gesetze und Moral aus, die ihnen zufolge im Widerspruch zu ihr erlassen wurden. Sie gelangen jedoch von derselben Prämisse, dass die Natur des Menschen als Beurteilungs- und Gestaltungskriterium des Nomos anzusehen ist, zu unvereinbaren Schlussfolgerungen.

Fazit: Konsequenzen aus der Natur

Für Antiphon dürfte aus der natürlichen Gleichheit der Menschen die Forderung nach ihrer weitgehenden sozialen und politischen Gleichheit folgen. Für Kallikles dagegen folgt aus der natürlichen Ungleichheit der Menschen, dass ihre soziale und politische Ungleichheit als gut und gerecht anzusehen ist. Dieser Widerspruch lässt sich nicht einfach darauf reduzieren, dass die verschiedenen Sophisten die Natur des Menschen unterschiedlich auslegen und dass die menschliche Natur nach Belieben so oder auch anders gedeutet werden kann. Denn bei genauerer Betrachtung zeigt sich, dass Antiphon den Begriff der Natur auf die menschliche Gattung bzw. Spezies bezieht und deshalb die gleichen bzw. allgemeinen biologischen Gattungsmerkmale des Menschen auffindet. Kallikles dagegen bezieht den Begriff der Natur nicht auf die Gattung, sondern auf die Individuen und die individuellen natürlichen Anlagen und Merkmale der Menschen. In dieser Hinsicht stellen sich die Menschen als ungleich dar. Offenbar ist die menschliche Natur nicht eindimensional, und es ist kaum zu bezweifeln, dass die Menschen sowohl gleich als auch ungleich sind. Die entscheidende kontroverse Frage ist, welche Hinsicht auf die menschliche Natur entscheiden soll und welche die relevanten Kriterien liefert, wenn es um die Verteilung von politischer Herrschaft und Macht in der Polis und um die Frage nach gesellschaftlicher Gleichheit und Ungleichheit geht. Es ist bemerkenswert, dass die jüngeren Sophisten die Frage nach der Gleichheit oder Ungleichheit von Mann und Frau nicht explizit ansprechen. Höchstwahrscheinlich impliziert Antiphons Verteidigung der allgemeinen Menschengleichheit die Annahme einer partiellen Gleichheit von Mann und Frau. Explizit wird diese Frage jedoch erst in Platons *Politeia* behandelt (→ KAPITEL 9.1).

Fragen und Anregungen

- Wie lässt sich Thrasymachos' Auffassung verstehen, der zufolge das Gerechte „nichts anderes als das dem Stärkeren Zuträgliche" ist?
- Erläutern Sie Kallikles' Kritik von Gesetz und Moral.
- Was sind die Gründe dafür, dass Antiphon als Hedonist und Utilitarist verstanden wird?
- Viele Sophisten berufen sich bei ihrer Kritik von Moral und Gesetz auf die Natur und insbesondere auf die Natur des Menschen. Erläutern Sie, warum sie trotz dieser Gemeinsamkeit zu unterschiedlichen Schlüssen gelangen.

Lektüreempfehlungen

Quellen

- **Fernanda Decleva Caizzi (Hg.): Antiphontis Tetralogiae.** Ed., transtulit, commentario instruxit F. Decleva Caizzi, Mailand 1969. *Der Band präsentiert eine kommentierte Edition und Übersetzung von Antiphons Tetralogien.*

- **Fernanda Decleva Caizzi/Maria Serena Funghi: Antipho,** in: Corpus dei papyri filosofici greci e latini (CPF), hg. von Francesco Adorno u.a., Parte I: Autori Noti, Vol. 1, Florenz 1989, S. 176–236. *Edition von Antiphons Papyrii, die auch das Papyrusbruchstück POxy. 3647 enthält, das 1984 von Maria Serena Funghi veröffentlich wurde. Caizzi und Funghi dreht die Ordnung von DK 87B44, Fr. A und Fr. B um.*
- **Platon: Sämtliche Dialoge,** hrsg. von Otto Apelt, Hamburg 1988 (zuerst 1919). *Platons Dialog „Politeia" ist die zentrale Quelle für Thrasymachos, sein Dialog „Gorgias" für Kallikles, sowie sein „Protagoras" und seine beiden „Hippias-Dialoge" für den gleichnamigen Hippias. Allerdings lässt sich nicht genau ermitteln, bis zu welchem Grad Platons Dialoge als historische Zeugnisse für diese Sophisten verlässlich sind.*
- **Hermann Diels/Walther Kranz (Hg.): Die Fragmente der Vorsokratiker.** *Siehe genauere Angaben und Erläuterungen am Ende von Kapitel 2.*
- **Thomas Schirren/Thomas Zinsmaier (Hg.): Die Sophisten.** Ausgewählte Texte, Stuttgart 2003. *Umfangreiche und leicht zugängliche Ausgabe, die Fragmente der jüngeren Sophisten sowie Testimonien und eine ausführliche Einleitung enthält.*

Forschung und Literatur

- **Carl Joachim Classen (Hg.): Sophistik** (Wege der Forschung, Bd. CLXXXVII), Darmstadt 1976. *Umfangreiche Sammlung, in der bedeutende Texte der Forschung vieler Jahrzehnte nachgedruckt sind.*
- **George B. Kerferd/Hellmuth Flashar: Erstes Kapitel: Die Sophistik,** in: Überweg. Grundriss der Geschichte der Philosophie. Die Philosophie der Antike, Bd. 2/1: Sophistik. Sokrates. Sokratik. Mathematik. Medizin, von Klaus Döring/ Hellmut Flashar/George B. Kerferd/Caroline Oser-Grote/Hans-Joachim Waschkies; hg. von Hellmut Flashar, Basel 1998. *Umfangreiches Kapitel (ca. 140 S.), das neben übergreifenden Charakterisierungen alle Sophisten forschungsorientiert darstellt. Die jeweils einem Sophisten gewidmeten Unterkapitel gliedern sich in der Regel in a) Biographie, b) Werkbeschreibung, c) Lehre. Das Kapitel enthält eine ca. dreißigseitige Bibliographie.*

- **Michael Gagarin: Antiphon the Athenian.** Oratory, Law, and Justice in the Age of the Sophists, Austin 2002. *Gut lesbare Monographie, die für die Identität von Antiphon dem Sophisten und Antiphon dem Redner argumentiert.*
- **George B. Kerferd: The Sophistic Movement,** Cambridge, 1981. *Das Buch kombiniert eine Einführung in die Sophisten und ihrer zentralen Themen mit einer übergreifenden Interpretation ihres Denkens. Kerferd argumentiert für die Wertschätzung der Leistungen der Sophisten, die er als Wegbereiter des modernen philosophischen Denkens interpretiert.*
- **William K.C. Guthrie: The Sophists** (A History of Greek Philosophy, Vol. III), Cambridge, 1969 (Nachdruck 1977). *Umfangreiche und übersichtlich gegliederte Darstellung der verschiedenen Sophisten und ihrer zentralen Themen. Guthrie begreift die Sophisten insofern als Einheit, als sie den Gegensatz zur idealistischen Philosophietradition bilden, für die vor allem Platon steht.*

7 Sokrates und seine Schüler Aristippos und Antisthenes

Abbildung 7: „Der Tod des Sokrates" von Jacques-Louis David, 1787

Das Gemälde „Der Tod des Sokrates" von Jacques-Louis David entstand 1787 am Vorabend der Französischen Revolution. Es zeigt den 399 v. Chr. von der Athener Strafgerichtsversammlung der 500 zum Tode verurteilten Sokrates, dem der Schierlingsbecher mit dem tödlichen Gift gereicht wird. Im Gegensatz zu seinen trauernden Schülern und Freunden bleibt der bis zuletzt philosophierende Sokrates heiter und gelassen. Er fürchtet den Tod nicht. Links im Bildhintergrund verlässt seine Frau Xanthippe das Gefängnis. Am Fußende des Bettes platziert der Maler Platon, der ähnlich ruhig bleibt wie sein Lehrer. Platon war jedoch, so der Bericht von dessen Dialog „Phaidon", am Todestag des Sokrates nicht zugegen. Er sei krank gewesen (59 b).

In Platons *Apologie des Sokrates* erklärt dieser, niemand habe ein Wissen vom Tod. Diejenigen, die ihn fürchten, bildeten sich lediglich ein Wissen über ihn ein, das sie gar nicht haben könnten. Vielleicht sei er ja das größte Glück für den Menschen (29 a/b). Generell glaubten die meisten Menschen zu Unrecht, so eine zentrale Einsicht des Sokrates, ein Wissen über viele Sachen zu haben. Seine von Gott zugewiesene Lebensaufgabe erkannte er darin, zu jedem einzelnen zu gehen und dessen Wissen zu prüfen. Sokrates war nicht nur sehr fromm, er war auch sehr moralisch. Er bemühte sich um die Tugenden seiner Mitbürger und war selbst wahrhaftig und gerecht. Deshalb floh er auch nicht aus der Todeszelle, obwohl er die Möglichkeit dazu gehabt hätte. In Platons Dialog *Kriton* begründet er dies damit, er sei eine stillschweigende Vereinbarung mit den Gesetzen der Polis eingegangen. Während Sokrates' Schüler Antisthenes in Athen die Bewegung des Kynismus ins Leben rief, gründete sein Schüler Aristippos in seiner Heimatstadt Kyrene, das im heutigen Libyen liegt, die bedeutende Schule der Kyrenaiker.

7.1 Die Quellen, die Persönlichkeit und die Anklage

Die Quellen

Unser Wissen über Sokrates, der selbst keine Schriften verfasst hat, stammt vor allem von vier antiken Autoren. Zwei waren seine Schüler. Die vielleicht wichtigste Quelle sind die Werke des 427/28 v. Chr. geborenen Platon. Sokrates' berühmtester Schüler war zu der Zeit von dessen Tod knapp 30 Jahre alt. Platons Dialoge stellen ihre Interpreten aber vor ein schwerwiegendes Problem: In welchen Unterredungen und an welchen Stellen kommt der historische Sokrates zu Wort, und wo verwendet ihn Platon nur als fiktive Dialogfigur oder als Sprachrohr für seine eigenen Gedanken (→ KAPITEL 8.1)? Unter Sokrates-Forschern besteht jedoch weitgehender Konsens, dass Platons *Apologie* eine verlässliche Quelle für den historischen Sokrates darstellt (Figal 1998, S. 22; Havelock, S. 293; Strauss 1964, S. 56f.; Strauss 1983, S. 38f.; Vlastos 1995, S. 6). Bedeutend ist auch das Zeugnis von Sokrates' Schüler Xenophon, dessen politische Schriften in der neueren Forschung aufgewertet wurden (Ottmann 2001b, S. 225ff.). Der um 430/25 v. Chr. geborene politische Denker, Schriftsteller und Historiker schrieb über Sokrates ein vier Bücher umfassendes Werk *Erinnerungen an Sokrates* bzw. *Memorabilia*. Wie Platon verfasste er eine *Apologie des Sokrates* und ein *Symposion*, ein Gespräch des als hässlich geltenden Sokrates über die Schönheit. Zudem führt Sokrates die Unterredung im *Oeconomicus*, einem Werk über Haushalts- und Lebensführung. Xenophon überliefert insbesondere viele Gespräche des historischen Sokrates, bei denen er angeblich persönlich zugegen war (*Oeconomicus* I; Mem. 1,3,1; vgl. Mem. 1,4,2; vgl. zur Kritik an Xenophons Behauptung und an der Verlässlichkeit seines Zeugnisses Patzer 1987, S. 9, 16–19; Vlastos 1995, S. 4f.). Die dritte Quelle ist das 423 v. Chr. uraufgeführte Stück *Die Wolken* des Komödiendichters Aristophanes. Als Komödie kommt ihm allerdings nur eingeschränkter Quellenwert zu. Neben diesen zeitgenössischen Quellen überliefern auch die Werke des Aristoteles, der 15 Jahre nach Sokrates' Tod geboren wurde, wichtige Informationen. In der Sokrates-Forschung wurden diese vier Quellen, aus denen sich kein einheitliches Bild ergibt, sehr unterschiedlich bewertet und gewichtet (vgl. Patzer 1987 und Döring 1998, S. 141–145).

Leben

Der 470/69 v. Chr. geborene und 399 verurteilte Sokrates war Bürger Athens. Sein Vater war Bildhauer und seine Mutter Hebamme. Ob er selbst den Beruf seines Vaters ausübte oder sich vor allem der Philosophie widmen konnte, ist ungewiss. Seine fortwährenden philo-

Abbildung 8: Portrait des Sokrates (Archäologisches Nationalmuseum Neapel)

sophischen Gespräche führte er vor allem auf der Agora, dem Markt- und Versammlungsplatz der Stadt. Viele junge Männer schlossen sich ihm an. Wie Platon und seine Brüder stammten die meisten aus wohlhabenden Familien. Sokrates nahm von seinen Schülern im Gegensatz zu den Sophisten kein Geld. Er soll nicht bloß bedürfnislos, sondern auch arm gewesen sein. Daher dürfte er seine teure Ausrüstung als Hoplit, d.h. als schwer gerüsteter Fußsoldat, aus dem städtischen Zeughaus bekommen haben. Diese benötigte er für die bezeugte Teilnahme an drei Schlachten während des Peloponnesischen Krieges (431–404 v. Chr.), in denen er tapfer kämpfte. Er war auch als Bürger mutig. So erklärte er sich 406 als einziger Ratsherr gegen das gesetzwidrige Verfahren, in dem eine Gruppe siegreicher Admirale abgeurteilt wurde, denen das zornige Volk die verabsäumte Rettung von Schiffbrüchigen vorwarf. Sokrates soll drei Söhne von zwei Frauen gehabt haben, von denen die zänkische Xanthippe berühmt wurde.

Aristophanes' ***Die Wolken***

In seinen *Wolken* stellt Aristophanes Sokrates als „Priester des kniffligen Worts" und als unmoralischen Sophisten dar, der seine Schüler verdirbt. Bei ihm könne man eine Rede lernen, mit der man vor Gericht auch dann gewinnt, wenn man unrecht hat. In seiner Komödie lässt Aristophanes den Sokrates absurde naturwissenschaftliche Studien betreiben und erklären, dass es „keinen Zeus" gibt und dass „unsre Götterwesen" ihrem „wahren Sein" nach die Wolken am

Himmel sind. Auch wenn diese Darstellung über 20 Jahre vor seinem Prozess auf die Bühne kam, dürfte sie ihm geschadet haben. Denn nach dem Bild, das die Komödie von Sokrates zeichnet, erscheinen der erste und der dritte Punkt der gegen ihn eingereichten Anklage gerechtfertigt. (110–117, 250–253, 358–366)

Die Anklage gegen Sokrates

Nach übereinstimmender Überlieferung legte die Anklageschrift Sokrates drei Verletzungen der Athener Gesetze zur Last: (1) Sokrates erkenne die Götter der Polis nicht an. (2) Statt dessen führe er neue Götter ein. (3) Sokrates verderbe die Jugend (Mem. 1,1,1; Platon: *Apologie* 24 b/c; DL II 40). In Platons *Apologie* verteidigt sich Sokrates vor Gericht an erster Stelle nicht gegen die eingereichte Klageschrift, sondern gegen seine vielen früheren Ankläger, von denen er lediglich Aristophanes und dessen Komödie namentlich erwähnt. Gegen die lügenhaften Beschuldigungen dieser Ankläger, die nach den Ausführungen der *Apologie* bis ins Detail mit seiner Darstellung in den *Wolken* übereinstimmen, müsse er sich zuerst verteidigen, weil sie seine Richter schon von Kindheit an gegen ihn einzunehmen versuchten (18 a–19 e).

Sokrates und die Sophisten

Das legt die Deutung nahe, dass Sokrates von den Athener Bürgern als ein Sophist unter anderen wahrgenommen wurde. Dafür spricht auch, dass er sich wie die Sophisten vor ihm und zu seiner Zeit vor allem über „die menschlichen Dinge“ unterredete, „indem er untersuchte, was fromm, unfromm, schön, hässlich, gerecht, ungerecht, was Besonnenheit, Raserei, Tapferkeit, Feigheit, Staat, Staatsmann, Herrschaft über Menschen und ein Herrscher über Menschen sei“ (Mem. 1,1,16; vgl. Met. I 6, 987 b 1–2). Die zentralen Themen seiner Gespräche waren also die menschlichen „Tüchtigkeiten“ (*aretai*) und die Politik. Wie die Sophisten wandte er sich mit seinen Reden vor allem an die Jugend. Platon lässt ihn im *Euthyphron* erklären, es sei richtig, „zunächst dafür zu sorgen, dass die jungen Leute möglichst gut werden, gleichwie ein guter Landwirt natürlich zuerst für die jungen Pflanzen sorgt, danach auch für die übrigen“ (2 d). Treffend bemerken Thomas Schirren und Thomas Zinsmaier: „Erst nach seinem Tode schufen Sokrates’ Schüler – vor allem Platon und Xenophon mit ihren sokratischen Dialogen – eine literarische Gestalt, die ihr Profil gerade aus der polemischen Abgrenzung von den Sophisten gewinnt und das gemeinsame Interesse, durch das Sokrates mit ihnen verbunden war, nahezu vergessen ließ“ (2003b, S. 12f.; → KAPITEL 5 UND 6).

Die Beschuldigung, Sokrates erkenne die Götter der Polis nicht an, wird oft so verstanden, dass er sich nicht an der herkömmlichen

Die Nichtanerkennung der Götter

religiösen Praxis beteiligte. Xenophon führt zu seiner Verteidigung an, dass „er sowohl oft zu Hause als auch auf den gemeinsamen Altären der Stadt opferte; es war zudem wohlbekannt, dass er sich der Weissagekunst bediente" und „offensichtlich am meisten von allen Menschen die Götter verehrte" (Mem. 1,1,2 und 1,2,64; vgl. Platon: *Apologie* 35 d). In Platons *Apologie* wird die Anklage dagegen so verstanden, Sokrates sei Atheist und glaube an keine Götter. Anders als seine Mitbürger hielte er die Sonne und den Mond nicht für Götter, sondern denke, dieser sei eine Erde und jene ein Stein. Anaxagoras, der sein Lehrer gewesen sein soll, war genau deswegen um 450 v. Chr. oder später in Athen wegen Asebie (Gottlosigkeit bzw. Gotteslästerung) angeklagt worden (26 d; → KAPITEL 4.2).

Das Daimonion als neuer Gott?

Die Beschuldigung, Sokrates führe neue Götter ein, geht wohl auf seine innere Stimme zurück, die er sein Daimonion nennt. Dieses gebe ihm Zeichen, die er als göttliche Zeichen versteht. Die weiteren Berichte von Xenophon und Platon über das Daimonion stimmen jedoch nicht überein. Xenophon zufolge redete Sokrates „vielen, die mit ihm zusammen waren, zu, dieses zu tun, jenes zu lassen, da das Daimonion es so andeute" (Mem. 1,1,4). Dagegen erklärt Sokrates in Platons *Apologie*, es sei eine „Stimme, die sich immer nur in abmahnendem Sinne vernehmen lässt, um mich von einem Vorhaben abzubringen, niemals aber in zuredendem Sinne" (31 d). Insbesondere halte das Daimonion ihn von der politischen Tätigkeit ab, weil ihn diese als unbeirrbaren Verfechter des Rechts – wie der Vorfall mit den abgeurteilten Admiralen zeigt – wohl frühzeitig ums Leben gebracht hätte (32 b/c). Sokrates und die Berufung auf sein Daimonion wurden im Anschluss an Hegel als Konsequenz der griechischen Entwicklung zur „Entdeckung des Selbstbewußtseins" und des Individuums gedeutet. Sokrates stehe für „die Emanzipation des Einzelnen aus der traditionellen Sittlichkeit", die, so Hegel, seither radikal „auf die Subjektivität gestellt" werde (Ottmann 2001a, S. 235, 245; Hegel 1971, S. 490).

Der Verderber der Jugend

Ein Grund für die Beschuldigung, Sokrates verderbe die Jugend, dürfte gewesen sein, dass einige seiner Schüler später eine unrühmliche Rolle in der Geschichte der Stadt spielten (vgl. Mem. 1,2,12). Alkibiades wechselte als Staatsmann und Feldherr nach einer schwerwiegenden Anklage während des Peloponnesischen Kriegs die Fronten und versuchte sich an der Seite Spartas an Athen zu rächen. Kritias, Platons Onkel, galt als der rücksichtsloseste der „Dreißig Tyrannen", die die Stadt mit Spartas Hilfe 404/03 v. Chr. als Oligarchie beherrschten (→ KAPITEL 6.1 UND 8.1). In Platons *Apologie* wird die Beschuldigung, Sokrates verderbe die Jugend, anders verstanden und mit den beiden weiteren Anklagepunkten verknüpft. Er verderbe die Jugend dadurch, dass er sie „lehre, nicht an die staatlich anerkannten Götter zu glauben sondern an ein neues Dämonentum anderer Art“ (26 b). Sokrates gibt in Platons *Apologie* auch eine psychologische Erklärung für die gegen ihn erhobenen Vorwürfe. Die jungen Männer, die sich ihm anschlössen, würden ihn nachahmen und wie er das Wissen ihrer Mitbürger prüfen und sie dann ihres Nichtwissens überführen. Die Überführten gerieten daher in Zorn gegen Sokrates und beschimpften ihn als einen „gottlosen Menschen und Verführer der Jugend“ (23 c).

7.2 Die Prüfung des Wissens, die Methode und die Was-ist-Frage

Um sich gegen seine Ankläger zu verteidigen und den Ursprung der Verleumdungen gegen ihn aufzuhellen, erklärt Sokrates in Platons *Apologie* seine zentrale Tätigkeit in der Stadt. Sein Jugendfreund Chairephon habe in Delphi das Orakel befragt, ob jemand weiser sei als Sokrates (21 a). Als der Spruch der Pythia, der delphischen Priesterin, dies verneinte, habe er sich gewundert und daran gemacht, die Sache zu erforschen. Sich selbst nicht für weise haltend, habe er sich mit verschiedenen Männern auseinandergesetzt, die als weise angesehen wurden (21 a–c).

Der weise Sokrates

Zuerst habe er das Wissen der Staatsmänner, dann der Dichter und schließlich der Handwerker geprüft. Nach seinem Urteil bilden sich die Staatsmänner nur ein, etwas zu wissen. Tatsächlich aber sind sie unwissend, ohne sich dessen bewusst zu sein. Auch die Werke der Dichter erweisen sich ihm nicht als die Früchte ihrer Weisheit, sondern ihrer Naturanlage und Begeisterung. Ihre Begabung verleitet die Dichter jedoch zu dem Glauben, über viele Sachen etwas zu wissen und alle anderen Menschen an Weisheit zu übertreffen. Allein bei den Handwerkern findet Sokrates wirkliches Wissen. Dennoch attestiert er ihnen denselben Fehler wie den Dichtern. Weil jeder Handwerker seine „Kunst“ (*technê*) vorzüglich gelernt hat, bildet er sich ein, auch auf anderen Gebieten mehr zu wissen als die anderen Menschen (Platon: *Apologie* 21 c–22 e).

Anfänge der Prüfung des Wissens

Als Konsequenz aus seinen Prüfungen des Wissens gewinnt Sokrates die Einsicht, dass er den Staatsmännern, Dichtern und Handwerkern an Weisheit überlegen ist. Denn im Gegensatz zu ihnen weiß er

Das Wissen des Nichtwissens

zumindest, dass er nichts weiß. Diese einprägsame Kurzformel, mit der seine Auffassung oft wiedergegeben wird, enthält einen offenkundigen Selbstwiderspruch (Cicero: *Academica* I.16; Cicero: *Lucullus* 74; DL II 32). Seine Position lässt sich jedoch nicht auf diese Formel reduzieren. In Platons *Apologie* erklärt Sokrates vielmehr, er wisse zwar letztlich wie die Staatsmänner, Dichter und Handwerker nichts „Rechtes und Ordentliches" (*kalon kagathon*), bilde sich im Gegensatz zu ihnen allerdings auch nicht ein, etwas zu wissen (21 d; vgl. Aristoteles: *Sophist. Widerlegungen* 183 b 7f., und Vlastos 1991b, S. 82f.). Sokrates ist deshalb der Weiseste, weil er einen Begriff des Wissens hat, der ihm zugleich die Erkenntnis der Grenzen des Wissens erlaubt (vgl. Figal 1998, S. 50). Seine Lebensaufgabe sieht er darin, im Auftrag der delphischen Gottheit sein Wissen und dasjenige der anderen Menschen zu prüfen sowie sich der Wahrheitsforschung und der moralischen Besserung seiner Mitbürger zu widmen. Damit möchte er auch erweisen, wie wenig Wert die menschliche Weisheit im Vergleich zur göttlichen ist, was die Menschen zur Bescheidenheit mahnen sollte (Platon: *Apologie* 23 a/b, 28 e–30 b, 33 c, 38 a).

Die Dialektik und die Ironie

Sokrates' Methode, mit der er das Wissen untersucht, ist die dialogische Gesprächskunst, die Dialektik (Mem. 4,6,1). Ein Teil dieser Kunst ist die sokratische Ironie, die vor allem darin besteht, dass er durch „Verstellung" (*eirôneia*) vorgibt, er sei vom Wissen seiner Gesprächspartner überzeugt. Dadurch ermuntert er sie, ihr vermeintliches Wissen mitzuteilen und von ihm hinterfragen zu lassen. Dieses Verfahren führt schließlich dazu, dass er sie durch seine Fragen zur Einsicht in ihre tatsächliche Unwissenheit führen kann, die das vermeintliche Wissen aufhebt. (Platon: *Symposion* 216 d–e; *Theaitetos* 195 b; *Politeia* 337 a; *Gorgias* 489 e)

Die Elenktik und die Mäeutik

Sokrates' Methode wird auch mit dem Terminus „Elenktik" (Kunst des Prüfens und Widerlegens) bezeichnet (vgl. zur Literatur Erler 2007, S. 361–363). Gregory Vlastos definiert den sokratischen Elenchus (Prüfung, Widerlegung) als die Suche nach „moralischer Wahrheit" (*moral truth*) durch Fragen und Antworten, die sich auf ein „widerstreitendes Argument" (*adversary argument*) beziehen. Eine These wird dabei nur dann debattiert, wenn sie der Antwortende als seine eigene Überzeugung geltend macht. Die These gilt bloß dann als widerlegt, wenn ihre Negation aus dessen eigenen Überzeugungen abgeleitet wird. Zudem betont Vlastos, dass der sokratische Elenchus eine existenzielle Dimension hat, weil er darauf abzielt herauszufinden, wie jedes menschliche Wesen leben sollte und ob der Antwortende so lebt, wie man leben sollte (Vlastos 1994, S. 4, 9f.).

In Anlehnung an den Beruf seiner Mutter soll Sokrates seine philosophische Kunst auch Mäeutik, d.h. Hebammenkunst, genannt haben. Wie die „Hebamme“ (*maia*) Kinder zur Welt bringt, entbindet Sokrates die Gedanken der Dialogpartner, um anschließend ihre Qualität zu prüfen (Platon: *Theaitetos* 149 a–151 d, 157 c/d; vgl. Erler 2007, S. 364f.). Nach Vlastos, der sich auch auf eine Untersuchung von Myles Burnyeat beruft, stammt die Hebammen-Metapher nicht von Sokrates, sondern sei eine platonische Erfindung (Vlastos 1994, S. 5; Burnyeat 1977).

Suche nach moralischem Wissen

Die Aufhebung vermeintlichen Wissens ist für Sokrates nicht reiner Selbstzweck. Sie ist vielmehr Teil seiner Suche nach Wissen über moralische Fragen, insbesondere nach der Wahrheit über die „ethischen Tüchtigkeiten“ (*ethikai aretai*). Nach dem Zeugnis des Aristoteles sei Sokrates der erste gewesen, der über die Tüchtigkeiten des Charakters bzw. über die ethischen Tüchtigkeiten allgemeine Begriffe zu bestimmen versuchte (vgl. Wieland 1999, S. 125f.; → KAPITEL 9.1 UND 11.2). Dabei sei er induktiv vom Besonderen zum Allgemeinen vorangeschritten. Das kann so verstanden werden, dass er von einzelnen tüchtigen Handlungen oder Menschen ausgegangen und durch Ausscheidung des Unwesentlichen zum Begriff einer bestimmten Tüchtigkeit oder der Tüchtigkeit im Allgemeinen fortgeschritten ist (vgl. Kranz 1997, S. 114). Zudem habe er bei der Suche nach allgemeinen Definitionen nach dem Was bzw. nach dem Wesen, wörtlich nach dem „was-es-ist“ (*to ti estin*) gefragt. Nach Aristoteles sind wir berechtigt, dem Sokrates sowohl das induktive Denken als auch die allgemeinen Definitionen zuzuschreiben, die beide den „Anfang“ bzw. das „Prinzip“ (*archê*) der Wissenschaft betreffen (Met. XIII 4, 1078 b 17–32; vgl. Met. I 6, 987 b 1–4 und Vlastos 1991b, S. 91–98; vgl. zum Einfluss des Sophisten und Sprachphilosophen Prodikos auf Sokrates’ Reflexionen über Begriffe und Begriffsbestimmungen → KAPITEL 6.1).

Im Einklang mit dem Zeugnis des Aristoteles fragt Sokrates in Platons frühen Dialogen häufig danach, was eine Tüchtigkeit ist. So führt er im *Laches* ein Gespräch mit zwei Feldherren, das sich um die Frage dreht, was Tapferkeit ist. Die Definitionen der Feldherren, denen Sachverstand und Wissen unterstellt wird, werden im Verlauf des Dialogs jedoch als ungenügend zurückgewiesen. Der Dialog kommt zu keinem konkreten Ergebnis und endet aporetisch, d.h. rat- und weglos (vgl. zum Begriff „Aporie“ und zur Literatur Erler 2007, S. 363f.). Aporetisch endet auch Platons Dialog *Euthyphron*, in dem Sokrates danach fragt, was Frömmigkeit ist. Euthyphron, der sich ein Wissen über Frömmigkeit anmaßt, gibt vier Definitionen, die Sokrates jedoch als unzureichend abweist. Euthyphron bestimmt das Fromme etwa als das Verhalten, ausnahmslos gegen jeden „Übeltäter, der sich durch Mord oder Tempelraub oder ein anderes Verbrechen solcher Art vergangen hat, gerichtlich vorzugehen“ (5 d). Euthypron beantwortet die „Was-ist-Frage“ also lediglich damit, dass er ein Beispiel für fromme Handlungen anführt, ohne das Fromme definieren zu können. Die Frage des Sokrates zielt dagegen auf das „Wesen“ (*idea*, *eidos*) der Frömmigkeit, auf das, was bei den vielen frommen Handlungen identisch ist und durch das „alles Fromme fromm ist“ (5d, 6 d/e). Nach dem Zeugnis des Aristoteles versteht Sokrates dieses Allgemeine, das er begrifflich zu bestimmen versucht, als etwas, das sich an den untersuchten Gegenständen findet und nicht separat von ihnen existiert. Er lobt Sokrates dafür, dass er im Gegensatz zu Platon und dessen Ideentheorie „das Allgemeine und die Begriffsbestimmungen nicht als abgetrennte, selbständige Wesen“ setzte (Met. XIII 4, 1078 b 30–32; → KAPITEL 8.3 UND 10.3).

Die Was-ist-Frage

7.3 Zum Problem des historischen Sokrates, Moralphilosophie und politische Philosophie

Nach Gregory Vlastos gehören *Laches* und *Euthyphron* wie die Dialoge *Apologie*, *Charmides*, *Kriton*, *Gorgias*, *Hippias minor*, *Ion*, *Protagoras* und Buch I der *Politeia* zu Platons frühen Dialogen, die er – im Einklang mit der Platon-Forschung – von dessen mittleren und späteren Dialogen abgrenzt (→ KAPITEL 8.1). Vlastos stellt zehn Thesen auf, in denen er jeweils ein spezifisches Merkmal des Sokrates bestimmt, das sich in Platons frühen und mittleren Dialogen unterscheidet. Vlastos versucht zu zeigen, dass lediglich die frühen Dialoge den historischen Sokrates darstellen, während Sokrates in den mittleren lediglich als Sprachrohr für Platons eigene Gedanken dient (vgl. zur Kritik an dieser Auffassung Kahn 1996). Als Dialoge der mittleren Periode führt er den *Kratylos*, *Phaidon*, *Symposion*, *Politeia* II–X, *Phaidros*, *Parmenides* und *Theaitetos* an (→ KAPITEL 8.1). Vlastos begreift die frühen Dialoge nicht als exakte Wiedergaben der Gespräche des Sokrates, sondern als kreative Nachbildungen, die ihre Methode vorführen und ihre Inhalte untersuchen (Vlastos 1991a, S. 46f., 49; Vlastos 1995, S. 6).

Platons frühe und mittlere Dialoge

Vlastos' zehn Thesen lauten in leicht verkürzter Form: (1) Während der historische Sokrates ausschließlich Moralphilosoph ist, widmet sich der platonisierte *auch* der Metaphysik, der Erkenntnis- und Wissenschaftstheorie, der Sprach-, Religions- und Kunstphilosophie. (2) Anders als der echte Sokrates entwirft der platonisierte eine Theorie abgetrennt existierender Ideen und einer vom Körper abtrennbaren Seele, die durch Wiedererinnerung lernt (→ KAPITEL 8.2–8.4). (3) Während der historische Sokrates Wissen auf elenktischem Weg sucht und sich regelmäßig zu seinem Nichtwissen bekennt, strebt der platonisierte nach darstellbarem Wissen und ist zuversichtlich, es auch zu finden. (4) Anders als der echte Sokrates entwirft der platonisierte das Modell einer dreigliedrigen Seele (→ KAPITEL 8.4 UND 9.1). (5) Der platonisierte Sokrates beherrscht die zeitgenössischen mathematischen Wissenschaften, für die sich der historische nicht interessiert und über die er auch keine Kenntnisse aufweist. (6) Der authentische Sokrates hat eine populistische Konzeption der Philosophie, der platonisierte eine elitäre. (7) Der platonisierte Sokrates hat im Gegensatz zum echten eine ausgearbeitete politische Theorie, der zufolge die Demokratie die zweitschlechteste Verfassungsform ist (→ KAPITEL 9.1). Der historische Sokrates kritisiert zwar die politischen Vorgänge im demokratischen Athen, zieht seine Polis und ihre Gesetze aber gegenüber jeder zeitgenössischen Stadt vor, ohne dies näher zu begründen. (8) Während in beiden Eros-Konzeptionen homoerotische Bindungen eine hervorragende Rolle spielen, begründet der platonisierte Sokrates diese metaphysisch in der Liebe zur transzendenten Idee des Schönen (→ KAPITEL 8.3). (9) Für den authentischen Sokrates besteht Frömmigkeit im praktischen Dienst an einer Gottheit, deren Charakter und Forderungen an die Menschen rigoros ethisch sind. Im Mittelpunkt der mystisch-kontemplativen Religion des platonisierten Sokrates steht dagegen die Gemeinschaft mit göttlichen, aber unpersönlichen Ideen (→ KAPITEL 8.3). (10) In den elenktischen Dialogen wendet der historische Sokrates eine auf Widerstreit basierende Untersuchungsmethode an, weil er moralische Wahrheit durch die Widerlegung der abweichenden Thesen seiner Gesprächspartner anstrebt. Der platonisierte Sokrates ist dagegen ein dialektischer Denker, der seinen zustimmenden Gesprächspartnern die Wahrheit darlegt und erklärt (Vlastos 1991a, S. 47–49).

Gregory Vlastos' zehn Thesen

In seinem 1995 erschienen Sokrates-Buch erklärt Günter Figal, dass sich keine der zehn Unterscheidungen von Vlastos halten lasse. Figal versucht in seinem Buch zu zeigen, dass der echte Sokrates viel „platonischer“ war, als Vlastos glaubt (Figal 1998, S. 19). Eine Schwierigkeit von Vlastos' Ansatz sei seine Unterscheidung von frühen und mittleren Dialogen. So führt der als früh interpre-

Einwände gegen die zehn Thesen

tierte Dialog *Euthyphron* „terminologisch und sachlich die Ideenlehre mit solchem Nachdruck ein, daß man dies entweder als eine frühe Platonische Zutat ansehen oder plausibel machen muß, hier sei mit den Ideen noch etwas ganz anderes als später gemeint" (Figal 1998, S. 19). Nach Figals Auffassung gibt es jedoch tatsächlich eine Sokratische Ideenlehre, in deren Zentrum die Idee des Guten steht (Figal 1998, S. 73, 62–84). Figals These kann sich auf die Arbeiten der schottischen Platon-Forscher John Burnet und Alfred A. Taylor berufen, deren Rede von einer Sokratischen Ideenlehre ihnen in den ersten Jahrzehnten des 20. Jahrhunderts scharfe Kritik einbrachte (Burnet 1914, S. 102–156, Burnet 1911; Taylor 1911, Taylor 1979, S. 153ff.). Figal formuliert einen weiteren allgemeinen Einwand gegen Vlastos' Ansatz, „aus Platons frühen Dialogen ein überzeugendes Sokrates-Bild zu gewinnen". So weist er darauf hin, dass Platon im Gegensatz zu den frühen Dialogen in einigen mittleren „ein sehr viel plastischeres, sehr viel lebensvolleres und derart auch genaueres Bild" zeichnet. Dieser Hinweis wirft für Vlastos' Ansatz eine schwierige Frage auf: „Warum sollte Platon ein solches Bild gerade dort zeichnen, wo es ihm doch angeblich nunmehr um die eigene Philosophie geht?" (Figal 1998, S. 20).

Sokrates' Suche nach moralischem Wissen ist durch sein Streben nach moralischem bzw. tüchtigem Handeln und nach moralischer Besserung seiner Mitbürger motiviert. Seine keineswegs selbstverständliche Auffassung, dass eine intersubjektiv verbindliche moralische Erkenntnis möglich ist, wird heute als „ethischer Kognitivismus" bezeichnet. Nach Sokrates setzt moralisches Handeln moralisches Wissen bzw. wahre moralische Urteile voraus. Seine Grundüberzeugung ist, dass moralisches Wissen nicht bloß die notwendige, sondern auch die hinreichende Bedingung für moralisches Handeln ist. Daher wurde seine ethische Position auch als „Intellektualismus" bezeichnet (vgl. Wundt 1907 und Erler 2007, S. 433f.). Das Wissen vom Guten und von der Tugend macht einen Menschen zugleich zu einem guten Menschen, der die Motivation hat, tugendhaft zu handeln. In Platons *Protagoras* definiert Sokrates die Tapferkeit als „Wissen" (*sophia*) des Furchtbaren und Nichtfurchtbaren (360 d). Hat ein Mensch dieses Wissen erlangt, dann wird er auch zwangsläufig tapfer sein und tapfer handeln. Dasselbe trifft auch für die anderen ethischen Tüchtigkeiten zu. Mit Sokrates Auffassung, dass Tugend Wissen ist, sind die Thesen verbunden, dass niemand freiwillig schlecht handelt und dass alle Tugenden eine Einheit bilden (Platon: *Protagoras* 328 d–334 c,

Tugendwissen und tüchtiges Handeln

345 e, 352 b/c; Platon: *Gorgias* 460 b/c; Mem. 3,9,5; vgl. EN VII 3, 1144 b 28–30; Aristoteles: *Eudemische Ethik* I 5, 1216 b 3ff.)

Der zentrale Einwand des Aristoteles gegen die ethische Position des Sokrates ist, dass er das Problem der „Willensschwäche“ bzw. des „Mangels an Selbstbeherrschung“ (*akrasia*) leugnet (EN VII 3, 1145 b 23–26; → KAPITEL 11.2). Tatsächlich bestreitet Sokrates, der sich nach Xenophon durch „größte Selbstbeherrschung“ auszeichnete, in Platons *Protagoras* das Phänomen der Willensschwäche (Mem. 1,2,1). Sokrates beklagt in diesem Dialog, dass die meisten Menschen das Wissen bzw. die Erkenntnis nicht für etwas „Starkes, Leitendes, Gebietendes“ halten und vielmehr behaupten, „es komme oft genug vor, dass der Mensch die Erkenntnis zwar besitze, dass aber nicht sie über ihn die Herrschaft habe, sondern irgendetwas anderes, bald Zorn, bald Lust, bald Unlust, zuweilen auch leidenschaftliche Liebe und oftmals Furcht, kurz sie denken von der Erkenntnis nicht besser als von einem Sklaven“. Dagegen wendet Sokrates ein, die Erkenntnis sei „etwas Schönes und berufen zur Herrschaft über den Menschen dergestalt, dass wer das Gute und Böse richtig erkennt, schlechterdings durch keine Gewalt dazu gebracht werden kann, etwas anderes zu tun, als die Erkenntnis gebietet“ (352 b/c). Aristoteles wendet dagegen ein, Sokrates' Behauptung widerspreche „offensichtlich den Phänomenen“ (EN VII. 3, 1145 b 27f.; vgl. zu der umstrittenen Frage, ob sich Platon Sokrates' Gleichsetzung von Tugend und Wissen anschließt, Erler 2007, S. 433–435).

Das Problem der Willensschwäche

In der Forschung besteht ein weitgehender Konsens, dass Platons *Kriton* der Dialog ist, der uns über die politische Philosophie des Sokrates am deutlichsten Auskunft gibt (Kraut 1984; Ottmann 2001a, S. 248; Unruh 2000; Woozley 1979). Dennoch ist es ungewiss, ob der Dialog tatsächlich eine historisch genaue Darstellung von Sokrates' eigenem politischem Denken enthält (Kraut 1984, S. 3f.). Zudem ist die philosophische Stringenz des Dialogs stark umstritten (vgl. Kraut 1984, S. 6f.). Das zentrale Thema des *Kriton* sind die Argumente, die Sokrates dazu bewegen, unmittelbar vor seiner Hinrichtung nicht aus dem Gefängnis zu fliehen, obwohl sein reicher Schüler Kriton schon alles für die Flucht arrangiert hat. Zuerst weist Sokrates die Argumente zurück, mit denen Kriton ihn von der Flucht überzeugen will. Es komme nicht auf die Meinung an, die die Menge über sein Verhalten und das seiner Freunde hat. Es komme auch nicht auf das Überleben an. Das höchste Gut sei vielmehr das gute Leben. Auch die Rücksicht auf die Freunde und die Familie sei letztlich irrelevant. Entscheidend ist für Sokrates allein die Frage, ob eine Flucht

Die politische Philosophie

gerecht wäre (46 b–48 d). Sokrates formuliert ein erstes Argument für seine Weigerung zu fliehen: Man dürfe Unrecht nicht mit Unrecht vergelten. Auch wenn seine Verurteilung ungerecht war, wäre es ein Unrecht zu fliehen (49 a–e). Warum es ungerecht ist, sich einem ungerechten Urteil zu entziehen, begründet er jedoch erst später. Nach dem zweiten Argument, das Platon von den Gesetzen selbst vortragen lässt, würden durch eine Flucht nicht bloß sie geschädigt oder vernichtet, sondern zugleich das Recht und die Polis (49 eff.). Wenn Urteile nicht vollstreckt werden können, dann erleiden das Recht und die Polis Schaden. Der Kern des zweiten Arguments dürfte sein, dass sich eine Nicht-Vollstreckung von Urteilen nicht verallgemeinern lässt. Werden Urteile generell nicht vollstreckt, dann vernichtet dies das Recht und folglich auch die politische Gemeinschaft, die auf ihm basiert. Dagegen ließe sich jedoch einwenden, dass eine Flucht nicht auf der Maxime basieren würde, dass Urteile generell nicht vollstreckt werden sollen, sondern nur auf dem Prinzip, dass ungerechte Urteile nicht vollstreckt werden sollen (vgl. Ottmann 2001a, S. 249).

Sokrates' Vertrag mit der Polis

Das dritte Argument gegen eine Flucht, das wiederum von den Gesetzen vorgetragen wird, ist das entscheidende. Diesem Argument zufolge ist Sokrates eine stillschweigende Vereinbarung bzw. einen impliziten Vertrag mit den Gesetzen eingegangen. Wie seinen Eltern verdanke Sokrates der Polis und ihren Gesetzen viele Wohltaten und schulde ihren Anordnungen daher Respekt. Er habe sich in die Bürgerliste eintragen lassen und habe damit die Gesetze und die politische Ordnung Athens anerkannt. Die Polis habe ihm ausdrücklich und öffentlich erklärt, dass er jederzeit die Freiheit habe, sie mit Hab und Gut zu verlassen, wenn er mit ihr und ihren Gesetzen nicht einverstanden sein sollte. Da er aber jahrzehntelang als Bürger in der Polis geblieben ist, sei er durch diese Tat, die konkludentes Handeln darstellt, die stillschweigende Vereinbarung mit ihren Gesetzen eingegangen, ihnen zu gehorchen. Er habe auch die Freiheit gehabt, die Gesetze offen zu kritisieren und die Volksversammlung zu überzeugen, sie zu ändern. Dies wird gleich dreimal erwähnt (51 b–52 a). Da er dies entweder nicht versucht hat oder es ihm nicht gelungen ist, muss er nun den Gesetzen gehorchen. Freiwillig und im vollen Wissen um die Bedingungen sei er einen gültigen impliziten Vertrag mit der Polis eingegangen. Darin habe er seine Verpflichtung als Bürger anerkannt, den Anordnungen der Gesetze Folge zu leisten. Eine Flucht wäre ungerecht, weil er durch sie sein Versprechen an die Polis und seinen Vertrag mit ihr brechen würde. Im Anschluss an die Begründung dafür, dass Sokrates' Flucht eine Handlung wäre, die inhärent unrechtmäßig ist, argumentieren die Gesetze auch konsequenzialistisch und legen die negativen Folgen dar, die sich aus ihr ergeben würden.

Kritik der politischen Philosophie

Gegen die politische Philosophie des Sokrates wurden verschiedene Einwände erhoben. Ein Standardeinwand lautet, dass sie extrem autoritär sei. Sie übertreibe ihr Bedürfnis nach „Law and Order" und lasse kaum Raum für Dissens und zivilen Ungehorsam. Die Bürger seien Sklaven der Polis und müssten ihren Anordnungen wie denjenigen ihrer Eltern folgen (Woozley 1979, S. 62–75; vgl. Kraut 1984, S. 5). Richard Kraut hat diesem Einwand mit guten Gründen widersprochen. Der *Kriton* bemühe sich vielmehr um einen fairen Ausgleich zwischen den Bedürfnissen der einzelnen Bürger und denjenigen der Polis (Kraut 1984, S. 6). Kraut setzt den *Kriton* in Beziehung zu anderen frühen Dialogen und gibt eine Interpretation der politischen Überzeugung des Sokrates im Ganzen. In der Literatur wurde Sokrates sowohl als guter Demokrat als auch als Parteigänger der Aristokratie interpretiert. Dagegen legt Kraut überzeugend dar, dass Sokrates eine ambivalente Haltung zur Athenischen Demokratie habe. Er schätze zwar die extreme Freiheit, die die Athener Bürger hätten, kritisiere aber als Anhänger einer Expertokratie die Gesetzgebung durch die Volksmasse (Kraut 1984, S. 8f.; vgl. Ottmann 2001a, S. 243f.). Nach Henning Ottmann war Sokrates' ganzes Leben und Lehren in Wahrheit „ein einziger Dienst an der Stadt" (Ottmann 2001a, S. 246). Ottmann wendet gegen die Argumentation im *Kriton* ein, dass die Figur des Vertrags nicht überzeugt, „weil die Stadt selbst ihr Versprechen, ihre Seite des Vertrags, gebrochen hat. Die Stadt hat Sokrates zu Unrecht verurteilt. Wie kann man da von Sokrates verlangen, daß er gehorcht?" (Ottmann 2001a, S. 250). Vermutlich ist die Antwort des *Krition*, dass Sokrates nicht durch „die Gesetze, sondern durch Menschen" Unrecht erlitten hat (54c).

7.4 Aristippos und die Kyrenaiker: Die Lust als Ziel des Lebens

Aristippos wurde um 435 v. Chr. in der griechischen Polis Kyrene geboren, die im heutigen Libyen liegt. Fasziniert von Berichten über Sokrates reiste er als junger Mann nach Athen und schloss sich ihm an (Mannebach 1961, fr. 1–2). Aristippos wurde einer der ersten Schüler und ein enger Freund des Sokrates, der etwa 35 Jahre älter war als er. Im Gegensatz zu seinem Lehrer nahm Aristippos Geld für seine philosophische Lehrtätigkeit und führte ein ausschweifendes und verschwenderisches Leben (Mannebach 1961, fr. 3–8; DL II 65, 68, 72, 74, 80). Nach seiner Zeit in Athen und vielen Reisen kehrte er nach Kyrene zurück, wo er um 355 v. Chr. verstarb. In Kyrene gründete er seine philosophische Schule, deren Angehörige als Kyrenaiker bezeichnet werden. Zu den Schülern gehörte seine Tochter Arete, die ihn als Schuloberhaupt ablöste. Aretes Sohn Aristipp, den sie in die Philosophie einführte und der deshalb den Beinamen „der Mutterschüler" bekam, führte die Schule weiter. Von dessen Schüler Theodoros ging ein Zweig der späteren Kyrenaiker aus, dessen Anhänger sich Theodoreer nannten. Theodoros, genannt der „Gottlose" (*atheos*), soll die konventionellen Moralvorstellungen relativiert und mit seiner Religionskritik – wie Aristippos und andere Kyrenaiker – einen starken Einfluss auf Epikur ausgeübt haben (DL II 86, 97, 99; → KAPITEL 12.4). Spätere Zweige der Kyrenaiker gingen von dem Pessimisten Hegesias und von Annikeris aus, deren Schüler als Hegesiaker und Annikereer bezeichnet wurden (Mannebach 1961, fr. 133; DL II 85–104). Wie bei Pythagoras und seinen Anhängern oder wie bei Sokrates und Platon ist es in der Forschung umstritten, welche Lehren auf Aristippos und welche erst auf seine Schüler und Nachfolger zurückgehen. Der Kern der Lehre geht jedoch gewiss auf den Schulgründer selbst zurück, der auch etliche philosophische Dialoge und Schriften verfasst hat, die nicht erhalten sind (Capelle 1971, S. 15; Classen 1986, S. 265–277; Döring 1988, S. 66–69; Zeller 2006, S. 105f.; vgl. das Schriftenverzeichnis in DL II 83–85).

Leben und Schulen der Kyrenaiker

Die ethischen Dogmen der Kyrenaiker basieren auf ihren erkenntnistheoretischen Lehren. Nach diesen ist sicheres Wissen bzw. Gewissheit nur von unseren inneren bzw. privaten „Empfindungen" (*pathê*) möglich. Dagegen können wir über die Dinge außerhalb von uns, die uns affizieren, nichts wissen und keine sicheren Urteile fällen (Math. VII 191ff. = Mannebach 1961, fr. 217; → KAPITEL 12.2). Wahrscheinlich bezog sich diese erkenntnisskeptische Lehre nur auf Qualitäten wie warm und kalt oder süß und bitter. Ein zentrales Argument für diese Lehre soll die Beobachtung gewesen sein, dass nicht alle Lebewesen den Honig als süß oder die Blätter des Ölbaums als bitter empfinden. So gibt es Tiere, die den Honig verabscheuen oder die Blätter des Ölbaums als Futter zu sich nehmen. Daher lassen sich über die objektive Qualität des Honigs oder die Eigenschaft der Blätter des Ölbaums an sich keine Aussagen machen (Plutarch: *Adversus Colotes* 24, 1120 d–f = Mannebach 1961, fr. 218). Nach einem anderen Argument der Kyrenaiker gibt es kein Kriterium der Wahrheit,

Erkenntnistheoretische Lehren

das allen Menschen gemeinsam ist. Auch wenn die verschiedenen Menschen ihre privaten Empfindungen mit den gemeinsamen Namen wie „weiß" oder „süß" bezeichnen, können sie nicht wissen, ob die anderen die gleichen Empfindungen haben wie sie. Denn weder verfügen sie über ein gemeinsames Weißes oder Süßes noch können sie die Empfindungen der anderen Menschen wahrnehmen (Math. VII 195f. = Mannebach 1961, fr. 217)

Herkunft und Kontext der Lehren

Wahrscheinlich sind die erkenntnistheoretischen Lehren der Kyrenaiker von dem Sophisten Protagoras beeinflusst (vgl. Döring 1988, S. 29–32; Graeser 1983, S. 120). In Platons Dialog *Theaitetos*, der sich um die Frage dreht, was Wissen bzw. Erkenntnis ist, wird Protagoras' Homo-mensura-Satz so gedeutet, dass alle Dinge für jeden so sind, wie sie ihm erscheinen. Der Wind, so Platons Beispiel, erscheint dem Frierenden als kalt, während ihn der nicht Frierende nicht als kalt wahrnimmt. Diese gegensätzlichen Wahrnehmungen und Empfindungen legen es nahe, dass es unangemessen ist, den Wind als an und für sich kalt zu bezeichnen (*Theaitetos* 152 aff.; → KAPITEL 5.2). Die Übereinstimmungen der Erkenntnistheorie der Kyrenaiker mit derjenigen des Protagoras deuten darauf hin, dass sie bereits auf Aristippos zurückgeht (Graeser 1983, S. 120). Es wurde sogar vermutet, dass Aristippos wie Antisthenes ein Sophistenschüler war, bevor er sich Sokrates anschloss (Ricken 2007, S. 207). Nach einem anderen Argument dafür, dass die Erkenntnistheorie der Kyrenaiker bereits von Aristippos formuliert wurde, muss sie als Antwort auf Sokrates' Frage nach dem Was bzw. nach dem Wesen der Dinge verstanden werden (→ KAPITEL 7.2). Diese Frage wurde von Sokrates' Schülern weiter diskutiert. Nach Antisthenes gibt es ein unveränderliches Wesen der Dinge, das sich jedoch nicht zweifelsfrei bestimmen lässt (→ KAPITEL 7.5). Platon zufolge besteht dieses Wesen in den Ideen der Dinge, die sich bestimmen und erkennen lassen (→ KAPITEL 8.2 UND 8.3). Nach Aristippos dagegen können wir das Wesen der Dinge nicht bestimmen oder erkennen (vgl. Döring 1988, S. 27–29).

Die Verwandtschaft und Entsprechung der erkenntnistheoretischen und der ethischen Lehren der Kyrenaiker besteht darin, dass beide Lehren von den „Empfindungen" (*pathê*) ausgehen und diese als entscheidend betrachten. Unsere inneren bzw. privaten Empfindungen sind nicht bloß das einzige, wovon wir sicheres Wissen bzw. Gewissheit besitzen. Sie gehen auch mit bestimmten angenehmen oder unangenehmen Gefühlen einher. Die extreme Ausprägung der angenehmen Gefühle ist die „Lust" (*hêdonê*) und die extreme Ausprägung der unangenehmen der „Schmerz" (*ponos*). Unseren Quellen zufolge dürften die Kyrenaiker noch eine dritte, dazwischen liegende Art von Empfindungen angesetzt haben, die weder mit angenehmen noch mit unangenehmen Gefühlen einhergehen. Der entscheidende ethische Schritt der Kyrenaiker besteht jedenfalls darin, dass sie die lustvollen Empfindungen mit dem Guten und die Unlustempfindungen mit dem Übel identifizieren. Aus dieser Identifikation ergibt sich die Antwort auf die Frage nach dem guten und glücklichen Leben, die die Grundfrage der griechischen Ethik ist: Das höchste Gut und oberste Ziel eines guten Lebens ist die Lust. Das größte Übel ist dagegen der Schmerz, den man so weit wie möglich vermeiden soll (Math. VII 199f. = Mannebach 1961, fr. 167, 217; vgl. Döring 1988, S. 14–20).

Die ethische Hauptlehre

Die Kyrenaiker identifizieren das Gute und das Ziel des menschlichen Lebens mit lustvollen Empfindungen und das Übel mit Unlustempfindungen. Diese Gleichsetzung beruht ihnen zufolge nicht auf Willkür, sondern steht im Einklang mit den natürlichen Strebungen. Das zeigt eine elementare Beobachtung: „Die Lust ist allen Lebewesen erwünscht, dem Schmerz aber weicht man aus" (DL II 87). Diese empirische Grundtatsache ist ein entscheidender Bestandteil der Begründung für die ethische Hauptlehre der Kyrenaiker:

Begründung der Hauptlehre

> „Ein Beweis dafür, dass die Lust das Ziel ist, liegt in der Tatsache, dass wir uns ohne jede vorausgegangene Überlegung von Kind an zu ihr hingezogen fühlen und dass wir, sobald wir sie erlangt haben, nichts weiteres begehren und nichts so meiden wie den ihr entgegengesetzten Schmerz" (DL II 88; vgl. zu einen ähnlichen „Beweis" bei Epikur DL X 137; → KAPITEL 12.4).

Die Lust ist das Ziel, weil der Mensch von Natur aus nach ihr strebt und ihr Gegenteil, den Schmerz, negiert. Die natürlichen Neigungen und Abneigungen von Lebewesen zeigen, was für diese gut und schlecht ist. Die Beobachtung, dass das menschliche Begehren befriedigt ist, wenn die Lust erlangt ist, erweist sie zudem nicht bloß als das Ziel, sondern als das oberste Ziel für den Menschen.

Gegen die Begründungen, die die Kyrenaiker für ihre hedonistische Ethik anführen, wurden kritische Einwände vorgebracht. Nach der kyrenaischen Erkenntnistheorie können wir ein sicheres Wissen nur von unseren inneren bzw. privaten Empfindungen erlangen, nicht von den Dingen außerhalb von uns. Dieses erkenntnistheoretische Dogma lässt sich jedoch nur schwer mit den verallgemeinernden Aussagen vereinbaren, dass die Lust *allen* Lebewesen erwünscht ist und dass sich *alle* Menschen „von Kind an zu ihr hingezogen" fühlen. Denn nach ihrer eigenen Lehre können die Kyrenaiker davon

Kritik an der Begründung

eigentlich kein Wissen haben (Graeser 1983, S. 122). Nach einem anderen Einwand begehen die Kyrenaiker einen Fehlschluss, weil sie aus dem Sein ein Sollen ableiten. Auch wenn die Beobachtungen über die Natur des Menschen und dessen natürliche Strebungen zutreffen, erlaube dies keine normativen Folgerungen. Aus „der Tatsache, daß gewisse Dinge erstrebt werden, folgt nicht, daß diese Dinge tatsächlich erstrebenswert sind" (Graeser 1983, S. 122f.). Diesem Einwand lässt sich entgegenhalten, dass dem Hedonismus weniger ein Schluss vom Erstrebten zum Erstrebenswerten als vielmehr die unmittelbare Evidenz und Bewertung von schmerzlichen und lustvollen Erfahrungen zugrundeliegt. Die Hand, die die heiße Herdplatte berührt, zuckt als körperliche Reaktion zurück, die den Schmerz verneint, der vom Bewusstsein als unbezweifelbares Übel erfahren wird. Entsprechendes trifft für viele freudige und lustvolle Erfahrungen zu. Schmerz wird als intrinsisch schlecht erfahren, Lust als intrinsisch gut. Es handelt sich quasi um normative Tatsachen. Es wäre lächerlich zu behaupten, dass sich das Zurückzucken der Hand nicht rechtfertigen lässt, weil hier fälschlicherweise von der natürlichen Tatsache der Hitze der Herdplatte abgeleitet wird, dass es richtig ist, die Hand zurückzuziehen.

Die Kyrenaiker verstehen alle „Empfindungen" (*pathê*) als „Bewegungen" (*kinêseis*). Die Empfindung von sinnlicher Lust und Schmerz erklären sie sich wie die Sinneswahrnehmung als einen Prozess, in dem eine im Körper bewirkte Bewegung in die Seele gelangt und in ihr eine Bewegung verursacht, die als Lust oder Schmerz empfunden wird (Mannebach 1961, fr. 187 und 209). Da die Lust- und Schmerzempfindungen von einem körperlichen Impuls abhängen, dauern sie immer nur so lange, wie dieser Impuls andauert (vgl. Döring 1988, S. 31f., 40f.). Lust und Schmerz werden von den Kyrenaikern als bestimmte Arten von Bewegung verstanden. Während die sanfte bzw. glatte Bewegung als Lust empfunden wird, geht die heftige bzw. raue Bewegung mit der Empfindung von Schmerz einher (DL II 86). Nach einer anderen Quelle verglichen die Kyrenaiker die Empfindung der Lust mit dem glatten Wellengang des Meeres bei günstigem Wind und diejenige des Schmerzes mit dem vom Sturm aufgewühlten Meer. Zudem existiere ein mittlerer Zustand, in dem weder Schmerz noch Lust empfunden werde, der der Meeresstille gleiche (Mannebach 1961, fr. 201). Da dieses Verständnis der Lust die verschiedenen Lüste ausnahmslos auf Bewegung zurückführt bzw. reduziert, kann es zwischen ihnen zwar quantitative, aber letztlich keine qualitativen Unterschiede geben (vgl. DL II 87 und Hossenfelder 1991, S. 39).

Der Lustbegriff

Genauso wenig wie es bessere oder schlechtere Lüste gibt, spielt die Quelle, aus der eine Lust hervorgeht, eine Rolle. Auch wenn die Lust aus einer unmoralischen Handlung hervorgeht, bleibt sie ein Gut. Die körperliche Lust sei angenehmer als die geistige (DL II 87, 88, 90). Umstritten ist, ob die frühen Kyrenaiker ausschließlich die körperlichen Lustempfindungen anerkannten. Von Annikeris und seinen Schülern wurde jedenfalls auch die geistige Lust anerkannt und zunehmend aufgewertet (Döring 1988, S. 38–57).

Lust und Glückseligkeit

Die Kyrenaiker sehen die „Glückseligkeit" (*eudaimonia*) nicht als eine eigenständige Größe oder als einen eigenständigen Wert an. Vielmehr verstehen sie sie als die Summe der einzelnen Lustempfindungen, zu der auch vergangene und zukünftige Lüste zu addieren sind. Ziel des Handelns ist immer nur die einzelne und augenblickliche Lust. Gelingt es dem „Weisen" (*sophos*, *spoudaios*), durch seine „Einsicht" (*phronêsis*) und durch rationale Lebensplanung solche lustvollen Augenblicke fortwährend aneinander zu reihen, dann kann von einem glücklichen Leben gesprochen werden. Dem steht jedoch entgegen, dass viele Lüste nur durch vorangehende Unlust erlangt werden können. Daher sei die Glückseligkeit ein kaum erreichbares Ziel (DL II 87, 88, 90, 91). Die Kyrenaiker werden als Anti-Eudaimonisten kategorisiert (vgl. Horn 2013, S. 67; Hossenfelder 1991, S. 40).

Tüchtigkeit und gutes Leben

Von großer Bedeutung für ein gutes Leben hielt Aristippos wie Sokrates die „Selbstbeherrschung" (*sôphrosynê*). Denn die Selbstbeherrschung ermöglicht es dem Weisen, über die Lust zu gebieten und verhindert es, dass er ihr unterliegt und zu ihrem Knecht wird. So lautet Aristippos' berühmtes Diktum über sein Verhältnis zu der Hetäre Lais: „Ich besitze, ich werde nicht besessen" (*echô, all' ouk echomaï*) (DL II 75; vgl. DL II 91). Vermutlich hatte Aristippos vor allem die Tüchtigkeit der Selbstbeherrschung vor Augen bei seinem Lehrsatz, dass uns körperliche „Übung" (*askêsis*) auf dem Weg zur „Tugend" bzw. „Tüchtigkeit" (*aretê*) fördert (DL II 91). Cicero zufolge sei die „Tugend" (*virtus*) für die Kyrenaiker nur deshalb zu loben, „weil sie Lust verschaffe" (Mannebach 1961, fr. 221 A). Freunde suche man sich nach den Kyrenaikern vor allem des Nutzens willen. Reichtum sei zwar kein Selbstzeck, verhelfe uns aber doch mit zur Lust (DL II 91, 92). Nach Aristippos erlangt man ein gutes Leben durch einen Rückzug aus dem politischen Leben ins Privatleben. Ziel sei es, ohne Bindung an eine Polis und in Freiheit „möglichst unbeschwert und angenehm leben" zu können (Mem. 2,1,9; Mem. 2,1,1–20). Diese Gedanken werden später als zentrale

Elemente von Epikurs Lehre vom guten Leben Bekanntheit erlangen (→ KAPITEL 12.4).

Für die Kyrenaiker ist die „Einsicht“ (*phronêsis*) ein Mittel, das den Weg zu Lustempfindungen aufzeigt und dazu verhilft, Unlust so weit wie möglich zu vermeiden: „Die Einsicht halten sie für ein Gut, doch für erstrebenswert nicht um ihrer selbst willen, sondern um der erfreulichen Folgen willen“ (DL II 91). Die Einsicht erlaubt es, Lüste gegen die mit ihnen verknüpfte Unlust, die ihnen vorausgeht oder nachfolgt, abzuwägen. Solche hedonistischen Kalküle im Dienst der Lustmaximierung, die das Handeln anleiten können, sind ein zentraler Teil einer rationalen Lebensplanung (→ KAPITEL 12.4). Aber selbst der Weise kann sich durch seine Einsicht nicht gänzlich von allen Unlustempfindungen befreien. So würde er zwangsläufig auch Schmerz und Furcht empfinden; denn diese kämen auf natürliche Weise zustande. Dennoch werde er „sich nicht von Neid, Liebesleidenschaft oder Aberglauben beherrschen lassen. Denn diese Seelenregungen beruhen auf Trugvorstellungen“ (DL II 91). Einige von diesen in der Überlieferung nicht näher erläuterten Gedanken dürfte später Epikur aufgenommen haben, dem es in seiner Philosophie wesentlich um die Befreiung von der Furcht bzw. Unlust geht (→ KAPITEL 12.4). Den Kyrenaikern zufolge kann sich der Weise zwar nicht gänzlich von der Furcht befreien. Er kann sich aber mit Hilfe seiner Einsicht von der abergläubischen und beängstigenden Trugvorstellung freimachen, dass mächtige Götter ihn beobachten und ihn für seine Missetaten bestrafen. Der Weise könne sich selbst von der Todesfurcht freihalten, die mit dem Aberglauben verknüpft ist (DL II 92; vgl. Döring 1988, S. 45–48).

Einsicht und Unlustvermeidung

Die Kyrenaiker raten wie Epikur dazu, sich an die Vorschriften der konventionellen Moral und an die bestehenden Gesetze zu halten (→ KAPITEL 12.4). Ihre Begründung für diesen Rat ist wie diejenige Epikurs konsequenzialistisch. Ein moralisches und gesetzestreues Verhalten ist ratsam und gut, weil es von Unlust freihält und ein lustvolles Leben nicht beeinträchtigt. Für die Kyrenaiker gibt es kein Naturrecht und keine moralischen Tatsachen: „Nichts, meinten sie, sei von Natur gerecht oder verwerflich (*physei dikaion he kakon*), sondern nur durch Menschensatzung (*nomos*) und Gewohnheit (*ethos*). Aber der achtbare Mann (*spoudaios*) wird sich nicht zu verkehrten Handlungen verstehen, der darauf stehenden Strafe und des Leumunds wegen“ (DL II 93). Der Moralauffassung der Kyrenaiker, dass nichts von Natur aus sittlich gut oder schlecht ist, sondern es nur durch menschliche Satzung und Sitte wird, liegt der für das

Moral und moralisches Verhalten

Denken der Sophisten charakteristische Gegensatz von „*physis*" (Natur) und „*nomos*" (Satzung bzw. Sitte) zugrunde (→ KAPITEL 6). Bereits Protagoras erklärt, dass das Gerechte und Schöne kein Wesen an sich habe, sondern von der jeweiligen Meinung abhänge, die die Menschen einer Polis darüber haben und gesetzlich festlegen (Platon: *Theaitetos* 167 c 172 b, 177 d/e; → KAPITEL 5.2). Wie Protagoras vertreten die Kyrenaiker einen ethischen Relativismus, demzufolge es keine objektiv gültigen Normen gibt. Dieser Relativismus lasse es nicht zu, „allgemeingültige ethische Forderungen aufzustellen", und liefe darauf hinaus, dass „gut" und „wertvoll" ist, was einem Individuum Lust verschafft, und „schlecht" und „wertlos", was zu Unlust führt (Röd 1998, S. 104f.).

7.5 Antisthenes und die Kyniker: Die Feier der Bedürfnislosigkeit

Antisthenes wurde in Athen geboren, entweder schon um 455 oder erst um 445 v. Chr. Bevor er sich Sokrates anschloss, war er ein Schüler des Rhetors und Sophisten Gorgias (→ KAPITEL 5.4). In den einzigen beiden Reden von Antisthenes, die vollständig überliefert sind, ist der stilistische Einfluss des Gorgias noch zu erkennen. Als sich Antisthenes an Sokrates anschloss, lehrte er selbst schon Philosophie. Er wanderte jeden Tag vom Piräus nach Athen, um den Sokrates zu hören, und forderte seine eigenen Schüler auf, sich ebenfalls Sokrates anzuschließen (DL VI 1 und 2). Später lehrte Antisthenes, der eine Vielzahl an Schriften verfasst haben soll, im Gymnasium Kynosarges in Athen (DL VI 13, 15–18). Von diesem Ort her soll der Kynismus bzw. Cynismus, die von ihm ausgehende Bewegung, ihren Namen erhalten haben. Der Name könnte sich aber auch schlicht von dem Wort „*kyôn*" herleiten, das „Hund" bedeutet (Genitiv: *kynos*). Antisthenes soll den Beinamen „*haplokyôn*", der „Hund schlechthin", gehabt haben, und auch sein einziger bekannt gewordener Schüler Diogenes von Sinope wurde „der Hund" genannt (DL VI 13, 40, 46, 55, 60f.). Der Grund für diese Spottnamen war die bedürfnislose und genügsame Lebensweise der Kyniker, die mit der Missachtung der Kultur, der konventionellen Sitten und Normen einherging und sich zur Schamlosigkeit steigern konnte. Diogenes habe in Athen in einem Fass gewohnt, in der Öffentlichkeit onaniert und die meisten Menschen verachtet (DL VI 23, 24, 43, 46, 69). Als man ihm bei einer Mahlzeit Knochen hinwarf wie einem Hund, habe er sie beim

Antisthenes und der Kynismus

Weggehen wie ein Hund bepisst (DL VI 46). Antisthenes verstarb um 365 v. Chr. Sein merkwürdiger Schüler Diogenes, der Sinope mit seinem Vater zusammen wegen Falschmünzerei verlassen musste, wurde um 412 v. Chr. geboren und verstarb um 323 v. Chr. Diogenes' bedeutendster Schüler war Krates aus Theben, dessen ihn verehrende Gattin Hipparchia sein philosophisches Bettlerleben teilte. Krates war wiederum ein Lehrer von Zenon aus Kition, dem Begründer der Stoa (→ KAPITEL 12.3). Die vorherrschende Auffassung, dass Antisthenes der Lehrer des Diogenes und der Begründer der Kyniker war, wurde von der Forschung bestritten (Dudley 1937).

Bedürfnislosigkeit und Autarkie

An seinem Lehrer Sokrates bewunderte Antisthenes die Willenskraft, die Bedürfnislosigkeit und die geistige und charakterliche Unabhängigkeit: „Seinem Vorbild verdankte er jene Beharrungskraft und jene Reinigung der Seele von aller Leidenschaft, womit er den Grund zur kynischen Schule legte" (DL VI 2; vgl. Mem. 1,6,10). Durch Freiheit von den Bedürfnissen und den Leidenschaften erlangt der Weise nach Antisthenes die innere Freiheit und die Selbstgenügsamkeit bzw. Autarkie: „Der Weise (*sophos*) sei sich selbst genug, denn alles, was andere hätten, das habe er auch" (DL VI 11). Im Gegensatz dazu machen die Leidenschaften und die vielen unnötigen Bedürfnisse die törichten gewöhnlichen Menschen unfrei und unglücklich. Diogenes nannte die Liebe zum Geld bzw. die Habsucht „die Mutterstadt alles Übels". Als „sein Vorbild für die Lebensführung bezeichnete er den Herakles, der nichts höher hielt als die Freiheit (*eleutheria*)" (DL VI 50, 71). Die Einsicht, dass die Leidenschaften und die Bedürfnisse oft die Ursache von Unglück und Unfreiheit sind, dürfte der wesentliche Grund dafür sein, dass die Kyniker die Bedürfnislosigkeit des Sokrates ins Extreme steigerten. Sie beschränkten ihre Bedürfnisse auf das absolut Lebensnotwendige. Hatte Antisthenes noch ein eigenes Grundstück und eine bescheidende Behausung, führten die Kyniker seit Diogenes ein Leben als obdachlose Bettler in ärmlichster Kleidung und mit bescheidenster Kost. Um ihre Freiheit zu erhöhen, härteten sie sich gegen Entbehrungen, Nöte und Beleidigungen ab. Das kynische Ideal extremer Bedürfnislosigkeit und Askese steht in unaufhebbarem Gegensatz zum hedonistischen Ideal der Lustmaximierung von Antisthenes' jüngerem Mitschüler Aristippos (→ KAPITEL 7.4). Gegen dessen Hedonismus richtet sich vermutlich Antisthenes' ständig wiederholter Ausspruch, er wolle „eher verrückt sein als Lust fühlen bzw. vergnügt sein" (*maneiên mallon he hêstheiên*) (DL VI 3). Im Einklang damit soll Diogenes erklärt haben, dass die Verachtung der Lust dem darin Geübten „die allergrößte Lust" gewährt (DL VI 71).

Wie Sokrates war Antisthenes vor allem an moralphilosophischen Fragen interessiert. Und wie sein verehrter Lehrer hielt er den Begriff der „Tugend" bzw. „Tüchtigkeit" (*aretê*) für den zentralen

Die Tugendlehre

Begriff der Ethik. Einige Interpreten vertreten die Auffassung, dass Antisthenes die Tugend als das „einzige Gut" angesehen habe (Röd 1988, S. 101; Zeller 2006, S. 103). Überliefert ist jedoch, dass er – im Gegensatz zur gängigen Ansicht – sowohl die „Ruhmlosigkeit" (*adoxia*) als auch die „Mühsal" bzw. „Anstrengung" (*ponos*) als Güter erachtet habt: „Und dass Mühsal ein Gut sei, legte er dar an den Beispielen des großen Herakles und des Kyros" (DL VI 2, 11). Auch wenn Antisthenes die Tugend nicht als das einzige Gute ansah, dürfte er sie doch für das höchste Gut gehalten haben (Horn 2013, S. 66f.; vgl. Röd 1988, S. 100f.). Die Tugend sei lehrbar (DL VI 10). Diese Auffassung legt die Deutung nahe, dass er die Tugend wie Sokrates eng mit der „Einsicht" (*phrônesis*) verknüpfte, die Antisthenes als das „sicherste Bollwerk" bezeichnete (DL VI 13; vgl. Graeser 1983, S. 117; Zeller 2006, S. 103). Andererseits soll Antisthenes erklärt haben, dass die Tugend „nichts als die Sokratische Willenskraft bzw. Stärke" benötige, dass sie „im Handeln" bestehe und „weder vieler Worte noch Lehren" bedürfe (DL VI 11). Eine Erläuterung für letztere Ansicht dürfte die Auffassung des Diogenes darstellen, dass sich durch regelmäßige geistige und körperliche „Übung" (*askêsis*) „eine Denkweise bildet, die dem tugendhaften Handeln Vorschub leistet" (DL VI 70). Diogenes dürfte der Tugend einen ähnlich hohen Stellenwert eingeräumt haben wie sein Lehrer Antisthenes: „Tugendfeste Männer nannte er Ebenbilder der Götter" (DL VI 51). Antisthenes bezeichnete die Tugend, die für Mann und Frau dieselbe sei, als „eine Waffe, deren man nicht beraubt werden kann" (DL VI 12). Die enorme Bedeutung, die er der Tugend beimaß, geht aus seiner Auffassung hervor, dass die Tugend „ausreichend (*autarkês*) zur Glückseligkeit" ist (DL VI 11; → KAPITEL 12.3). Worin das tugendhafte Handeln des Einsichtigen bzw. Weisen und dessen Glück jedoch genau besteht, wird aus der Überlieferung nicht hinreichend deutlich. Sahen die Kyniker die Selbstgenügsamkeit, Leidenschaftslosigkeit und Bedürfnislosigkeit selbst als Tugenden an? (Capelle 1971, S. 12; Zeller 2006, S. 103) Oder stellen diese Eigenschaften nur zentrale charakterliche und mentale Voraussetzung dar, die tugendhaftes Handeln und die Glückseligkeit befördern? Oder aber hielten die Kyniker diese Eigenschaften und insbesondere die Seelenruhe und die Apathie – die Freiheit von den Leidenschaften und Affekten – wie später die Stoiker für das Ziel der Erziehung zur Tugend? (→ KAPITEL 12.3). Aus der Überlieferung geht jedenfalls hervor, dass Antisthenes unter tugendhaftem Handeln ein moralisch einwandfreies und gerechtes Handeln verstand: „Wer unsterblich werden will, muss ein frommes und gerechtes Leben führen“ (DL VI 5, 12). Er soll auch Schriften mit Titeln wie *Über Gerechtigkeit und Tapferkeit* oder *Über Ungerechtigkeit und Gottlosigkeit* verfasst haben (DL VI 16f.). Frömmigkeit, Gerechtigkeit und Tapferkeit waren die Tugenden, die im Zentrum der moralphilosophischen Forschungen des Sokrates standen (→ KAPITEL 7.3).

Kritik an Platons Ideentheorie

Nach der Überlieferung bestand zwischen Platon und den Kynikern Antisthenes und Diogenes eine starke Rivalität. Beide hielten Platon für eingebildet und dünkelhaft (DL VI 7, 26, 40, 58, 67). Philosophisch lehnte Antisthenes vor allem seine Theorie von den Ideen ab: „Ein Pferd sehe ich wohl, Platon, die Pferdheit dagegen sehe ich nicht“. Darauf soll Platon erwidert haben: „Du hast eben das Auge, mit dem man das Pferd sieht, aber das Auge, mit dem man die Pferdheit erblickt, hast Du noch nicht erworben“ (Decleva Caizzi 1966, fr. 50 A, B, C; vgl. DL VI 53). Die Theorie von den Ideen war Platons Antwort auf die von Sokrates aufgeworfene Frage nach dem Was bzw. nach dem Wesen der Dinge. Nach Antisthenes existiert zwar ein unveränderliches Wesen der Dinge. Es lässt sich jedoch nicht definieren (Met. VIII 3, 1043 b 23–28; vgl. Graeser 1983, S. 54f.; Döring 1988, S. 27–29).

Natur, Gesetz und Religion

Wie für Aristippos war für die Kyniker die Antithese von „Natur“ (*physis*) und „Gesetz“, „Sitte“ und „Brauchtum“ (*nomos*) bedeutend, die vielen Argumenten der Sophisten zugrundelag (→ KAPITEL 6). Nach Antisthenes' Auffassung gibt es „nach dem Gesetz zwar viele, nach der Natur aber nur einen Gott“ (Decleva Caizzi 1966, fr. 39). Wie Xenophanes weist Antisthenes den Polytheismus der griechischen Volksreligion zurück und bemüht sich um einen angemesseneren Gottesbegriff (→ KAPITEL 2.3). Den *gesetzlich* vorgeschriebenen Polytheismus kritisiert er unter Berufung auf den einen wahren *naturgemäßen* Gott. Nach Antisthenes wird der Weise in seinem Handeln auch anderen in der Polis geltenden Gesetzen den Gehorsam verweigern, wenn sie im Widerspruch zur Tugend stehen (DL VI 11). Im Einklang damit ist von Diogenes überliefert, dass er „weniger Gewicht legte auf die Vorschriften des Gesetzes als auf die der Natur“ (DL VI 71; vgl. DL VI 38). Viele von Diogenes' provokativen Verhaltensweisen und Lehrsätzen, die die Gesetze und Sitten sowie das verbreitete Gefühl für Scham und Anstand missachteten und kritisierten, dürften sich auf das Ideal eines naturgemäßen Lebens berufen haben. Da sexuelle Betätigung natürlich und daher erlaubt ist, so vermutlich sein Schluss, dürfe man sie auch vor aller Augen in der Öffentlichkeit ausüben. Vermutlich lag auch seiner Kritik des Inzestverbots und der Ehe sowie seinem Spott über eine hohe Geburt die Auffassung zugrunde, dass dies widernatürliche Institutionen und Konventionen sind (DL VI 72f.; vgl. Capelle 1971, S. 11f.). Im Einklang mit ihrer Kritik an den Abirrungen von der Natur, die die Folge der Kultur und der gesellschaftlichen Konventionen sind, dürften die Kyniker als erste Philosophen eine Rückkehr zur Natur gefordert haben. Diogenes fühlte sich als „Weltbürger" (*kosmopolitês*), der die richtige politische Ordnung und Verfassung im Kosmos zu erblicken glaubte (DL VI 63, 72). Er antizipierte den für die Stoa zentralen Gedanken, dass die Gesetze der Vernunft, des Logos, in der Weltordnung verankert sind (vgl. Graeser 1983, S. 117f.). Wie später Zenon, der Begründer der Stoa, dürfte er ein naturgemäßes Leben, bestimmt als ein tugendgemäßes Leben, als das Endziel angesehen haben (DL VII 87; → KAPITEL 12.3).

Die Sokratik

Ein Vergleich von Sokrates' Schülern Aristippos und Antisthenes zeigt, dass unter dem Sammelbegriff „Sokratik" sehr verschiedene und unvereinbare philosophische Auffassungen zusammengefasst sind. Diese Divergenzen riefen schon in der Spätantike Erstaunen hervor. So wundert sich bereits Augustinus über die unvereinbaren Auffassungen über die Glückseligkeit, die das höchste Gut darstellt: „So weit wichen die verschiedenen Ansichten der Sokratiker über dies Höchstziel voneinander ab – man sollte es bei Schülern eines Meisters nicht für möglich halten –, daß einige wie Aristipp die Lust für das höchste Gut erklärten, andere wie Antisthenes die Tugend" (*Vom Gottesstaat* VIII 3). Bezieht man noch Sokrates' Schüler Xenophon, Eukleides, Phaidon und Aischines mit ein, die in der Spätantike mit als seine berühmtesten galten, aber in vorliegendem Buch nicht behandelt werden, zeigen sich noch größere Divergenzen innerhalb der sogenannten Sokratik (DL II 47). Diese Abweichungen müssen aber nicht unbedingt Verwunderung auslösen. Sie könnten auch als ein Indiz für Sokrates' Qualität als philosophischer Lehrer interpretiert werden. Phaidon von Elis, nach dem Platon einen seiner bedeutendsten Dialoge benannte, begründete die elisch-eristische Schule. Eukleides von Megara rief die megarische Schule ins Leben, die sich vor allem Fragen der Logik und des Beweises widmete. Am bekanntesten wurde zweifellos Sokrates' Schüler Platon, der in Athen die Akademie gründete (→ KAPITEL 8.1).

Fragen und Anregungen

- Erläutern Sie die Probleme, die es der Forschung schwer machen, ein exaktes Bild des historischen Sokrates zu gewinnen.
- Was sind die zentralen Gedanken der politischen Philosophie des Sokrates?
- Wie hängen die erkenntnistheoretischen und die ethischen Lehren der Kyrenaiker zusammen?
- Erläutern Sie die Probleme, die mit der Tugendlehre der Kyniker verbunden sind.

Lektüreempfehlungen

Quellen

- **Platon: Die Apologie des Sokrates,** übers. und erl. von Otto Apelt, Hamburg 1988.
- **Xenophon: Erinnerungen an Sokrates,** Übers. und Anm. von Rudolf Preiswerk (Reclams Universal-Bibliothek, Bd. 1855), Stuttgart 2005.
- **Aristophanes: Die Wolken,** Stuttgart 1990.
- **Diogenes Laertius: Leben und Meinungen berühmter Philosophen,** 3. Aufl., Hamburg 1990 (Bücher: II/5, II/8 und VI)

Forschung und Literatur

- **Klaus Döring: Der Sokratesschüler Aristipp und die Kyrenaiker,** Akademie der Wissenschaften und der Literatur. Abhandlungen der Geistes- und Sozialwissenschaftlichen Klasse, Nr. 1, Mainz/ Stuttgart, Jg. 1988. *Hervorragende, aus den Quellen gearbeitete Abhandlung, die die Lehren der Kyrenaiker rekonstruiert und zu klären versucht, welche davon auf Aristippos selbst zurückgehen und wie er in die Sokratik einzuordnen ist.*
- **Richard Kraut: Socrates and the State,** Princeton 1984. *Bietet eine überzeugende Interpretation von Platons „Kriton“, von Sokrates' politischer Philosophie und von dessen politischen Überzeugungen im Ganzen.*

- **Donald R. Morrison (Hg.): The Cambridge Companion to Socrates.** *Sammelband, der in 15 Beiträgen verschiedenste Aspekte der Philosophie des Sokrates und deren Quellen beleuchtet.*
- **Andreas Patzer: (Hg.): Der historische Sokrates** (Wege der Forschung, Bd. 584), Darmstadt 1987. *Hervorragend eingeleitete Sammlung von 16 bedeutenden internationalen Texten, die sich mit dem Problem des historischen Sokrates auseinandersetzen.*

8 Platon: Die Theorie der Erkenntnis, der Ideen und der Seele

Abbildung 9: Platon, Glyptothek München

Das Bild zeigt den Kopf Platons, der in der Glyptothek in München ausgestellt ist. Das Portrait, das wohl im frühen 1. Jahrhundert n. Chr. entstand, ist aus Marmor gestaltet. Es handelt sich um eine römische Kopie des griechischen Originals. Platons Gesichtsausdruck ist ernst und ruhig. Die Haarsträhnen sind schräg ins Gesicht gekämmt, der gepflegte Bart ist von mittlerer Länge. Von Platons Portrait sind eine Reihe römischer Kopien erhalten. Ihr Vergleich zeigt, dass sie trotz ihrer Unterschiede alle auf dasselbe verloren gegangene griechische Original zurückgehen. Die Kopie aus der Glyptothek gilt als die älteste und getreueste Wiedergabe des Originals. Dieses dürfte die Skulptur gewesen sein, die der griechische Bronzebildner Silanion – vermutlich um die Zeit von Platons Tod 348/47 v. Chr. – gefertigt hatte. Sie wurde von dem Perser Mithridates für die Akademie gestiftet, wo sie den Musen geweiht aufgestellt war (DL III 25).

Außer der *Apologie* sind Platons Texte Dialoge, in denen meist Sokrates das Gespräch führt und nach Erkenntnis sucht. Sie finden in bestimmten Situationen und Kontexten statt. Daher sind alle Systematisierungen ihrer Inhalte nach Themengebieten mit Mängeln behaftet. Dennoch lassen sich die Grundzüge von Platons philosophischer Theorie skizzieren. Erkenntnis lässt sich mit Hilfe der dialektischen Methode durch ein reines Denken gewinnen, das sich von der sinnlichen Wahrnehmung und der Erfahrung abwendet. Sie zielt auf das Wesen der Dinge und damit auf die Ideen, worunter Platon ewige und rein geistige Muster versteht, die ihnen als Ursache zugrundeliegen und an denen sie teilhaben. Die unsterbliche Seele hat die Ideen geschaut, bevor sie auf ihrer Wanderung erneut in einen Körper eingeht. Bei der Geburt vergisst die Seele diese Einsichten jedoch und gewinnt sie erst später wieder. Nach einer Theorie, die Platon in mehreren Dialogen vertritt, sind Lernen und Erkennen Wiedererinnerung.

8.1 Leben, Werk und Dialogform

Die zentralen Quellen für Platons Leben sind Diogenes Laertius, der *Academicorum Philosophorum Index Heculanensis* des Philodem (Gaiser 1988) und Platons *Siebter Brief*, dessen Echtheit allerdings angezweifelt wurde (vgl. Swift Riginos 1976). Platon wurde 428/27 v. Chr. während des Peloponnesischen Kriegs, der von 431 bis 404 andauerte, in Athen oder Ägina geboren (DL III 3). Seine Mutter Periktione, die ihr Geschlecht auf Solon zurückführte, entstammte altem athenischen Adel. Sein Vater Ariston soll ein Nachkomme von Kodros, dem letzten mythischen König Attikas, gewesen sein (DL III 1). Die Aristokratie hatte jedoch im demokratischen Athen beträchtlich an politischem Einfluss eingebüßt. Nicht bloß Platons Herkunft, sondern auch Athens Niederlage gegen Sparta im Griechenland verheerenden Peloponnesischen Krieg legte den Grund für seine Feindschaft gegen die Volksherrschaft. Als Jüngling hatte der feinsinnige und zugleich kräftig gebaute Platon eine Neigung zur Poesie. Dennoch folgte er den Mahnungen seines philosophischen Lehrers Sokrates und verbrannte seine Dichtungen, mit denen er ursprünglich am tragischen Wettbewerb teilnehmen wollte. Von da ab war der Zwanzigjährige ununterbrochen Hörer des Sokrates (DL III 5f.; vgl. zu Platons Faszination von Sokrates Zehnpfennig 2001, 18f.). Zwar bestritt Platon später den Dichtern ihre traditionelle Rolle als Ratgeber und Erzieher Griechenlands und reklamierte sie für die philosophische Bildung. Dennoch blieb er zeitlebens Künstler, wovon seine erhaltenen Dialoge ein beredtes Zeugnis ablegen. Seinem *Siebten Brief* zufolge sah Platon als junger Mann seine Zukunft im politischen Leben. Er wurde jedoch durch die Ungerechtigkeiten der dreißig Gewaltherrscher abgeschreckt, die von Sparta nach dem verlorenen Krieg 404 v. Chr. in Athen eingesetzt wurden (324 b–325 a). Unter den Dreißig war Platons Onkel zweiten Grades Kritias und sein Onkel ersten Grades Charmides. Nach dem Sturz der Dreißig 403 v. Chr. wurde die Demokratie in Athen wieder eingerichtet. Das ungerechte Todesurteil, das 399 v. Chr. unter ihr gegen Platons geliebten Lehrer Sokrates verhängt wurde, verstärkten seine Bedenken, sich der praktischen Politik zu widmen (325 b–326 a; → KAPITEL 7.1). Die Suche nach einer gerechten Politik und einer gerechten politischen Ordnung blieben jedoch zeitlebens eines seiner zentralen philosophischen Themen.

Die frühen Lebensjahrzehnte

Von großer Bedeutung für Platons weiteres Leben und Philosophieren war seine Reise nach Unteritalien und Sizilien, die 390 v. Chr.

oder wenige Jahre später stattfand. In Unteritalien lernte er führende Pythagoreer wie Philolaos und den Staatsmann und Philosophen Archytas kennen (DL III 6, 21f.; → KAPITEL 2.4). Auf Sizilien kam er mit dem Tyrannen von Syrakus, Dionysos I., und dessen jungem Schwager Dion in Kontakt. Zwar konnte er Dion für seine Philosophie und sein Tugendideal begeistern (*Siebter Brief* 327 a/b). Dionysos brachte er jedoch gegen sich auf. Platon soll knapp dem Tode entgangen und von Dionysos als Sklave verkauft worden sein. Nach dieser Anekdote wurde er auf der Insel Ägina freigekauft und konnte danach nach Athen zurückkehren (DL III 18–22). Dort gründete er außerhalb der Stadt im Garten des Heros Akademos um 387 v. Chr. seine Schule, die Akademie (vgl. zur Akademie Gaiser 1988 und zur Lehre

Die späteren Lebensjahrzehnte

Abbildung 10: Platons Akademie, Mosaik aus Pompeji (Archäologisches Nationalmuseum Neapel)

in ihr Zehnpfennig 2001, S. 20f.). Wahrscheinlich um 366 und um 361 v. Chr. unternahm Platon noch zwei weitere Reisen nach Sizilien, zu denen er von Dionysos II. eingeladen wurde. Auf der ersten Reise traf er erneut mit Dion zusammen. Beide Reisen waren Misserfolge. Nach einer gängigen Interpretation gelang es Platon nicht, den Machthaber davon zu überzeugen, seine Philosophie einer gerechten Politik in die Praxis umzusetzen (*Siebter Brief*; vgl. Fritz 1968 und Zehnpfennig 2001, S. 21–26). Nach weiteren produktiven Jahrzehnten in der Akademie, die insbesondere der politischen Philosophie gewidmet waren, verstarb Platon 348/47 v. Chr. im Alter von etwa 80 Jahren.

Einflüsse auf Platons Denken

In Buch I seiner *Metaphysik* stellt Aristoteles die Entwicklung der griechischen Philosophie dar. Nachdem er von den Pythagoreern, Parmenides und Xenophanes gehandelt hat, erklärt er über Platons Philosophie, dass sie „sich in den meisten Hinsichten an diese anschloss, aber auch einige Eigentümlichkeiten hatte, die sie von den italischen Philosophen unterschied" (Met. I 6, 987 a 29–31). In den nachfolgenden Abschnitten zeigt Aristoteles insbesondere die starken Einflüsse der pythagoreischen Zahlenmetaphysik auf Platon auf. Die Pythagoreer lehrten, dass die vielen sinnlich wahrnehmbaren Dinge ein „Abbild" bzw. eine „Nachahmung" (*mimêsis*) von Zahlen sind, die sie für das Wesen der Welt hielten (→ KAPITEL 2.4). Analog dazu vertritt Platon einen Dualismus von sinnlich wahrnehmbaren Dingen und Ideen sowie die „Teilhabe" (*methexis*) der Dinge an den Ideen, dem Wesen der Welt. Neu bei Platon ist Aristoteles zufolge lediglich der Terminus „*methexis*", der den Ausdruck „*mimêsis*" ersetzt (Met. I 6, 987 b 8–14; vgl. zu weiteren Belegen dafür, dass „die pythagoreische Philosophie für das Platonische Denken und Handeln von erheblicher Bedeutung war", Riedweg 2007, S. 152–156, und zur Ablehnung dieser Bedeutung Erler 2007, S. 393, der sich ungerechtfertigterweise auf Riedweg beruft; → KAPITEL 8.3). Durch Kratylos sei Platon mit Heraklits Lehre bekannt geworden, der zufolge die sinnlich wahrnehmbaren Dinge der Welt im Fluss sind und es daher weder Wissen noch Wissenschaft von ihnen geben kann (→ KAPITEL 3.1). An dieser Lehre habe Platon auch in seinen späteren Jahren festgehalten (Met. I 6, 987 a 32–987 b 1). In der Tat kann es für Platon Wissen nur von den Ideen geben (→ KAPITEL 8.2). Zu Sokrates' Einfluss führt Aristoteles aus, dass sich dieser nicht mit der gesamten Natur, sondern mit den „ethischen Gegenständen" beschäftigt habe. Über sie habe Sokrates das Allgemeine gesucht und dabei sein Denken auf Definitionen gerichtet (→ KAPITEL 7.2). Platon hätte diese Gedanken aufgenommen und die Auffassung entwickelt, dass sich Definitionen nicht auf die sinnlich wahrnehmbaren Dinge beziehen können, weil sie sich ständig verändern. Definitionen müssten sich vielmehr auf Dinge bzw. Entitäten einer anderen Art richten, die er „Ideen“ nannte (Met. I 6, 987 b 1–9; vgl. Met. XIII 4, 1078 b 17–32). Es ist bemerkenswert, dass Aristoteles unter den Einflüssen auf Platon weder auf Pythagoras' Lehre von der unsterblichen und wandernden Seele noch auf die Ontologie des Parmenides eingeht (→ KAPITEL 2.4 UND 3.2). Als weiterer Einfluss auf Platon müssen noch die Sophisten ergänzt werden. Ihre philosophischen Gedanken – insbesondere ihr Relativismus, Skeptizismus, Hedonismus und ihr demokratischer Egalitarismus – bilden aber vor allem einen Platon herausfordernden Gegenpol und kaum einen Anknüpfungspunkt (dagegen Erler 2007, S. 344f.; → KAPITEL 5 UND 6). Bemerkenswert ist zudem, dass Platon Demokrit, den er rezipiert hat, nie namentlich erwähnt (vgl. zu Platons philosophischem Umfeld und zur Literatur ausführlich Erler 2007, S. 338–349).

Überlieferung und Übersetzungen

Der enorme Einfluss, den Platons Denken auf die Philosophie nach ihm ausübte, ist auch darauf zurückzuführen, dass seine Werke vollständig in Handschriften überliefert wurden. Im 1. Jahrhundert n. Chr. teilte Thrasyllos die erhaltenen Schriften und Briefe in neun Gruppen ein, die je vier Schriften (Tetralogien) enthielten (DL III 56–61; vgl. Erler 2007, S. 13f.). Vor 1400 waren nur der *Menon*, der *Phaidon* und der erste Teil des *Parmenides* übersetzt. Danach entstanden jedoch viele Übersetzungen ins Lateinische. Die erste vollständige Übersetzung wurde in der zweiten Hälfte des 15. Jahrhunderts von Marsilio Ficino angefertigt. 1578 wurde in Genf die Edition von dem Drucker Henri Estienne (Henricus Stephanus) veröffentlicht, nach der Platon noch heute zitiert wird. Jede Seite der dreibändigen Edition präsentiert in der rechten Spalte den griechischen Text und in der linken Spalte die lateinische Übersetzung von Jean de Serres (Johannes Serranus). In der Mitte zwischen den beiden Spalten teilen die Buchstaben „a“, „b“, „c“, „d“ und „e“ den Text jeweils in fünf Abschnitte ein. Weil jeder der drei Bände der Stephanus-Ausgabe eine eigene Seitenzählung enthält, muss zur genauen Bestimmung einer Textstelle der Titel von Platons Werk, die Seitenzahl und der Abschnitt angegeben werden (z.B. *Theaitetos* 155 d). Zur weiteren Präzisierung kann auch noch die Zeile innerhalb eines Abschnitts angegeben werde. Die Zeilenzählung bezieht sich auf die noch heute verwendete kritische Platon-Ausgabe von John Burnet, die 1900–1907 in den *Oxford Classical Texts* (*Scriptorum Classicorum Bibliotheca Oxoniensis*) erschien. Die klassische Übersetzung von Platons

Werken ins Deutsche wurde zwischen 1804 und 1810 von Friedrich Schleiermacher angefertigt. Die hervorragende Übersetzung ist sehr nahe an den griechischen Text angelehnt und daher nicht immer einfach zu lesen. Eine gute Alternative bildet die freiere Übersetzung der Werke von Otto Apelt, die 1918 abgeschlossen war.

Die meisten Werke der westlichen Philosophiegeschichte sind Traktate, in denen ein Autor seine Auffassung zu einer philosophischen Disziplin oder zu einem bestimmten Thema in systematischer Form darlegt. Dagegen präsentiert Platon seine Philosophie in Dialogen, die oft nicht einer bestimmten Disziplin zugeordnet werden können, sondern verschiedene Themen behandeln. Eine Ausnahme bildet Platons *Apologie*, die aus einer dreiteilige Verteidigungsrede des Sokrates gegen seine Ankläger besteht. Neben den etwa 30 als echt anerkannten Dialogen sind von Platon 13 Briefe überliefert, von denen aber bestenfalls der sechste, siebte und achte echt sind. Platons Dialoge weisen eine hohe literarische, sprachliche und dramatische Qualität auf (vgl. zu Platon als Autor ausführlich Erler 2007, S. 60–98; Migliori 2013, S. 25–190, und zur Dialogform Szlezák 1993, S. 42–48, 148–152; Wieland 1999, S. 50–83). Die Dialogform von Platons Werken, in denen Sokrates zumeist das Gespräch führt, wirft allerdings eine Reihe von Fragen und Problemen auf. Fungiert Sokrates in den Dialogen bloß als Platons Sprachrohr oder fiktive Dialogfigur oder kommt auch der historische Sokrates zu Wort? Wie lässt sich Platons eigene philosophische Position ermitteln und von derjenigen des Sokrates abgrenzen? Wie lassen sich Unstimmigkeiten zwischen den Positionen erklären, die in verschiedenen Dialogen vertreten werden? Lässt sich aus den kontext- und situationsabhängigen Argumentationen der Dialoge überhaupt eine Lehre Platons systematisieren und wenn ja, wie? (vgl. Corlett 2005; Rutherford 1995; Szlezák 1993; Zehnpfennig 2001, S. 13f.).

Die Dialogform von Platons Werk

Warum hat Platon die Dialogform gewählt? Auf diese Frage wurden verschiedene Antworten gegeben. Vorbild für Platons Dialoge – wie auch für diejenigen, die von Xenophanes und anderen Sokrates-Schülern geschrieben wurden – sind höchstwahrscheinlich die philosophischen Gespräche, die Sokrates in Athen tatsächlich geführt hat. Wie weit sie allerdings auch deren Inhalte wiedergeben, ist umstritten. Platons Dialoge können als Protreptik interpretiert werden, d.h. als Aufmunterung und Ermahnung zur Philosophie. Demnach würden die Dialoge versuchen, einen weiteren Leserkreis für die Philosophie zu gewinnen, während Platon seine systematischen Lehren in der Akademie vorgetragen hat (Ricken 2007, S. 78). Eine

Gründe für die Dialogform

andere Deutung der Dialogform ist, dass es Platon gar nicht um eine Lehre oder ein Wissen geht, sondern um die Suche nach Wissen, den „Erkenntnisvollzug" und ein „dialogisches Rechenschaft-Geben" (Zehnpfennig 2001, S. 11–13). Im Einklang damit wurde Platon von Cicero als anti-dogmatischer Philosoph interpretiert, der „in seinen Schriften nichts apodiktisch behauptet, vieles nach zwei Seiten hin erörtert, alles in Frage stellt und nichts Sicheres sagt" (Cicero: *Academica* I 46; Diogenes Laertius versteht Platon dagegen als Dogmatiker (DL III 65)). Eine weitere Deutung stützt sich auf die Schriftkritik, die Platons Dialog *Phaidros* enthält (274 b–278 b). Ihr zufolge ist die Schrift zwar eine Gedächtnisstütze, kann aber weder handwerkliches noch sonstiges Wissen in klarer und sicherer Form bewahren. Das geschriebene Wort ist tot, es kann weder auf Fragen antworten noch sich selbst erklären. Es ist nicht für alle Adressaten gleichermaßen geeignet und muss ausgelegt werden. Das kann in angemessener Form aber nur derjenige leisten, der es niedergeschrieben hat. Wahrhaft vermittelt werden kann Wissen nur im Gespräch. Im Vergleich zum „lebendigen und beseelten Wort" ist das geschriebene Wort bloß ein Nach- oder Schattenbild (276 a). Dieser Vergleich und seine Schriftkritik im *Phaidros* können so verstanden werden, dass Platon hier die Gründe für seine Wahl der Dialogform darlegt. Ein gut gestalteter Dialog gleicht sich dem lebendigen Gespräch an und zeichnet den Erkenntnisprozess nach. Dadurch kann er manche Mängel des geschriebenen Worts kompensieren (vgl. zu gegensätzlichen Deutungen von Platons Schriftkritik Kühn 2000; Szlezák 1993, S. 56–66; Wieland 1999, S. 13–38; vgl. zur Kritik der modernen Theorie, „die dem geschriebenen Dialoge die Aufgabe zuweist, die Platon dem mündlichen Philosophieren vorbehält", Szlezák 1993, S. 148).

Positionen der Platon-Forschung

Nach einer langen Vorherrschaft der neuplatonischen Interpretation vollzog sich mit Friedrich Schleiermacher eine bedeutende Wende in der Platon-Forschung (Tigerstedt 1974). Schleiermacher setzte sich erfolgreich für eine Trennung von Platonismus und Platon ein und für eine Lektüre von dessen Dialogen aus sich selbst heraus. Seine Interpretation betonte die Eigenständigkeit und die literarische Qualität der Dialoge und dass ihre Aussagen nicht von der Dialogform abgetrennt werden können (Schleiermacher 1817, S. 4–52; Schleiermacher 1996). Durch das weitere Studium von Platons Dialogen gelangte die Forschung zu der Auffassung, dass sich ihre Aussagen teilweise widersprechen oder dass sie zumindest unstimmig sind. Um diese Unstimmigkeiten zu erklären, wurde eine Entwicklung von Platons Philosophie vertreten (Hermann 1839). Nach einer frühen Phase, in der Platons Denken stark von Sokrates abhängig war, habe er in der mittleren Phase seine eigene Lehre entwickelt, die dann in der Spätphase Gegenstand der Selbstkritik wurde (vgl. Erler 2007, S. 2f., und zum Problem des historischen Sokrates → KAPITEL 7.3). Die Entwicklungshypothese verknüpft in der Regel die gedankliche Entwicklung Platons mit seiner biographischen (etwa Wilamowitz-Moellendorf 1919). Bis heute hat der entwicklungsgeschichtliche Ansatz in der Platon-Forschung sehr viele Anhänger. Im Gegensatz zu ihm wird oft auch ein unitarischer Ansatz vertreten, der für die Einheit von Platons Denken argumentiert oder Platons „System" aus seinen Dialogen gewinnen will. Es gab zudem Versuche, beide Ansätze zu verbinden (vgl. zur Literatur zu allen drei Ansätzen Erler 2007, S. 3f.). Einen anderen Zugang zu Platon favorisiert eine von der analytischen Philosophie beeinflusste angloamerikanische Strömung der Forschung, der es um die Analyse seiner Argumente geht und die die Dialogform weitgehend ignoriert. Den Gegenpol zu dieser Strömung bilden Interpreten, die vor allem den Prozess des Philosophierens und die Dialogform – etwa Drama, Rätsel, Rhetorik und ironisch-spielerische Elemente – analysieren (vgl. zu beiden Ansätzen Erler 2007, S. 4f.). Im Mittelpunkt der Tübinger Deutung, die von Hans Joachim Krämer und Konrad Gaiser in zwei bedeutenden Werken begründet wurde, steht Platons ungeschriebene Lehre (Krämer 1959; Gaiser 1998). Diese Deutung nimmt Platons Schriftkritik im *Phaidros*, 274 b–278 b, und seine Aussage ernst, dass sich das Wesentliche seiner Philosophie nicht aufschreiben lasse, weil es sich geschrieben nicht vermitteln lasse (*Siebter Brief* 341 b/c). Sie versucht die ungeschriebene Prinzipienlehre vor allem aus der indirekten Überlieferung – Aristoteles und andere Quellen – zu erschließen. Die Tübinger Deutung wurde sowohl kritisiert als auch von Thomas Szelzák, Giovanni Reale und anderen Forschern weiterentwickelt (Szlezák 1985; Szlezák 2004; Reale 2000; vgl. Erler 2007, S. 7, 407–429).

Wichtige Probleme der Platon-Forschung betreffen die Fragen, ob Platons Denken im Verlauf seines Lebens eine Entwicklung durchgemacht hat und wie seine Dialoge chronologisch anzuordnen sind. Diese beiden Fragen wurden öfters mit einander verbunden (vgl. mit Literaturangaben Erler 2007, S. 22).

Die Chronologie der Dialoge

Zur Klärung der chronologischen Folge der Dialoge wurden verschiedene Kriterien herangezogen und unterschiedliche Methoden angewandt. Gewisse Aufschlüsse geben Querverweise innerhalb der Dialoge, Verweise auf geschichtliche Ereignisse oder historische Personen, sowie inhaltlich-sachliche Gründe. Die weitaus aufschlussreichsten Resultate konnten allerdings durch die Analyse von sprachlich-stilistischen Merkmalen der Dialoge gewonnen werden. Dabei wurden auch statistische Methoden angewandt. Die stilistischen Beobachtungen erlauben eine heute weitgehend akzeptierte grobe Dreiteilung von Platons Werk in frühe, mittlere und späte Dialoge. Jedoch lässt sich die Anordnung der Dialoge innerhalb der drei Gruppen in der Regel nicht eindeutig ermitteln. Die frühe Gruppe besteht aus *Apologie*, *Charmides*, *Euthydemos*, *Euthyphron*, *Gorgias*, *Hippias minor*, *Ion*, *Kratylos*, *Kriton*, *Laches*, *Lysis*, *Menexos*, *Menon*, *Phaidon, Protagoras* und *Symposion*. Die meisten frühen Dialoge, in denen häufig Sophisten auftreten, behandeln ethisch-politische Fragen und enden ohne konkretes Ergebnis. Die mittlere Gruppe setzt sich zusammen aus *Politeia*, *Phaidros* (wohl später als die *Politeia*), *Parmenides* und *Theaitetos*. Die späte Gruppe besteht aus *Sophistes*, *Politikos* (später als *Sophistes*), *Philebos*, *Timaios*, *Kritias* (später als *Timaios*) und *Nomoi*. Die relevanten Dialoge für Platons Ideentheorie – *Euthyphron*, *Menon*, *Phaidon, Symposion, Politeia*, *Phaidros*, *Parmenides* und *Timaios* – sind allen drei Gruppen zugeordnet (Brandwood 1990; Erler 2007, S. 24f.; Ricken 2007, S. 76).

8.2 Die Erkenntnistheorie

Die entscheidende Methode, mit der Sokrates in Platons frühen Dialogen das vermeintliche Wissen seiner Gesprächspartner hinterfragt und sie zur Einsicht in ihre tatsächliche Unwissenheit führt, ist die Dialektik (→ KAPITEL 7.2). Die Einsicht in die eigene Unwissenheit stellt einen wichtigen Schritt auf dem Weg zum tatsächlichen Wissen und zur Wahrheit dar. Dialektik bedeutet wörtlich „Kunst der Gesprächsführung“ (*dialegesthai* = sich unterreden; *technê* = Kunst). Diese Kunst ist in Platons Dialogen bzw. in der Dialogform seines Werks verkörpert (→ KAPITEL 8.1). Platon definiert „den Dialektiker“ als denjenigen, der sich „auf das Fragen und Antworten versteht“ (*Kratylos* 390 c). In seinen mittleren Dialogen fasst er die Dialektik, die Methode zur Erkenntnis der Wahrheit, zwar enger. Dennoch definiert er den Dialektiker im weiten Sinne noch immer als denjenigen, der die Fähigkeit hat, „Rede und Antwort zu stehen“ (*Politeia* 531 e). In einem Dialog, der aus Fragen und Antworten besteht, besprechen Platons Unterredner verschiedene Themen und Gegenstände, über die sie Erkenntnisse zu gewinnen suchen. Dabei geht es vor allem darum, die eigenen Ansichten zu rechtfertigen und Gründe für sie zu geben.

Dialektik als Kunst der Unterredung

Das Ziel der Dialoge ist in der Regel eine Klärung der Begriffe und eine Erkenntnis des Wesens einer Sache (*Politeia* 532 a).

Die Gegenstände der Erkenntnis

Nach dem Zeugnis des Aristoteles akzeptierte Platon schon als junger Mann Heraklits Lehre, der zufolge es kein Wissen von den sinnlich wahrnehmbaren Dingen geben kann, weil sie sich ständig verändern (→ KAPITEL 3.1 UND 8.1). Die Wesenserkenntnis und Klärung bzw. Definition der Begriffe, die Platon in seinen Dialogen anstrebt, können sich daher nicht auf die sinnlich wahrnehmbaren Dinge beziehen. Sie müssen sich vielmehr auf einen anderen Gegenstandsbereich richten, der nicht dem ständigen Wandel unterliegt (Met. I 5/6, 987 a 32–987 b 9). Nach Aristoteles' Zeugnis bot die pythagoreische Zahlenmetaphysik, die Platon wohl bei seiner ersten Italienreise genauer kennenlernen konnte, ein Vorbild für einen solchen Gegenstandsbereich (Met. I 6, 987 b 8ff.). Die Pythagoreer hielten die sinnlich wahrnehmbaren Dinge für Abbilder von Zahlen, die sie als das Wesen der Welt verstanden. Damit dürfte eine Scheidung der Welt in eine sinnlich wahrnehmbare Welt des Werdens und Vergehens und eine unvergängliche Welt des wahren Seins einhergegangen sein (→ KAPITEL 2.4). Spätestens Parmenides nimmt diese Scheidung explizit vor. Im ersten Teil seines Lehrgedichts präsentiert er die Wahrheit über das Seiende und im zweiten die Meinungen der Sterblichen über den sinnlich wahrnehmbaren Kosmos (→ KAPITEL 3.2). Mit seiner erkenntnistheoretischen Unterscheidung von „Meinung" (*doxa*) und „Wissen" bzw. „Erkenntnis" (*epistêmê*) ab den mittleren Dialogen knüpft Platon an diese Zwei-Welten-Lehre an. Der sinnlich wahrnehmbaren Welt des Werdens und Vergehens, von der es kein Wissen geben kann, ordnet er die unzuverlässige Meinung zu. Im Gegensatz zu Parmenides spricht er dieser Welt das Seiende jedoch nicht gänzlich ab, sondern erklärt, sie schwanke zwischen Seiendem und Nichtseiendem (*Politeia* 478 b–e; → KAPITEL 3.2). Erkenntnis und Wissen kann es nur von der Welt des wahren Seins geben, die aus geistigen und unveränderlichen Gegenständen – den Zahlen, geometrischen Figuren und Ideen – besteht (*Politeia* 477 a–480 a; *Timaios* 27 e–28 a, 48 e–49 a, 52 a; vgl. zur Zwei-Welten-Lehre Graeser 1983, S. 129–132, und zur Debatte über Platons „dichotomisches Erkenntnismodell" Erler 2007, S. 355–358).

In dem Bildungsprogramm, das Platon in der *Politeia* für die zukünftigen Philosophen entwirft, spielt die Mathematik eine zentrale Rolle. Das zehnjährige Studium von Arithmetik und Geometrie bildet die Vorstufe für die Dialektik, die Methode zur Erkenntnis der Ideen. Denn die Beschäftigung mit der Mathematik bewirkt die Ab-

Mathematik und Ideentheorie

wendung der menschlichen Erkenntniskraft vom Bereich der sinnlich wahrnehmbaren Dinge der Welt des Werdens und Vergehens und die Hinwendung zum Gebiet des wahren und unwandelbaren Seins (*Politeia* 521 c/d, 525 a–e, 527 a–c). Zählt man etwa die Pralinen ab, die in einer Geschenkpackung enthalten sind, hat man noch nicht die wahre Natur der Zahlen erfasst. Ebenso wenig ist der sinnlich wahrnehmbare Kreis, den ein Lehrer an die Tafel zeichnet, der wahre Kreis. Der wahre Kreis, definiert als die Menge aller Punkte in einer Ebene, die denselben Abstand von einem Mittelpunkt haben, existiert nur im Bereich des Denkens. Die vielen verschiedenen gezeichneten Kreise sind bloß Abbilder des einen wahren und sich ewig gleichbleibenden Kreises. Dieser eine Kreis, der nur als Gegenstand des Denkens und der Erkenntnis existiert, kann als die „Idee" des Kreises verstanden werden (genau genommen unterscheidet Platon jedoch – *Politeia* 510 c–511 d – zwischen Zahlen und geometrischen Figuren einerseits und Ideen andererseits; vgl. zur Debatte über die mathematischen Gegenstände Erler 2007, S. 400f.). Es wäre durchaus möglich, dass die Einsicht in das „übersinnliche" Wesen der mathematischen Gegenstände am Anfang von Platons Ideentheorie stand. Seine gewagte theoretische Verallgemeinerung, dass das wahre Wesen aller ethischer, ästhetischer etc. Phänomene und der meisten sinnlich wahrnehmbaren Gegenstände jeweils als eine „Idee" verstanden werden muss, ist allerdings weit weniger plausibel (vgl. zur Diskussion der umstrittenen Frage, von welchen Dingen es überhaupt Idee gibt, Erler 2007, S. 397; → KAPITEL 8.3).

In seinem Liniengleichnis unterteilt Platon eine senkrechte Linie in zwei ungleich große Abschnitte (*Politeia* 509 d–511 e; vgl. 533 e–534 a, und Ferber 1989, S. 80–114). Der größere Abschnitt steht für das Gebiet der erkennbaren Dinge und des Wissens, der kleinere für den Bereich der sinnlichen wahrnehmbaren Dinge (Tiere, Pflanzen und Artefakte) und der Meinungen. Die Grundlage dieser Abgrenzung ist Platons Zwei-Welten-Lehre. Platon unterteilt die beiden Unterabschnitte der Linie erneut, und zwar nach derselben mathematischen Proportion. Im unteren Bereich der Linie, dem Gebiet der sinnlich wahrnehmbaren Dinge der Welt, gibt es kein Wissen, sondern nur „Meinung" (*doxa*), die im Verhältnis zu ihrer Deutlichkeit in „Glauben" (*pistis*) und „Vermuten" (*eikasia*) geschieden wird.

Das Liniengleichnis: Zwei Arten der Erkenntnis

Der obere Bereich der Linie, das Gebiet des wahren und unwandelbaren Seins, ist dagegen derjenige des „Wissens" und der „Erkenntnis" (*epistemê*). Platon differenziert diesen Bereich, um den es ihm im Liniengleichnis vor allem geht, nochmals in zwei Gegenstandsbereiche, den Bereich der Zahlen und Figuren einerseits und denjenigen der Ideen andererseits. Diesen beiden Gegenstandsbereichen ordnet er zwei Erkenntnisarten zu. Während der „Verstand“ (*dianoia*) die „mathematischen Gegenstände“ (*mathêmatika*) erfassen kann, vermag die „Vernunft“ (*noêsis*) die „Ideen“ (*eidê*) zu erkennen. Die Vernunfterkenntnis ist klarer und deutlicher als die mathematische Verstandeserkenntnis. Sie ist zudem reiner als die letztere, weil sie sich nicht auf die Bilder der sinnlichen Wahrnehmung stützen muss, wie etwa auf einen gezeichneten Kreis. Der zentrale Unterschied der beiden Erkenntnisarten besteht darin, dass die mathematische Verstandeserkenntnis von Hypothesen und Voraussetzungen – etwa von Grundsätzen und Definitionen – ausgeht, die sie nicht einholen bzw. auf ein letztes Prinzip zurückführen kann (vgl. Ricken 2007, S. 107–109). Dagegen kann die reine Vernunfterkenntnis, die sich zur Erkenntnis der dialektischen Methode bedient, über den Zusammenhang zwischen den Ideen zum obersten und letzten Prinzip, der Idee des Guten, aufsteigen (*Politeia* 511 b/c, 532 a/b; → KAPITEL 8.3).

Der Aufstieg der Erkenntnis in Platons Sonnen-, Linien- und Höhlengleichnis

<table>
<tr><td rowspan="2">Wissen bzw. Erkenntnis (epistêmê) vom Denk- und Erkennbaren (wahres und unwandelbares Sein)</td><td>Idee des Guten (Ursache von Wahrheit und Erkenntnis)

Ideen (eidê)</td><td>Vernunft (noêsis)</td><td>Sonne (Ursache des Sehens und Gesehenwerdens)

Gegenstände außerhalb der Höhle</td></tr>
<tr><td>Mathematische Gegenstände (mathêmatika) Zahlen, Figuren</td><td>Verstand (dianoia)</td><td>Ihre Schattenbilder und Spieglungen auf dem Wasser</td></tr>
<tr><td rowspan="2">Meinung (doxa) über das Sichtbare bzw. sinnlich Wahrnehmbare (Entstehen und Vergehen)</td><td>Tiere, Pflanzen, Artefakte (z.B. Vase)</td><td>Glaube (pistis)</td><td>Gegenstände in der Höhle (z.B. Vase)</td></tr>
<tr><td>Schatten- und Spiegelbilder</td><td>Vermutung (eikasia)</td><td>Ihre Schatten an der Höhlenwand</td></tr>
</table>

Nach dem Programm der philosophischen Bildung der *Politeia* müssen sich die besten Studenten nach Abschluss der vor allem mathematischen Bildung mit 30 Jahren fünf Jahre der Dialektik widmen (537 d, 539 e). Erstaunlicherweise gibt Platon jedoch in diesem Dialog keine genauere Erläuterung des dialektischen Verfahrens. Er verweist zwar auf die Fähigkeit des Dialektikers, „Rede und Antwort zu stehen" (531 e). Sein Sokrates weist jedoch Glaukons ausdrückliches Verlangen zurück, Auskunft über das „Wesen der dialektischen Kunst" und über ihre Unterarten und Wege zu erhalten (532 d/e). In der *Politeia* bezieht Platon die Dialektik vor allem auf die höchste Idee, die Idee des Guten, die er als „Ursache der Erkenntnis und Wahrheit" ansieht (508 e). Der dialektische Weg des Denkens besteht in einem geistigen Aufstieg zu diesem „Ziel alles Erkennbaren". Diesen Weg beschreitet man,

Dialektik in der *Politeia*

> „wenn man ohne alle Mitwirkung der Sinne allein durch die Kunst der Dialektik vermittelst des reinen Denkens versucht dem wahren Wesen eines jeden Dinges beizukommen und nicht eher ruht, als bis man das Gute seinem eigentlichen Wesen durch bloße Vernunfttätigkeit erfasst hat [...]" (532 a; vgl. *Phaidon* 65 a–68 b).

Das dialektische Denken ist ein reines Denken, das der sinnlichen Wahrnehmung und der Erfahrung nicht bedarf, sondern sich von diesen abwendet (vgl. dagegen Zehnpfennig 2001, S. 120ff.). Es zielt auf eine Erkenntnis des Wesens der Dinge und damit der Ideen (534 b). Letztlich zielt es auf die Schau der Idee des Guten. Für diese Schau reicht die dialektische Schulung allein nicht aus. Es sei zusätzlich erforderlich, Zwang auf die zukünftigen Philosophen auszuüben (540 a). Die genauen Gründe dafür bleiben allerdings im Dunkeln. In späteren Dialogen gibt Platon über das dialektische Verfahren und dessen Unterarten präzisere Auskünfte. Darin macht er deutlich, dass es bei ihm vor allem um den Zusammenhang zwischen den verschiedenen Begriffen und Ideen geht. Darauf verweist auch eine Bemerkung in der *Politeia*, in der er eine dialektische Natur durch ihre Fähigkeit zu einer „überblickenden Zusammenschau" (*synopsis*) auszeichnet (537 c).

Dialektik als Erkenntnismethode

Dialektik im weiten Sinne bedeutet für Platon die Kunst, durch angemessenes Fragen und Antworten ein philosophisches Gespräch zu führen. Daneben verwendet er den Begriff aber auch im engen Sinne als eine spezifische Methode zur Erkenntnis des Wesens einer Sache (*Phaidros* 266 c; *Sophistes* 253 d; vgl. allgemein zu Platons Dialektik Migliori 2013, S. 191–442). Diese Methode vereint zwei komplementäre Verfahrensweisen. Im ersten Verfahren geht es darum, verschiedene Begriffe zusammenzufassen und die Einheit in der Vielheit zu erkennen. Der Begriff der Angelfischerei etwa, den er im *Sophistes* als Beispiel für die dialektische Methode verwendet, fällt unter den Oberbegriff der „Kunst" (*technê*) (221 a/b; vgl. 253 b). Um den Zusammenhang bzw. die Verwandtschaft dieser beiden Sachen erkennen zu können, bedarf es der Fähigkeit zu einer „überblickenden Zusammenschau" (*synopsis*), die er in der *Politeia* hervorhebt (537 c). Platon bezeichnet das erste Verfahren der Dialektik, das vom Besonderen zum Allgemeinen aufsteigt, als „Zusammenfassung" bzw. „Zusammenführung" (*synagôgê*) (*Phaidros* 266 b). Im zweiten Verfahren geht es darum, einen Begriff zu teilen. So unterteilt er im *Sophistes* den Begriff der „Kunst" (*technê*) in eine „hervorbringende" (*poiêtikê*) und eine „erwerbende" (*ktêtikê*). Der genauer zu bestimmende Begriff der Angelfischerei wird der erwerbenden Kunst zugeordnet. Im nächsten Schritt wird diese Kunst weiter unterteilt und die Angelfischerei der gewalttätigen Kunst zugeordnet, die ihre Beute durch Jagd erwirbt (221 b). Nach einer Reihe weiterer Schritte endet das Verfahren mit der Bestimmung des Begriffs der Angelfischerei, wodurch die volle Klarheit über diese Sache erlangt wird. Platon bezeichnet dieses Verfahren der Dialektik, das vom Allgemeinen zum Besonderen absteigt, als „Trennen" bzw. „Einteilen" (*dihairesis*) (*Phaidros* 266 b; *Sophistes* 253 c; → KAPITEL 9.2). Wenn der Dialektiker Begriffe teilt, kann er nicht willkürlich verfahren, sondern muss die Teilung gemäß den vorgegebenen Strukturen des Seins und insbesondere der natürlichen Einteilung in Arten und Gattungen vornehmen (*Phaidros* 265 e–266 a; *Sophistes* 253 d/e). Dabei dürfte Platon voraussetzen, dass sich die Begriffe und die Sachen entsprechen und dass man über die Klärung der Begriffe und ihrer Relationen auch das Seiende und die Relationen zwischen den Sachen klären kann. Um welche Sachen es sich dabei genau handelt und vor allem die Frage, ob es Platon auch in den späteren Dialogen noch um die Ideen geht, ist in der Forschung umstritten (vgl. ausführlich zur Literatur Erler 2007, S. 369f.). Im *Sophistes* wendet Platon die dialektische Methode auf den Begriff des Sophisten und im *Politikos* auf den Begriff des Staatsmanns an (→ KAPITEL 9.2).

Platons erkenntnistheoretischer Ansatz wird heute als „rationalistisch" bezeichnet. Dessen Gegensatz bildet der „empiristische" Ansatz. Vorbild einer rationalistischen Methode ist die Mathematik, die ihr gesamtes Wissen aus der *ratio* ableitet und daher nicht von der sinnlichen Wahrnehmung und der Erfahrung abhängig ist. Im Gegensatz zum Empirismus, dem zufolge unser ganzes Wissen aus der Er-

Kritik an Platons Erkenntnistheorie

fahrung stammt, vernachlässigt der Rationalismus die empirische Forschung. In seiner kritischen Philosophie vereint Immanuel Kant beide Ansätze. An Platon kritisiert er in einer für ihn ungewöhnlich metaphorischen Sprache:

> „Die Mathematik gibt uns ein glänzendes Beispiel, wie weit wir es, unabhängig von der Erfahrung, in der Erkenntnis a priori bringen können. [...] Ebenso verließ Platon die Sinnenwelt, weil sie dem Verstande so *enge Schranken setzt*, und wagte sich jenseit[s] derselben, auf den Flügeln der Ideen, in den leeren Raum des reinen Verstandes. Er bemerkte nicht, daß er durch seine Bemühungen keinen Weg gewönne, denn er hatte keinen Widerhalt, gleichsam zur Unterlage, worauf er sich steifen, und woran er seine Kräfte anwenden konnte, um den Verstand von der Stelle zu bringen" (Kant 1976, S. 43f., B 8f.; Hervorhebungen von Kant).

Die Mathematik ist eine Wissenschaft, die unabhängig von der Beobachtung und Erfahrung eine enorme Erweiterung der Erkenntnis erlangt. Wie bereits Parmenides vor ihm wendet Platon die rationalistische Methode auf die Philosophie an (→ KAPITEL 3.2). In der angeführten Passage kritisiert Kant Platon von den Prämissen seiner eigenen Erkenntnistheorie her, nach der Erkenntnis sowohl auf Begriffe als auch auf Anschauungen angewiesen ist und nur aus der Vereinigung von beiden entspringen kann.

8.3 Die Ideentheorie

Der berühmteste Bestandteil von Platons Philosophie ist seine sogenannte „Ideenlehre". Von dem Neukantianer Paul Natorp wurde die Ideenlehre als das „Zentrum" seiner Philosophie und zugleich als „die Geburt des Idealismus" verstanden (Natorp 1994, S. VII, IX).

Ideenlehre oder Ideentheorie?

Es ist jedoch angemessener, von Platons „Ideentheorie" zu sprechen. Denn in der Forschung wurde oft mit guten Gründen angezweifelt, dass Platon überhaupt ein System oder eine Lehre entwickelt hat (vgl. Erler 2007, S. 353, der auf S. 390–406 dennoch von Platons „Ideenlehre" spricht). Die Tatsache, dass Platon im *Parmenides* drei bedeutende Argumente gegen seine Ideentheorie vorbringt, die er nicht entkräftet, ist ein weiteres Argument dafür, den Ausdruck „Ideenlehre" zu vermeiden. Denn diejenigen Denker, die eine Lehre propagieren, unterwerfen sie in der Regel nicht einer radikalen Kritik, sondern suchen sie gegen Einwände und Kritik zu verteidigen.

Platons Ideentheorie ist mit seiner Zwei-Welten-Lehre verknüpft (→ KAPITEL 8.2). Die Ideentheorie besagt, dass allen ethischen, ästhetischen etc. Phänomenen und den meisten sinnlich wahrnehmbaren Dingen ewige und rein geistige Muster als ihr Wesen und ihre Ursache zugrundeliegen und dass die ersteren an letzteren teilhaben. Die Ideen sind nicht mit den Begriffen im menschlichen Geist identisch. Sie existieren weder nur im menschlichen Geist noch in der raum-zeitlichen Erscheinungswelt, sondern an einem „überhimmlischen Ort" (*Phaidros* 247 c; vgl. *Parmenides* 134 b; vgl. zu Platons Ideen Chen 1992; Natorp 1994; Wieland 1999, S. 95–223, und zu den verschiedenen Interpretationen der Ideentheorie Erler 2007, S. 406). Die Termini „*eidos*" oder „*idea*", die Platon als Synonyme verwendet, bedeuten wörtlich „Aussehen", „Gestalt" oder „Form". In der angelsächsischen Literatur werden die beiden Termini – wie bereits von Cicero – daher häufig mit „form" übersetzt. Sie leiten sich vom Verbalstamm „id" („vid") her, das „sehen" oder „erblicken" bedeutet. Ideen können für Platon natürlich nicht mit den sinnlich wahrnehmenden Augen, sondern nur mit den „geistigen Augen" erblickt werden. Unter der Idee einer Sache versteht er vor allem das Wesen dieser Sache.

Abriss der Ideentheorie

Über den Ursprung der Ideentheorie wurde viel spekuliert und diskutiert. Nach Aristoteles ist sie primär eine Abwandlung und Weiterentwicklung der Lehre der Pythagoreer, der zufolge die sinnlich wahrnehmbaren Dinge der Welt ein „Abbild" bzw. eine „Nachahmung" (*mimêsis*) von Zahlen sind (Met. I 6, 987 b 8–14; → KAPITEL 2.4 UND 8.1). Plausibel wäre auch, dass der Ausgangspunkt der Ideenlehre die Einsicht in das rein geistige Wesen der mathematischen Gegenstände war. Ein Kreis oder Dreieck ist ein Objekt, das lediglich im Gebiet des Denkens existiert. Die vielen gezeichneten und sinnlich wahrnehmbaren Kreise und Dreiecke sind nur Abbilder des einen „wahren" Kreises und Dreiecks bzw. der „Idee" des Kreises oder Dreiecks (→ KAPITEL 8.2). Es wäre aber auch möglich, dass der Ursprung der Ideenlehre die Mängel einer „empiristischen" oder „sensualistischen" Erkenntnistheorie waren. Einer solchen Erkenntnistheorie zufolge, die Platon im *Theaitetos* ausführlich thematisiert und kritisiert, stammt unser ganzes Wissen aus der Erfahrung (151 eff.; → KAPITEL 8.2). Auch im *Phaidon*, in dem Platon die Ideentheorie wahrscheinlich zum ersten Mal umfassend darlegt, kritisiert er die Auffassung, dass wir Erkenntnisse aus der sinnlichen Wahrnehmung und der Erfahrung gewinnen können. Stattdessen spricht er sich für ein „reines Denken" aus, das seine Einsichten unabhängig vom Körper und dessen Wahrnehmun-

Der Ursprung der Ideentheorie

gen gewinnt (65 a–68 b). Im Gegensatz zur gängigen Auffassung, der zufolge der *Phaidon* dem *Theaitetos* vorangeht, argumentiert Natorp dafür, dass ersterer den letzteren – insbesondere dessen Kritik der „Sinneserkenntnis" – als bekannt voraussetzt (Natorp 1994, S. 137–142).

Im *Phaidon* verknüpft Platon die Darlegung seiner Ideentheorie mit seiner Theorie der Seele, für deren Unsterblichkeit er argumentiert (→ KAPITEL 8.4). Entscheidend für die Ideentheorie ist vor allem das Gespräch, das Sokrates mit seinem Schüler Simmias über Verhältnisbegriffe wie „ähnlich" und „gleich" führt (74 aff.). Platons Argumentation für die Existenz von Ideen lässt sich folgendermaßen rekonstruieren: Die Menschen haben einen Begriff des Gleichen, der mit ihrer sinnlichen Wahrnehmung von zwei verschiedenen Gegenständen – etwa von zwei Steinen oder zwei Holzstücken – verbunden ist. Allerdings ist diese in der Sinneswahrnehmung gegebene Gleichheit keine vollkommene, sondern eine mangelhafte Gleichheit. Daher kommt es vor, dass dieselben zwei Steine und Holzstücke dem einen Menschen als gleich und dem anderen als ungleich erscheinen können. Die Betrachtung gleicher Gegenstände führt den Menschen zur Vorstellung eines „Gleichen selbst" bzw. eines „Gleichen an sich", das sich in der Welt der sinnlichen Wahrnehmung nur annäherungsweise findet. Der Vergleich der beiden Gleichheiten und die Tatsache, dass man das „Gleiche der Sinnesanschauung" gegenüber dem „Gleichen selbst" als mangelhaft beurteilt, führt Platon zu dem Schluss, dass man den Begriff des „Gleichen an sich" nicht aus der sinnlichen Wahrnehmung gewonnen bzw. abstrahiert haben kann. Daraus schließt er wiederum, dass man das „Gleiche selbst" bzw. die „Idee des Gleichen" schon „von früher her" kennen muss. Um zum ersten Mal sinnlich wahrnehmbare Gegenstände als gleich wahrnehmen und beurteilen zu können, muss man das „Gleiche an sich" bzw. die „Idee des Gleichen" bereits kennen (74 a–75 b).

Phaidon: Zwei Arten des Gleichen

Nach Platon muss die Seele des Menschen die „Idee des Gleichen" bereits vor ihrer Verbindung mit dem Körper und damit vor der Geburt geschaut haben. Das Wissen vom „Gleichen an sich" vergisst die Seele jedoch bei der Geburt und gewinnt es erst später wieder durch die Einsicht, dass gleiche Sinnesdinge hinter dem Gleichen an sich zurückbleiben. Platons Theorie ist, dass Lernen und Erkennen „Wiedererinnerung" (*anamnêsis*) sind. Diese Theorie setzt die Existenz einer unsterblichen und vernünftigen Seele voraus, die periodisch immer wiedergeboren wird. In seinem Dialog *Menon* versucht Platon seine *anamnêsis*-Theorie damit zu beweisen, dass ein Sklave

Ideen und _anamnêsis_-Theorie

ohne höhere Bildung durch bloßes Befragen zur Lösung eines mathematischen Problems geführt werden kann. Dieses Resultat zeigt für ihn, dass im Menschen ein latentes vorgeburtliches Wissen vorhanden ist, das bewusst bzw. explizit gemacht werden kann (81 a–86 c; vgl. zur *anamnêsis*-Theorie *Phaidros* 249 c–e). Dass es eine Form von vorgeburtlichem Wissen gibt, ist eines von vier verschiedenen Argumenten, mit denen Platon im *Phaidon* die Unsterblichkeit der Seele zu erweisen sucht (72 e–77 a; → KAPITEL 8.4). Platons Theorie der Wiedererinnerung wurde wegen ihrer metaphysisch-mythischen Gehalte kritisiert. Es gibt zwar Gründe dafür, die empiristische Auffassung abzulehnen, dass sich der Begriff des Gleichen und andere Begriffe aus der sinnlichen Erfahrung gewinnen lassen. Die Annahme, dass sie durch eine vorgeburtliche Schau erworben wurden, ist jedoch nicht die einzige Alternative zum Empirismus. So wurde von verschiedenen Rationalisten wie etwa René Descartes die Existenz angeborener Ideen vertreten. Das sind Vorstellungen oder Begriffe, die im menschlichen Geist von Natur aus angelegt sind. Nach Kant gibt es Begriffe a priori bzw. reine Begriffe, die im Verstand „vorbereitet liegen" und „bei Gelegenheit der Erfahrung entwickelt" werden (Kant 1976, S. 106, B 91).

Im *Phaidon* erklärt Sokrates, dass die Seele vor der Geburt nicht bloß Kenntnis vom „Gleichen" und vom „Größeren und Kleineren" erwirbt, sondern dass sich seine Argumentation auch auf das „Schöne selbst und das Gute und Gerechte und Fromme an sich" bezieht (75 c; vgl. bereits 65 d und später wieder 100 b). Im Einklang damit führt Sokrates in der *Politeia* aus, dass „vom Gerechten und Ungerechten und vom Guten und Schlechten sowie von *allen* Begriffen" gilt: „jeder für sich selbst ist eines, durch ihre „Gemeinschaft" bzw. „Verbindung" (*koinonia*) aber mit Handlungen und Körpern und untereinander treten sie überall dem Auge entgegen, so dass jeder den Schein erweckt als wäre er vieles" (476 a). Auch wenn Platon hier vor allem von ethischen Begriffen und Phänomenen spricht, verallgemeinert er seine Aussage und erklärt, sie gelte „von *allen* Begriffen". Begriffe sind Einheiten, die der Vielheit der Phänomene gegenüberstehen. Als Einheiten verweisen sie auf für sich bestehende Einheiten bzw. Wesenheiten, die nur durch das Denken zu erkennen sind. Dies sind seine berühmten Ideen. Auch im *Parmenides* führt Platon als Beispiele für Ideen die Ähnlichkeit, das Gerechte, das Schöne und das Gute an (130 b). Von Parmenides befragt, ob es auch vom Menschen, vom Feuer und vom Wasser eine besondere Idee gibt, erklärt der junge Sokrates, dass er darüber oftmals in Zweifel gewesen

Der Bereich der Ideen

sei (130 c). Parmenides' weitere Frage, ob der Ideenbereich auch auf verächtliche Dinge wie Haar, Kot und Schmutz ausgedehnt werden muss, verneint Sokrates. Dennoch zeigt er sich beunruhigt von dem Gedanken, dass diese Einschränkung des Ideenbereichs eine theoretische Inkonsequenz darstellt (130 d; vgl. zum Ausmaß des Ideenbereichs Met. I 9, 990 b 4ff.; Met. I 9, 991 b 6f.; Met. XII 3, 1070 a 18–20, und zur Diskussion Erler 2007, S. 397).

Im *Symposion* werden sechs Reden über Eros, den Gott der Liebe, gehalten. In diesem Dialog führt Sokrates einen philosophisch-dialektischen Aufstieg vor, der mit dem Anblick eines schönen Körpers beginnt und mit der Schau der Idee des Schönen endet. In seiner Rede, die den Höhepunkt des Gesprächs darstellt, spricht Sokrates nicht in eigenem Namen, sondern dem der weisen Priesterin Diotima, die ihn belehrt hätte (201 d). Ihre Lehre zeigt auf, wie ein Jüngling auf dem Weg der „richtigen Knabenliebe" (*orthôs paiderastein*) (211 b) zum

Aufstieg zur Idee des Schönen

Schönen selbst geführt werden kann. Am Anfang des stufenweisen Aufstiegs stehen der sinnliche Anblick eines schönen männlichen Körpers und die Liebe zu ihm, der den Sinn für das Schöne weckt (210 a; vgl. Zehnpfennig 2001, S. 154). Der erste Schritt besteht in der Erkenntnis, dass die Schönheit an einem besonderen Körper mit derjenigen an jedem anderen Körper verwandt ist. Von der Erkenntnis der körperlichen Schönheit als solcher und der Liebe zu ihr führt der Weg nach oben zu einer ranghöheren Liebe, die sich auf die seelische Ebene bezieht. Auf dieser zweiten Ebene geht die Liebe zur seelisch-geistigen Schönheit mit der Liebe zu den schönen Tätigkeiten und den schönen „Sitten" und „Gesetzen" (*nomoi*) einher (210 c). Die Erkenntnis der Verwandtschaft dieser Erscheinungsformen des Schönen führt zur Liebe zum sittlich-moralisch Schönen als solchen. Dieser Schritt ist bereits durch die griechische Sprache vorgezeichnet, in der das Wort „*kalos*" nicht bloß „schön", sondern auch „sittlich-moralisch gut" bedeutet. Als nächster Schritt erfolgt die Liebe zu dem Schönen der Wissenschaften, zu den schönen Wissensgebieten, Reden, Gedanken und Erkenntnissen (210 d). Von dieser Ebene des Schönen der Wissenschaften und Erkenntnis führt ein letzter Schritt hinauf zur Liebe zu dem reinen Schönen bzw. zur Idee des Schönen, deren Schau höchst beglückend ist (211 d/e; vgl. *Phaidros* 249 dff.). Platon charakterisiert dieses als „ein ewig Seiendes, weder entstehend noch vergehend, weder zunehmend noch abnehmend" (211 a; vgl. *Phaidon* 78 d–79 a; *Timaios* 52 a). Ontologische Merkmale der Ideen wie „unentstanden", „unvergänglich", „unveränderlich" hatte bereits Parmenides dem Seienden zugeschrieben, das er in seinem Lehrgedicht definiert (→ KAPITEL 3.2). In der Forschung über das *Symposion* ist es umstritten, ob für Platon primär die Theorie zählt, die Sokrates auf Diotima zurückführt, und wie er zu den anderen Reden über den Eros steht, die sich widersprechen. Eine überzeugende Interpretation der Sokrates-Diotima-Passage verteidigt Christoph Horn. Ihm zufolge entwickelt sie „keineswegs eine generelle Theorie der Liebe, sondern behandelt nur einen bestimmten Teilaspekt des Liebesphänomens, nämlich den philosophischen *erôs*" (Horn 2012, S. 2).

Die Idee des Guten

Während der stufenweise Aufstieg zur Schau der Idee des Schönen ein zentrales Thema des *Symposions* ist, steht der dialektische Emporstieg zur Schau der Idee des Guten im Zentrum der *Politeia*. Vollzieht sich der Aufstieg zum reinen und allgemeinen Schönen über dessen verschiedene besondere Erscheinungsformen, stützt sich der Emporstieg zum Guten selbst auf den Zusammenhang zwischen den verschiedenen Ideen (→ KAPITEL 8.2). Platon thematisiert die Idee des Guten vor allem im Gleichnis von der Sonne, die für das Gute selbst steht (507 b–509 b; vgl. Ferber 1989, S. 49–79). Wie das Licht der Sonne Ursache dafür ist, dass das Auge einen Gegenstand erkennen kann, ist die Idee des Guten „Ursache der Erkenntnis und Wahrheit" (508 e). Nur im Lichte des Guten selbst können die anderen Ideen erkannt werden (vgl. Ricken 2007, S. 115f.). Die Idee des Guten hat einen höheren Rang als alle anderen Ideen. Sie ist das „höchste Lehrstück" bzw. „Wissen" (*megiston mathêma*) (*Politeia* 505 a). Die Idee des Guten ist auch zentral für Ethik und Politik. Denn sie „verleiht allen Tugenden Funktion und Zweck und ist Ziel allen Handelns und Strebens" (Erler 2007, S. 402; *Politeia* 505 a–e, 517 c; → KAPITEL 9.1). Die Idee des Guten verbindet Erkenntnistheorie und Ontologie. Denn sie stellt nicht bloß den Grund der Erkenntnis, sondern auch des Seins dar. Wie die Sonne in der Sinneswelt die Ursache von Werden und Wachstum ist, so hat die Ideenwelt, das Erkennbare, vom Guten selbst ihr „Sein und Wesen". Zudem erklärt Platon, dass die Idee des Guten „nicht das Sein ist, sondern an Würde und Kraft noch über das Sein hinausragt" (*Politeia* 509 b). Diese berühmten Formulierungen wurden aus guten Gründen so verstanden, dass für Platon „die Gottheit mit der Idee des Guten" zusammenfällt (Zeller 2006, S. 139; vgl. Schmitz-Moormann 1959, S. 41). Andere Autoren bestreiten dies jedoch (Solmsen 1942, S. 72; vgl. zu Platons Theologie und ihren verschiedenen Interpretationen Bordt 2006). Über die anderen Ideen erklärt Platon explizit, dass sie göttlich sind. Im *Symposion* bezeichnet er die Idee des Schönen als „das göttliche Schöne" (211 e) und in der *Politeia* die Ordnung der Ideen als „göttliches Musterbild" für den Gründer einer Polis (500 e). Nach dem Tübinger Platon-Forscher Hans Krämer wird im Sonnengleichnis das Wesen des Guten „nach Namen, Definition, Zusammenhang und Funktion erklärtermaßen nicht entfaltet. Für nicht mündlich Vorbelehrte ist der Text daher, wie weithin anerkannt ist, gerade in den Hauptpunkten nicht verstehbar“ (Krämer 1997, S. 181). Aristoteles, der die Ideenlehre in seinen Schriften durchweg ablehnt, formuliert nicht bloß eine Reihe von theoretischen Argumenten gegen Platons Idee des Guten, sondern wendet auch ein, dass sie nicht praktisch angewandt werden kann (EN I 4, 1096 a 11–1097 a 14; vgl. Flashar 1995 und zur Literatur über die Idee des Guten Erler 2007, S. 403f.).

Verhältnis der drei Gleichnisse

Platons Sonnengleichnis scheidet das Gebiet des Sichtbaren von dem Gebiet des Denkbaren. Diese Unterscheidung ist die Grundlage seiner Zwei-Welten-Lehre. Im unmittelbar daran anschließenden Liniengleichnis differenziert Platon die beiden Bereiche weiter aus. Dabei geht es ihm vor allem um die Unterscheidung der beiden Erkenntnisarten für das Gebiet des Denkbaren und den Aufstieg zum obersten Prinzip, der Idee des Guten (→ KAPITEL 8.2). Diese spielt auch im Höhlengleichnis eine zentrale Rolle, das zu Beginn von KAPITEL 9 näher erläutert wird. Denn das Höhlengleichnis veranschaulicht den Aufstieg der Bildung zum höchsten Wissen, der Idee des Guten. Der Höhlenbewohner, der die Höhle verlässt und ans Tageslicht tritt, steht für den Philosophen, der den Bereich der Meinung und der sinnlichen Wahrnehmung hinter sich lässt und in das Gebiet des Denkbaren eintritt. Außerhalb der Höhle gewöhnt er sich langsam daran, die wahren Dinge zu erkennen, bis er am Ende die Sonne betrachten kann. Dieser Prozess steht für den Erkenntnisfortschritt von den mathematischen Gegenständen über die Ideen bis zur Erkenntnis der Idee des Guten, die den philosophischen Bildungsprozess abschließt (vgl. zum Problem der Harmonisierung von Linien- und Sonnengleichnis Annas 1981, S. 254–256).

Teilhabe der Dinge an den Ideen

Platons Zwei-Welten-Lehre wirft die Frage nach dem genauen Verhältnis der Ideen zu den vielen sinnlich wahrnehmbaren Dingen und den Phänomenen der Welt auf. Platon versteht die Ideen, die selbstständig existierende geistige Entitäten sind, als Muster oder Vorbilder und die letzteren als Ab- oder Nachbilder, die an ihnen teilhaben (*Parmenides* 132 c/d, 133 c/d). Im *Timaios* stellt er in Form einer „wahrscheinlichen Rede“ seine Kosmologie dar, die auf seiner Ideentheorie basiert (29 c/d, 48 d, 59 c). Platons Kosmologie zufolge ist die Ursache der raum-zeitlichen Erscheinungswelt der Demiurg, der gute Weltengestalter, der sie nach dem Vorbild der ewigen Ordnung der

Ideenwelt schafft (*Timaios* 28 aff.; vgl. Graeser 1983, S. 146–150; *Politeia* 500 c–e). Im Einklang damit erklärt Platon in verschiedenen Dialogen das Verhältnis der Ideen zu den vielen sinnlich wahrnehmbaren Dingen und den Phänomenen der Welt so, dass die letzteren an den Ideen „teilhaben" (*metechein*). Alles, was in der Welt als schön erscheint, ist deshalb schön, weil es am „Schönen an sich" (*kalon auto kat'auto*) bzw. am „Schönen selbst" (*auto to kalon*) teilhat (*Phaidon* 100 b/c; vgl. *Symposion* 211 b; *Politeia* 476 d). Das „Schöne selbst" ist die einzige Ursache dafür, dass etwas schön ist. Alternative Gründe, die die Schönheit eines Gegenstandes erklären könnten, wie etwa dessen Farbe oder Gestalt, verwirft Platon. Es sei allein die „Präsenz" (*parousia*) des „Schönen selbst" in einem Gegenstand und die „Gemeinschaft" (*koinônia*) mit ihm, die ihn schön machen (100 d).

Das Verhältnis der einen Idee des Schönen zu den vielen schönen Gegenständen, die an ihr teilhaben und von der sie ihre Benennung als schön erhalten, wird im *Parmenides* nochmals explizit verallgemeinert. Darin stimmt der junge Sokrates dem alten Parmenides zu, dass er an Ideen glaube,

Das Problem der Teilhabe

> „von denen diese anderen Dinge durch ihrer Teilnahme an ihnen ihre Namen erhalten, wie sie etwa ähnlich werden durch die Teilnahme an der Ähnlichkeit, groß durch die Teilnahme an der Größe, schön und gerecht durch die Teilnahme an der Schönheit und Gerechtigkeit" (*Parmenides* 130 e–131 a).

Der Gedanke der Teilhabe, mit dem Platon das Verhältnis der Ideenwelt zur Erscheinungswelt und damit die Vermittlung der beiden Welten zu erklären versucht, ist jedoch problematisch. Das war ihm auch selbst bewusst. Denn gegen ihn richten sich die ersten beiden der drei Argumente, die er im *Parmenides* gegen die Ideentheorie verbringt (131 a–e). Der erste Einwand besagt, dass sich die Teilnahme der einzelnen Dinge an den Ideen nicht denken lässt, ohne die Ideen zu zerteilen. Das widerspricht aber deren wesentlicher Bestimmung als einem einheitlichen Ganzen, das der Vielheit der erscheinenden Dinge gegenübersteht. Dem Argument zufolge lässt sich die Teilhabe nur auf eine von zwei möglichen Weisen denken. Entweder haben die vielen einzelnen Dinge (1) nur an einem Teil der Idee Anteil oder (2) an ihr als Ganzer. Die erste Möglichkeit bedeutet offensichtlich, dass die Einheit der Idee aufgehoben ist. Das ist aber auch bei der zweiten Möglichkeit der Fall. Denn wenn die einzelnen Dinge an der Idee als Ganzer Anteil hätten, dann wäre ein Ganzes zugleich in verschiedenen einzelnen Dingen, wodurch es vervielfältigt und von sich getrennt wäre. Um dieser Konsequenz zu entgehen, schlägt Sokrates die Analogie vor, dass eine Idee wie ein und derselbe Tag an verschiedenen Orten zugleich sein kann. Parmenides wandelt diese Analogie so ab, dass ein und dasselbe Segeltuch als Ganzes über verschiedenen einzelnen Menschen ausgebreitet ist. Aber auch dann käme auf jeden Einzelnen nur ein Teil des Segeltuchs. Daher hätten auch die einzelnen Dinge jeweils nur an einem Teil der Idee Anteil, wodurch die Einheit der Idee erneut aufgehoben wäre (131 c).

Das Argument vom dritten Menschen

Das zweite Argument, das Parmenides gegen die Teilnahme der Erscheinungs- an der Ideenwelt vorbringt, wurde unter dem Namen des „dritten Menschen" (*tritos anthrôpos*) bekannt. Es geht wohl auf den Sophisten Polyxenos zurück (vgl. Apelt 1988, S. 24f.). Aristoteles, der sich in seiner Kritik von Platons Ideentheorie mehrmals darauf bezieht, setzt es als bekannt voraus (Met. I 9, 990 b 17; Met. VII 13, 1039 a 2f.; Met. XI 1, 1059 b 8; Met. XIII 4, 1079 a 13; Aristoteles: *Sophist. Widerlegungen* 178 b 36ff.). Im *Parmenides* formuliert Platon das Argument vom dritten Menschen in zwei Versionen (132 a–133 a). Beide Versionen laufen wie das vorangehende Argument darauf hinaus, dass sich die Teilnahme der Dinge an den Ideen nicht denken lässt, ohne die Ideen zu zerteilen, was ihrem Wesen als einheitlichem Ganzen widerspricht. (1) Die Auffassung, dass jede Idee ein einheitliches Ganzes ist, beruht darauf, dass bei der Betrachtung verschiedener Erscheinungen, die an ihr teilhaben, sich jede als Einheit darstellt. So erkennen wir bei der Betrachtung großer Dinge das Groß-sein als einheitliches Merkmal. Die eine Idee des Groß-seins ist die Ursache dafür, dass die vielen großen Dinge, die an ihr teilhaben, groß sind. Betrachtet man nun die eine Idee des Groß-seins zusammen mit den verschiedenen großen Dingen, dann gerät wiederum eine übergeordnete zweite Idee des Groß-seins in den Blick, die das gemeinsame Merkmal der ersten Idee des Groß-seins und der vielen großen Dinge ist. Da diese zweite Idee wie die erste und die großen Dinge groß ist, müssen wir erneut eine übergeordnete dritte Idee des Groß-seins annehmen. Die Verdopplung der ersten Idee des Groß-seins, die doch ein einheitliches Ganzes sein soll, führt in einen unendlichen Regress, wobei sie immer weiter vervielfältigt und zerteilt wird. Wenn die Ursache der vielen Menschen die Idee des Menschen als zweites Moment ist, dann ist auch noch ein dritter Mensch erforderlich und so fort ad infinitum. (2) Dasselbe Resultat ergibt sich, wenn die Ideen als Muster- oder Urbilder verstanden werden und die verschiedenen Erscheinungen, die an ihnen teilhaben, als Nach- oder Abbilder, die ihnen ähnlich sind. Wenn sich die Ideen und ihre Nachbilder wechselseitig ähnlich sind, dann bedarf es wiederum einer zweiten übergeordneten Idee, an der sie jeweils teilhaben und so fort in einem unendlichen Regress (vgl. Graeser 1983, S. 143–146; Ricken 2007, S. 89).

Nach dem dritten Argument, das Platon im *Parmenides* gegen die Theorie der Ideen vorbringt, können sie vom Menschen nicht erkannt werden (133 b–135 b). Trotz dieser drei gewichtigen Argumente, deren Herkunft nicht eindeutig geklärt werden kann, stimmen der alte Parmenides und der junge Sokrates letztlich darin überein, dass die Annahme von Ideen unerlässlich ist. Denn sonst fehle dem Denken sein Bezugspunkt und jeder Unterredung die Grundlage (135 b/c; vgl. Graeser 1983, S. 132–134). Ideen sind für Platon „*Bedingungen der Möglichkeit der Erkenntnis* und *Bedingungen der Möglichkeit von Verständigung*“ (Ottmann 2001b, S. 6). In der Literatur ist es umstritten, welche Konsequenzen Platon aus den drei Argumenten zieht, die er nirgends in seinem Werk entkräftet. Sind sie Ausdruck einer „Krise“ oder „Wende“ seines Denkens und unterstützen daher die Hypothese einer Entwicklung seiner Philosophie? (vgl. zur Literatur Erler 2007, S. 394f.) Viel spricht jedenfalls dafür, dass Platon in späteren Dialogen wie dem *Sophistes* und dem *Philebos* noch an der Ideentheorie – zumindest in modifizierter Form – festhält. Neu ist vor allem, dass nun insbesondere das Verhältnis der Ideen untereinander thematisiert und diese nicht mehr wie in der mittleren Periode als statisch, sondern als in Bewegung gedacht werden. In Platons Spätwerk, den *Nomoi*, kommen die Ideen nicht mehr vor.

Die Konsequenz der Ideenkritik

8.4 Die Seelenlehre

Platons Zwei-Welten-Lehre hat auch Konsequenzen für seine Auffassung des Menschen (→ KAPITEL 8.2). Denn er versteht ihn als Wesen, das zwei Welten angehört. Mit seinem Körper und seinen Begierden ist er ein Teil der raum-zeitlichen Erscheinungswelt. Mit seiner „Seele“ (*psychê*), die Platon als unsterblich ansieht, hat er an der Ideenwelt teil. Vor ihrer Einkörperung schauten die menschlichen Seelen im Gefolge der Götter unterschiedlich lange die Ideen (*Phaidros* 246 a–248 e; → KAPITEL 8.3). Die Vernunft kann die Ideen als das wahrhaft Seiende nicht bloß erkennen, sondern ist mit ihnen „verwandt“ (*prosêkon* bzw. *syngenês*) (*Politeia* 490 b, 611 e; vgl. *Phaidon* 79 d). Im *Phaidon* wertet Platons Sokrates den menschlichen Körper im Anschluss an pythagoreische Lehren radikal ab (→ KAPITEL 2.4).

Mensch als Wesen zweier Welten

Er sei ein Übel, und der Mensch solle sich so viel als möglich des Umgangs und der Gemeinschaft mit ihm enthalten (66 b, 67 a). Im Einklang damit versteht Platon den Körper wie die Orphiker als das Gefängnis der Seele (*Phaidon* 62 b, 67 c/d; *Phaidros* 250 c; *Gorgias* 493 a; *Kratylos* 400c; vgl. allerdings auch Platons Forderung nach Pflege des Körpers und Sorge für ihn in *Kratylos* 87 bff.). Dagegen stellen die Seele und insbesondere ihre Vernunft die wertvollsten Teile des Menschen dar und bilden seinen eigentlichen Kern. Im *Timaos* unterscheidet Platon einen göttlichen und unsterblichen Teil der Seele von einem irdischen und sterblichen Teil (41 c/d, 69 c/d, 90 a–d).

In den *Nomoi* kritisiert Platon die Gottesleugner und ihre „materialistische“ Auffassung, der zufolge die Seele aus den natürlichen Elementen Feuer, Wasser, Luft und Erde entstanden ist (891 c). Dagegen sucht er im Einklang mit der *anamnêsis*-Theorie seine „idealistische“ Deutung zu verteidigen, dass die Seele ursprünglicher ist als alle Körper und den Anstoß gibt zu all ihren Veränderungen und Umgestaltungen (892 a; → KAPITEL 8.3). Nicht bloß in den *Nomoi*, sondern auch im *Phaidros* und im *Timaios* vertritt Platon eine Theorie von der Weltseele, die das Prinzip des gesamten Kosmos ist. Nach dem *Timaios* wird die Weltseele vom mythischen Demiurg hervorgebracht, der auch die kosmische Ordnung schafft (vgl. zur Literatur Erler 2007, S. 386f.; Ricken 2007, S. 125f., und allgemein zu Platons Theorie der Seele Migliori 2013, S. 725–858).

Primat der Seele und Weltseele

Der *Phaidon* zeugt davon, dass Platon Körper und Seele radikal entgegensetzt. Als Ziel, auf das der Philosoph hinzuarbeiten habe, erklärt er die „Reinigung“ (*katharsis*) der Seele vom Körper und letztlich ihre Befreiung von ihm (67 c–e). Im *Phaidon* denkt Platon die unsterbliche Seele als einheitlich und nicht zusammengesetzt (78 b–80 b). In der *Politeia* dagegen präsentiert er einen detaillierten psychologischen Beweis dafür, dass die Seele aus drei gesonderten Teilen besteht: der „Vernunft“ (*logistikon*), dem „Mut“ bzw. „Zorn“ (*thymoeides*) und der „Begierde“ (*epithymêtikon*) (436 a–441 c; vgl. die Dreiteilung der Seele im Mythos, den Platon im *Phaidros* 246 a ff. vorträgt; → KAPITEL 9.1). Ob sich diese beiden Begriffe der Seele vereinbaren lassen, ist umstritten. Vor allem stellen sie den Interpreten vor das Problem, ob die ganze Seele oder nur ihr vernünftiger Teil unsterblich ist. Wie in anderen Dialogen präsentiert Platon in der *Politeia* ein Argument für die Unsterblichkeit der Seele (608 c–611 a). Einiges spricht dafür, dass damit aber nur die Unsterblichkeit des vernünftigen Teils der Seele erwiesen werden soll (vgl. Szlezák 1976). Denn Buch X der *Politeia* legt die Interpretation nahe, dass die

Verschiedene Begriffe der Seele

dreigliedrige Seele nur eine Folge des Eintritts der eigentlichen Seele, die aus reiner Vernunft besteht, in den Körper ist (611 a–d; vgl. Erler 2007, S. 386). Durch ihren Eintritt in den Körper und ihre Verbindung mit ihm träten demzufolge die beiden irrationalen Seelenteile in Erscheinung (vgl. Platons Zuordnung von unterschiedlichen Seelenteilen zu verschiedenen Körperteilen im *Timaios* 69 cff., 90 a/b). Interpretiert man die dreigliedrige Seele, von der in der *Politeia* die Rede ist, als eine in ihrem wahren Wesen unsterbliche Vernunftseele, dann wäre dieser Seelenbegriff mit demjenigen des *Phaidon* vereinbar. In diesem Fall ergeben sich jedoch Inkonsistenzen mit dem Jenseitsmythos am Ende der *Politeia* (Erler 2007, S. 385f.; Ottmann 2001b, S. 67).

Platons Auffassung von der Unsterblichkeit der Seele, die von wenigen anderen griechischen Philosophen vertreten wurde, ist ein bedeutendes Moment seiner Philosophie. Die Schau der Ideen vor der Einkörperung der Seele ist eine zentrale Voraussetzung seiner Theorie der Erkenntnis und der Ideen (→ KAPITEL 8.2 UND 8.3). Die Bedeutung, die Platon selbst der Unsterblichkeit der Seele beimisst, zeigt sich daran, dass er etliche Argumente für sie formuliert. Solche Argumente, die oft als „Beweise“ verstanden werden, sind im *Menon* (81 a–86 d), in der *Politeia* (608 c–611 a), dem *Phaidros* (245 c–246 a) und den *Nomoi* (894 eff.) enthalten. Der *Phaidon* präsentiert gleich vier Argumente für die Unsterblichkeit der Seele (Kurzzusammenfassungen der vier Argumente bei Horn 2013, S. 49f.; Ricken 2007, S. 123; vgl. ausführlicher zu den „Beweisen“ Erler 2007, S. 380ff.; Graeser 1983, S. 172–176). Platons „Beweise“ für die Unsterblichkeit der Seele basieren auf unterschiedlichen Voraussetzungen und Argumenten und legen Seelenkonzeptionen zugrunde, deren Übereinstimmung nicht eindeutig geklärt werden kann. Zum Teil argumentieren die „Beweise“ ähnlich wie diejenigen im *Phaidros* und den *Nomoi*. Beide begründen die Unsterblichkeit der Seele damit, dass sie Selbstbewegung und Prinzip bzw. Anfang der Bewegung ist. Platons Argumente sind nicht zwingend und oft auch nicht sonderlich überzeugend. Des ersten dürfte sich Platon bewusst gewesen sein (*Phaidon* 107 a/b). Zudem setzen seine Argumente häufig andere unbewiesene Theorien voraus. So setzt einer der „Beweise“ im *Phaidon* die *anamnêsis*-Theorie voraus (→ KAPITEL 8.3). Die Ideentheorie wird auch in dem daran anschließenden „Beweis“ des *Phaidon* vorausgesetzt, der damit argumentiert, dass die Seele deshalb unsterblich sei, weil sie ideenhaft bzw. dem Göttlichen, Ewigen, Unveränderlichen etc. ähnlich ist (78 b–80 b).

Argumente für die Unsterblichkeit

Theorie von der Seelenwanderung

Platon ist nicht bloß von der Unsterblichkeit der Seele überzeugt, sondern vertritt auch die Auffassung, dass sie wiedergeboren wird und von Körper zu Körper wandert (vgl. DL III 67). Die Theorie von der Seelenwanderung liegt seiner *anamnêsis*-Theorie zugrunde und wird in verschiedenen Dialogen vertreten. Dem *Phaidros* zufolge schauten die menschlichen Seelen vor ihrer Einkörperung unterschiedlich lange die Ideen. Das Ausmaß an Wahrheit, das sie dabei erblicken konnten, entscheidet darüber, ob sie – bestenfalls – in einen Philosophen oder – schlimmstenfalls – in einen Tyrannen eingehen (246 a–248 e). Im *Phaidon* erklärt Sokrates, dass die Seelen der Menschen, die leib- und lustbezogen leben, in verschiedene Tierarten eingehen (81 c–82 b). Für die Philosophen, die ihre Seelen rein halten konnten, stellt er dagegen einen Ausstieg aus dem Kreislauf der Wiedergeburten und ein seliges Dasein mit den Göttern in Aussicht (81 a; vgl. *Timaios* 90 a–d). Der Schlussmythos der *Politeia*, der vom Lohn der gerechten Seelen und der Strafe der ungerechten handelt, präsentiert nochmals eine andere Version der Theorie von der Seelenwanderung. Die Seelen könnten weitgehend frei wählen, in welcher Lebensform sie ihre zukünftige Existenz auf der Erde zubringen wollen (617 dff.; vgl. Erler 2007, S. 389f.; Ottmann 2001b, S. 68–70). Über die Frage, wie die verschiedenen Versionen der Theorie von der Seelenwanderung zusammenpassen, lässt sich nur spekulieren.

Wurzeln und Wirkungen

Platons Theorie von der Seelenwanderung ist zweifellos von den Pythagoreern und Orphikern beeinflusst. Der pythagoreische Einfluss wurde vor allem auf Platons Reisen nach Unteritalien und Sizilien zurückgeführt (vgl. zur Literatur Erler 2007, S. 378). Bereits Pythagoras vertrat einen radikalen Gegensatz von Leib und Seele und betrachtete den Körper wie die Orphiker als das Gefängnis der Seele (→ KAPITEL 2.4). Wie Platon sehen die Pythagoreer die Seele als den wertvollsten Teil des Menschen und als seinen eigentlichen Kern an. Durch den enormen Erfolg und Einfluss von Platons Philosophie prägten die Pythagoreer das spätere philosophische Denken und die christliche Theologie und damit zentrale Aspekte des abendländischen Denkens und Weltbildes.

Fragen und Anregungen

- Interpretieren Sie die Dialogform von Platons Werk.
- Erläutern Sie Platons dialektisches Erkenntnisverfahren.
- Wie versteht Platon das Verhältnis von Ideenwelt und raumzeitlicher Erscheinungswelt?
- Was sind die zentralen Elemente von Platons Theorie von der Seele?

Lektüreempfehlungen

Quellen

- **Platon: Phaidon,** übers. und erl. von Otto Apelt, Hamburg 1988.
- **Platon: Phaidros,** übers. und erl. von Otto Apelt, Hamburg 1988.
- **Platon: Der Staat,** übers. und erl. von Otto Apelt, Hamburg 1988.
- **Platon: Timaios,** übers. und erl. von Otto Apelt, Hamburg 1988.
- **Platon: Symposion,** übers. und erl. von Otto Apelt, Hamburg 1988.

Forschung und Literatur

- **Überweg. Grundriss der Geschichte der Philosophie. Die Philosophie der Antike,** Bd. 2/2: Platon, Michael Erler, hg. von Hellmut Flashar, Basel 2007. *Der Platon-Band aus dem „neuen Ueberweg" umfasst 550 Seiten Text und 200 Seiten Bibliographie. Er enthält Kapitel über die Forschung zu Platon, seine Schriften, sein Leben, seine Werke, seine Lehre, die Nachwirkungen seiner Philosophie und ein Kapitel zu Platon als Autor.*
- **Andreas Graeser: Platon,** in: Andreas Graeser: Die Philosophie der Antike 2: Sophistik und Sokratik, Platon und Aristoteles, München 1983 (= Wolfgang Röd (Hg.): Geschichte der Philosophie, Bd. 2), S. 124–191. *Andreas Graesers klar strukturiertes und gut lesbares Platon-Kapitel basiert auf umfangreichen eigenen Forschungen.*
- **Christoph Horn (Hg.): Platon. Symposion** (Klassiker Auslegen, Bd. 39), Berlin 2012. *Sammelband, zu dem renommierte Gelehrte verschiedener Länder beigetragen haben. Der Band ist als kooperativer Kommentar zum „Symposion" konzipiert.*

- **Thomas A. Szlezák: Platon Lesen** (**legenda 1**), Stuttgart/ Bad Cannstatt 1993. *Thomas Szlezáks Platon-Buch, das in 17 Sprachen übersetzt wurde, ist mittlerweile ein Klassiker. Es zielt darauf ab, die Werke Platons in einer Weise zu deuten, die mit dessen Kritik der Schrift im „Phaidros" konsistent ist. Eine zentrale Grundlage des Buches ist Szlezáks Version der Tübinger Deutung von Platons ungeschriebener Lehre.*
- **Wolfgang Wieland: Platon und die Formen des Wissens**, 2. durchgesehene und um einen Anhang und ein Nachwort erweiterte Auflage, Göttingen 1999 (zuerst 1982). *Umfangreiche Studie, die neben den Formen des Wissens bei Platon auch seine Ideentheorie, seine Schriftkritik und die Dialogform seines Werks behandelt.*
- **Barbara Zehnpfennig: Platon zur Einführung**, 2. überarb. und erw. Aufl., Hamburg 2001. *Schöne und kenntnisreiche Einführung, die zu gleichen Teilen Platons Frühwerk, mittleres Werk und Spätwerk kommentiert.*

9 Platon: Die Theorie der Tüchtigkeit, der Glückseligkeit und der Polis

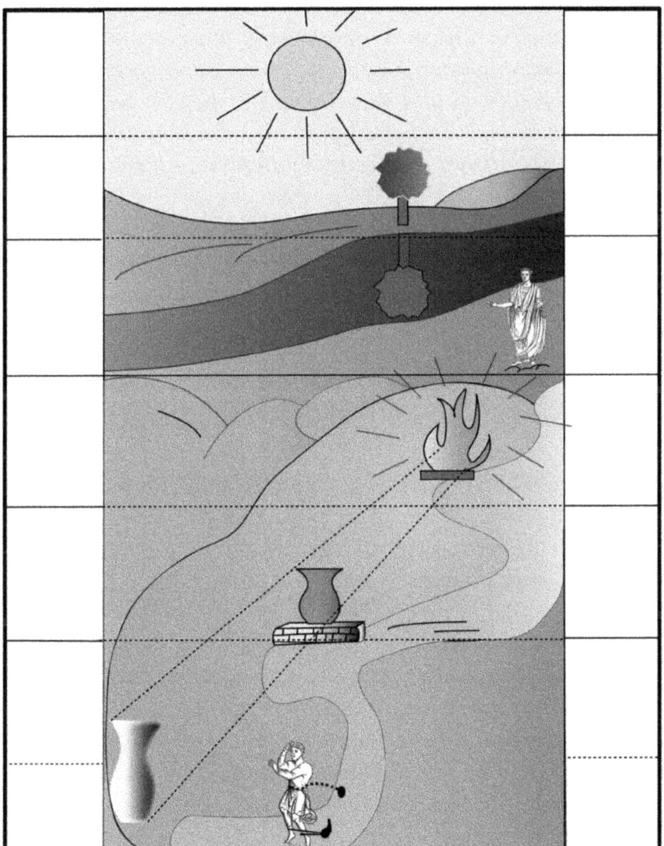

Abbildung 11: Darstellung von Platons berühmtem Höhlengleichnis

Das Bild ist eine Darstellung von Platons berühmtem Höhlengleichnis. In einer unterirdischen Höhle leben Menschen, die seit ihrer Kindheit angekettet sind, so dass sie nur geradeaus schauen können. Bewirkt durch ein oben in der Höhle brennendes Feuer sehen sie vor sich lediglich die Schattenbilder der Dinge, die hinter ihnen auf einem Weg, der längs einer Mauer verläuft, vorbei getragen werden. Wenn die Höhlenbewohner miteinander reden könnten, würden sie die Dinge benennen und etwa denken, die Vase die sie sehen, sei die wahre Vase. Die Höhlenbewohner in Platons Gleichnis stehen für die gewöhnlichen Menschen, die nur eine „Meinung" (doxa) von den Dingen haben, aber kein „Wissen" (epistêmê). Nach seinem Gleichnis wird ein Höhlenbewohner losgekettet und gezwungen, sich an das helle Licht zu gewöhnen und den steilen Aufstieg an die Erdoberfläche zu vollziehen. Dieser Aufstieg steht für den Beginn des philosophischen Bildungsprozesses der Seele, in dem sie sich langsam darauf vorbereiten muss, die wahren Dinge bzw. Ideen zu erkennen. An der Erdoberfläche wird der Höhlenbewohner zuerst die Schatten der Dinge und ihre Abbilder auf dem Wasser erkennen, dann diese selbst und schließlich die Sonne, die Ursache für ihre Erkenntnis.

Platons Höhlengleichnis hat eine politische Bedeutung. Die Volksmenge, die lediglich Meinungen von den Dingen hat, soll nicht am politischen Leben mitwirken. Stattdessen fordert Platon für die wohlgeordnete Polis, die er in seinem Dialog *Politeia* entwirft, dass in ihr die Philosophen herrschen. Diese sehen nicht bloß die Schattenbilder des Guten, Gerechten und Schönen, sondern erlangen durch ihre Bildung und ihre Tüchtigkeit ein wahres Wissen von diesen für die Politik zentralen Gegenständen. In seinem späteren Dialog *Politikos*, d.h. Staatsmann, wertet Platon die Herrschaft der Gesetze gegenüber derjenigen von Personen auf, die durch Vernunft und Wissen hervorragen. In seinem Spätwerk *Nomoi*, d.h. Gesetze, entwirft er sogar einen Gesetzesstaat mit einer gemischten Verfassung. Diese Polis sei leichter zu verwirklichen. Platon hält sie jedoch nur für die zweitbeste. Die *Nomoi* wurden von der älteren Forschung wenig gewürdigt. Dagegen wertete die neuere diesen Dialog auf und begreift ihn aus guten Gründen als genuin philosophisches Werk.

9.1 Die *Politeia*

Die *Politeia*, die wohl nach 387 v. Chr. verfasst wurde und den vermutlich später hinzugefügten Untertitel „Über das Gerechte" (*peri tou dikaiou*) trägt, gilt zu Recht als Platons Hauptwerk. Buch I könnte vor den anderen neun Büchern entstanden sein, weil es seinen frühen Dialogen ähnelt (vgl. zu Buch I Seubert 2005, S. 216–235; Zehnpfennig 2008). So fragt Sokrates in der für ihn charakteristischen Weise nach dem Wesen einer Tugend, der Gerechtigkeit. Dabei prüft er das Wissen, das seine wechselnden Dialogpartner über die Gerechtigkeit reklamieren. Das Buch endet mit Sokrates' Eingeständnis, dass er selbst kein Wissen über das Gerechte hat (→ KAPITEL 7.2). Oft wurde die These vertreten, Buch I sei ursprünglich ein mit *Thrasymachos* betitelter selbstständiger Dialog (vgl. zur Kritik dieser Auffassung Algra 1996 und Kahn 1993). Sollte diese These zutreffen, dann wurde er später deutlich überarbeitet, weil er eine passende Einleitung für das ganze Werk ist (vgl. Höffe 1997, S. 11f.). Auch in den Büchern II–X kommt Sokrates die Gesprächsführung zu. Er tritt aber jetzt in der Rolle des Wissenden und Lehrenden auf, die für den historischen Sokrates untypisch ist. Auch deshalb muss er in diesen Büchern als Sprachrohr der Gedanken Platons verstanden werden.

Buch I als Einleitung der *Politeia*

Die zentralen Themen der *Politeia* sind die „Gerechtigkeit" (*dikaiosynê*) und die Begründung der Thesen, dass der gerechte Mensch und die gerechte Polis glücklich werden. Für die Gegenthese, das Leben des Ungerechten sei besser als dasjenige des Gerechten, argumentiert in Buch I der Sophist Thrasymachos (*Politeia* 343 c–344 c, 347 e; → KAPITEL 6.2). Im Einklang damit begreifen die sophistischen Lehren, die Platon in Buch II anführt, die ungerechte Aneignung fremden Gutes zur Befriedigung der „Habgier" (*pleonexia*) als natürliches Verhalten und das straflose Unrechttun als das Beste (359 aff.). Analog dazu versteht der Sophist Kallikles im *Gorgias* das Glück als die ungezügelte Befriedigung der maximierten Begierden und lobt wie Thrasymachos das Leben des Tyrannen (→ KAPITEL 6.2). Dagegen argumentiert Platon in der *Politeia* dafür, dass der Tyrann als der ungerechteste Mensch auch der unglücklichste ist und formuliert drei Beweise für das Glück des Gerechten (576 c–592 b). Der Jenseitsmythos am Schluss des Werks erzählt – gestützt auf die auch in den Dialogen *Phaidon*, *Phaidros*, *Menon*, *Timaios* und *Nomoi* vertretene Lehre von der Unsterblichkeit der Seele – vom Lohn des Gerechten und der Strafe des Tyrannen im Jenseits (→ KAPITEL 8.4).

Die zentralen Themen des Werks

Was ist Gerechtigkeit?

In Buch I fragt Sokrates danach, was Gerechtigkeit ist und widerlegt nacheinander drei ungenügende Definitionen dieser Tüchtigkeit. Zuerst legt der wohlhabende und fromme Kaufmann Kephalos, in dessen Haus das Gespräch stattfindet, seine Gerechtigkeitsauffassung dar. Sokrates bringt sie auf den Punkt, indem er Gerechtigkeit als gleichbedeutend „mit der Wahrhaftigkeit" und „mit dem Zurückgeben dessen, was man von anderen empfangen hat", bestimmt (331 c). Im Zentrum dieser traditionellen Auffassung steht die Tauschgerechtigkeit, die Reziprozität bzw. Wechselseitigkeit fordert (vgl. Zehnpfennig 2001, S. 35; Ottmann 2001b, S. 26). Sokrates weist diese Definition und ihren Anspruch auf Allgemeingültigkeit durch ein Fallbeispiel zurück. Ein Freund vertraut einem anderen Freund Waffen an und fordert sie zurück, nachdem er wahnsinnig geworden ist. Offenkundig wäre es in diesem Fall nicht gerecht, dem Freund die Waffen zurückzugeben. Doch lässt sich eine Definition tatsächlich durch ein Gegenbeispiel widerlegen? Schränkt dieses nicht lediglich ihre Gültigkeit ein? Ist es – genau genommen – nicht der Fall, dass die moralische Pflicht, die Waffen zurückzugeben, von der höherrangigen Pflicht, Schaden von dem Freund und anderen Menschen abzuwenden, außer Kraft gesetzt wird? Jedenfalls versucht nun Polemarchos, der Sohn des Hausherrn, die Definition seines Vaters zu verteidigen, indem er sie modifiziert. Im Anschluss an den Dichter Simonides erkennt er die Gerechtigkeit letztlich darin, den Freunden zu nutzen und den Feinden zu schaden (332 c/d). Sokrates wendet ein, man könne sich täuschen, wer ein wahrer Freund oder ein echter Feind ist. Zudem könne die Gerechtigkeit, die er als „Tüchtigkeit" (*aretê*) mit dem Guten identifiziert, nicht darin bestehen, irgend jemandem zu schaden. Den Höhepunkt des ersten Buches bildet die Auseinandersetzung mit der Auffassung des Thrasymachos, nach der die Gerechtigkeit der Vorteil bzw. Nutzen des Stärkeren ist (→ KAPITEL 6.2).

Güterlehre und Gerechtigkeit

Zu Beginn von Buch II legt Platon seine Lehre von den Gütern dar, die er in drei Gruppen einteilt. Erstens gibt es intrinsische Güter, die wir ausschließlich um ihrer selbst willen lieben, wie die Fröhlichkeit und alle unschädlichen Vergnügungen. Zweitens gibt es instrumentelle Güter, die wir zwar nicht um ihrer selbst willen, aber um ihrer Folgen wegen suchen. Darunter fällt etwa die Gymnastik oder eine medizinische Therapie. Drittens existieren kombinierte Güter, die wir sowohl um ihrer selbst willen als auch wegen ihrer Folgen erstreben, etwa „einsichtig sein, sehen und gesund sein". Die Gerechtigkeit gehört nach Platon „zu dem Schönsten, nämlich zu dem, was sowohl um seiner selbst willen wie wegen der daraus entspringenden

Folgen von jedem geliebt werden muss, der glücklich werden will" (357 b–358 a). Platons Einordnung der Gerechtigkeit in die dritte Gruppe von Gütern stellt seine Interpreten vor ein Problem: Welcher Stellenwert kommt seiner konsequenzialistischen Begründung der Gerechtigkeit zu angesichts der Tatsache, dass er sie als Wert an sich ansieht?

Die Analogie von Seele und Polis

Um die Frage nach dem Wesen der Gerechtigkeit beantworten zu können, kommt Platon auf den Aufbau und die Struktur der Polis zu sprechen. Ausgangspunkt ist die Feststellung, dass sich die Gerechtigkeit sowohl beim einzelnen Menschen als auch in der ganzen Polis findet. Da die Polis größer ist als der Einzelne, sei die Gerechtigkeit in ihr auch leichter zu erkennen (368 e–369 a). Daher entwirft Sokrates zuerst eine vollkommen gute Polis, versucht dann die ihr innewohnende Gerechtigkeit in den Blick zu bekommen, um daraufhin den derart gewonnenen Gerechtigkeitsbegriff auf den einzelnen Menschen zu übertragen. Diese Vorgehensweise ist jedoch vor allem für die Gesprächsführung und damit für Platons Darlegung seiner Gedanken relevant. Tatsächlich hat sein Entwurf einer vollkommenen Polis von Anbeginn an einen psychologischen Ausgangspunkt, den er erst in Buch IV ausdrücklich benennt (435 e). Diesen bildet seine Lehre, dass die Seele aus drei verschiedenen Teilen besteht: der „Vernunft" (*logistikon*), dem „Mut" bzw. „Zorn" (*thymoeides*) und der „Begierde" (*epithymêtikon*) (→ KAPITEL 8.4). Analog zur wohlgeordneten Seele begreift Platon die gute und gerechte Polis als Menschen im Großen, der aus drei Teilen besteht. Die Vernünftigsten regieren sie, die Mutigsten verteidigen sie und die Begehrlichen sorgen für das Lebensnotwendige. Dass Platon seinen Entwurf der guten Polis auf der Grundlage seiner Psychologie entwickelt, macht verständlich, warum in ihr lediglich drei Stände und analog dazu drei zentrale Aufgaben vorhanden sind.

Anthropologie und Ökonomie

Platons Verfassungsentwurf hat auch eine ökonomische und eine anthropologische Grundlage. Das ursprüngliche Motiv für die Gründung der Polis erkennt er in den menschlichen Bedürfnissen, die der Einzelne alleine nicht befriedigen kann. Um dies und damit das Überleben zu ermöglichen, kooperieren die Menschen und teilen die Arbeiten in der Polis unter sich auf. Die Basis dafür ist die fundamentale Ungleichheit der Menschen, die von Natur aus gegeben ist (370 a/b). Entscheidend für die Arbeitsteilung und die Kooperation ist die Spezialisierung, so dass jeder seinen spezifischen Anlagen und Fähigkeiten entsprechend das tut, was er am besten kann. Die soziale Konsequenz dieser Maxime ist eine Polis, die sich aus drei Ständen zusammensetzt: Die Bauern und die Handwerker sorgen für die Grundbedürfnisse, ein Wächterstand für die innere Sicherheit und die Verteidigung, und ein Herrscherstand regiert. In der vollkommenen Polis existieren lediglich drei Stände. Das verdeutlicht, dass es für Platon primär drei Arten von Menschen gibt und dass seine Psychologie nicht bloß die Grundlage seiner Polislehre, sondern auch seiner Anthropologie darstellt.

Die drei Stufen der Stadtentstehung

Platon entfaltet seinen Entwurf der vollkommenen Polis auf dem Wege einer idealisierten dreistufigen Entwicklungsgeschichte der Stadt. Am Anfang steht die „wahre" und „gesunde" Polis, die nur die Grundbedürfnisse befriedigt und daher von Glaukon als „Stadt von Schweinen" bezeichnet wird (372 d). Die Vervielfältigung und Verfeinerung der Bedürfnisse führt zum Luxus und zu einer ungesunden Lebensweise und in der Folge zur „aufgedunsenen" Polis (372 d/e). Damit die übermäßigen Bedürfnisse der Bürger dieser Polis befriedigt werden können, kommt es zu Übergriffen auf das Gebiet der Nachbarn und schließlich zum Krieg. Dessen Entstehung geht für Platon auf die „Habgier" (*pleonexia*) zurück (373 d/e). Nach dem Prinzip der Spezialisierung erfordert der Krieg einen eigenen Stand von Wächtern. Deren Natur soll derart sein, dass sie gegen ihre Mitbürger sanftmütig und gegen die Feinde zornmütig sind (375 b/c). Zudem stellt sich nun die Frage, wie die Wächter erzogen werden sollen. Im Zuge seiner detaillierten Ausführungen über die Erziehung säubert Platon die aufgedunsene Polis von etlichen üppigen Elementen, so dass schließlich die „gereinigte" Polis entsteht (399 e).

Erziehung bzw. Bildung

Die „Erziehung" bzw. „Bildung" (*paideia*) ist eines der bedeutendsten Themen der *Politeia* und eines der wichtigsten Ziele von Platons guter Polis. Umstritten ist in der Forschung jedoch, ob in ihr nur die Wächter oder alle Bürger erzogen werden (vgl. zur Literatur Ottmann 2001b, S. 40). Ein überzeugendes Argument für letzteres ist, dass dem Erziehungssystem auch die Aufgabe zukommt, die Bürger auszuwählen und die Tüchtigsten den beiden oberen Ständen zuzuteilen. Bei der Erziehung der Wächter geht es nicht darum, ihnen Wissen zu vermitteln, sondern sie an Leib und Seele zu bilden und ihre Tüchtigkeiten zu entwickeln. Formt die Gymnastik den Leib und erweckt den natürlichen „Mut" (*thymoeides*) und die „Tapferkeit" (*andreia*), wird die Liebe zur Weisheit bzw. zum Wissen und die „Besonnenheit" (*sôphrosynê*) durch die musische Erziehung gefördert, die etwa Märchen, Mythen und Epen einbegreift. Die richtige Kombination von gymnastischer und musischer Bildung, die gesondert übermäßige Rauheit bzw. Härte oder Milde bzw. Weichheit bewirken würden, bringt die Harmonie zwischen den Teilen der Seele und ihre Tüchtigkeiten hervor (376 cff., 410 a–412 b).

Die Griechen schätzten den „Wettstreit“ bzw. „Wettkampf“ (*agôn*) nicht bloß im Sport und in der Kunst. Als Philosoph bestritt Platon den Dichtern ihre traditionelle Rolle als Ratgeber und Erzieher Griechenlands und reklamierte diese für die philosophische Bildung. Die harsche Kritik, die er sogar an Homer und Hesiod übt, muss auch vor diesem Hintergrund verstanden werden. Darauf reduzieren lässt sie sich allerdings nicht. Als religiöser Denker kritisiert Platon wie Xenophanes vor allem ihre falschen Vorstellungen von den Göttern (→ KAPITEL 2.3). Diese erscheinen in ihren berühmten Werken als anthropomorphe Götter, d.h. als Wesen, die nach der Gestalt und dem Wesen des Menschen gedichtet wurden. Die Dichter, so Platons Hauptvorwurf, „ersinnen unwahre Geschichten und erzählten und erzählen sie den Menschen“ (377 d). Deshalb sieht er in Buch II und III für die musische Erziehung eine Zensur vor. Statt Götter, die miteinander kämpfen oder streiten und sich verwandeln, ist Gott wahrheitsgemäß als unwandelbar und gut sowie als Urheber des Guten darzustellen (377 e–381 d). Ein weiteres zentrales Motiv seiner Kritik der Dichter ist, dass einige ihrer Vorstellungen den Zielsetzungen der Erziehung abträglich sind. So werden schaurige Darstellungen des Hades zensiert, weil sie die Todesfurcht und nicht die Tapferkeit fördern. Deshalb werden auch die weichlichen und klagenden Tonarten verboten (386 aff., 398 d–399 a).

Die Dichterkritik in Buch II und III

In der ersten Hälfte von Buch X kritisiert Platon auf der Grundlage seiner in den Büchern V, VI und VII entfalteten Ideentheorie erneut die Kunst (→ KAPITEL 8.3). Seine Kritik, die sich des kunstfernen Beispiels einer „Liege“ (*klinê*) bedient, greift auch auf Buch III zurück, dem zufolge Kunst „Nachahmung“ (*mimêsis*) ist. Während Gott die maßgebende Idee der Liege als das eine Urbild schafft, bringt der Tischler viele Liegen als Abbilder hervor. Ahmt der Tischler den wahren Gegenstand nach, so ahmt der Maler nur dessen Nachahmung nach. Da der Seinsstatus der Gegenstände, die die Maler und die Dichter hervorbringen, weit ab vom wahrhaft Seienden und der Wahrheit liegt, sind sie minderwertig. Zudem wirft Platon den Künstlern vor, sie hätten kein Wissen von der Herstellung der Dinge, die sie nachahmten. Platons Fundamentalkritik der Kunst in Buch X, als deren Konsequenz in die vollkommene Polis „von der Dichtkunst nichts anderes Aufnahme finden darf als Gesänge an die Götter und Loblieder an die Tugendhaften“ (607 a), lässt sich mit seinen Ausführungen in den Büchern II und III kaum vereinbaren. Denn in ihnen

Die Kritik der Kunst in Buch X

wurde die Kunst zwar zensiert und um ihre anstößigen Elemente gereinigt, durfte aber sonst in der guten Polis verbleiben.

Die vier Tüchtigkeiten

Platon zufolge muss eine vollkommen gute Polis notwendig auch eine weise, tapfere, besonnene und gerechte Polis sein (427 e). Um die ihr innewohnende Gerechtigkeit in den Blick zu bekommen, schlägt Sokrates ein Eliminationsverfahren vor. Gelingt es, die anderen drei Tüchtigkeiten zu bestimmen, dann sollte die Gerechtigkeit leicht zu erkennen sein. Die Polis erlangt die „Weisheit" (*sophia*), die auch ihre „Wohlberatenheit" (*euboulia*) bewirkt, durch das „Wissen" (*epistêmê*) der kleinen Gruppe der Regierenden. Dieses ist ein Wissen von der Polis als Ganzer und von der besten Innen- und Außenpolitik (428 a–e). Die „Tapferkeit" (*andreia*) wird der Polis durch die Bürger des Standes zuteil, der sie verteidigt. Platon bestimmt die Tapferkeit als das „Vermögen" (*dynamis*), ausnahmslos die richtige und rechtmäßige Auffassung von dem, was zu fürchten ist und was nicht, aufrecht zu erhalten. Zu widerstehen gilt es dabei der Lust und dem Schmerz sowie der Furcht und der Begierde (429 a–430 c). Die Weisheit und die Tapferkeit sind die spezifischen Tüchtigkeiten des ersten und des zweiten Standes. Analog dazu wird die „Besonnenheit" bzw. „Mäßigung" (*sôphrosynê*) in der Forschungsliteratur oft dem dritten Stand zugeordnet (vgl. Ottmann 2001b, S. 35f.). Platon bestimmt die Besonnenheit zuerst auf der Ebene des Einzelnen, bei dem sie im Gegensatz zur Zügellosigkeit in der Überlegenheit der Vernunft über die Lüste und Begierden besteht. Analog dazu bedeutet sie auf der Ebene der Polis und ihrer Stände die harmonische „Eintracht" (*homonoia*) der von Natur Besseren und Schlechteren über die Frage, wer herrschen soll. Sie ist daher die Tüchtigkeit aller drei Stände (430d–432 a).

Die Bestimmung der Gerechtigkeit

Das von Sokrates vorgeschlagene Eliminationsverfahren zur Bestimmung der Gerechtigkeit führt nicht zum Ziel (vgl. Cross/Woozley 1964, S. 104f.). Es ist auch gar kein besonderes Verfahren nötig, um sie in den Blick zu bekommen. Denn sie war bei der Polisgründung von Anbeginn an in der Voraussetzung präsent, jeder Einzelne dürfe nur der einen Tätigkeit nachgehen, zu der ihn seine natürlichen Anlagen befähigen. Diese Forderung, anfänglich nur für die Tätigkeiten im Bereich der Ökonomie und der Arbeit erhoben, wird jetzt verallgemeinert. Die Gerechtigkeit besteht darin, dass „man das Seinige tut" (433 b). Bemerkenswert ist, dass Platon mit dieser Definition im Dialog *Charmides* die Besonnenheit bestimmt (161 bff.). Nachdem Sokrates drei Argumente für seine Definition vorgebracht hat, bestimmt er eine gerechte Polis dadurch, dass in ihr jeder Bürger als Teil eines der drei Stände seine spezifische Fähigkeit ausübt und damit das Seinige tut (434 d, 441 d; vgl. Vlastos 1981a).

Platon möchte seine Definition nicht als sicher gelten lassen, bevor sie nicht erfolgreich auf den einzelnen Menschen angewendet werden konnte. Die Gerechtigkeit ist eine „Idee" (*eidos*) und die Polis und die menschliche Seele, die selbst keine Ideen sind, haben an ihr teil und werden dadurch gut (→ KAPITEL 8.3 UND 8.4). Die anderen drei Kardinaltugenden stehen in einem analogen Verhältnis zur Polis und zur Seele (434 d–435 b, 433 c/d; vgl. Spaemann 1997, S. 162). Die Anwendung der Gerechtigkeitsdefinition auf die Seele setzt voraus, dass diese ähnlich strukturiert ist wie die Polis. Um dies zu demonstrieren, präsentiert Platon einen detaillierten psychologischen Beweis dafür, dass den drei verschiedenen psychischen Tätigkeiten drei geschiedene Seelenteile entsprechen (436 a–441 c). Die Vernunft regiert sie, der Mut verteidigt sie und die Begierde ernährt sie (→ KAPITEL 8.4). Weise wird die Seele durch das Wissen der Vernunft, tapfer, wenn der Mut an dem festhält, was die Vernunft als furchtbar kundgibt, und besonnen durch den Einklang der Seelenteile über die Herrschaft der Vernunft (441 c–442 d). Die Gerechtigkeit ist genau dann in der Seele ausgebildet, wenn jeder Seelenteil das Seinige tut, so dass die Vernunft im Bündnis mit dem Mut über die Begierden regiert. Wie die wohlgeordnete Seele letztlich das Vorbild der guten Polisordnung ist, kommt der Gerechtigkeit in der Seele der Vorrang vor derjenigen in der Polis zu. Die politische Gerechtigkeit und „das äußere Wirken" sind lediglich „eine Art Bild" der seelischen Gerechtigkeit, die sich auf die „innere Tätigkeit" eines Menschen bezieht, „die ja doch sein wahres Selbst und wahrhaft das Seinige ist" (443 c/d; vgl. Vlastos 1981a).

Die Tüchtigkeiten in der Seele

Gegen Platons Bestimmung der Gerechtigkeit wurde zu Recht eingewendet, sie sei „eigenwillig", „eigenartig" und „künstlich" (Ottmann 2001b, S. 37). Warum sollte es gerecht sein, wenn jeder Seelenteil oder Mensch das tut, was er am besten tun kann? In der Polis ist eine Spezialisierung gewiss effizient und rational, aber gerecht? Platons Bestimmung steht weitgehend quer zu dem, was man gewöhnlich unter Gerechtigkeit versteht. Es wurde sogar kritisiert, dass es sich bei ihr gar nicht um das handelt, „was wir Gerechtigkeit nennen" (Nef 1941, S. 85). Wie soll also Platons Verständnis der Gerechtigkeit gedeutet werden? Nach einem Vorschlag ist die Gerechtigkeit die Tugend, die als „Organisationsprinzip des Ganzen den Ort der anderen Tugenden im Ganzen bestimmt und den internen Zusammenhang zwischen ihnen stiftet" (Kersting 1999, S. 157f.). Andere

Probleme und Deutungen

Interpreten verstehen die Gerechtigkeit ähnlich wie die Besonnenheit und erklären, sie stelle sich „sowohl auf der Mikroebene, beim Individuum, als auch der Makroebene, beim Staat, als innere Harmonie, als Einheit und Eintracht" dar (Höffe 1997, S. 22; vgl. zur Debatte Höffe 1997, S. 23). Aber ist die politische Folge von Platons Gerechtigkeitsbegriff nicht vielmehr, dass er die Menschen „separiert und trennt", „statt sie zu verbinden"? (Ottmann 2001b, S. 37; vgl. Arends 1988, S. XVI, 31–37) Viel spricht für die These, dass Platon in der *Politeia* – wie später in den *Nomoi* – bereits die Lehre von der distributiven Gerechtigkeit und ihrer proportionalen Gleichheit entwickelt, deren Grundsätze in der wohlgeordneten Polis und Seele enthalten sind (Knoll 2010). Diese Lehre wurde später durch Aristoteles berühmt (→ KAPITEL 11.2). De facto enthält die *Politeia* bereits eine Formulierung des Grundsatzes proportionaler Gleichheit. So erklärt Sokrates, dass wir „den verschiedenen Naturen verschiedene Beschäftigungen zuteilten, den gleichen dagegen die gleichen" (454 b).

Sozialrevolutionäre Einrichtungen

Platon sieht für seine gute Polis einige Institutionen vor, die in deutlichem Gegensatz zur Gesellschaftsordnung seiner Zeit stehen. So erhalten die Frauen dieselbe Erziehung wie die Männer und können im öffentlichen Leben dieselben Aufgaben übernehmen. Dennoch kann Platon nicht als Feminist avant la lettre interpretiert werden. Denn ihm zufolge zeichnen sich die Männer bei allen menschlichen Tätigkeiten gegenüber den Frauen aus (455 c; vgl. 451 c–457 e; Canto 1994; Fox Keller 1985; Saxonhouse 1976). Für die beiden oberen Stände werden die private Wohnung, der Privatbesitz und die Familie abgeschafft. Ein Grund dafür ist, dass die Wächter und Regenten sonst dazu verleitet wären, ihre Macht auf Kosten des Gemeinwohls für besondere Interessen zu missbrauchen. Reichtum und Armut müssen verhindert werden, weil sie die Polis spalten (416 c–424 a). Die Kinder gehen aus Verbindungen hervor, die von der Polis als „heilige Hochzeiten" arrangiert werden (458 e). Weil deren eugenisches Ziel in der Züchtung des bestmöglichen Nachwuchses besteht, sorgt die Polis durch eine manipulierte Lotterie dafür, dass nur die tüchtigsten Bürger untereinander heiraten können. Diese Lotterie versteht Platon wie den Gründungsmythos von den drei Metallen als eine „edle Lüge" zum Wohl der Polis und ihrer Bürger (414 b–415 d; vgl. Ottmann 2001b, S. 38–40, 47f.). Während man die Kinder der schlechteren Bürger beseitigt, werden die anderen in einem Sammelhaus gemeinschaftlich aufgezogen (459 d/e). Weder sollen Eltern ihre Kinder kennen noch umgekehrt, weil sich dann alle Bürger als Verwandte fühlen und Freude und Lust teilen.

Letztlich dient die Frauen-, Kinder- und Besitzgemeinschaft dem Ziel der größtmöglichen Integration der einzelnen Bürger in den politischen Körper, von dem Platon erklärt, es gäbe kein „größeres Gut als das, welches ihn eng verbindet und zu *einem* macht" (462 a/b, 458 a–467 a; vgl. Arends 1988). Auch wenn Karl Popper mit seiner vieldiskutierten Kritik, die er 1945 veröffentlichte, Platon in vielen Beziehungen nicht gerecht wird, machen es die angeführten Institutionen doch verständlich, warum er ihn in die Nähe des Totalitarismus rückte (Popper 1992).

Die gute Polis lässt sich nur dann verwirklichen, so Platons berühmtes Diktum, wenn „die Philosophen Könige werden in den Staaten, oder die jetzt sogenannten Könige und Gewalthaber sich aufrichtig und gründlich mit Philosophie befassen, und dies beides in eins zusammenfällt, politische Macht und Philosophie" (473 d; vgl. Platons *Siebten Brief* 326 a/b, und die Herrschaft der Pythagoreer in Süditalien als mögliches Vorbild für Platons Gedanken der Philosophenherrschaft →KAPITEL 2.4). Platons Diktum zeigt, wie fern er der athenischen Demokratie und ihrem Verständnis von Politik steht. Politik ist nicht Sache der beratenden und debattierenden Bürgerschaft, sondern einer kleinen Elite der moralisch und intellektuell Tüchtigsten. Nur deren persönliche Qualitäten, Bildung und Erkenntnis gewährleisten das Wohl der ganzen Polis. Der Philosoph, der das Wissen um die Ideen und damit um das wahre Gute, Gerechte und Schöne erlangt hat, muss wieder in die Höhle herabsteigen, und die anderen Menschen regieren (→KAPITEL 8.3). Warum er das tut, wurde oft als rätselhaft empfunden (vgl. Ottmann 2001b, S. 56). Nur der Philosoph hat das Gute selbst und die gerechte Ordnung geschaut und muss daher versuchen, sie so weit als möglich in der Seele und der Polis nachzuahmen. In der Forschungsliteratur wird die gute und gerechte Ordnung oft als Utopie oder Ideal verstanden. Tatsächlich ist sie jedoch ein „göttliches Musterbild" (*theion paradeigma*) und als solches im höchsten Sinne seiend und wirklich. Dessen theoretische Erkenntnis soll die politische Praxis anleiten (472 b–473 b, 500 c–501 b, 517 c; vgl. Ottmann 2001b, S. 23f. und Giorgini 2002, S. 27).

Die Philosophenherrschaft

Das Problem einer Herrschaft der Philosophen besteht darin, dass sie und ihr Wissen in der Polis nicht geachtet sind. Das verdeutlicht Platon mit seinem berühmten Steuermannsgleichnis, in dem ein Schiff für die Polis steht. Der Schiffsherr, das Volk, ist halb blind und taub sowie der Schifffahrt unkundig. Die Schiffsleute, die ehrgeizigen Politiker, streiten sich um das Steuer und tun alles, damit der Schiffsherr es ihnen übergibt. Dabei haben sie keine Kenntnis von der Steuer-

Das Steuermannsgleichnis

mannskunst und davon, dass ein Steuermann ein Wissen von den Tages- und Jahreszeiten sowie den Sternen und den Winden haben muss. Den Philosophen, der wie der Arzt als wahrer Steuermann eine Kunst beherrscht, bezeichnen sie als „Wetterprophet und Schwätzer" (487 e–489 b). Doch ist es nicht gerechtfertigt, den Philosophen zu misstrauen? Gibt es für die politische Praxis tatsächlich ein vorgegebenes objektives Wissen des Guten und Gerechten? Und selbst wenn es ein solches gäbe, wie kann das Volk die scheinbaren von den echten Philosophen unterscheiden? Die politische Gemeinschaft mag das Fachwissen von Experten nötig haben. Aber kommt nicht statt dem Steuermann dem Schiffsherrn, dem Volk, die Entscheidung darüber zu, welcher Kurs gewählt und welches Ziel angesteuert wird (vgl. Bambrough 1975, S. 105f.)?

Platon bezeichnet die Verfassungsform der guten Polis als Königtum oder als Aristokratie im Sinne einer Herrschaft der moralisch und intellektuell Tüchtigsten (445 d, 544 e, 545 c). In Buch VIII und dem ersten Teil von Buch IX legt er eine Theorie des Verfalls der guten Verfassung dar, der sich über die Timokratie und die Oligarchie hin zur Demokratie und zur Tyrannis vollzieht. Diese Verfassungen verknüpfte er mit den ihnen jeweils entsprechenden Seelenverfassungen, die sich von der wohlgeordneten Seele bis hin zur tyrannischen graduell verschlechtern. Platons Verfallstheorie wurde als Verfassungsgeschichte Athens, als Kreislauftheorie der Verfassungen und von Popper als Historismus, d.h. als Geschichtsphilosophie, die das Ziel oder die Gesetzmäßigkeit der Geschichte zu kennen beansprucht, missverstanden (vgl. Ottmann 2001b, S. 57f.).

Die Verfallstheorie der guten Polis

In Buch IX präsentiert Platon drei Beweise dafür, dass die Gerechtigkeit mit der Glückseligkeit und die Ungerechtigkeit mit dem Unglück zusammenfällt. Mit ihnen will er zeigen, dass die gerechtesten Menschen auch die glücklichsten sind und die schlechtesten, die Tyrannen, die unglücklichsten. Zwar käme es in der guten Polis nicht auf das Glück eines bestimmten Standes an. Das Ziel sei, dass die gesamte Polis gedeihe und glücklich werde und dass jeder Stand „denjenigen Anteil an Glück" erhalte, „den die Natur ihm bestimmt" (420 c–421 c; vgl. 466 a–c). Dennoch erkennt Platon die verschiedenen Lebensformen der Bürger, die Ausdruck ihrer jeweiligen Vorstellung eines guten und glücklichen Lebens sind, nicht als gleichwertig an. Gemäß seiner Psychologie nimmt in den Seelen der Menschen jeweils einer der drei Seelenteile die führende Stellung ein und herrscht. Daher unterscheidet er zwischen drei Arten von Menschen: den weisheitsliebenden, den siegliebenden und den gewinnbegierigen (581 c).

Das Glück und die Lust der Bürger

Entsprechend zu ihren Vorlieben ordnet Platon den verschiedenen Menschenarten drei unterschiedliche „Lebensweisen“ bzw. „Lebensformen“ (*bios*) zu. Die Arbeitenden halten ein Leben der sinnlichen Lust und des Gewinnes für die beste Lebensform, die Angehörigen des Wächterstandes präferieren ein Leben der Ehre, und die regierenden Philosophen wählen ein Leben der Erkenntnis (581 c–e; vgl. die drei Lebensformen bei Aristoteles →KAPITEL 11.2). Nach Platon hat nur der Philosoph die Kompetenz, über den Wert der drei Lebensformen zu urteilen. Denn allein er kann sich „auf Erfahrung (*empeiria*), Einsicht (*phronêsis*) und Vernunftgründe (*logos*)“ stützen (582 a). Vor allem hat lediglich der Philosoph die Erfahrung von allen drei Lustarten, die diese Lebensformen gewähren (581 e–582 e). Das Urteil des Philosophen über die Rangordnung der Lebensformen fällt eindeutig aus: An oberster Stelle steht ein Leben der Erkenntnis, an zweiter ein Leben der Ehre und an unterster Stelle ein Leben der Lust und des Gewinns (583 a). Diese Rangordnung entspricht der Rangordnung der drei Seelenteile, der drei Menschenarten und der drei Arten von Lust. Letztlich erkennt Platon nur die Lust des Philosophen am Lernen und der Erkenntnis als die einzige wahre und reine Lust an. Die beiden anderen Lustarten wertet er wie das „Leben der großen Menge“ radikal ab. Die Lüste, denen die Menge nachhängt, sind nicht bloß „mit Schmerz gemischt“, sie sind auch „bloße Abspiegelungen und Schattenbilder der wahren Lust“ (586 b; vgl. 466 b). Als erstaunlich wurde empfunden, dass Platon jeder der drei Menschenarten nur eine Lebens- und Lustform zuordnet. Haben die Philosophen und die Wächter etwa keine Freude an den sinnlichen Lüsten? Ist den Philosophen sowie den Bauern, Handwerkern und Händlern die Ehre wirklich gleichgültig? Setzt ein gutes Leben nicht die Aktivitäten und Lüste aller drei Seelenteile voraus? (Ottmann 2001b, S. 64f.) Platon dürfte es jedoch darum gehen, reine Typen und ihre lebensleitenden Prinzipien zu zeichnen, die in der Wirklichkeit immer vermischt begegnen.

9.2 Der *Politikos*

Die zentralen Themen des Werks

Der *Politikos*, der zwischen 366 und 361 v. Chr. entstanden sein könnte, schließt an den Spätdialog *Sophistes* an. Bestimmt dieser, was der Sophist ist, definiert jener das Wesen des Staatsmannes. Der Sophist soll nicht bloß vom Staatsmann, sondern auch vom Philosophen abgegrenzt werden, dessen genauere Bestimmung beide Dialoge ankündigen. Daher nimmt man an, Platon hätte noch einen Dialog *Philosophos* geplant, aber nicht ausgeführt. Der Sophist und der Staatsmann werden durch ein dialektisches Verfahren definiert, von dem die „Teilung" (*dihairesis*) der Begriffe ein zentraler Bestandteil ist. Neben der Definition des Staatsmannes ist die Schulung im dialektischen Verfahren selbst ein zentrales und erklärtes Thema des *Politikos* (285 d; → KAPITEL 8.2). Deshalb wurde er als Propädeutik verstanden, d.h. als eine vorbereitende Übung im philosophischen Denken (Ferber 1995). Bereits der *Sophistes* erklärt die richtige Scheidung der Begriffe zur Aufgabe der dialektischen Wissenschaft und identifiziert den Dialektiker mit dem Philosophen (253 b–254 a).

Das dialektische Verfahren

Platon erläutert das dialektische Erkenntnisverfahren schon in der *Politeia* und im *Phaidros*. Mit diesem Verfahren, das sich unabhängig von Wahrnehmungen und Erfahrungen vollzieht, soll durch reines Denken und gestützt auf den natürlichen Zusammenhang der Begriffe erkannt werden, was eine Sache ist (*Politeia* 510 b, 532 a/b; → KAPITEL 8.2). Die Dialektik besteht nicht bloß aus der „Scheidung" (*dihairesis*) der Begriffe, die nach der natürlichen Teilung in Gattungen und Arten zu verfahren hat. Komplementär dazu führt sie nach der Methode der „Versammlung" (*synagôgê*) die vielfach zerstreuten und verwandten Begriffe unter einem Ober- bzw. Gattungsbegriff zusammen. Das Resultat der Dialektik besteht in einer Definition, die zum Ausdruck bringt, was eine Sache ist (*Phaidros* 265 d–266 c). Umstritten ist, welche Sachen die Dialektik im *Politikos* und im *Sophistes* zum Gegenstand hat. Manchen Forschern zufolge gehe es in den Spätdialogen nicht mehr wie in der *Politeia* um die transzendenten Ideen. Stattdessen vertrete Platon jetzt eine nachmetaphysische Dialektik, die logische Begriffe oder natürliche Arten oder Klassen von vernünftigen Dingen zum Gegenstand hat (vgl. Kahn 1995, S. 59).

Die Definition des Staatsmannes

Im *Politikos* führt ein Fremder aus Elea das Gespräch. Ob er mit Platon identifiziert werden kann, ist in der Literatur umstritten. Der Fremde teilt die Menschen in Wissende und Unwissende. Wie der Sophist fällt der Staatsmann unter die ersteren und muss daher dem Oberbegriff der Wissenschaften bzw. der Künste zugeordnet werden. Der Fremde scheidet die Wissenschaften bzw. Künste in praktische und erkennende, letztere in urteilende und befehlende usw. Nach einer Reihe von weiteren Begriffsteilungen ergibt sich, der Staatsmann sei ein Experte für die selbstbefehlende Kunst, genauer für die Zucht der menschlichen Herde. Gegen diese Definition, die ihn als Hirten bestimmt, wird eingewendet, sie sei nicht spezifisch genug. Denn sie trifft auch auf den Turnmeister oder den Arzt zu. Zudem sei die

Hirtenkunst umfassender als die Staatskunst, weil etwa der Rinderhirte zudem der Arzt seiner Herde ist und damit im Gegensatz zum Staatsmann deren alleiniger Hirte und Pfleger (258 b–268 d). Nach diesen Einwänden präsentiert der Fremde seinen schwer zu deutenden Mythos vom göttlichen Hirten (268 dff.; vgl. *Nomoi* 713 b–e und zur Literatur Brisson 1995; Dillon 1995; Erler 1995; Seubert 2005, S. 456–462). Der Mythos offenbart als weitere Mängel der Definition, dass sie nicht zwischen dem menschlichen und dem göttlichen Hirten unterscheidet und die genaue Art und Weise der Herrschaft des Staatsmannes über die Polis unbestimmt lässt. Daher wird die Definition korrigiert. Statt von Herdenzucht ist jetzt von Herdenaufsicht, von „Pflege“ (*therapeia*) und von „Fürsorge“ (*epimeleia*) die Rede. Der Staatsmann wird als menschlicher Fürsorger definiert, der sich um freiwillig gehorchende Zweifüßler kümmert. (274 d–276 e)

Staatskunst und Weberkunst

Als letzter Schritt wird der Begriff der Fürsorge konkretisiert. Die Methode dazu ist die Verwendung eines vertrauten „Musterbildes“ (*paradeigma*), der Weberkunst, die wegen ihrer Ähnlichkeit zur Staatskunst deren Erkenntnis erlaubt. Wie die Weberkunst als verbindende Kunst ein Geflecht herstellt, verbindet die Staatskunst die ihrem Befehl unterstehenden Künste Rhetorik, Kriegskunst und Rechtsprechung zu einem harmonischen Ganzen und sorgt so für alle Angelegenheiten der Polis (277 a–305 e). Entscheidend ist, dass die Staatskunst als die königliche Weberkunst die in der Bürgerschaft vorhandenen gegensätzlichen Charaktere und deren Tüchtigkeiten zu einem haltbaren Gewebe verflicht. Zum einen muss die Erziehung die tapferen und die besonnenen Temperamente durch ein göttliches Band und gemeinsame göttliche Einsicht vereinen. Zum anderen muss sie diese Charaktertypen durch Ehen und damit durch ein menschliches Band vereinen. Die Folgen sind die Einheit, die Eintracht und das Glück der Polis. (305 e–311 c)

Verfassungsformen und Gesetze

Der *Politikos* scheidet den Begriff der Verfassung nach den Kriterien der gesetzlichen und gesetzwidrigen Herrschaft in seine drei richtigen Unterarten Königtum, Aristokratie und Demokratie und seine drei verfehlten Tyrannis, Oligarchie und Demokratie (291 c–303 d). Grundlage dieser Begriffsteilung ist die quantitative Unterscheidung, ob einer, wenige oder viele regieren. Platons Verfassungsschema geht auf die Dreiteilung der Verfassungen von Herodot zurück, die er differenziert (Herodot: *Historien* III 80–83). Platons Schema der sechs Verfassungen wurde mit einigen Modifikationen von Aristoteles in seine *Politik* übernommen (→ KAPITEL 11.3). Im Gegensatz zu Aristoteles begreift Platon die sechs Verfassungen als Nachahmungen der

„einzig richtigen Staatsverfassung“, in der die Wissenden regieren (293 c–e). Dagegen ist eine Herrschaft der Gesetze mangelhaft, weil diese wegen ihren allgemeinen Bestimmungen dem Einzelfall nicht gerecht werden können. Daher ist ihre Herrschaft nur dann angemessen, wenn der wahre und wissende Staatsmann abwesend ist (294 c–296 a). Dennoch wertet der *Politikos* eine Herrschaft der Gesetze gegenüber der *Politeia* auf. Das zeigt sich vor allem daran, dass Platon sie in diesem Dialog zum entscheidenden Kriterium der normativen Bewertung von Verfassungen erhebt.

9.3 Die *Nomoi*

Tendenzen der *Nomoi*-Forschung

Platons letzter und umfangreichster Dialog, der um 350 v. Chr. entstanden sein dürfte, wurde von der älteren Forschung wenig geschätzt. Der Altphilologe Ulrich von Wilamowitz-Moellendorff führte 1919 aus: „Wer Platons Philosophie als Philosoph sucht, kann sich die Mühe sparen, die dieses schwere Werk dem Leser bereitet“. Das Werk sei ein bloßes „Konglomerat“, „ein so wunderliches Chaos“ (Wilamowitz-Moellendorff 1919, S. 647f.). Noch 1951 wurden die *Nomoi*, d.h. Gesetze, als „eine eigentümliche Spät- und Verfallsform der platonischen Philosophie“ angesehen (Müller 1968, S. 97). Andere Forscher erklärten dagegen schon 1914, das Werk enthalte viel von Platons reifstem Denken und die Ergebnisse seiner langen und vielfältigen Erfahrungen (Burnet 1914, S. 245f.). Die neuere Forschung begreift die *Nomoi* zumeist als ein genuin philosophisches Werk (Lee 2002; Saunders 1992; Stalley 1983; vgl. zur Literatur Ottmann 2001b, S. 82).

Die neue Polis und ihre Bürger

In den *Nomoi* gründen drei alte Männer, ein Kreter, ein Spartaner und ein Athener, in Gedanken auf Kreta eine Stadt, die Platon die „Polis der Magneten“ nennt (860 e). Die Polis soll nicht am Meer, sondern 80 Stadien (ca. 15 km) entfernt davon in der Nähe einer Küste gegründet werden, an der es gute Häfen gibt. Für seine Entscheidung, die Polis nicht am Meer zu errichten, hat Platon vor allem den Grund, dass die neue Polis weder eine Seemacht noch eine Handelsmacht werden soll, was eine Lage am Meer natürlich begünstigen würde (704 b–707 d). Die neuen Bürger sollen sich aus Einwohnern aus ganz Kreta, aber auch aus dem gesamten übrigen Griechenland zusammensetzen. Dennoch sollen sie „vorzugsweise Peloponnesier“ sein (708 a; vgl. Schöpsdau 2003, S. 151f.). Für seine Wahl der Zusammensetzung der ersten Bürger der neuen Polis dürfte

Platon einen guten Grund haben. So besteht ein zentrales Ziel seiner Gesetzgebung darin, dass die Polis in sich selbst geeint bzw. mit sich selbst befreundet wird (693 b–d, 701 d). Eine derartige „Eintracht“ bzw. „Freundschaft“ (*philia*) der Bürger wäre am leichtesten zu erreichen, wenn alle Mitglieder der neuen Polis aus derselben „Volksgruppe“ (*genos*) mit derselben Sprache, denselben Bräuchen etc. kämen. In diesem Falle hätte es der Gesetzgeber jedoch schwer, seine neuen Anordnungen gegen die alten einheitlichen Traditionen und Gewohnheiten durchzusetzen. Dieses Ziel könnte er dagegen leicht erreichen, wenn die neuen Bürger aus verschiedenen Städten und Volksgruppen kämen. In diesem Falle wäre es allerdings schwer, die verschiedenen Bürger zu einem einträchtigen Ganzen zu vereinen (708 b–d). Die Zusammensetzung, die Platon für die ersten Bürger der neuen Polis anstrebt, vermeidet beide Extreme und ihre jeweiligen kaum überwindbaren Schwierigkeiten. Die von ihm ausgewählten Gruppen der Kreter und Peloponnesier bilden zwar keine homogene Einheit. Sie sind sich jedoch wegen ihrer überwiegend dorischen Herkunft ähnlich. So haben sie eine ähnliche Sprache und viele ähnliche Bräuche wie die öffentlichen Speisungen, die in der neuen Polis fortbestehen sollen. Trotz ihrer Gemeinsamkeiten bestehen zwischen ihnen auch genug Unterschiede, damit der Gesetzgeber seine neuen Anordnungen durchsetzen kann.

Herrschaft der Gesetze

In der neuen Polis sollen die Gesetze herrschen und die Regierenden ihnen unterworfen sein (715 d). Zwar hält Platon in seinem Spätdialog die Herrschaft von Personen, die durch Wissen und Vernunft hervorragen, weiterhin prinzipiell für besser als die Herrschaft der Gesetze. Er ist aber mittlerweile davon überzeugt, dass die Menschen nahezu ausnahmslos schwach, selbstsüchtig und habsüchtig sind sowie „dem Schmerz, wider das Gebot der Vernunft, ausweichen und der Lust nachjagen“ (875 b). Die moralisch und intellektuell Tüchtigsten, die als absolute Herrscher keine Gesetze nötig hätten, die sie vor Ungerechtigkeiten bewahren, sind in der Realität nicht oder kaum zu finden (875 d; vgl. zu einer anderen Auslegung der Passage Horn 2013b, S. 13). Platons Ideal einer Nomokratie, nach dem primär Gesetze statt Menschen herrschen sollen, beschränkt die Macht der Regierenden und zielt unter anderem darauf ab, ihren Missbrauch zu verhindern.

Die Proömien bzw. Vorreden

Platon stellt seinen Gesetzen Proömien, d.h. Vorreden bzw. Präambeln, voran. Diese sollen, so seine innovative Idee, dazu „überreden“ (*peithein*), den Gesetzen zu gehorchen (719 eff.). Relevant ist in diesem Zusammenhang, dass Platon im *Gorgias*, der den *Nomoi* vorangeht, die Rhetorik als die Kunst der Überredung bestimmt. Gemäß seiner Unterscheidung von zwei Arten von Überredung präzisiert er, sie sei die Kunst, die Glauben ohne deutliche Erkenntnis bewirkt, nicht diejenige, die Wissen schafft und belehrt (453 a–455 a). Daher stellt sich die Frage, welche Art von Überredung die Proömien in den *Nomoi* bewirken. In seiner 1983 veröffentlichten Einführung in die *Nomoi* wendet sich R.F. Stalley zwar gegen Poppers Unterstellung, bei ihr handle es sich vornehmlich um Lügenpropaganda. Die Proömien versteht er jedoch nicht als Argumente, die Wissen schaffen und belehren, sondern eher als Ermahnungen und somit als Überredung im Sinne des Glaubens (Stalley 1983, S. 43). Nach Henning Ottmann dagegen werten die *Nomoi* die Rhetorik gegenüber dem *Gorgias* auf. Ottmann rückt die Proömien in die Nähe zur Erziehung und erklärt: „Freien Bürgern muß man Gründe geben" (Ottmann 2001b, S. 83). In der neueren Forschung sind die Proömien auf großes Interesse gestoßen (Morrow 1953; Yunis 1990; Bobonich 1991; Stalley 1994).

Die Inhalte und Themen des Werks

In den *Nomoi* entwirft Platon selbst eine große Anzahl von Gesetzen und Proömien, vor allem für die Bereiche Straf- und Privatrecht (Buch V–XII). Buch X formuliert ein Proömium und ein Strafgesetz gegen Gottlosigkeit und versucht drei Irrlehren über die Götter zu widerlegen. Während sich die *Politeia* kaum zu den konkreten politischen Institutionen äußert, differenzieren die *Nomoi* die politische Ordnung in eine Vielzahl von Behörden und Institutionen wie die Volksversammlung, den Rat und die Gesetzeswächter. Buch VI thematisiert die Auswahl der Amtsinhaber. Buch III behandelt die geschichtliche Entstehung und Entwicklung der Polis und der Kultur, die sieben „Ansprüche" (*axiômata*) auf Herrschaft und die Mischverfassung. Zudem präsentiert es wie Buch I und V eine Güterlehre und legt dar, dass die Ziele der Gesetzgebung „Freiheit" (*eleutheria*), „Eintracht" bzw. „Freundschaft" (*philia*) und „Einsicht" (*phronêsis*) sind (693 b–d, 701 d, 743 c). Bereits Buch I benennt als Ziele der Gesetzgebung die Erziehung zu den „Tüchtigkeiten" (*aretai*) und die „Glückseligkeit" (*eudaimonia*). Wie in der *Politeia* ist die Erziehung, die in den Büchern I, II und VII abgehandelt wird, ein zentrales Thema. Buch IV thematisiert Lage und Bevölkerung der neuen Polis und das Verhältnis von Zufall, göttlicher Lenkung und menschlichem Können. Zudem erläutert es im Rahmen einer Vorrede zum gesamten Gesetzeswerk die Verknüpfung der Gesetze mit Proömien. Das allgemeine Proömium wird in Buch V fortgesetzt, das u.a. die Verteilung von Land und Eigentum erläutert. Buch VIII behandelt soziale Themen wie Feste, Wettkämpfe, Freundschaft und Liebe.

Die Bürger der neuen Polis sind nach dem Vorbild der von Solon in Athen geschaffenen Verfassung in vier Vermögensklassen eingeteilt (744 b/c). Trotz dieser Ungleichheiten bestimmt Platon, dass alle 5040 männlichen Grundbesitzer gleich große Landlose erhalten sollen, so dass immer ein „Mann" (*anêr*) und ein „Landlos" bzw. „Grundstück" (*klêros*) zusammengehören (737 c–e). Bei der Verteilung des Landes soll jeder von dem Bewusstsein geleitet werden, dass das Grundstück, das ihm durch das Los zugefallen ist, Teil des Gemeinguts der Polis ist (740 a). Für das mobile Vermögen legt Platon Ober- und Untergrenzen fest, um Armut und Reichtum zu verhindern (744 b–745 b; vgl. zur Bedeutung von Besitz und Reichtum in den *Nomoi* Schrifl 2013). Die Gesamtzahl der Bürger Magnesias ist Platons Text nicht eindeutig zu entnehmen (vgl. Knoll 2013, S. 147–153). Die Zahl muss jedenfalls groß genug sein, damit sich die Polis gegen Übergriffe der Umwohner verteidigen kann und zudem in der Lage ist, ihren Nachbarn zu Hilfe zu kommen, wenn ihnen Unrecht geschieht (737 c/d). Die Bürgerzahl darf jedoch nicht so groß sein, dass sich die Bürger untereinander nicht mehr persönlich kennen. Eine genaue Bekanntschaft der einzelnen Bürger untereinander ist vor allem für eine gerechte Verteilung der politischen Ämter und Ehren im Verhältnis zur Tüchtigkeit wichtig und dafür, dass jeder Bürger zu seinem Recht gelangt (738 e). Zur politischen Rolle der Frauen äußert sich Platon nicht eindeutig. Manche Interpreten gelangen zu dem Resultat, dass die Frauen an allen Aspekten und Pflichten des bürgerlichen und politischen Lebens partizipieren sollen. Für andere Autoren hingegen ist es nicht klar, ob Frauen politische Rechte erhalten, und vor allem ob sie bedeutende politische Ämter innehaben dürfen. Wieder andere Interpreten bezweifeln, dass die Frauen am politischen Leben als Gleiche partizipieren können. Es lassen sich jedoch gute Gründe dafür anführen, dass die Frauen in Magnesia – wie in der guten Polis der *Politeia* – politische Rechte erhalten und alle politischen Ämter innehaben können (vgl., auch zur Literatur, Knoll 2013, S. 148–153; → KAPITEL 9.1). Eine weitere Frage, die in der Literatur umstritten ist, betrifft die Lebensform bzw. Lebensweise der Bürger Magnesias. Zweifellos sollen alle Bürger am sportlichen, militärischen, sozialen, politischen und religiös-kultischen Leben der Stadt partizipieren. Ob sie aber auch an der Bewirtschaftung ihrer Landgüter selbst teilnehmen sollen oder sich ganz in Muße der Ausbildung ihrer körperlichen, moralischen und intellektuellen Tüchtigkeiten und dem politischen Leben widmen können, ist umstritten. Es sprechen jedoch einige Argumente dafür, dass die Bürger Magnesias

Gesellschaft und Ökonomie

nicht arbeiten müssen, sondern sich in Muße ihrer Vervollkommnung widmen können (vgl., auch zur Literatur, Knoll 2013).

Sklaven und ortsansässige Fremde

In der Wirtschaftsordnung Magnesias spielen die „Sklaven" (*douloi, oiketai*) und die „ortsansässigen Fremden" (*metoikoi*), die auch als „Metöken" oder „Beisassen" bezeichnet werden, eine bedeutende Rolle (vgl. Knoll 2013, S. 153–158). Denn diese vom politischen Leben ausgeschlossenen Bevölkerungsgruppen verrichten, wie dies in vielen griechischen Städten zu Platons Zeit der Fall war, die meisten Arbeiten in der Polis. Aus Platons Bestimmungen zur Verteilung des Bodenertrags lässt sich ableiten, dass die Bevölkerung in Magnesia etwa zu einem Drittel aus Bürgern besteht, zur Hälfte aus Sklaven und zu einem Sechstel aus ortsansässigen und vorübergehend in der Polis weilenden Fremden (848 a–d). Als Fremder kann jeder nach Magnesia kommen, der dies wünscht und fähig ist, den Umzug zu bewerkstelligen. Die Bedingungen sind, dass er eine Berufsausbildung hat und nicht länger als 20 Jahre in der Polis bleibt. Die Söhne der Metöken können sogar 35 Jahre bleiben, wenn sie ein Handwerk erlernt haben. Nach Ablauf dieser Frist sollen die Fremden mit ihrer Habe fortziehen (850 a/b; vgl. 915 b). Die in der griechischen Antike gängige Unterscheidung zwischen einem „Sklaven" (*doulos*) einerseits und einem „Freien" (*eleutheros*) und „Herrn" (*despotês*) andererseits wird von Platon nirgends in Frage gestellt, sondern als „notwendig" bezeichnet (777 b). Platon sieht die Sklaven grundsätzlich als eine Form des Besitzes an und fordert, dass sich jeder möglichst mit Sklaven von ausreichender Zahl und Tauglichkeit zur Unterstützung für alle möglichen Arbeiten versehen soll (776 b/c, 778 a). Auch wenn Platon Sklaven erwähnt, die der Polis gehören und im öffentlichen Dienst Arbeiten für sie verrichten (794 b), befindet sich ihr weitaus größter Teil im Privatbesitz der Bürger oder der Metöken. Die Sklaven der Bürger verrichten vor allem Arbeiten auf deren Grundstücken (806 d), in deren Häusern (808 a/b) oder leisten ihren Herren persönliche Dienste (763 a). Platon zufolge darf man Sklaven weder verhätscheln noch sich ihnen gegenüber wie bei Freien auf bloße Mahnungen oder Zurechtweisungen beschränken, sondern muss sie durch Züchtigung bestrafen, wenn sie es verdienen. Jede Anrede an einen Sklaven müsse nahezu ausnahmslos ein Befehl sein (777 d/e). Die Gesetzgebung der *Nomoi* enthält erstaunlich viele Bestimmungen, die Sklaven betreffen. Das trifft insbesondere für das Strafrecht zu. Dabei fällt auf, dass Sklaven für denselben Tatbestand in der Regel – eine Ausnahme bildet der Tempelraub – wesentlich strenger bestraft werden als Freie.

Im Gegensatz zu den *Nomoi* macht es Platon in der *Politeia* nicht deutlich, ob es in der guten Polis Sklaven geben soll. Gregory Vlastos, der sich mit dieser Frage auseinandersetzt, bejaht sie überzeugend durch einen Verweis auf eine Stelle in Buch IV, in dem Platon die Sklaven beiläufig als Bestandteil der Bevölkerung der Polis erwähnt (433 d; Vlastos 1981b, S. 145). Daher darf man schließen, dass die Sklaven den Bürgern des dritten Standes der guten Polis, die Platon in der *Politeia* entwirft, einen guten Teil ihrer Arbeit abnehmen (→ KAPITEL 9.1). Dennoch unterscheidet sich der Status dieser Bürger wesentlich von demjenigen der Bürger Magnesias, weil sie nicht am politischen Leben der Polis partizipieren können und sollen.

Die Sklaven in der *Politeia*

Die Verfassungsorgane der neuen Polis sind zu einem kleinen Teil von Platon ersonnen; überwiegend haben sie Vorbilder in der zeitgenössischen Verfassungswirklichkeit. So hat die Polis wie viele Demokratien und insbesondere Athen eine Volksversammlung und einen Rat. Der Volksversammlung gehören alle Bürger an, die Kriegsdienst leisten oder geleistet haben. In der Regel sind aber nur die Angehörigen der oberen beiden Vermögensklassen verpflichtet, an den Zusammenkünften teilzunehmen. Die Hauptaufgabe der Volksversammlung ist die Wahl der Inhaber der politischen Ämter, insbesondere die Wahl der Gesetzeswächter und der 360 Mitglieder des Rates (753bff., 764 a). Die zentralen Aufgaben des Rates bestehen darin, die Polis zu bewachen und zu beschützen, als Exekutive ihre täglichen Geschäfte zu führen sowie die Volksversammlung einzuberufen. Diese Aufgaben erfüllt der Rat nicht als Kollektiv, sondern überträgt sie im monatlichen Turnus je 30 Ratsmännern (758 a–d). Darüber hinaus entwirft Platon für die neue Polis eine Reihe innovativer Verfassungsorgane. Von großer Bedeutung ist das Kollegium der Gesetzeswächter, das aus 37 besonders begabten und tüchtigen Bürgern besteht, die bei Amtsantritt mindestens 50 Jahre alt sein sollen und durch drei Wahlgänge und eine Prüfung ausgelesen werden. Die Gesetzeswächter haben neben einer Reihe von Befugnissen vor allem die Aufsicht über die Gesetze und das Vermögensregister zu führen (773 bff.; vgl. Schöpsdau 1994, S. 114f.). Ferner sieht Platon einen obersten Leiter und Aufseher des gesamten Erziehungswesens vor (765 d–766 c). Wie das Amt der Gesetzeswächter wird dieses Amt nach dem aristokratischen Prinzip der Tüchtigkeit vergeben. Weil Platon dem Erziehungswesen durchweg eine herausragende Bedeutung für eine gedeihende Polis beimisst, erachtet er dessen Leitung als das weitaus wichtigste aller Ämter. Deshalb muss alles daran gesetzt werden, „von allen Bürgern denjenigen, der in jeder Beziehung der Trefflichste ist, zum

Die Verfassungsorgane der Polis

Inhaber dieses Amtes zu machen und ihn der Jugend als Vorgesetzten überzuordnen“ (766 a/b). Der Leiter des Erziehungswesens muss mindestens fünfzig Jahre alt und Vater von rechtmäßigen Kindern sein. Des Weiteren entwirft Platon die hohe Behörde der Euthynen, die die Aufsicht über alle Amtsinhaber führt und vor der alle Inhaber von politischen Ämtern Rechenschaft ablegen müssen (946 c). Weil die Euthynen alle Amtsinhaber an Gerechtigkeit und jeder Tüchtigkeit überragen sollen, müssen sie „unbedingt Männer von ganz außerordentlicher Tüchtigkeit in jeder Beziehung sein“ (945 e). Die Euthynen werden in mehreren Wahlgängen als die Besten ausgelesen und sollen mindestens 50 Jahre alt sein. Die zehn ältesten Gesetzeswächter, der „Erziehungsminister“ und alle seine lebenden Vorgänger sowie die Euthynen sind Mitglieder des wichtigsten Verfassungsorgans der neuen Polis. Das ist die „nächtliche Versammlung“ (968 a), die jedoch erst im frühen Morgengrauen tagt. Die Hauptaufgabe der Versammlung, die Platon als die „Seele“ und den „Kopf“ der Polis bezeichnet, ist die Erhaltung der politischen Gemeinschaft und die oberste Aufsicht über ihre Gesetze (951 dff., 960 bff., 961 d, 968 a). Die Mitglieder der Versammlung, die zu ihren Zusammenkünften auch tüchtige jüngere Männer mitbringen, verfügen über wissenschaftliche Kenntnisse. Insbesondere sind sie des philosophischen Verfahrens der Dialektik mächtig, so dass sie die Einheit aller Tüchtigkeiten erkennen können (963 aff.; → KAPITEL 8.2). Deshalb wurde die frühmorgendliche Versammlung zu Recht als „das eindeutigste Erbstück der Philosophenherrschaft in der Gesetzesstadt“ verstanden (Ottmann 2001b, S. 98).

Politik und Theologie

Zu Beginn des allgemeinen Proömiums erklärt Platon, dass Gott das „Maß aller Dinge“ ist (716 c). Mit seiner Erklärung begibt er sich bewusst in einen Gegensatz zu Protagoras, der in seinem berühmten „Homo-mensura-Satz“ den Menschen als das „Maß aller Dinge“ bezeichnet (→ KAPITEL 5.2). Während Protagoras mit seinem Satz einen erkenntnistheoretischen und ethischen Relativismus vertritt, versucht Platon seine neue Polis und ihre Gesetze auf ein göttliches Fundament zu gründen, das dem Relativismus enthoben ist. Bereits zu Beginn des Werks erklärt er, Gott sei der Urheber der Gesetzgebung, nicht der Mensch (624 a). Daher antizipiert Platon nur in sehr begrenztem Umfang die moderne Konzeption der „Rechtsstaatlichkeit“ (*rule of law*), wenn er in den *Nomoi* fordert, dass primär Gesetze und nur sekundär Menschen regieren sollen (vgl. Lisi 2013). Denn wahrhaft gute Gesetze haben ihren Ursprung im göttlichen „Geist“ (*nous*) (713 a, 713 e–714 a, 762 a, 957 c; vgl. zu Platons Nomosbegriff Lisi

1985). Die Auslegung, Platon hätte auf seine alten Tage zu Gott gefunden, wäre jedoch verfehlt. Denn bereits die *Politeia*, auf die die Wortneuschöpfung „*theologia*" zurückgeht, versteht die gute und gerechte Ordnung als „göttliches Musterbild" (*theion paradeigma*) (379 a, 500 e).

Die neue Mischverfassung

Von den bestehenden Verfassungen hält Platon die spartanische und die kretische für die besten. Beides sind Mischverfassungen. Die Verfassung Spartas, die er vor allem wegen ihrer Stabilität und Dauerhaftigkeit schätzt, dient als Musterbild für die Verfassung der neuen Polis. Beide Verfassungen lassen sich in drei Hinsichten als Mischverfassung verstehen. Erstens mischen beide die Freiheit mit dem Respekt vor den Herrschenden. Zweitens sind sie Mischungen aus verschiedenen Verfassungsformen. So enthält die Verfassung der neuen Polis Elemente einer Demokratie, einer Oligarchie und einer Aristokratie bzw. Monarchie. Drittens sind beide Verfassungen Mischungen aus verschiedenen „Ansprüchen" (*axiômata*) auf Herrschaft. Platons Mischverfassung berücksichtigt aus Stabilitätserwägungen zwar partiell den demokratischen Anspruch auf gleiche politische Partizipation. Wie in der *Politeia* und im *Politikos* sieht er jedoch als den gewichtigsten Anspruch denjenigen an, demzufolge „der Unwissende gehorchen, der Einsichtige dagegen führen und herrschen soll" (690 b). Dieser Anspruch wird institutionell durch die „nächtliche Versammlung" der tüchtigsten Bürger umgesetzt, die zugleich Mitglieder der obersten Behörden sind. Auch wenn die neue Mischverfassung die Macht der einzelnen Amtsinhaber beschränkt und sie ständig kontrolliert, weist sie einen ausgeprägt aristokratischen Charakter auf (683 c–701 e, 951 c–952 d, 961 a–968 e; vgl. Knoll 2017a; Morrow 1993, S. 521–543; Ottmann 2008; Riklin 2006, S. 33–54; Schöpsdau 1994, S. 123; Sternberger 1984, S. 135).

Das Verhältnis der politischen Dialoge

Das Verhältnis von Platons drei politischen Dialogen wird in der Literatur kontrovers diskutiert (vgl. zur Debatte Horn 2013b). Nach der vorherrschenden unitarischen Interpretation gibt es zwischen der *Politeia*, dem *Politikos* und den *Nomoi* keine gravierenden Widersprüche. Die drei Dialoge seien komplementär, nicht entgegengesetzt (Lisi 1998; Saunders 1992). Sie stellten nur verschiedene Perspektiven ein und derselben Auffassung dar. Die *Politeia* entwirft die beste Verfassung. Weil dieses Muster jedoch nicht verwirklicht werden kann, entwickelt der *Politikos* die Idee der Herrschaft der Gesetze für die zweitbeste Verfassung. Die *Nomoi* schließlich füllen diese Idee mit Inhalten und konkretisieren sie unter günstigen, aber imperfekten Bedingungen (vgl. Laks 1990). Andere Autoren dagegen erkennen eine

Entwicklung in Platons Philosophie, im Zuge derer er später seine ethischen und politischen Ansichten radikal revidiert und modifiziert (Bobonich 2002). Nach einer anderen Variante der entwicklungsgeschichtlichen Interpretation wird der späte Platon – vielleicht durch seine Erfahrungen in Sizilien – zunehmend realistischer. Er entwickle einen anthropologischen Skeptizismus oder Pessimismus und entwerfe daher ein Verfassungsmodell, das Machtmissbrauch unterbinden kann (vgl. *Nomoi* 875 b–d; Kelsen 1985, S. 115–132; vgl. zur Literatur Lisi 1998, S. 89).

Fragen und Anregungen

- Erläutern Sie, wie Platon das Verhältnis von Seele und Polis versteht.
- Analysieren Sie Platons Lehre von der Gerechtigkeit.
- Wie begründet Platon seine Forderung der Philosophenherrschaft?
- Worin bestehen die zentralen Unterschiede zwischen den politischen Ordnungen, die Platon in der *Politeia* und in den *Nomoi* entwirft?

Lektüreempfehlungen

Quellen

- **Platon: Der Staat,** übers. und erl. von Otto Apelt, Hamburg 1988.
- **Platon: Politikos,** übers. und erl. von Otto Apelt, Hamburg 1988.
- **Platon: Gesetze,** übers. und erl. von Otto Apelt, Hamburg 1988.

Forschung und Literatur

- **Robert C. Cross/Anthony D. Woozley: *Plato's Republic.* A Philosophical Commentary,** London/New York 1964. *Gut lesbarer Kommentar zu Platons Hauptwerk.*
- **Otfried Höffe (Hg.): Platon, Politeia** (Klassiker Auslegen, Bd. 7), Berlin 1997. *Aufsatzsammlung, zu der renommierte Gelehrte verschiedener Länder beigetragen haben. Der Band ist als kooperativer Kommentar zur „Politeia" konzipiert.*

- **Christoph Horn (Hg.): Platon. Gesetze – Nomoi** (Klassiker Auslegen, Bd. 55), Berlin 2013. *Sammelband, zu dem renommierte Gelehrte verschiedener Länder beigetragen haben. Der Band ist als kooperativer Kommentar zu den „Nomoi" konzipiert.*
- **Christopher J. Rowe (Hg.): Reading the *Statesman*.** Proceedings of the III Symposium Platonicum, Sankt Augustin 1995. *Sammelband, der ausgewählte Beiträge einer Tagung über den „Politikos" enthält.*
- **Klaus Schöpsdau: Nomoi, 3 Bände, Buch I–III, IV–VII, VIII–XII** (Platon. Werke. Übersetzung und Kommentar, Bd. IX 2), Göttingen 1994, 2003, 2011. *Hervorragende Übersetzung von Platons Spätwerk mit umfangreichem Kommentar.*
- **R.F. Stalley: An Introduction to Plato's Laws**, Oxford 1983. *Führt auf 200 Seiten klar und fundiert in die Nomoi ein.*
- **Henning Ottmann: Geschichte des politischen Denkens. Die Griechen. Von Platon bis zum Hellenismus**, Bd. 1/2, Stuttgart 2001. *Enthält eine gut 100 Seiten umfassende Einführung in Platons gesamte politische Philosophie, die nach Dialogen und Themen gegliedert ist.*

10 Aristoteles: Die Naturphilosophie und die Metaphysik

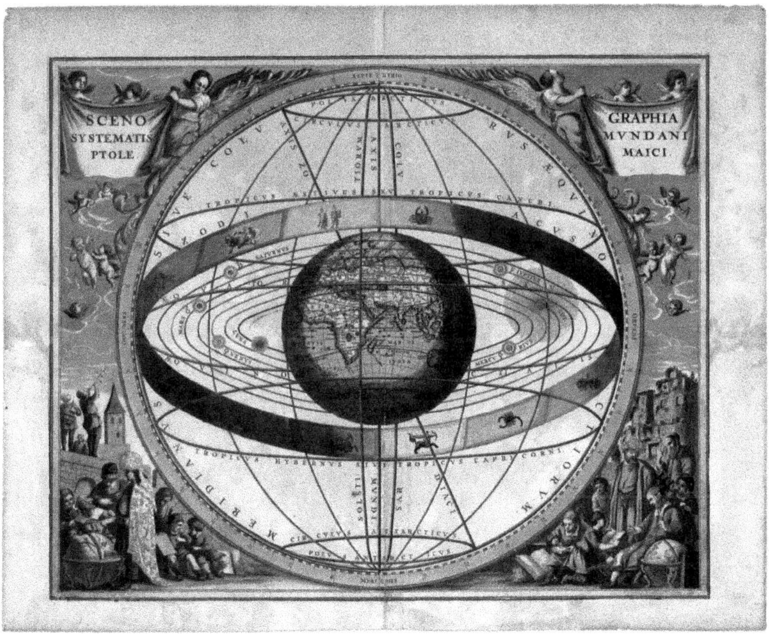

Abbildung 12: Darstellung des geozentrischen Weltsystems, 1660/61, Harmonia Macrocosmica, Andreas Cellarius

Die Darstellung des geozentrischen Weltsystems entstammt der 1660/61 erschienenen „Harmonia Macrocosmica" des Andreas Cellarius. Nach dem geozentrischen Weltbild, das u.a. von Aristoteles und Ptolemäus vertreten wurde, bilden die Erde und der Mensch den Mittelpunkt des gesamten Weltalls. Während die Erde im Zentrum steht, bewegen sich die Sonne, der Mond und die Planeten auf Kreisbahnen um die Erde. Nach der Kosmologie des Aristoteles sind der Himmel, die Planeten und deren Kreisbewegungen ewig. Die verschiedenen Arten von Bewegung und Veränderung stehen auch im Zentrum seiner philosophischen Untersuchungen über die Natur. Aristoteles etablierte nicht bloß die Physik als eigenständige wissenschaftliche Disziplin, sondern auch die Metaphysik. Diese untersucht nicht bloß die Veränderungen der natürlichen Körper, sondern die „Anfänge" (archai) und die „Ursachen" (aitiai) von allem, was ist. Als erste und ewige Ursache aller Bewegungen begreift Aristoteles Gott, der nach seiner Theologie ein unbewegter Beweger ist.

Die Naturphilosophie des Aristoteles unterscheidet sich beträchtlich von der modernen Physik. Als Physiker führt er weder Experimente durch, noch wendet er die Mathematik auf die Natur an, sondern beschränkt sich auf sprachliche und logische Analysen. Seine Untersuchungen sind auch nicht streng von seiner Lehre vom unbewegten Beweger und von der allgemeinen Ontologie zu trennen, die er in der *Metaphysik* entwickelt. Im Gegensatz zu den Einzelwissenschaften behandelt Aristoteles in der *Metaphysik* nicht bloß einen bestimmten Bereich des Seienden. Während die Physik das Seiende zum Gegenstand hat, insofern es bewegt oder veränderlich ist, und die Biologie, insofern es lebendig ist, untersucht die *Metaphysik* das Seiende, insofern es seiend ist. Sie behandelt das „Seiende als Seiendes" (*on hê on*), d.h. unter den allgemeinsten Aspekten: warum es ist, ob es der Möglichkeit oder der Wirklichkeit nach ist und was es ist. Die alte Frage, was das Seiende ist, zielt auf das im höchsten Sinne Seiende und damit auf die „*ousia*" (Substanz bzw. Wesen), die der zentrale Gegenstand der *Metaphysik* ist.

10.1 Leben, Werk, Wissenschaft und Interpretationen

Bereits mit siebzehn Jahren zog es den 384 v. Chr. in Stageira geborenen Aristoteles fort aus der chalkidischen – später makedonischen – Provinz nach Athen, in das geistige Zentrum Griechenlands. Dort trat der Spross einer Ärztefamilie in die Akademie Platons ein, bei dem er zwanzig Jahre lang Philosophie studierte (DL V 9; vgl. zu allen Quellen der Biographie mit Kommentaren Düring 1957). Platon soll seinen eigenwilligen Schüler mit einem schwer zu zügelnden Fohlen verglichen haben. Vielleicht hat er ihn deshalb nicht zu seinem Nachfolger als Schulvorsteher bestimmt (DL V 2; vgl. DL IV 6). Allerdings ist wenig Sicheres über Aristoteles' Verhältnis zu Platon bekannt. Seine Schriften kritisieren Platon zwar, zeugen aber auch von Hochachtung (vgl. Flashar 2004, S. 215). Nach Platons Tod 347 v. Chr. verließ Aristoteles Athen, wahrscheinlich wegen der zunehmend antimakedonischen Stimmung. Er folgte der Einladung von Hermias, dem Fürsten von Assos und Atarneus, die an der kleinasiatischen Küste gegenüber von Lesbos liegen. Aristoteles war zwei Jahre der Gastfreund von Hermias, dessen Schwester oder Nichte Pythias er heiratete. 345/44 v. Chr. zog er nach Mytilene auf Lesbos, wo seine lebenslange Freundschaft und Kooperation mit Theophrast begann, der nach seinem Tod die peripatetische Schule leitete. Wahrscheinlich 343/42 übersiedelte er an den makedonischen Königshof. Dort übertrug ihm König Philipp II. für etwa drei Jahre die Erziehung des dreizehnjährigen Prinzen Alexander (vgl. Flashar 2004, S. 217). Nach einem längeren Aufenthalt in Delphi kehrte Aristoteles 335/34 nach Athen zurück. Er forschte und lehrte im Lykeion, einem öffentlichen Gymnasion. Ob er dort auch tatsächlich eine Schule gründete, ist umstritten (vgl. Graeser 1983, S. 192f.; Flashar 2004, S. 218; Lynch 1972). Im Lykeion arbeitete er zusammen mit Freunden und Schülern, die ihn bei seinen wissenschaftlichen Anstrengungen unterstützten. Nachdem Alexander der Große 323 verstorben war, wurde er vermutlich als Folge der erneuten antimakedonischen Stimmung der Gottlosigkeit angeklagt. Aristoteles verließ 322 v. Chr. erneut die Stadt und begab sich in das Haus seiner Mutter nach Chalkis auf der Insel Euboia, wo er im selben Jahr verstarb (DL V 10; vgl. Flashar 2004, S. 219, und zu seinem Testament DL V 11–16). In Athen führte Theophrast die von Aristoteles initiierte Lehre weiter, die als Peripatos bekannt wurde, benannt nach einer zum Philosophieren genutzten Wandelhalle im Lykeion.

Leben

Abbildung 13: Portrait des Aristoteles (Louvre, Paris)

Wie Platon publizierte Aristoteles eine große Anzahl von Dialogen, die jedoch verloren gingen. Die überlieferten wissenschaftlichen Abhandlungen des arbeitsamen Gelehrten sind knapp und sachlich. Sie argumentieren bündig und sind vielleicht Vorlesungsmanuskripte, die nicht zur Veröffentlichung bestimmt waren. Sein gewaltiges Werk, von dem nur etwa ein Fünftel erhalten ist, umfasste nahezu alle

Werk

Forschungsgebiete. Aristoteles verfasste Schriften zur Wissenschaftslehre, zur Sprache, zur Mathematik, zur Erkenntnistheorie, zur Astronomie und Kosmologie, zu den Künsten, zur Erkenntnistheorie, zur Rhetorik, zur Physiologie und Psychologie, zur Mechanik, zur Chemie, zur Zoologie, zur Botanik und zu vielen weiteren Themen. Neben dem von Diogenes Laertius überlieferten Schriftenverzeichnis (DL V 22–27) sind zwei weitere Verzeichnisse erhalten (vgl. zu den Quellen und Abdrucken dieser Verzeichnisse Flashar 2004, S. 178). Aristoteles gilt als der Begründer der formalen Logik und seine logischen Schriften wurden lange als „Organon" (Werkzeug) betitelt und demgemäß als Werkzeuge richtigen Denkens und Schließens verstanden. Berühmt als Forscher wurde er insbesondere durch seine naturwissenschaftlichen Leistungen, vor allem im Bereich der Biologie und der Zoologie. Die erste kritische Gesamtausgabe von Aristoteles' Werk wurde von Immanuel Bekker angefertigt und erschien 1831. Nach dieser Ausgabe wird Aristoteles heute noch zitiert. So führen zeitgenössische Ausgaben seiner Werke in der Regel an den Seitenrändern die Bekker-Zählung an. Die Angabe „1253 a 2" etwa bezieht sich auf die Seite 1253 der Bekker-Ausgabe, wobei „a" auf die linke der beiden Textspalten verweist („b" auf die rechte) und „2" auf Zeile 2.

Charakteristisch für Aristoteles ist nicht bloß sein außerordentliches Streben nach Wissen, sondern auch seine unablässige Suche nach Ordnung. Gegenstand seines ordnenden Geistes waren auch die Wissenschaften, die er erstmals in eine Vielzahl an Disziplinen einteilte. Aristoteles unterscheidet theoretische, praktische und hervorbringende Wissenschaften und ein ihnen entsprechendes Wissen. Zu den theoretischen Wissenschaften zählt er die Naturwissenschaften, die Mathematik, die Physik, die Metaphysik und die Theologie. Die wichtigsten Teildisziplinen der praktischen Philosophie sind die Ethik und die politische Philosophie (→ KAPITEL 11). Im Gegensatz zum praktischen Wissen, das dem menschlichen Handeln dient, ist das theoretische Wissen Selbstzweck, weil es nur auf die „Wahrheit" (*alêtheia*) zielt. Das theoretische Wissen ist exakter als das praktische, weil es nicht wie dieses Wissen von veränderlichen, sondern von ewigen Gegenständen ist. Die dritte Wissensart ist das hervorbringende Wissen der Handwerker, Baumeister und Künstler, das dazu dient, etwas herzustellen und daher auf ein Werk zielt. Diesem Wissen entsprechen die hervorbringenden Wissenschaften wie die Poetik und die Rhetorik, zu denen uns jeweils eine Schrift des Aristoteles überliefert ist (*Topik* 145 a 15–18; Met. I 1/2, 980 a 21–983 a 23; Met. II 1, 993 b 20–30; Met. VI 1, 1025 b 3–1026 a 32; EN VI).

Wissenschaftsaufteilung

Bereits in der Antike wurde die Auffassung vertreten, Aristoteles sei ein systematischer Denker. Seine Philosophie wurde als ein einheitliches und kohärentes Lehrgebäude verstanden, in dem alle Aussagen und Wissenschaften systematisch zusammenhängen. Später wurde der systematische Charakter seiner Philosophie vor allem von der scholastisch-neuthomistischen Aristoteles-Interpretation betont (vgl. Flashar 2004, S. 176). Auch Eduard Zeller, dessen noch heute nachgedruckte Geschichte der griechischen Philosophie Mitte des 19. Jahrhunderts entstand, versteht das Werk des Aristoteles als ein fest gefügtes System (Zeller 1862). Analog dazu erklärt Jonathan Barnes, dass Aristoteles' Aufteilung und Anordnung der Wissenschaften zeigt, dass er „bewußt systematisch vorging". Auch wenn Aristoteles in seinen Abhandlungen „keine Systematisierung" erreiche, stehe sie doch als Ideal „stets im Hintergrund" (Barnes 1992, S. 45, 61; vgl. 36, 59–64).

Systematisches Denken?

Gegen die systematische Lesart wurde öfters eingewandt, die Philosophie des Aristoteles weise erhebliche Widersprüche auf, die

Entwicklungsgeschichte?

ihre Interpreten nicht auflösen könnten. Unter Rückgriff auf ältere Arbeiten präsentierte der klassische Philologe Werner Jaeger daher in seinem 1923 veröffentlichten Aristoteles-Buch erfolgreich einen alternativen Ansatz (Jaeger 1923; vgl. Bertelli 2016). Jaeger versuchte eine widerspruchsfreie Auslegung dadurch zu erlangen, dass er unvereinbare Lehrstücke verschiedenen Entwicklungsstadien zuordnete. Charakteristisch für die geistige Entwicklung des Aristoteles sei eine anfängliche Nähe zu Platon, von dem er sich später zunehmend distanziert habe. Jaeger unterschied zwischen (a) den Lehrjahren, d.h. der Zeit in der Akademie bis zu Platons Tod, (b) den Wanderjahren, 347–335 v. Chr., und (c) der Meisterzeit, d.h. den Jahren des zweiten Aufenthalts in Athen. Nach der platonischen Phase hätte er sich von der Ideenlehre abgewandt und mit der „Urethik" (*Eudemische Ethik*), „Urmetaphysik" und „Urpolitik" (Buch II, III, VII und VIII) in der zweiten Phase sein eigenes Denken grundgelegt. In der dritten Phase wären dann die empirisch orientierten Schriften entstanden. Eine ähnliche Theorie von drei Entwicklungsstadien Platons – (a) Phase bis zum Tod des Sokrates, (b) seiner verschiedenen Reisen und (c) ab der Akademiegründung – hatte 1839 Karl Friedrich Hermann vertreten (Hermann 1839, S. 3–82). Jaegers Buch *Aristoteles. Grundlegung einer Geschichte seiner Entwicklung*, das mit verschiedenen philologischen Methoden arbeitet, wurde 1934 ins Englische, 1935 ins Italienische und 1947 ins Spanische übersetzt und war jahrzehntelang sehr einflussreich. Sein entwicklungsgeschichtlicher Ansatz wurde vielfach übernommen und weiterentwickelt und gab der Forschung eine Vielzahl von Anregungen (vgl. Flashar 2004, S. 169f.). Dennoch besteht in der neueren Forschung „ein breiter Konsens" darüber, „dass die Ergebnisse Jaegers im Gesamtkonzept wie in vielen Einzelheiten als verfehlt anzusehen sind" (Flashar 2004, S. 169; vgl. S. 171 und 174, und zu Jaegers „zwei elementaren philologischen Mängeln", S. 170). Als bahnbrechend gelten insbesondere die Arbeiten, die Franz Dirlmeier ab 1950 verfasst hat. Denn sie zeigen, dass Aristoteles von Anfang bis Ende sowohl Platoniker als auch Empiriker gewesen ist (Dirlmeier 1950).

Aporetisches Denken?

Eine verbreitete dritte Lesart ist – wie die entwicklungsgeschichtliche Interpretation – der Auffassung, dass die Philosophie des Aristoteles erhebliche Widersprüche aufweist. Sie versucht diese Widersprüche aber nicht systematisch oder genetisch aufzuheben. Vielmehr sieht sie das entscheidende Merkmal von Aristoteles' Philosophie darin, dass sie eine Vielzahl von „Problemen" und „Schwierigkeiten" (*aporiai*) offen legt und einzelne Lösungen für sie sucht. Für den deutschen Philosophen Nicolai Hartmann, der die aporetische Aristotelesdeutung in der ersten Hälfte des 20. Jahrhunderts vertrat, bestand die Hauptsache aller Philosophie gerade in nicht entscheidbaren Fragen und unauflöslichen Problemen (Hartmann 1957; vgl. zur aporetischen Deutung Barnes 1992, S. 59–61). Die Deutung, dass das Denken des Aristoteles eine aporetische Struktur aufweist, wurde auch von Pierre Aubenque vertreten (Aubenque 1962).

In seiner „*Lehre vom Satz*" (*Peri hermeneias, De interpretatione*) legt Aristoteles sein grundlegendes Modell des Verhältnisses von Wirklichkeit, Denken, Rede und Schrift dar, das das abendländische Denken stark beeinflusst hat:

Sprache, Denken und Wirklichkeit

> „Es sind also die Laute, zu denen die Stimme (*phônê*) gebildet wird, Zeichen (*symbola*) der in der Seele hervorgerufenen Vorstellungen (*en tê psychê pathêmatôn*), und die Schrift ist wieder ein Zeichen der Laute. Und wie nicht alle dieselbe Schrift haben, so sind auch die Laute nicht bei allen dieselben. Was aber durch beide an erster Stelle angezeigt wird, die einfachen seelischen Vorstellungen, sind bei allen Menschen dieselben, und ebenso sind es die Dinge (*pragmata*), deren Abbilder (*homoiômata*) die Vorstellungen sind" (16 a 3–8).

Das Modell des Aristoteles geht von der Einheit von Sprache, Denken und Wirklichkeit aus, die der christliche Aristoteliker Thomas von Aquin im 13. Jahrhundert noch fraglos voraussetzt (Thomas 1952; vgl. Gadamer 1990, S. 409; vgl. 409–494). Aristoteles' Modell zufolge rufen die Dinge bzw. Tatsachen, aus denen die Wirklichkeit besteht, in der menschlichen Seele Vorstellungen hervor. Wörtlicher übersetzt bewirken die Tatsachen in der Seele Affektionen. In diesem Modell kommt den Tatsachen der Vorrang vor der menschlichen Seele zu, die sie primär passiv erleidet bzw. von ihnen affiziert wird. Die seelischen Affektionen sind „Abbilder" (*homoiômata*) der Tatsachen; sie sind ihnen ähnlich bzw. von gleicher Art wie sie. Die Stimmlaute der Rede sind „Zeichen" bzw. „Symbole" (*symbola*) der seelischen Affektionen, und die Buchstaben der Schrift sind wiederum Zeichen bzw. Symbole der Stimmlaute. Während die Stimmlaute und die Schriftzeichen konventionell festgelegt sind und von Volk zu Volk variieren, besteht zwischen den Tatsachen und den seelischen Affektionen eine notwendige Beziehung, die bei allen Menschen und Völkern dieselbe ist (vgl. zum Verhältnis von Wort und Sache bei Aristoteles Graeser 1983, S. 199–202). Das Modell des Aristoteles über das Verhältnis von Wirklichkeit, Denken, Rede und Schrift und dessen Einfluss auf das abendländische Denken verdeutlichen, warum Jacques Derrida von einer jahrhundertelangen „Erniedrigung der Schrift" sprechen kann. Denn nach diesem Modell ist die Schrift lediglich „eine Hilfsform der Sprache im allgemeinen", der „eine zweitrangige und instrumentale Funktion" zukommt (Derrida 1990, S. 12, 17, 19; vgl. S. 24).

10.2 Die Naturphilosophie

Verhältnis Physik und Metaphysik

Die mit *Physik* betitelten acht Traktate, die Aristoteles' Vorlesungen über die Naturphilosophie enthalten, dürften älter sein als die unter dem Namen *Metaphysik* bekannten 14 Abhandlungen. „Metaphysik" bedeutet wörtlich „das, was nach der Physik kommt" (*ta meta ta physika*). Nach einer gängigen Deutung stammt der Terminus nicht von Aristoteles selbst, sondern von Andronikos von Rhodos. Als dieser im 1. Jahrhundert v. Chr. die Schriften des Aristoteles ordnete und herausgab, habe er den Titel für die Abhandlungen gewählt, die den Traktaten der *Physik* nachfolgen. Möglicherweise verweist der Titel *Metaphysik* aber auch auf den Gegenstand der Schrift. Aristoteles selbst bezeichnet seine darin entwickelte theoretische Wissenschaft als „Weisheit" (*sophia*), „Theologie" oder als „erste Philosophie" (*prôtê philosophia*). Traditionell wurde das Verhältnis der *Metaphysik* zur *Physik* so verstanden, dass der ersteren der Primat zukommt, weil sie als „erste Philosophie" das gesamte Gebiet des theoretischen Wissens zum Gegenstand hat, während die *Physik* als „zweite Philosophie" nur einen Teilbereich behandelt. Dagegen wurde von der neueren Forschung eingewendet, die Physik sei als allgemeine Grundlagenwissenschaft durchaus aus sich selbst verständlich. Nicht nur gehe sie der Metaphysik voran und bedürfe ihrer Voraussetzungen nicht, die Metaphysik sei auch inhaltlich in expliziter Abgrenzung von der Physik konzipiert (Wieland 1992, S. 13f.). Der deutsche Philologe Walther Kranz erklärte Anfang der 1940er Jahre:

> „Es war sehr sinnvoll, wenn die spätere Peripatetische Schule als Stufengang der Lehre den von der ‚Physik' zur ‚Metaphysik' vorschrieb, denn der Weg des Aristoteles selbst war von der Naturbetrachtung aus zur „ersten Philosophie" emporgestiegen. Seine Liebe zur Realität, zur Erkenntnis des Wesens dieser Realität ist das Primäre; sein Denken wird durch die Anschauung immer wieder befruchtet. So ist Physik die Voraussetzung der Metaphysik" (Kranz 1997, S. 219f.).

Der primäre Gegenstand der Naturphilosophie des Aristoteles sind die verschiedenen Arten der „Veränderung" und „Bewegung" (*kinêsis*) der natürlichen Körper. In Buch I der *Physik* untersucht er weniger die Natur, sondern die „Anfänge" bzw. „Prinzipien" (*archai*) des Werdens und den Grund-Stoff der seienden Dinge. Wie es für seine Methode charakteristisch ist, setzt sich Aristoteles dabei kritisch mit den Meinungen seiner Vorgänger auseinander, an die er teilweise auch anknüpft. Die Grundannahme seiner Schrift und seiner ganzen Naturphilosophie ist: „Die Dinge, die von Natur aus sind, unterliegen entweder alle oder teilweise der Veränderung" (Phys. I 2, 185 a 12f.).

Gegenstand der Naturphilosophie

Diese Grundannahme ergibt sich durch die Verallgemeinerung unserer sinnlichen Wahrnehmungen und Erfahrungen. Nach Parmenides und der eleatischen Schule täuschen uns jedoch die Sinne. Die Wahrheit sei nur durch logisches Denken zu gewinnen und dieses zeige, dass es weder Werden und Entstehen noch Veränderung und eine Vielheit von Dingen gibt. Das wahre Sein sei eins und unveränderlich (→ KAPITEL 3.2 UND 3.3). Aristoteles fasst die einflussreiche eleatische Argumentation zusammen: Etwas „Seiendes könne weder entstehen noch vergehen wegen der Notwendigkeit der Annahme, Entstehendes müsse entstehen entweder aus Seiendem oder aus Nichtseiendem, – beides aber sei unmöglich: Seiendes entstehe nicht – es sei ja schon –, und aus Nichtseiendem gehe ja wohl nichts hervor; denn da müsse schon etwas vorhanden sein" (Phys. I 8, 191 a 27–31; → KAPITEL 3.2 UND 3.3). Um die Gültigkeit seiner Grundannahme zu erweisen, lässt sich Aristoteles zu Beginn der *Physik* auf eine ausführliche und schwierige Auseinandersetzung mit der Argumentation der Eleaten ein, deren Schlüsse er als ungültig erachtet. Daran anschließend setzt er sich kritisch mit den Naturphilosophen und insbesondere mit Anaxagoras' Lehre von den „Samen aller Sachen" bzw. Urelementen auseinander (→ KAPITEL 4.2).

Kritik an der eleatischen Schule

Gemeinsam sei den Naturphilosophen, dass sie die Vielheit des Seienden und das natürliche Werden nicht leugnen und dieses wie die Anfänge der Welt irgendwie als Gegensätze ansprechen. Das Werden könne jedoch nicht allein durch die Gegensätze wie „feucht und trocken" (Xenophanes), „ungerade und gerade" (Pythagoreer) oder „Streit und Liebe" (Empedokles) erklärt werden (→ KAPITEL 2.3, 2.4, 4.1). Den Gegensätzen müsse noch etwas Drittes zugrunde und voran liegen, das von ihnen verschieden ist und an dem sie etwas bewirken. Aristoteles veranschaulicht das am Beispiel des Menschen, mit dem er häufig Werdeprozesse von natürlichen Körpern erläutert. Wenn ein nicht-gebildeter Mensch zu einem gebildeten wird, beharrt

Das Werden aus Gegensätzen

der Mensch als „Zugrundeliegendes" (*hypokeimenon*), an dem sich das Werden von „nicht-gebildet" zu „gebildet" vollzieht. Analog dazu wird im Bereich der Kunst etwa aus dem ungestalteten Erz als Zugrundeliegendem eine Statue, die eine bestimmte Form aufweist. Diese Resultate gewinnt Aristoteles sowohl durch logische als auch durch sprachliche Analysen von Sätzen wie „aus etwas wird etwas" (Phys. I 4–7, 188 a 19–191 a 22).

Kategorienlehre und Substanz

Dass jedem Werdeprozess etwas, das wird, zugrunde liegen muss, zeigt Aristoteles in der *Physik* auch im Rückgriff auf seine Kategorienlehre (vgl. zur Kategorienlehre Graeser 1983, S. 202–207). Kategorien sind die obersten Gattungen von Aussagen, die über einen Gegenstand gemacht werden können. Weil seiner Auffassung nach die Strukturen der Sprache den Strukturen der Welt entsprechen, geht mit der Unterscheidung der Aussagearten auch eine Einteilung des Seienden einher. Aristoteles unterscheidet zehn Aussagearten bzw. Klassen von Prädikaten: „Jedes ohne Verbindung gesprochene Wort bezeichnet entweder eine *Substanz* oder eine *Quantität* oder eine *Qualität* oder eine *Relation* oder ein *Wo* oder ein *Wann* oder eine *Lage* oder ein *Haben* oder ein *Wirken* oder ein *Leiden*" (Kategorien IV, 1 b; vgl. zum Problem der Auswahl der zehn Kategorien Kant 1976, S. 119, B 106f.). Die Basiskategorie ist die „Substanz" (*ousia*), auf die sich die Frage, was etwas ist, bezieht. Ein Gegenstand ist das, was daran wesentlich ist, oder notwendig immer zu ihm gehört und somit im Wechsel der Zustände und Eigenschaften immer dasselbe bleibt. Dies ist das Wesen eines Gegenstandes oder seine Substanz. Die anderen neun Kategorien kommen ihm nicht wesentlich zu, sondern wechselnd oder zufällig. Sie sind Akzidenzien und beziehen sich immer auf eine Substanz. Im Gegensatz zu den Substanzen können die Akzidenzien nicht selbstständig existieren, sondern sind immer an einer zugrunde liegenden Substanz, von der sie nicht abgetrennt werden können (z.B. das Gehen oder das Gesundsein). Aristoteles unterscheidet in den *Kategorien* zwischen ersten und zweiten Substanzen. Erste „Substanzen" (*ousiai*) sind Einzeldinge, etwa Sokrates oder ein bestimmtes Pferd. Sie sind „Substanz im eigentlichsten, ursprünglichsten und vorzüglichsten Sinne". Zweite Substanzen sind primär die Arten (z.B. Mensch) und sekundär die Gattungen (z.B. Sinnenwesen), zu denen die ersten Substanzen gehören. Während Aristoteles die ersten Substanzen mit den konkret existierenden besonderen Individuen identifiziert, versteht er unter den zweiten Substanzen die Allgemeinbegriffe. Diese sind nicht in oder an den Individuen, sondern sagen aus, was diese sind, wie etwa in den Sätzen „Sokrates ist ein Mensch“ oder „Sokrates ist ein Sinnenwesen“ (Kategorien V 2 a–3 a).

Kategorien des Werdens

Eine Analyse des Terminus „werden“ (*gignesthai*) aus der Perspektive der Kategorienlehre ergibt, dass er vieldeutig ist, weil er sich auf verschiedene Kategorien beziehen kann. Von Einigem kann man nicht schlechthin „es wird“ aussagen, sondern nur „es wird etwas Bestimmtes“. So fällt das Prädikat „wird gebildet“, das eine Veränderung der Beschaffenheit zum Ausdruck bringt, unter die Kategorie der Qualität. Letztlich bezieht es sich aber notwendig auf eine „Substanz“, z.B. auf Sokrates. Die Aussage „wird gebildet“ kann von der Substanz, die ihr als etwas Werdendes zugrunde liegt, nicht abgetrennt werden. Dagegen können nur Substanzen „schlechthin werden“. Spricht man von „werden“ in einem qualitativen, quantitativen etc. Sinne, bezieht sich eine derartige Aussage immer auf eine Substanz, die ihr zugrunde liegt. So erklärt Aristoteles: „Am meisten aber scheint es der Substanz eigentümlich zu sein, dass sie, wiewohl der Zahl nach ein und dasselbe, für Konträres empfänglich ist“ (Kategorien V 4 a; Phys. I 7, 190 a 31ff.).

Das Werden der Substanzen aus Stoff und Form

Bei genauerer Betrachtung wird deutlich, dass die ersten Substanzen auch aus etwas entstehen, das ihnen zugrunde liegt. Die Pflanzen und die Tiere entstehen etwa aus dem Samen und eine Statue aus dem Erz, das umgeformt wird. Wie sich das Erz zur Statue und das Holz zur Liege verhalten, so verhält sich allgemein der ungestaltete „Stoff“ (*hylê*) zu den besonderen Gegenständen. Durch diese Analogie beansprucht Aristoteles den Grund-Stoff zu erkennen, der als zugrunde liegende Natur einen Anfang des Werdens darstellt. Der zweite Anfang ist die „Form“ (*eidos*) bzw. „Gestalt“ (*morphê*), die etwa die Pflanzen und Tiere im Verlaufe ihres Wachstums ausbilden oder die der Künstler im Stoff gestaltet. Alle besonderen Gegenstände der körperlich seienden Wirklichkeit setzen sich aus Stoff und Form zusammen. Zusammen mit der Form ist der Stoff die Ursache des Werdenden, und zwar „wie eine Mutter“. Nach dem biologischen Verständnis des Aristoteles bedeutet das, dass der Stoff die Form in sich aufnimmt wie jene den Samen, und dass die Form sich sukzessive in ihm entwickelt. Zudem strebt der Stoff, soweit er dazu in der Lage ist, nach dem Guten und Göttlichen, so wie das Weibliche nach dem Männlichen und das Hässliche nach dem Schönen begehrt (Phys. I 7, 190 b 1–191 a 14; Phys. I 9, 192 a 13–34).

Im zweiten Buch der *Physik* setzt Aristoteles neu an und untersucht vor allem die Natur als Ursache der Veränderungen von natürlichen Körpern. Von „Natur aus“ (*physei*) sind die „Tiere und deren

Teile, die Pflanzen und die einfachen unter den Körpern, wie Erde, Feuer, Luft und Wasser“ (Phys. II 1, 192 b 9–11). Die von Natur seienden Körper bestimmt er in Abgrenzung von Dingen wie einem Kleid, einer Liege oder einem Haus, die vom Menschen durch Handwerkskunst hervorgebracht werden. Erlangen derartige Werke ihr Dasein durch eine Ursache, die ihnen äußerlich ist, haben die natürlichen Körper in sich selbst den „Anfang“ (*archê*) von ihrer Veränderung und ihrem bestehenden „Zustand“ (*stasis*). Im Gegensatz zu den Artefakten haben die natürlichen Körper einen innewohnenden „Drang“ (*hormê*), sich im Raum zu bewegen, zu wachsen oder zu schwinden und ihre Eigenschaften zu verändern (Phys. II 1, 192 b 13–18). Die von Natur seienden Körper beharren und verändern sich aus inneren Anfängen und Ursachen. Unter Natur versteht Aristoteles genau diese Anfänge und Ursachen. So bestimmt er „Natur“ (*physis*) als „eine Art Anfang und Ursache von Bewegung und Ruhe“ (Phys. II 2, 192 b 21f.; vgl. Phys. III 1, 200 b 12f.).

Von Natur seiende Körper und Natur

Die angeführte Definition wirft die Fragen auf, was Aristoteles unter „Ursache“ (*aitia*) und unter „Bewegung“ (*kinêsis*) versteht. Die gängige Übersetzung von „*kinêsis*“ mit „Bewegung“ ist missverständlich, weil man dabei nur an eine der vier Arten der Veränderung denkt, die Ortsveränderung. Menschen und Tiere bewegen sich durch den Raum; das Feuer hat einen inneren Antrieb nach oben und die Erde nach unten. Die zweite Art der „Veränderung“ (*kinêsis*) ist quantitativ. In der Regel wachsen natürliche Körper zu Beginn ihres Lebens und schrumpfen gegen Ende zu. Drittens können natürliche Körper ihre Qualität verändern. Menschen werden etwa durch Erziehung gebildet, und Wasser gefriert zu Eis. Die vierte Art der Veränderung erwähnt Aristoteles nicht, wenn er natürliche Körper durch ihren inneren Anfang und Drang zur Veränderung charakterisiert. Es ist die Veränderung „der Substanz nach“ (*kat' ousian*), womit das Werden oder Vergehen eines natürlichen Körpers gemeint ist. Menschen und Tiere werden geboren und sterben (Phys. III 1, 200 b 33–201 a 15).

Die vier Arten der Veränderung

Für die angeführten vier Arten der Veränderung gilt Aristoteles' allgemeine Definition, die traditionell als dunkel angesehen wird: „Verwirklichung (*entelecheia*) eines bloß der Möglichkeit nach Seienden (*dynamei ontos*), insofern es ein solches ist, ist Veränderung (*kinêsis*)“ (Phys. III 1, 201 a 10f.). Verwirklichung bedeutet dabei nicht, ein Ziel zu erreichen oder die erlangte Vollendung, sondern den Prozess, der dazu führt. Diesem Prozess muss ein identisches Seiendes zugrunde liegen, das in der fortschreitenden Entwicklung von dessen

Die Definition der Veränderung

Möglichkeit zu dessen vollendeter Wirklichkeit beharrt. Es ist derselbe Mensch, der erst „der Möglichkeit nach" und später „der Wirklichkeit nach" gebildet ist (vgl. Buchheim o.J., S. 105f.).

Die Lehre von den vier Ursachen

Aristoteles' Begriff von „Ursache" (*aitia*) ist nicht nur für sein Naturverständnis zentral, sondern auch für seine Auffassung von wissenschaftlicher Erkenntnis. Denn ihm zufolge können wir einen Gegenstand erkennen und wissenschaftlich erklären, wenn wir dessen erste Ursachen kennen. Der neuzeitliche Mensch versteht unter Ursache lediglich die Bewegungs- bzw. Wirkursache. So bewirkt ein Fuß, der einen Ball tritt, dass dieser durch die Luft fliegt. Dagegen unterscheidet Aristoteles vier Arten und Bedeutungen von „Ursache", die Stoffursache, die Formursache, die Bewegungs- bzw. Wirkursache und die Zweck- bzw. Finalursache. So ist die Stoffursache „das, woraus als schon Vorhandenem etwas entsteht, z.B. das Erz Ursache des Standbilds" (Phys. II 3, 194 b 24f.). Das Erz als zugrunde liegender Stoff ist im Sinne des „woraus" die Ursache dafür, dass ein Standbild da sein kann. Eine zweite Ursache für dessen Existenz ist die „Form" (*eidos*) und das „Musterbild" (*paradeigma*), das im Stoff ausgebildet ist. Die Form ist Ursache im Sinne des „was-es-wirklich-ist" (*to ti ên einai*), weil sie einen Gegenstand erst zu dem macht, was er ist. Die Form bestimmt das Wesen eines Gegenstandes, der nur durch einen Allgemeinbegriff, z.B. Mensch oder Sinnenwesen, definierbar ist. Die dritte Art, die Bewegungs- bzw. Wirkursache, ist Ursache im Sinne des „woher", d.h. des woher „der anfängliche Anstoß zu Wandel oder Beharrung kommt" (Phys. II 3, 194 b 29f.). Beispiele sind der Ratgeber als Ursache von einem bestimmten Verhalten, der Vater als Verursacher des Kindes und der Künstler als Verursacher der Statue. Die vierte Art von Ursache ist es im Sinne des „weswegen", d.h. des „Ziels" (*telos*) oder des Guten. Aristoteles erläutert die Zweck- bzw. Finalursache mit der Aktivität des Spazierengehens, die auf das Gut der Gesundheit zielt und durch dieses Ziel verursacht wird (Phys. II 3, 194 b 32–195 a 3; vgl. Aristoteles: *Zweite Analytik* 71 b 9ff.; Phys. I. 184 a 12f.; II 3, 194 b 16–195 a 26).

Die vier Ursachen in der Natur

Aristoteles versteht die Natur als Ursache im vierfachen Sinne und erklärt es zur Aufgabe des Naturforschers, sich über alle vier Arten ein Wissen anzueignen. Als Natur bzw. als natürliche Ursachen des Daseins eines natürlichen Körpers begreift Aristoteles zum einen den Stoff und „in höherem Maße" (*mallon*) die Form. Stoff und Form sind logische Teile eines von Natur seienden Körpers. Denn die Form lässt sich vom konkreten Ganzen nicht abtrennen, außer in begrifflicher Weise als Teil einer Definition. Die Formursache bildet bei natürlichen Körpern oft eine Einheit mit ihrer Zweckursache und ihrer Bewegungsursache. Die Form ist das Ziel, und natürliche Körper streben aus einem inneren Antrieb zur vollendeten Ausbildung der Form. So ist in einer Art von Samen als Ziel die Form des Ölbaums angelegt und in einer anderen die Form des Menschen. Diese Samen sind der „Möglichkeit" bzw. dem „Vermögen" (*dynamis*) nach Ölbaum oder Mensch, und die ihnen innewohnenden Formen drängen aus sich selbst heraus zur fortlaufenden Veränderung bis zu ihrer vollendeten „Verwirklichung" (*energeia*). Die Form des Menschen ist im Samen des Vaters angelegt, der die Bewegungsursache des neu entstehenden Menschen ist. Früher als der Same sind jedoch der Mensch und die Wirklichkeit von dessen eigentümlicher Form, und so zeugt, wie Aristoteles häufig erklärt, „ein Mensch einen Menschen". Diese Sentenz richtet sich auch gegen die Auffassung von Platon und seinen Anhängern, denen zufolge letztlich die Idee des Menschen den Menschen hervorbringt. (Phys. II 1, 193 a 36–193 b 8; Phys. II 4, 196 a 31–33; Phys. III 7, 198 a 22–27; Met. VII 9, 1034 a 33–b 1; Met. IX 8, 1050 a 3–6; Met. XII 5, 1071 a 13–15; vgl. Oehler 1963; →KAPITEL 8.3)

Die teleologische Naturauffassung

Aristoteles hat eine teleologische Auffassung der Natur und erklärt daher natürliche Phänomene mit ihrem „*telos*", d.h. mit ihrem Ziel oder Zweck. Eine teleologische Naturerklärung, die für seine biologischen Untersuchungen charakteristisch ist, versucht die Phänomene durch die Erkenntnis ihrer Zweck- bzw. Finalursache zu verstehen. Warum haben Pflanzen Blätter? Weil diese dem Zweck dienen, ihrer Frucht ein Obdach zu geben und daher nützlich und gut sind. Warum wachsen ihre Wurzeln in den Boden? Weil sie dazu da sind, Nahrung aus ihm aufzunehmen. Aristoteles ist davon überzeugt, dass es die Zweckursache „im Bereich des natürlichen Werdens und Seins wirklich gibt" (Phys. II 8, 199 a 29f.). Der Grundsatz seiner Teleologie lautet, dass die Natur „nichts unvollkommen und nichts zwecklos" bzw. „nichts vergebens" macht (Pol. I 9, 1256 b 20f.; Pol. I 2, 1253 a 9). Bei den naturgemäßen Vorgängen räumt er jedoch auch die Möglichkeit von „Missbildungen" und „Fehlern" ein, so dass die Natur ihren Zweck nicht erreicht. Doch gibt es tatsächlich Zwecke und Zweckursachen in der Natur, die wir wahrnehmen können? Hat die Natur wirklich Absichten und Pläne, die sie verwirklichen möchte? Vieles spricht dafür, dass Aristoteles dies tatsächlich annimmt (vgl. dagegen Barnes 1992, S. 120–122). Denn er sieht die Natur als Teil eines zweckvoll geordneten Kosmos an. Diesen begreift er als göttliche Ordnung, die auf Gott hingeordnet und letztlich durch ihn verursacht ist: „alles hat seiner Natur nach etwas Göttliches" (Met. XII 10, 1075 a 12–24; EN VII 13, 1153 b 32; → KAPITEL 10.3). Analog dazu wurde die Zweckmäßigkeit in der Natur im christlichen Europa lange als Beweis für die Wirksamkeit eines zwecksetzenden Schöpfers angesehen. Dagegen erklärte der Naturforscher Charles Darwin im 19. Jahrhundert wie bereits Empedokles die Zweckmäßigkeit durch zufällige Veränderungen und natürliche Auslese (→ KAPITEL 4.1). Ihm zufolge führten unzweckmäßige Veränderungen in der Evolution der Lebewesen zu deren Aussterben und zweckmäßige zu ihrer Erhaltung. Diese Möglichkeit wurde bereits von Aristoteles erwogen, jedoch aus verschiedenen Gründen wieder verworfen. Dagegen versucht die moderne Biologie die Zweckmäßigkeit natürlicher Phänomene ohne die Annahme einer Teleologie und einer zwecksetzenden Instanz zu erklären. (Phys. II 8, 199 a 23–26; 33ff., 198 b 16ff.)

10.3 Die Metaphysik

Von den 14 Büchern, die unter dem Titel *Metapyhsik* überliefert wurden, sind viele selbstständige und neu ansetzende Abhandlungen, die zu verschiedenen Zeiten entstanden sein dürften. Gemeinsam ist ihnen die Frage nach den „Anfängen" bzw. „Prinzipien" (*archai*) und „Ursachen" (*aitiai*) von allem, was ist. Die theoretische Wissenschaft von diesen Anfängen und Ursachen, die Aristoteles als höchste Wissenschaft des im höchsten Sinne Erkennbaren ansieht, wird bereits zu Beginn von Buch I konzipiert. Buch IV charakterisiert die Wissenschaft der *Metaphysik* als eine allgemeine Ontologie, „die das Seiende als Seiendes (*on hê on*) betrachtet sowie dasjenige, das ihm an sich (*kath' hauto*) zukommt" (Met. IV 1, 1003 a 22f.; vgl. zu Parmenides als Begründer der Ontologie bzw. Metaphysik → KAPITEL 3.2). Im Gegensatz zu den Einzelwissenschaften untersucht die Ontologie, die Lehre vom Seienden, nicht verschiedene eingeschränkte Sektionen des Seienden (*to on* = das Seiende). Die Mathematik behandelt lediglich das Gebiet der Zahlen und der Figuren. Die Biologie untersucht lediglich den Bereich des Seienden, das lebendig ist (*bios* = Leben), und die Zoologie das noch engere Gebiet des tierischen Lebens (*zôon* = Tier). Dagegen ist der Gegenstand der allgemeinen Ontologie nicht ein Bereich des Seienden, sondern das Seiende als Ganzes. Dieses untersucht sie als Seiendes, d.h. insofern es ist bzw. unter denjenigen Hinsichten, die jedem Seienden zukommen (vgl. Graeser 1983, S. 227–230; Ricken 2007, S. 152–154). Die wichtigste dieser Hinsich-

Eine allgemeine Ontologie

ten kommt in der „von alters her" bis heute diskutierten schwierigen Frage zum Ausdruck: Was ist das Seiende? Aristoteles identifiziert sie mit der Frage nach dem „Wesen" (*ousia*) (Met. VII 1, 1028 b 2–4).

Inhalt der *Metaphysik*

In Buch I seiner *Metaphysik*, das eine längere kritische Auseinandersetzung mit den Lehren der früheren griechischen Philosophen enthält, entwirft Aristoteles seine theoretische Wissenschaft von den Prinzipien und Ursachen. Buch II ist eine knappe Einführung in das Studium der Philosophie. Buch III führt 15 Aporien an, d.h. philosophische Probleme und Schwierigkeiten, die aber nur teilweise in späteren Abhandlungen behandelt werden. Buch IV thematisiert neben Aristoteles' allgemeiner Ontologie den Satz vom Widerspruch und vom ausgeschlossenen Dritten als axiomatische Prinzipien der Wissenschaft. Buch V bestimmt die Bedeutung von 30 für die theoretische Wissenschaft relevanten Termini wie Prinzip, Ursache, Natur, Eines, Seiendes und „*ousia*" (Substanz bzw. Wesen). Buch VI behandelt die drei theoretischen Wissenschaften und – wie auch andere Bücher – die „Wahrheit" (*alêtheia*), die Aristoteles korrespondenztheoretisch als Übereinstimmung von Gegenstand und Urteil versteht und damit die berühmte Formel des Aristotelikers Thomas von Aquin vorwegnimmt (*adaequatio rei et intellectus*). Die Bücher VII–IX werden als die „Substanzbücher" bezeichnet, weil sie das für die Ontologie bzw. Seinswissenschaft zentrale Thema der „*ousia*" untersuchen. Dabei behandelt Buch IX primär die Begriffe „*dynamis*" (Vermögen bzw. Möglichkeit) und „*energeia*" (Wirklichkeit). Buch X untersucht vor allem den Begriff des „Einen" (*hen*) und Buch XI enthält Zusammenfassungen aus den Büchern III, IV und VI sowie aus den Büchern II–IV der *Physik*. Buch XII ist eine kosmologische und vor allem theologische Abhandlung. Die abschließenden Bücher XIII und XIV erörtern die Ideenlehre Platons und der Akademie (Xenokrates, Speusippos) sowie den ontologischen Status des Mathematischen (→ KAPITEL 8.2 UND 8.3).

Zentrale Termini der *Metaphysik*

Eine Schwierigkeit der Interpretation der *Metaphysik* besteht in ihren zentralen Termini, die oft mehrdeutige Wortneubildungen oder gängige Wörter sind, die unüblich definiert und verwendet werden. Wie in der *Physik* gebraucht Aristoteles den Ausdruck „Ursache" (*aitia*) im vierfachen Sinne (→ KAPITEL 10.2). Dem Terminus „Anfang" bzw. „Prinzip" (*archê*), den er synonym mit „Ursache" verwendet, spricht er sogar sieben Bedeutungen zu. Deren allgemeines Merkmal besteht darin, dass „*archê*" „ein Erstes ist, wovon her etwas ist, wird oder erkannt wird" (Met. V 1, 1013 a 17–19). Der Terminus „Stoff" (*hylê*), den Aristoteles durch Abstraktion von den Stofflehren der frühen Philosophen gebildet hat, bedeutet wie in der *Physik* das Material, aus dem etwas besteht. Komplementär dazu bedeutet *„eidos"* die Form, aber auch die Art bzw. Spezies, der etwas zugehört (vgl. Frede/Patzig 1988, S. 48f.). Der Terminus *„ousia"* geht auf das Partizip von *„einai"* (sein) zurück und wird mit Substanz, Wesen, Wesenheit oder Seiendheit übertragen. Unterscheiden die *Kategorien* zwischen erster (z.B. Sokrates) und zweiter *ousia* (z.B. Mensch als Spezies), bedeutet der Ausdruck in der *Metaphysik* sowohl ein einzelnes Etwas (z.B. Sokrates, dieses Lebewesen oder dieser Himmelskörper) als auch dessen Seinsursache, Form oder Wesen. Letzteres ist auch die Bedeutung der Wortschöpfung *„to ti ên einai"*. Sie bedeutet wörtlich etwa „das, was es war, dieses zu sein", und wird mit „Wesen", „Wesenheit" oder „Sosein" übersetzt. Der Terminus *„tode ti"* bedeutet „dieses da" bzw. „dieses Etwas", *„hypokeimenon"* „das Zugrundeliegende", *„chôristos"* „abtrennbar" bzw. „selbstständig", und der Ausdruck *„synholon"* das aus Stoff und Form zusammengesetzte Ganze.

Was ist das Seiende?

Aristoteles entwickelt seine vieldiskutierte Lehre von der *ousia* in den Büchern VII und VIII. Sein Ausgangspunkt ist die bereits von den frühen griechischen Philosophen gestellte Frage, was das Seiende ist. Diese identifiziert er mit der Frage, was die *ousia* ist. Denn die *ousia* ist das „erste" (*prôton*), d.h. vorrangig bzw. in erster Linie Seiende. Zu diesem Schluss kommt er mithilfe seiner Kategorienlehre, nach der die *ousia* die Basiskategorie ist, auf die sich die unselbstständigen Aussage- und Seinsweisen wie Qualität und Quantität beziehen (→ KAPITEL 10.2). Die *ousia* ist gemäß allen drei Bedeutungen von *„prôton"* primär Seiendes: hinsichtlich der Zeit, der Erkenntnis und der Definition. (Met. VII 1, 1028 a 10–b 4; vgl. Rapp 1988b)

Die Lehre von der *„ousia"* (Substanz)

Aristoteles' Untersuchungen über die *ousia* in Buch VII kommen zu dem Resultat, dass an jedem Seienden die „Form" (*eidos, morphê*) das Wesentliche ist bzw. dass die Form das „Wesen" (*ti ên einai*) jeder Sache ist. Das Wesen bestimmt er als dasjenige, was von Etwas „an sich (*kath' hauto*) ausgesagt wird" (Met. VII 4, 1029 b 13f.). So zielt die Definition einer Sache, z.B. des Menschen als zweibeiniges Lebewesen oder als Lebewesen, das den *„logos"* besitzt, auf ihr Wesen bzw. darauf, was sie ist (→ KAPITEL 11.1 UND 11.3). Das Wesen bzw. die Form versteht Aristoteles als die „erste" (*prôtê*), d.h. vorrangige *ousia*. Dieses Resultat ist mit der Lehre der *Kategorien*, nach der das einzelne Etwas (z.B. Sokrates) die erste *ousia* bzw. Substanz ist, kaum zu vereinbaren. Offensichtlich scheidet Aristoteles die ersten Substanzen aus den *Kategorien* in der *Metaphysik* nochmals in Stoff und Form und zeichnet letztere als primär seiend aus. Beides entspricht den Ausführungen in der *Physik* (→ KAPITEL 10.2). In der Zusammenfassung von Buch VII in Buch VIII sieht Aristoteles allein das aus Stoff und Form zusammengesetzte „Ganze" (*synholon*) als vollkommen „selbstständig" (*chôriston*) an. Die Form ist nicht vollkommen selbständig, weil sie im Gegensatz zu Platons Ideen nicht vom einzelnen Etwas abgetrennt werden kann bzw. nur in begrifflicher Weise als Teil einer Definition (→ KAPITEL 8.3). Weil Selbstständigkeit als ein zentrales Merkmal der *ousia* gilt, stellt sich die Frage, ob die in den Substanzbüchern entfaltete Lehre widerspruchsfrei ist. (Met. VII 3, 1029 a 27f., vgl. Rapp 1988a, S. 14)

Forschungspositionen zur *ousia*

Derartige Schwierigkeiten sind Gründe für eine aporetische Interpretation der Substanzbücher, nach der Aristoteles keine Theorie der *ousia* aufstellen, sondern primär „Probleme" (*aporiai*) offen legen wollte (Aubenque 1962; Sonderegger 1993; → KAPITEL 10.1). Im Gegensatz dazu zog Holmer Steinfath die Möglichkeit in Betracht, dass Aristoteles' Ausführungen über die Substanz schlicht inkonsistent sind (Steinfath 1991). Innerhalb der Forschung, die eine weitgehend konsistente Theorie annimmt, unterscheidet Steinfath drei Interpretationsmuster (ebenda; vgl. Rapp 1988a, S. 23f.). Das erste begreift – im Einklang mit den *Kategorien* – das einzelne Etwas, dem vollkommene Selbstständigkeit zukommt, als das primär Seiende (→ KAPITEL 10.2). Dem *eidos*, das von diesem in einer Definition ausgesagt wird, kommt es dagegen zu, dessen Erkenntnis in allgemeiner und begrifflicher Weise zu ermöglichen (Owen 1978/79; Leszl 1970 und 1975). Das zweite Interpretationsmuster erkennt im Gegensatz zu den *Kategorien* das primär Seiende nicht im einzelnen Etwas, sondern im *eidos* als der untersten Art bzw. dem untersten Allgemeinen. Nach dieser Auffassung, die sich derjenigen Platons annähert, kommt die Selbstständigkeit und Bestimmtheit nur dem *eidos* zu (Viertel 1982; Schmitz 1985). Die dritte Position wurde von Michael Frede und Günther Patzig in ihrem Kommentar zu Buch VII ausgeführt: „Entscheidend für unsere Interpretation des Buches Z ist die Annahme, daß Aristoteles hier die reale Existenz von allgemeinen Arten und Gattungen bestreitet und statt dessen individuelle Formen annimmt, Formen, welche dem Gegenstand eigen sind, dessen Form sie sind, ja Formen, die in gewisser Hinsicht den Gegenstand selbst ausmachen" (Frede/Patzig 1988, S. 48). Für ihre These von der Existenz individueller Formen als dem primär Seienden beanspruchen Frede und Patzig keine Originalität (ebenda, S. 11f.; vgl. als frühe Vertreter dieser These Abritton 1957; Lloyd 1981 und Sykes 1975).

Nach Aristoteles gibt es nicht bloß vergängliche „Substanzen" (*ousiai*) wie Pflanzen und Tiere, sondern auch unvergängliche. Diese behandelt er in Buch XII, das seine philosophische Theologie enthält, die eine Einheit mit seiner Kosmologie bildet. Ausgehend von den sinnlich wahrnehmbaren Substanzen und der ewigen Bewegung schließt Aristoteles, dass „es notwendig ein ewiges unbewegtes Wesen (*ousian akinêton*) geben muss", das die ewige erste Ursache und der ewige erste Anfang aller Bewegung und Veränderung ist (Met. XII 4, 1071 b 4f.). Diese unvergängliche Substanz ist reine „Wirklichkeit" (*energeia*) ohne Stoff und wird häufig als „unbewegter Beweger" bezeichnet. Sie bewegt als Zweckursache, weil sie wie ein Geliebtes, Erstrebtes oder Erkennbares bewegt: „Von einem solchen Prinzip hängen der Himmel und die Natur ab" (Met. XII 7, 1072 b 14). Der „unbewegte Beweger" bewirkt die Bewegung des Naturkreislaufes allerdings nicht direkt, sondern mittels der Himmelskörper, die Aristoteles wie das unbewegte Wesen als ewige und göttliche Substanzen betrachtet. Als Vernunftwesen werden sie durch ihr (Erkenntnis-)Streben zum unbewegten Bewegenden bewegt, das Aristoteles als das Beste und als „Gott" (*theos*) ansieht. Dieser Gott ist „Vernunft" (*nous*) und seine ewige Tätigkeit ist lustvolle „Erkenntnis seiner Erkenntnistätigkeit" (*noêsis noêseôs*). Der Gegenstand von Gottes Erkenntnis ist er selbst und seine Wirklichkeit ist das beste und ewige Leben. (Met. XII 6, 1071 b 20f.; Met. XII 7, 1072 a 23–b 30; Met. XII 9, 1074 b 33–35)

Gott als unbewegter Beweger

In der Forschung ist es umstritten, ob Aristoteles wie sein Lehrer Platon ein tiefreligiöser Denker war oder als ein „säkularer" Wissenschaftler anzusehen ist. Einerseits spricht Aristoteles zu häufig von Gott oder Göttern, als dass sich dies einfach als eine traditionelle oder konventionelle Redeweise abtun ließe. Andererseits sind seine „Götter zu abstrakt, entfernt und unpersönlich, als daß man sie als Gegenstände der Verehrung eines religiösen Menschen auffassen könnte. Eher könnten wir Aristoteles' Bemerkungen über die Göttlichkeit des Universums mit dem Gefühl des Staunens in Verbindung bringen, das die Natur und ihre Werke in ihm hervorrufen" (Barnes 1992, S. 103; vgl. Met. I 2, 982 b 11–983 a 11). Platons Gott ist ein guter und fürsorglicher Gott, der die menschliche Herde hütet (→ KAPITEL 9.2). Aristoteles' Gott dagegen ist „ein Gott der Physik und Kosmologie, ein logischer Schlusspunkt für die Erklärung der Bewegung, eine Gottheit, die man denken, aber wohl kaum verehren kann" (Ottmann 2001b, S. 115). Ein solcher Gott existiert zwar, kümmert sich aber, wie derjenige des Deismus, nicht um die Menschen. Eine

Religiöser oder „säkularer" Denker?

derartige Gottesvorstellung wird von Platon in Buch X der *Nomoi* als eine von drei möglichen Irrlehren über die Götter kritisiert (vgl. Platon: *Politeia* 365 d/e).

Ontologie ohne Theologie?

Kontrovers diskutiert wird in der Forschung die Frage, ob Aristoteles' Theologie die notwendige Voraussetzung seiner in der *Metaphysik* entwickelten Ontologie ist, oder ob letztere von ersterer abgetrennt werden kann. Dies ist vor allem deshalb eine aktuelle Frage, weil es in den letzten Jahrzehnten einige Bemühungen gab, Aristoteles' Ontologie mit sprachanalytischen Mitteln zu erneuern (vgl. zur Literatur Rapp 1988a, S. 17). Einerseits versteht Aristoteles die Wissenschaft seiner *Metaphysik* in Buch IV als allgemeine und universale Ontologie, die das Seiende als Seiendes untersucht. Andererseits schränkt er in Buch VI. 1 ihren Untersuchungsgegenstand auf einen Bereich des Seienden, die göttlichen Substanzen, ein. Zur Klärung der widersprüchlichen Definitionen, die Aristoteles von seiner Seinswissenschaft gibt, wurden verschiedene Lösungen vorgeschlagen (vgl. Graeser 1983, S. 230–232; Rapp 1988a, S. 17f.; Ricken 2007, S. 149–154). Vor allem die Bestimmung, dass sie die göttlichen Substanzen zum Gegenstand hat, wirft das Problem auf, ob Aristoteles eine Ontologie ohne Theologie für möglich hält.

Fragen und Anregungen

- Vergleichen Sie die systematische, die entwicklungsgeschichtliche und die aporetische Lesart der Philosophie des Aristoteles.
- Analysieren Sie den Zusammenhang, der zwischen der Naturauffassung des Aristoteles und seiner Lehre von den vier Ursachen besteht.
- Erläutern Sie Aristoteles' Lehre von der *ousia* bzw. Substanz.
- Analysieren Sie das Verhältnis von *Physik* und *Metaphysik*.

Lektüreempfehlungen

Quellen

- **Aristoteles' Physik. Vorlesung über Natur**, Erster Halbband: **Bücher I I(A)–IV(Δ)**, übers., eingel. und hg. von Hans Günther Zekl, griech.-dt., Hamburg 1987 (Phil. Bib., Bd. 380).

- **Aristoteles' Physik. Vorlesung über Natur,** Zweiter Halbband: **Bücher V(E)–VIII (Θ),** übers., eingel. und hg. von Hans Günther Zekl, griech.-dt., Hamburg 1988 (Phil. Bib., Bd. 381).
- **Aristoteles' Metaphysik, Erster Halbband: Bücher I(A)–VI(E),** übers. von Hermann Bonitz, griech.-dt., eingel. und komm. von Horst Seidl, 3. verb. Aufl., Hamburg 1989 (Phil. Bib., Bd. 307).
- **Aristoteles' Metaphysik, Zweiter Halbband: Buch VII (Z)–XIV (N),** übers. von Hermann Bonitz, griech.-dt., eingel. und komm. von Horst Seidl, 3. verb. Aufl., Hamburg 1991 (Phil. Bib., Bd. 308).

Forschung und Literatur

- **Jonathan Barnes: Aristoteles. Eine Einführung,** Stuttgart 1992. *Knappe und klare Einführung in alle Disziplinen der Philosophie des Aristoteles, die allerdings wenig zu seiner praktischen Philosophie zu sagen hat.*
- **Christof Rapp (Hg.): Aristoteles. Metaphysik. Die Substanzbücher (Z, H, Θ)** (Klassiker Auslegen, Bd. 4), Berlin 1988. *Aufsatzsammlung, die als kooperativer Kommentar zu Buch VII, VIII und IX der „Metaphysik" konzipiert ist. Zu dem Band haben renommierte Gelehrte aus verschiedenen Ländern beigetragen.*
- **Holmer Steinfath: Selbständigkeit und Einfachheit. Zur Substanztheorie des Aristoteles,** Frankfurt am Main 1991. *Diese Arbeit zu Aristoteles' Theorie der ousia (Substanz) ist auch deshalb empfehlenswert, weil sie eine klar strukturierte Kommentierung und Diskussion der Forschungsliteratur enthält.*
- **Überweg. Grundriss der Geschichte der Philosophie. Die Philosophie der Antike,** Bd. 3: Ältere Akademie. Aristoteles. Peripatos, Hellmut Flashar/Hans Krämer/Fritz Wehrli/Georg Wöhrle/Leonid Zhmud, zweite durchgesehene und erweiterte Auflage, hg. von Hellmut Flashar, Basel 2004. *Der Band aus dem „neuen Ueberweg" enthält ein von Hellmut Flashar verfasstes Kapitel über Aristoteles, das auf 325 Seiten u.a. Leben, Werk, Lehre und Nachwirkungen des Aristoteles behandelt.*
- **Wolfgang Welsch: Der Philosoph. Die Gedankenwelt des Aristoteles,** München 2012. *Gesamtdarstellung der aristotelischen Philosophie, die sie textorientiert und allgemein verständlich darstellt.*

- **Wolfgang Wieland: Die aristotelische Physik. Untersuchungen über die Grundlegung der Naturwissenschaft und die sprachlichen Bedingungen der Prinzipienforschung bei Aristoteles,** Göttingen 1962, 3., um ein Vorwort erweiterte Auflage, Göttingen 1992. *Anspruchsvolles, aber gut lesbares und klar strukturiertes Standardwerk zur „Physik".*

11 Aristoteles: Psychologie, Ethik und politische Philosophie

Abbildung 14: Römische Kopie einer griechischen Bronzestatue des Perikles

Die Büste, eine römische Kopie der um 440 v. Chr. entstandenen Bronzestatue des Kresilas, zeigt Perikles, einen der bedeutendsten Redner und Politiker Athens, mit Helm und Rüstung. Die Büste verbildlicht das politische Leben der Stadt, in dem sich ein Bürger nicht bloß an der Volksversammlung und den Gerichten, sondern auch an den militärischen Anstrengungen zu beteiligen hatte. Aristoteles war selbst kein Bürger Athens. Dennoch begreift er das politische Leben wie das betrachtende Leben als eine der beiden Lebensformen, die einem Menschen die Glückseligkeit ermöglicht. Den um 490 v. Chr. geborenen Perikles stellt er als vorbildlichen und tüchtigen Politiker dar, der durch seine „Klugheit" (phronêsis) erkennen konnte, was für die Menschen gut ist und wie sie ein gutes Leben führen können. Als Führer des Volkes und Stratege bestimmte der 429 v. Chr. an einer Seuche gestorbene Athener lange Zeit die Politik der Stadt und trug maßgeblich zur Entwicklung und Vollendung der Demokratie bei.

In seinen ethischen Schriften begreift Aristoteles das gute und glückliche Leben als höchstes Gut für den Menschen. Ein solches lässt sich jedoch nicht außerhalb der Polis verwirklichen und innerhalb dieser am vollkommensten als Bürger. Das weist bereits darauf hin, dass Aristoteles die wissenschaftlichen Disziplinen Ethik und politische Philosophie eng miteinander verknüpft. Diese beiden Wissenschaften bilden die wichtigsten Teildisziplinen der praktischen Philosophie, die auch auf die Erkenntnisse der Psychologie, der Seelenlehre, zurückgreifen muss. Denn die Glückseligkeit besteht Aristoteles zufolge darin, dass der Mensch die verschiedenen Tüchtigkeiten, die seiner psychischen Beschaffenheit eigentümlich sind, in der Polis ausbildet und tätig verwirklicht. Umstritten ist in der Literatur allerdings, welche Verfassung der Polis Aristoteles als die beste ansieht und was seine politischen Grundüberzeugungen sind.

11.1 Die Psychologie

Platon zufolge muss ein guter Politiker weise sein und ein theoretisches Wissen vom wahren Sein, insbesondere von den Ideen des Guten, Gerechten und Schönen erlangen (→ KAPITEL 8.3 UND 9.1). Dagegen hält es Aristoteles in seiner *Nikomachischen Ethik* für ausreichend, dass ein moralisch und intellektuell tüchtiger Politiker ein Wissen von der Praxis und der menschliche Seele hat. Letzteres benötigt er, weil ihm die Aufgabe zukommt, sich um die Entfaltung der psychischen Potenziale der Bürger zu kümmern (EN I 13, 1102 a 7–25). Darunter sind die in der menschlichen Seele angelegten Tüchtigkeiten zu verstehen, die sowohl den Charakter als auch die Denkfähigkeit betreffen. Die Entwicklung der ethischen Tüchtigkeiten wie Gerechtigkeit, Besonnenheit und Tapferkeit vollendet den Charakter. Die Ausbildung der dianoetischen, das heißt auf das Denken bezogenen Tüchtigkeiten wie Klugheit und Weisheit vervollkommnet die Vernunft. Vermögen es die Bürger, diese Tüchtigkeiten auszubilden und tätig zu verwirklichen, dann können sie ein gutes und glückliches Leben führen. Das ist für Aristoteles der natürliche Zweck der politischen Gemeinschaft und daher auch das normative Ziel der Politik.

Politische Psychologie

Aristoteles legt seine Seelenlehre nicht bloß in den Schriften zur Ethik und zur Politik dar. Mit „*Von der Seele*" (*Peri psychês, De anima*) verfasste er auch die erste eigenständige psychologische Abhandlung des Abendlandes. Die gängige Übersetzung von „*psychê*" mit „Seele" ist jedoch missverständlich. Weil Aristoteles zufolge nicht nur die Menschen, sondern auch Tiere und Pflanzen eine *psychê* haben, kann sie nicht mit den höheren emotionalen und geistigen Funktionen identifiziert werden. Die Seele besteht aus einer Reihe von Vermögen und Fähigkeiten wie Ernährung, Begehren, Wahrnehmung, Ortsbewegung und Überlegung. Während diese der menschlichen Seele alle zukommen, besitzt etwa die Seele der Pflanzen nur die Ernährung. Jonathan Barnes bemerkt treffend, dass die *psychê* das ist, „was ein lebendes Ding belebt oder ihm Leben verleiht". Deshalb schlägt er als angemessenere Übersetzung „das Wort ‚Animator' (Belebendes)" vor (Barnes 1992, S. 104; vgl. zu Aristoteles' Psychologie Picht 1992; Polansky 2007; Ross 1961; Theiler 1983).

Seele oder psychê?

Aristoteles bezeichnet die Seele „als die Form (*eidos*) eines natürlichen Körpers, der potentiell Leben besitzt" und als „die primäre aktuale Wirklichkeit eines natürlichen organischen Körpers" (*Von der Seele* II 1, 412 a 19–21, b 4f.). Diese allgemeinen Bestimmungen, die sich auf jede Art von Seele beziehen, setzen seine naturphilosophi-

Allgemeine Definition der Seele

schen und ontologischen Abhandlungen und ihre Terminologie voraus (→ KAPITEL 10.2 UND 10.3). Wie sich alle vergänglichen Wesenheiten aus Stoff und Form zusammensetzen, so bestehen alle Lebewesen aus einem Körper und einer Seele. Aristoteles begreift den Körper gewissermaßen als Materie und die Seele als die Form, die sie belebt. Als Materie besitzt der Körper nur potentiell Leben und bedarf der Seele als seiner Form, um dieses Potential zu verwirklichen. Die Seele ist das „Prinzip" bzw. der „Anfang" (*archê*) ihrer Vermögen wie Ernährung, Wahrnehmung, Denken und Bewegung (*Von der Seele* II 2, 413 b 12–14). Diese sind jedoch zugleich Fähigkeiten des Körpers, der ohne die belebende Kraft der Seele nicht funktionieren könnte.

Leib-Seele-Problem?

Aus der Perspektive der neuzeitlichen Subjektphilosophie, die mit Descartes ihren Anfang nimmt und die Seele zumeist mit dem Denken identifiziert, stellt sich das zentrale Problem, wie derart verschiedene Wesenheiten wie Leib und Seele zusammenwirken können. Dieses Problem ist auch für die zeitgenössische Philosophie des Geistes zentral, die es als die Frage nach dem Verhältnis von Geist und Gehirn diskutiert. Es ist bemerkenswert, dass die genannten Probleme für Aristoteles gar keine darstellen. So erklärt er ausdrücklich, man dürfe „nicht fragen, ob Seele und Körper eins sind, wie man auch nicht fragt, ob das Wachs und das Gepräge und überhaupt die Materie und das, wovon jenes die Materie ist, eins ist" (*Von der Seele* II 1, 412 b 6–9). Aristoteles begreift die Seele und den Körper nicht als Teile eines Ganzen, sondern als untrennbar miteinander verbundene Seinsursachen der Lebewesen. Die Seele ist etwas am Körper, das ihn belebt und dadurch verwirklicht. Daher kann die Seele auch nicht vom Körper abgetrennt werden und vor der Geburt oder nach dem Tod existieren, wie Platon lehrt (→ KAPITEL 8.4). Das eine derartige Abtrennung unmöglich ist, lässt sich daran verdeutlichen, dass die Vermögen der Seele den Körper voraussetzen und ohne ihn nicht sein könnten. So gäbe es ohne das Auge, „die Materie für das Sehvermögen", keine visuelle Wahrnehmung. Andererseits würde das Auge ohne das genannte seelische Vermögen, das es belebt und verwirklicht, „nicht mehr außer dem Namen nach wie ein steinernes oder gemaltes Auge" existieren (*Von der Seele* II 1, 412 b 20–23).

Abtrennbarkeit des Denkvermögens?

Das einzige Vermögen der Seele, das Aristoteles zufolge vom Körper abtrennbar sein könnte, ist das menschliche „Denkvermögen" (*nous*). Ob er jedoch tatsächlich die Auffassung vertreten hat, dass der menschliche Geist abtrennbar und unsterblich ist und damit wie der göttliche Geist unkörperlich existieren kann, ist in der Forschungsliteratur umstritten (→ KAPITEL 10.3). Die kurze Passage im dritten Buch seiner Abhandlung, in der er sich mit diesem Thema beschäftigt, ist verworren und dunkel und wurde von seinen Interpreten sehr verschieden ausgelegt (*Von der Seele* III 4/5, 429 a 11–430 a 26).

Die vorangehenden Betrachtungen über das Wesen der Seele sind zu allgemein, als dass sie einem Politiker nützen könnten, die charakterlichen und intellektuellen Tüchtigkeiten seiner Mitbürger zu fördern. So geht Aristoteles in seiner praktischen Philosophie lediglich auf die menschliche Seele und auf die für das genannte Ziel relevanten Seelenteile näher ein. Die wesentlichen Merkmale, die den Menschen von den anderen Lebewesen unterscheiden, sind seine Sprache und seine Vernunft (beides im Griech. *logos*) (Pol. I 2, 1253 a 9f.; → KAPITEL 11.3). Dementsprechend unterteilt sich die menschliche Seele in einen Teil, der „die Vernunft hat" (*logon echon*) und in einen „vernunftlosen" (*alogon*) Teil (EN I. 13, 1102 a 27f.). Im primär vernunftlosen Seelenteil unterscheidet Aristoteles nochmals einen ernährenden Teil von einem begehrenden oder allgemein „strebenden Teil" (*orexis*). Während ersterer Teil, der die Ursache des Wachstums ist, auch den Pflanzen zukommt und mit der Vernunft gar nichts zu tun hat, „hat" zweiterer „an ihr teil" (*methexis*) (EN I 13, 1102 a 27–1103 a 3).

Der Mensch und dessen Seele

Der strebende und begehrende Seelenteil, zwischen der Vernunft und dem vernunftlosen Teil situiert, ist für die Bildung des Charakters und damit für die Ethik von zentraler Bedeutung. Das Begehrungs- und allgemeiner das Strebevermögen, das das Gute oder Zuträgliche sucht und anstrebt und deren Gegenteile meidet, ist Aristoteles zufolge ein zentrales Vermögen der menschlichen Seele. Der Mensch kann es und damit seinen Charakter bilden, indem er die ethischen Tugenden wie Besonnenheit und Tapferkeit ausbildet. Hat er sein Strebevermögen vervollkommnet, dann gehorcht es gewohnheitsmäßig der Vernunft und fügt sich ihrem Rat (→ KAPITEL 11.2). Wird dagegen ein Mensch und sein Strebevermögen nicht frühzeitig an richtiges Handeln gewöhnt, dann ist es möglich, dass er einen zügellosen Charakter entwickelt. Ein Mensch mit einem derartigen Charakter wird von seinem Begehren, das sich von Natur gegen die Vernunft richtet, angetrieben und beherrscht (EN II 1, 1103 a 14ff.; EN III 14, 1119 a 1ff.).

Strebevermögen und Charakter

Das Begehrungsvermögen ist die psychische Grundlage der einzelnen Begierden. Analog dazu setzen auch die anderen Leidenschaften, etwa Zorn oder Furcht, ein bestimmtes seelisches Vermögen als Basis voraus. Alle menschlichen Leidenschaften sind mit „Lust" (*hêdonê*) und „Schmerz" (*lypê*) verknüpft, und die Jagd nach Lust und das

Lust und Schmerz

Vermeiden von Schmerz sind Aristoteles zufolge die Ursache dafür, dass die Menschen nicht gut handeln und einen schlechten Charakter ausbilden. Daher sind Lust und Schmerz für ihn zentrale Themen der Ethik und der Lehre von der Erziehung, bei der es vor allem darum gehen muss, dass wir von Jugend an „Freude und Schmerz empfinden, wo wir sollen" (EN II 2, 1104 b 12; EN II 3, 1105 b 19ff.; → KAPITEL 11.2).

Wie im vernunftlosen Seelenteil unterscheidet Aristoteles auch im vernünftigen Seelenteil nochmals zwei Teile. Der erstere besteht in jenem Moment des Strebevermögens, das zwar an der Vernunft teilhat, sie aber nicht selbständig besitzt. Vernünftig ist dieser Seelenteil, weil er die Vernunft vernehmen und ihr gehorchen kann. Der zweite Teil hat die Vernunft wesentlich und in sich selbst und kann daher als die Vernunft im eigentlichen Sinne verstanden werden (EN I 13, 1102 b 30–1103 a 3). Diese unterteilt Aristoteles nochmals in theoretische und praktische Vernunft und von letzterer lässt sich nochmals eine poietische bzw. hervorbringende Vernunft unterscheiden. Die theoretische Vernunft unterscheidet sich sowohl von der praktischen als auch von der poietischen Vernunft durch ihren Gegenstandsbereich und durch ihre Tüchtigkeit. Mit der theoretischen Vernunft betrachtet der Mensch die Wesen, „deren Ursprünge nicht so oder anders sein können", während er mit der praktisch-poietischen Vernunft „jene betrachtet, die sich so oder anders verhalten können" (EN VI 2, 1139 a 6ff.). Gegenstände der theoretischen Vernunft sind etwa Gott oder die vergänglichen Wesenheiten der Welt, während es die praktisch-poietische Vernunft mit den menschlichen Handlungen und Künsten zu tun hat.

Die Vernunft und ihre Teile

Die Tüchtigkeiten der Vernunft

Die Vernunft wird durch die Ausbildung der dianoetischen Tüchtigkeiten, wörtlich der Tüchtigkeiten des Denkens, in die bestmögliche Verfassung gebracht. Die dianoetische Tüchtigkeit, die die theoretische Vernunft vervollkommnet, ist die „Weisheit" (*sophia*). Aristoteles versteht die Weisheit als die Verbindung von „Einsicht" (*nous*) und „Wissenschaft" (*epistêmê*) (EN VI 7, 1141 a 19, b 2f.). Die Weisheit ermöglicht es den Philosophen, Ursachen und Prinzipien einzusehen und von ihnen aus wissenschaftliche Schlüsse zu ziehen. Als Vertreter der Weisheit führt Aristoteles die Philosophen Thales und Anaxagoras an. Sie hätten zwar ein erstaunliches und göttliches Wissen gehabt. Für die Praxis des Lebens sei dieses jedoch nutzlos (EN VI 7, 1141 b 3–8). Die dianoetische Tüchtigkeit, die die poietische Vernunft vervollkommnet, ist die „Kunstfertigkeit" (*technê*), die Aristoteles durch die Tätigkeit des Bauens veranschaulicht (EN VI 4,

1140 a 6–10). Die dianoetische Tüchtigkeit, die die praktische Vernunft vervollkommnet, ist die „Klugheit" (*phronêsis*).

Die „Klugheit" (*phronêsis*)

Die Klugheit ist das zentrale Thema von Buch VI der *Nikomachische Ethik*. In der Literatur wurden einige unangemessene Übersetzungen des Terminus „*phronêsis*" vorgeschlagen (vgl. Ebert 1995; Ottmann 2001b, S. 156). Die Klugheit ist die intellektuelle Tüchtigkeit, deren praktisches Wissen für das „moralische" und „politische Handeln" (*praxis*) zentral ist (→ KAPITEL 11.2 UND 11.3). Aristoteles exemplifiziert die Klugheit, die Erfahrung und folglich ein fortgeschrittenes Lebensalter voraussetzt, durch „Perikles und ähnliche", die zu erkennen vermögen, „was für sie selbst und für die Menschen gut ist" (EN VI 5, 1140 b 7–10; → KAPITEL 11.2). Der Kluge ist zu guten Abwägungen und Überlegungen fähig und weiß insbesondere über die richtigen Mittel und Wege zu einem guten und gelingenden Leben Bescheid. Unterarten der Klugheit sind die „Wohlberatenheit" (*euboulia*), die „Verständigkeit" (*synesis*) und der „Takt" (*gnômê*) (EN VI 10/11, 1142 a 31–1243 a 24). Die Klugheit ist eng mit den ethischen Tüchtigkeiten verbunden. Wie dieses Verhältnis genau interpretiert werden muss, ist jedoch in der Forschung umstritten. Zentrale Probleme sind die Fragen, ob sich die Klugheit nur auf die Wahl der Mittel zum Glück beschränkt, und wie ihr Verhältnis zur Weisheit zu verstehen ist (vgl. zu den Problemen, die mit der Deutung der Lehre von der Klugheit verbunden sind, Aubenque 1963; Ebert 1995; Elm 1996; Fermani 2012, S. 267–303; Ottmann 2001b, S. 156–160).

11.2 Die Ethik

Die drei ethischen Abhandlungen

Von Aristoteles sind drei ethische Schriften überliefert, die jeweils vollständige und in sich geschlossene Abhandlungen darstellen. Die Authentizität der *Eudemischen Ethik* und der *Magna Moralia* wurde jedoch bis heute immer wieder angezweifelt. Die Bücher V–VII der *Nikomachische Ethik* sind auch als Bücher IV–VI der *Eudemischen Ethik* überliefert. Die meisten Forscher sind jedoch der Auffassung, dass die drei „kontroversen Bücher" zur *Nikomachische Ethik* gehören (vgl. Buddensiek 2012, S. 56). Problematisch an dieser Zuordnung ist allerdings, dass sie dazu führt, dass die *Nikomachische Ethik* in Buch VII und Buch X zwei Abhandlungen über die Lust enthält, denen jeweils ein verschiedener Lustbegriff zugrundeliegt. Trotz der „Anhäufung subtilster Beobachtungen" und vieler Versuche, die Entstehungszeit und Echtheit der drei ethischen Abhandlungen aufzuklären, „ist es in wesentlichen Punkten zu keinem Konsens gekommen" (Flashar 2004, S. 226). Unumstritten ist in der Forschung lediglich, dass die *Nikomachische Ethik* tatsächlich von Aristoteles verfasst wurde (Flashar 1995, S. 76, 78; Flashar 2004, S. 226f.; vgl. Fermani 2012, S. 25–30; Irrera 2012, S. 12f.).

Glückseligkeit als Thema der Ethik

Das zentrale Thema der *Nikomachischen Ethik* ist die Frage nach dem höchsten Gut, das der Mensch durch sein „Handeln" (*praxis*) in der Polis erlangen kann. Das Gute für den Menschen, sein oberstes und letztes Ziel, bezeichnet Aristoteles als die „*eudaimonia*". Dieser Terminus, der wörtlich „einen guten bzw. wohlgesinnten Dämon haben" bedeutet, wird in der Regel mit „Glückseligkeit" oder „human flourishing" übersetzt. Mit *eudaimonia* meint Aristoteles nicht das Glück im Sinne der gehobenen Gemütsverfassung oder der Gunst des Zufalls, sondern die Einheit von „gutem Leben" (*eu zên*) und „gutem Handeln" (*eu prattein*) (EN I 2, 1095 a 14–20). Ob ein Leben tatsächlich als ein gutes und gelungenes angesehen werden kann, lässt sich jedoch erst nach dem Tod beurteilen. Das veranschaulicht Aristoteles mit Trojas König Priamos, der im Alter ins Unglück stürzte und von dem daher keiner behaupten wird, er habe ein glückliches Leben gehabt (EN I 10, 1100 a 5–9).

Meinungen über Glückseligkeit

Die ethischen Untersuchungen des Aristoteles gehen vom Pluralismus und Dissens der Meinungen aus, die das Volk, die Gebildeten und die Weisen über Inhalt und Wesen der Glückseligkeit haben. In Entsprechung zu diesen Meinungen gibt es auch verschiedene Auffassungen darüber, in welcher Lebensform ein gutes Leben verwirklicht werden kann (vgl. Flashar 1995, S. 63). Die Volksmenge, die unter der Glückseligkeit die Lust versteht, strebt nach einem „bloßen Genussleben" (*bios apolaustikos*) und nach den Mitteln, um sich ein solches ermöglichen zu können. Auch wenn Aristoteles diesen Zusammenhang nicht explizit herstellt, passt das bloße Genussleben gut zu einer kaufmännischen Lebensform, die auf Reichtum abzielt. Reichtum kann jedoch nicht das höchste Ziel sein, weil er nur als Mittel zu anderen Zwecken zu gebrauchen ist. Ein bloßes Genussleben verwirft Aristoteles als ein „Leben des Viehs" (EN I 3, 1095 b 20). Die Gebildeten und Edlen, die unter der Glückseligkeit die „Ehre" oder das „Ansehen" (*timê*) verstehen, entscheiden sich für ein „politisches Leben" (*bios politikos*). Aristoteles differenziert nochmals zwischen den beiden Zielen des politischen Lebens, der Ehre und – ranghöher – der „Tüchtigkeit" (*aretê*). Dabei argumentiert er gegen die Ehre als Ziel eines politischen Lebens und kommt zu dem Schluss, dass ein gutes Leben nicht auf Ehre, sondern höchstens auf

Tüchtigkeit abzielt (vgl. zur aristokratischen Tüchtigkeit der „Großgesinntheit" (*megalopsychia*), die einen richtigen Umgang mit Ehre bewirkt, EN IV 7–9; Langmeier 2016). Die Weisen wählen ein „betrachtendes" oder „theoretisches Leben" (*bios theôrêtikos*) (EN I 2/3, 1095 a 20–1096 a 10).

Aristoteles entwickelt seine eigene Lehre über die Glückseligkeit in Auseinandersetzung mit den bestehenden Meinungen, die er kritisiert und an die er anknüpft. Die Frage nach dem Wesen der Glückseligkeit lässt sich für ihn dadurch beantworten, dass man erkennt, was die eigentümliche „Leistung" oder „Funktion" (*ergon*) des Menschen in der natürlichen Ordnung ist (vgl. zum Verhältnis von *ergon* und menschlicher Natur Irrera 2012, S. 179–280). Aristoteles gewinnt seine Definition der Glückseligkeit durch sein *ergon*-Argument. Dieses setzt seine teleologische Auffassung der Natur voraus, nach der sie eine Ordnung ist, in der alles einen vorgegebenen „Zweck" (*telos*) und eine spezifische „Leistung" und „Funktion" (*ergon*) hat (→ KAPITEL 10.2). So ist die spezifische Leistung und Funktion des Auges zu sehen und diejenige der Hand zu greifen. Was der Mensch dagegen als Mensch für eine spezifische Leistung hat, ist nicht so leicht zu erkennen. Von deren Beschaffenheit oder Wesen hängt das für ihn Gute und folglich die Glückseligkeit jedoch ab, weil das Gute nach Aristoteles grundsätzlich in der spezifischen Leistung und Funktion liegt. Genauer betrachtet besteht das Gute von allem, was eine Leistung und Fähigkeit hat, in der tätigen und hervorragenden Verwirklichung der je eigentümlichen Leistung und Fähigkeit. Die spezifische Leistung des Menschen erschließt Aristoteles dadurch, dass er die Tätigkeit bestimmt, die ihm eigentümlich ist. Im Gegensatz zum bloßen Leben, zum Leben der Ernährung und zum Leben der Wahrnehmung, das auch anderen Lebewesen zukommt, verbleibt als die dem Menschen eigentümliche Tätigkeit und Leistung das Leben in der Betätigung des Seelenteils, der die Vernunft hat. Diesem Ausschlussverfahren liegt seine Psychologie und die in der *Politik* formulierte Bestimmung des Menschen als Lebewesen, das Sprache und Vernunft hat, zugrunde (Pol. I 2, 1253 a 9f.; → KAPITEL 11.1 UND 11.3). Die spezifische Leistung und damit der spezifische Zweck des Menschen in der natürlichen Ordnung bestehen darin, dass er seinen vernünftigen Seelenteil in die bestmögliche Verfassung bringt und auf hervorragende Weise betätigt. Dies vermag er dadurch, dass er dessen spezifische Tüchtigkeiten, die „auf die eigentümliche Leistung" bezogen sind, ausbildet und tätig verwirklicht. Aus der angeführten Argumentation ergibt sich für Aristoteles die Definition, dass das Gute für den Menschen und damit

Das *ergon*-Argument

die Glückseligkeit die Tätigkeit der Seele gemäß ihrer Tüchtigkeit ist, und zwar „ein volles Leben hindurch" (EN I 6, 1097 b 22–1098 a 20; vgl. EN VI 2, 1139 a 16f.; EN II 5, 1106 a 15–24, und zu einer mehrdeutigen Komponente der Definition die treffende Analyse von Ackrill 1995).

Die Definition der Glückseligkeit und ihre Ausgestaltung

Aristoteles versteht die angeführte Bestimmung der Glückseligkeit, die er im ersten Buch der *Nikomachischen Ethik* gibt, in Analogie zum Verfahren des Zeichnens als ersten Umriss seines Gegenstands. Die mit ihr gezogenen Grundlinien ergänzt er im Verlauf seiner Untersuchung um die Details und vollendet damit das Bild (EN I 7, 1098 a 20–26). Bereits im Zuge des *ergon*-Arguments erklärt er, dass der Seelenteil, der die Vernunft hat, aus zwei Teilen besteht. Dementsprechend ist seine Bestimmung, die Glückseligkeit sei die Tätigkeit des vernünftigen Seelenteils gemäß der ihm eigentümlichen Tüchtigkeit, so zu verstehen, dass Aristoteles damit die Tüchtigkeiten beider Teile meint. Der Seelenteil, der lediglich an der Vernunft teilhat, insofern er auf sie zu hören vermag, wird durch die ethischen Tüchtigkeiten wie Gerechtigkeit, Besonnenheit und Tapferkeit in die bestmögliche Verfassung gebracht. Die Vernunft im eigentlichen Sinne dagegen wird durch die bereits besprochenen Tüchtigkeiten des Denkens, die dianoetischen Tüchtigkeiten, vollendet (→ KAPITEL 11.1). Die ethischen Tüchtigkeiten sind gemäß der Bedeutung des Wortes „*êthos*" als die Tüchtigkeiten des Charakters zu verstehen. Von den zehn Büchern der *Nikomachischen Ethik* thematisieren Buch II–V vor allem die ethischen und Buch VI die dianoetischen Tüchtigkeiten. Buch VIII und IX sind in erster Linie der Freundschaft gewidmet, die Aristoteles „als eine Tugend oder doch mit der Tugend verbunden" versteht (EN VIII 1, 1155 a 3f.).

Die Güterlehre

Bevor er genauer auf die ethischen Tüchtigkeiten eingeht, legt Aristoteles seine Güterlehre dar. Er unterscheidet zwischen seelischen, körperlichen und äußeren Gütern. Unter letzteren versteht er Freunde, Reichtum, politische Macht und Ehre. Sowohl Freunde als auch Ehre bezeichnet er als „das größte der äußeren Güter" (EN I 8, 1098 b 12–21; EN IV 7, 1123 b 20; EN IX 9, 1169 b 9f.). Auch wenn derartige Güter nicht das oberste Ziel eines guten und gelingenden Lebens darstellen, begreift sie Aristoteles doch als bedeutende Mittel für die Glückseligkeit. Denn ohne sie ist es schwer oder unmöglich, gute und schöne Handlungen in der Polis zu vollbringen. Auch die körperlichen Güter wie Gesundheit, Schönheit, „edle Abkunft" (*eugeneia*) und wohlgeratene Nachkommen sind Aristoteles zufolge für ein gutes Leben erforderlich. Ermangelt man ihrer, „so verkümmert die Glückseligkeit" (EN I 9, 1099 b 2f.). Die Glückseligkeit selbst zählt für ihn wie die Tüchtigkeiten zu den seelischen Gütern, die er als „die eigentlichen und hervorragendsten Güter" ansieht (EN I 8, 1098 b 14f.). Diese Einordnung ergibt sich natürlich aus der Bestimmung der Glückseligkeit als Tätigkeit der Seele gemäß ihrer Tüchtigkeiten. Aristoteles' Lehre, nach der die äußeren und körperlichen Güter für die Glückseligkeit relevant sind, ist nicht unproblematisch. Denn sie kann nur sehr beschränkt oder gar nicht aus seinem *ergon*-Argument abgeleitet werden (vgl. Schwarz 2016).

Aristoteles erklärt über die Glückseligkeit, sie sei das vollkommene Gut, weil sie um ihrer selbst willen erstrebt wird. Während alle anderen Ziele Mittel für übergeordnete Zwecke sein können, ist sie das Endziel des Handelns (EN I 1, 1094 a 1–26). Die Glückseligkeit ist das höchste Gut und Ziel, das der Mensch durch sein Handeln erreichen kann. Aristoteles charakterisiert die Glückseligkeit nicht bloß als vollkommenes Gut, sondern zudem als „selbstgenügsames" (*autarkês*) Gut, weil sie „für sich allein das Leben begehrenswert macht und vollständig bedürfnislos" und weil sie „das Wünschenswerteste ist, ohne dass irgend etwas anderes addiert werden könnte" (EN I 5, 1097 a 25–b 21; vgl. Pol. VII 14/15, 1333 a 30–1334 a 34).

Vollkommenes und autarkes Gut

Die ethischen und die dianoetischen Tüchtigkeiten, die schöne Handlungen und ein gutes Leben ermöglichen, werden auf verschiedene Weisen ausgebildet. Die dianoetische Tüchtigkeit „entsteht und wächst zum größeren Teil durch Belehrung; darum bedarf sie der Erfahrung und der Zeit. Die ethische ergibt sich aus Gewohnheit" (EN II 1, 1103 a 15–18). Im Originaltext spricht Aristoteles davon, dass sich die ethische Tüchtigkeit „*ex ethous*" ergibt. Die eng miteinander verwandten Wörter „*ethos*" und „*êthos*" bedeuten Gewohnheit oder Charakter, aber auch Sitte und Brauch (vgl. Horn/Rapp 2002, S. 155–157). Während die Weisheit durch die langjährige Unterweisung eines philosophischen oder wissenschaftlichen Lehrers entsteht, muss man an gerechtes, besonnenes und tapferes Handeln von Jugend auf an gewöhnt werden. Das ist eine zentrale Aufgabe der Erziehung, die Aristoteles zufolge von den Eltern und Freunden, aber vor allem von guten Gesetzen besorgt werden muss. Wird ein Jüngling etwa daran gewöhnt, Furchtbares auszuhalten und sich daran zu freuen oder dies zumindest nicht als Unlust zu empfinden, dann bildet er einen tapferen Charakter aus. Wird er fortwährend zu gerechten Handlungen angeleitet und gewöhnt sich dabei daran, an ihnen Freude zu empfinden, dann wird er ein gerechter Mensch (→ KAPITEL 11.1). Die Voraussetzung dafür ist jedoch, dass er eine gute

Die Ausbildung der Tüchtigkeiten

natürliche Veranlagung hat, was für Aristoteles keineswegs bei allen Menschen der Fall ist (EN II 1, 1103 a 31–b 25; EN II 2–4, 1104 b 3–1106 a 13; EN X 10, 1179 b 31ff.).

Durch Gewöhnung an tapferes und gerechtes Handeln entsteht die „Eigenschaft“ bzw. der „Habitus“ (*hexis*), tapfer und gerecht zu sein. Derartige Charaktereigenschaften sind die Grundlage dafür, dass der Tüchtige die „Entscheidung“ (*prohairesis*) trifft, schön und gut zu handeln. Selbst wenn ein Mensch die Eigenschaft erworben hat, gerecht zu sein, kann es ihm jedoch passieren, dass er, von seinen Leidenschaften überwältigt, eine ungerechte Tat begeht. Das macht ihn jedoch noch nicht zu einem ungerechten Menschen. Ein ungerechter Mensch plant und will eine ungerechte Handlung, die er freiwillig und vorsätzlich ausführt. Unter einem freiwilligen Handeln, für das man verantwortlich gemacht werden kann, versteht Aristoteles ein Handeln, das man mit Wissen verrichtet und über das man eine gewisse Macht oder Gewalt hat. (EN III 1–8, 1109 b 30–1115 a 3; EN V 10, 1134 a 17–23; EN V 10, 1135 b 8ff.)

Die Tüchtigkeit als Eigenschaft

Aristoteles begreift die ethische Tüchtigkeit nicht bloß als Eigenschaft des Charakters, sondern auch als „Mitte“ (*mesotês*). Die Mitte, die er als das Wesen der ethischen Tüchtigkeit ansieht, versteht er als die Mitte zwischen den Extremen „Übermaß“ (*hyperbolê*) und „Mangel“ (*elleipsis*). So bestimmt er die „Tapferkeit“ (*andreia*) als die Mitte zwischen Tollkühnheit und Feigheit und die „Besonnenheit“ bzw. „Mäßigung“ (*sôphrosynê*) als die Mitte zwischen Zügellosigkeit und Stumpfheit. Analog dazu versteht er die Großzügigkeit als die Mitte zwischen Verschwendung und Kleinlichkeit. Die Extreme hält Aristoteles für schlecht und tadelnswert und die Mitte, die weder Übermaß noch Mangel aufweist, für gut (EN II 7, 1106 a 28–b 10; vgl. zu Aristoteles’ Mesotes-Lehre Brown 1997; Rapp 2006; Wolf 1995).

Die ethische Tüchtigkeit als Mitte

Unter den ethischen Tüchtigkeiten zeichnet Aristoteles die „Gerechtigkeit“ (*dikaiosynê*) als die vollkommene Tüchtigkeit aus, weil ihre Ausübung notwendig auch den anderen Menschen zugutekommt. Er unterscheidet zwischen einer allgemeinen und einer besonderen Gerechtigkeit. Ersterer zufolge bedeutet „gerecht“, die Vorschriften der Gesetze der Polis zu befolgen. Trotz dieser Bestimmung sollte Aristoteles nicht als Rechtspositivist oder Legalist missverstanden werden. Denn richtige Gesetze sind für ihn unlösbar mit den ethischen Tüchtigkeiten verknüpft. Sie gebieten nämlich ihnen gemäß zu handeln, d.h. etwa die Werke des Tapferen und des Besonnenen zu verrichten. Die Erziehung der Bürger ist eine zentrale Aufgabe und

Die allgemeine Gerechtigkeit

Funktion der Gesetze (EN V 3, 1129 b 11ff.). Auf Grund der Allgemeinheit ihrer Bestimmungen können die Gesetze allerdings nicht allen Einzelfällen gerecht werden, die unter sie subsumiert werden. Deshalb führt Aristoteles die „Billigkeit" (*epieikeia*) als „ein besseres Recht" und als „eine Korrektur des gesetzlich Gerechten" ein (EN V 14, 1137 b 8f., 12f.).

Nach seinen Überlegungen zur allgemeinen Gerechtigkeit führt Aristoteles im vierten Kapitel von Buch V der *Nikomachischen Ethik* den Nachweis, dass es eine partikulare Gerechtigkeit gibt und ihr Gegenteil, die Ungerechtigkeit als besonderes Laster (vgl. Knoll 2009, S. 65–68). Die besondere Gerechtigkeit unterteilt Aristoteles nochmals in eine verteilende und eine ausgleichende Gerechtigkeit. Eine zentrale Unterscheidung zwischen diesen beiden Arten betrifft ihren Anwendungsbereich. Die distributive Gerechtigkeit kommt vor allem dann zur Anwendung, wenn in der Polis die politischen Ämter und die „Ehre" bzw. „Anerkennung" (*timê*), die durch ihre Ausübung erworben werden kann, verteilt werden. Dagegen regelt die ausgleichende Gerechtigkeit sowohl den Ausgleich von Unrecht als auch die freiwilligen Geschäfts-, Tausch- und Vertragsbeziehungen. Das Gerechte der ausgleichenden Gerechtigkeit ist die arithmetische bzw. numerische Gleichheit, die etwa dann besteht, wenn zwei Personen die gleiche Anzahl von demselben Gut besitzen. Das Gerechte der verteilenden Gerechtigkeit ist die geometrische bzw. proportionale Gleichheit, die jedem gemäß seinem Wert oder Rang zuteilt. Ihr zufolge dürfen nur Gleiche Gleiches erhalten (EN V 5, 1130 b 30ff.; vgl. Knoll 2009, S. 49–85; Trude 1955).

Die besondere Gerechtigkeit

Aristoteles versteht die verteilende Gerechtigkeit als die politische Gerechtigkeit. Denn sie regelt vor allem die Verteilung der politischen Ämter und damit der öffentlichen Anerkennung. Was unter einer gerechten Verteilung der Ämter und der politischen Macht verstanden werden muss, ist unter den Bürgern jedoch umstritten. Denn sie stellen unterschiedliche Ansprüche, die sie mit verschiedenen Argumenten zu rechtfertigen versuchen. Die Vertreter einer demokratischen Konzeption der Verteilungsgerechtigkeit argumentieren, dass alle Bürger gleich sind, weil sie alle gleichermaßen frei geboren sind. Daher hätten auch alle das gleiche Recht, an der obersten Regierungsgewalt zu partizipieren. Dagegen machen die Reichen als Anhänger einer oligarchischen Konzeption geltend, dass die Bürger ungleich sind, weil sie über ein unterschiedliches Vermögen verfügen. Die Reichen würden einen ungleichen Beitrag zur Polis leisten und hätten deshalb einen größeren Anspruch auf die oberste Regierungsgewalt

Die distributive Gerechtigkeit

als die Armen. Die Mitglieder des Geburtsadels beanspruchen einen größeren Anteil an der politischen Herrschaft und begründen dies mit ihrer „vornehmen Abstammung" (*eugeneia*). Vom Geburtsadel unterscheidet Aristoteles noch eine Aristokratie, die auf der Tüchtigkeit ihrer Mitglieder basiert. Ihr entspricht eine aristokratische Konzeption der Verteilungsgerechtigkeit, als deren Vertreter Aristoteles verstanden werden muss. Ihr zufolge ist es gerecht, wenn die politischen Ämter proportional zur ungleichen ethischen und intellektuellen Tüchtigkeit der Bürger vergeben werden (EN V 6, 1131 a 18–29; Pol. III 9, 1280 a 7ff.; Pol. III 12/13, 1282 b 14–1283 a 42; Knoll 2009, S. 100–111). Der Streit um die gerechte Verteilung der politischen Macht muss vor allem als Streit um die richtige Verfassung der Polis verstanden werden. Denn Verfassungen verkörpern ihnen entsprechende Konzeptionen der distributiven Gerechtigkeit. Deren Aufgabe besteht darin zu rechtfertigen, wie die Regierungs- und Herrschaftsgewalt verteilt wird. (vgl. zur distributiven Gerechtigkeit bei Aristoteles Keyt 1991; Knoll 2009, S. 77–100; Knoll 2016; Miller 1985; → KAPITEL 11.3)

Die Freundschaft

Manchen Interpreten zufolge fasst Aristoteles nicht die Gerechtigkeit, sondern die „Freundschaft" (*philia*) als die ethische Primärtüchtigkeit auf. Dafür können sie anführen, dass er der Gerechtigkeit nur eines der zehn Bücher der *Nikomachischen Ethik* widmet und der Freundschaft zwei. Zudem erklärt Aristoteles: Wo „Freunde sind, da bedarf es keiner Gerechtigkeit, aber die Gerechten brauchen die Freundschaft dazu" (EN VIII 1, 1155 a 26–28). Aristoteles unterscheidet drei Arten der Freundschaft, die den drei Arten des Liebenswerten entsprechen. Während unter älteren Menschen die Freundschaft häufig auf dem Nutzen basiert, gründet diejenige der jungen Leute zumeist auf der Lust. Die vollkommene und beständige Freundschaft kommt jedoch nur unter den ähnlich Tüchtigen vor und beruht auf dem Guten, das sie sich gegenseitig wünschen. Diese Freundschaften sind selten und schließen die Lust und den Nutzen mit ein (EN VIII 3ff., 1156 a 6ff.). Aristoteles kennt zudem eine Freundschaft der Bürger in der Polis, die mit ihrer „Eintracht" (*homonoia*) zusammenhängt (EN IX 6, 1167 a 22–b 16; vgl. zur Freundschaft bei Aristoteles Ottmann 2001b, S. 161–167; Price 1995).

Die „Lust" (*hêdonê*)

Die Glückseligkeit ist nach allgemein anerkannter Auffassung „mit Lust verbunden" und die ethischen Tüchtigkeiten sind auf Lust und Schmerz bezogen. Ein tüchtiger Mensch wird nicht wegen der Lust etwas Schlechtes tun oder wegen des Schmerzes es unterlassen, etwas Gutes zu tun (EN II 2, 1104 b 8–11; EN VII 12, 1152 b 4–7).

Buch VII und Buch X der *Nikomachischen Ethik* enthalten zwei Abhandlungen über die „Lust" (*hêdonê*), denen jeweils ein verschiedener Lustbegriff zugrundliegt. Daher wurde in der Forschung diskutiert, ob die Abhandlung in Buch X 1–5 später zu datieren ist als diejenige in Buch VII 12–15 und ob erstere als reifer anzusehen ist als letztere (vgl. Ricken 1995). Nach Buch VII besteht die Lust in einer ungehinderten Tätigkeit (EN VII 13, 1153 a 12–15). Buch X zufolge geht die Lust mit den wertvollen Tätigkeiten, die die Glückseligkeit verwirklichen, als etwas Zusätzliches einher. Verschiedene Tätigkeiten wie moralische Handlungen oder wissenschaftliche Betrachtungen sind jeweils mit verschiedenen spezifischen Lüsten bzw. Lustarten verbunden. Diese Arten der Lust sind mit den ihnen jeweils entsprechenden Tätigkeiten verwandt und vollenden sie; dabei fügen sie ihnen etwas hinzu (EN X 4/5, 1174 b 31–1175 a 36). Trotz seiner positiven Bewertung der Lust sieht Aristoteles ein bloßes Genussleben keinesfalls als das höchste Gut und Ziel für den Menschen an.

Die Willensschwäche (*akrasia*)

Das zentrale Thema von Buch VII der *Nikomachischen Ethik* ist die „Willensschwäche" bzw. „Unbeherrschtheit" (*akrasia*) (vgl. Müller 2009 und Robinson 1995). Zentral für dieses Phänomen ist ein Streben nach übermäßiger körperlicher Lust, das trotz der „rechten Einsicht" (*orthos logos*) zu schlechten Handlungen führt (EN VII 8, 1151 a 11–13). Der „Unbeherrschte" (*akratês*) handelt gegen seine willentliche „Entscheidung" (*prohairesis*) und gegen seine „Vernunft" (*dianoia*) (EN VII 6, 1148 a 9f.). Aristoteles' Untersuchung der Willensschwäche stellt eine kritische Diskussion der intellektualistischen Position des Sokrates dar, nach der ein Wissen des Guten grundsätzlich ein hinreichendes Motiv dafür ist, um einen Menschen von schlechten Handlungen abzuhalten (Platon: *Protagoras* 351 b–359 a; vgl. Dahl 1984; → KAPITEL 7.3). Aristoteles setzt sich detailliert mit Sokrates' Position auseinander, gegen die er einwendet, dass sie „offensichtlich den Phänomenen" widerspricht (EN VII 3, 1145 b 27f.). Aristoteles' zentrale Forschungsfrage lautet, „ob der Unbeherrschte wissend handelt oder nicht, und wenn ja, auf welche Weise" (EN VII 3, 1146 b 8f.). Zeitgenössische Debatten über Willensschwäche, die vor allem innerhalb der analytischen Philosophie geführt werden, nehmen häufig auf Aristoteles' Diskussion der „*akrasia*" Bezug.

Im letzten Buch der *Nikomachischen Ethik* thematisiert Aristoteles nochmals explizit die Glückseligkeit. Im Rückgriff auf die Resultate seiner Untersuchung macht er deutlich, dass nur ein politisches und ein betrachtendes Leben als ein wahrhaft gutes Leben

Welche Lebensform ist die Beste?

anzusehen sind. Dabei formuliert er eine Reihe von Argumenten dafür, dass die Glückseligkeit, die der Philosoph bzw. Wissenschaftler im betrachtenden oder theoretischen Leben erlangt, die höchste ist (EN X 7–9). So erklärt er in Anknüpfung an seine beiden Abhandlungen über die Lust, dass die Tätigkeiten, deren Grundlage die Weisheit ist, nicht bloß rein und beständig sind, sondern höchste Genüsse mit sich bringen. Die *vita contemplativa* zeichnet sich auch durch ein Höchstmaß an Autarkie aus, weil diese Lebensform weniger von anderen Menschen und äußeren Gütern abhängt als die *vita activa*. Zudem gehört zur Glückseligkeit „Muße" (*scholê*), die sich kaum bei den Tätigkeiten der Politik, sehr wohl aber bei denjenigen der geistigen Betrachtung findet. Des Weiteren entsprechen die kontemplativen Tätigkeiten der Aktivität des göttlichen Geistes und deshalb wird der Denker „von der Gottheit am meisten geliebt" (EN X 9, 1179 a 22–24; → KAPITEL 10.3). Obwohl der Philosoph zu einer göttlichen Tätigkeit in der Lage ist, wird er sich als Mensch und Bürger in der Polis „auch wünschen, die Werke der ethischen Tugend auszuüben" (EN X 9, 1178 b 5f.). Das gelingt ihm insbesondere dadurch, dass er sich am politischen Leben beteiligt, das außer der ethischen Tüchtigkeit auch „Klugheit" (*phronêsis*) voraussetzt (→ KAPITEL 11.1). Im Gegensatz zu Platon ist jedoch für Aristoteles theoretisches oder philosophisches Wissen für ein politisches Leben weder erforderlich noch nützlich (→ KAPITEL 9.1). Im politischen Leben betätigen sich die Bürger etwa in den Rats- und Volksversammlungen oder nehmen an der Rechtsprechung teil und gestalten so ihr Zusammenleben in der Polis. (EN X 7–9, 1177 a 22–1179 a 32; vgl. zu der umstrittenen Frage, ob Aristoteles eine „dominante" Glückstheorie vertritt, nach der letztlich nur das theoretische Leben die Glückseligkeit ausmacht, oder eine weitere „inklusive" Glückstheorie, die auch das politische Leben und andere Güter einbegreift Ackrill 1995; Heinaman 1988; Horn 1998, S. 83–85; Kullmann 1995)

11.3 Die politische Philosophie

Der zentrale Gegenstand der wissenschaftlichen Disziplin der Ethik sind die Tüchtigkeiten, deren Ausbildung und tätige Verwirklichung dem Menschen ein gutes und gelingendes Leben ermöglicht (→ KAPITEL 11.2). Ein solches vermag er jedoch nur in der Polis und am vollkommensten als Bürger zu führen. Daher bilden die Ethik und die politische Philosophie, die beiden zentralen Disziplinen von Aristoteles' praktischer Philosophie, eine eng verknüpfte Einheit. Für die Kombination dieser beiden Disziplinen prägt er den Terminus der „Philosophie von den menschlichen Angelegenheiten“ (*hê peri ta anthrôpeia philosophia*) (EN X 10, 1181 b 15; vgl. Adkins 1991; Flashar 2004, S. 293; Höffe 2001, S. 17–19). Der zentrale Gegenstand von Aristoteles' politischer Philosophie sind die Verfassungen der Polis. In seiner *Politik* definiert er eine Polis als eine Anzahl von Bürgern, die zu einem autarken Leben ohne Entbehrungen ausreicht (Pol. I 2, 1252 b 27–30; Pol. II 2, 1261 b 11–13; Pol. III 1, 1275 b 20f.). Die Identität der Polis besteht in ihrer „Verfassung“ (*politeia*), die ihre innere Ordnung festlegt und insbesondere die Zuteilung der Regierungsgewalt und damit der politischen Macht bestimmt (Pol. III 3, 1276 b 1–11; Pol. III 6, 1278 b 8–11; Pol. IV 1, 1289 a 15–18). Aristoteles erläutert seine Definition einer Verfassung an zwei Beispielen: „in der Demokratie regiert das Volk, in der Oligarchie umgekehrt die Wenigen“ (Pol. III 6, 1278 b 11–14). Ob die unter dem Titel „*Politik*“ (*Ta politika*) erschienenen Abhandlungen eine kohärente Einheit bilden oder ob zwischen den acht Büchern des Werks erhebliche Unvereinbarkeiten und Widersprüche bestehen, die sich durch die Annahme verschiedener chronologischer Entstehungsschichten erklären lassen, ist umstritten (Rowe 1991; Schütrumpf 1980, S. 287–326). Zwar lässt sich kein unbezweifelbarer Beweis für eine starke unitarische These führen, nach der die *Politik* ein unvollständiges, aber konsistentes und einheitliches Werk ist. Dennoch sprechen viele Argumente für eine schwache unitarische These, der zufolge Aristoteles in den erhaltenen Büchern der *Politik* eine konsistente und einheitliche Verfassungslehre formuliert (vgl. Knoll 2011a, Knoll 2011b).

Verfassungen als Thema der *Politik*

Aristoteles entwickelt die Polis mit einer analytisch-synthetischen Methode aus ihren kleinsten Teilen (vgl. Knoll 2017b, S. 37–45). Darunter versteht er nicht wie die neuzeitliche politische Philosophie die Individuen, sondern die ursprünglichen Gemeinschaften von Mann und Frau sowie von Herr und Sklave. Erstere verbinden sich zum Zweck der Fortpflanzung, zweitere um der Lebenserhaltung willen. Zusammen mit der Gemeinschaft von Vater und Kindern bilden die genannten Urgemeinschaften die Teile des „Hauses“ (*oikos*). Aus mehreren Häusern entsteht das Dorf und aus einigen Dörfern die Polis, die Aristoteles wegen ihrer Autarkie als die „vollkommene Gemeinschaft“ versteht (Pol. I 2, 1252 b 28). Entstand die Polis zunächst um des bloßen Lebens willen, ist ihr natürlicher Zweck das „gute Leben“ (*eu zên*) und damit die „Glückseligkeit“ (*eudaimonia*) der Bürger (Pol. I 2, 1252 a 24–1252 b 30).

Entwicklung und Zweck der Polis

Mensch als politisches Lebewesen

Der Abriss über die Entwicklung der Polis kann als erster Teil einer Argumentation verstanden werden, mit der Aristoteles zeigen will, dass der Mensch „von Natur aus“ ein „politisches Lebewesen“ ist (*physei politikon zôon*) (Pol. I 2, 1253 a 2f.; vgl. Knoll 2017b, S. 37–45, und Kullmann 1991). So zeigen die Urgemeinschaften bereits, dass die Menschen ohne einander nicht bestehen können. Die Polis, der der Vorrang vor dem Haus und dem Einzelnen zukommt, ist in den Urgemeinschaften bereits als ursprünglicher und natürlicher Zweck angelegt. Sie ist letztlich das Ziel der Entwicklung, weil sich der Mensch außerhalb von ihr nicht vollkommen als Mensch verwirklichen kann. So ermöglicht ihm die Autarkie der Polis durch arbeitsteilige Bedürfnisbefriedigung das Leben und das Überleben. Vor allem aber verschafft sie den von Arbeit freigestellten Bürgern die Zeit und die Muße, dass sie die spezifisch menschlichen Tüchtigkeiten und damit ihre psychischen Potentiale vollkommen ausbilden und verwirklichen können (→ KAPITEL 11.1 UND 11.2). Das ist die zentrale Voraussetzung für ein gutes und glückliches Leben, das der natürliche Zweck der Polis ist (Pol. I 2, 1253 a 1–29).

Mensch als „*zôon logon echon*“

In seiner *Tierkunde* ordnet Aristoteles nicht nur den Menschen, sondern auch andere Herdentiere wie die Biene als politische Lebewesen ein (*Tierkunde* I 488 aff.). Der Mensch ist dies jedoch „eher“ (*mallon*) als diese Herdentiere, weil er – so Aristoteles’ berühmte Bestimmung aus der *Politik* – das einzige „Lebewesen“ ist, „das Vernunft und Sprache hat“ (*zôon logon echon*) (Pol. I 2, 1253 a 9f.; das komparative Adverb „mallon“, 1253 a 8, kann sowohl mit „eher“ als auch mit „in höherem Grade“ übersetzt werden. Mit der ersten Übersetzung geht eine qualitative Differenz, mit der zweiten eine quantitative einher; vgl. Mulgan 1974, S. 443; Labarrière 2004, S. 101, 105, 111; Knoll 2017b, S. 47–50). Der natürliche Zweck der Vernunft besteht darin, das Gute, Gerechte und Zuträgliche und ihre jeweiligen Gegenteile zu vernehmen (→ KAPITEL 11.2). Den natürlichen Zweck der Sprache sieht Aristoteles darin, dass die Menschen ihre Erkenntnisse darüber anderen mitteilen und erklären können. Die Gemeinschaft in den genannten Begriffen schafft das Haus und die Polis. Aus der natürlichen Sprachbegabung des Menschen lässt sich ableiten, dass er von Natur ein politisches Lebewesen ist. Denn die Sprache verweist auf die anderen Menschen, mit denen er sich in der Polis über Fragen des Guten, Gerechten und Nützlichen verständigen muss (Pol. I 2, 1253 a 9–18; vgl. zur Relevanz dieser Fragen für die Polis Langmeier 2018).

Eine Polis setzt sich aus einer Vielheit von Bürgern zusammen. Aristoteles definiert die Bürger als diejenigen, die das Recht haben, an der beratenden oder richtenden Gewalt der Polis teilzuhaben (Pol. III 1, 1275 b 18–20). Zu ihnen zählt er weder Frauen und Sklaven noch die Metöken, d.h. die in der Polis lebenden und arbeitenden Fremden. Aristoteles' Frauenbild ist dasjenige eines „Konservativen". In der Welt der griechischen Polis waren die Frauen in der Regel vom politischen Leben ihrer Stadt ausgeschlossen. Als ihr Wirkungsbereich galt das Haus. Nach Aristoteles unterscheiden sich Frauen und Männer nicht nur körperlich, sondern auch psychisch. Den Frauen mangle es an Entscheidungskraft und deshalb seien Männer von Natur aus mehr zur Leitung und Führung geeignet. Frauen hätten an den ethischen Tüchtigkeiten zwar teil, besäßen diese aber nicht in ihrer vollkommenen und zum Regieren erforderlichen Form (Pol. I 12, 1259 b 1f.; Pol. I 13, 1260 a 12–24; vgl. Knoll 2009, S. 157–161; → KAPITEL 11.2). Zu Aristoteles' Zeit verrichteten die Metöken zusammen mit den Sklaven das Gros der Arbeiten in der Polis. Da Aristoteles aus Stageira stammte, war er selbst ein Metöke in Athen und konnte daher nicht am politischen Leben der Stadt teilnehmen. In der Welt der griechischen Polis waren Metöken durch die Gesetze der verschiedenen Städte geschützt und vor Gericht den Bürgern weitgehend gleichgestellt. Allerdings war ihnen in Athen der Besitz von Grund und Boden verwehrt.

Bürger, Frauen und Fremde

Die Sklaven, die in der Regel durch Krieg erworben werden, unterscheidet Aristoteles in solche gemäß dem Gesetz und solche von Natur. Auch wenn alle Besiegten nach dem Gesetz zum Eigentum der Sieger werden, sind sie nicht alle Sklaven von Natur. Letztere setzt Aristoteles mit den Barbaren, mit den Angehörigen der nichtgriechischen Völker, gleich. Sklaven und Barbaren sind für Aristoteles von Natur dasselbe (Pol. I 2, 1252 b 9). Sie hätten von Natur einen Körper, der zur Arbeit geschaffen ist. Ein Sklave von Natur wird von der Natur als „beseeltes Werkzeug" und somit als Mittel für den Herrn hervorgebracht, damit dieser von Arbeit befreit praktisch und theoretisch tätig werden kann (Pol. I 4, 1253 b 27–33). Nach Aristoteles' oft kritisierter Lehre von den Sklaven von Natur fehlt ihnen der vernünftige Seelenteil im eigentlichen Sinne und damit die Fähigkeit, mit dem Verstand vorauszusehen. Sie besäßen lediglich den strebenden Seelenteil, dessen Teilhabe an der Vernunft es ihnen jedoch ermöglicht, die Anweisungen ihrer Herren zu verstehen (Pol. I 4ff., 1253 b 23ff.; Pol. I 13, 1260 a 12ff.; vgl. Gigon 1965; Smith 1991; Knoll 2009, S. 149–156; → KAPITEL 11.1).

Zwei Arten von Sklaven

Nach Aristoteles besteht sowohl zwischen den verschiedenen Teilen, aus denen ein Lebewesen zusammensetzt ist, als auch zwischen den verschiedenen Arten von Lebewesen und den verschiedenen Arten von Menschen von Natur aus eine fundamentale Ungleichheit. Diese Ungleichheit sieht er als die natürliche Grundlage der naturgegebenen Rangordnungen an, die zwischen den Teilen eines Lebewesens, zwischen den Lebewesen und zwischen den Menschen bestehen. So begreift Aristoteles das Verhältnis von Vernunft und Affekten, von Seele und Leib, von Menschen und Tieren, von Herren und Sklaven von Natur, von Griechen und Barbaren, von Mann und Frau, von Eltern und Kindern, von tüchtigen und schlechten Griechen jeweils als eine natürliche oder naturgegebene Rangordnung. In allen diesen in der vorgegebenen Ordnung der Natur erkennbaren hierarchischen Verhältnissen ist das im Rang übergeordnete Glied von Natur aus besser als das ihm untergeordnete. Die natürliche Rangordnung gibt vor, welche Lebewesen, welche Teile von ihnen und welche Menschen zum Herrschen oder Regieren und welche dazu bestimmt sind, beherrscht oder regiert zu werden. Der natürlichen Rangordnung entsprechend sieht es Aristoteles als natürlich und gerecht an, wenn jeweils das Höhere über das Niedrigere und das Bessere über das Schlechtere herrscht. Herrschaftsverhältnisse bestehen von Natur aus und sind als naturgegebene Verhältnisse in ihren verschiedenen Arten grundsätzlich gerechtfertigt. Herrschaft ist nicht bloß ein natürliches, notwendiges und zuträgliches Phänomen, sondern auch ein universelles Phänomen (Pol. I 5, 1254 a 21–34; vgl. Knoll 2009, S. 135–149, und zu den natürlichen Gemeinschaften und natürlichen Herrschaftsformen bei Aristoteles Weber 2015, S. 74–194).

Natürliche Rangordnungen

Im ersten Buch der *Politik* differenziert Aristoteles zwischen drei qualitativ verschiedenen Herrschaftsformen. Diese Unterscheidung dürfte sich gegen Platon richten, der im *Politikos* zwischen verschiedenen Herrschaftsformen – etwa zwischen der Herrschaft eines Hausherrn und eines Königs – lediglich nach dem Kriterium der Quantität der Beherrschten unterscheidet (258 e–259 d). Dagegen differenziert Aristoteles nicht nur zwischen der Herrschaft in der Polis und der Herrschaft im Haus, sondern auch zwischen drei Formen von Herrschaft, die dem Mann als Hausherrn zukommt. Über Sklaven von Natur herrscht er in despotischer oder tyrannischer Form, d.h. in erster Linie zum Nutzen oder Vorteil des Herrn. Über seine Frau und Kinder, die eine Herrschaft über Freie ist, herrscht er in erster Linie zu deren Nutzen oder Vorteil. Der Mann herrscht über die Kinder als König und über die Frau als Staatsmann (Pol. I 12, 1259 b 1). Über

Unterschied der Herrschaftsformen

das Verhältnis von Männer und Frauen erklärt Aristoteles, ihr Verhältnis sei „von Natur aus (*physei*) so, dass das eine besser, das andere geringer ist, und das eine regiert und das andere regiert wird" (Pol. I 5, 1254 b 13f.). Daher charakterisiert er die Herrschaft des Mannes über die Frau in der *Nikomachischen Ethik* als eine „aristokratische" (EN VIII 12, 1160 b 32–34). Im Gegensatz zur *Politik* unterscheidet Aristoteles in der *Nikomachischen Ethik* sogar sechs Herrschaftsformen im Familienleben bzw. im Haus. Letztere begreift er als „Abbilder" (*homoiômata*) und „Vorbilder" (*paradeigmata*) der Verfassungsformen (EN VIII 12, 1160 b 22f.).

Das Schema der Verfassungen

Aristoteles zufolge besteht die Identität einer Polis in ihrer Verfassung, die festlegt, wer in ihr regiert. Im zentralen dritten Buch der *Politik* führt er sein bekanntes Schema der sechs Verfassungen ein, das im Wesentlichen auf die Verfassungslehre in Platons Dialog *Politikos* zurückgeht (*Politikos* 291 c–303 d; vgl. als Platons Vorläufer Herodots *Historien* III 80–83). Auf der Grundlage der quantitativen Unterscheidung, ob einer, wenige oder die Menge regiert, scheidet er drei richtige Verfassungen von ihren jeweiligen Abarten. So begreift er das Königtum als die gute und die Tyrannis als die schlechte Alleinherrschaft. Die Aristokratie versteht er als die gute Herrschaft von Wenigen und die Oligarchie als die schlechte. Als Politie bezeichnet er die legitime Herrschaft der Menge und als Demokratie die illegitime. Die drei richtigen Verfassungen scheidet er von den drei verfehlten nach dem normativ-teleologischen Kriterium, ob die Herrschenden für das Gemeinwohl oder lediglich zu ihrem eigenen Nutzen regieren. Neben dem quantitativen und dem normativ-teleologischen Kriterium unterscheidet Aristoteles Verfassungen auch nach der spezifischen Qualität der regierenden Gruppe. So bestimmt er die Demokratie als die Herrschaft der Armen, die Oligarchie als die Regierung der Reichen und die Aristokratie als die Herrschaft der Tüchtigsten (*Politikos* 302 c/d; Pol. III 6–8, 1279 a 17–1280 a 6).

Das Problem der besten Verfassung

Das Kriterium, ob die Regierenden auf das Gemeinwohl oder ihren eigenen Nutzen abzielen, erlaubt es nicht zu entscheiden, ob Aristoteles das Königtum, die Aristokratie oder die Politie für die beste Verfassung hält. Wie diese Frage, die mit der Frage nach den politischen Grundüberzeugungen des Aristoteles zusammenhängt, beantwortet werden muss, ist umstritten. In der deutschsprachigen Literatur behaupten einflussreiche Interpreten, die Politie, eine gemeinwohlorientierte Art der Herrschaft des Volks oder der Mehrheit der Bürger, sei der „Idealstaat" des Aristoteles (Bien 1980; Sternberger 1984). Dagegen versteht die angelsächsische Literatur die Verfassung der besten

Polis, die Aristoteles in Buch VII und VIII der *Politik* entwirft, zumeist als Aristokratie (vgl. Keyt/Miller 1991). Eine Ausnahme bildet in der angelsächsischen Forschung Martha Nussbaum, die Aristoteles als Sozialdemokraten und daher auch als Demokraten bzw. Anhänger der Politie versteht (vgl. zur Kritik von Nussbaums Deutung Knoll 2009b, S. 211–270).

Aristokratie oder Politie?

Das Problem, ob Aristoteles die Politie oder die Aristokratie als die beste Verfassung ansieht, lässt sich auf der Grundlage einer zu wenig beachteten Unterscheidung lösen, die er zu Beginn von Buch IV der *Politik* trifft. Dort erklärt er, dass der Verfassungslehre vier verschiedene Aufgaben zukommen und dass sie vier Fragen klären muss. Zwei davon sind für das angesprochene Problem besonders relevant. So unterscheidet Aristoteles die Frage, „welche Verfassung der größten Mehrzahl der Staaten passen wird“, von derjenigen, „welches die beste Verfassung sei und wie sie wohl am meisten nach Wunsch eingerichtet sein wird, wenn nichts von außen stört“ (Pol. IV 1, 1288 b 21–35). Mit der Verfassung, die den meisten politischen Gemeinschaften angemessen ist, meint Aristoteles die Politie. Im Griechenland der damaligen Zeit waren die Demokratie und die Oligarchie die vorherrschenden Verfassungen. Beide waren sehr instabil, weil sie häufig von Bürgerkriegen erschüttert wurden (Gehrke 1985). Die Politie, die Aristoteles als Mischung aus den beiden verfehlten Verfassungen begreift, verbessert und stabilisiert sie. So zielt die Politie darauf ab, den in nahezu allen Städten vorhandenen Konflikt zwischen den Armen und den Reichen zu vermitteln. Sie stützt sich jeweils auf den Mittelstand und versucht ihn zu stärken (Pol. IV 8ff., 1294 a 15ff.). Der Politologe Dolf Sternberger unterscheidet von der angeführten Politie mit einer „gemischten Verfassung“ nochmals eine „eigentliche und wesentliche“ Politie, für die eine „mittlere Verfassung“ charakteristisch sei. Letztere sei nur dort möglich, „wo der Mittelstand stärker ist als die extremen Gruppen der Reichen und der Armen“ (Sternberger 1984, S. 127; vgl. 147).

Die Verfassung der besten Polis

Die Frage nach der besten Verfassung und der wunschgemäßen Polis behandelt Aristoteles in den Büchern VII und VIII der *Politik*. Umstritten ist, ob seine beste Polis eine Utopie ohne „praktische Funktion“ ist, oder ob die Bücher VII und VIII einen „Praxisbezug“ haben (Henschke 1971, S. 399; Schütrumpf 1980, S. 19). Aristoteles äußert sich nicht zu dem Problem, wie die beste Verfassung bzw. die Verfassung der besten Polis zu bezeichnen ist. Er konzipiert sie als eine hierarchisch gegliederte Ständegesellschaft, in der die Angehörigen des Standes der Arbeitenden von der Bürgerschaft ausgeschlossen sind und den Angehörigen des Mußestandes der Guten, Edlen und Tüchtigen zu dienen haben. Die Bürger der besten Polis sollen Griechen sein, die die guten Eigenschaften der Völker der kalten Regionen und der Asiens vereinen. Es gebe nämlich griechische Stämme, die sowohl mutig als auch intelligent sind. Dies sind die entscheidenden Voraussetzungen dafür, dass der Gesetzgeber die Bürger leicht zur Tüchtigkeit führen kann (Pol. VII 6/7, 1327 b 18–1328 a 16). Aristoteles bestimmt die beste Verfassung als diejenige, die ihren vollkommen tüchtigen Bürgern ein vollendet gutes und glückliches Leben ermöglichen kann (Pol. VII 1/2, 1323 a 14–1324 a 25). Es lassen sich mehrere Argumente dafür anführen, dass die Verfassung der besten Polis als eine echte Aristokratie verstanden werden muss. So kommt in der besten Polis die aristokratische Konzeption der verteilenden Gerechtigkeit zur Anwendung, nach der die politischen Ämter proportional zur ungleichen Tüchtigkeit der Bürger vergeben werden und insbesondere im Verhältnis zu ihrer „Klugheit" (*phronêsis*) (vgl. Knoll 2009, S. 191–210; → KAPITEL 11.2).

Die beste Erziehung bzw. Bildung

In Buch VII und VIII der *Politik* untersucht Aristoteles nicht bloß die Frage der besten Verfassung, sondern auch diejenige der besten „Erziehung" und „Bildung" (*paideia*). Erziehung sieht er als das entscheidende Mittel an, mit dem der Staatsmann und Gesetzgeber die Bürger tüchtig machen und so ihr gutes und glückliches Leben fördern kann. Wie für Platon stellen Bildung und Erziehung zentrale Themen seiner gesamten politischen Philosophie dar, die er bereits in der *Nikomachischen Ethik* ausführlich behandelt (→ KAPITEL 9.1, 9.3 UND 11.2). Und im Einklang mit Platon ist er der Ansicht, dass die Erziehung sowohl aus einer gymnastischen als auch aus einer musischen Erziehung bestehen soll. In der besten Polis soll die Erziehung durch Gesetze öffentlich geregelt werden und darauf abzielen, die Tüchtigkeit der Bürger im umfassenden Sinne hervorzubringen. Sie soll ihre natürlichen Anlagen durch „Gewöhnung" (*ethos*) und „Vernunft" (*logos*) zur Tüchtigkeit entfalten und so „die Natur ergänzen" (Pol. VII 13, 1332 a 39f.; Pol. VII 17, 1337 a 2f.). Die Erziehung muss dem jeweiligen Lebensalter angemessen sein und hat sich an dem zu orientieren, was möglich ist. Die drei Grundsätze für die Erziehung lauten: das Passende, das Mögliche und das Mittlere (Pol. VIII 7, 1342 b 33f.).

In seiner *Politik* untersucht Aristoteles nicht bloß die Frage der besten Verfassung und der besten Erziehung. Um der zeitgenössischen politischen Wirklichkeit gerecht werden zu können und um nützliche Erkenntnisse für die politische Praxis zu gewinnen, formuliert er für die Verfassungslehre eine weitere Aufgabe. Bei ihr geht es darum, eine existierende Verfassung wissenschaftlich zu untersuchen, „wie sie entstanden sein wird und wie sie, einmal entstanden, am längsten zu dauern vermag" (Pol. IV 1, 1288 b 28–30; vgl. EN X 10, 1181 b 18f.). Um dieser an der Empirie orientierten Aufgabe gerecht werden zu können, ließ Aristoteles 158 Verfassungen sammeln, die er wissenschaftlich auswertete. Durch die Untersuchung von bestehenden Verfassungen sollen Erkenntnisse gewonnen werden, die für die Bürger dieser oder ähnlicher Verfassungen brauchbar sind und zur Politikberatung angewendet werden können. Die konkrete Umsetzung dieser Aufgabe der Verfassungslehre leistet Aristoteles vor allem in Buch V der *Politik*. Darin analysiert er anhand zahlreicher historischer Einzelfälle, wie es in Demokratien und Oligarchien sowie in anderen Verfassungen zu „Veränderung" (*metabolê*) und insbesondere zu politischem „Aufruhr" oder „Aufstand" (*stasis*) kommt und wie dies verhindert werden kann. Normative Ziele seiner Untersuchungen sind die Erhaltung und Dauer der verschiedenen Verfassungen (vgl. Gehrke 2001; Polansky 1991; Saxonhouse 2015).

Erkenntnis und politische Praxis

Weil wir Aristoteles zufolge etwas wissenschaftlich erklären können, wenn wir dessen „Ursprünge" (*archai*) und „Ursachen" (*aitiai*) kennen, steht die Frage nach den verschiedenen Gründen des Verfassungswandels im Zentrum der Untersuchungen von Buch V, das thematisch mit den Büchern IV und VI zusammenhängt. Das allgemeine Motiv für Aufruhr ist, dass sich die Bürger über politische Herrschaftsverhältnisse, die sie als ungerecht ansehen, empören und sie daher verändern wollen (vgl. Gehrke 2001, S. 143; Polansky 1991, S. 335). Diese Ursache betrifft die seelische oder innere Verfassung der Umstürzler und erklärt ihre Motive durch ihren Gerechtigkeitssinn, in dem die unterschiedlichen Gerechtigkeitsauffassungen ihr anthropologisches Fundament haben (vgl. Pol. I 2, 1253 a 14–18). Aristoteles' grundlegende Ausführungen über die allgemeinen Ursachen und Motive von politischen Erhebungen im ersten Kapitel basieren auf seiner Lehre von der distributiven Gerechtigkeit (→ KAPITEL 11.2). So führt er die Entstehung der Demokratie und der Oligarchie auf die gegensätzlichen Gerechtigkeitsauffassungen ihrer Anhänger zurück. Während die Demokraten auf Grund der gleichen Freiheit eine gleiche politische Partizipation und damit eine demokratische Verfassung als gerecht erachten, halten die Reichen wegen des ungleichen Vermögens eine ungleiche Beteiligung an der Regierung der Polis und damit eine oligarchische Verfassung für angemessen (Pol. V 1, 1301 a 25–36). Aristoteles räumt den beiden gegensätzlichen Gerechtigkeits-

Gründe des Verfassungswandels

auffassungen zwar ein gewisses Recht ein, sieht sie aber letztlich als verfehlt an. Denn sie sind der Grund dafür, dass die Demokratie und die Oligarchie nicht stabil und dauerhaft erhalten werden können. So streben die reichen Bürger in der Demokratie danach, diese zu stürzen, weil sie eine Verteilung der politischen Macht, bei der jeder Bürger prinzipiell einen gleich großen Anspruch hat, für ungerecht halten. In der Oligarchie dagegen kommt es zu Aufruhr, weil die armen Bürger vom politischen Leben ausgeschlossen sind und gemäß ihrer Gerechtigkeitsauffassung gleichberechtigt an der Regierung teilhaben wollen (Pol. V 1, 1301 a 34–1302 a 15; Pol. V 2, 1302 a 22–31; Pol. V 3, 1303 b 3–7). Streben die Reichen nach einer politischen Partizipation, die im proportionalen Sinne gleich zu ihrem Reichtum ist, wollen die Armen im numerischen Sinne gleich am politischen Leben teilhaben. Daher kommt Aristoteles zu dem allgemeinen Schluss, dass politischer „Aufruhr" oder „Aufstand" (*stasis*) immer deshalb entsteht, „weil man nach dem Gleichen strebt" (Pol. V 1, 1301 b 28f.). Politische Ungleichheiten motivieren jedoch nur dann Erhebungen und Bürgerkriege, wenn sie nicht im Verhältnis zu den Ungleichheiten der Bürger stehen. Das ist etwa dann der Fall, wenn ein lebenslängliches Königtum „unter Gleichen besteht", d.h. wenn der König nicht durch außerordentliche moralische und politische Tüchtigkeit unter den Bürgern hervorragt (Pol. V 1, 1301 b 26–39; vgl. Polansky 1991, S. 335, vgl. 326f. und 330).

Der Konzeption von Buch V liegt die zentrale Einsicht zugrunde, dass „wir zu erkennen vermögen, wie die Verfassungen erhalten bleiben, wenn wir erkennen, wie sie untergehen" (Pol. V 8, 1307 b 26–30). So folgt den Analysen der allgemeinen Ursachen von Verfassungsänderungen und der speziellen Ursachen in einzelnen Verfassungsformen die Untersuchung der Frage, wie Verfassungen erhalten werden können. Die Stabilität und Dauer der verschiedenen existierenden Verfassungen ist der normative und praktische Zweck, dem die Analyse der allgemeinen und speziellen Ursachen von Verfassungsänderungen dient. Bereits im ersten Kapitel von Buch V macht Aristoteles deutlich, dass die Fragen von Entstehung, Verfall und Erhaltung von Verfassungen miteinander verknüpft sind. Analog dazu ist auch die Aufgabe der Verfassungslehre, die die Entstehung und Erhaltung einer Verfassung erforscht, mit derjenigen verknüpft, die danach fragt, „welche Verfassung der größten Mehrzahl der Staaten passen wird" (Pol. IV 1, 1288 b 34f.). So erklärt Aristoteles nach seinen Darlegungen, wie die Demokratie und die Oligarchie entstanden sind und warum es allgemein zu politischen Erhebungen und

Erhaltung von Verfassungen

Bürgerkriegen kommt, dass die demokratische und die oligarchische Auffassung von Gleichheit und Gerechtigkeit vermischt werden müssen. Denn die dadurch entstehende Verfassungsform der Politie, die auf dem Mittelstand oder der Vermittlungen zwischen den Reichen und den Armen basiert, sei von den angeführten Verfassungen die sicherste und verlässlichste (Pol. V 1, 1302 a 7–15; Pol. V 8, 1308 b 28–31; vgl. Pol. V 8, 1309 a 25 f.; vgl. Knoll 2009, S. 111–115).

Spezielle Ursachen von Aufruhr

Aristoteles analysiert auch die speziellen Ursachen, die in einzelnen Verfassungsformen zu Veränderungen führen und leitet davon Maßnahmen zu ihrer Erhaltung ab. Diese Ursachen und Maßnahmen gewinnt er auf empirischem und induktivem Wege durch den Vergleich ähnlicher Fälle aus der Verfassungsgeschichte. Wie später Machiavelli greift Aristoteles auf die geschichtlichen Erfahrungen der letzten Jahrhunderte zurück und gewinnt auf der Grundlage von einzelnen Ereignissen allgemeine Regeln darüber, wie politische Systeme entstehen und warum sie stabil oder instabil sind. So formuliert er etwa über den Verlust der Stabilität der Demokratie die allgemeine Regel, dass sie durch die „Zügellosigkeit der Volksführer“ entsteht, die sich am Vermögen der Wohlhabenden bereichern wollen, wodurch sie zum Sturz der Demokratie bewegt werden. Die Volksführer führen „einzeln Prozesse gegen die Wohlhabenden und treiben sie zum Zusammenschluss (denn gemeinsame Angst verbindet auch die größten Feinde), oder sie hetzen allgemein das Volk gegen sie auf. Das kann man in vielen Fällen beobachten“ (Pol. V 5, 1304 b 20–25). Als geschichtliche Beispiele, von denen er seine allgemeine Regel ableitet, führt Aristoteles den Sturz der Demokratie in Kos, in Rhodos, in Herakleia, in Megara und in Kyme an, der jeweils von den angesehenen Bürgern ausging. Kennt man die Gründe für den Sturz einer Verfassungsform, dann lassen sich daraus auch allgemeine Ratschläge zu ihrer Stabilisierung ableiten. So rät Aristoteles in dem Kapitel über die Erhaltung der Demokratie: „In den Demokratien soll man die Wohlhabenden schonen: nicht nur der Besitz, auch der Ertrag soll nicht aufgeteilt werden, was doch in einigen Staaten unter der Hand geschieht“ (Pol. V 8, 1309 a 14–17). Das angeführte Beispiel verdeutlicht, dass Aristoteles in Buch V der *Politik* eine empirische, induktive und komparative Methode anwendet, um zu erkennen, wie Verfassungen entstehen und untergehen und durch welche Maßnahmen sie stabil bewahrt werden können. Eine derartige Methode lässt sich in Platons politischen Dialogen lediglich ansatzweise aufweisen (vgl. *Nomoi* Buch III). Es gibt auch keine Hinweise darauf, dass sie etwa von den Sophisten oder anderen politischen Denkern vor Aristoteles angewandt wurde. Daher muss Aristoteles als der Begründer der empirischen Politikwissenschaft verstanden werden.

Fragen und Anregungen

- Analysieren Sie, was Aristoteles unter dem Terminus „Seele" (*psychê*) versteht.
- Erläutern Sie Aristoteles' Lehre von den ethischen und den dianoetischen Tüchtigkeiten.
- Beurteilen Sie die Konzeption der „Glückseligkeit" (*eudaimonia*), die Aristoteles entwickelt.
- Diskutieren Sie die Frage, welche Verfassung Aristoteles als die beste ansieht.

Lektüreempfehlungen

Quellen

- **Aristoteles: Die Nikomachische Ethik,** übers. und erl. von Olof Gigon, München 1998.
- **Aristoteles: Politik,** übers. und hg. von Olof Gigon, München 1986.
- **Aristoteles: Von der Seele,** übers. von Olof Gigon, München 1983.

Forschung und Literatur

- **Otfried Höffe (Hg.): Aristoteles: Die Nikomachische Ethik,** Reihe: Klassiker Auslegen, Bd. 2, Berlin 1995. *Aufsatzsammlung, die als kooperativer Kommentar zur „Nikomachischen Ethik" konzipiert ist. Zu dem Band haben renommierte Gelehrte aus verschiedenen Ländern beigetragen.*
- **Otfried Höffe (Hg.): Aristoteles, Politik** (Klassiker Auslegen, Bd. 23), Berlin 2001. *Aufsatzsammlung, die als kooperativer Kommentar zur „Politik" konzipiert ist. Zu dem Band haben renommierte Gelehrte aus verschiedenen Ländern beigetragen.*
- **David Keyt/Fred D. Miller, Jr. (Hg.): A Companion to Aristotle's *Politics*,** Cambridge/Oxford 1991. *Sammelband, der 15 Aufsätze zu Aristoteles' „Politik" enthält.*

- **Manuel Knoll: Aristokratische oder demokratische Gerechtigkeit? Die politische Philosophie des Aristoteles und Martha Nussbaums egalitaristische Rezeption**, München 2009. *Entwickelt die These, dass Aristoteles als aristokratischer politischer Denker verstanden werden musst und kritisiert Martha Nussbaums Interpretation, die ihn als Vordenker der (Sozial-)Demokratie deutet.*
- **Henning Ottmann: Geschichte des politischen Denkens. Die Griechen. Von Platon bis zum Hellenismus**, Bd. 1/2, Stuttgart 2001. *Enthält eine ca. 100 Seiten umfassende Einführung in die praktische Philosophie des Aristoteles.*
- **Amélie Oksenberg Rorty (Hg.): Essays on Aristotle's Ethics**, Berkley 1980. *Sammelband, dessen 21 Aufsätze einen fortlaufenden Kommentar zur „Nikomachischen Ethik" darstellen.*

12 Die hellenistische Philosophie: Stoa, Epikur und Skepsis

Abbildung 15: Detail des römischen Alexandermosaiks, 1831 bei Ausgrabungen in Pompeji in der Casa del Fauno entdeckt

Das Bild ist ein Detail des römischen Alexandermosaiks, das 1831 bei den Ausgrabungen in Pompeji in der Casa del Fauno entdeckt wurde. Heute ist es im Archäologischen Nationalmuseum von Neapel zu sehen. Es zeigt den makedonischen König Alexander den Großen in Rüstung zu Pferd mit seinen berittenen Soldaten. Das Alexandermosaik, das in der 2. Hälfte des 2. Jahrhunderts v. Chr. entstand, hat die Maße 5,13 m × 2,72 m. Es stellt eine von Alexanders erfolgreichen Schlachten dar, in denen er den Persischen Großkönig Dareios III. 333 v. Chr. bei Issos und 331 v. Chr. bei Gaugamela endgültig besiegte. Einige Jahre davor, nach der Schlacht bei Chaironeia 338 v. Chr., waren die Griechen bereits unter makedonische Herrschaft geraten. Die griechischen Städte hatten ihre Unabhängigkeit verloren und konnten keine selbstständige Außenpolitik mehr betreiben.

In den Jahrzehnten nach Alexanders Tod 323 v. Chr. entstanden in den eroberten Gebieten große politische Reiche, die von der griechischen Kultur geprägt waren. Die griechische Polis ging in dieser Zeit aber nicht unter, wie oft behauptet wurde, sondern breitete sich aus und entwickelte sich weiter. Die Idee des Weltbürgertums entstand und mit ihr blühte der Individualismus auf. Die Philosophie der Zeit machte es sich zur Aufgabe, dem Individuum zur seelischen Ausgeglichenheit zu verhelfen. Die Ethik, die den Weg dazu aufzeigte, wurde zur bedeutendsten philosophischen Disziplin. Die Skeptiker und Epikur identifizierten die Glückseligkeit mit der „Seelenruhe" (*ataraxia*). Die Stoiker bezeichneten diesen Zustand als „Apathie". Letztlich ging es den drei großen philosophischen Strömungen der Zeit dabei um dieselbe Zielsetzung: die innere Freiheit von Affekten wie Furcht und übermäßigen Begierden, die zu Unruhe, Unlust und Aufregung führen. Das philosophische Ziel, das Glück in die Innenwelt zu verlagern und sich von der Außenwelt möglichst unabhängig zu machen, wurde oft als Ausdruck einer resignierten Einstellung zum Leben gedeutet (Hossenfelder 1985, S. 25; Ricken 1994).

12.1 Die Epoche und Philosophie des Hellenismus

Der Begriff „Hellenismus“ wurde im Jahr 1836 von dem Historiker Johann Gustav Droysen geprägt und bezeichnet die Zeit von Alexander dem Großen (reg. 336–323 v. Chr.) bis Augustus (reg. 31 v. Chr.–14 n. Chr.). Politisch umfasst die Epoche die Zeit von Alexanders Weltreich und der aus ihm hervorgegangenen Reiche der Diadochen und Epigonen – Alexanders Feldherren und deren Söhne – bis zum Beginn der römischen Kaiserzeit. Das letzte hellenistische Großreich war das ptolemäische Ägypten, das 30 v. Chr. von dem expandierenden römischen Weltreich erobert wurde. Ein zentrales Charakteristikum der Epoche des Hellenismus war die Ausbreitung der griechischen Kultur und Sprache in der Alten Welt. Die verschiedenen lokalen Dialekte (Äolisch, Dorisch, Ionisch) wurden überall durch ein Griechisch – den „gemeinsamen Dialekt“ (*koinê dialektos*) – abgelöst, das eine Modifikation des attischen Dialekts des klassischen Athens war. Von der Hellenisierung war insbesondere der „Orient“ betroffen, von dessen Kultur auch Einflüsse auf Griechenland ausgingen. Geistes- und kulturgeschichtlich knüpfte der Hellenismus an die griechische Klassik an und wirkte bis in die Spätantike hinein fort (vgl. Bugh 2006; Erskine 2003; Kreißig 1982).

Die Epoche des „Hellenismus“

Von den Philosophiehistorikern wurde der Begriff „Hellenismus“ nicht sofort aufgegriffen. Der bedeutendste Forscher des 19. Jahrhunderts, Eduard Zeller, vermied ihn. In seiner monumentalen Philosophiegeschichte, deren Bände zwischen 1856 und 1868 erschienen, sprach Zeller stattdessen von der „nacharistotelischen Philosophie“. In den neueren Darstellungen setzte sich der Ausdruck „hellenistische Philosophie“ jedoch durch und ist auch weiterhin verbreitet (vgl. Flashar/Görler 1994, S. 4). Denn die in der Epoche des Hellenismus entstandenen philosophischen Strömungen – vor allem Skepsis, Stoa und Epikureismus – weisen eine Reihe gemeinsamer Merkmale auf. Zu diesen gehört, dass die hellenistische Philosophie ihr Zentrum in Athen hatte, Systeme bildete, der Ethik bzw. praktischen Vernunft den Primat zuerkannte und sich in der Regel von den Fachwissenschaften abgrenzte. Zudem organisierte sich die hellenistische Philosophie nach dem Vorbild der platonischen Akademie in Schulen. Die Schulen, die sich wechselseitig beeinflussten und kritisierten, waren in der Regel private Stiftungen (vgl. Flashar/Görler 1994, S. 5–7; Adamson 2015, S. 7). Die hellenistische Philosophie stellte keinen radikalen Bruch mit Platon und Aristoteles dar, knüpfte aber auch nicht explizit an sie an. Stattdessen führte sie vor allem Sokrates’ philosophischen

„Hellenistische Philosophie“

Ansatz und die Ethik von dessen Schülern Aristippos von Kyrene und Antisthenes weiter, die davor Schüler der Sophisten waren. Die Skeptiker knüpften an Sokrates und Demokrit an, Epikur an Aristippos und Demokrit und die Stoiker an Heraklit und die Kyniker (vgl. Adamson 2015, S. 4f.; Algra/Barnes 1999, S. 617–641; Hossenfelder 1985, S. 30; Ricken 2007, S. 207f.; → KAPITEL 7.4, 7.5, 12.2 BIS 12.4).

Die Eigentümlichkeit der hellenistischen Philosophie wird oft darauf zurückgeführt, dass sie eine Reaktion auf den vermeintlichen „Untergang der Polis“ bzw. auf das angebliche „Ende der griechischen Polis als sozialer, politischer, moralischer und religiöser Institution“ darstelle (Hossenfelder 1985, S. 27; Ricken 2007, S. 208). Andere Autoren formulieren vorsichtiger, dass die Polis zwar nicht verschwunden sei, aber „viel von ihrer Substanz verloren“ habe (Lévy 1997, S. 5). Unter Zugrundelegung einiger psychologischer Hypothesen und mit leichten Variationen findet sich häufig folgendes Narrativ:

Bedeutungsverlust der Polis?

> „Mit dem Wegfall des natürlichen Schutzes der Polis (Kulte, gegenseitige Amtspflichten aller Bürger) erfuhr der einzelne das Gefühl der Hilflosigkeit, der seelischen Einsamkeit. Es entstand ein ganz neues Bedürfnis nach Rat und Trost, dem sich die Philosophie gegenübersah, von der erwartet wurde, dass sie dem Individuum, das den Rückhalt der Polis verloren hatte, den Weg zum Glück in allen Lebenslagen auch des Alltags aufzeige“ (Flashar/Görler 1994, S. 7f.).

Das zentrale Problem derartiger Versuche, die Entstehung der hellenistischen Philosophie zu erklären, besteht darin, dass ihre grundlegende Prämisse fragwürdig ist. Vom Bedeutungsverlust der Polis in der Epoche des Hellenismus kann nämlich im Lichte der neueren Geschichtsforschung nicht die Rede sein. Stattdessen wurden von der Mittelmeerküste bis zum heutigen Afghanistan und Pakistan im westlichen Asien mehrere hundert neue griechische Städte gegründet (Billows 2003, S. 196; Hansen 2006, S. 134). Die größten Städte wie Athen und Syrakus blieben attraktiv, wuchsen enorm und erreichten 100.000–150.000 Einwohner. Rechnet man die Bevölkerung des Umlands hin, waren es sogar noch deutlich mehr (Billows 2003, S. 196). Zwischen der Polis in der klassischen und in der hellenistischen Epoche – insbesondere vor der Eroberung Griechenlands durch Rom 146 v. Chr. – gab es starke Kontinuitäten (Shipley/Hansen 2006, S. 54, 68). Die traditionellen politischen Institutionen wie Volksversammlung, Rat, Magistrate und Gerichte bestanden fort (Billows 2003, S. 209–211; Hansen 2006, S. 134; Shipley/Hansen 2006, S. 54). Trotz der makedonischen Oberherren verblieb den griechischen Städten, die nach Athener Vorbild zumeist Demokratien waren, ihre lokale politische Autonomie. So regelten sie selbstständig religiöse Fragen und Feste, öffentliche Bauten und Einrichtungen sowie ihre Beziehungen mit Königen, Dynasten und anderen Städten. Die griechischen Städte waren weitgehend autonome Staaten in Staaten (Billows 2003, S. 209; Shipley/Hansen 2006, S. 54). Das demokratische Athen war in der Epoche des Hellenismus weiterhin eine wirtschaftlich und kulturell blühende Stadt, um die sich mehrere Monarchien bemühten. Athen regelte die meisten politischen Angelegenheiten selbst und verblieb auch institutionell ein Vorbild für andere Städte (Shipley/Hansen 2006, S. 66–68).

Der Erfolg der neuen Schulen

Der Erfolg der Skeptiker, Stoiker und Epikureer lässt sich höchstens partiell dadurch erklären, dass sie die Griechen nach dem Verlust der politischen Unabhängigkeit trösteten und berieten. Gegen diese Erklärung spricht auch, dass diese Schulen – trotz mancher Wandlungen – im römischen Weltreich bis in die Spätantike fortbestanden und viele Anhänger hatten. Eine überzeugendere Erklärung ergibt sich aus dem „Zustand der Schulen, die das Erbe des Platon und Aristoteles verwalten. Die Lehre der Akademie verfestigt sich unter Xenokrates zu einer Scholastik. Mit Theophrast beginnt die Destruktion der Aristotelischen Metaphysik und die Betonung der Einzelwissenschaften“ (Ricken 2007, S. 208; vgl. Hossenfelder 1985, S. 30). Die erneute Renaissance von Plato und Aristoteles begann erst in den nachchristlichen Jahrhunderten, in denen ihre Philosophien zum Neuplatonismus verschmolzen. Der Erfolg der hellenistischen Schulen lässt sich nicht bloß mit der mangelnden Attraktivität der Akademie und des Peripatos erklären, sondern auch mit der Faszination, die die Persönlichkeiten und Lehren ihrer Gründer ausübten. Pyrrhon aus Elis, auf den die Skepsis zurückgeführt wird, wurde in seiner Vaterstadt so geehrt, dass er zum Oberpriester gewählt wurde. Seinetwegen soll allen Philosophen Steuerfreiheit gewährt worden sein (DL IX 64; → KAPITEL 12.2). Zenon von Kition, der Gründer der Stoa, erfuhr in Athen sehr viel Anerkennung. Die Athener übergaben ihm die Schlüssel der Mauern zur Aufbewahrung, zeichneten ihn mit einem goldenen Kranz aus und fertigten eine Skulptur von ihm an (DL VII 5f.; → KAPITEL 12.3). Epikur wurde von seinen Schülern sogar wie ein Gott verehrt (→ KAPITEL 12.4).

Der Erfolg der Skeptiker, Stoiker und Epikureer geht natürlich auch darauf zurück, dass ihre ethischen Lehren – insbesondere in individualisierten Gesellschaften – sehr attraktiv waren. Ihr Kern-

Kerngedanke und Individualismus

gedanke, dass die Glückseligkeit mit der permanenten inneren Harmonie bzw. Seelenruhe identisch ist, geht bereits auf Demokrit zurück (→ KAPITEL 4.3). Er ist also etwa 100 Jahre älter als der Verlust der politischen Unabhängigkeit der Griechen. Demokrits ethischer Kerngedanke wurde von Pyrrhon aufgenommen. Über dessen Schüler Nausiphanes dürfte er zu Epikur gelangt sein, der jahrelang bei Nausiphanes studierte (DL IX 64, 69; DL X 13; → KAPITEL 12.2 UND 12.4). Attraktiv war der Kerngedanke der hellenistischen Philosophie vor allem, weil er nicht mehr wie die Klassik das Glück der politischen Gemeinschaft, sondern des Einzelnen in den Mittelpunkt stellte (vgl. Görler 1994, S. 723; Hossenfelder 1985, S. 32; → KAPITEL 9.1, 11.2, 11.3). Die Individualisierung des Glücks passte hervorragend in eine Zeit, die von einem starken Individualismus geprägt war. Das „Interesse am Menschen als Individuum" wurde sogar als das zentrale Interesse des hellenistischen Denkens gedeutet, aus dem sich die Eigentümlichkeit der Philosophie der Epoche ableiten ließe (Hossenfelder 1985, S. 32; vgl. Flashar/Görler 1994, S. 7f.; Röd 1998, S. 253). Der griechische Individualismus entstand aber nicht plötzlich im Hellenismus, sondern entwickelte sich bereits in der Klassik. Die Griechen konkurrierten miteinander als Individuen nicht bloß sportlich bei den vier heiligen Kranzspielen, sondern auch als politisch aktive Bürger, als Tragödiendichter, als Lehrer und Philosophen und in verschiedenen anderen Bereichen.

12.2 Die Skepsis

Drei Schulen der antiken Skepsis

In der antiken Philosophie lassen sich drei verschiedene skeptische Schulen unterscheiden. Allen drei ist gemeinsam, dass sie den grundsätzlichen Zweifel an der Möglichkeit der Erkenntnis der Wirklichkeit zum Prinzip des Denkens erheben und diese Möglichkeit überhaupt oder für bestimmte Bereiche leugnen. Antipoden der Skeptiker sind die Dogmatiker, die wie die Stoiker und Epikureer die Möglichkeit gesicherter Erkenntnis verteidigen und Wissen beanspruchen (→ KAPITEL 12.3 UND 12.4). Die ersten skeptischen Zweifel finden sich bei Xenophanes (→ KAPITEL 2.3). Ein weiterer wichtiger Vorläufer skeptischen Denkens war Sokrates mit seinem Ansatz, seine Gesprächspartner von ihren vermeintlichen Erkenntnissen zu befreien, ohne eigenes Wissen zu beanspruchen (→ KAPITEL 7.2). Als Gründer der skeptischen Schule gilt jedoch Pyrrhon von Elis, der etwa 30 Jahre vor Zenon von Kition und gut 20 Jahre vor Epikur geboren wurde.

Pyrrhon hat keine Schriften verfasst. Die älteste Quelle für seine Lehre sind die erhaltenen Fragmente der Schriften und Gedichte seines Schülers Timon von Phleius (ca. 320–230 v. Chr.; vgl. DL IX 109–116; Erler 1994, S. 760–767; Ricken 1994, S. 18–28).

Die zweite Schule ist die akademische Skepsis. Sie besteht aus den jüngeren Mitgliedern und Anhängern der Akademie, die von Platon in Athen gegründet wurde. Seitdem Arkesilaos von Pitane um 268 v. Chr. die Leitung der Akademie übernahm, widmete sie sich einem skeptischen bzw. aporetischen Denken (vgl. Lévy 1992). Über die Gründe dafür, dass sich die Akademie zum Skeptizismus hinwendete, kann man jedoch nur spekulieren (Hossenfelder 1985, S. 192f.). Arkesilaos hat nichts Schriftliches hinterlassen und war vor allem ein Kritiker des stoischen Dogmatismus (vgl. Görler 1994, S. 721f., 786–828; Ricken 1994, S. 29–47). Letzteres trifft auch auf Karneades zu, der der prominenteste Repräsentant der „jüngeren Akademie" war. In der Erkenntnistheorie und Ethik unterschied er sich jedoch in wichtigen Aspekten von Arkesilaos. Als athenischer Gesandter brachte Karneades den Römern 156/55 v. Chr. die Philosophie näher (vgl. Görler 1994, S. 849–897; Ricken 1994, S. 53–67). Letzter Scholarch der „jüngeren Akademie" war Philon aus Larissa, der die Schule bis ca. 84 v. Chr. leitete. Im Gegensatz zu seinen Vorgängern hing er keinem radikalen, sondern einem moderaten Skeptizismus an (vgl. Görler 1994, S. 915–937). Bedeutend war auch der ca. 68 v. Chr. verstorbene Antiochos aus Askalon, der erst Mitglied der „jüngeren Akademie" war, sich dann aber vom Skeptizismus abwandte und seine eigene Schule eröffnete (vgl. Görler 1994, S. 938–980; Donini 1982).

Die akademische Skepsis

Die dritte Schule ist die jüngere Skepsis, die wohl zur Lebenszeit Ciceros im frühen 1. Jahrhundert von Ainesidemos in Alexandria gegründet wurde (Görler 1994, S. 732; Ricken 1994, S. 68f., Zeller 2006, S. 262; vgl. dagegen Hossenfelder 1985, S. 147). Die jüngere Skepsis erneuerte Pyrrhons Lehre und arbeitete sie theoretisch weiter aus. Ihr und insbesondere dem Arzt Sextus Empiricus, der wohl in der zweiten Hälfte des 2. Jahrhunderts n. Chr. lebte, verdanken wir unser genaues Wissen des Pyrrhonismus. Wahrscheinlich war Sextus Grieche. Er dürfte in Rom oder Alexandria gelebt haben (vgl., auch zu Sextus' Beiname „der Empiriker", DL IX 116; Hossenfelder 1985, S. 148; Ricken 1994, S. 95f.). Unser Wissen über das Verhältnis der drei skeptischen Schulen untereinander, das in der Literatur kontrovers diskutiert wird, weist viele Lücken auf (Görler 1994, S. 721–733).

Die jüngere Skepsis

Pyrrhon aus Elis

Der etwa 365/360 v. Chr. geborene Pyrrhon, auf den die skeptische Schule zurückgeführt wird, stammte aus Elis, das auf der nordwestlichen Peloponnes gelegen ist. Pyrrhon soll aus ärmlichen Verhältnisse gestammt und zunächst Maler gewesen sein. Seine Schwester Philista war Hebamme. Die Geschwister lebten in bescheidenen Verhältnissen zusammen. Pyrrhon soll am Indienfeldzug Alexanders des Großen teilgenommen haben (DL IX 61f. und 66). Vielleicht war seine Bekanntschaft mit den indischen Asketen ein Grund für seine unerschütterliche Gemütsruhe und seine gleichgültige und gelassene Haltung im Leben (DL X 63, 68; vgl. Ricken 2007, S. 235). Von seinen Vorgängern soll Pyrrhon insbesondere Demokrit und Homer geschätzt haben (DL X 67). Als Lehrer der Philosophie gewann Pyrrhon in seiner Heimatstadt hohes Ansehen. Nausiphanes aus Teos, der langjährige Lehrer Epikurs, gehörte zu seinen Schülern (DL IX 64 und 69; → KAPITEL 12.4). Pyrrhon verstarb im Alter von 90 Jahren. Die Forschung über Pyrrhons Lehre hat eine Vielzahl von verschiedenen Interpretationen hervorgebracht. Keine dieser Deutungen gilt allerdings als zuverlässig. Denn „innerhalb der am besten bezeugten Aussagen finden sich unbestreitbare Widersprüche“ (Görler 1994, S. 735). Noch problematischer ist, dass sich „nicht einmal der Ausgangspunkt von Pyrrhons Denken eindeutig fassen lässt“ (Görler 1994, S. 735).

Sextus Empiricus als Quelle

Die wichtigste Quelle unseres Wissens über die Skepsis ist Sextus Empiricus (vgl. zu den anderen Quellen die Testimoniensammlung von Decleva Caizzi 1981 und Görler 1994, S. 733). Sextus gibt eine klare und ausführliche Darstellung der pyrrhonischen Skepsis. Wir wissen allerdings nicht, wie viel eigene Gedanken in seine Darstellung einfließen (Hossenfelder 1985, S. 148). Der „*Grundriß der pyrrhonischen Skepsis*“ (*Pyrrhoneioi hypotyposeis*) ist seine erste und grundlegende Schrift. Buch I erklärt die skeptische Philosophie. Die Bücher II und III kritisieren die Dogmatiker, d.h. alle Philosophen, die Lehren mit Wahrheitsanspruch vertreten. Von Sextus ist auch ein Werk mit dem Titel „*Adversus mathematicos*“ (*Gegen die Gelehrten*) überliefert, das elf Bücher und zwei verschiedene Schriften umfasst. Die frühere Schrift, die aus den Büchern VII bis XI besteht, wird mit dem Titel *Adversus dogmaticos* zitiert. Sie ist eine Ausarbeitung der Bücher II und III von *Pyrrhoneioi hypotyposeis* und kritisiert die drei Disziplinen der „dogmatischen“ Philosophie: Logik (incl. Erkenntnistheorie), Physik (incl. Theologie) und Ethik. Die spätere Schrift (Bücher I–VI), die die nichtphilosophischen Wissenschaften bzw. Disziplinen wie Grammatik, Rhetorik, Geometrie, Arithmetik, Astrologie und Musik kritisiert, wird mit dem Titel *Adversus mathematicos* zitiert.

Wie später die Stoa und Epikur zielt die pyrrhonische Skepsis auf die Glückseligkeit ab. Darunter verstehen die Skeptiker wie bereits Demokrit die „Seelenruhe" (*ataraxia*) (Pyrr. I 12, I 25f.; Math. VII 158; → KAPITEL 4.3). Die Seelenruhe identifizieren sie mit der „Ungestörtheit und Meeresstille der Seele" (Pyrr. I 10). Das entscheidende Mittel um sie zu erlangen besteht darin, keine Urteile zu fällen. Die Seelenruhe folgt der „*epochê*", der Urteilsenthaltung bzw. Zurückhaltung, wie „der Schatten dem Körper" (Pyrr. I 8, I 10, I 29; DL IX 107). Umstritten ist unter den Interpreten, auf welches Gebiet bzw. auf welche Arten von Aussagen sich die Urteilsenthaltung bezieht. Weigert sich der Skeptiker lediglich, die Wahrheit oder Falschheit von philosophischen Aussagen über das Wesen der Welt bzw. die „verborgenen Sachen" zu behaupten, wie die Dogmatiker und Wissenschaftler sie tätigen? (Pyrr. I 13, 192f.; vgl. DL IX 74) Oder umfasst der Bereich der Urteilsenthaltung auch alltägliche Aussagen wie die Behauptung, dass heute schönes Wetter ist? Jedenfalls bestreitet der Skeptiker nicht seine subjektiven Erlebnisse wie die Empfindung, dass es ihm gerade warm oder kalt ist (Pyrr. I 13). Zudem räumt er ein, dass er den Geschmack des Honigs als süß empfindet. Der Skeptiker urteilt aber nicht darüber, ob Honig tatsächlich süß ist (Pyrr. I 22; vgl. zu den gegensätzlichen Argumenten zum Umfang der Urteilsenthaltung Ricken 1994, S. 99–101, 114–125). Ein weiteres zentrales Interpretationsproblem betrifft den genauen Zusammenhang von Urteilsenthaltung und Seelenruhe und insbesondere die skeptische Überzeugung, dass erstere zu letzterer führen soll.

Urteilsenthaltung und Seelenruhe

Der pyrrhonische Skeptiker versteht sich als ein Philosoph, der weder wie die Dogmatiker den Anspruch erhebt, er hätte die Wahrheit gefunden, noch wie der akademische Skeptiker dogmatisch behauptet, sie ließe sich prinzipiell nicht erkennen. Vielmehr versteht er sich als Suchender (Pyrr. I 1 und I 7; vgl. Sextus' Abgrenzung von der akademischen Skepsis Pyrr. I 220–235). Nach Sextus' Darstellung hätte sich der Skeptiker ursprünglich die Glückseligkeit bzw. Seelenruhe von der philosophischen Suche nach der Wahrheit versprochen (vgl. Timons drei pyrrhonischen Grundfragen bei Eusebios: *Praeparatio evangelica* XIV 18, 2; Görler 1994, S. 737–740). Die Wahrheitssuche sei jedoch daran gescheitert, dass er in einen „gleichwertigen Widerstreit" (*isosthenês diaphônia*) hineingeraten sei (Pyrr. I 1). Mit „Gleichwertigkeit" bzw. „Gleichkräftigkeit" (*isostheneia*) ist gemeint, dass sich zu jedem Argument ein widerstreitendes bzw. entgegenge-

Das skeptische Selbstverständnis

setztes finden lässt, das dieselbe Überzeugungskraft hat (Pyrr. I 10). Der „gleichwertige Widerstreit“, dessen Konsequenz die Urteilsenthaltung bzw. das „Stillstehen des Verstandes“ ist, soll jedoch keineswegs ein intendiertes Ergebnis des Skeptikers gewesen sein (vgl. zum Begriff „*epochê*“ Hossenfelder 1985, S. 164f., 217). Vielmehr solle es sich um ein Zufallsresultat handeln, was eine häufig zitierte Anekdote verdeutlicht:

> „Dem Skeptiker geschah dasselbe, was von dem Maler Apelles erzählt wird. Dieser wollte, so heißt es, beim Malen eines Pferdes dessen Schaum auf dem Gemälde nachahmen. Das sei ihm so misslungen, dass er aufgab und den Schwamm, in dem er die Farben vom Pinsel abzuwischen pflegte, gegen das Bild schleuderte. Als dieser auftraf, habe er eine Nachahmung des Pferdeschaums hervorgebracht“ (Pyrr. I 28).

Die Anekdote soll zeigen, dass sich die Urteilsenthaltung und die nachfolgende Seelenruhe nach skeptischem Selbstverständnis zufällig aus dem Scheitern der philosophischen Suche nach der Wahrheit ergeben.

Unruhe als wahrer Ausgangspunkt

Gemäß dem skeptischen Selbstverständnis sehen viele Interpreten das Scheitern der philosophischen Wahrheitssuche als den Ausgangspunkt des pyrrhonischen Denkens an. Gegen die Darstellung, die Sextus vom Werdegang des Skeptikers gibt, wurde jedoch mit guten Gründen eingewandt, sie hielte „näherer Betrachtung nicht stand“: „In Wirklichkeit hat nicht die erkenntnistheoretische Skepsis zur pyrrhonischen Skepsis geführt, sondern die Pyrrhoneer wurden zu Skeptikern, um ihre ethischen Absichten zu erreichen, die nur so zu verwirklichen waren“ (Hossenfelder 1985, S. 151f.; vgl. Ricken 2007, S. 238). Die wesentliche ethische Absicht des Skeptikers ist – wie diejenige Epikurs – die Befreiung von der seelischen „Unruhe“ (*tarachê*), die die Ursache aller Unglückseligkeit sei (Math. XI 112; → KAPITEL 12.4). Das Streben nach Glückseligkeit nimmt bei den Skeptikern die negative Form eines Strebens nach der Befreiung von allem an, das sie verhindert. Das sind vor allem die forcierte und fehlgeleitete Suche nach Glückseligkeit und die daraus resultierende Unruhe. Die zentrale Quelle der Beunruhigung des Menschen sei das schädliche Dogma bzw. die nichtige Überzeugung, dass es Güter und Übel von Natur gibt:

> „Besitzt er die vermeintlichen Güter nicht, glaubt er sich von den natürlichen Übeln heimgesucht und jagt nach den Gütern, wie er meint. Hat er diese erworben, gerät er in noch größere Sorgen, weil er sich wider alle Vernunft und über alles Maß aufregt und

aus Furcht vor dem Umschwung alles unternimmt, um die vermeintlichen Güter nicht zu verlieren" (Pyrr. I 27; vgl. Pyrr. I 30; Math. XI 111ff.).

Der Glaube an die Existenz natürlicher Güter wie Reichtum und Ruhm und natürlicher Übel wie Tod und Schmerz führt zu einem eifrigen und angespannten Streben oder Meiden (vgl. die stoische Affektenlehre sowie Epikurs Lehre von den Begierden und sein Ziel der Überwindung der Furcht → KAPITEL 12.3 UND 12.4). Die skeptische Position ist, dass es keine Güter und Übel von Natur gibt oder, konsequenter, dass wir keine wahren Güter und Übel erkennen können. Wenn der Skeptiker auf diesem Weg alle ethischen Überzeugungen über natürliche oder objektive Werte und Übel aufgibt, befreit er sich auch von der seelischen Unruhe, die die Konsequenz derartiger Überzeugungen ist. Dennoch kann er sich nicht vollständig gegen aufgezwungenes Leiden immunisieren, das etwa aus Hunger, Durst und Schmerz entsteht. Er kann dieses Leiden aber zumindest so weit wie möglich abmildern (Pyrr. I 25, 28, 30; Math. XI 111–140; vgl. Horn 1998, S. 102f.; Zeller 2006, S. 234).

Die skeptischen Tropen

Die Unerkennbarkeit der Wahrheit ist ein geeignetes Mittel um das ethische Ziel der Seelenruhe zu erreichen. Um zu zeigen, dass sich die Wahrheit nicht erkennen lässt, entwickeln die Skeptiker eine besondere Kunst bzw. Technik zur Herbeiführung eines „gleichwertigen Widerstreits". Sextus definiert die Skepsis als „die Fähigkeit (*dynamis*), erscheinende und gedachte Dinge auf jede mögliche Weise einander entgegenzusetzen, so dass wir wegen der Gleichwertigkeit (*isostheneia*) der entgegengesetzten Sachen und Argumente zuerst zur Urteilsenthaltung (*epochê*) und danach zur Seelenruhe (*ataraxia*) gelangen" (Pyrr. I 8; vgl. DL IX 76 und 78). Zu dem Ziel, die Urteilsenthaltung zu erlangen, entwickelten die Pyrrhoneer verschiedene „Weisen" (*tropoi*) der wechselseitigen Entgegensetzung von „Erscheinungen" (*phainomena*) und „Gedanken" (*nooumena*) (Pyrr. I 31). Im Tropus Nr. 5 etwa werden zwei Erscheinungen einander entgegengesetzt: „Derselbe Turm erscheint aus der Ferne rund, aus der Nähe viereckig" (Pyrr. I 32, 118). Im Tropus Nr. 10 werden u.a. Mythen und dogmatische Annahmen und daher Gedanken einander entgegengesetzt. Dabei werden etwa widersprüchliche Vorstellungen von den Göttern oder gleichwertige Argumente für oder gegen die Existenz einer „Vorsehung" (*pronoia*) gegenüber gestellt (Pyrr. I 32, 161f.; → KAPITEL 12.3). Bei den „Tropen" handelt es sich um unterschiedliche Weisen, die Urteilsenthaltung herbeizuführen bzw. zu begründen. Aus der Verschiedenartigkeit der Lebewesen (Tropus Nr. 1), der einzelnen

Menschen (Tropus Nr. 2) und der Sinnesorgane (Tropus Nr. 3) folgt etwa, dass dieselben Sachen allen unterschiedlich erscheinen (Pyrr. I 40–99). Daher lässt sich nicht urteilen, wie diese Sachen an sich selbst beschaffen bzw. in Wahrheit sind (vgl. Nietzsches Perspektivismus Grimm 1977). Die älteste Liste mit zehn Tropen wird sowohl von Sextus als auch von Diogenes Laertius in verschiedener Ordnung überliefert (DL IX 79–88; Pyrr. I 40–163). Sie geht wahrscheinlich auf Ainesidemos zurück (vgl. Hossenfelder 1985, S. 158; Ricken 2007, S. 236; Zeller 2006, S. 234). Daneben ist noch eine Liste von Agrippa mit fünf Tropen und eine weitere mit zwei Tropen überliefert (DL IX 88f.; Pyrr. I 164–179; vgl., auch zum Verhältnis der verschiedenen Listen, Hossenfelder 1985, S. 157–160).

„Schlagworte" (*phônai*)

Die Tropen, die zum Nachweis des „gleichwertigen Widerstreits" dienen, sind mit bestimmten „Schlagworten" (*phônai*) verknüpft. Mit diesen bringen die Pyrrhoneer ihre skeptische Einstellung und ihre Erlebnisse bei der Anwendung der Tropen zum Ausdruck (Pyrr. I 187). So sagen sie etwa elliptisch „Nicht eher" (*ou mallon*), was „Nicht eher dieses als jenes" bedeutet (Pyrr. I 188). Weitere Schlagworte sind „Vielleicht" und „Vielleicht nicht", „Es ist möglich" und „Es ist nicht möglich" und „Ich halte mich zurück" (Pyrr. I 194–196). Den Schlagwörtern der Skeptiker liegt kein Dogma über das menschliche Erkenntnisvermögen zugrunde. Denn sie verweigern jegliches Urteil und jegliche Behauptung, sei es eine Affirmation oder eine Negation (Pyrr. I 4, 192f.). Vielmehr bringen sie mit den Schlagwörtern ihre augenblicklichen Erlebnisse zum Ausdruck. Die Pyrrhoneer erheben für ihre Skepsis keinen Anspruch auf prinzipielle, sondern lediglich auf augenblickliche Geltung (vgl. Hossenfelder 1985, S. 160–164; Ricken 1994, S. 110–114).

Urteilsenthaltung und Lebenspraxis

Ein gängiger Einwand gegen die Skepsis ist, dass sich mit einer durchgängigen Urteilsenthaltung nicht leben lässt: Entscheidungen und Handlungen setzten Urteile und Wertungen voraus. Der Skeptiker antwortet auf diesen Einwand: „Wir halten uns an die Phänomene und leben undogmatisch nach der alltäglichen Lebenserfahrung, weil wir nicht vollkommen untätig sein können" (Pyrr. I 23). Damit ist vor allem gemeint, dass der Skeptiker eigene Entscheidungen und Wertungen dadurch vermeidet, dass er sich wie die meisten Bürger an die gesellschaftlich vorgegebenen Normen, Werte, Sitten, Gesetze und Glaubensvorschriften hält (Pyrr. I 24). Da der Skeptiker über deren Wert und Wahrheitsgehalt nicht urteilen kann, bleibt ihm „nur das Weitermachen wie bisher" (Hossenfelder 1985, S. 171; vgl. S. 166–173).

Ein weiterer Einwand gegen Sextus' Darstellung der Skepsis ist, dass er viele oberflächliche Argumente, sophistische Trugschlüsse und Albernheiten darbietet. Als Arzt und Menschenfreund kann Sextus diesem Einwand jedoch entgegenhalten, dass es ihm mit seiner Philosophie nicht um die Suche nach Wahrheit geht, sondern lediglich um die Therapie der Kranken. Deren Leiden entstehe vor allem aus zwanghafter Suche nach der Wahrheit und dem Glück sowie aus voreiligen dogmatischen Einbildungen. Je nach Schwere der Leiden müsse auch ein entsprechendes Heilmittel verordnet werden. Genügten bei einer schwachen Krankheit bereits oberflächliche Argumente, erfordere die Heilung von hartnäckigen und schwerwiegenden dogmatischen Einbildungen den Einsatz von starken Argumenten. Methodisch entscheidend ist, dass jedem Argument ein gleichstarkes entgegengesetzt wird, das dessen Überzeugungskraft aufzuheben vermag (Pyrr. III 280f.; vgl. Hossenfelder 1985, S. 164; Ricken 1994, S. 106–110).

Die Skepsis als Therapie

12.3 Die Stoa

Die Stoa, die Schule der Stoiker, wurde von Zenon gegründet. Er wurde ca. 333/32 v. Chr. auf Zypern in Kition geboren, dem heutigen Larnaka. Die griechische Polis war eine phönizische Gründung und Zenon dürfte phönizischer Abstammung gewesen sein (DL VII 1, 28f.; vgl., auch zu den biographischen Quellen, Steinmetz 1994, S. 518f.). Um 311 kam Zenon als junger Mann nach Athen, wo er später viel Anerkennung genoss (DL VII 5f.). Um 300 v. Chr. begann er seine Lehrtätigkeit in der *„stoa poikilê"*, der mit den Fresken des Polygnot geschmückten „bunten Säulenhalle". Sie war am Marktplatz gelegen und gab der Schule ihren Namen. „Stoiker" bedeutet wörtlich: „die von der Säulenhalle" (DL VII 5). Diogenes Laertius überliefert eine Liste von Zenons 19 Werken (DL VII 4; vgl. Steinmetz 1994, S. 521f.). 262 v. Chr. dürfte er freiwillig aus dem Leben geschieden sein (DL VII 28f.).

Zenon von Kition

In seinem Todesjahr soll Zenon Kleanthes von Assos zum Leiter der Schule ernannt haben. Kleanthes, der aus armen Verhältnissen stammte, verteidigte Zenons Lehre gegen die Kritik der anderen Schulen entschieden, aber nicht immer erfolgreich. Er soll um 230 v. Chr. eines freiwilligen Hungertods gestorben sein (DL VII 168–176; vgl. Steinmetz 1994, S. 566f.). Als Kleanthes' Nachfolger wurde Chrysipp von Soloi in Kilikien gewählt (gest. 208/04 v. Chr.; vgl. Steinmetz

Die Schule und ihre Protagonisten

Abbildung 16: Stoa des Attalos, Athen

1994, S. 584–586). Chrysipp bewahrte die Schule, die über die richtige Interpretation von Zenons Lehre zerstritten war, vor ihrem Zerfall. Chrysipp war als Schriftsteller äußerst produktiv und als Lehrer und Verbreiter der stoischen Lehre sehr erfolgreich. Nach Diogenes Laertius, der ein umfangreiches und dennoch unvollständiges Schriftenverzeichnis überliefert, soll er mehr als 705 Bücher verfasst haben (DL VII 180, 189–202; vgl. Steinmetz 1994, S. 586–592). Als scharfsinniger Dialektiker begründete Chrysipp die Schule neu und schuf ein einheitliches System ihrer Philosophie. Die stoische Lehre lebte „in der Form fort, die Chrysipp ihr gegeben hat“ (Pohlenz 1984, S. 30). Chrysipp wird bis heute – neben oder sogar vor Zenon – als bedeutendster aller Stoiker angesehen (Adamson 2015, S. 7; Hossenfelder 1985, S. 44; Sedley 2003, S. 7f.). Mit ihm kam die alte Stoa, der nach traditioneller Einteilung noch eine mittlere und eine späte nachfolgte, zum Abschluss. Die mittlere Stoa hielt an Chrysipps Lehre im Wesentlichen fest. Sie entwickelte jedoch neue Fragestellungen und integrierte peripatetische und platonische Elemente (Sedley 2003; Steinmetz 1994, S. 496). Wann genau der Beginn der mittleren Stoa datiert werden muss, ist in der Forschung umstritten (vgl. zur Debatte Steinmetz 1994, S. 496). Als ihre wichtigsten Denker gelten

Panaitios aus Rhodos (ca. 180/85–109) und Poseidonios aus Apameia in Syrien (ca. 135–50) (vgl. zu Panaitios' Neuerungen Hossenfelder 1985, S. 94–97; Weinkauf 2006, S. 15, 20f.). Die späte Stoa fällt in die römische Kaiserzeit von Augustus bis etwa Mitte des 3. Jahrhunderts n. Chr.. Ihre wichtigsten Vertreter sind Lucius Annaeus Seneca (ca. 4 v. Chr.–65 n. Chr.), erster Erzieher und Ratgeber von Kaiser Nero, Gaius Musonius Rufus (ca. 20/30–ca. 85 n. Chr.), sein Schüler Epiktet (ca. 50/55–138 n. Chr.), ein freigelassener Sklave, und der römische Kaiser Marc Aurel (121–180 n. Chr.). Die späte Stoa war die vorherrschende Philosophie ihrer Zeit. Nach gängiger Auffassung war sie weniger kreativ und mehr an der Popularisierung der ethischen Lehren und Lebensweisheiten interessiert (vgl. zur römischen Stoa Gill 2003).

Die Quellen

Die Schriften der alten und mittleren Stoa sind nahezu vollständig verloren. Ausnahmen bilden beträchtliche Teile des 1. Buches von Chrysipps *„Logischen Untersuchungen"* (*Logikon zetematon*), die auf einem in Herculaneum gefundenen Papyrus überliefert sind (SVF II 298a), und Kleanthes' Zeus-Hymnus (SVF I 537). Von den römischen Stoikern sind eine Reihe von Schriften erhalten, die auch Quellen für die alte und mittlere Stoa darstellen. Wertvoll ist das ausführliche Referat über die stoische Lehre, das Diogenes Laertius' Philosophiegeschichte enthält (DL VII 38–160). Kaiser Augustus' Lehrer und Freund Areios Didymos verfasste einen durch Stobaios erhaltenen *Auszug der Lehrmeinungen der Philosophen*, der die stoische Ethik und Physik darlegt. Weitere wichtige Quellen sind antike Autoren, die stoische Lehren referieren oder sich kritisch mit ihnen auseinandersetzen. Zu ihnen zählen Alexander von Aphrodisias, Cicero, Galen, Plutarch, Sextus Empiricus (→ KAPITEL 13.1; vgl. Guckes 2004, S. 8, und die detaillierteren Angaben zu den Quellen und Fragmentsammlungen bei Steinmetz 1994, S. 496–501).

Philosophische Einflüsse

Der wichtigste Einfluss auf die stoische Schule ging von der Bewegung der Kyniker aus, die auf Sokrates zurückgeht (vgl. Hossenfelder 1985, S. 45; Zeller 2006, S. 200f.). Sokrates' Schüler Antisthenes war der Lehrer von Diogenes von Sinope und dieser der Lehrer von Krates aus Theben (→ KAPITEL 7.5). Krates, der ein bedürfnisloses philosophisches Bettlerleben führte, war wiederum der Lehrer von Zenon aus Kition, dem Begründer der Stoa: „in Krates' Lebensführung hatte er den lebendigen Beweis vor Augen, daß Zufriedenheit und Glückseligkeit nur von der inneren Einstellung des Menschen abhängen" (Pohlenz 1984, S. 23; DL VII 4). Obwohl Krates für Zenons philosophische Entwicklung prägend war, galt in der Antike nicht er, sondern

Antisthenes als „geistiger Urheber“ der Stoa (DL VI 14–18). Von großer Bedeutung für die stoischen Philosophen ist auch Heraklits Logos-Philosophie, an die sie anknüpfen (→ KAPITEL 3.1). Die Stoiker verstehen Heraklits Logos als ein göttliches und aktives Vernunftprinzip, das die Welt lenkt und ordnet (DL VI 88). Von Kleanthes ist eine Schrift verzeichnet, in der er Heraklit interpretiert (DL VII 174; vgl. zu Heraklits Einfluss Hossenfelder 1985, S. 79, 81f.; Pohlenz 1984, S. 34f., 68; Ricken 2007, S. 210; Weinkauf 2006, S. 9; Zeller 2006, S. 202).

Die Einteilung der Philosophie

In ihrer Einteilung der Philosophie schließt die Stoa an Xenokrates an, der Platons Nachfolger Speusipp als Leiter der Akademie ablöste. Die Stoiker gliedern die Philosophie in lediglich drei Bereiche: Logik, Physik bzw. Naturphilosophie und Ethik. Diese Gliederung soll bereits auf Zenon zurückgehen (DL VII 39). Umstritten ist die genaue Anordnung bzw. Reihenfolge der drei Disziplinen (vgl. Boeri/Salles 2014, S. 8–28). Die stoische Logik untergliedert sich in Rhetorik, Dialektik und Erkenntnistheorie. Nach Diogenes Laertius umfasst die Dialektik die Erkenntnis- und die Sprachtheorie. Entscheidend ist, dass die Logik dazu verhilft, Trugschlüsse zu vermeiden und wahre Erkenntnisse zu gewinnen (DL VII 41ff.). Die Physik betrachtet die Gesetze der Natur und des Kosmos sowie das Wirken des göttlichen Logos in ihnen. Die Ethik thematisiert die Folgen, die sich daraus für das menschliche Leben und Handeln ergeben. Die Stoiker verglichen die Philosophie mit einem lebenden Wesen. Ihre drei Teile verstanden sie als organische Einheit. Allerdings wurde diese Analogie auf unterschiedliche Weise konkretisiert. Übereinstimmung besteht nur darin, dass die Logik den Knochen und Sehnen entspricht. Nach Diogenes Laertius kommt die Ethik den fleischigen Teilen gleich und die Physik der Seele (DL VII 40). Nach Sextus Empiricus und Seneca entspricht die Ethik der Seele und die Physik Fleisch und Blut. Sextus schreibt letztere Position explizit Poseidonios zu (Math. VII 19; vgl. Seneca: *Brief an Lucilius* 89, 9). Auch wenn alle Stoiker die enge Verbindung der drei Bereiche der Philosophie in ihrer Lehre berücksichtigten, unterrichteten sie sie jeweils in verschiedenen Abfolgen (DL VII 40f.).

Naturphilosophie und Theologie

Die Physik bzw. Naturphilosophie der Stoiker ist eng mit ihrer Theologie verknüpft. Denn sie sehen den Logos, das vernünftige und aktive Prinzip, das den Kosmos schafft und lenkt, als Gott an. Sie nennen ihn auch Zeus (vgl. Kleanthes' Zeus-Hymnus und DL VII 135f.). Zentrale Quellen für die stoische Theologie sind Ciceros Buch *Vom Wesen der Götter* (vor allem Buch II) und Buch IX von Sextus Empiricus' Schrift *Adversus mathematicos*. Die Naturphilosophie der Stoiker ist nicht dualistisch wie Platons Ontologie mit ihrer Zwei-Welten-Lehre, sondern monistisch (→ KAPITEL 8.2 UND 8.3). Gott ist letztlich mit der Welt bzw. der Natur und ihrer vernünftigen Ordnung identisch. Daher lassen sich die Stoiker als Anhänger des Pantheismus verstehen (vgl. Hossenfelder 1985, S. 85; Pohlenz 1984, S. 233; Zeller 2006, S. 206, 209). Der Logos, das vernünftige und aktive Prinzip des Kosmos, ist mit der eigenschaftslosen Materie, dessen passivem Prinzip, untrennbar verknüpft. Die göttliche Vernunft ist auch das bewegende Prinzip, das die Materie zu Körpern gestaltet und von dem sie ihre Qualitäten erhalten. Die ganze Wirklichkeit besteht aus Materie und Körpern, weshalb die Stoiker oft als Materialisten verstanden werden (vgl. Hossenfelder 1985, S. 79f.; Zeller 2006, S. 206f.). Allerdings wurde zu Recht darauf verwiesen, dass „die Stoiker das mechanistische Weltbild Epikurs entschieden abgelehnt haben“ (Ricken 2007, S. 215; → KAPITEL 12.4). Die einfachsten Körper sind die vier Elemente Erde, Wasser, Luft und Feuer, aus denen alle anderen Körper zusammengesetzt sind (DL VII 136f.). Unter den vier Elementen sprechen die Stoiker dem Feuer wie Heraklit eine Sonderstellung zu (→ KAPITEL 3.1). Das Feuer, das sie als göttlich und vernünftig ansehen, ist ein gestaltendes Element.

Feuer, Kosmos und Weltenbrand

Nach den Stoikern ist das Feuer mit der Physis, der Natur, identisch. Es ist ein „gestaltendes Feuer“ (*pyr technikon*) und ein bewegendes Prinzip (DL VII 156). Die „schöpferische und göttliche Weltvernunft“ (*logos spermatikos*), die den Plan der Weltordnung enthält, verwirklicht sich als Feuer, aus dem die anderen drei Elemente und später der ganze Kosmos und alle Körper hervorgehen (DL VII 136, 147f., 156). Die Welt entsteht nicht bloß aus dem Feuer, sondern vergeht auch wieder in ihm (SVF II 585, 596ff.). Es ist somit sowohl ein künstlerisch-gestaltendes als auch ein zerstörerisches Prinzip. Die stoische Lehre vom „Weltenbrand“ (*ekpyrôsis*) dürfte bereits von Heraklit vertreten worden sein (DL IX 8). Diese Überlieferung ist jedoch in der Literatur umstritten (→ KAPITEL 3.1). Etliche Fragmente Heraklits nehmen jedoch die stoische Lehre vom göttlichen Feuer vorweg und dürften sie zumindest inspiriert haben. Da der Kosmos wie die einzelnen Lebewesen periodisch entsteht und vergeht, verstehen ihn die Stoiker als einen einzigen Organismus (vgl. DL VII 142f.).

Pneuma und Mensch

Wenn sich in der Natur das reine Feuer mit dem kühlenden Element der Luft vermischt, wird es zum „Pneuma“, zum warmen „Hauch“ (SVF I, 135; II 786f.; vgl. Algra/Barnes, S. 388f.). Das Pneuma ist in allen Körpern der Welt – belebten wie unbelebten – enthalten. Genau betrachtet sind der Logos und das reine Feuer nicht das unmittelbar aktive Prinzip, sondern sie entfalten ihre gestaltende und bewegende Macht mittels des Pneumas. Verschiedene Arten von Gegenständen enthalten verschieden große Anteile an Pneuma. Den größten hat der Mensch, weil er ein vernünftiges Wesen ist. Die Seele des Menschen ist körperlicher Natur und besteht aus warmem Pneuma, das seinen Leib zusammenhält und ihn belebt. Entscheidend ist ihr „regierender Teil" (*hêgemonikon*), der der Sitz des Denkens und Bewusstseins ist. Nach dem Tod trennt sich die Seele vom Leib. Sie ist zwar sterblich, löst sich aber dennoch nicht sofort auf. Nach einer Überlieferung können starke Seelen sogar bis zum nächsten Weltenbrand fortbestehen. Die Stoiker haben jedoch keine Vorstellung von einem jenseitigen Leben (vgl. zu den Quellen Guckes 2004, S. 10f., und Hossenfelder 1985, S. 82–84).

Teleologie, Vorsehung, Schicksal

Die Stoiker vertreten wie Aristoteles eine teleologische Auffassung der Natur (→ KAPITEL 10.2). Die Natur ist eine Ordnung, in der alles einen bestimmten vorgegeben „Zweck" (*telos*) hat. In ihrer Ordnung nach Zwecken zeigt sich, dass eine göttliche Vernunft in der Natur wirksam ist. Dies zeigt sich auch im „Schicksal" (*heimarmenê*), das alle Ursachen in der Welt mit Notwendigkeit verkettet. Zufälle gibt es nicht im Kosmos. Die vergangenen Ereignisse und die Naturgesetze legen alle künftigen Geschehnisse fest. Der Glaube an die umfassende Determiniertheit des Weltgeschehens erklärt, warum die Stoiker Anhänger der Mantik waren, der Kunst der Weissagung (vgl. Cicero: *Von der Weissagung* I, 125–127). Das Schicksal wurde jedoch von den Stoikern nicht als bedrohliche Macht empfunden. Denn sie glaubten auch an eine göttliche „Voraussicht" bzw. „Vorsehung" (*pronoia*). Die Gottheit, die den Kosmos geschaffen hat, ist für- und vorsorglich und lenkt alles zum Besten für die Welt und die Menschen (vgl. Cicero: *Vom Wesen der Götter* II 57f.; II, 164). Zwischen der kausalen Determiniertheit der Welt (*heimarmenê*) und der zwecktägigen Vorsorge (*pronoia*) in ihr erkannten die Stoiker keinen Widerspruch, sondern sahen darin „nur verschiedene Aspekte ein und derselben Struktur (SVF I, 176, 160)" (Hossenfelder 1985, S. 87; vgl. zum Verhältnis von „Schicksal" und „Vorsorge" Llyod 2004, S. 124–126; Ricken 2007, S. 218). Trotz ihrer Annahme eines umfassenden Kausal-Determinismus hielten die Stoiker an der Freiheit und Verantwortlichkeit des Menschen fest, die eine Voraussetzung der Ethik ist. Ob sich diese widersprüchlichen Annahmen vereinbaren lassen, ist in der Forschung umstritten (vgl. Hossenfelder 1985, S. 84–94; Jedan 2004; Llyod 2004; Sorabji 1980). Die stoische Lehre von der Vorsehung wirft das Problem auf, wieso trotz der göttlichen Lenkung des Weltgeschehens so viel Leiden, Unglück und Böses existieren. Ein zentraler Lösungsansatz dieser Schwierigkeit, des Theodizeeproblems, besteht in der Behauptung der Stoiker, dass wir in der bestmöglichen Welt leben (vgl. Guckes 2004, S. 20f., Ricken 2007, S. 218).

Durch seine Vernunft, die den Menschen mit der göttlichen Vernunft verbindet, ist er dazu fähig, die Gesetze der Natur und des Kosmos zu erkennen und ihnen bewusst zu folgen. Die theoretische Erkenntnis der Natur geht mit der ethischen Forderung einher, ihr und ihren Normen gemäß zu leben. Bereits Zenon soll erklärt haben, das Endziel sei ein „Leben, das der Natur gemäß ist" (*homologoumenôs tê physei zên*) (DL VII 87; vgl. 88f.). Diese bekannte Formel wird von den meisten Interpreten als „zentrale stoische Lebensregel" und als „oberster Grundsatz" der stoischen Ethik angesehen (Horn 1998, S. 89; Zeller 2006, S. 212). Es wurde jedoch bestritten, dass dies tatsächlich zutrifft und dass die Formel tatsächlich bereits auf Zenon zurückgeht, der lediglich von einem „einstimmigen Leben" (*homologoumenôs zên*) gesprochen haben könnte (SVF I 179, 4; Hossenfelder 1985, S. 45f., 61). Die ethische Forderung eines Lebens gemäß der Natur bezieht sich nicht bloß auf ein Leben gemäß den Gesetzen des Kosmos und der äußeren Natur, sondern auch gemäß der inneren Natur des Menschen (DL VII 88f.). Was ein naturgemäßes Leben ist, ergibt sich aus der stoischen Oikeiosis-Lehre, die erklärt, was dem Menschen „eigen" bzw. „eigentümlich" (*oikeion*) ist (vgl. Guckes 2004, S. 17–19; Hossenfelder 1985, S. 62f.; Ricken 2007, S. 220). Eigentümlich und natürlich ist dem Menschen das Streben nach Selbsterhaltung. Diese Lehre richtet sich auch gegen die epikureische Auffassung, dass für den Menschen das Streben nach Lust natürlich ist (→ KAPITEL 12.4). Dem erwachsenen Menschen ist vor allem die Vernunft eigentümlich. Daher besteht für ihn ein gutes Lebens oder ein Leben gemäß der Natur in einem vernunftbestimmten Leben. Die Stoiker verstehen die vernünftige Einsicht als die oberste und zentrale „Tüchtigkeit" (*aretê*) und deren Erlangung als oberstes Ziel des Lebens. Im Einklang damit soll Zenon zur Beantwortung der Frage, was unter einem naturgemäßen Leben zu verstehen ist, auf ein „Leben" verwiesen haben, „das der Tüchtigkeit gemäß ist" (*kat' aretên zên*) (DL VII 87).

Der Natur gemäß leben

Mit ihrer Tugendlehre knüpfen die Stoiker an den Intellektualismus des Sokrates an, der die Tüchtigkeit als Wissen und daher als lehrbar ansah. Sokrates, Antisthenes und Diogenes hätten, so Poseidonios, durch ihre moralischen Fortschritte den Beweis erbracht, dass die „Tüchtigkeit“ (*aretê*) wirklich existiert (DL VII 91; → KAPITEL 7.3 UND 7.5). Die Stoiker sehen die Tüchtigkeit als ein seelisches Gut an, das um seiner selbst willen anzustreben ist. Wer die Tüchtigkeit in seiner Seele ausbildet und tugendhaft lebt, der ist glücklich. Die Glückseligkeit ist letztlich mit den ausgebildeten und ausgeübten Tüchtigkeiten identisch (DL VII 89, 97, 127f.). Als die höchsten Tüchtigkeiten sehen die Stoiker die traditionellen vier „Kardinaltugenden“ an: „Einsicht“ (*phronêsis*), Gerechtigkeit, Besonnenheit und Tapferkeit (DL VII 92; vgl. DL VII 100, 102; KAPITEL 9.1 UND 11.2). Diese Tüchtigkeiten interpretieren sie als eine untrennbare Einheit, die darin begründet ist, dass sie alle vier eine bestimmte Art der Einsicht darstellen. Gerechtigkeit sei Einsicht im Zuteilen, Besonnenheit bei der Wahl der Dinge und Tapferkeit im Ertragen (SVF I 200–202). Die Einsicht selbst definieren die Stoiker als „ein Wissen (*epistêmê*) des Schlechten und Guten und dessen, das keines von beiden ist“ (DL VII 92). Wer die Einsicht erlangt, hat ein Wissen davon, was wirklich wertvoll, was „schlecht“ oder „böse“ (*kakon*) und was gleichgültig ist. Dieses Wissen ermöglicht es dem stoischen Weisen, die Glückseligkeit zu erreichen. Denn es macht ihn frei von den Affekten sowie unabhängig von den äußeren Gütern und Gegebenheiten, die seine innere Ausgeglichenheit stören könnten. Die Stoiker verinnerlichen das Glück und setzen es mit der Tüchtigkeit und insbesondere mit der vernünftigen Einsicht gleich.

Die Tugendlehre

Der Weise hat das Wissen, dass nur die Einsicht bzw. Tüchtigkeit uneingeschränkt gut und wertvoll ist. Alle anderen Dinge sind letztlich für die Glückseligkeit gleichgültig; sie sind „*adiaphora*“ (gleichgültige Sachen). Weder das Leben noch die Gesundheit, die Schönheit oder der Reichtum sind wahre Güter. Vor allem ist die Lust, die Epikur zum Ziel des Lebens erklärt, kein Gut, das um seiner selbst willen anzustreben ist (→ KAPITEL 12.4). Ebenso sind weder der Tod noch die Krankheit, die Hässlichkeit und die Armut wahre Übel. Dass alle diese Sachen gleichgültig sind bzw. keine wahren Güter darstellen, begründen die Stoiker mit verschiedenen Argumenten. Die Lust sei kein Gut, weil es auch schädliche Lüste gibt und nichts Schädliches gut sei (vgl. Platon: *Politeia* 505 c). Alle wahren Güter hätten einen Nutzen und würden nicht schaden. Reichtum und Gesundheit könnten aber sowohl schaden als auch nützen. Zudem ließen sich beide gut und übel verwenden, woraus wiederum folgt, dass sie keine wahren Güter sind. Entscheidend ist, dass der Mensch als ein vernünftiges und moralisches Wesen die Tüchtigkeit und damit die Glückseligkeit auch ohne diese Güter erreichen kann (DL VII 98, 102–105). Auch wenn

Die „gleichgültigen Dinge“ (*adiaphora*)

die Stoiker die äußeren und körperlichen Güter im Gegensatz zu Aristoteles nicht als zentrale Bestandteile eines guten und glücklichen Lebens ansehen, werten sie sie nicht völlig ab (→ KAPITEL 11.2). Reichtum, Gesundheit und andere Güter zählen zwar zu den Adiaphora. Es kommt ihnen aber dennoch ein gewisser „Wert" (*axia*) zu. Daher fallen sie in die Kategorie der gleichgültigen Sachen, die „vorzuziehen" (*proêgmena*) sind. Sie sind Güter im abgeleiteten Sinne, weil sie zu einem vernünftigen Leben beitragen (DL VII 105). Der Stoiker muss sich ihres untergeordneten Werts jedoch stets bewusst sein. Die Stoiker unterscheiden noch zwei weitere Kategorien von gleichgültigen Sachen: diejenigen, die „verwerflich" (*apoproêgmena*) sind, und diejenigen, die wahrhaft gleichgültig sind. Letzteren kommt weder ein Wert noch ein Unwert zu, wie etwa der Frage, ob ein Mensch eine gerade oder ungerade Anzahl von Haaren auf dem Kopf hat (DL VII 104).

Die Lehre von den Affekten

Die Tüchtigkeit der vernünftigen Einsicht verschafft dem stoischen Weisen nicht bloß ein Wissen von den Sachen, die für die Glückseligkeit gleichgültig sind. Sie befreit ihn auch von den Affekten, die als irrationale und krankhafte Zustände ihre Verwirklichung hintertreiben. Die stoische Lehre von den Affekten ist eng mit ihrer Erkenntnis- und ihrer Handlungstheorie verknüpft (vgl. Algra/Barnes 1999, S. 295–322, 690–713). Bereits Zenon soll gelehrt haben, dass jeder „Affekt" (*pathê* oder *pathos*) unter eine von vier Gattungen fällt: „Begierde" (*epithymia*), „Lust" (*hedonê*), „Furcht" (*phobos*) und „Schmerz" bzw. „Unlust" (*lypê*) (DL VII 110f.). Am Anfang eines Affekts steht die „Vorstellung" (*phantasia*), dass etwas – z.B. Reichtum oder Krankheit – gut oder schlecht ist. Wenn die Vernunft derartigen Vorstellungen zustimmt und etwa den Reichtum als Gut und die Krankheit als Übel beurteilt, dann entstehen als Affekte eine Begierde nach Reichtum und eine Furcht vor Krankheit. Diese Affekte, die mit einem starken und kontinuierlichen Impuls einhergehen, Handlungen auszuführen um reich zu werden oder um Krankheiten abzuwenden, gewinnen leicht die Kontrolle über einen Menschen und rauben ihm seine Freiheit. Die Affekte bewirken in der Seele starke Erregungs- und Spannungszustände, machen sie krank und verhindern ein gutes und glückliches Leben (DL VII 115). Der stoische Weise ist frei von allen Affekten, weil seine Besonnenheit und Vernunft ihn davon abhalten, falsch zu wählen und zu urteilen. Durch seine Einsicht erkennt er, dass weder Krankheit ein wahres Übel noch Reichtum ein wahres Gut ist und dass beide zu den gleichgültigen Dingen gehören. Die Tüchtigkeit der vernünftigen Einsicht bewirkt beim Weisen die Apathie, die Freiheit von den Affekten und Leidenschaften, und damit die Glückseligkeit, d.h. den inneren Frieden und die Seelenruhe (DL VII 117; vgl. zur Affektlehre Guckes 2004, S. 24–29; Halbig 2004, Hossenfelder 1985, S. 46–53; Vogt 2004).

Kritik an der stoischen Ethik

Der Intellektualismus der stoischen Ethik und die mit ihm verknüpfte Affektenlehre, die auf Chrysipp zurückgeht, wurden von der mittleren Stoa an bis heute häufig kritisiert. Problematisch ist vor allem der Versuch der alten Stoa, ein Ideal des guten Lebens zu konzipieren, das von allen körperlichen und äußeren Gütern sowie von allen außermoralischen und nicht selbstgesetzten Werten unabhängig ist. Die Glückseligkeit hängt auch von unverfügbaren körperlichen und äußeren Gütern und insbesondere von Gefühlen der Lust und Unlust ab, die sich nicht von der autonomen Vernunft und ihren frei gefällten Werturteilen beherrschen lassen. Das Denken vermag weder die Lust völlig als Gut zu entwerten noch den Schmerz dadurch auszuschalten oder „wegzuvernünfteln“, dass sie ihn nicht als Übel beurteilt (vgl. dagegen zum Propatheia-Theorem Abel 1983). Die erlebte Lust geht mit der unmittelbaren und unwillkürlichen Wertung einher, dass dieses Gefühl gut ist, wie auch der Schmerz unwillkürlich und spontan negiert wird. Der Rigorismus der „lustfeindlichen Stoiker“ und ihre Lehre, dass die Tüchtigkeit für die Glückseligkeit ausreicht, wurden von der mittleren Stoa abgemildert (DL VII 128; vgl. zur Kritik der stoischen Affektenlehre und Ethik Halbig 2004, S. 52–60; Hossenfelder 1985, S. 51f., 94–96, 104).

Politische Philosophie

Im Gegensatz zu Epikur, der von einer Beteiligung am politischen Leben abriet, hatten die Stoiker keine fundamentalen Einwände gegen eine politische Tätigkeit (DL VII 121; vgl. Ottmann 2001b, S. 301, 308f.; → KAPITEL 12.4). Einige Stoiker leisteten theoretische Beiträge zur politischen Philosophie und knüpften dabei an die Kyniker an. Der Schulgründer Zenon, der wie Platon eine *Politeia* schrieb, vertrat wie Diogenes einen Kosmopolitismus (→ KAPITEL 7.5). Die Menschen seien Weltbürger und ihre politische Gemeinschaft sollte nicht auf der Grundlage von einzelnen Städten mit jeweils eigener Gesetzgebung organisiert sein. Vielmehr sollten sich alle als Mitbürger ansehen und sich einem Gesetz und Recht, das von Natur aus besteht, unterstellen (SVF I 262; DL VII 128). Alle Menschen seien als Vernunftwesen miteinander verwandt und einander gleich. Das universelle Naturrecht und natürliche Gesetz, dessen Fundamente die göttliche Vernunft und ihr Gesetz darstellen, gilt für alle gleichermaßen. Als Konsequenz ihres Naturrechtsdenkens kritisierten die Stoikern wie die Sophisten die bestehenden Gesetze und Verfassungen als verfehlt (SVF I 537;

SVF III 323f.; → KAPITEL 6.2 UND 6.3). Aus diesen Überzeugungen folgt für die Stoiker zudem, dass die damals gängigen Unterscheidungen zwischen Freien und Sklaven, Griechen und Barbaren sowie zwischen Männern und Frauen irrelavant sind. Entscheidend ist lediglich, ob jemand die vernünftige Einsicht erlangt hat und ob er oder sie die Gesetze der Natur und des Kosmos vernehmen kann oder nicht. Der Siegeszug des europäischen Gedankens der Menschengleichheit verdankt den Stoikern genauso viel wie dem Christentum, das mit seiner Lehre einer Gleichheit aller Seelen vor Gott auf sie zurückgriff.

12.4 Epikur und die Epikureer

Leben und Schule

Epikur wurde 341 v. Chr. auf der Insel Samos geboren, die unmittelbar vor der kleinasiatischen Küste liegt. Als Sohn eines Siedlers aus Athen hatte er wie seine drei Brüder das Bürgerrecht der Stadt. Sein Vater war adlig und wohlhabend. Epikur wuchs auf Samos auf, wo er als Jugendlicher von dem Platoniker Pamphilos seinen ersten Unterricht in der Philosophie erhielt (DL X 1, 14). Bedeutender für seine philosophische Entwicklung war jedoch sein mehrjähriges Studium bei dem Demokriteer Nausiphanes in Teos. Die Stadt lag nördlich von Samos auf dem kleinasiatischen Festland. Umstritten ist, ob seine Studienzeit bei Nausiphanes vor oder nach seinem zweijährigen Militärdienst in Athen datiert, den er 323 v. Chr. im Alter von 18 begann (Erler 1994, S. 66; Hossenfelder 1985, S. 100; Hossenfelder 1991, S. 15). Während Epikurs erstem Aufenthalt in Athen, das damals weiterhin das Zentrum der griechischen Philosophie war, leitete Xenokrates die Akademie. Aristoteles zog 322 v. Chr. nach Chalkis um (→ KAPITEL 10.1). Nach Beendigung des Militärdiensts zog Epikur in die kleinasiatische Stadt Kolophon, in die seine Eltern nach der Vertreibung aus Samos übergesiedelt waren. Über die nachfolgenden zehn Jahre gibt es kaum Informationen. Im Alter von 32 begann Epikur erst in Mytilene auf Lesbos und später in Lampsakos am asiatischen Ufer des Hellespont Philosophie zu lehren und eine Schule zu gründen. An beiden Orten verbrachte er zusammen fünf Jahre. In Mytilene freundete er sich mit Hermarchos an, der nach seinem Tod die Schule leitete (DL X 15; vgl. zu Hermarchos Erler 1994, S. 227–234). In Lampsakos gewann er wohlhabende Freunde und Schüler wie Metrodor, der die Schule auch finanziell unterstützte (vgl. zu Metrodor Erler 1994, S. 216–222). Etwa 305 v. Chr. zog Epikur mit etlichen seiner Schüler nach Athen, wo er sich ein Gartengrundstück kaufte, das seiner Schule ihren Namen (*kêpos* = Garten) gab (DL X 10, 17). Epikurs Schule war nicht bloß eine Lehr- und Forschungsstätte, sondern eine Lebensgemeinschaft. Die Schule, der auch Frauen und Sklaven angehörten, beruhte auf Freundschaftsverhältnissen, die auch ein zentrales Thema von Epikurs Ethik waren (vgl. Erler 1994, S. 205–215, 287f.; Lévy 1997, S. 29–32). Seine Schule gewann rasch Bekanntheit und gesellschaftlichen Einfluss in der Stadt. Als Schulleiter, der seine Lehren dogmatisch vertrat und von seinen Schülern sogar auswendig lernen ließ, genoss Epikur kultische Verehrung. Nach schmerzhafter Krankheit verstarb er im Alter von 72 Jahren in Athen (DL X 15). Seine Schule bestand bis ins 4. Jahrhundert n. Chr. fort und war in der römischen Welt stark verbreitet (vgl. zu Epikurs Biographie Erler 1994, S. 62–72; Hossenfelder 1991, S. 14–21; vgl. zu seinem Testament DL X 16–21).

Werke, Überlieferung und Quellen

Nach Diogenes Laertius war Epikur „ein Vielschreiber ersten Ranges". Er soll mehr geschrieben haben als alle anderen Autoren (DL X 26). Von Epikurs Schriften führt Diogenes diejenigen 40 an, die er für die besten hält, und verweist zudem auf seine Briefe (DL X 27f.). Fast alle Schriften sind verloren gegangen. Epikurs Hauptwerk war die 37 Bücher umfassende Schrift „*Von der Natur*" (*Peri physeos*). Diogenes überliefert in Buch X seiner Philosophiegeschichte die einzigen vollständig erhaltenen Schriften: Epikurs 40 „*Hauptlehrsätze*" (*Kyriai doxai*) (DL X 139–154), die als „Katechismus" seiner Lehre angesehen werden, und drei Lehrbriefe. Der *Brief an Menoikus* behandelt die Grundsätze der Theologie und vor allem der Ethik bzw. des richtigen und guten Lebens (DL X 122–135), der *Brief an Herodot* enthält einen Abriss über die Erkenntnistheorie und insbesondere die Physik bzw. Naturphilosophie (DL X 35–83) und der *Brief an Pythokles*, dessen Echtheit umstritten ist, thematisiert die Himmelserscheinungen, vor denen Epikur den Menschen die Furcht nehmen will (DL X 84–116). Weitere bedeutende Quellen zur Lehre Epikurs und seiner Schüler sind die Papyri, die in der Stadt Herculaneum, die 79 n. Chr. durch den Ausbruch des Vesuvs verschüttet wurde, erhalten blieben. Die Papyri, die nach der Wiederentdeckung der Stadt 1709 sukzessive aufgerollt wurden, überliefern überwiegend Werke von Epikurs Schülern. Der Großteil der Schriften, die lediglich einige Fragmente von Epikurs Werken enthalten, stammt von Philodem aus Gadara, der im 1. Jahrhundert v. Chr. lebte (vgl. Erler 1994, S. 46f., 289–362). Von den vielen Sekundärquellen zu Epikurs Lehre ist das Lehrgedicht „*Von der Natur*" (*De rerum natura*) des römischen Dichters Lukrez am bedeutendsten. Das sechs Bücher umfassende Werk entstand Mitte des ersten Jahrhunderts v. Chr. und ist vor allem eine Quelle für Epikurs Physik bzw. Naturphilosophie. Der Titel dürfte auf Epikurs Hauptwerk zurückgehen, an das sich Lukrez eng anlehnte. Bedeutend ist auch die 1884 entdeckte monumentale öffentliche Inschrift, die der Epikureer Diogenes in die Wand einer Säulenhalle in Oinoanda meißeln ließ. Die Inschrift in der antiken Stadt, die in Lykien in Kleinasien liegt, dürfte aus dem frühen 2. Jahrhundert n. Chr. stammen. Durch sie wollte Diogenes der zukünftigen Menschheit Epikurs Naturphilosophie und Ethik überliefern. 1888 wurde im Vatikan eine Handschrift (Cod. Vat. gr. 1950) aus dem 14. Jahrhundert entdeckt, die aus 81 Sprüchen Epikurs und verschiedener Epikureer zu ausschließlich ethischen Themen besteht (Wotke/Usener 1888; vgl. zu Epikurs Schriften, ihrer literarischen Einordung sowie zu Stil, Sprache, Ausgaben, Übersetzungen und ausführlich zum Inhalt der Werke Erler 1994, S. 44–61, 75–125).

Rezeption und Forschungsstand

Etwa 290 v. Chr. verließ Metrodors Bruder Timokrates Epikurs Schule und schrieb eine Schmähschrift, in der er ihn sinnlicher und sexueller Ausschweifungen beschuldigte (DL X 6f.). Christliche und stoische Autoren setzten derart ungerechtfertigte Schmähungen fort, die mit einer Abwertung von Epikurs Philosophie einhergingen. Im christlichen Mittelalter galt Epikur – trotz manch positiver Wertungen – vor allem als Häretiker, weil er die Unsterblichkeit der Seele leugnete. In der Renaissance und Neuzeit erfuhr er dagegen erheblich mehr Wertschätzung. Von Bedeutung war er vor allem für die italienischen Humanisten, für Hobbes und Gassendi sowie die englischen Utilitaristen und französischen Materialisten der Aufklärung (vgl. Erler 1994, S. 190–194). Trotz dieser Aufwertungen Epikurs finden sich auch in der Moderne einige negative Urteile, etwa bei den deutschsprachigen Philosophen und Philosophiehistorikern des 19. Jahrhunderts. Einen Schritt zu einer erneut positiveren Wertung stellte Karl Marx' Dissertation *Differenz der demokritischen und epikureischen Naturphilosophie* von 1841 dar (Marx 1973). Jean-Marie Guyau, der Epikurs Wirkung auf das Denken der Neuzeit untersuchte, interpretierte Epikur 1878 als Vorläufer des Positivismus, Utilitarismus und der Aufklärung (Guyau 1927). Die weitere Forschung wurde sowohl durch die 1887 erschienene Testimoniensammlung *Epicurea* von Hermann Usener als auch durch die steigende Anzahl edierter Papyri aus Herculaneum befruchtet. Dabei wuchs auch das Interesse an den Texten von Epikurs Schülern. Die neuere Forschung hat Epikurs Werk nicht bloß aufgewertet, sondern auch das lange vorherrschende Urteil korrigiert, dass er als rein praktischer Philosoph an theoretischen und metaphysischen Fragestellungen nicht interessiert gewesen sei (vgl., auch zu weiteren Details aus der Forschungsgeschichte, Erler 1994, S. 35–38).

Epikurs Philosophie unterteilt sich wie diejenige der Stoiker in drei Teile: Kanonik, Physik bzw. Naturphilosophie und Ethik (DL X 29–31). Die Kanonik entspricht in etwa der Disziplin, die von den Stoikern „Logik" genannt wurde (→ KAPITEL 12.3). Epikur hielt jedoch die Dialektik bzw. formale Logik für überflüssig (DL X 31). Die Kanonik umfasst vor allem die Erkenntnistheorie, die er eng mit der Physik verbindet. Der Terminus geht auf Epikurs verlorenes Werk *Kanon* zurück, dessen Titel wörtlich „Messstab" oder „Richtlinie" bedeutet (DL X 27, 30). Darin geht es vor allem um den Maßstab und die Kriterien von wahren Urteilen und Erkenntnissen. Die zentrale Quelle der Wahrheit ist nach Epikur sensualistischer und empiristischer Erkenntnistheorie die „Sinneswahrnehmung" (*aisthesis*), die er mit seiner Atomtheorie erklärt. Die Wahrnehmungsobjekte strömen kontinuierlich „Bilder" (*eidôla*) ab, die die gleiche Struktur haben wie sie und durch Poren in die Seele gelangen und dort zu einer „Vorstellung" (*phantasia*) führen. Wahrnehmung ist ein zentrales Wahrheitskriterium, weil sie für Epikur ein passiver Prozess ist und die Sinne nicht trügen. Als weitere Wahrheitskriterien sieht er die „Vor-" bzw. „Allgemeinbegriffe" (*prolêpseis*) an, auf die wir Wahrnehmungen zurückführen und mittels derer wir über sie sprechen, und die „Affekte" (*pathê*). Die Affekte Lust und Unlust sind die Kriterien, auf Grund derer wir etwas wählen oder vermeiden bzw. als positiv oder als negativ bewerten (DL X 31–34; vgl., auch zur Literatur und zu Interpretationskontroversen, Erler 1994, S. 131–133, 147–149, 174f.; Hossenfelder 1985, S. 124–133).

Kanonik bzw. Erkenntnistheorie

Zu Beginn seiner Naturphilosophie argumentiert Epikur für drei Grundprinzipien des Seienden. Die ersten beiden ontologischen Prinzipien dürften auf Parmenides zurückgehen, auch wenn Epikur sie empirisch begründet (vgl. zur Begründung Erler 1994, S. 138f.; Hossenfelder 1985, S. 135; Ricken 2007, S. 228f.; → KAPITEL 3.2). (1) Nichts entsteht aus Nichtseiendem; (2) Nichts vergeht ins Nichtseiende (DL X 38f.; Lukrez I 149–264). Aus der Kombination dieser beiden Prinzipien folgt als drittes Prinzip, dass die Welt unwandelbar bzw. konstant ist: (3) Das All war immer so, wie es jetzt ist, und es wird immer so sein. Auf der Grundlage dieser drei ontologischen Prinzipien entwickelt Epikur seine Physik, die eine Weiterentwicklung der Atomtheorie von Demokrit und Leukipp ist (→ KAPITEL 4.3). Das All besteht, wie die Sinneswahrnehmungen bezeugen, aus Körpern.

Die Prinzipien des Seienden

Diese bestehen wiederum aus unteilbaren und unvergänglichen Körpern, den Atomen (*atomos* = unteilbar). Die Körper bewegen sich im leeren Raum. Das „Leere“ (*kenon*) muss nach Epikur postuliert werden, weil sich sonst die beobachtbare Bewegung nicht erklären lässt (DL X 39–41; Lukrez I 265ff.). Ein weiteres Prinzip des Alls bzw. Seienden ist seine Unendlichkeit bzw. Unbegrenztheit. Sowohl der leere Raum als auch die Anzahl der existierenden Atome sind unendlich (DL X 41f.; vgl. Geyer 2004, S. 36–38).

Weiterentwicklung der Atomtheorie

Epikur übernimmt zwar wesentliche Bestandteile der Atomtheorie von Demokrit und Leukipp. Dennoch entwickelt er sie weiter. Dies wurde von Simplikios als Konsequenz von Aristoteles' Kritik an der älteren Atomtheorie gedeutet (vgl. zu Quellen und Literatur Erler 1994, S. 141). Demokrits und Epikurs Atomlehren unterscheiden sich vor allem in zwei Hinsichten. Die erste betrifft die Unteilbarkeit der Atome. Für beide Theoretiker sind die Atome ihrem Namen entsprechend physisch bzw. als Körper unteilbar. Aber Epikur lässt – wahrscheinlich im Gegensatz zu Demokrit – eine theoretische Teilbarkeit der Atome zu. Denn Atome haben besondere Gestalten, an denen wir theoretisch verschiedene Teile unterscheiden können. Diese Teile sind jedoch auch theoretisch nicht weiter teilbar. Sie sind Minima bzw. kleinste Größen (DL X 56–59; Lukrez I 599–634; vgl. Erler 1994, S. 141f.; Hossenfelder 1985, S. 137–140; Ricken 2007, S. 229). Epikur hat zweitens im Gegensatz zu Demokrit eine elaborierte Theorie von der Atombewegung (DL X 60–62; Lukrez II 62–331; vgl. Lévy 1997, S. 51–55). Auf Grund ihrer Schwere bewegen sich alle Atome – leichte wie schwere – mit der gleichen Geschwindigkeit senkrecht durch den leeren Raum von oben nach unten (DL X 61). Gelegentlich kommt es zu grundlosen Abweichungen von der vertikalen Falllinie und daher zu Zusammenstößen. Durch derartige Abweichungen dürfte Epikur auch die Willensfreiheit erklärt haben (Lukrez II 216–224, 251–293; vgl. Erler 1994, S. 160f.; Lévy 1997, S. 69–73, und zu Epikurs Kinetik Erler 1994, S. 142–144; Hossenfelder 1985, S. 138–144; Ricken 2007, S. 230f.).

Primat der Ethik und ihrer Ziele

In Epikurs Lehrgebäude gibt es eine klare Hierarchie der Disziplinen. Die Kanonik dient vor allem dazu, die Erkenntnisse der Naturphilosophie abzusichern. Die Physik ist jedoch wie die zu ihr gehörende Kosmologie, Theologie und Psychologie nicht Selbstzweck. Denn sie untersteht der Ethik, deren primäres Ziel ein gutes und glückliches Leben ist. Das bringt Epikur in Hauptlehrsatz Nr. 11 seiner *Kyriai doxai* deutlich zum Ausdruck:

„Wenn uns nicht die Furcht vor den Himmelserscheinungen beunruhigte oder vor dem Tod, dass er uns nicht vielleicht doch etwas angehe, sowie ferner die Unkenntnis der Grenzen des Schmerzes und der Begierden, dann bedürften wir keiner Naturlehre" (DL X 142; vgl. Hauptlehrsätze Nr. 12 und Nr. 13 DL X 143).

Wie im vorangehenden Hauptlehrsatz Nr. 10 und den Hauptlehrsätzen Nr. 1–4 spricht Epikur hier die vier zentralen Ziele an, die für ein gutes und glückliches Leben entscheidend sind. Bei allen vier Zielen geht es im Wesentlichen darum, die Furcht bzw. Unlust zu überwinden und die „Seelenruhe" (*ataraxia*) zu erlangen.

Götter, Schmerz, Tod und Begierde

(1) Die Physik und insbesondere die Kosmologie und Theologie können die Furcht vor beunruhigenden Himmelserscheinungen wie Gewittern nehmen. Die Menschen müssen sich vor derartigen Himmelserscheinungen nicht fürchten, weil sie nicht von zornigen oder strafenden Göttern stammen. Denn als glückliche Wesen kümmern sich die Götter nicht um die Menschen (→ KAPITEL 7.4; vgl. zu Epikurs Theologie DL X 123f., 134; Lukrez I 62–148, V 1160–1240, VI 58–79; Cicero: *Vom Wesen der Götter* I; vgl. Erler 1994, S. 149–153; Lévy 1997, S. 59–61, und zu Epikurs Frömmigkeit Erler 1994, S. 167–169). Der Seelenruhe dient auch die Lehre, dass die Welt ein eigengesetzlicher Mechanismus aus bewegten Atomen ist, auf den die Götter nicht einwirken. Daher kann es weder eine göttliche Vorsehung noch ein Schicksal noch eine Teleologie geben, wie die Stoiker behaupten (vgl. Erler 1994, S. 144f.; → KAPITEL 12.3). (2) Die Naturphilosophie und insbesondere die Psychologie kann die Furcht vor dem Tod und dem Jenseits nehmen. Der Tod hat für uns keine Bedeutung, weil sich mit ihm die Seele, die ein körperliches Gebilde ist, auflöst (DL X 63, 139; vgl. Erler 1994, S. 146f.; Hossenfelder 1985, S. 114f.; → KAPITEL 4.3 UND 7.4). Nach einem vieldiskutierten Argument geht uns der Tod nichts an, „denn solange wir existieren, ist der Tod nicht da, wenn aber der Tod da ist, existieren wir nicht mehr" (DL X 125). Ein verwandtes Argument dafür, dass der Tod für uns keine Bedeutung hat, lautet: „Jedes Gut und Übel besteht in einer Empfindung; der Tod aber ist der Verlust der Empfindung" (DL X 124). (3) Die Naturlehre kann dem Menschen auch weitgehend die Furcht vor dem körperlichen Schmerz nehmen. Denn die Erfahrung zeigt, dass sehr starke Schmerzen nur wenige Tage dauern. Langedauernde Leiden dagegen seien schwach und würden von körperlichen Lustzuständen überwogen (DL X 133, 140; *Vatikanische Spruchsammlung* Nr. 4). (4) Die Naturlehre kann auch dazu beitragen, den Menschen von den Forderungen übermäßiger oder nichtiger

Begierden zu befreien. Derartige Begierden führen zu Unruhe, Furcht und Anspannung und erzeugen daher Unlust. Um dies zu vermeiden und die menschlichen Ansprüche auf ein vernünftiges Maß zu beschränken, teilt Epikur die Begierden, ein zentrales Thema seiner Philosophie, in verschiedene Kategorien ein.

Die Lehre von den Begierden

Ein Wissen über die „Begierde“ (*epithymia*) kann jedes menschliche Wählen und Meiden anleiten und ist für die „körperliche Gesundheit und die ungestörte Seelenruhe“ und damit für „das Ziel des glücklichen Lebens“ erforderlich (DL X 128). Epikur erklärt über die Begierden, dass sie

> „teils natürlich, teils nichtig sind. Von den natürlichen sind die einen notwendig, die anderen bloß natürlich. Von den notwendigen wiederum sind die einen zur Glückseligkeit notwendig, die anderen zur Vermeidung körperlicher Störungen, die dritten zum bloßen Leben“ (DL X 127; vgl. Hauptlehrsatz Nr. 29 DL X 149).

Nichtige Begierden wie diejenigen nach Ruhm, Macht, großem Reichtum und Luxus führen zu beständiger Unruhe und Rastlosigkeit (Lukrez III 59–93; vgl. Hauptlehrsatz Nr. 15 DL X 144 und die Affektenlehre der Stoiker → KAPITEL 12.3). Derartige Strebungen sind unnatürlich und schädlich. Sie lassen sich jedoch wie die Furcht vor den Himmelserscheinungen, vor dem Tod und dem körperlichen Schmerz durch vernünftige Einsicht beseitigen. Als Beispiel für Begierden, die zwar natürlich, aber nicht notwendig sind, wird in der Literatur das sexuelle Verlangen genannt (Erler 1994, S. 158; Horn 1998, S. 97; Hossenfelder 1995, S. 114; vgl. DL X 118). Nach Olof Gigon dagegen ist der Gedanke nicht-notwendiger Begierden „an medizinisch-diätetischen Erfahrungen orientiert“ und bezieht sich auf „kostbare exotische Speisen und Getränke“ (Gigon 1991, S. 179). Letztere Interpretation wird durch Epikurs Hauptlehrsatz Nr. 26 bestätigt, nach dem alle unbefriedigten Begierden, die nicht zu den notwendigen gehören, nicht zu Schmerzen führen (DL X 148f.). Dies dürfte jedoch – zumindest hinsichtlich der psychisch-emotionalen Folgen – bei einem dauerhaft unbefriedigten sexuellen Verlangen sehr wohl der Fall sein. Unbefriedigte Begierden, die wie Hunger und Durst natürlich und notwendig sind, führen jedenfalls mit Sicherheit rasch zu Schmerzen. Trifft letzteres für alle Menschen zu, ist das sexuelle Verlangen bei verschiedenen Menschen unterschiedlich stark ausgeprägt. Nicht alle Menschen empfinden Frustration, wenn sie dauerhaft ohne sexuelle Befriedung bleiben. Es ist unklar, wie stark Epikur derartige individuelle Unterschiede berücksichtigt hat (vgl. Nr. 51 der *Vatikanischen Spruchsammlung*, die allerdings von Epikurs Schüler Metrodor stammt). Schwer zu deuten ist Epikurs weitere Unterteilung der notwendigen Begierden. Hunger und Durst etwa sind sowohl „zur Glückseligkeit", „zur Vermeidung körperlicher Störungen" als auch „zum bloßen Leben" notwendig. Nach Malte Hossenfelder, der sich mit Epikurs Dreiteilung genauer befasst hat, ist sie „wohl so zu verstehen, daß sie nicht bei-, sondern unterordnet, so daß die dritte in der zweiten und beide in der ersten Klasse enthalten sind. Denn das Begehren körperlicher Gesundheit umfaßt das lebenserhaltende Verlangen nach Nahrung, Getränk, Kleidung usw., erschöpft sich aber nicht darin, da man auch im Wohlleben krank sein kann" (Hossenfelder 1985, S. 113). Aus Epikurs Lehre von den Begierden folgt die Wertschätzung von Genügsamkeit und einem maßvollen Begehren, deren Lohn die Freiheit ist (*Vatikanische Spruchsammlung* Nr. 77).

Lust und Glückseligkeit

Epikur gilt wie Aristippos von Kyrene und Eudoxos von Knidos, die die „Lust" (*hedonê*) mit dem Guten identifizieren, als ein Hedonist (EN X 2, 1172 b 9; vgl. zu Eudoxos Hossenfelder 1991, S. 29–36, und zu Aristippos → KAPITEL 7.4). Epikurs Lustbegriff ist jedoch ungewöhnlich und schwer zu deuten (vgl. Erler 1994, S. 154–159; Geyer 2004, S. 75–93; Hossenfelder 1985, S. 102–124; Hossenfelder 1991, S. 29–98). Im Gegensatz zu Aristippos und Eudoxos setzt Epikur die Lust, die er als unser „erstes und uns verwandtes Gut" begreift, mit der Glückseligkeit gleich (DL X 129; → KAPITEL 7.4). Die Lust sei „Anfang und Ende (*telos*) des glückseligen Lebens (*makarios zên*)" bzw. Endziel des menschlichen Lebens (DL X 128f., 131). Entscheidend für die Glückseligkeit bzw. Lust ist nach Epikur die „Seelenruhe" (*ataraxia*), die durch die Beseitigung des Schmerzes, der Unlust und der Furcht erlangt wird (vgl. die Affektenlehre der Stoiker → KAPITEL 12.3). Gelingt dies durch die philosophische Beseitigung aller bedeutenden Unlustquellen wie den schädlichen Begierden sowie der Furcht vor den Himmelserscheinungen, vor dem Tod und dem Schmerz, dann ist eine Grenze erreicht. Ist der Zustand der als Seelenruhe verstandenen Glückseligkeit bzw. Lust erreicht, lässt er sich nicht weiter steigern. Wie Epikurs Atomtheorie geht seine Ethik des guten Lebens zu einem bedeutenden Teil auf Demokrit zurück, der auch bereits die Seelenruhe ins Zentrum stellte (→ KAPITEL 4.3).

Epikurs Lustbegriff

Um Epikurs Lustbegriff richtig verstehen zu können, muss man vor allem erkennen, dass er unter Lust nicht wie die gewöhnlichen Menschen primär die Lust an sinnlichen Genüssen wie Speisen, Getränken und sexuellen Akten versteht. Obwohl er den Begriff „Lust" auch im umgangssprachlichen Sinne verwendet, definiert er die Lust auf eigentümliche Weise als das „Freisein von körperlichem Schmerz und von Störung der Seelenruhe" (DL X 131f.; vgl. DL X 128). Von seinem philosophischen Lustbegriff her ist Epikurs Hauptlehrsatz Nr. 3 zu verstehen, der regelmäßig für Verwunderung sorgt: „Grenze der Größe der Lust ist die Beseitigung alles dessen, was Schmerz erregt. Wo immer das Lusterzeugende vorhanden ist, da findet sich, solange es anwesend ist, weder Schmerz noch Leid noch beides zusammen" (DL X 139). Ist der Zustand der Schmerzfreiheit und der Seelenruhe erreicht, der das Wesen der Lust ausmacht, lässt er sich nicht weiter steigern. Daher wurde Epikurs Lehre als „negativer Hedonismus" bezeichnet (Marcuse 1979, S. 259). Nietzsche bemerkte über Epikur: „Solch ein Glück hat nur ein fortwährend Leidender erfinden können" (*Fröhliche Wissenschaft* § 45). Epikurs These, dass die „Unlustfreiheit das Höchstmaß der Lust sei", wurde häufig kritisiert. Gegen sie wurde eingewandt, dass sie nicht bloß „offensichtlich falsch" sei, sondern auch zu Konsequenzen führe, „die mit der Erfahrung im Widerspruch stehen" (Hossenfelder 1985, S. 113, 212). Diese Kritik wäre allerdings nur dann zutreffend, wenn Epikurs Lustlehre ein umgangssprachlicher Lustbegriff zugrundeläge. Dies ist aber nicht der Fall. Auch wenn sein philosophischer Lustbegriff Missverständnisse provoziert, schließt er keineswegs aus, dass sich dem Zustand der maximalen Schmerzfreiheit und Seelenruhe noch gewöhnliche Lüste wie sinnliche Genüsse hinzufügen lassen. Das dürfte Epikur meinen, wenn er in seinem Hauptlehrsatz Nr. 18 erklärt, dass sich die Lust im Zustand der Schmerzfreiheit und der Seelenruhe zwar nicht weiter erhöhen lässt, aber „eine größere Mannigfaltigkeit" erfahren bzw. „variiert" werden (*poikilletai*) kann (DL X 144; vgl. Hossenfelder 1985, S. 112). Im Einklang damit heißt es, dass die Epikureer nicht bloß die notwendigen Begierden erfüllen, sondern auch die „bloß natürlichen" unter der Voraussetzung gewähren lassen, „dass sie nicht schaden" (*Vatikanische Spruchsammlung* Nr. 21; vgl. Hauptlehrsatz Nr. 10 DL X 142). Maßvolle Sinneslust ist angenehm, aber im Gegensatz zur Schmerzfreiheit und Seelenruhe für die Glückseligkeit nicht entscheidend.

Kinetische und statische Lust

Ein bedeutendes Forschungsproblem dreht sich um die Zuschreibung einiger Quellen, dass Epikur die Lust in eine kinetische – das höchste Gut der Kyrenaiker – und eine katastematische bzw. statische unterteilt hat und um die Frage nach deren Verhältnis (DL X 136f.; Cicero: *De Finibus Bonorum et Malorum* I 37f., II 9; vgl. Erler 1994, S. 155f.; → KAPITEL 7.4). Während die meisten Interpreten diese Zuschreibung akzeptieren, wurde sie von manchen Autoren in Frage gestellt (Nikolsky 2001 im Anschluss an Gosling/Taylor 1982, S. 365–

396). Andere Interpreten zweifeln zwar die Zuschreibung nicht an, aber die Deutung, dass sich die „Lust in Bewegung“ qualitativ von der „zuständlichen Lust“ unterscheidet (Hossenfelder 1985, S. 103, 212f.).

Begründung und sinnliche Lust

Um seinen Hedonismus zu begründen, nimmt Epikur einen „Beweis“ der Kyrenaiker auf (DL II 87f.; vgl., auch zur Kritik an der Begründung, → KAPITEL 7.4). Luststreben und Unlustvermeidung sind für Epikur deshalb oberste Ziele eines guten und glücklichen Lebens, weil sie natürliche menschliche Strebungen sind:

> „Und als Beweis für die Lust als Endziel führt er die Tatsache an, dass die Lebewesen, sobald sie geboren sind, mit der Lust auf bestem Fuße stünden, gegen den Schmerz aber eine natürliche und nicht von der Vernunft hervorgerufene Abneigung empfänden“ (DL X 137).

Auch wenn Epikur den „Beweis“ der Kyrenaiker aufnimmt, dreht er ihre Rangordnung von körperlicher und seelischer Lust um (→ KAPITEL 7.4). Seiner Auffassung nach sind die seelische Lust und Unlust größer als die körperliche, weil die Seele nicht bloß durch gegenwärtige, sondern auch durch vergangene und zukünftige Empfindungen affiziert wird (DL X 137). Dennoch sieht er alle Lüste letztlich als sinnlich an, weil sie aus körperlichen Zuständen hervorgehen. Provokativ formuliert Epikur: „Ursprung und Wurzel alles Guten ist die Lust des Bauches, auch das Weise und Überfliegende bezieht sich nur auf diese“ (Usener fr. 409; vgl. Erler 1994, S. 157; Hossenfelder 1991, S. 72; Zeller 2006, S. 230).

Hedonistisches Kalkül und Einsicht

Epikur nimmt in seine Lehre den Gedanken eines hedonistischen Kalküls auf, der sich bereits bei den Kyrenaikern und in Platons *Protagoras* findet (353 c–357 b; → KAPITEL 7.4). Unter Zugrundelegung des umgangssprachlichen Lustbegriffs erklärt er, dass eine Lust dann nicht wählenswert ist, wenn sich aus ihr ein Übermaß an Unannehmlichkeiten ergibt. Aus demselben Kalkül solle man sich auch für eine Unlust entscheiden, wenn „aus dem längeren Ertragen von Schmerzen um so größere Lust erwächst“ (DL X 129). Im Einklang damit lautet sein Hauptlehrsatz Nr. 8: „Keine Lust ist an sich ein Übel; aber das, was bestimmte Lüste erzeugt, bringt Beschwerden mit sich, die um ein Vielfaches größer sind als die Lustempfindungen“ (DL X 141; vgl. *Vatikanische Spruchsammlung* Nr. 21). Derartige Lust-Unlust-Kalküle, die in der Moderne für die utilitaristische Ethik von Jeremy Bentham zentral werden, zeigen die bedeutende Rolle, die Epikur der „vernünftigen Einsicht“ (*phronêsis*) zuspricht. Sie verhilft zu einer rationalen Lebensplanung und dient vor allem der Vermeidung von

Unlust. Epikur räumt der vernünftigen Einsicht sogar einen höheren Rang ein als der Philosophie und erklärt, dass „ein lustvolles Leben nicht möglich ist ohne ein einsichtsvolles, sittliches und gerechtes Leben, und ein einsichtsvolles, sittliches und gerechtes Leben nicht ohne ein lustvolles" (DL X 132; vgl. Hauptlehrsatz Nr. 5 DL X 140).

Tugendlehre und Moralbegründung

Ein lustvolles Leben ist für Epikur eng mit einem tugendhaften Leben verknüpft. Er soll auch eine Schrift mit dem Titel *Von der Gerechtigkeit und den anderen Tüchtigkeiten* verfasst haben (DL X 28). Wie die Stoiker hält Epikur die vernünftige Einsicht, aus der alle anderen Tugenden entspringen, für die entscheidende Tüchtigkeit (DL X 132; → KAPITEL 12.3). Tugenden wie Gerechtigkeit und vernünftige Einsicht sieht er jedoch nicht als Selbstzweck an, sondern als Mittel für die Lust. Recht und Gerechtigkeit, die das zentrale Thema seiner letzten zehn Hauptlehrsätze darstellen, sind keine intrinsischen, sondern instrumentelle Güter und Werte (DL X 150–154; vgl. Ottmann 2001b, S. 293f.). Sie sind nicht um ihrer selbst willen zu wählen, sondern wegen ihrer erfreulichen Folgen. Ein vorgegebenes Naturrecht existiert nach Epikur nicht (vgl. Erler 1994, S. 165; Hossenfelder 1991, S. 105–107). Wie die Sophisten betrachtet er die Gerechtigkeit aus vertragstheoretischer Perspektive (vgl. Sprute 1990). Sie ist ein nützliches Mittel für ein ruhiges und glückliches Leben und im Kern ein „Abkommen zur Verhütung gegenseitiger Schädigung" (DL X 150f.). Epikur sieht moralisches Verhalten allgemein nicht als Selbstzweck an. Es solle aber dennoch wegen seiner Nützlichkeit gewählt werden: „Die Ungerechtigkeit ist kein Übel an sich, sondern wird es nur durch die argwöhnische Furcht, es werde nicht gelingen, dem Auge des berufenen Strafvollziehers verborgen zu bleiben" (DL X 151; vgl. Hauptlehrsatz Nr. 17 DL X 144). Wie später die utilitaristischen Ethiker beurteilt Epikur Handlungen nach ihren Konsequenzen. Eine Handlung ist dann richtig, wenn sie zu mehr Lust als Unlust führt. Im Gegensatz zu den utilitaristischen Ethikern geht es ihm aber nicht um die Summe der Lust und Unlust aller von einer Handlung betroffenen Personen, sondern lediglich um die Folgen für das handelnde Individuum.

Politik und Sicherheit als Gut

Im Gegensatz zu Aristoteles, dem zufolge sich ein gutes und glückliches Leben auch als ein politisches Leben verwirklichen lässt, rät Epikur: „Befreien muss man sich auf dem Gefängnis der Geschäfte und der Politik" (*Vatikanische Spruchsammlung* Nr. 58; → KAPITEL 11.2). Der Weise, so Epikur, werde keiner politischen Tätigkeit nachgehen (DL X 119). Zu einem Rückzug ins Private rät auch sein berühmtes Motto: „Lebe im Verborgenen" (*lathe biôsas*) (Usener fr. 551; Plutarch: *Moralia* 1128 c, 1130 b). Dennoch bringt Epikurs Schüler Kolotes seine Wertschätzung für den Staat als Garant für Sicherheit zum Ausdruck (Plutarch: *Adversus Coloten* 1124 d; vgl. zu Kolotes Erler 1994, S. 235–240). Sicherheit ist eine zentrale Voraussetzung für ein glückliches und ungestörtes Leben. Nach Epikurs Hauptlehrsatz Nr. 6 ist politische Herrschaft, insbesondere in Form eines Königtums, ein naturgemäßes Gut und Mittel um sich Sicherheit vor anderen Menschen zu verschaffen (DL X 140). Im Einklang damit überliefert Diogenes Laertius eine Schrift von Epikur mit dem Titel *Vom Königtum* (DL X 28; vgl. DL X 121; Ottmann 2001b, S. 295f.). Sicherheit vor den Menschen ist nach Epikur ein natürliches Gut. In manchen Fällen und bis zu einem gewissen Grad lässt es sich durch Ruhm, Macht und Reichtum erlangen. Die genuinste Form von Sicherheit entsteht jedoch daraus, dass man „ein stilles und von der Menge abgesondertes Dasein führt" (Hauptlehrsätze Nr. 7 und Nr. 14 DL X 141 und 143; vgl. zum Thema Sicherheit bei den Epikureern Algra/Barnes 1999, S. 748–756).

Die Freundschaft

Nach Epikurs Hauptlehrsatz Nr. 28 gibt es neben dem Staat und neben einem Leben im Verborgenen noch ein weiteres entscheidendes Mittel um Sicherheit im Leben zu erlangen: die Freundschaft (DL X 148; vgl. Hauptlehrsatz Nr. 40 DL X 154). Im vorangehenden Hauptlehrsatz Nr. 27 erklärt Epikur, der Besitz der Freundschaft sei das weitaus wichtigste Mittel, das die Weisheit für ein glückliches Leben bereit hält (DL X 148; vgl. *Vatikanische Spruchsammlung* Nr. 52 und Nr. 78). Vor ihm argumentierte bereits Aristoteles dafür, dass die Freundschaft für ein glückliches Leben zentral ist (→KAPITEL 11.2). Die Freundschaft genoss in der Antike auch allgemein eine große Wertschätzung (vgl. Erler 1991, S. 108). Epikurs Schule war auf die Freundschaftverhältnisse ihrer Mitglieder gegründet. Wie er die Freundschaft jedoch genau versteht, ist umstritten (vgl., auch zur Literatur, Erler 1994, S. 166f.; Hossenfelder 1991, S. 108f.). Einerseits sieht Epikur die Freundschaft, die ihren Ursprung im Nutzen habe, lediglich als Mittel für andere Zwecke an (DL X 120; *Vatikanische Spruchsammlung* Nr. 23). Andererseits erklärt er, der Weise würde „unter Umständen für den Freund in den Tod gehen" (DL X 121).

Das Ideal des Weisen

Epikur entwirft wie die Stoa ein Ideal des glücklichen Weisen. Sein Ideal weist zwar Ähnlichkeiten mit demjenigen der Stoiker auf, konkurriert aber auch mit ihm. Der Weise zeichnet sich nach Hauptlehrsatz Nr. 16 vor allem durch sein von der Vernunft bestimmtes Leben aus. Der „Zufall" (*tychê*) habe so gut wie keine Macht über ihn und sein Glück (DL X 144; vgl. DL X 118, 134f., und eine ähnliche Formulierung bereits bei Demokrit DK 68B119). Denn der Weise ist selbstgenügsam und hat nur Begierden, die sich leicht befriedigen lassen. Er empfindet auch keine Furcht vor dem Tod (DL X 126, 130f.; vgl. Hossenfelder 1985, S. 117). Von Epikur sind eine Reihe von detaillierten Verhaltens- und Handlungsweisen überliefert, die für einen Weisen charakteristisch sind: Er wird sich unter Umständen selbst töten. Um seine Bestattung wird er sich keine Sorgen machen. Der Weise wird sich nicht verlieben, nicht heiraten und keine Kinder zeugen. Sollte er unter bestimmten Lebensumständen doch einmal heiraten, dann nicht „ohne ein gewisses Schamgefühl". Auch im Rausch werde er keinen Unsinn reden (DL X 117–120; vgl. Erler 1994, S. 162).

Fragen und Anregungen

- Interpretieren Sie den skeptischen Begriff der Glückseligkeit.
- Interpretieren Sie die stoische Forderung nach einem Leben gemäß der Natur.
- Erläutern Sie Epikurs Lustbegriff.
- Welche Rolle spielt die Befreiung von der Furcht in Epikurs Philosophie?

Lektüreempfehlungen

- **Anthony A. Long/David N. Sedley: Die hellenistischen Philosophen. Texte und Kommentare.** Sonderausgabe, übers. von Karlheinz Hülser, Stuttgart/Weimar 2006. *Leicht zugängliche Textsammlung, die auf 600 Seiten die wichtigsten erhaltenen Zeugnisse über die Stoiker, Epikureer, Pyrrhoneer und Akademiker präsentiert und erläutert. Die Texte sind systematisch nach philosophischen Disziplinen und Themen geordnet. Die Erläuterungen gehen auch auf die Diskussionen ein, die zwischen den hellenistischen Schulen geführt wurden. Das Werk ist die Übersetzung des ersten Bandes der zweibändigen Originalausgabe von 1987, wobei die Quellentexte direkt aus dem Griechischen und Lateinischen übertragen und zusätzliche Informationen zu den Quellen ergänzt wurden. Der zweite Band enthält überwiegend Originaltexte.* Quellen

- **Stoicorum veterum fragmenta,** hg. von Hans von Arnim, 4 Bände, Leipzig 1903–1924, ND 1964 (griech.-lat.). Bd. 1: Zenon und seine Schüler (1905); Bd. 2: Fragmente des Chrysipp zur Logik und zur Physik (1903); Bd. 3: Fragmente des Chrysipp zur Ethik und Fragmente seiner Schüler (1903); Bd. 4: Indices (zusammengestellt von Maximilian Adler). *Umfangreiche Sammlung, die die Testimonien über die Stoiker und die meisten überlieferten Fragmente ihrer Werke enthält. Auch wenn mittlerweile neue Fragmente der Stoiker gefunden wurden und von machen Quellen bessere Editionen vorliegen, wird die klassische Ausgabe von Hans von Arnim noch heute verwendet. In den 1980er Jahren sind die neuen Fragmentsammlungen von M. Baldassarri und Karlheinz Hülser erscheinen.*
- **Hermann Usener: Epicurea,** Leipzig 1887 (ND Rom 1964, Stuttgart 1966). *Bedeutende Sammlung der Zeugnisse über Epikurs Philosophie, die auch Testimonien auf Papyrus einbezieht, Lukrez' Lehrgedicht allerdings nicht enthält.*
- **Sextus Empiricus: Grundriß der pyrrhonischen Skepsis,** eingel. und übers. von Malte Hossenfelder, Frankfurt am Main 1985. *Sextus Empiricus ist die wichtigste Quelle unseres Wissens über die pyrrhonische Skepsis (siehe oben).*
- **Fernanda Decleva Caizzi (Hg.): Pirrone, Testimonianze** (Collana Elenchos 5), Neapel 1981. *Bedeutende Sammlung der Zeugnisse über Pyrrhon mit Kommentar.*
- **Die Philosophie der Stoa. Ausgewählte Texte,** übers. und hrsg. von Wolfgang Weinkauf, Stuttgart 2006. *Umfangreiche und leicht zugängliche Ausgabe, die zentrale Texte zu den griechischen und römischen Stoikern enthält. Neben einer ausführlichen Einleitung bietet die Ausgabe gesonderte Einleitungen zu den Textgruppen, die nach den Teildisziplinen der stoischen Philosophie angeordnet sind.*

Forschung und Literatur

- **Keimpe Algra/Jonathan Barnes/Jaap Mansfeld/Malcolm Schofield (Hg.): The Cambridge History of Hellenistic Philosophy,** Cambridge 1999. *In dem gut 900 Seiten umfassenden Sammelband, der als allgemeine Geschichte der hellenistischen Philosophie konzipiert ist, behandeln internationale Experten ihre zentralen Themen.*

- **Malte Hossenfelder: Die Philosophie der Antike 3: Stoa, Epikureismus und Skepsis,** München 1985 (= Wolfgang Röd (Hg.): Geschichte der Philosophie, Bd. 3). *Hossenfelders knapp 250 umfassende Philosophiegeschichte des Hellenismus basiert auf umfangreichen eigenen Forschungen.*

- **Brad Inwood (Hg.): The Cambridge Companion to the Stoics,** Cambridge 2003. *Der Sammelband enthält 15 Aufsätze über die Stoiker, die von internationalen Experten verfasst wurden.*
- **Carlos Lévy: Les philosophies hellénistiques** (Références, Bd. 537), Paris 1997. *Standardwerk, das auf 250 Seiten neben der Stoa, den Epikureern und der Skepsis auch die neuere Akademie und die jüngere Skepsis darstellt.*
- **Malte Hossenfelder: Epikur** (Beck'sche Reihe Große Denker, Bd. 520), München 1991. *Das Buch ist eine gelungene Ausarbeitung des Epikur-Kapitels von Hossenfelders Philosophiegeschichte, das Epikur in die Tradition des Hedonismus einordnet (siehe oben).*
- **Friedo Ricken: Antike Skeptiker** (Beck'sche Reihe Denker, Bd. 526), München 1994. *Das gut geschriebene und klar strukturierte Buch interpretiert sowohl die akademische als auch die frühe und spätere pyrrhonische Skepsis.*
- **Überweg. Grundriss der Geschichte der Philosophie. Die Philosophie der Antike,** Bd. 4/1–2: Die hellenistische Philosophie, Michael Erler/Hellmut Flashar/Günter Gawlick/Woldemar Görler/Peter Steinmetz; hg. von Hellmut Flashar, Basel 1994. *Der Band zur hellenistischen Philosophie aus dem „neuen Ueberweg" umfasst über 1200 Seiten. Er behandelt nicht bloß die Gründer und bedeutendsten Denker der hellenistischen Schulen, sondern auch viele ihrer Schüler und weniger bekannte Denker der Epoche. Zudem enthält er Kapitel zur jüngeren Akademie und zu Cicero.*

13 Serviceteil

Der vorliegende Serviceteil stellt eine Ergänzung zu den Quellenhinweisen und Literaturempfehlungen an den Kapitelenden dar. Die ersten beiden Unterkapitel informieren über die wichtigsten Quellen und Quellensammlungen zur antiken Philosophie und stellen einige für ihr Studium nützliche Nachschlagewerke vor. Zu den Quellen und zur Überlieferung siehe auch die Ausführungen zu Beginn von KAPITEL 2.1. Das Auswahlkriterium der angeführten Quellen und Quellensammlungen war neben der Bedeutung vor allem die leichte Zugänglichkeit. Umfassendere Informationen zu den Quellen und zur Literatur finden sich vor allem in den unten kommentierten Bänden des „neuen Ueberwegs", aber auch in: Kirk/Raven/Schofield 2001, S. 1–7; Rapp 2007, S. 232–256; Ricken 2007 (Ricken ordnet jedem Abschnitt seiner Philosophiegeschichte ein Reihe von Literaturhinweisen zu). Die letzten beiden Unterkapitel des Serviceteils charakterisieren eine Reihe von gängigen Überblicksdarstellungen zur antiken Philosophie und übersetzen einige der für sie wichtigen Termini vom Griechischen ins Deutsche. Die verschiedenen Zusammenstellungen und Auswahlen in den Unterkapiteln beanspruchen natürlich keineswegs Vollständigkeit. Auf Grund der Fülle an Veröffentlichungen zum Thema wurden viele Werke nicht berücksichtigt, die eine Erwähnung verdient hätten.

13.1 Quellen und Quellensammlungen

Übersicht über die antiken Quellen

Zentrale Quellen für die frühe griechische Philosophie und die Sophisten sind Platons Dialoge und die Schriften des Aristoteles. Von großer Bedeutung ist auch dessen Schüler Theophrast, der am Ende des 4. Jahrhunderts v. Chr. eine mit „*Meinungen der Naturphilosophen*" (*Physikon doxon*) betitelte Schrift verfasste, die weitgehend verloren ist. Dennoch bildete sie die Grundlage für die gesamte spätere doxographische Überlieferung, die jedoch nicht sehr zuverlässig ist (Rekonstruktion von Diels 1976; vgl. Mansfeld 2001). Zentrale Auszüge aus Theophrasts Schrift sind in Simplikios' Kommentar zur *Physik* des Aristoteles aus dem 6. Jahrhundert n. Chr. enthalten. Teilweise entnahm sie Simplikios dem verlorenen Kommentar des Alexander von Aphrodisias. Auf Theophrast basiert die verlorene Sammlung von Lehrmeinungen des Aetius, dessen Quelle die wiederum verlorene Sammlung *Vetusta Placita* war, deren Autor unbekannt ist. Aetius diente sowohl als Vorlage für die Sammlung *Epitome naturphilosophischer Meinungen*, die fälschlicherweise unter dem Namen Plutarch überliefert ist (Pseudo-Plutarch I), als auch für die *Naturphilosophischen und ethischen Exzerpte*. Letztere sind in Johannes Stobaios' *Anthologie* enthalten, die er im 5. Jahrhundert n. Chr. für seinen Sohn zusammenstellte. Seine *Anthologie* enthält auch – Eclogae 1,1 – den Zeus-Hymnus des Stoikers Kleanthes. Weitere Quellen sind der Theologe Hippolytos (gest. 235 n. Chr.), der eine „*Widerlegung aller Häresien*" (*Refutatio omnium haeresium*) schrieb, und der christliche Philosoph Clemens von Alexandria (150–215 n. Chr.) mit seinem *Protreptikos* und seinem Werk *Stromateis*. Von Bedeutung als Quelle ist zudem ein zweites Werk mit dem Titel *Stromateis*, das auch fälschlicherweise Plutarch zugeschrieben wurde (Pseudo-Plutarch II).

Epikur und sein erhaltener *Brief an Herodot* sind eine wichtige Quelle für den frühen Atomismus. Die zentralen Quellen für den Epikureeismus sind Diogenes Laertius (s.u.), das Lehrgedicht „*Von der Natur*" (*De rerum natura*) des römischen Dichters Lukrez und die in Herkulaneum gefundenen Schriften des Philodem (→KAPITEL 12.4). Weitere wichtige Quelle für die gesamte griechische Philosophie sind Cicero, der den Römern die Sprache und Philosophie der Griechen näherbringen wollte, und der Akademiker Plutarch (45–120 n. Chr.), der zahlreiche Biographien und populärphilosophische Schriften verfasste. Der skeptische Philosoph Sextus Empiricus (um 200 n. Chr.) ist mit seinen Werken „*Grundriß der pyrrhonischen Skepsis*" (*Pyrrhoneioi hypotyposeis*) und *Adversus Mathematicos* die zentrale Quelle für diese Schule und andere hellenistische Schulen (→KAPITEL 12.2). Als Quellen von Bedeutung sind auch der Aristoteles-Kommentator Alexander von Aphrodisias (um 200 n. Chr.) und der Mediziner und Schriftsteller Galen (129–216 n. Chr.). Zu den vielen hier nicht angeführten Quellen zählen die zahlreichen Schriften neuplatonischer und stoischer Autoren (→KAPITEL 12.3).

Aristoteles: *Metaphysik*, Buch I

- **Aristoteles: Metaphysik, Buch I,** in: Aristoteles' Metaphysik, Erster Halbband: Bücher I(A)–VI(E), übers. von Hermann Bonitz, griech.-dt., eingel. und komm. von Horst Seidl, 3. verb. Aufl., Hamburg 1989 (Phil. Bib., Bd. 307). *In Buch I seiner „Metaphysik" präsentiert Aristoteles einen längeren philosophiegeschichtlichen Abriss, der eine der bedeutendsten Quellen für die frühe griechische Philosophie ist. Problematisch an Aristoteles'*

Darstellung ist allerdings, dass er seine Vorgänger mit seiner eigenen Begrifflichkeit und im Horizont seines eigenen Verständnisses von Philosophie, Philosophiegeschichte und philosophischem Fortschritt interpretiert (→ KAPITEL 1.2 UND 2.1).

Aristoteles' *Metaphysik* enthält außer Buch I noch dreizehn weitere Bücher, die zum Teil bedeutende Quellen für die ihnen vorangehende Philosophie sind. Das trifft insbesondere für die Bücher XIII und XIV zu, in denen er die Ideenlehre Platons und der Akademie (Xenokrates, Speusippos) erörtert (→ KAPITEL 8.3 UND 10.3). Auch Aristoteles' *Physik* ist eine wichtige Quelle für die frühgriechische Philosophie, etwa für Anaximanders Lehre vom Apeiron und für Zenons Paradoxien der Bewegung (→ KAPITEL 2.1, 3.3 UND 10.2).

Aristoteles: Physik und Metaphysik

- **Arnim, Hans von (Hg.): Stoicorum veterum fragmenta**, 4 Bände, Leipzig 1903–1924, ND 1964 (griech.-lat.) (Informationen am Ende von → KAPITEL 12).

Die Quellen zur Stoa

- **Decleva Caizzi, Fernanda (Hg.): Pirrone, Testimonianze** (Collana Elenchos 5), Neapel 1981. *Sammlung der Zeugnisse über den Skeptiker Pyrrhon* (→ KAPITEL 12.2).

Die Quellen zu Pyrrhon

- **Decleva Caizzi, Fernanda: Antisthenis Fragmenta** (Testi e documenti per lo studio dell'antichità), Mailand/Varese 1966. *Sammlung der Zeugnisse über den Kyniker Antisthenes* (→ KAPITEL 7.5).

Die Quellen zu Antisthenes

- **Diels, Hermann Diels/Kranz, Walther (Hg.): Die Fragmente der Vorsokratiker**, 3 Bde., 6. verbesserte Aufl., Berlin 1951/52 (seither unveränderte Nachdrucke; zuerst 1903) [= DK]. *Diese umfangreiche Sammlung der wörtlichen und der sekundären Fragmente gilt bis heute als die Standardausgabe der Texte der frühen griechischen Philosophen. Die Sammlung wurde zuerst von Hermann Diels angelegt und zu seinen Lebzeiten dreimal überarbeitet und erweitert. Später wurde sie von Walther Kranz nochmals überarbeitet, der auch einen umfangreichen Index-Band hinzufügte. Die Sammlung unterscheidet zwischen den Testimonien, den Berichten über Leben und Lehre (A-Fragmente), und den eigentlichen bzw. wörtlichen Fragmenten (B-Fragmente). Die Zahlen vor den Buchstaben A und B beziehen sich auf die Nummer der verschiedenen Kapitel, in denen jeweils die Fragmente eines antiken Denkers versammelt sind. Die Zahlen nach den Buchstaben A und B geben die Nummer des Fragments an (Bsp. DK 44B11).*

Die Fragmente der Vorsokratiker

Diogenes Laertius' Werk

- **Diogenes Laertius: Leben und Meinungen berühmter Philosophen**, 3. Aufl., Hamburg 1990. *Diogenes Laertius' umfangreiches und bedeutendes Werk ist wahrscheinlich in der ersten Hälfte des dritten nachchristlichen Jahrhunderts entstanden. Es ist die umfangreichste erhaltene Geschichte der antiken Philosophie, die in Lehrer-Schüler-Verhältnissen dargestellt wird. Sie beginnt mit den Sieben Weisen und den frühgriechischen Philosophen und endet mit Epikur, von dem sie drei Briefe und 40 Lehrsätze überliefert. Neben wertvollem Material wie den biographischen Daten des Historiographen Apollodor enthält Diogenes Laertius' Werk auch eine große Zahl von Anekdoten über das Leben der Philosophen. Das Werk basiert primär auf hellenistischen Quellen, die oft wiederum Zusammenstellungen älterer Quellen sind.*

Quellen zu Platon und zur Akademie

- **Gaiser, Konrad: Philodems Academica. Die Berichte über Platon und die Alte Akademie in zwei herkulanensischen Papyri** (Supplementum Platonicum 1), Stuttgart/Bad Cannstatt 1988. *Übersetzung und Kommentar des „Academicorum Philosophorum Index Heculanensis" des Philodem aus Gadara, der eine bedeutende Quelle für Platons Leben und die Akademie darstellt.*

Griechische Philosophie in Rom

- **Garbarino, Giovanna: Roma e la filosofia greca dalle origini alla fine del II secolo a.C.**, 2 Bde., Turin 1973. *Enthält alle Quellen der griechischen Philosophen, die bis zum Ende des 2. Jahrhunderts v. Chr. in Rom lebten und arbeiteten.*

Die Vorsokratischen Philosophen

- **Kirk, Geoffrey S./Raven, John E./Schofield, Malcolm: Die Vorsokratischen Philosophen. Einführung, Texte und Kommentare**, übers. von Karlheinz Hülser, Stuttgart/Weimar 2001 (Original: The Presocratic Philosophers, Cambridge 1962, 1983). *Die Autoren verbinden eine zweisprachige Präsentation der Quellentexte mit ausführlichen Interpretationen.*

Die hellenistischen Philosophen

- **Long, Anthony A./Sedley, David N.: Die hellenistischen Philosophen. Texte und Kommentare**. Sonderausgabe, übers. von Karlheinz Hülser, Stuttgart/Weimar 2006 (Informationen am Ende von → KAPITEL 12).

Die Quellen zu Aristippos

- **Mannebach, E.: Aristippi et Cyrenaicorum fragmenta**, Leiden/Köln 1961. *Sammlung der Zeugnisse über Aristippos von Kyrene und die Kyrenaiker.*

Die Vorsokratiker

- **Mansfeld, Jaap: Die Vorsokratiker, griech./dt., Auswahl der Fragmente**, übers. und erläut., Stuttgart 1987 (seitdem mehrere neue Ausgaben). *Diese Ausgabe präsentiert auf knapp 700 Seiten eine zweisprachige Auswahl aus der Sammlung der Fragmente der frühen griechischen Philosophen von Diels/Kranz in neuer Übersetzung. Jedes Kapitel enthält zudem eine gesonderte Einführung in den jeweiligen Denker oder die jeweilige Schule. Die Fragmente aus Diels/Kranz sind unter thematischen Gesichtspunkten geordnet und mit Überschriften versehen.*

- **McKirahan, Richard D.: Philosophy before Socrates. An Introduction with Texts and Commentary,** 2. erw. Auflage, Indianapolis 2011 (zuerst: 1994). *Übersetzung der meisten Quellentexte der frühgriechischen Philosophie ins Englische mit einem interpretierenden Kommentar. Der umfangreiche Band enthält auch die Übersetzungen von drei Schriften des Hippokrates und des Derveni Papyrus.* Philosophy before Socrates
- **Usener, Hermann: Epicurea,** Leipzig 1887 (ND Rom 1964, Stuttgart 1966) (Informationen am Ende von → KAPITEL 12). Quellen zu Epikur
- **www.perseus.tufts.edu/hopper/** *Die zuverlässige Internetseite präsentiert u.a. viele griechische und römische Texte im Original und in Übersetzung. Viele weitere antike Quellen im Internet lassen sich über „www.daphnet.org" bzw. durch die Eingabe von „ancientsource.daphnet.org" in eine Suchmaschine finden. Zu weiteren Websites, die für die Philosophie der Antike relevant sind, siehe http://users.ox.ac.uk/~worc0337/phil_topics.html.* Internetquellen

13.2 Nachschlagewerke

- **Aristoteles-Handbuch. Leben. Werk, Wirkung,** hg. von Christof Rapp/Klaus Corcilius, Stuttgart 2011. *Das gut 500 Seiten umfassende Handbuch enthält Artikel über sämtliche Werke des Aristoteles und die zentralen Begriffe seiner Philosophie wie Freundschaft, Tugend, Glück, Form und Teleologie. Zudem informiert es über die Disziplinen und Bereiche seiner Philosophie sowie die Rezeption und die Wirkungsgeschichte seines Werks bis ins 19. Jahrhundert.*
- **Historisches Wörterbuch der Philosophie,** hg. von Joachim Ritter/Karlfried Gründer, Bd. 1–13, 1. Auflage, Schwabe Verlag, Basel/Muttenz 2007. *Äußerst umfangreiches dreizehnbändiges Wörterbuch, dem ein lexikographisches Konzept zugrundeliegt. Das Werk*

zeigt detailliert die Herkunft, die Entstehung und den Bedeutungswandel der philosophischen Begriffe auf. Es enthält Artikel zu 3670 philosophischen Begriffen. Band 13 enthält ein Register.

- **Hans-Günther Nesselrath (Hg.): Einleitung in die griechische Philologie,** Wiesbaden 1997. *Das Handbuch, das von einer Vielzahl an Autoren verfasst wurde, enthält Kapitel über die Geschichte der Texte und ihrer Überlieferung, die Geschichte der griechischen Philologie, der griechischen Sprache und Literatur sowie der griechischen Welt. Weitere Kapitel behandeln die griechische Religion, Philosophie, Wissenschaft und Kunst.*
- **Christoph Horn/Jörn Müller/Joachim Söder (Hg.): Platon-Handbuch. Leben. Werk, Wirkung,** Stuttgart 2009. *Das Handbuch enthält Artikel über Platons zentrale Arbeitsbereiche und Themen wie Kosmologie, Ontologie, Politische Philosophie und Theologie sowie über die wichtigsten Begriffe seiner Philosophie wie Dialektik, Idee, Seele, Tugend und Wahrheit. Zudem informiert es ausführlich über die Rezeption und die Wirkungsgeschichte seines Werks bis zur analytischen Platon-Rezeption und zu den aktuellen Forschungstendenzen.*
- **Überweg. Grundriss der Geschichte der Philosophie. Die Philosophie der Antike, Bd. 1/1–2: Frühgriechische Philosophie,** hg. von Dieter Bremer/Hellmut Flashar/Georg Rechenauer, Schwabe Verlag, Basel 2013. *Wie die anderen Bände des „neuen Ueberweg" geht der Band auf die Philosophiegeschichte zurück, die der Königsberger Professor Friedrich Ueberweg in den 1860er Jahren begonnen hat. Sie gilt als Standardwerk und wurde von verschiedenen Autoren immer wieder an den neuesten Forschungsstand angepasst. In den letzten Jahrzehnten wurde das Werk, das mittlerweile im Schabe Verlag Basel erscheint, völlig neu bearbeitet. Beim „neuen Ueberweg" handelt es sich genau genommen um keinen Grundriss der Geschichte der Philosophie, sondern um ein voluminöses und breit angelegtes Nachschlagewerk, das weitgehend chronologisch geordnet ist. Das Werk enthält auch umfassende Informationen zu wenig bekannten Philosophen. Die letzten Auflagen des „alten Ueberweg" umfassten bereits über 3700 Seiten. Der „neue Ueberweg" soll in Zukunft die zehnfache Seitenzahl erreichen und aus 40 Bänden bestehen. Die Bände zur antiken griechischen Philosophie, die bereits alle erschienen sind, bestehen jeweils aus 500–1270 Seiten. Sie bieten umfassende*

Informationen über Leben und Werk der antiken Philosophen, die genau geprüft wurden und ein hohes wissenschaftliches Niveau aufweisen. Die Bände berücksichtigen den neuesten Stand der Forschung, enthalten umfassende Bibliographien und sind bis auf den Band zu Platon von mehreren Autoren verfasst.

- **Überweg. Grundriss der Geschichte der Philosophie. Die Philosophie der Antike, Bd. 2/1: Sophistik. Sokrates. Sokratik. Mathematik. Medizin**, von Klaus Döring/Hellmut Flashar/George B. Kerferd/Caroline Oser-Grote/Hans-Joachim Waschkies, hg. von Hellmut Flashar, Schwabe Verlag, Basel 1998. *Siehe die Informationen zu Bd. 1 oben und am Ende von* → KAPITEL 6.
- **Überweg. Grundriss der Geschichte der Philosophie. Die Philosophie der Antike, Bd. 2/2: Platon**, Michael Erler, hg. von Hellmut Flashar Schwabe Verlag, Basel 2007. *Siehe die Informationen zu Bd. 1 oben und am Ende von* → KAPITEL 8.
- **Überweg. Grundriss der Geschichte der Philosophie. Die Philosophie der Antike, Bd. 3: Ältere Akademie. Aristoteles. Peripatos**, Hellmut Flashar/Hans Krämer/Fritz Wehrli/Georg Wöhrle/Leonid Zhmud, zweite durchgesehene und erweiterte Auflage, hg. von Hellmut Flashar, Schwabe Verlag, Basel 2004. *Siehe die Informationen zu Bd. 1 oben und am Ende von* → KAPITEL 10.
- **Überweg. Grundriss der Geschichte der Philosophie. Die Philosophie der Antike, Bd. 4/1–2: Die hellenistische Philosophie**, Michael Erler/Hellmut Flashar/Günter Gawlick/Woldemar Görler/Peter Steinmetz; hg. von Hellmut Flashar, Schwabe Verlag, Basel 1994. *Siehe die Informationen zu Bd. 1 oben und am Ende von* → KAPITEL 12.
- **Wörterbuch der philosophischen Begriffe**, hg. von Johannes Hoffmeister. 2. Aufl., Meiner Verlag, Hamburg 1955. *Standardwörterbuch, das zwar nicht auf die antike Philosophie spezialisiert ist, aber auch die Begriffe der antiken Philosophie aufschlüsselt und die heute gängigen philosophischen Begriffe auf ihre antiken Wurzeln zurückführt. 1997 ist eine von Armin Regenbogen und Uwe Meyer vollständig bearbeitete Neuausgabe erschienen, die auch die Grundbegriffe der Gegenwartsphilosophie einbezieht.*
- **Wörterbuch der antiken Philosophie**, hg. von Christoph Horn/Christof Rapp, Beck Verlag, München 2002. *Das Wörterbuch enthält über 600 Artikel zu den wichtigsten griechischen und lateinischen Begriffen.*

- **The Stanford Encyclopedia of Philosophy** (https://plato.stanford.edu/) *Zuverlässiges Nachschlagewerk im Internet, zu dem eine große Zahl internationaler Wissenschaftler beigetragen haben. Auch wenn die Website nicht auf die Philosophie der Antike spezialisiert ist, enthält sie weit über 1000 Beiträge, die für dieses Gebiet relevant sind.*

13.3 Überblicksdarstellungen und Sammelbände

- **Adamson, Peter: Cassical Philosophy. A History of Philosophy without any Gaps, Vol. 1,** Oxford 2014. *Gut lesbare und ansprechend geschriebene Einführung in die griechische Philosophie bis zu Platon, Aristoteles und deren Schülern, die gemäß dem Programm der mehrbändigen Serie auch häufig vernachlässigte Denker und Themen einbezieht.*
- **Adamson, Peter: Philosophy in the Hellenistic & Roman Worlds. A History of Philosophy without any Gaps, Vol. 2,** Oxford 2015. *Gut lesbare und ansprechend geschriebene Einführung in die hellenistische und römische Philosophie, die gemäß dem Programm der mehrbändigen Serie auch häufig vernachlässigte Denker und Themen einbezieht.*
- **Annas, Julia: Ancient Philosophy. A Very Short Introduction,** Oxford 2000. *Gemäß dem Profil der Reihe bietet das Buch einen knappen und klaren Überblick über die antike Philosophie.*
- **Barnes, Jonathan: The Presocratic Philosophers,** London/New York 1989 (Original: in zwei Bänden 1979). *In der Tradition der analytischen Philosophie bemüht sich Barnes in seinem ausführlichen Werk darum, die Argumente der frühen griechischen Denker zu rekonstruieren und zu bewerten.*
- **Burnet, John: Early Greek Philosophy,** 4. Aufl., London 1930 (zuerst 1892). *Das zu seiner Zeit sehr einflussreiche Werk deutet die frühen griechischen Philosophen konsequent als Wissenschaftler, mit denen die Geschichte der europäischen Naturwissenschaft beginnt.*
- **Garmaier, Gerd: Geschichte & Philosophie. Antike. Lehrbuch zur Philosophie für das Bachelor-Studium (Einführungen Philosophie, Bd. 17),** Berlin 2012. *Übertrieben didaktische und auf wenig Literatur basierende dünne Arbeit eines Volkswirts, die sich als „Lehrbuch zur Geschichte der Philosophie" versteht.*

- **Geyer, Carl-Friedrich: Die Vorsokratiker. Eine Einführung,** Wiesbaden 1995. *Das Buch führt auf 150 Seiten klar und verständlich in die frühe griechische Philosophie ein.*
- **Gigon, Olof: Der Ursprung der griechischen Philosophie. Von Hesiod bis Parmenides,** 2. Aufl., Basel/Stuttgart 1968 (zuerst 1945). *Das Buch enthält ausführliche und fundierte Interpretationen der frühgriechischen Philosophie, die nach Gigon bereits mit Hesiod beginnt* (→ KAPITEL 1.3).
- **Graeser, Andreas: Die Philosophie der Antike 2: Sophistik und Sokratik, Platon und Aristoteles,** München 1983 (= Wolfgang Röd (Hg.): Geschichte der Philosophie, Bd. 2). *Das Buch bietet klare, forschungsorientierte und aus den Quellen gearbeitete Interpretationen der Philosophie der griechischen Klassik.*
- **Guthrie, W.K.C.: A History of Greek Philosophy, Vol. I–V,** 1962–1978. *Umfangreiche und forschungsorientierte Gesamtdarstellung der griechischen Philosophie in fünf Bänden.*
- **Heit, Helmut: Frühgriechische Philosophie,** Stuttgart 2011. *Knappe Darstellung der frühgriechischen Philosophie bis einschließlich Sokrates, die aus guten Gründen den Begriff „Vorsokratiker" im Titel vermeidet.*
- **Horn, Christoph: Philosophie der Antike. Von den Vorsokratikern bis Augustinus** (Beck Wissen), München 2013. *Gemäß dem Profil der Reihe bietet das Buch einen knappen und klaren Überblick über die antike Philosophie.*
- **Irwin, Terence H.: Classical Philosophy. Collected Papers, Vol. I–VIII,** New York/London 1995. *Von Terence Irwin herausgegebene Reihe, in deren Bänden bereits veröffentliche Aufsätze zu bestimmten Epochen oder Themen zusammengestellt und daher leicht zugänglich sind.*
- **Irwin, Terence H.: Classical Thought (A History of Western Philosophy I),** Oxford 1989. *Das Buch, das auch die griechischen Tragödien, Historiker und medizinischen Schriften einbezieht, gibt einen knappen und kompetenten Überblick über das antike Denken von Homer bis Augustinus.*
- **Jaeger, Werner: Die Theologie der frühen griechischen Denker,** Stuttgart 1953 (Original: The Theology of the Earl Greek Philosophers, Oxford 1947). *Immer noch lesenswerte fundierte Unter-*

suchung der philosophischen Theologie der frühen griechischen Philosophen bis zu exklusive Sokrates.

- **Kenny, Anthony: A New History of Western Philosophy, Vol. 1: Ancient Philosophy,** Oxford 2006 (zuerst 2004). *Etwas oberflächliches, ohne umfassende Kenntnis der Quellen und Forschungskontroversen geschriebenes Werk, das Teil einer vom selben Autor verfassten Geschichte der gesamten westlichen Philosophie ist.*

- **Kirk, Geoffrey S./Raven, John E./Schofield, Malcolm: Die Vorsokratischen Philosophen. Einführung, Texte und Kommentare,** übers. von Karlheinz Hülser, Stuttgart/Weimar 2001 (Original: The Presocratic Philosophers, Cambridge 1962, 1983). *Die Autoren verbinden eine zweisprachige Präsentation der Quellentexte mit ausführlichen und fundierten Interpretationen.*

- **Kranz, Walther: Die griechische Philosophie. Zugleich eine Einführung in die Philosophie überhaupt** (Sammlung Dietrich, Bd. 88), Leipzig 1941, Lizenzausgabe Köln 1997. *Kenntnisreiche Darstellung, die der Sokratisch-Platonischen Lehre verpflichtet ist.*

- **Long, A.A. (Hg.): Handbuch frühe griechische Philosophie. Von Thales zu den Sophisten,** Stuttgart/Weimar 2001 (Original: The Cambridge Companion to Early Greek Philosophy, Cambridge 1999). *In 16 aufeinander abgestimmten Aufsätzen gibt der Sammelband, zu dem internationale Experten beigetragen haben, einen breit angelegten Überblick.*

- **Mourelatos, Alexander P.D. (Hg.): The Pre-Socratics. A Collection of Critical Essays (Modern Studies in Philosophy),** Garden City/New York 1974. *Der englischsprachige Band versammelt 21 Aufsätze von renommierten deutschen und angelsächsischen Forschern.*

- **Nestle, Wilhelm: Vom Mythos zum Logos. Die Selbstentfaltung des griechischen Denkens von Homer bis Sokrates,** 2. Aufl., Stuttgart 1975 (zuerst 1940). *Klassisches und einflussreiches Werk, dessen Titel bereits das Verständnis von Philosophiegeschichte zum Ausdruck bringt, das ihm zugrunde liegt.*

- **Ottmann, Henning: Geschichte des politischen Denkens. Die Griechen. Von Homer bis Sokrates, Bd. 1/1; Von Platon bis zum Hellenismus, Bd. 1/2,** Stuttgart 2001. *Fundiertes, klar strukturiertes und umfangreiches Werk, das nicht bloß die politischen*

Philosophen von den Anfängen bis zum Hellenismus behandelt, sondern auch das politische Denken der Historiker, Dichter und Redner einbezieht.

- **Rapp, Christof: Vorsokratiker**, Zweite, überarbeitet Auflage, München 2007. *Rapp präsentiert klare und aus den Quellen gearbeitete Darstellungen der frühen griechischen Philosophen. Das Buch orientiert sich an der Forschung und der analytischen Philosophie.*
- **Ricken, Friedo: Philosophie der Antike (Grundkurs Philosophie, Bd. 6)**, 4., überarb. und erweit. Aufl., Stuttgart 2007 (zuerst 1988). *Ricken gelingen konzise und aus den Quellen gearbeitete Abrisse der Lehren der antiken Philosophen von den frühgriechischen Anfängen bis zum Neuplatonismus. Am Ende der Darstellung eines Denkers finden sich jeweils etliche Literaturhinweise.*
- **Röd, Wolfgang: Die Philosophie der Antike 1. Von Thales bis Demokrit** (= Geschichte der Philosophie, hg. von Wolfgang Röd, Bd. 1), München 1976. *Das Buch bietet klare, forschungsorientierte und aus den Quellen gearbeitete Interpretationen der frühen griechischen Philosophie.*
- **Röd, Wolfgang: Kleine Geschichte der antiken Philosophie** (Beck'sche Reihe, Bd. 4018), München 1988. *Bietet einen gut lesbaren knappen Überblick über die antike Philosophie.*
- **Rowe, Christopher/Schofield, Malcolm (Hg.): The Cambridge History of Greek and Roman Political Thought**, Cambridge 2000. *Zu dem umfangreichen Sammelband haben eine Vielzahl an Wissenschaftlern beigetragen. Der Band stellt nicht bloß die griechischen und römischen politischen Philosophen dar, sondern bezieht auch das politische Denken der Dichter, Redner und Historiker ein.*
- **Seidl, Horst: Einführung in die antike Philosophie. Hauptprobleme und Lösungen, dargelegt anhand der Quellentexte**, 2., verb. und erweit. Auflage, Freiburg/München 2013 (zuerst 2010). *Einführung, die aus katholisch-thomistischer Perspektive nach der Prüfung der Wahrheit und Falschheit der dargestellten philosophischen Lehren strebt.*
- **Schupp, Franz: Geschichte der Philosophie im Überblick, Bd. 1: Antike**, Hamburg 2003. *Erster Band eines dreibändigen Werks,*

das einen gut lesbaren und ausführlichen Überblick gibt, aber eher für interessierte Laien als für wissenschaftlich Arbeitende interessant ist.

- **Warren, James: Presocratics (Ancient Philosophies)**, Stocksfield 2007. *Das gut lesbare Buch führt in die frühe griechische Philosophie von den Ioniern bis Demokrit ein.*
- **Zeller, Eduard: Die Philosophie der Griechen in ihrer geschichtlichen Entwicklung**, 3 Teile in sechs Bänden, Darmstadt 2006 (zuerst Leipzig 1856–1868). *Monumentale und klassische Geschichte der griechischen Philosophie, die in der Neuauflage von 2006 über 5000 Seiten umfasst. Das Grundlagenwerk von enzyklopädischem Charakter, das sowohl in philologischer als auch in philosophischer Hinsicht Maßstäbe gesetzt hat, ist auch heute noch von beträchtlicher Bedeutung.*
- **Zeller, Eduard: Grundriss der Geschichte der griechischen Philosophie**, o.O. 2006 (zuerst 1883). *Schöne Zusammenfassung von Zellers großer Geschichte der griechischen Philosophie, die entstanden ist, nachdem er die Arbeiten an deren dritter Auflage abgeschlossen hatte.*

13.4 Das griechische Alphabet

Buchstabe	Name des Buchstabens	Umschrift
Α, α	Alpha	a
Β, β	Beta	b
Γ, γ	Gamma	g
Δ, δ	Delta	d
Ε, ε	Epsilon	e
Ζ, ζ	Zeta	z
Η, η	Eta	ê
Θ, θ, ϑ	Theta	th
Ι, ι	Iota	i
Κ, κ, ϰ	Kappa	k
Λ, λ	Lambda	l
Μ, μ	My	m
Ν, ν	Ny	n
Ξ, ξ	Xy	x
Ο, ο	Omikron	o
Π, π	Pi	p
Ρ, ρ	Rho	rh
Σ, σ, ς	Sigma	s
Τ, τ	Tau	t
Υ, υ	Ypsilon	y
Φ, φ, ϕ	Phi	ph
Χ, χ	Chi	ch
Ψ, ψ	Psi	ps
Ω, ω	Omega	ô

13.5 Griechisch-Deutsch

aêr	Luft
agathon	gut, (das) Gute
aidios	ewig
aidôs	Scham, Schamgefühl, Rücksicht, Respekt
aischros	hässlich, schändlich
aisthêsis	(Sinnes-)Wahrnehmung
aitia/aition	Ursache, Grund
akmê	Blüte, Spitze, Lebensblüte, Höhepunkt
akrasia	Willensschwäche, Unbeherrschtheit
alêtheia	Wahrheit, Unverborgenheit, Richtigkeit
analogia	Proportion, Verhältnis
analyein	auflösen, analysieren, zerlegen
anamnêsis	Wiedererinnerung
anankê	Notwendigkeit
andreia	Tapferkeit, Mannhaftigkeit
antikeimai	entgegengesetzt sein, gegenüberliegen
antiphasis	Gegensatz, Widerspruch, Kontradiktion
apagôgê	Wegführung, Rückführung, Reduktion
apatheia	Leidenschafts-, Affektlosigkeit
apeiron	(das) Unbegrenzte, Unbeschränkte
aphairesis	Wegnahme, Abstraktion
apodeixis	Beweis, Demonstration
apokrisis	Aussonderung, Antwort
aporia	Weg-, Ausweg-, Ratlosigkeit, Schwierigkeit, Aporie
archê	Anfang, Prinzip, Herrschaft, Oberbefehl
archontes	Amtsinhaber, Herrscher
arithmos	Zahl
aretê	Tüchtigkeit, Vortrefflichkeit, Tugend
aristokratia	Herrschaft der Besten bzw. Tüchtigsten, Aristokratie
aristos	bester, tüchtigster
askêsis	Übung
ataraxia	Unerschütterlichkeit, Gemüts-, Seelenruhe
athanatos	unsterblich
atomon	ungeteilt, unteilbar
autarkeia	Selbstgenügsamkeit, Selbstständigkeit, Unabhängigkeit
autos	selbst

axia	Wert, Würde
axiôma	Anspruch, Forderung, Annahme, Postulat, Axiom
basileia	Königtum
bios	Leben
bios apolaustikos	Genussleben
boulê	Rat, Beschluss, Beratung, Ratsversammlung
boulêsis	Wille
chôristos	abtrennbar, selbstständig, unabhängig
chronos	Zeit
daimonion	Gottheit, Schutzgeist
dêmiourgos	Handwerker, Künstler, Meister
dêmokratia	Volksherrschaft
deon	(das) Erforderliche, (das) Angemessene, Pflicht, Schuldigkeit
dialegesthai	(be-)sprechen, diskutieren
dialektikê	Dialektik, Kunst der Gesprächsführung
dianemein	verteilen
dianoia	Denken, Verstand
diaphora	Unterschied, spezifische Differenz
didaskalia	Unterricht, Lehre
didaskein	(be-)lehren, unterrichten
dihairesis	Einteilung, Unterscheidung
dihorizein	begrenzen, bestimmen, definieren
dikaiosynê	Gerechtigkeit
dikê	(das) Recht
doxa	Meinung
dyas ahoristos	unbestimmte Zweiheit
dynamis	Kraft, Vermögen, Möglichkeit, Potenzialität
eidôlon	Bild, Abbild, Schattenbild, Trugbild
eidos	Aussehen, Gestalt, Form, Begriff, Idee, Urbild, Art, Wesen
eikasia	Abbildung, Vermutung
eikôn	Bild, Abbild, Gleichnis
eirôneia	Verstellung
ekpyrôsis	Weltenbrand
elenchos	Prüfung, Widerlegung
eleutheria	Freiheit
eleutheriotês	Freigiebigkeit
empeiria	Erfahrung
empsychos	beseelt

enantion	entgegengesetzt, Entgegengesetztes, Gegensatz, Gegenteil,
energeia	Tätigkeit, Verwirklichung, Wirklichkeit
ennoia	Überlegung, Gedanke, Erwägung, Vorstellung, Begriff
entelecheia	Verwirklichung, Vollendung
enthousiasmos	Von-Gott-Erfülltsein, Begeisterung
epagôgê	Induktion
epieikeia	Billigkeit
epistêmê	Erkenntnis, Wissen, Kenntnis, Wissenschaft
epithymia	Begierde
epithymêtikon	begehrender Seelenteil
epochê	Urteilsenthaltung, Zurückhaltung
ergon	Werk, Aufgabe, Funktion, Leistung
eris	Streit
eristikê	Streitkunst, Eristik
ethos	Gewohnheit, Brauch, Sitte
êthos	Gewohnheit, Charakter
eudaimonia	Glück(-seligkeit)
eu zên	gut leben, gutes Leben
exôterikoi logoi	veröffentlichte Schriften/Reden
gê/gaia	Erde
genesis	Entstehung, Werden
genos	Art, Gattung, Geschlecht
gnôsis	Erkenntnis, Einsicht, Wissen
gnôthi sauton	erkenne dich selbst
gymnastikê	gymnastische Kunst, Übung
harmonia	Verbindung, Einklang, Harmonie
hêdonê	Freude, Lust
hêgemonikon	(das) Anführende, regierender Teil
heimarmenê	(notwendiges und unabänderliches) Schicksal
hekôn	freiwillig
hen	(das) Eine
heteron	verschieden, anders
hexis	Haben, Habitus, Eigenschaft, feste Grundhaltung
historia	Geschichtserzählung, Kunde, Erkundigung
holon	(das) Ganze, Gesamtheit
homoios	ähnlich, gleichartig
hormê	Drang, Trieb, Neigung, Streben, Aufbruch
horismos	Umgrenzung, Definition

hybris	Hoch-, Übermut
hydôr	Wasser
hylê	Holz, Stoff, Materie, Material
hypokeimenon	(das) Zugrundeliegende, Subjekt, Substrat
hypostasis	Grundlage, Substanz, Wesen
hypothesis	Annahme, Grundlage, Voraussetzung, Hypothese
idea tou agathou	Idee des Guten
isonomia	Gleich(heits)ordnung
isostheneia	Gleichwertigkeit, Gleichkräftigkeit
isotes/isos	Gleichheit, Ähnlichkeit/gleich, ähnlich
kairos	günstige Gelegenheit, rechter Zeitpunkt, rechtes Maß
kakia/kakon	Schlechtigkeit, Laster/schlecht, untauglich, übel, schädlich
kalos	schön, hübsch, gut, vorzüglich, tauglich
kaloskagathos	Ehrenmann, ehrenhafter Mensch
katêgoria	Kategorie, Aussage
katharsis	Reinigung
kathêkon	gebotenes Verhalten, das Gebührende, Pflicht
katholou	im Allgemeinen
kenon	(das) Leere
kinêsis	Veränderung, Bewegung
koinônia	Beziehung, Gemeinschaft
kosmogonia	Weltentstehung
kosmopolitês	Weltbürger
kosmos	(Welt-)Ordnung, Einteilung
kosmos aistêtos	sinnlich wahrnehmbare Welt
kosmos neoêtos	geistig wahrnehmbare bzw. intelligible Welt
krinein	unterscheiden, urteilen, meinen
kritêrion	Unterscheidungsmerkmal
legein	sagen, aussagen
logikos	vernünftig, rational, logisch
logistikon	vernünftiger Seelenteil
logon didonai	Rechenschaft geben
logos	Aussage, Rede, Satz, Gespräch, Wort, Vernunft, Definition, Maß
lypê	Schmerz, Unlust
maieutikê	Hebammenkunst
makarios	glücklich, selig
mantikê	Wahrsagekunst

megaloprepeia	Großartigkeit
megalopsychia	Großgesinntheit
mê on	nicht-seiend, Nicht-Seiendes
meros	(Bestand-)Teil
mesotês	Mitte
metabolê	Wandel, Übergang
metaphora	Übertragung
methexis	Teilhabe
metechein	teilhaben
methodos	Weg zu etwas hin, Verfahren, Methode
metron	Maß
mimêsis	Nachahmung, Darstellung
mnêmê	Erinnerung, Gedächtnis
moira	Teil, Los, Schicksal, Verhängnis
monarchia	Alleinherrschaft, Monarchie
morphê	Gestalt, Form
mousikê	Musik, Musenkunst
mythos	(überlieferte) Erzählung, Rede, Wort, Überlegung
noêsis	Denken
noêsis noêseôs	Denken des Denkens
nomos	Brauch, Sitte, Gesetz, Satzung, Übereinkunft, Konvention, Moral(-vorstellungen)
nomothetês	Gesetzgeber
nous	Einsicht, Vernunft, Geist, Intellekt
oikonomia	Haushaltsführung, Hausverwaltung
oikos	Haus, Hausgemeinschaft
oligarchia	Herrschaft der Wenigen
on	seiend (Partizip im Neutrum)
on hê on	Seiendes als Seiendes
orexis	Streben, Begehren, Verlangen
organon	Werkzeug, (Sinnes-)Organ
orthotês	richtiges Verhalten
ouranos	Himmel
ousia	Sein, Wesen, Wesenheit, Seiendheit, Substanz
paideia	Bildung, Erziehung
panta rhei	alles fließt
paradeigma	Muster, Musterbild, Vorbild, Urbild, Beispiel
paradoxon	Verstoß gegen die gängige Meinung
paralogismos	Fehlschluss, Scheinschluss, Paralogismus
parousia	Anwesenheit

parrhêsia	Redefreiheit
pathos	Leiden, Affektion, Affekt, Emotion, Gemütsbewegung
phainesthai	erscheinen, scheinen
phainomenon	(der sinnlichen Wahrnehmung) Erscheinendes, Schein
phantasia	Einbildung, Vorstellung, Erscheinung
philia	Liebe, Freundschaft
philosophia	Liebe zur Weisheit
phobos	Furcht
phronêsis	Klugheit, Einsicht
phylakes	(die) Wächter, (die) Helfer
physei	von Natur
physei dikaion	von Natur gerecht, Naturrecht
physikos	natürlich, Naturphilosoph
physis	Natur
pistis	Glaube, Überzeugung, Vertrauen
pleonexia	Mehr-Haben(-Wollen), Habgier
plêthos	(gemeines) Volk, Menge, Vielzahl
pneuma	Hauch, Geist, Leben(-skraft), Seele
poiêsis	(schöpferische) Tätigkeit, Schaffen
poiêtikê	Dichtkunst, schaffende bzw. hervorbringende Kunst
poion/poiotês	wie beschaffen, Qualität
polis	Stadt, politische Gemeinschaft
politeia	Bürgerschaft, Bürgerrecht, Verfassung, Gemeinwesen, Regime, politisches System
poson/posotês	wie groß, Quantität
praxis	Handeln, Handlung, Tat, Praxis
prepon	(das) Schickliche, (das) Angemessene
prohairesis	Entscheidung, Entschluss, Wahl, Absicht, Bestrebung
pronoia	Voraussicht, Vorherwissen, Fürsorge, Vorsorge
pros hen	in Bezug auf eines
prosôpon	Antlitz, Aussehen, Gesicht, Maske, Person, Rolle
pros ti	in Bezug auf etwas, Relation
pseudos	Lüge, Täuschung, Unwahrheit
psychê	Seele, Belebendes, Leben
psychê tou pantos	All-, Weltseele
pyr	Feuer
rhêtorikê	Redekunst, Rhetorik

schêma	Gestalt, Figur, Form
scholê	Muße, freie Zeit
sêmeion	Zeichen
sêmainein	bedeuten, bezeichnen
skepsis	Betrachtung, Überlegung, Untersuchung, Skepsis
sôma	Körper, Leib
sophia/sophos	Weisheit/weise
sôphrosynê	Besonnenheit, Mäßigung, Selbstbeherrschung
sperma	Samen, Keim, Saat
stasis	Aufruhr, Aufstand, Zustand, Stehen, Position, Ruhe
sterêsis	Beraubung, Privation
stoicheion	Element, Bestandteil, Buchstabe
syllogismos	Schluss, Syllogismus
symbebêkos	akzidentell, beiläufig
symmetria	Gleichmaß, richtiges Verhältnis
sympheron	nützlich, vorteilhaft
synagôgê	(das) Zusammenführen, (das) Versammeln, Versammlung
syneidêsis	Gewissen
tauton	dasselbe (wie), identisch (mit)
taxis	(An-)Ordnung, Reihenfolge, Stellung
technê	Kunst(-fertigkeit), Kompetenz
telos	Ziel, Zweck, Ende, Endpunkt
thanatos	Tod
theos	Gott
thesis	Setzung, Behauptung, These
theôria	Betrachtung, Erkenntnis, Theorie
thymoeides	das Mutartige
thymos	Mut, Zorn
timê	Ehre, Ansehen, Anerkennung
timokratia	Herrschaft der Ehrliebenden
tode ti	dieses da, dieses Etwas
topos	Ort, Platz, Position, Topos
tychê	Zufall, Schicksal
tyrannis	Despotie, Gewaltherrschaft, Tyrannis
zên	Leben
zôê	Leben
zôon	Lebewesen
zôon logon echon	Lebewesen, das Sprache und Vernunft hat
zôon politikon	politisches Lebewesen

14 Anhang

14.1 Zitierte Literatur

Abel 1983 Karlhans Abel: Das Propatheia-Theorem: Ein Beitrag zur stoischen Affektenlehre, in: Hermes, Bd. 111, Heft 1, 1983, S. 78–97.

Abritton 1957 Rogers Abritton: Forms of Particular Substances in Aristotle's Metaphysics, in: The Journal of Philosophy, Bd. 54, 1957, S. 699–708.

Ackeren 2006 Marcel van Ackeren: Heraklit. Vielfalt und Einheit seiner Philosophie (Berner Reihe philosophischer Studien), Bern 2006.

Ackrill 1995 John L. Ackrill: Aristotle on Eudaimonia (I 1–3 und 5–6), in: Otfried Höffe (Hg.): Aristoteles: Die Nikomachische Ethik (Klassiker Auslegen, Bd. 2), Berlin 1995, S. 39–62.

Adamson 2015 Peter Adamson: Philosophy in the Hellenistic & Roman Worlds. A History of Philosophy without Any Gaps, Bd. 2, Oxford 2015.

Adkins 1991 A.W.H. Adkins: The Connection between Aristotle's *Ethics* and *Politics*, in: David Keyt/Fred D. Miller, Jr. (Hg.): A Companion to Aristotle's *Politics*, Cambridge/Oxford 1991, S. 75–93 (zuerst 1984).

Algra 1996 Keimpe Algra: Observations on Plato's Thrasymachos: The Case for Pleonexia, in: Keimpe A. Algra/Pieter W. van der Horst/David T. Runia (Hg.): Polyhistor. Studies in the History of Historiography of Ancient Philosophy, Presented to Jaap Mansfeld on his Sixtieth Birthday, Leiden 1996, S. 41–59.

Algra/Barnes 1999 Keimpe Algra/Jonathan Barnes/Jaap Mansfeld/Malcolm Schofield (Hg.): The Cambridge History of Hellenistic Philosophy, Cambridge 1999.

Algra 2001 Keimpe Algra: Die Anfänge der Kosmologie, in: A.A. Long (Hg.): Handbuch frühe griechische Philosophie. Von Thales zu den Sophisten, Stuttgart/Weimar 2001, S. 42–60.

Allen/Furley 1970 Allen, Reginald E./Furley, David J. (Hg.): Studies in Presocratic Philosophy, Bd. I: The Beginning of Philosophy, London 1970.

Allen/Furley 1975 Allen, Reginald E./Furley, David J. (Hg.): Studies in Presocratic Philosophy, Bd. II: The Eleatics and the Pluralists, London 1975.

Annas 1981 Julia Annas: An Introduction to Plato's *Republic*, Oxford 1981.

Apelt 1988 Otto Apelt: Einleitung zum Parmenides, in: Platon. Sämtliche Dialoge, hg. und übers. von Otto Apelt, Bd. IV, Hamburg 1988, S. 1–44.

Arends 1988 Jacob Frederik Martinus Arends: Die Einheit der Polis. Eine Studie über Platons *Staat*, Leiden/New York 1988.

Aubenque 1962 Pierre Aubenque: Le problème de l'être chez Aristote. Essais sur la problématique aristotécienne, Paris 1962.

Aubenque 1963 Pierre Aubenque: La prudence chez Aristote, Paris 1963 (dt.: Der Begriff der Klugheit bei Aristoteles, Hamburg 1997).

Avezzù 1982 Guido Avezzù (Hg.): Alcidamante. Orazioni e frammenti. Text, Einleitung, Übersetzung und Anmerkungen, Rom 1982.

Bailey 1928 Cyril Bailey: The Greek Atomists and Epicurus. A Study, Oxford 1928.

Bambrough 1975 Renford Bambrough: Plato's Political Analogies, in: Peter Laslett (Hg.): Philosophy, Politics, and Society, Bd. 1, Oxford 1975 (zuerst 1956), S. 98–115.

Barnes 1989 Jonathan Barnes: The Presocratic Philosophers, London/New York 1989 (Original: in zwei Bänden 1979).

Barnes 1992 Jonathan Barnes: Aristoteles. Eine Einführung, übers. von Christiana Goldmann, Stuttgart 1992 (Original: Aristotle, Oxford 1982).

Bertelli 2016 Lucio Bertelli: Politika: questioni di composizione. È ancora praticabile l'"ipotesi Jaeger?", in: ΠΗΓΗ/FONS. Revista electrónica de estudios sobre la civilizatión clásica y su recepción (OJS, www.uc3m.es/pege), I (2016), S. 21–33.

Bien 1980 Günther Bien: Die Grundlegung der politischen Philosophie bei Aristoteles, Freiburg (Breisgau)/München 1980.

Bignone 1976 Ettore Bignone: Die ethischen Vorstellungen des Sophisten Antiphon, in: Carl Joachim Classen (Hg.): Sophistik (Wege der Forschung, Bd. CLXXXVII), Darmstadt 1976 (zuerst 1917/1938), S. 493–518.

Billows 2003 Richard Billows: Cities, in: Andrew Erskine (Hg.): A Companion to the Hellenistic World, Oxford 2003, S. 196–215.

Bleicken 1994 Jochen Bleicken: Die athenische Demokratie, 2. Aufl., Paderborn/München 1994.

Bobonich 1991 Christopher Bobonich: Persuation, Compulsion and Freedom in Plato's Laws, in: Classical Quarterly (N.S.), Bd. 41, Heft 2, 1991, S. 365–388.

Bobonich 2002 Christopher Bobonich: Plato's Utopia Recast. His Later Ethics and Politics, Oxford 2002.

Boeri/Salles 2014 Marcelo D. Boeri/Ricardo Salles: Los filósofos Estoicos. Ontología, logica, física y ética (Studies in Ancient Philosophy, Bd. 12), Sankt Augustin 2014.

Bordt 2006 Michael Bordt: Platons Theologie, Freiburg/München 2006.

Brandwood 1990 Leonhard Brandwood: The Chronology of Plato's Dialogues, Cambridge 1990.

Bremer 2013 Dieter Bremer: Forschungsgeschichte und Darstellungsprinzipien, in: Überweg. Grundriss der Geschichte der Philosophie. Die Philosophie der Antike, Bd. 1: Frühgriechische Philosophie, hg. von Dieter Bremer/Hellmut Flashar/Georg Rechenauer, Basel 2013, S. 3–38.

Brisson 1995 J. Brisson: Interprétation du mythe du Politique, in: Christopher J. Rowe (Hg.): Reading the *Statesman*. Proceedings of the III Symposium Platonicum, Sankt Augustin 1995, S. 349–363.

Brown 1997 Lesley Brown: What is "the Mean Relative to Us" in Aristotle's "Ethics"?, in: Phronesis, Bd. 42, Heft 1, 1997, S. 77–93.

Buchheim o.J. Thomas Buchheim: Aristoteles (Herder/Spektrum Meisterdenker), Freiburg/Basel/Wien o.J.

Buchheim 1986 Thomas Buchheim: Die Sophistik als Avantgarde normalen Lebens, Hamburg 1986.

Buchheim 1994 Thomas Buchheim: Die Vorsokratiker. Ein philosophisches Porträt, München 1994.

Buchheim 2012 Thomas Buchheim (Hg.): Gorgias von Leontinoi. Reden, Fragmente und Testimonien, 2., verbesserte Aufl., Hamburg 2012.

Buddensiek 2012 Friedemann Buddensiek: Gegenstand und Verfahren von Aristoteles' praktischer Philosophie, in: Barbara Zehnpfennig (Hg.): Die Politik des Aristoteles (Staatsverständnisse, Bd. 44), Baden Baden 2012, S. 56–71.

Bugh 2006 Glenn R. Bugh (Hg.): The Cambridge Companion to the Hellenistic World, Cambridge 2006.

Burckhardt 1977 Jacob Burckhardt: Griechische Kulturgeschichte, 4 Bde., München 1977 (zuerst 1898–1902).

Burkert 1962 Walter Burkert: Weisheit und Wissenschaft. Studien zu Pythagoras, Philolaus und Platon, Nürnberg 1962.

Burkert 2010 Walter Burkert: Griechische Religion der archaischen und klassischen Epoche, 2. Aufl., Stuttgart 2010 (zuerst 1977).

Burkert 2013 Walter Burkert: Frühgriechische Philosophie und Orient, in: Überweg. Grundriss der Geschichte der Philosophie. Die Philosophie der Antike, Bd. 1: Frühgriechische Philosophie, hg. von Dieter Bremer/Hellmut Flashar/Georg Rechenauer, Basel 2013, S. 97–125.

Burnet 1911 John Burnet: Introduction to Plato's Phaedo, in: John Burnet: Plato's Phaedo, Oxford 1911, S. IX–LVI.

Burnet 1914 John Burnet: Greek Philosophy. Thales to Plato, London 1914; Nachdruck 1968.

Burnet 1930 John Burnet: Early Greek Philosophy, 4. Aufl., London 1930 (zuerst 1892).

Burnyeat 1977 Myles F. Burnyeat: Socratic Midwifery, Platonic Inspiration, in: Bulletin of the Institute of Classical Studies, Bd. 24, 1977, S. 7–16.

Canto 1994 Monique Canto: The Politics of Womens's Bodies. Reflections on Plato, übers. und hg. von A. Goldhammer/N. Tuana, Pennsylvania 1994.

Capelle 1971 Wilhelm Capelle: Die griechische Philosophie, Bd. II: Von den Sokratikern bis zur hellenistischen Philosophie, 3., bearbeitete Aufl., Berlin 1971.

Casertano 1971 Giovanni Casertano: Natura e istituzioni umane nelle dottrine dei sofisti, Neapel 1971.

Chen 1992 Ludwig C.H. Chen: Acquiring Knowledge of the Ideas. A Study of Plato's Methods in the Phaedo, the Symposium and the Central Books of the Republic (Palingenesia, Bd. 35), Stuttgart 1992.

Cherniss 1935 Harold Cherniss: Aristotle's Criticism of Presocratic Philosophy, Baltimore 1935.

Christ 1986 Karl Christ (Hg.): Sparta, Darmstadt 1986.

Classen 1976 Carl Joachim Classen: Einleitung, in: Carl Joachim Classen (Hg.): Sophistik (Wege der Forschung, Bd. CLXXXVII), Darmstadt 1976, S. 1–18.

Classen 1986 Carl Joachim Classen: Ansätze. Beiträge zum Verständnis der frühgriechischen Philosophie (Elementa, Bd. XXXIX, Amsterdam 1986.

Cooper 2008 Craig Cooper: Prodicus, in: Patricia O'Grady (Hg.): The Sophists. An Introduction, London 2008, S. 71–82.

Corlett 2005 J. Angelo Corlett: Interpreting Plato's Dialogues, Las Vegas 2005.

Cornford 1930 Francis M. Cornford: Anaxagoras' Theory of Matter, in: Classical Quarterly, Bd. 24, 1930, S. 14–30 und 83–95; Nachdruck in: Reginald E. Allen/David J. Furley (Hg.): Studies in Presocratic Philosophy, Bd. II: The Eleatics and the Pluralists, London 1975, S. 275–322.

Cornford 1952 Francis M. Cornford: Principium Sapientiae, Cambridge 1952.

Coxon 1986 A. H. Coxon: The Fragments of Parmenides. A Critical Text with Introduction, Translation, the Ancient *Testimonia* and a Commentary, Assen/Maastricht/Wolfeboro 1986.

Cross/Woozley 1964 Robert C. Cross/Anthony D. Woozley: *Plato's Republic*. A Philosophical Commentary, London/New York 1964.

Curd 2007 Patricia Curd: Anaxagoras of Clazomenae. *Fragments and Testimonia*. A Text and Translation with Notes (Phoenix Supplementary, 64), Toronto/Buffaloe/London 2007.

Dahl 1984 Norman O. Dahl: Practical Reason, Aristotle, and Weakness of the Will, Minneapolis 1984.

Decleva Caizzi 1966 Fernanda Decleva Caizzi: Antisthenis Fragmenta (Testi e documenti per lo studio dell'antichità), Mailand/Varese 1966.

Decleva Caizzi 1981 Fernanda Decleva Caizzi (Hg.): Pirrone, Testimonianze (Collana Elenchos 5), Neapel 1981.

Decleva Caizzi 2001 Fernanda Decleva Caizzi: Protagoras und Antiphon: Sophistische Erörterungen über Gerechtigkeit, in: A.A. Long (Hg.): Handbuch frühe griechische Philosophie. Von Thales zu den Sophisten, Stuttgart/Weimar 2001, S. 285–303.

Derrida 1990 Jacques Derrida: Grammatologie, übers. von Hans-Jörg Rheinberger und Hanns Zischler, 3. Aufl., Frankfurt am Main 1990.

Diels 1965 Hermann Diels: Doxographi Graeci, Berlin 1965 (zuerst 1879).

Diels 1976 Hermann Diels: Gorgias und Empedokles, in: Carl Joachim Classen (Hg.): Sophistik, (Wege der Forschung, Bd. CLXXXVII), Darmstadt 1976 (zuerst 1884), S. 351–383.

Dillon 1995 J. Dillon: The Neoplatonic Exegesis of the Statesman Myth, in: Christopher J. Rowe (Hg.): Reading the *Statesman*. Proceedings of the III Symposium Platonicum, Sankt Augustin 1995, S. 364–374.

Dirlmeier 1950 Franz Dirlmeier: Aristoteles, in: Jahrbuch für das Bistum Mainz, Bd. 5, 1950, S. 161–171. Neudrucke: Paul Moraux (Hg.): Aristoteles in der neueren Forschung (Wege der Forschung, Bd. XVI), Darmstadt 1968, S. 144–157, und: Franz Dirlmeier: Ausgewählte Schriften zu Dichtung und Philosophie der Griechen, hg. von Herwig Görgemanns, Heidelberg 1970, S. 129–136.

Döring 1981 Klaus Döring: Die politische Theorie des Protagoras, in: George B. Kerferd (Hg.): The Sophists and Their Legacy (Hermes Einzelschriften, Bd. 44), Wiesbaden 1981, S. 109–115.

Döring 1988 Klaus Döring: Der Sokratesschüler Aristipp und die Kyrenaiker, Akademie der Wissenschaften und der Literatur. Abhandlungen der geistes- und sozialwissenschaftlichen Klasse, Nr. 1, Mainz/Stuttgart 1988.

Döring 1998 Klaus Döring: Zweites Kapitel: Sokrates, die Sokratiker und die von ihnen begründeten Traditionen, in: Überweg. Grundriss der Geschichte der Philosophie. Die Philosophie der Antike, Bd. 2/1: Sophistik. Sokrates. Sokratik. Mathematik. Medizin, von Klaus Döring/Hellmut Flashar/George B. Kerferd/Caroline Oser-Grote/Hans-Joachim Waschkies, hg. von Hellmut Flashar, Basel 1998.

Donini 1982 Pierluigi Donini: Le scuole, l'anima, l'impero: la filosofia antica da Antioco a Plotino, Turin 1982.

Dudley 1937 Donald R. Dudley: A History of Cynicism. From Diogenes to the 6th Century A.D., London 1937.

Düring 1957 Ingemar Düring: Aristotle in the Ancient Biographical Tradition (Studia Graeca et Latina Gothoburgensia V), Göteborg 1957.

Ebert 1995 Theodor Ebert: Phronesis – Anmerkungen zu einem Begriff der Aristotelischen Ethik, in: Otfried Höffe (Hg.): Aristoteles: Die Nikomachische Ethik (Klassiker Auslegen, Bd. 2), Berlin 1995, S. 165–186.

Elm 1996 Ralf Elm: Klugheit und Erfahrung bei Aristoteles, Paderborn u. a. 1996.

Emlyn-Jones 1976 C. J. Emlyn-Jones: Heraclitus and the Identity of Opposites, in: Phronesis, Bd. 21, Heft 2, 1976, S. 89–114.

Erler 1994 Michael Erler: Zweites Kapitel: Die Schule Epikurs, in: Überweg. Grundriss der Geschichte der Philosophie. Die Philosophie der Antike, Bd. 4: Die hellenistische Philosophie, Michael Erler/Hellmut Flashar/Günter Gawlick/Woldemar Görler/Peter Steinmetz; hg. von Hellmut Flashar, Basel 1994.

Erler 1995 Michael Erler: Kommentar zu Brisson und Dillon, in: Christopher J. Rowe (Hg.): Reading the *Statesman*. Proceedings of the III Symposium Platonicum, Sankt Augustin 1995, S. 375–380.

Erler 2007 Überweg. Grundriss der Geschichte der Philosophie. Die Philosophie der Antike, Bd. 2/2: Platon, Michael Erler, hg. von Hellmut Flashar, Basel 2007.

Erskine 2003 Andrew Erskine (Hg.): A Companion to the Hellenistic World, Oxford 2003.

Farmer 2008 Christine Farmer: Was Socrates a Sophist?, in: Patricia O'Grady (Hg.): The Sophists. An Introduction, London 2008, S. 164–174.

Ferber 1989 Rafael Ferber: Platons Idee des Guten, 2., durchges. und erweit. Aufl., Sankt Augustin 1989 (zuerst 1984).

Ferber 1995 Rafael Ferber: Für eine propädeutische Lektüre des *Politicus*, in: Christopher J. Rowe (Hg.): Reading the *Statesman*. Proceedings of the III Symposium Platonicum, Sankt Augustin 1995, S. 63–75.

Fermani 2012 Adrianna Fermani: L'etica di Aristotele. Il mondo della vita umana, Brescia 2012.

Figal 1998 Günter Figal: Sokrates (Beck'sche Reihe Denker, Bd. 530), 2., überarb. Aufl., München 1998.

Finley 1983 Moses I. Finley: Die Griechen. Eine Einführung in ihre Geschichte und Zivilisation, 2., durchgesehene Aufl., München 1983 (Original: The Ancient Greeks, London 1963).

Finley 1993 Moses I. Finley: Die antike Wirtschaft, 3., durchgesehene und erweiterte Aufl., München 1993 (Original: The Ancient Economy, Berkely/LA 1973).

Flashar/Görler 1994 Hellmuth Flashar/Woldemar Görler: Die hellenistische Philosophie im allgemeinen, in: Überweg. Grundriss der Geschichte der Philosophie. Die Philosophie der Antike, Bd. 4: Die hellenistische Philosophie, Michael Erler/Hellmut Flashar/Günter Gawlick/Woldemar Görler/Peter Steinmetz; hg. von Hellmut Flashar, Basel 1994.

Flashar 1995 Hellmuth Flashar: Die Platonkritik (I 4), in: Otfried Höffe (Hg.): Aristoteles: Die Nikomachische Ethik (Klassiker Auslegen, Bd. 2), Berlin 1995, S. 63–82.

Flashar 1998 Hellmut Flashar (Hg.): Grundriss der Geschichte der Philosophie (begründet von F. Ueberweg), Die Philosophie der Antike Bd. 2/1: Sophistik, Sokrates, Sokratik, Mathematik, Medizin, Basel 1998.

Flashar 2004 Hellmut Flashar: Zweites Kapitel: Aristoteles, in: Grundriss der Geschichte der Philosophie (begründet von F. Ueberweg). Die Philosophie der Antike, Bd. 3: Ältere Akademie. Aristoteles. Peripatos, Hellmut Flashar/Hans Krämer/Fritz Wehrli/Georg Wöhrle/Leonid Zhmud, 2., durchgeseh. und erweit. Aufl., hg. von Hellmut Flashar, Basel 2004.

Flashar/Bremer/Rechenauer 2013 Hellmut Flashar/Dieter Bremer/Georg Rechenauer (Hg.): Grundriss der Geschichte der Philosophie (begründet von F. Ueberweg). Die Philosophie der Antike, Bd. 1: Frühgriechische Philosophie, Basel 2013.

Fox Keller 1985 Evelyn Fox Keller: Erkenntnis und sexuelle Liebe bei Platon und Bacon, in: Feministische Studien, Bd. 4 (1985), S. 47–56.

Fränkel 1968 Hermann Fränkel: Wege und Formen frühgriechischen Denkens, 3., durchgeseh. Aufl., München 1968.

Frede/Patzig Michael Frede/Günther Patzig: Aristoteles „Metaphysik Z". Text, Übersetzung und Kommentar, Erster Bd.: Einleitung, Text und Übersetzung, München 1988.

Fritz 1968 Kurt von Fritz: Platon in Sizilien und das Problem der Philosophenherrschaft, Berlin 1968.

Furley 1981 David J. Furley: Antiphon's Case Against Justice, in: George B. Kerferd (Hg.): The Sophists and Their Legacy (Hermes Einzelschriften, Bd. 44), Wiesbaden 1981, S. 81–91.

Gadamer 1990 Hans-Georg Gadamer: Wahrheit und Methode. Grundzüge einer philosophischen Hermeneutik (Gesammelte Werke, Bd. 1), 6. durchgeseh. Aufl., Tübingen 1990.

Gagarin 2002 Michael Gagarin: Antiphon the Athenian. Oratory, Law, and Justice in the Age of the Sophists, Austin 2002.

Gaiser 1988 Konrad Gaiser: Philodems Academica. Die Berichte über Platon und die Alte Akademie in zwei herkulanensischen Papyri (Supplementum Platonicum 1), Stuttgart/Bad Cannstatt 1988.

Gaiser 1998 Konrad Gaiser: Platons ungeschriebene Lehre. Studien zur systematischen und geschichtlichen Begründung der Wissenschaften in der Platonischen Schule, 3. Aufl., Stuttgart 1998 (zuerst 1963).

Galilei 1896 Galileo Galilei: Il Saggiatore, Edition Nazionale, Bd. 6, Florenz 1896 (zuerst 1623).

Gallop 1984 Parmenides of Elea. *Fragments*. A Text and Translation with an Introduction by David Gallop (Phoenix Supplementary, 18), Toronto/Buffalo/London 1984.

Gehlen 1940 Arnold Gehlen: Der Mensch. Seine Natur und seine Stellung in der Welt, Berlin 1940.

Gehrke 1985 Hans-Joachim Gehrke: Stasis. Untersuchungen zu den inneren Kriegen in den griechischen Staaten des 5. und 4. Jahrhunderts, München 1985.

Gehrke 2001 Hans-Joachim Gehrke: Verfassungswandel (V 1–12), in: Otfried Höffe (Hg.): Aristoteles, Politik (Klassiker Auslegen, Bd. 23), Berlin 2001, S. 137–150.

Gershenson/Greenberg 1964 Daniel E. Gershenson/Daniel A. Greenberg: Anaxagoras and the Birth of Physics, New York/London/Toronto 1964.

Geyer 2004 Carl-Friedrich Geyer: Epikur zur Einführung, Hamburg 2004.

Gigon 1965 Olof Gigon: Die Sklaverei bei Aristoteles, in: Rudolf Stark: La politique d'Aristote (Entretiens sur l'antiquité classique, Bd. XI), Genf 1965, S. 247–276.

Gigon 1968 Olof Gigon: Der Ursprung der griechischen Philosophie. Von Hesiod bis Parmenides, 2. Aufl., Basel/Stuttgart 1968 (zuerst 1945).

Gigon 1972 Olof Gigon: Gorgias „Über das Nichtsein", in: Olof Gigon: Studien zur antiken Philosophie, Berlin/New York 1972 (zuerst 1936), S. 69–97.

Gigon 1991 Epikur: Von der Überwindung der Furcht, übers. mit einer Einführung und Erläuterungen versehen von Olof Gigon, München/Zürich 1991.

Gill 2003 Christopher Gill: The School in the Imperial Period, in: Brad Inwood (Hg.): The Cambridge Companion to the Stoics, Cambridge 2003, S. 33–58.

Giorgini 2002 Giovanni Giorgini: I doni di Pandora. Filosofia, politica e storia nella Grecia antica, Bologna 2002.

Giorgini 2014 Giovanni Giorgini: The Sophists in Context: George Grote's Reappraisal, in: Kyriakos Demetriou (Hg.): The Brill Companion to George Grote, Leiden 2014.

Giorgini 2016 Giovanni Giorgini: The Power of Speech: The Influence of the Sophists on Greek Politics, in: Cinzia Arruzza/Dmitri Nikulin (Hg.): Philosophy and Political Power in Antiquity, Leiden/ Boston 2016, S. 9–40.

Görler 1994 Woldemar Görler: Fünftes Kapitel: Älterer Pxrrhonismus. Jüngere Akademie. Antiochos aus Askalon, in: Überweg. Grundriss der Geschichte der Philosophie. Die Philosophie der Antike, Bd. 4: Die hellenistische Philosophie, Michael Erler/Hellmut Flashar/Günter Gawlick/Woldemar Görler/Peter Steinmetz; hg. von Hellmut Flashar, Basel 1994.

Gomperz 1976 Heinrich Gomperz: Sophistik und Rhetorik, in: Carl Joachim Classen (Hg.): Sophistik (Wege der Forschung, Bd. CLXXXVII), Darmstadt 1976 (zuerst 1914), S. 21–37.

Gosling/Taylor 1982 J.C.B. Gosling/C.C.W. Taylor: The Greeks on Pleasure, Oxford 1982.

Graeser 1983 Andreas Graeser: Die Philosophie der Antike 2: Sophistik und Sokratik, Platon und Aristoteles, München 1983 (= Wolfgang Röd (Hg.): Geschichte der Philosophie, Bd. 2).

Graham 2001 Daniel W. Graham: Empedokles und Anaxagoras: Antworten auf Parmenides, in: A.A. Long (Hg.): Handbuch frühe griechische Philosophie. Von Thales zu den Sophisten, Stuttgart/Weimar 2001, S. 145–164.

Grimm 1977 Rüdiger H. Grimm: Nietzsche's Theory of Knowledge, Berlin/New York 1977.

Grote 1850/1969 George Grote: A History of Greece. From the Earliest Period to the Close of the Generation Contemporary with Alexander the Great, Bd. 8, London 1850, S. 479–544 (= 1869, S. 151–204).

Guckes 2004 Barbara Guckes: Stoische Ethik – eine Einführung, in: Barbara Guckes (Hg.): Zur Ethik der älteren Stoa, Göttingen 2004, S. 7–29.

Guthrie 1952 William K.C. Guthrie: Orpheus and Greek Religion. A Study of the Orphic Movement, 2. Aufl., London 1952 (zuerst 1935).

Guthrie 1962 William K.C. Guthrie: A History of Greek Philosophy, Bd. I: The Early Presocratics and the Pythagoreans, Cambridge 1962.

Guthrie 1969 William K.C. Guthrie: A History of Greek Philosophy, Bd. II: The Presocratic Tradition from Parmenides to Democritus, Cambridge 1969.

Guthrie 1977 William K.C. Guthrie: The Sophists (A History of Greek Philosophy, Bd. III), Cambridge, 1977 (zuerst 1969).

Gutschker 2002 Thomas Gutschker: Aristotelische Diskurse. Aristoteles in der politischen Philosophie des 20. Jahrhunderts, Stuttgart/Weimar 2002.

Guyau 1927 Jean-Marie Guyau: La morale d'Epicure et ses rapports avec les doctrines contemporaines, 7. Aufl., Paris 1927 (zuerst 1878).

Halbig 2004 Christoph Halbig: Die stoische Affektenlehre, in: Barbara Guckes (Hg.): Zur Ethik der älteren Stoa, Göttingen 2004, S. 30–68.

Hansen 2006 Mogens Herman Hansen: Polis. An Introduction to the Ancient Greek City-State, Oxford 2006.

Harrison 1967 E.L. Harrison: Plato's Manipulation of Thrasymachos, in Phoenix, Bd. 21, Nr. 1, 1967, S. 27–39.

Hartmann 1957 Nicolai Hartmann: Kleinere Schriften, Bd. 2, Abhandlungen zur Philosophiegeschichte, Berlin 1957.

Havelock 1934 E.A. Havelock: The Evidence for the Teaching of Socrates, in: Transactions and Proceedings of the American Philological Association, Bd. 65, 1935, S. 282–295.

Hegel 1971 Georg Wilhelm Friedrich Hegel: Vorlesungen über die Geschichte der Philosophie I, Werke in zwanzig Bänden. Auf der Grundlage der Werke von 1832–1845 neu edierte Ausgabe, Bd. 18, Frankfurt am Main 1971.

Heinaman 1998 Robert Heinaman: Eudaimonia and Self-sufficiency in the "Nicomachean Ethics", in: Phronesis, Bd. 33, Heft 1, 1988, S. 31–53.

Heinimann 1945 Felix Heinimann: Nomos und Physis. Herkunft und Bedeutung einer Antithese im griechischen Denken des 5. Jahrhunderts, Basel 1945 (Neudruck 1965).

Heit 2011 Helmut Heit: Frühgriechische Philosophie, Stuttgart 2011.

Heitsch 1966a Ernst Heitsch: Das Prometheus-Gedicht bei Hesiod (1963), in: Ernst Heitsch (Hg.): Hesiod (Wege der Forschung, Bd. 44), Darmstadt 1966, S. 419–435.

Heitsch 1966b Ernst Heitsch (Hg.): Hesiod (Wege der Forschung, Bd. 44), Darmstadt 1966.

Heitsch 1976 Ernst Heitsch: Ein Buchtitel des Protagoras, in: Carl Joachim Classen (Hg.): Sophistik (Wege der Forschung, Bd. CLXXXVII), Darmstadt 1976 (zuerst 1969), S. 298–305.

Henschke 1971 Ada Babette Hentschke: Politik und Philosophie bei Plato und Aristoteles. Die Stellung der „Nomoi" im Platonischen Gesamtwerk und die politische Theorie des Aristoteles, Frankfurt am Main 1971.

Hermann 1839 Karl Friedrich Hermann: Geschichte und System der platonischen Philosophie, Heidelberg 1839 (Neudruck: New York 1976).

Heuss 1986 Alfred Heuss: Hellas, in: Propyläen Weltgeschichte, Bd. 3: Griechenland. Die hellenistische Welt, Frankfurt am Main 1986.

Höffe 1997 Otfried Höffe: Einführung in Platons *Politeia*, in: Otfried Höffe (Hg.): Platon: Politeia (Klassiker Auslegen, Bd. 7), Berlin 1997, S. 3–28.

Höffe 2001 Otfried Höffe: Einführung in Aristoteles' *Politik*, in: Otfried Höffe (Hg.): Otfried Höffe (Hg.): Aristoteles, Politik (Klassiker Auslegen, Bd. 23), Berlin 2001, S. 5–19.

Horkheimer/Adorno 1987 Max Horkheimer/Theodor W. Adorno: Dialektik der Aufklärung, in: Max Horkheimer: Gesammelte Schriften, Bd. 5, Frankfurt am Main 1987 (zuerst 1944/47).

Horn 1998 Christoph Horn: Antike Lebenskunst. Glück und Moral von Sokrates bis zu den Neuplatonikern (Beck'sche Reihe, Bd. 1271), München 1998.

Horn 2012 Christoph Horn: Enthält das *Symposion* Platons Theorie der Liebe?, in: Christoph Horn (Hg.): Platon: Symposion (Klassiker Auslegen, Bd. 39), Berlin 2012, S. 1–16.

Horn 2013a Christoph Horn: Philosophie der Antike. Von den Vorsokratikern bis Augustinus (Beck Wissen), München 2013.

Horn 2013b Christoph Horn (Hg.): Politische Philosophie in Platons *Nomoi* – Das Problem von Kontinuität und Diskontinuität, in: Platon: Gesetze – Nomoi (Klassiker Auslegen, Bd. 55), Berlin 2013, S. 1–21.

Horn/Rapp 2002 Christoph Horn/Christof Rapp (Hg.): Wörterbuch der antiken Philosophie, München 2002.

Hossenfelder 1985 Malte Hossenfelder: Die Philosophie der Antike 3: Stoa, Epikureismus und Skepsis, München 1985 (= Wolfgang Röd (Hg.): Geschichte der Philosophie, Bd. 3).

Hossenfelder 1991 Malte Hossenfelder: Epikur (Beck'sche Reihe Große Denker; Bd. 520), München 1991.

Huffman 1993 Carl A. Huffman: Philolaus of Croton. Pythagorean and Presocratic. A Commentary on the Fragments and Testimonia with Interpretative Essay, Cambridge 1993.

Huffman 2001 Carl A. Huffman: Die pythagoreische Tradition, in: A.A. Long (Hg.): Handbuch frühe griechische Philosophie. Von Thales zu den Sophisten, Stuttgart/Weimar 2001, S. 61–79.

Huss 1996 Bernhard Huss: Der Homo-Mensura-Satz des Protagoras. Ein Forschungsbericht, in: Gymnasium 103, 1996, S. 229–257.

Hussey 2001 Edward Hussey: Heraklit, in: A.A. Long (Hg.): Handbuch frühe griechische Philosophie. Von Thales zu den Sophisten, Stuttgart/Weimar 2001, S. 80–101.

Inwood 2001 The Poem of Empedocles. A Text and Translation with an Introduction by Brad Inwood (Phoenix Supplementary, 39), Revised Edition, Toronto/Buffaloe/London 2001 (zuerst 1992).

Irrera 2012 Elena Irrera: Sulla bellezza della vita buona. Fini e criteri dell'agire umano in Aristotele, Lanciano 2012.

Jaeger 1923 Werner Jaeger: Aristoteles. Grundlegung einer Geschichte seiner Entwicklung, Berlin 1923 (2. veränderte Aufl., Berlin 1955).

Jaeger 1953 Werner Jaeger: Die Theologie der frühen griechischen Denker, Stuttgart 1953 (Original: The Theology of the Earl Greek Philosophers, Oxford 1947).

Jedan 2004 Christoph Jedan: Chrysipp über Determinismus und moralische Verantwortlichkeit, in: Barbara Guckes (Hg.): Zur Ethik der älteren Stoa, Göttingen 2004, S. 141–164.

Kahn 1960 Charles H. Kahn: Anaximander and the Origins of Greek Cosmology, New York 1960.

Kahn 1979 Charles H. Kahn: The Art and Thought of Heraclitus. An Edition of the Fragments with Translation and Commentary, Cambridge 1979.

Kahn 1981 Charles H. Kahn: The Origins of Social Contract Theory in the Fifth Century B.C., in: George B. Kerferd (Hg.): The Sophists and their Legacy (Hermes Einzelschriften, Bd. 44), Wiesbaden 1981, S. 92–108.

Kahn 1993 Charles H. Kahn: Proleptic Composition in the Republic, or Why Book I was Never a Separate Dialogue, in: The Classical Quarterly, Bd. 43, Heft 1, 1993, S. 131–142.

Kahn 1995 Charles H. Kahn: The Place of the *Statesman* in Plato's Later Work, in: Christopher J. Rowe (Hg.): Reading the *Statesman*. Proceedings of the III Symposium Platonicum, Sankt Augustin 1995, S. 49–60.

Kahn 1996 Charles H. Kahn: Plato and the Socratic Dialogue. The Philosophical Use of a Literary Form, Cambridge 1996.

Kahn 2003 Charles H. Kahn: The Verb 'Be' in Ancient Greek. With a New Introductory Essay, Indianapolis/Cambridge 2003 (zuerst 1973).

Kant 1976 Immanuel Kant: Kritik der reinen Vernunft, Hamburg 1976 (zuerst 1781/87).

Kelsen 1985 Hans Kelsen: Die Illusion der Gerechtigkeit: eine kritische Untersuchung der Sozialphilosophie Platons, Wien/Mainz, 1985.

Kenny 2006 Anthony Kenny: A New History of Western Philosophy, Bd. 1: Ancient Philosophy, Oxford 2006 (zuerst 2004).

Kerényi 1996 Karl Kerényi: Die Mythologie der Griechen (Bd. 1: Die Götter und Menschheitsgeschichten; Bd. 2: Die Heroen-Geschichten), München 1996 (zuerst 1951 (Bd. 1) und 1958 (Bd. 2)).

Kerferd 1976 George B. Kerferd: The Doctrine of Thrasymachos in Plato's "Republic", in: Carl Joachim Classen (Hg.): Sophistik (Wege der Forschung, Bd. CLXXXVII), Darmstadt 1976 (zuerst 1947), S. 545–563.

Kerferd 1981 George B. Kerferd: The Sophistic Movement, Cambridge, 1981.

Kerferd/Flashar 1998 George B. Kerferd/Hellmuth Flashar: Erstes Kapitel: Die Sophistik, in: Grundriss der Geschichte der Philosophie (begründet von F. Ueberweg). Die Philosophie der Antike, Bd. 2/1: Sophistik. Sokrates. Sokratik. Mathematik. Medizin, von Klaus Döring/Hellmut Flashar/George B. Kerferd/Caroline Oser-Grote/Hans-Joachim Waschkies; hg. von Hellmut Flashar, Basel 1998.

Kersting 1999 Wolfgang Kersting: Platons „Staat", Darmstadt 1999.

Keyt 1991 David Keyt: Aristotle's Theory of Distributive Justice, in: David Keyt/Fred D. Miller, Jr. (Hg.): A Companion to Aristotle's *Politics*, Cambridge/Oxford 1991, S. 238–278 (zuerst 1985).

Keyt/Miller 1991 David Keyt/Fred D. Miller, Jr. (Hg.): A Companion to Aristotle's *Politics*, Cambridge/Oxford 1991.

Kingsley 1995 Peter Kingsley: Ancient Philosophy, Mystery and Magic: Empedocles and Pythagorean Tradition, Oxford/New York 1995.

Kirk 1962 Geoffrey S. Kirk: Heraclitus. The Cosmic Fragments. Edited with an Introduction and Commentary, Cambridge 1962 (zuerst 1954).

Kirk 2009 Geoffrey S. Kirk: The Nature of Greek Myths, New York 2009 (zuerst 1974).

Kirk/Raven 1977 Geoffrey S. Kirk/John E. Raven: The Presocratic Philosophers. A Critical History with a Selection of Texts, Cambridge 1977 (zuerst 1957).

Kirk/Raven/Schofield 1983 Geoffrey S. Kirk/John E. Raven/Malcolm Schofield: The Presocratic Philosophers, Second Edition, Cambridge 1983.

Kirk/Raven/Schofield 2001 Geoffrey S. Kirk/John E. Raven/Malcolm Schofield: Die Vorsokratischen Philosophen. Einführung, Texte und Kommentare, übers. von Karlheinz Hülser, Stuttgart/Weimar 2001 (Original: The Presocratic Philosophers, Cambridge 1962, 1983).

Knoll 2009 Manuel Knoll: Aristokratische oder demokratische Gerechtigkeit? Die politische Philosophie des Aristoteles, München 2009.

Knoll 2010 Manuel Knoll: Die distributive Gerechtigkeit bei Platon und Aristoteles, in: Zeitschrift für Politik (ZfP), Heft 1, 2010, S. 3–30.

Knoll 2011a Manuel Knoll: Die „Politik" des Aristoteles – eine unitarische Interpretation, in: Zeitschrift für Politik (ZfP), Heft 2, 2011, S. 123–147.

Knoll 2011b Manuel Knoll: Die „Politik" des Aristoteles – Aufsatzsammlung oder einheitliches Werk? Replik auf Eckart Schütrumpfs Erwiderung, in: Zeitschrift für Politik (ZfP), Heft 4, 2011, S. 410–423.

Knoll 2013 Manuel Knoll: Der Status der Bürger, der Frauen, der Fremden und der Sklaven in Magnesia, in: Christoph Horn (Hg.): Platon: Gesetze – Nomoi (Klassiker Auslegen, Bd. 55), Berlin 2013, S. 143–164.

Knoll 2014 Manuel Knoll: The Übermensch as Social and Political Task: A Study in the Continuity of Nietzsche's Political Thought, in: Manuel Knoll/Barry Stocker (Hg.): Nietzsche as Political Philosopher, Berlin/Boston 2014 (Paperback 2017), S. 239–266.

Knoll 2016 Manuel Knoll: The Meaning of Distributive Justice for Aristotle's Theory of Constitutions, in: ΠΗΓΗ/FONS. Revista electrónica de estudios sobre la civilizatión clásica y su recepción (OJS, www.uc3m.es/pege), I (2016), S. 57–97.

Knoll 2017a Manuel Knoll: Platons Konzeption der Mischverfassung in den *Nomoi* und ihr aristokratischer Charakter, in: Manuel Knoll/Francisco L. Lisi (Hg.): Platons *Nomoi*. Die politische Herrschaft von Vernunft und Gesetz (Staatsverständnisse, Bd. 100), Baden Baden 2017, S. 23–48.

Knoll 2017b Manuel Knoll: Aristotle's Arguments for his Political Anthropology and the Natural Existence of the *Polis*, in: Refik Güremen/Annick Jaulin (Hg.): Aristote, L'animal politique, Paris 2017, S. 31–57.

Krämer 1959 Hans Joachim Krämer: Arete bei Platon und Aristoteles. Zum Wesen und zur Geschichte der platonischen Ontologie, Heidelberg 1959.

Krämer 1997 Hans Krämer: Die Idee des Guten. Sonnen und Liniengleichnis (Buch VI 504a–511e), in: Otfried Höffe (Hg.): Platon: Politeia (Klassiker Auslegen, Bd. 7), Berlin 1997, S. 179–203.

Kranz 1997 Walther Kranz: Die griechische Philosophie. Zugleich eine Einführung in die Philosophie überhaupt (Sammlung Dietrich, Bd. 88), Leipzig 1941, Lizenzausgabe Köln 1997.

Kraut 1984 Richard Kraut: Socrates and the State, Princeton 1984.

Kreißig 1982 Hans Kreißig: Geschichte des Hellenismus, Berlin 1982.

Kühn 2000 Wilfried Kühn: La fin du Phèdre du Platon. Critique de la rhétorique et de l'écriture (Accademia toscana di scienze e lettere "La Colombaria", Bd. 186), Florenz 2000.

Kullmann 1991 Wolfgang Kullmann: Man as a Political Animal in Aristotle, in: David Keyt/Fred D. Miller, Jr. (Hg.): A Companion to Aristotle's *Politics*, Cambridge/Oxford 1991, S. 94–117 (zuerst 1980).

Kullmann 1995 Wolfgang Kullmann: Theoretische und politische Lebensform, in: Otfried Höffe (Hg.): Aristoteles: Die Nikomachische Ethik (Klassiker Auslegen, Bd. 2), Berlin 1995, S. 253–276.

Labarrière 2004 Jean-Louis Labarrière: Langage, vie politique, et mouvement des animaux. Études aristotéliciennes, Paris 2004.

Laks 1990 André Laks: Legislation and Demiurgy: On the Relationship between Plato's "Republic" and the "Laws", in: Classical Antiquity, Bd. 9, Heft 2, 1990, S. 209–229.

Laks 2002 André Laks: Philosophes présocratiques': Remarques sur la construction d'une catégorie de l'historiographie philosophique, in: André Laks/Claire Louguet (Hg.): Qu'est-ce que la philosophie présocratique? What is Presocratic Philosophy?, Lille 2002, S. 17–38.

Langmeier 2016 Bruno Langmeier: Hochmut als Tugend? Die *megalopsychia* bei Aristoteles und die theologische Wende der *magnanimitas* bei Thomas von Aquin, in: Cleophea Ferrari/Dagmar Kiesel (Hg.): Tugend (Erlanger Philosophie-Kolloquium Orient und Okzident, Bd. 1), Frankfurt am Main 2016, S. 11–35.

Langmeier 2018 Bruno Langmeier: Ordnung in der Polis. Grundzüge der politischen Philosophie des Aristoteles, im Erscheinen.

Lee 2002 Baehong Lee: Die politische Philosophie in Platons *Nomoi*, Frankfurt am Main 2002.

Lee 2005 Mi-Kyoung Lee: Epistemology after Protagoras. Responses to Relativism in Plato, Aristotle, and Democritus, Oxford/New York 2005.

Lesher 1992 James H. Lesher: Xenophanes of Colophon. *Fragments.* A Text and Translation with a Commentary (Phoenix Supplementary, 32), Toronto/Buffalo/London 1992.

Leszl 1970 Walter Leszl: Logic and Metaphysics in Aristotle. Aristotle's Treatment of Types of Equivocity and its Relevance to his Metaphysical Theories (Studia Aristotelica 5), Padua 1970.

Leszl 1975 Walter Leszl: Aristotle's Conception of Ontology (Studia Aristotelica 7), Padua 1975.

Lévy 1992 Carlos Lévy: Cicero Academicus. Recherches sur les Académiques et sur la philosophie cicéronienne (Collection de l'École Française de Rome 162), Rom 1992.

Lévy 1997 Carlos Lévy: Les philosophies hellénistiques (Références 537), Paris 1997.

Lisi 1985 Francisco L. Lisi: Einheit und Vielheit des platonischen Nomosbegriffs. Eine Untersuchung zur Beziehung von Philosophie und Politik bei Platon (Beiträge zur klassischen Philologie 167), Königstein/Ts. 1985.

Lisi 1998 Francisco L. Lisi: Die Stellung der *Nomoi* in Platons Staatslehre: Erwägungen zur Beziehung zwischen *Nomoi* und *Politeia*, in: Ales Havlicek/Filip Karfik (Hg.): The *Republic* and the *Laws* of Plato. Proceedings of the First Symposium Platonicum Pragense, Prag 1998, S. 89–105.

Lisi 2013 Francisco L. Lisi: Plato and the Rule of Law, in: Methexis, Bd. 26 (2013), S. 83–102.

Lloyd 1981 Anthony C. Lloyd: Form and Universal in Aristotle, Liverpool 1981.

Lloyd 1991 Geoffrey E. R. Lloyd: The Debt of Greek Philosophy and Science to the Ancient Near East, in: Geoffrey E. R. Lloyd: Methods and Problems in Greek Science. Selected Papers, Cambridge 1991, S. 278–298.

Lloyd 1996 Geoffrey E. R. Lloyd: Adversaries and Authorities. Investigations into Ancient Greek and Chinese Science (Ideas in Context), Cambridge 1996.

Lloyd 2004 Geneviève Lloyd: Leben mit Notwendigkeit, in: Barbara Guckes (Hg.): Zur Ethik der älteren Stoa, Göttingen 2004, S. 123–140.

Löwith 1956 Karl Löwith: Nietzsches Philosophie der ewigen Wiederkunft des Gleichen, 2. Aufl., Stuttgart 1956 (zuerst 1935).

Long 2001a A.A. Long (Hg.): Handbuch frühe griechische Philosophie. Von Thales zu den Sophisten, Stuttgart/Weimar 2001 (Original: The Cambridge Companion to Early Greek Philosophy, Cambridge 1999).

Long 2001b A.A. Long: Das Anliegen der frühen griechischen Philosophie, in: A.A. Long (Hg.): Handbuch frühe griechische Philosophie. Von Thales zu den Sophisten, Stuttgart/Weimar 2001, S. 1–20.

Luria 1976 Salomo Luria: Antiphon der Sophist, in: Carl Joachim Classen (Hg.): Sophistik (Wege der Forschung, Bd. CLXXXVII), Darmstadt 1976 (zuerst 1963), S. 537–542.

Lynch 1972 John Patrick Lynch: Aristotle's School. A Study of a Greek Educational Institution, Berkeley/Los Angeles 1972.

Maguire 1976 Joseph P. Maguire: Thrasymachos – – – or Plato?, in: Carl Joachim Classen (Hg.): Sophistik (Wege der Forschung, Bd. CLXXXVII), Darmstadt 1976 (zuerst 1971), S. 564–588.

Mannebach 1961 E. Mannebach: Aristippi et Cyrenaicorum fragmenta, Leiden/Köln 1961.

Mansfeld 1964 Jaap Mansfeld: Die Offenbarung des Parmenides und die menschliche Welt, Assen 1964.

Mansfeld 1987 Jaap Mansfeld: Die Vorsokratiker, griech./dt., Auswahl der Fragmente, übers. und erläut., Stuttgart 1987.

Mansfeld 2001 Jaap Mansfeld: Quellen, in: A.A. Long (Hg.): Handbuch frühe griechische Philosophie. Von Thales zu den Sophisten, Stuttgart/Weimar 2001, S. 21–41.

Manthe 1996 Ulrich Manthe: Beiträge zur Entwicklung des antiken Gerechtigkeitsbegriffs I: Die Mathematisierung durch Pythagoras und Aristoteles, in: Zeitschrift der Savigny-Stiftung für Rechtsgeschichte (Romanistische Abt.), Bd. 113, 1996, S. 1–31.

Marcovich 1967 Miroslaw Marcovich: Heraclitus. Greek Text with a Short Commentary, Merida 1967.

Marcuse 1979 Herbert Marcuse: Zur Kritik des Hedonismus, in: Herbert Marcuse: Schriften, Bd. 3: Aufsätze aus der Zeitschrift für Sozialforschung, Frankfurt am Main 1979 (zuerst 1938).

Martin/Primavesi 1999 Alain Martin/Oliver Primavesi: L'Empédocle de Strasbourg (P. Strasb. gr. Inv. 1665–1666). Introduction, édition, et commentaire, with an English summary, Berlin/New York 1999.

Marx 1973 Karl Marx: Differenz der demokritischen und epikureischen Naturphilosophie, MEW, Ergänzungsbd., Erster Teil, Berlin 1973 (zuerst 1902).

McKirahan Jr. 2001 Richard D. McKirahan Jr.: Zenon, in: A.A. Long (Hg.): Handbuch frühe griechische Philosophie. Von Thales zu den Sophisten, Stuttgart/Weimar 2001, S. 122–144.

Meier 1993 Christian Meier: Athen, Berlin 1993.

Meier 1995 Christian Meier: Gleichheit und Grenzen. Aristoteles, die Griechen, die Barbaren, die Sklaven, in: Merkur. Deutsche Zeitschrift für europäisches Denken, Heft 9/10, Sept./Okt. 1995, 49. Jg., S. 825–835.

Melis 2003 Paolo Melis: Nuraghenkultur, Sassari 2003.

Migliori 2013 Maurizio Migliori: Il Disordine ordinato. La filosofia dialettica di Platone, 2 Bände, Bd. I: Dialettica, metafisica e cosmologia; Bd. II: Dall'anima alla prassi etica e politica, Brescia 2013.

Miller 1985 Fred D. Miller, Jr.: Nature, Justice, and Rights in Aristotle's "Politics", Oxford 1985.

Morrow 1953 Glenn R. Morrow: Plato's Conception of Persuation, in: Philosophical Review 62, 1953, S. 232–250.

Morrow 1993 Glenn R. Morrow: Plato's Cretan City. A Historical Interpretation of the *Laws*, Princeton 1993 (zuerst 1960).

Müller 1976 Carl Werner Müller: Protagoras über die Götter, in: Carl Joachim Classen (Hg.): Sophistik (Wege der Forschung, Bd. CLXXXVII), Darmstadt 1976 (zuerst 1967), S. 312–340.

Müller 1968 Gerhard Müller: Studien zu den platonischen Nomoi, München 1951, 2. Aufl., München 1968.

Müller 2009 Jörn Müller: Willensschwäche in Antike und Mittelalter. Eine Problemgeschichte von Sokrates bis Johannes Duns Scotus (Ancient and Medieval Philosophy I, Bd. 40), Leuven 2009.

Mulgan 1974 Richard G. Mulgan: Aristotle's Doctrine that Man is a Political Animal, in: Hermes, Bd. 102, Heft 3, 1974, S. 438–445.

Natorp 1893 Paul Natorp: Die Ethika des Demokritos. Text und Untersuchung, Marburg 1893.

Natorp 1994 Paul Natorp: Platons Ideenlehre: Eine Einführung in den Idealismus, Hamburg 1994 (zuerst 1903)

Nef 1941 Hans Nef: Gleichheit und Gerechtigkeit, Zürich 1941.

Neschke-Henschke 1995 Ada Neschke-Henschke: Platonisme politique et théorie du droit naturel. Contributions à une archéologie de la culture politique européenne, Vol I: Le platonisme politique dans l'antiquité, Louvain/Paris 1995.

Nesselrath 1997 Hans-Günther Nesselrath (Hg.): Einleitung in die griechische Philologie, Wiesbaden 1997.

Nestle 1975 Wilhelm Nestle: Vom Mythos zum Logos. Die Selbstentfaltung des griechischen Denkens von Homer bis Sokrates, 2. Aufl., Stuttgart 1975 (zuerst 1940).

Neumann 1976 Alfred Neumann: Die Problematik des Home-mensura Satzes, in: Carl Joachim Classen (Hg.): Sophistik (Wege der Forschung, Bd. CLXXXVII), Darmstadt 1976 (zuerst 1938), S. 257–270.

Newiger 1973 Hans-Joachim Newiger: Untersuchungen zu Gorgias' Schrift Über das Nichtseiende, Berlin/New York 1973.

Nietzsche 1988a Friedrich Nietzsche: Vom Nutzen und Nachteil der Historie, Kritische Studienausgabe, hg. von Giorgio Colli/Mazzino Montinari = KSA, Bd. 1, München/Berlin/New York 1988 (zuerst 1874).

Nietzsche 1988b Friedrich Nietzsche: Die Philosophie im tragischen Zeitalter der Griechen, KSA, Bd. 1, München/Berlin/New York 1988 (zuerst 1873).

Nietzsche 1988c Friedrich Nietzsche: Nachgelassene Fragmente 1869–1874, KSA, Bd. 7, München/Berlin/New York 1988.

Nietzsche 1988d Friedrich Nietzsche: Zur Genealogie der Moral, KSA, Bd. 5, München/Berlin/New York 1988.

Nikolsky 2001 Boris Nikolsky: Epicurus on Pleasure, in: Phronesis, Bd. 46, Heft 4, 2001, S. 440–465.

O'Brien 1995 Denis O'Brien: Empedocles Revisited, in: Ancient Philosophy, Bd. 15, Heft 2, 1995, S. 403–470.

Oehler 1963 Klaus Oehler: Ein Mensch zeugt einen Menschen. Über den Mißbrauch der Sprachanalyse in der Aristotelesforschung, Frankfurt am Main 1963.

Ottmann 2001a Henning Ottmann: Geschichte des politischen Denkens. Die Griechen. Von Homer bis Sokrates, Bd. 1/1, Stuttgart 2001.

Ottmann 2001b Henning Ottmann: Geschichte des politischen Denkens. Die Griechen. Von Platon bis zum Hellenismus, Bd. 1/2, Stuttgart 2001.

Ottmann 2008 Henning Ottmann: Platons Mischverfassungslehre, in: Jahrbuch Politisches Denken, Berlin 2008, S. 33–42.

Owen 1978/79 G.E.L. Owen: Particular and General, in: Proceedings of the Aristotelian Society, Bd. 79, S. 1–21.

Patzer 1986 Andreas Patzer: Der Sophist Hippias als Philosophiehistoriker, Freiburg/München 1986.

Patzer 1987 Andreas Patzer: Einleitung, in: Andreas Patzer (Hg.): Der historische Sokrates (Wege der Forschung, Bd. 584), Darmstadt 1987, S. 1–40.

Pechmann 2008 Alexander von Pechmann: Autonomie und Autorität. Studien zur Genese des europäischen Denkens, Freiburg/München 2008.

Pichot 2000 André Pichot: Die Geburt der Wissenschaft. Von den Babyloniern zu den frühen Griechen, übers. von Sieglinde Summerer und Gerda Kurz, Sonderausgabe, Darmstadt/Köln 2000 (Original: La naissance de la science, Paris 1991).

Picht 1992 Georg Picht: Aristoteles' „De Anima" (Vorlesungen und Schriften, hg. von Constanze Eisenbart), 2. Aufl., Stuttgart 1992 (zuerst 1987).

Pohlenz 1947 Max Pohlenz: Der hellenische Mensch, Göttingen.

Pohlenz 1984 Max Pohlenz: Die Stoa. Geschichte einer geistigen Bewegung. Bd. 1, 6. Aufl., 1984 (zuerst 1948).

Polansky 1991 Ronald Polansky: Aristotle on Political Change, in: David Keyt/Fred D. Miller, Jr. (Hg.): A Companion to Aristotle's *Politics*, Cambridge/Oxford 1991, S. 323–345.

Polansky 2007 Ronald M. Polansky: Aristotle's De anima, Cambridge 2007.

Popper 1992 Karl R. Popper: Die offene Gesellschaft und ihre Feinde, Bd. I: Der Zauber Platons, 7. Aufl., Tübingen 1992 (zuerst London 1945).

Price 1995 Anthony Price: Friendship (VII und VIII), in: Otfried Höffe (Hg.): Aristoteles: Die Nikomachische Ethik (Klassiker Auslegen, Bd. 2), S. 229–251.

Rapp 1988a Christof Rapp: Einleitung: Die Substanzbücher der *Metaphysik*, in: Christof Rapp (Hg.): Aristoteles. Metaphysik. Die Substanzbücher (Z, H, Θ) (Klassiker Auslegen, Bd. 4), Berlin 1988, S. 1–26.

Rapp 1988b Christof Rapp: Substanz als vorrangig Seiendes (Z1), in: Christof Rapp (Hg.): Aristoteles. Metaphysik. Die Substanzbücher (Z, H, Θ) (Klassiker Auslegen, Bd. 4), Berlin 1988, S. 27–40.

Rapp 2006 Christof Rapp: What Use is Aristotle's Doctrine of the Mean, in: Burkhard Reis (Hg.): The Virtuous Life in Greek Ethics, Cambridge 2006, S. 99–126.

Rapp 2007 Christof Rapp: Vorsokratiker, 2., überarb. Aufl., München 2007 (zuerst 1997).

Reale 2000 Giovanni Reale: Zu einer neuen Interpretation Platons. Eine Auslegung der Metaphysik der großen Dialoge im Lichte der „ungeschriebenen Lehre", 2., erweit. Aufl., Paderborn 2000.

Reinhardt 1977 Karl Reinhardt: Parmenides und die Geschichte der griechischen Philosophie, 3. Aufl., Frankfurt am Main 1977 (zuerst 1916).

Ricken 1994 Friedo Ricken: Antike Skeptiker (Beck'sche Reihe Denker, Bd. 526), München 1994.

Ricken 1995 Friedo Ricken: Wert und Wesen der Lust (VII 12-15 und X 1-5), in: Otfried Höffe (Hg.): Aristoteles: Die Nikomachische Ethik (Klassiker Auslegen, Bd. 2), Berlin 1995, S. 207–228.

Ricken 2007 Friedo Ricken: Philosophie der Antike (Grundkurs Philosophie, Bd. 6), 4., überarbeit. und erweit. Aufl., Stuttgart 2007 (zuerst 1988).

Riedweg 2007 Christoph Riedweg: Pythagoras. Leben. Lehre. Nachwirkung, München, 2. überarbeite Aufl. 2007 (zuerst 2002).

Riklin 2006 Alois Riklin: Machtteilung. Geschichte der Mischverfassung, Darmstadt 2006.

Robinson 1987 Heraclitus. *Fragments.* A Text and Translation with a Commentary by T.M. Robinson (Phoenix Supplementary, 22), Toronto/Buffalo/London 1987.

Robinson 1995 Richard Robinson: Aristotle on Akrasia, in: Otfried Höffe (Hg.): Aristoteles: Die Nikomachische Ethik (Klassiker Auslegen, Bd. 2), Berlin 1995, S. 187–206 (zuerst franz. 1955).

Röd 1976 Wolfgang Röd: Die Philosophie der Antike 1. Von Thales bis Demokrit (= Geschichte der Philosophie, hg. von Wolfgang Röd, Bd. 1), München 1976.

Röd 1988 Wolfgang Röd: Kleine Geschichte der antiken Philosophie (Beck'sche Reihe, Bd. 4018), München 1988.

Rose 1992 Herbert J. Rose: Griechische Mythologie. Ein Handbuch, 8. Aufl., München 1992 (Original: A Handbook of Greek Mythology, London 1928).

Ross 1961 W.D. Ross: Aristotle. De Anima, Oxford 1961.

Roßner 2002 Christian Roßner: Das Sisyphos-Fragment des Kritias, in: Stephan Kirste/Kay Waechter/Manfred Walther (Hg.): Die Sophistik. Entstehung, Gestalt und Folgeprobleme des Gegensatzes von Naturrecht und positivem Recht, Stuttgart 2002, S. 132–146.

Rowe 1991 Christopher J. Rowe: Aims and Methods in Aristotle's *Politics*, in: David Keyt/Fred D. Miller, Jr. (Hg.): A Companion to Aristotle's *Politics*, Cambridge/Oxford 1991, S. 57–74 (zuerst 1977).

Rutherford 1995 Richard B. Rutherford: The Art of Plato: Ten Essays in Platonic Interpretation, Cambridge, Mass. 1995.

Salomon 1911 Max Salomon: Der Begriff des Naturrechts bei den Sophisten, in: Zeitschrift der Savigny Stiftung für Rechtsgeschichte: Romanistische Abt., Bd. 32, Heft 1, 1911, S. 129–167.

Saunders 1992 Trevor J. Saunders: Plato's Later Political Thought, in: Richard Kraut (Hg.): The Cambridge Companion to Plato, Cambridge 1992, S. 464–492.

Saxonhouse 1976 Arlene W. Saxonhouse: The Philosopher and the Female in the Thought of Plato, Political Theory 4 (1976), S. 195–212.

Saxonhouse 2015 Arlene W. Saxonhouse: Aristotle on the Corruption of Regimes: Resentment and Justice, in: Thornton Lockwood/Thanassis Samaras (Hg.): Aristotle's *Politics*. A Critical Guide, Cambridge 2015, S 184–203.

Schirren/Zinsmaier 2003a Thomas Schirren/Thomas Zinsmaier (Hg.): Die Sophisten. Ausgewählte Texte, Stuttgart 2003.

Schirren/Zinsmaier 2003b Thomas Schirren/Thomas Zinsmaier: Einleitung, in: Thomas Schirren/Thomas Zinsmaier (Hg.): Die Sophisten. Ausgewählte Texte, Stuttgart 2003.

Schleiermacher 1817 Friedrich D. E. Schleiermacher: Platons Werke, 2. verbesserte Aufl., Bd. I/1, Berlin 1817.

Schleiermacher 1996 Friedrich D. E. Schleiermacher: Über die Philosophie Platons, hg. und eingel. von P.M. Steiner, Hamburg 1996 (zuerst 1819–1823).

Schmitt 2012 Ernst Günther Schmitt: Einführung, in: Hesiod: Theogonie/Werke und Tage, griech./dt., hg. und übers. von Albert von Schirnding (Sammlung Tusculum, Bd. 5), überarbeitete Aufl., Berlin 2012.

Schmitz 1985 Hermann Schmitz: Die Ideenlehre des Aristoteles, 2 Bde (Bd. 1: Aristoteles; Bd. 2: Ontologie, Noologie, Theologie), Bonn 1985.

Schmitz-Moormann 1959 Karl Schmitz-Moormann: Die Ideenlehre Platons im Lichte des Sonnengleichnisses des sechsten Buches des Staates, Münster 1959.

Schrifl 2013 Anna Schrifl: Die Wirtschaftsordnung und die richtige Einstellung zu Besitz und Reichtum. In: Christoph Horn (Hg.): Platon: Gesetze – Nomoi (Klassiker Auslegen, Bd. 55), Berlin 2013, S. 105–122.

Schöpsdau 1994 Klaus Schöpsdau: Platon. Nomoi (Gesetze). Buch I–III, Übersetzung und Kommentar (Platon. Werke IX 2), Göttingen 1994.

Schöpsdau 2003 Klaus Schöpsdau: Platon. Nomoi (Gesetze). Buch IV–VII, Übersetzung und Kommentar (Platon. Werke IX 2), Göttingen 2003.

Schütrumpf 1972 Eckart Schütrumpf: Kosmopolitismus oder Panhellenismus? Zur Interpretation des Ausspruchs von Hippias in Platons *Protagoras* 337cff., in: Hermes, Bd. 100, Heft 1, 1972, S. 5–28.

Schütrumpf 1980 Eckart Schütrumpf: Die Analyse der Polis durch Aristoteles, Amsterdam 1980.

Schwarz 2016 Daniel Schwarz: The Limits of Eudaimonia in the Nicomachean Ethics, in: The Journal of Greco-Roman Studies, Bd. 55, Heft 3, 2016, S. 35–50.

Sedley 1982 David Sedley: Two Conceptions of Vacuum, in: Phronesis, Bd. 27, Heft 2, 1982, S. 175–193.

Sedley 2001 David Sedley: Parmenides und Melissos, in: A.A. Long (Hg.): Handbuch frühe griechische Philosophie. Von Thales zu den Sophisten, Stuttgart/Weimar 2001, S. 102–121.

Sedley 2003 David Sedley: The School, from Zeno to Arius Didymus, in: Brad Inwood (Hg.): The Cambridge Companion to the Stoics, Cambridge 2003, S. 7–32.

Seidl 2013 Horst Seidl: Einführung in die antike Philosophie. Hauptprobleme und Lösungen, dargelegt anhand der Quellentexte, 2., verb. und erweit. Aufl., Freiburg/München 2013 (zuerst 2010).

Seubert 2005 Harald Seubert: Polis und Recht. Untersuchungen zu Platons Rechtslehre (Philosophische Schriften, Bd. 57), Berlin 2005.

Shipley/Hansen D. Graham J. Shipley/Mogens H. Hansen: The *Polis* and Federalism, in: Glenn R. Bugh (Hg.): The Cambridge Companion to the Hellenistic World, Cambridge 2006, S. 52–72.

Shortridge/Baltzly 2008 Andrew Shortridge/Dirk Baltzly 2008: Antiphon, in: Patricia O'Grady (Hg.): The Sophists. An Introduction, London 2008, S. 83–92.

Smith 1991 Nicholas D. Smith: Aristotle's Theory of Natural Slavery, in: David Keyt/Fred D. Miller, Jr. (Hg.): A Companion to Aristotle's *Politics*, Cambridge/Oxford 1991, S. 142–155.

Snell 1966a Bruno Snell: Die Sprache Heraklits, in: Bruno Snell: Gesammelte Schriften, Göttingen 1966 (zuerst 1926), S. 129–151.

Snell 1966b Bruno Snell: Die Nachrichten über die Lehren des Thales und die Anfänge der griechischen Philosophie- und Literaturgeschichte, in: Bruno Snell: Gesammelte Schriften, Göttingen 1966 (zuerst 1946), S. 119–128.

Solmsen 1942 Friedrich Solmsen: Plato's Theology, Ithaca, NY 1942.

Sonderegger 1993 Erwin Sonderegger: Aristoteles, Metaphysik Z 1–12. Philosophische und philologische Erwägungen zum Text (Berner Reihe philosophischer Studien, Bd. 15), Bern 1993.

Sorabji 1980 Richard Sorabji: Causation, Laws and Necessity, in: Malcolm Schofield/Myles Burnjeat/Jonathan Barnes (Hg.): Doubt and Dogmatism. Studies in Hellenistic Epistemology, Oxford 1980, S. 250–282

Spaemann 1997 Robert Spaemann: Die Philosophenkönige (Buch V 473b–VI 504a), in: Otfried Höffe (Hg.): Platon: Politeia (Klassiker Auslegen, Bd. 7), Berlin 1997, S. 161–177.

Sprute 1990 Jürgen Sprute: Vertragstheoretische Ansätze in der antiken Rechts- und Staatsphilosophie. Die Konzeptionen der Sophisten und Epikureer, in: Nachrichten der Akademie der Wissenschaften in Göttingen, I. Philologisch-Historische Klasse, Nr. 2, Jg. 1989, Göttingen 1990, S.41–93.

Stalley 1983 R.F. Stalley: An Introduction to Plato's Laws, Oxford 1983.

Stalley 1994 R.F. Stalley: Persuation in Plato's Laws, in: History of Political Thought, Bd. 15, Heft 2, 1994, S. 157–177.

Steinfath 1991 Holmer Steinfath: Selbständigkeit und Einfachheit. Zur Substanztheorie des Aristoteles, Frankfurt am Main 1991.

Steinmetz 1994 Peter Steinmetz: Viertes Kapitel: Die Stoa, in: Überweg. Grundriss der Geschichte der Philosophie. Die Philosophie der Antike, Bd. 4: Die hellenistische Philosophie, Michael Erler/Hellmut Flashar/Günter Gawlick/Woldemar Görler/Peter Steinmetz; hg. von Hellmut Flashar, Basel 1994.

Sternberger 1984 Dolf Sternberger: Drei Wurzeln der Politik, Frankfurt am Main 1984.

Strang 1975 Colin Strang: The Physical Theory of Anaxagoras, in: Archiv für Geschichte der Philosophie Bd. 45, 1963, S. 101–118; Nachdruck in: Reginald E. Allen/David J. Furley (Hg.): Studies in Presocratic Philosophy, Bd. II: The Eleatics and the Pluralists, London 1975, S. 361–380.

Strauss 1964 Leo Strauss: The City and Man, Chicago/London 1978.

Strauss 1983 Leo Strauss: Studies in Platonic Political Philosophy, with an introduction by. Thomas L. Pangle, Chicago/London 1983.

Strauss/Cropsey 1987 Leo Strauss/Joseph Cropsey: History of Political Philosophy, 3. Aufl., Chicago/London 1987 (zuerst 1963).

Swift Riginos 1976 Alice Swift Riginos: Platonica. The Anecdotes Concerning the Life and Writings of Plato, Leiden 1976.

Sykes 1975 R. D. Sykes: Form in Aristotle: Universal or Particular?, in: Philosophy, Bd. 50, 1975, S. 311–331.

Szlezák 1976 Thomas A. Szlezák: Unsterblichkeit und Trichotomie der Seele im zehnten Buch der Politeia, in: Phronesis, Bd. 21, Heft 1, 1976, S. 31–58.

Szlezák 1985 Thomas A. Szlezák: Platon und die Schriftlichkeit der Philosophie, Bd. 1, Berlin/New York 1985.

Szlezák 1993 Thomas A. Szlezák: Platon Lesen (Legenda, Bd. 1), Stuttgart/Bad Cannstatt 1993.

Szlezák 2004 Thomas A. Szlezák: Platon und die Schriftlichkeit der Philosophie, Bd. 2, Berlin/New York 2004.

Tarrant 1928 Dorothy Tarrant (Hg.): The "Hippias Major" Attributed to Plato, with Introductory Essay and Commentary, Cambridge 1928 (Neudruck 1976).

Taureck 1995 Bernhard H.F. Taureck: Die Sophisten zur Einführung, Hamburg 1995.

Taylor 1911 Alfred A. Taylor: Varia Socratica. First Series, Oxford 1911.

Taylor 1979 Alfred A. Taylor: Socrates, Westport 1979 (zuerst 1933).

Taylor 1999 C.C.W. Taylor: The Atomists Leucippus and Democritus. *Fragments*. A Text and Translation with a Commentary (Phoenix Supplementary, 26), Toronto/London 1999.

Taylor 2001 C.C.W. Taylor: Die Atomisten, in: A.A. Long (Hg.): Handbuch frühe griechische Philosophie. Von Thales zu den Sophisten, Stuttgart/Weimar 2001, S. 165–186.

Theiler 1983 Willy Theiler: Aristoteles. Über die Seele (Aristoteles. Werke in deutscher Übersetzung, 13), Berlin 1983.

Theognis 2005 Theognis: Frühe Griechische Elegien, eingel., übers. und kommentiert von Dirk Uwe Hansen; Edition Antike, Darmstadt 2005.

Thomas 1952 Thomas von Aquin: Des Hl. Thomas von Aquino Untersuchungen über die Wahrheit (Quaestiones Disputate de Veritate), übers. von Edith Stein, Bd.1 (Quaestiones 1–13), Freiburg 1952.

Tigerstedt 1974 Eugène N. Tigerstedt: The Decline and Fall of the Neoplatinic Interpretation of Plato: An Outline and Some Observations (Commentationes Humanarum Litterarum, Bd. 52), Helsinki 1974.

Trude 1955 Peter Trude: Der Begriff der Gerechtigkeit in der aristotelischen Rechts- und Staatsphilosophie, Berlin 1955.

Unruh 2000 Peter Unruh: Sokrates und die Pflicht zum Rechtsgehorsam. Eine Analyse von Platons „Kriton“ (Studien zur Rechtsphilosophie und Rechtstheorie, 26), Baden Baden 2000.

Unruh 2002 Peter Unruh: Die Gleichheit der Menschen bei Antiphon dem Sophisten, in: Stephan Kirste/Kay Waechter/Manfred Walther (Hg.): Die Sophistik. Entstehung, Gestalt und Folgeprobleme des Gegensatzes von Naturrecht und positivem Recht, Stuttgart 2002, S. 59–82.

Untersteiner 1972 Mario Untersteiner: La fisiologia del mito, 2. erw. und akt. Aufl. Florenz 1972 (zuerst 1946).

Untersteiner 2008 Mario Untersteiner: I Sophisti (Presentazione di Fernanda Decleva Caizzi), Mailand 2008 (zuerst 1949; engl.: The Sophists, Oxford 1954).

Vernant/Vidal-Naquet 1972 Jean-Pierre Vernant/Pierre Vidal-Naquet: Mythe et tragedie en Grèce ancienne, Bd. 1, Paris 1972.

Vernant/Vidal-Naquet 1986 Jean-Pierre Vernant/Pierre Vidal-Naquet: Mythe et tragedie en Grèce ancienne, Bd. 2, Paris 1986.

Viertel 1982 Wolfgang Viertel: Der Begriff der Substanz bei Aristoteles, Königstein/Ts. 1982.

Vlastos 1970 Gregory Vlastos: On Heraclitus, in: Reginald E. Allen/David J. Furley (Hg.): Studies in Presocratic Philosophy, Bd. I: The Beginning of Philosophy, London 1970, S. 413–429.

Vlastos 1975 Gregory Vlastos: Ethics and Physics in Democritus, in: Reginald E. Allen/David J. Furley (Hg.): Studies in Presocratic Philosophy, Bd. II: The Eleatics and the Pluralists, London 1975, S. 381–408.

Vlastos 1976 Gregory Vlastos: Protagoras, in: Carl Joachim Classen (Hg.): Sophistik (Wege der Forschung, Bd. CLXXXVII), Darmstadt 1976 (zuerst 1956), S. 271–289.

Vlastos 1981a Gregory Vlastos: Justice and Happiness in the *Republic*, in: Gregory Vlastos: Platonic Studies, Princeton 1981, S. 111–139.

Vlastos 1981b Gregory Vlastos: Does Slavery Exist in Plato's Republic?, in: Gregory Vlastos: Platonic Studies, hg. von Myles Burnyeat, Princeton 1981, S. 140–146.

Vlastos 1991a Gregory Vlastos: Socrates *contra* Socrates in Plato, in: Gregory Vlastos: Socrates. Ironist and Moral Philosopher, Cambridge 1991, S. 45–80.

Vlastos 1991b Gregory Vlastos: The Evidence of Aristotle and Xenophon, in: Gregory Vlastos: Socrates. Ironist and Moral Philosopher, Cambridge 1991, S. 81–106.

Vlastos 1994 Gregory Vlastos: The Socratic Elenchus: Method is All, in: Gregory Vlastos: Socratic Studies, hg. von Myles Burnyeat, Cambridge 1994, S. 1–28.

Vlastos 1995 Gregory Vlastos: The Paradox of Socrates, in: Gregory Vlastos: Studies in Greek Philosophy, Bd. II: Socrates, Plato, and their Tradition, hg. von Daniel W. Graham, Princeton 1995, S. 3–18.

Voegelin 1957 Eric Voegelin: Order and History, Bd. 2: The World of the Polis, Baton Rouge 1957.

Vogt 2004 Katja Maria Voigt: Die stoische Theorie der Emotionen, in: Barbara Guckes (Hg.): Zur Ethik der älteren Stoa, Göttingen 2004, S. 69–93.

Warren 2007 James Warren: Presocratics (Ancient Philosophies), Stocksfield 2007.

Weber 2015 Simon Weber: Herrschaft und Recht bei Aristoteles (Quellen und Studien zur Philosophie, Bd. 123), Berlin/München/Boston 2015.

Wehrli 1966 F. Wehrli: Hesiod Prometheus (1956), in: Ernst Heitsch (Hg.): Hesiod (Wege der Forschung, Bd. 44), Darmstadt 1966, S. 411–418.

Weinkauf 2006 Wolfgang Weinkauf: Die Geschichte der Stoa, in: Wolfgang Weinkauf (Hg.): Die Philosophie der Stoa. Ausgewählte Texte, Stuttgart 2006.

West 1971 Martin L. West: Early Greek Philosophy and the Orient, Oxford 1971.

West 1978 Hesiod: Works and Days, edited with prolegomena and commentary by Martin L. West (griech. mit engl. Kommentar), Oxford 1978.

West 1997 Martin L. West: The East Face of Helicon. West Asiatic Elements in Greek Poetry and Myth, Oxford 1997.

Whitehead 1929 Alfred N. Whitehead: Process and Reality. An Essay in Cosmology, Cambridge 1929.

Wieland 1992 Wolfgang Wieland: Die aristotelische Physik. Untersuchungen über die Grundlegung der Naturwissenschaft und die sprachlichen Bedingungen der Prinzipienforschung bei Aristoteles, 3., um ein Vorwort erweiterte Aufl., Göttingen 1992 (zuerst 1962).

Wieland 1999 Wolfgang Wieland: Platon und die Formen des Wissens, 2. durchgesehene und um einen Anhang und ein Nachwort erweiterte Aufl., Göttingen 1999 (zuerst 1982).

Wilamowitz-Moellendorff 1919 Ulrich von Wilamowitz-Moellendorff: Platon, Erster Bd.: Leben und Werke, Berlin 1919.

Wolf 1995 Ursula Wolf: Über den Sinn der aristotelischen Mesoteslehre, in: Otfried Höffe (Hg.): Aristoteles: Die Nikomachische Ethik (Klassiker Auslegen, Bd. 2), Berlin 1995, S. 83–108 (zuerst 1988).

Woozley 1979 Anthony D. Woozley: Law and Disobedience: The Arguments of Plato's *Crito*, London 1979.

Wotke/Usener 1888 K. Wotke/Hermann Usener: Epikureische Spruchsammlung. Entdeckt und mitgeteilt von Dr. K. Wotke in Rom, in: Wiener Studien 10 (1988), S. 175–201; zudem in: Hermann Usener: Kleine Schriften, Bd. 1, Leipzig 1912, S. 297–325.

Wundt 1907 Max Wundt: Der Intellektualismus in der griechischen Ethik, Leipzig 1907.

Yunis 1990 Harvey Yunis: Rhetoric as Instruction: A Response to Vickers on Rhetoric in the *Laws*, in: Philosophy and Rhetoric, Bd. 23, Heft 2, 1990, S. 125–135.

Zehnpfennig 2001 Barbara Zehnpfennig: Platon zur Einführung, 2. überarb. und erw. Aufl., Hamburg 2001 (zuerst 1997).

Zehnpfennig 2008 Barbara Zehnpfennig: Die Bedeutung des ersten Buches der *Politeia* für das platonische Staatskonzept, in: Peter Nitschke (Hg.): Politeia. Staatliche Verfasstheit bei Platon, Baden Baden S. 35–58.

Zeller 1862 Eduard Zeller: Die Philosophie der Griechen in ihrer geschichtlichen Entwicklung, Teil 2/2: Aristoteles und die alten Peripatetiker, 2. Aufl., Leipzig 1862.

Zeller 2006 Eduard Zeller: Grundriss der Geschichte der griechischen Philosophie, o.O. 2006 (zuerst 1883).

14.2 Abbildungsverzeichnis

Abbildung 1 Symi Island viewed from Boeing 737-400 [beschnitten]. Urheber: Robin & Bazylek. Creative-Commons-Lizenz „Namensnennung 2.0 generisch". URL: https://commons.wikimedia.org/wiki/File:Symi_island_in_Greece.jpg (letzter Zugriff: 31. August 2017)

Abbildung 2 Karte der Siedlungsgebiete der antiken Griechen. Zeichnung Abby George 2017. © Manuel Knoll

Abbildung 3 Hoplite fight from Athens Archaeological Museum. Foto: Grant Mitchell. Creative-Commons-Lizenz „Namensnennung 2.0 generisch". URL: https://commons.wikimedia.org/wiki/File:Hoplite_fight_from_Athens_Museum.jpg (letzter Zugriff: 31. August 2017)

Abbildung 4 Germany Luebeck townhall bricks (detail). Urheber: Arnold Paul. Commons-Lizenz „Namensnennung 2.0 generisch". URL: https://commons.wikimedia.org/wiki/File:-Germany_Luebeck_townhall_bricks_(detail).JPG (letzter Zugriff: 31. August 2017)

Abbildung 5 Der vitruvianische Mensch. Foto: Luc Viatour / https://Lucnix.be. Gemeinfrei. URL: https://commons.wikimedia.org/wiki/File:Da_Vinci_Vitruve_Luc_Viatour.jpg (letzter Zugriff: 31. August 2017)

Abbildung 6 *links* Ephebe Narcissus Louvre Ma456. Foto: Jastrow (2007). Gemeinfrei. URL: https://commons.wikimedia.org/wiki/File:Ephebe_Narcissus_Louvre_Ma456.jpg (letzter Zugriff: 31. August 2017)
rechts Venus with the perfume bottle. Foto: Luis García. Creative Commons Attribution-Share Alike 3.0 Unported, 2.5 Generic, 2.0 Generic and 1.0 Generic license. URL: https://commons.wikimedia.org/wiki/File:Venus_del_Pomo_(Museo_del_Prado_E-65)_01.jpg (letzter Zugriff: 31. August 2017)

Abbildung 7 Jacques-Louis David: The death of Socrates. Foto: metmuseum.org. Gemeinfrei. URL: https://commons.wikimedia.org/wiki/File:David_-_The_Death_of_Socrates.jpg (letzter Zugriff: 31. August 2017)

Abbildung 8 Socrates-Museo archeologico nazionale di Napoli – Inv 6415. Foto: Jeremy Weate. Creative Commons Attribution 2.0 Generic license URL: https://commons.wikimedia.org/wiki/File:Socrates_-_Museo_archeologico_nazionale_di_Napoli_-_Inv_6415.jpg (letzter Zugriff: 31. August 2017)

Abbildung 9 Kopf des Platon, römische Kopie. Foto: Bibi Saint-Pol. Gemeinfrei. URL: https://commons.wikimedia.org/wiki/File:Head_Platon_Glyptothek_Munich_548.jpg (letzter Zugriff: 31. August 2017

Abbildung 10 Accademia di Platone, da Villa di T. Siminius Stephanus a Pompei. Foto: Sailko. Creative Commons Attribution-Share Alike 3.0 Unported license. URL: https://commons.wikimedia.org/wiki/File:Accademia_di_platone,_da_villa_di_t._siminius_stephanus_a_pompei,_124545,_03.JPG (letzter Zugriff: 31. August 2017)

Abbildung 11 Allegory of the cave. Urheber: Gothika. Creative Commons Attribution-Share Alike 4.0 International, 3.0 Unported, 2.5 Generic, 2.0 Generic and 1.0 Generic license. URL: https://commons.wikimedia.org/wiki/File:Allegory_of_the_Cave_blank.png (letzter Zugriff: 31. August 2017)

Abbildung 12 Jan van Loon: Scenographia systematis mvndani Ptolemaici. Foto: keine Angabe. Gemeinfrei. URL: https://commons.wikimedia.org/wiki/File:Cellarius_ptolemaic_system.jpg (letzter Zugriff: 31. August 2017)

Abbildung 13 Portrait of Aristoteles. Copy of the Imperial era (1st or 2nd century) of a lost bronze sculpture made by Lysippos. Creative Commons Attribution-Share Alike 2.5 Generic license. URL: https://commons.wikimedia.org/wiki/File:Aristoteles_Louvre.jpg (letzter Zugriff: 31. August 2017)

Abbildung 14 Bust of Pericles (Museo Pio Clementino). Foto: Marie-Lan Nguyen (2009). Gemeinfrei. URL: https://commons.wikimedia.org/wiki/File:Pericles_Pio-Clementino_Inv269_n3.jpg (letzter Zugriff: 31. August 2017)

Abbildung 15 Alexanderschlacht, Detail. Foto: The Yorck Project. Gemeinfrei. URL: https://commons.wikimedia.org/wiki/File:Meister_der_Alexanderschlacht_002.jpg (letzter Zugriff: 31. August 2017)

Abbildung 16 Stoa des Attalos. Foto: DerHexer. Gemeinfrei. URL: https://commons.wikimedia.org/wiki/File:Stoa_of_Attalos_at_the_Ancient_Agora_of_Athens_3.jpg (letzter Zugriff: 31. August 2017)

14.3 Abkürzungsverzeichnis

DK Diels, Hermann/Kranz, Walter: Die Fragmente der Vorsokratiker (→ KAPITEL 13.1)

DL Diogenes Laertius: Leben und Meinungen berühmter Philosophen (zitiert nach Nummer des Buches und des Kapitels; → KAPITEL 13.1).

EN Aristoteles: Die Nikomachische Ethik (zitiert nach der Edition von I. Bywater und nach Nummer des Buches, des Kapitels und der Bekker-Zählung; → KAPITEL 10.1)

Math. Sextus Empiricus: Adversus mathematicos (zitiert nach Nummer des Buches und des Abschnitts bzw. Paragraphs)

Mem. Xenophon: Memorabilien (Erinnerungen an Sokrates)

Met. Aristoteles: Metaphysik (zitiert nach der Nummer des Buches, des Kapitels und der Bekker-Zählung; → KAPITEL 10.1)

MXG Pseudo-Aristoteles: De Melisso Xenophane Gorgia

Pol. Aristoteles: Politik (zitiert nach der Nummer des Buches, des Kapitels und der Bekker-Zählung; → KAPITEL 10.1)

Pyrr. Sextus Empiricus: Pyrrhoneioi hypotyposeis (Grundriß der pyrrhonischen Skepsis) (zitiert nach Nummer des Buches, des Kapitels und des Abschnitts bzw. Paragraphs)

Phys. Aristoteles: Physik (zitiert nach der Nummer des Buches, des Kapitels und der Bekker-Zählung; → KAPITEL 10.1)

SVF Stoicorum veterum framenta, hg. von Hans von Arnim (zitiert nach Nummer des Bandes und des Fragments)

Platons Dialoge werden mit vollständigem Titel und nach den Seiten der Stephanus-Ausgabe zitiert (→ KAPITEL 8.1)

Griechische Termini und Zitate werden in lateinischer Transkription wiedergegeben. Dabei steht „e“ für „ε“, „ê“ für „η“, „o“ für „o“, „ô“ für „ω“, „ch“ für „χ“ und „y“ für „υ“. In Buchtiteln werden „η“ und „ω“ nicht durch einen Zirkumflex angezeigt.

14.4 Register

Personen- und Ortsverzeichnis

Sachverzeichnis

Im Sachwortverzeichnis sind die wichtigsten griechischen Fachtermini aufgenommen sowie die wesentlichen deutschen Sachworte. Da diese Begriffe selten vollständig mit den Übersetzungen übereinstimmen, sind Verweise zu den Seitenzahlen für unterschiedliche Bedeutungen eingefügt.